Heidelberger Schriften
zum Wirtschaftsrecht und Europarecht

Herausgegeben von
Prof. Dr. Dr. h.c. mult. Peter Hommelhoff
Prof. Dr. Dr. h.c. mult. Peter-Christian Müller-Graff

Band 70

Dr. Christian Kovács

Die temporale Wirkung von Urteilen des EuGH im Vorabentscheidungsverfahren

Nomos

Die Deutsche Nationalbibliothek verzeichnet diese Publikation in der Deutschen Nationalbibliografie; detaillierte bibliografische Daten sind im Internet über http://dnb.d-nb.de abrufbar.

Zugl.: Heidelberg, Univ., Diss., 2013

ISBN 978-3-8487-0879-6 (Print)
ISBN 978-3-8452-5062-5 (ePDF)

1. Auflage 2014

Vorwort

Die vorliegende Arbeit wurde im Sommersemester 2013 von der Juristischen Fakultät der Ruprecht-Karls-Universität Heidelberg als Dissertation angenommen. Die mündliche Prüfung fand am 17. Juli 2013 statt. Als ein wahrlich europäisches Projekt ist die vorliegende Arbeit im Wesentlichen in den Jahren 2008 bis 2012 in Heidelberg, Budapest, Wien, Oxford und Brügge entstanden. Sie wurde vor ihrer Publikation in Teilen überarbeitet und aktualisiert.

Für die Betreuung der Arbeit und die jahrlange Unterstützung danke ich herzlich meinem akademischen Lehrer und Doktorvater, Herrn Professor Dr. Dr. h.c. mult. Peter-Christian Müller-Graff. Herrn Professor Dr. Andreas Pieckenbrock danke ich für die zügige Erstellung des Zweitgutachtens.

Daneben gebührt einer Vielzahl von Personen in ganz Europa, die auf die eine oder andere Weise zum Gelingen dieses Forschungsvorhabens beigetragen haben, mein Dank: Zuvörderst bedanke ich mich in Freundschaft bei Herrn Professor Dr. Ulrich Hufeld (Hamburg) für den entscheidenden Anstoß zu dieser Arbeit und die spannende wie lehrreiche gemeinsame Zeit in Budapest. Ferner gilt mein Dank Herrn Dr. Paul Gaitzsch (Bonn) für die kritische Durchsicht des Manuskripts, Herrn Dipl-Kfm. Alexander Mingst, M.A. (Wien) und Frau Rechtsanwältin Erna Fűtő, LL.M. (Budapest) für die gemeinsamen „Sofatherapien" sowie Herrn Professor Paul Craig, M.A., B.C.L (Oxford) für die anregenden Diskussionen über die Besonderheiten des Common Law.

Herrn Professor Dr. Dr. h.c. mult Müller-Graff und Herrn Professor Dr. Dr. h.c. mult. Peter Hommelhoff schulde ich Dank für die Aufnahme in die Reihe „Heidelberger Schriften zum Wirtschaftsrecht und Europarecht". Für die finanzielle Förderung des Dissertationsvorhabens danke ich der Baden-Württemberg Stiftung.

Abschließend möchte ich mich ganz besonders herzlich bei meinen Eltern, meinem Bruder und meiner Verlobten Dorottya bedanken. Ihre großzügige und bedingungslose Unterstützung in allen Phasen der Dissertation haben diese Arbeit erst ermöglicht. Ihnen ist sie deshalb gewidmet.

Brüssel, im Oktober 2014 *Christian Kovács*

Inhaltsverzeichnis

Abkürzungsverzeichnis

Die in der Arbeit verwendeten Abkürzungen der deutschsprachigen Literatur folgen weitgehend *Kirchner, Hildebert*: Abkürzungsverzeichnis der Rechtsprache, Berlin, 6. Auflage 2008, auf das hiermit verwiesen wird.

Alle weiteren Abkürzungen, insbesondere der nicht-deutschsprachigen Literatur, finden sich in der nachfolgenden Liste:

A.C.	Appeal Cases
A.J.C.L.	American Journal of Comparative Law
AJDA	Actualités juridiques – Droit administratif
All ER	All England Law Reports
B.T.R.	British Tax Review
C.A.	Cour d'Appel
Cal. L. Rev.	California Law Review
C.Cass.	Cour de Cassation
C.D.E.	Cahiers de Droit Européen
C.E.	Conseil d'État
C.L.J.	Cambridge Law Journal
C.M.L.Rev.	Common Market Law Review
Col. L. Rev.	Columbia Law Review
D.	Recueil Dalloz Sirey
DCSI	Diritto comunitario e degli scambi internazionali
E.H.R.R.	European Human Rights Reports
E.L.Rev.	European Law Review
Erk.	Erkenntnis (des VfGH)
et al.	et alii
ET	European Taxation
E.U.P.	European Union Politics
Fordham Intl. L. J.	Fordham International Law Journal
GA/in	Generalanwalt/Generalanwältin
Gaz. Pal.	Gazette de Palais
Harv. J. L. Pub. Pol.	Harvard Journal of Law and Public Politics
Harv. L. Rev.	Harvard Law Review
Hastings L. J.	University of Hastings Law Journal
H.L.	House of Lords
H.R.L.J.	Human Rights Law Journal
I.J.E.L.	Irish Journal of European Law
I.R.	Irish Reports

JCMSt.	Journal of Common Market Studies
J.T.	Journal des Tribunaux
L.Q.R.	Law Quarterly Review
M.L.R.	Modern Law Review
Michigan L. Rev.	Michigan Law Review
Monash U. L. Rev.	Monash University Law Review
N.Y. L. Sch. L. Rev.	New York Law School Law Review
Q.B.	Queen's Bench Division
O.J.L.S.	Oxford Journal of Legal Studies
Rec. Lebon	Recueil des décisions du Conseil d'État (Lebon)
Rev. Dr. ULB	Revue du Droit de l'ULB
R.C.J.B.	Revue critique de jurisprudence belge
R.I.D.C.	Revue internationale du droit comparé
R.T.D.E.	Revue trimestrielle du droit européen
S.C. L. Rev.	South Carolina Law Review
SEW	Sociaal-economische Wetgeving
SWK	Steuer- und Wirtschafts-Kartei
T.A.	Tribunal administratif
Trib. Inst.	Tribunal d'Instance
U.K.H.L.	United Kingdom House of Lords
U. Pa. L. R.	University of Pennsylvania Law Review
U.S.	United States Reports
v.	versus
Va. L. Rev.	Virginia Law Review
W.L.R.	Weekly Law Report
Yale L. J.	Yale Law Journal
Y.E.L.	Yearbook of European Law

Erster Teil: Einführung in die Thematik

... You cannot conquer Time.
– Wystan Hugh Auden, As I Walked Out One Evening

1. Kapitel: Einleitung

Schon 1937 beklagte *W. H. Auden* die Unmöglichkeit, die Zeit zu besiegen. In seinem Gedicht *As I Walked Out One Evening* wird ihm die Sinnlosigkeit dieses Unterfangens mit einem Male gewahr, als während eines Abendspazierganges das unerbittliche Schlagen der Uhren zur vollen Stunde ertönt[1]. Während der englische Lyriker vor der von ihm geschilderten Unmöglichkeit aber kapitulieren muss, versucht die Rechtswissenschaft bis zum heutigen Tage, dieses Paradoxon aufzubrechen. So bildet die Bewertung eines in der Vergangenheit liegenden Sachverhalts am Maßstab einer gegenwärtigen Rechtsüberzeugung das immanente Wesensmerkmal jeder richterlichen Tätigkeit[2]. Die klassische Aufgabe der Rechtsprechung ist damit regelmäßig zwar vergangenheitsbezogen, zeitigt in ihrem Ergebnis aber auch Wirkungen für die Zukunft. Auch wenn sie nicht den Anspruch erhebt, die Zeit besiegen zu wollen, so unternimmt die Rechtsprechung doch den Versuch, den temporalen Herausforderungen Herr zu werden, denen sie sich tagtäglich gegenübersieht[3].

Die vorliegende Arbeit widmet sich einem Teilaspekt dieser temporalen Herausforderungen, wie er sich auch auf der Ebene des Unionsrechts darstellt. Es steht die Frage im Vordergrund, welche Folgen Vorabentscheidungen des EuGH gemäß Art. 267 AEUV in zeitlicher Hinsicht nach sich ziehen. Obwohl der Gerichtshof in den vergangenen vier Jahrzehnten eine ausgefeilte Rechtsprechung zu dieser Thematik entwickelt hat, führt sie insbesondere in der deutschen rechtswissenschaftlichen Diskussion weitgehend ein Schattendasein. Selbst in einschlägigen prozessrechtlichen Publikationen finden sich nur wenige Hinwei-

1 Näher zu diesem Gedicht: *Fuller*, W. H. Auden: A Commentary, S. 271 f.

2 Explizit zum Gegenstand der vorliegenden Arbeit: *Pescatore*, in: Constantinesco/Jacqué/Kovar/Simon, Traité instituant la CEE, Art. 177 CEE Rn. 70; allg. zum Thema statt vieler: *Larenz/Canaris*, Methodenlehre der Rechtswissenschaft, S. 32 ff.; *Medicus*, NJW 1995, 2577; i.E. auch: *Larenz*, NJW 1965, 1 ff.

3 Allg. hierzu: *Ost*, Le Temps du Droit, S. 149 ff.; von gerichtlichen Urt. im Kontext der vorliegenden Arbeit als „Vergangenheitsbewältigung“ spricht treffend etwa: *Waldhoff*, EuR 2006, 615 (619).

se, die zumeist unkritisch lediglich Leitentscheidungen des EuGH rezipieren[4]. Dabei zeigen gerade die noch darzustellenden Debatten der jüngeren Vergangenheit in der Rechtsprechung eindrucksvoll, welche Aktualität die Frage nach den temporalen Konsequenzen von Vorabentscheidungen hat. Dieser Fragestellung soll in der vorliegenden Arbeit nachgegangen werden.

A. Untersuchungsgegenstand der Arbeit

Im Kern dieser Arbeit steht ein Teilaspekt der Verfahrensart vor dem EuGH, die ob ihrer Bedeutung für die einheitliche Anwendung des Unionsrechts und des Individualrechtsschutzes gemeinhin als „Kronjuwel" des unionsrechtlichen Rechtsschutzes bezeichnet wird[5]: Die Arbeit befasst sich mit dem Vorabentscheidungsverfahren gemäß Art. 267 AEUV[6].

Im Unterschied zu zahlreichen anderen Bereichen des Unionsrechts hat diese Vorschrift im Zuge der jüngsten Modifikationen der Gründungsverträge – ähnlich dem gesamten Rechtsschutzsystem der EU[7] – kaum wesentliche inhaltliche Neuerungen erfahren[8]. Dies gilt insbesondere für den Untersuchungsgegenstand der vorliegenden Arbeit, so dass im Folgenden zu Analysezwecken ohne die Gefahr inhaltlicher Brüche auf die bisherige Rechtsprechung des EuGH zurückgegriffen werden kann.

I. Der Untersuchungsgegenstand und der ihm zugrunde liegende Grundkonflikt

Diese Arbeit widmet sich der Fragestellung, welche Folgen Vorabentscheidungen des EuGH nach Art. 267 AEUV insbesondere in temporaler Hinsicht haben. Wie zu zeigen sein wird, greift der Gerichtshof zur Lösung dieser Problematik

4 Exemplarisch etwa: *Middeke*, in: Rengeling/Middeke/Gellermann, Hdb. des Rechtsschutzes in der Europäischen Union, § 10 Rn. 91; *Pechstein*, EG-/EU-Prozessrecht, Rn. 863 f.

5 Vgl. statt vieler nur: *Craig/de Búrca*, EU Law, S. 460; *Haltern*, Europarecht, Rn. 333; *Naômé*, Le renvoi préjudiciel en droit européen, Rn. 1.

6 Alleine eine rein quantitative Betrachtung der in den letzten Jahren vor dem EuGH abgeschlossenen Verfahren zeigt etwa, dass es sich bei mehr 50 % der Fälle um Vorabentscheidungen handelt: *Gerichtshof der Europäischen Gemeinschaften*, Jahresbericht 2012, S. 115 f. für die Jahre 1953-2012.

7 *Bast*, in: Bogdandy/Bast, Europäisches Verfassungsrecht, 489 (554); *Craig*, [2008] 33 E.L.Rev., 137 (157 f.); *Streinz/Ohler/Hermann*, Der Vertrag von Lissabon zur Reform der EU, S. 114.

8 *Kotzur*, in: Geiger/Khan/Kotzur, EUV/AEUV, Art. 267 AEUV Rn. 2; vgl. schon zum Verfassungsvertrag: *Pache*, in: Vedder/Heintschel von Heinegg, Europäischer Verfassungsvertrag, Art. III-369 EVV Rn. 1.

auf eine Abwägung zwischen zwei widerstreitenden allgemeinen Rechtsgrundsätzen des Unionsrechts zurück.

1. Die temporalen Folgen von Vorabentscheidungen

Zunächst aber ist aufzuzeigen, welche zeitlichen Konsequenzen von Vorabentscheidungen des EuGH überhaupt denkbar sind. Sowohl Urteile nach Art. 267 Abs. 1 lit. a) und b) AEUV, in denen der Gerichtshof über die Auslegung einer Vorschrift des Unionsrechts befindet, als auch Entscheidungen im Sinne von Art. 267 Abs. 1 lit. b) AEUV, welche die Gültigkeit einer sekundärrechtlichen Bestimmung zum Gegenstand haben, können prinzipiell drei unterschiedliche Folgen haben: Zum einen kann eine Auslegung oder die Ungültigkeitserklärung einer Norm des Sekundärrechts ab dem Erlasszeitpunkt der betroffenen Norm ihre Wirkung entfalten. In der Literatur wird diese Variante regelmäßig als Wirkung *ex tunc* bezeichnet[9]. Zum anderen ist es grundsätzlich genauso gut denkbar, Auslegungen oder Ungültigkeitserklärungen lediglich eine Wirkung für die Zukunft zuzusprechen, wie dies für Urteile der obersten Gerichte in einigen nationalen Rechtsordnungen seit längerem bekannt ist[10]: Hierbei ist zu unterscheiden zwischen einem Effekt *ex nunc*, in dessen Rahmen das Ergebnis einer Vorabentscheidung ab dem Zeitpunkt der Verkündung des Urteils durch den EuGH Geltung beanspruchen kann, während in der Vergangenheit liegende Sachverhalte unberührt blieben[11], und Folgen, die lediglich *pro futuro* angeordnet werden, womit ein nach dem Verkündungsdatum der Vorabentscheidung liegender Zeitpunkt gemeint ist[12].

In der Rechtsprechung des EuGH spielte die Frage nach diesen temporalen Folgen über Jahre hinweg kaum eine explizite Rolle, in der einschlägigen Literatur fand sie keinerlei Erwähnung[13]. Erst in der 1976 entschiedenen Rechtssache

9 Allg. Ansicht, vgl. statt aller etwa: *Broberg/Fenger*, Preliminary References to the European Court of Justice, S. 445; *Lenaerts/Arts/Maselis*, Procedural Law of the European Union, Rn. 6–033; *Schwarze*, in: ders., EU-Kommentar, Art. 267 AEUV Rn. 72; *Wegener*, in: Calliess/Ruffert, EUV/AEUV, Art. 267 AEUV Rn. 50.

10 Die folgenden Möglichkeiten fassen anschaulich etwa die Schlussanträge der GAin *Stix-Hackl* v. 14. März 2006 in der Rs. C-475/03, Slg. 2006, I-9394, Rz. 135 ff. zusammen.

11 Diese Technik bildet im österreichischen Verfassungsprozessrecht regelmäßig die Folge eines normverwerfenden Erk. des VfGH, vgl. hierzu ausführl. *infra* im 2. Kap. in Punkt B II 1 m.w.N.

12 Hierbei handelt es sich um eine Technik, die unter dem Namen *Prospective Overruling* insbes. in der Rechtsordnung der Vereingiten Staaten angewandt wurde, vgl. hierzu ausführl. *infra* im 10. Kap., dort Punkt B m.w.N.

13 *Gutsche*, Die Bindungswirkung der Urteile des Europäischen Gerichtshofs, *passim* etwa spricht die Problematik in seiner 1967 erschienenen Monographie mit keinem Wort an;

Defrenne II änderte sich dies radikal. Hier setzte sich der Gerichtshof erstmals mit den temporalen Konsequenzen seiner Vorabentscheidungen auseinander und etablierte ein Regel-Ausnahme-Modell, das bis heute Bestand hat und *Defrenne II* zum maßgeblichen Urteil zu der in dieser Arbeit analysierten Fragestellung hat werden lassen[14]. Demnach folgt der EuGH grundsätzlich dem Modell, wonach Vorabentscheidungen in zeitlicher Hinsicht *ex tunc* wirken; gleichzeitig lässt er aber auch Ausnahmen von diesem Grundsatz zu, die ihrerseits wiederum Rückausnahmen zugänglich sind. Die Funktionsweise und Systematisierung der hierzu ergangenen Rechtsprechung bildet in den folgenden Kapiteln einen der Schwerpunkte der Untersuchung. Hierbei findet auch die Rechtsprechung mitgliedstaatlicher Verfassungsgerichte zur temporalen Wirkung von Normenkontrollentscheidungen Berücksichtigung. Bestehen zwischen diesen und dem Vorabentscheidungsverfahren nach Art. 267 AEUV auch gewichtige strukturelle Unterschiede, so ist der der temporalen Problematik zugrunde liegende Konflikt zwischen zwei allgemeinen Rechtsgrundsätzen in allen Fällen identisch gelagert, so dass die Gegenüberstellung der europäischen und nationalen Lösungsansätze angezeigt ist.

2. Grundkonflikt zwischen allgemeinen Rechtsgrundsätzen

Seit dem berühmten Ausspruch von *Walter Hallstein* wird die EU zuvörderst als „Rechtsgemeinschaft"[15] wahrgenommen. Zwar handelt es sich hierbei aufgrund der fehlenden Staatsqualität der Europäischen Union um ein qualitatives Minus zur klassischen Konstruktion des Rechtsstaates[16], doch wird durch die Formulierung die Bedeutung der Herrschaft des Rechts im Sinne einer *rule of law* beson-

genauso auch die Kommentarlit. der Epoche, vgl. z.B.: *Bravo*, in: Quadri/Monaco/Trabucchi, Tratatto istitutivo della Comunità Economia Europea – Commentario, Art. 177 Rn. 10 f.; *Wohlfahrt/Everling/Glaesner/Sprung*, Die Europäische Wirtschaftsgemeinschaft Art. 177 EWGV, Rn. 5 f.

14 *EuGH*, Urt. v. 8. April 1976, Rs. 43/75 (Gabrielle Defrenne ./. Sabena), Slg. 1976, 455 ff.; vgl. zur praktisch unmittelbar nach der Urteilsverkündung erkannten Bedeutung des Urt. in der Lit. etwa: *Lecourt*, in: Gerichtshof der Europäischen Gemeinschaften, Begegnung von Justiz und Hochschule, 3 (4).

15 Der Begriff ist dauerhaft mit seinem Schöpfer verbunden, so dass die erste Erwähnung nur schwerlich nachgewiesen werden kann, vgl. daher nur exemplarisch: *Hallstein*, Die Europäische Gemeinschaft, S. 51 ff.; zur Übernahme des Begriffs durch die Rspr. siehe etwa: *EuGH*, Urt. v. 23. April 1986, Rs. 294/83 (Les Verts ./. Parlament), Slg. 1986, 1339, Rz. 23.

16 *Nicolaysen*, Europarecht I, S. 106 f.; i.E. auch: *Zuleeg*, NJW 1994, 545 (546).

ders anschaulich[17]. Ein wesentliches Charakteristikum der EU als Rechtsgemeinschaft bilden die in Art. 6 Abs. 3 EUV normierten allgemeinen Rechtsgrundsätze, die der EuGH im Wege einer wertenden Rechtsvergleichung gewinnt[18] und sodann inhaltlich ausfüllt[19].

Auch die vorliegende Problematik der temporalen Folgen von Vorabentscheidungen des Gerichtshofs nach Art. 267 AEUV bewegt sich in einem Spannungsfeld aus zweien dieser allgemeinen Rechtsgrundsätze, die auf europäischer genauso wie nationaler Ebene zu beachten sind und die bereits in der erwähnten Leitentscheidung *Defrenne II* vom EuGH benannt wurden: Es handelt sich um die Prinzipien der Einzelfallgerechtigkeit[20] und der Rechtssicherheit[21]. Während der erstgenannte Grundsatz aus materiellen Gerechtigkeitserwägungen verlangt, dass eine gefundene Auslegung oder festgestellte Ungültigkeit auf jeden einzelnen von ihr erfassten Fall Anwendung findet, streitet die Rechtssicherheit dafür, bestimmte, zumeist bestands- oder rechtskräftig abgeschlossene Sachverhalte nicht rückwirkend einer erneuten inhaltlichen Prüfung zu unterziehen[22]. Aufgrund der generellen Gleichrangigkeit beider Prinzipien[23] müssen beide vom EuGH zu einem verhältnismäßigen Ausgleich gebracht werden.

Dieser Konflikt, der sich in analoger Form in der Rechtsprechung einiger nationalen Verfassungsgerichte widerspiegelt, erfährt auf europäischer Ebene zudem eine Aufladung durch einen weiteren Grundsatz, der insbesondere im Rahmen des Vorabentscheidungsverfahrens nach Art. 267 AEUV eine entscheidende Rolle spielt, namentlich die einheitliche Auslegung und Anwendung des Unionsrechts in allen Mitgliedstaaten der Union[24]. Wenn dieser vom EuGH in ständiger Rechtsprechung anerkannte Sinn und Zweck des Vorlageverfahrens tatsächlich

17 Ausführl.: *Haltern*, Europarecht, Rn. 294 ff.; in diesem Sinne wohl auch: *Nicolaysen*, Europarecht I, S. 107.

18 Vgl. hierzu sogleich *infra* im 2. Kap. in Punkt A m.w.N. aus der Lit. und Rspr.

19 *Streinz*, in: ders., EUV/AEUV, EUV Präambel Rn. 6; *Hatje*, in: Schwarze, EU-Kommentar, Art. 6 EUV Rn. 3.

20 *EuGH*, Urt. v. 8. April 1976, Rs. 43/75 (Gabrielle Defrenne ./. Sabena), Slg. 1976, 455, Rz. 71/73, wobei das Prinzip dort noch als „Objektivität des Rechts“ bezeichnet wird. Semantisch treffender im Rahmen von Art. 267 AEUV: *Dauses*, Hdb. des EU-Wirtschaftsrechts, P.II Rn. 112; *Schilling*, EuZW 1999, 405 (407).

21 *EuGH*, Urt. v. 8. April 1976, Rs. 43/75 (Gabrielle Defrenne ./. Sabena), Slg. 1976, 455, Rz. 74/75.

22 Allg. zu diesem Spannungsverhältnis: *Ost*, Le Temps du Droit, S. 151 ff.; zur vorliegend interessierenden Frage, vgl. etwa die anschaulichen Schlussanträge des GA *Darmon* v. 27. Oktober 1993 in der Rs. C-228/92, Slg. 1993, I-1448, Rz. 26 m.w.N.

23 *Schmidt-Aßmann*, in: Isensee/Kirchhof, HdbStR II, § 26 Rn. 81.

24 *Gaitanides*, in: Groeben/Schwarze, Kommentar zum EUV und EGV, Art. 234 EGV Rn. 3; *Middeke*, in: Rengeling/Middeke/Gellermann, Hdb. des Rechtsschutzes in der Europäischen Union, § 10 Rn. 6; *Pechstein*, EU-/EG-Prozessrecht, Rn. 778.

möglichst umfassend durchgesetzt werden soll[25], so muss er auch in temporaler Hinsicht Geltung beanspruchen und damit Einfluss auf die vom Gericht vorzunehmende Abwägung der genannten Prinzipien haben[26].

II. Die praktische Bedeutung des Untersuchungsgegenstandes

Die enorme praktische Bedeutung der Frage nach den temporalen Wirkungen von Vorabentscheidungen wird erst aus deren Zusammenspiel mit der Problematik der über den Einzelfall hinausreichenden Wirkung von solchen Entscheidungen deutlich, die noch näher darzustellen sein wird. Im Augenblick soll von der Prämisse ausgegangen werden, wonach solchen Urteilen eine Wirkung beschieden ist, die einem Effekt *erga omnes* zumindest im Ergebnis nahe kommt, mithin nicht nur das zur eigentlichen Vorlagefrage Anlass gebende Hauptsacheverfahren vor den nationalen Gerichten, sondern eine Vielzahl von anderen Sachverhaltskonstellationen durch einen Richterspruch des EuGH im Vorabentscheidungsverfahren beeinflusst wird[27]. Unter diesen Vorzeichen gewinnt die temporale Problematik eine besondere Brisanz, könnte doch durch eine sich auf die Zukunft beschränkte Auslegung oder Ungültigkeitsfeststellung die Zahl der durch die Vorabentscheidung betroffenen Sachverhalte signifikant verringert werden.

Gerade in arbeits- und steuerrechtlichen Auseinandersetzungen, die besonders häufig im Wege von Musterprozessen in einer Vorabentscheidung des EuGH münden[28], sind die Bedeutung und die praktischen Konsequenzen eines Urteils des Gerichtshofs umso größer, je mehr Sachverhalte von ihm erfasst werden. Hierbei verdienen vor allem die finanziellen Folgen von Vorabentscheidungen Erwähnung, die insbesondere im Rahmen von steuerrechtlichen Sachverhalten Rückzahlungsverpflichtungen für Mitgliedstaaten in Milliardenhöhe nach sich ziehen können, sobald einem Urteil des EuGH eine Wirkung *ex tunc* zukommt[29]. Insofern kann es nicht überraschen, dass ausgerechnet die Mitgliedstaaten seit einiger Zeit vermehrt und energischer denn je darauf pochen, die temporalen

25 St. Rspr. seit: *EuGH*, Urt. v. 16. Januar 1974, Rs. 166/73 (Rheinmühlen ./. Einfuhr- und Vorratsstelle für Getreide und Futtermittel), Slg. 1974, 33, Rz. 2.

26 So explizit die Schlussanträge des GA *Darmon* v. 27. Oktober 1993 in der Rs. C-228/92, Slg. 1993, I-1448, Rz. 22; vgl. für diesen Gedankengang auch *infra* im 5. Kap., dort Punkt A I 2 b) aa) m.w.N.

27 Vgl. hierzu ausführl. *infra* im 3. Kap. m.w.N. aus der Lit. und Rspr. des EuGH.

28 *Waldhoff*, [2009] 46 C.M.L.Rev. 1, 173 (177); allg. zu Musterprozessen im Rahmen von Art. 267 AEUV: *Nicolaysen*, Europarecht I, S. 408.

29 *Bundesministerium der Finanzen*, Monatsbericht des BMF – Okt. 2008, 83 (85); vgl. in diesem Sinne auch schon: *Düsterhaus*, EuZW 2006, 393; *Vogel*, StuW 2005, 373 (376).

Konsequenzen von Vorabentscheidungen möglichst umfassend einzuschränken[30]. Gleichwohl haben sie es im Zuge der Verhandlungen über die jüngste Reform der Gründungsverträge nicht für notwendig erachtet, die diesbezüglichen Kompetenzen des EuGH auf primärrechtlicher Ebene zu kodifizieren und möglicherweise sogar einschränkend zu präzisieren, obwohl aus der Vergangenheit durchaus Präzedenzfälle für ein derartiges Vorgehen der „Herren der Verträge" existieren[31].

Darüber hinaus zeigt sich die Bedeutung des Themas auch im rechtsvergleichenden Überblick. Nicht nur spielt die temporale Folge von Urteilen insbesondere im nationalen Verfassungsprozessrecht eine kaum zu überschätzende Rolle, die Rechtsprechung des EuGH zu den temporalen Folgen von Vorabentscheidungen hat in der Vergangenheit bereits eine Vielzahl von nationalen und internationalen Gerichten inspiriert, welche sich in ihren Urteilen bisweilen sogar explizit auf die Spruchpraxis aus Luxemburg bezogen und sich mit ihr auseinandergesetzt haben[32].

B. Ziel der vorliegenden Arbeit

Das Ziel dieser Arbeit besteht zunächst in der Darstellung und Systematisierung der bereits ergangenen Rechtsprechung des EuGH zu den temporalen Folgen von Vorabentscheidungen gemäß Art. 267 AEUV, wobei diese in Beziehung gesetzt werden soll zur Spruchpraxis von Gerichten in einigen ausgewählten Rechtsordnungen.

Gerade angesichts des Fehlens expliziter Vorschriften in den Gründungsverträgen zu diesem Thema kommt der Rechtsprechung des EuGH eine besonders herausgehobene Bedeutung zu. Es soll nachgewiesen werden, dass sich der Ge-

30 Vgl. z.B. etwa *EuGH*, Urt. v. 6. März 2007, Rs. C-292/04 (Meilicke et al. ./. Finanzamt Bonn-Innenstadt), Slg. 2007, I-1835 (I-1873 ff.), in dem nicht weniger als elf mitgliedstaatlichen Regierungen Erklärungen zur temporalen Problematik abgegeben haben.

31 So etwa das Protokoll zu Artikel 119 des Vertrags zur Gründung der Europäischen Gemeinschaft (sog. „Barber-Protokoll"), ABl. EG v. 31. August 1992, Nr. C-224/104 als Reaktion der Mitgliedstaaten auf das Urt.: *EuGH*, Urt. v. 17. Mai 1990, Rs. C-262/88 (Barber ./. Guardian Royal Exchange Assurance Group), Slg. 1990, I-1889 ff.; zum Ganzen im Überblick: *Engelbrecht*, EuZW 1996, 395 f.

32 *EGMR*, Urt. v. 13. Juni 1979, Rs. 6833/74 (Paula und Alexandra Marckx ./. Belgien), [1979] 2 E.H.R.R. 330, Rz. 58 = EuGRZ 1979, 454 (460); dazu: *Bribosia/Rorive*, Rev. Dr. ULB 2002, 125 (146 ff.); *Teitgen*, [1980] 1 H.R.L.J., 36 ff.; *Waelbroeck*, in: Louis/Vandersanden/Waelbroeck, Commentaire Mégret – Bd. 10, S. 265; vgl. auch das Urt. des irischen Supreme Court in *Murphy v. Attorney General*, [1982] I.R. 241, 322 ff., *per* Henchy, J. und 332 ff., *per* Kenny, J.; andeutungsweise auch im Urt. des englischen High Court of Justice: *Percy v. Hall*, [2005] Q.B. 924, 952, *per* Lord Schiemann.

richtshof bei der Bestimmung der zeitlichen Konsequenzen von Vorabentscheidungen an einem bestimmten Modell orientiert, das prinzipiell von einer Wirkung *ex tunc* ausgeht, von der indes systematisch Ausnahmen zugelassen werden, die wiederrum ihrerseits Rückausnahmen zugänglich sind. Nach einer Begründung des Prinzips einer Wirkung *ex tunc* soll durch die Analyse der hierzu ergangenen Urteile erarbeitet werden, unter welchen Voraussetzungen der EuGH gewillt ist, Ausnahmen und Rückausnahmen von diesem Grundsatz anzuerkennen, um so die künftige Rechtsprechung des Gerichtshofs prognostizieren zu können.

Eng im Zusammenhang mit diesem prognostischen Element der Arbeit sollen im Anschluss an die Auseinandersetzung mit der bisherigen Rechtsprechung neuere Entwicklungstendenzen zur Frage der temporalen Folgen von Vorabentscheidungen dargestellt und bewertet werden, wie sie in jüngerer Vergangenheit insbesondere in der Literatur und einigen Schlussanträgen der Generalanwälte zur Diskussion gestellt wurden. Hierbei ist zu untersuchen, ob und inwieweit sich diese Ideen in die bisherige Konzeption des EuGH einfügen und sie mithin geeignet sind, die Spruchpraxis des Gerichtshofs weiterzuentwickeln.

C. Gang der Darstellung

Der Aufbau der vorliegenden Arbeit orientiert sich grundsätzlich an den im Zusammenhang mit dessen Untersuchungsgegenstand und Ziel angeführten Erwägungen.

Den Ausgangspunkt der Analyse bildet die Darstellung der Problematik der temporalen Folgen von Normenkontrollentscheidungen in zwei nationalen Rechtsordnungen. Anhand des deutschen und österreichischen Verfassungsprozessrechts soll aufgezeigt werden, wie das Problem auf mitgliedstaatlicher Ebene angegangen wird. Diese beiden Rechtsordnungen eignen sich in besonderer Weise, da sie zunächst von einander diametral entgegengesetzten Lösungsansätzen ausgehen, letztlich aber zu durchaus vergleichbaren praktischen Ergebnissen gelangen, die beide auf ihre Weise als Inspirationsquelle für die Rechtsprechung des EuGH gedient haben mögen.

Hieran schließt sich eine einleitende Analyse der Rechtsprechung des Gerichtshofs zu seinen Vorabentscheidungen gemäß Art. 267 AEUV an. Wie erläutert, weist die gesamte Problematik um die temporalen Folgen nur dann einen praktischen Ertrag auf, wenn Vorabentscheidungen eine über den Anlassfall hinausgehende Bedeutung zukommt, die inhaltlich identisch gelagerte Verfahren zumindest zu beeinflussen vermag. Die Richtigkeit dieser Prämisse für beide Varianten des Vorabentscheidungsverfahrens soll in einem zweiten Teil der Arbeit nachgewiesen werden. Ebendort ist eine weitere entscheidende Vorfrage für die eigentliche Untersuchung zu klären, namentlich die Kompetenz des EuGH zur Bestimmung der Folgen seiner Vorabentscheidungen. Ausgehend von seiner Rechtsprechung zu deren Konsequenzen in zeitlicher Hinsicht wird aufzuzeigen sein, dass der Gerichtshof entgegen der Auffassung einiger nationaler Gerichte nicht nur dazu berufen ist, die Folgen seiner Urteile nach Art. 267 AEUV selbst zu bestimmen, sondern dass er darüber hinaus *ex officio* ohne entsprechenden Antrag vonseiten der Mitgliedstaaten auf diese Technik zurückgreifen darf.

Sodann erfolgt im dritten Teil der Arbeit die eigentliche Untersuchung der temporalen Folgen von Vorabentscheidungen gelegt wurde, erfolgt diese anschließend im dritten Teil der Arbeit, welcher deren Herzstück bildet. Getrennt nach Auslegungsverfahren im Sinne von Art. 267 Abs. 1 lit. a) AEUV sowie Gültigkeitsverfahren nach Art. 267 Abs. 1 lit. b) AEUV sind in einem ersten Kapitel die temporalen Folgen von Vorabentscheidungen in beiden Verfahrensarten aufzuzeigen. Hierbei ist zunächst darzulegen, warum ihnen grundsätzlich jeweils ein Effekt *ex tunc* zukommt. In einem zweiten Schritt wird auf die Ausnahmen von diesem Prinzip eingegangen und für jede Verfahrensart aufgezeigt, wie diese beschaffen sind und unter welchen Voraussetzungen sie in Frage kommen. Die hierzu ergangene Rechtsprechung des EuGH soll anhand von Fallgruppen systematisiert und sodann bewertet werden. Exkursorisch ist in diesem Zusammenhang abschließend auch auf die Möglichkeit und die Kriterien einzugehen, unter denen die Wirkung *ex tunc* von Vorabentscheidungen auch durch mitgliedstaatliche Verfahrensvorschriften eingeschränkt werden kann. In einem weiteren Kapitel ist sodann auf die Rückausnahmen einzugehen, die der Gerichtshof im Falle der Beschränkung seiner Urteilswirkungen *ex nunc* anordnet. Da er hier nicht mehr zwischen den einzelnen Varianten des Vorabentscheidungsverfahrens differenziert, erfolgt die Darstellung und Bewertung der Rechtsprechung an dieser Stelle in einem gemeinsamen Punkt.

In dem abschließendem Teil der Arbeit wird sodann auf jüngere Entwicklungen insbesondere in der Literatur und den Schlussanträgen der Generalanwälte eingegangen. Im Mittelpunkt stehen dabei die Schlussanträge in den Rechtssachen *Banca Popolare di Cremona* und *Meilicke*, die mit zahlreichen innovativen Ansätzen aufgewartet haben, wie die Rechtsprechung des EuGH zu den temporalen Folgen von Vorabentscheidungen in Zukunft fortentwickelt werden könnte. Diese Ideen gilt es mit der bisherigen Vorgehensweise des Gerichtshofs in Beziehung zu setzen und kritisch zu hinterfragen. Ebenso ist mit der Forderung aus der insbesondere deutschsprachigen Literatur zu verfahren, wonach der EuGH seine Rechtsprechung künftig am Modell des *Prospective Overruling* ausrichten sollte. Nach einer Darstellung des Denkmodells, das seinen Ursprung in der Rechtsprechung des Supreme Court der Vereinigten Staaten hat, ist abschließend dessen Übertragbarkeit auf die europäische Ebene zu prüfen und zu bewerten.

Obgleich es sich bei dem europäischen Unionsrecht ausweislich der ständigen Rechtsprechung des EuGH um eine von den mitgliedstaatlichen Rechtsordnungen autonome Rechtsordnung handelt, greift der Gerichtshof zur Entscheidung der ihm vorgelegten Probleme bisweilen auf Lösungsansätze zurück, deren Inspiration in den Spruchpraxis nationaler Gerichte zu finden ist. Im Rahmen einer wertenden Rechtsvergleichung[33] überträgt er Grundsätze aus den nationalen Rechtsordnungen auf die Unionsebene. Diese Methodik, der sich der EuGH seit der Rechtssache *Alegra*[34] immer wieder bedient hat[35], stellt eine in der wissenschaftlichen Debatte immer noch unterschätzte[36] Brücke in das nationale Recht dar. Mit ihrer Hilfe lässt sich zudem auch die Akzeptanz der Urteile des Gerichtshofs auf nationaler Ebene zu verbessern[37].

Für die Anwendung der wertenden Rechtsvergleichung als Technik ist insbesondere das Vorabentscheidungsverfahren prädestiniert, in dessen durch die von den mitgliedstaatlichen Gerichten geprägten Vorlagefragen gleichsam automatisch nationale Denkweisen den EuGH erreichen[38]. Auch wenn dies in seiner Rechtsprechung so nicht explizit ausgeführt wird, bedient sich der EuGH zur Klärung der Problematik, welche temporalen Folgen Vorabentscheidungen entfalten, dieser Methode[39]. Zwar existieren signifikante strukturelle Unterschiede zwischen den im Folgenden darzustellenden Verfahrensarten vor dem deutschen und dem österreichischem Verfassungsgericht auf der einen sowie dem Vorabentscheidungsverfahren vor dem EuGH auf der anderen Seite, wodurch sich

33 Der Begriff geht, soweit ersichtlich, zurück auf: *Zweigert*, RabelsZ Bd. 28 (1964), 601.

34 *EuGH*, Urt. v. 12. Juni 1957, verb. Rs. 7/56 und 3/57 bis 7/57 (Dineke Alegra et al. ./. Gemeinsame Versammlung der EGKS), Slg. 1957, 85 (115 ff.); ähnl. auch noch: *EuGH*, Urt. v. 16. Dezember 1960, Rs. 6/60 (Humblet ./. Belgien), Slg. 1960, 1163 (1195).

35 *Pescatore*, R.I.D.C. 1980, 337 (338 f.); für ein solches Bsp. vgl. etwa: *EuGH*, Urt. v. 5. Oktober 1988, Rs. 210/87 (Padovani et al. ./. Amministrazione delle Finanze dello Stato), Slg. 1988, 6177, Rz. 19; i.E. genauso: *Daig*, FS Zweigert, 395 (415); *Kutscher*, in: Gerichtshof der Europäischen Gemeinschaften, Begegnung von Justiz und Hochschule, I-1 (I-30 f.).

36 Anders z.B. *Daig*, FS Zweigert, 395 (415), der im EuGH gar eine „Hochburg" der Rechtsvergleichung zu erkennen meint; zu der im Text genannten Einschätzung, vgl. i.E: *Bleckmann*, NJW 1982, 1177 (1181); noch deutlicher: *Müller-Graff*, FS Konzen, 583 ff.

37 *Müller-Graff*, FS Konzen, 583 (592); *Pescatore*, R.I.D.C. 1980, 337 (349 f.); allg. zur Bedeutung der Akzeptanz der Urteile des EuGH auf nationaler Ebene, vgl.: *Haltern*, Europarecht, Rn. 889 ff.

38 *Everling*, DVBl. 2002, 1293 (1294), laut dem das insbes. für Deutschland gilt, da ein Fünftel der Vorlagen von deutschen Gerichten formuliert werden; ähnl. auch schon: *Lenz*, DRiZ 1995, 213 (219).

39 Dieser Ansatz zeigt sich bisweilen in den Schlussanträgen der Generalanwälte, vgl. etwa: Schlussanträge der GAin *Stix-Hackl* v. 14. März 2006 in der Rs. C-475/03, Slg. 2006, I-9394, Rz. 135 ff.

eine ungefiltert analoge Anwendung der in diesem Kapitel dargestellten Lösungen auf unionsrechtlicher Ebene verbietet[40]. Allerdings bestehen hinsichtlich der Ergebnisse augenfällige Parallelen, die zumindest den Verdacht nahe legen, der EuGH könnte sich von der Spruchpraxis des deutschen BVerfG und des österreichischen VfGH zumindest inspiriert haben lassen.

Die Wahl der zu untersuchenden Gerichtspraxis beruht auf keinem Zufall. Sowohl das BVerfG als auch der VfGH sind exklusiv mit Normenkontrollverfahren befasst, und beide Gerichte stehen – ähnlich wie dem EuGH im Rahmen von Art. 267 AEUV – vor der Problematik, welche temporale Wirkung normverwerfende Entscheidungen in diesen Verfahren zukommen soll. In dieser Frage vertreten das BVerfG und der VfGH sich diametral entgegenstehende Lösungsansätze, während sich – von wenigen Ausnahmen abgesehen[41] – die Lösungen aller anderen europäischen Verfassungsgerichte einem dieser beiden Denkschulen zuordnen lassen[42], die im Rahmen dieser Arbeit als „deutsches Modell" und „österreichisches Modell" bezeichnet werden sollen. Im Rahmen des deutschen Modells der Verfassungsgerichtsbarkeit geht das BVerfG grundsätzlich von einer Wirkung *ex tunc* seiner normverwerfenden Entscheidungen aus, während das österreichische Modell mit dem VfGH hier prinzipiell einen Effekt *ex nunc* seiner Urteile annimmt[43].

40 Zu dieser Problematik, vgl. ausführl. *infra* im 5. Kap., dort Punkt A I 2 a) m.w.N.; auf gewisse Parallelen weist etwa *Moes*, StuW 2008, 27 (32), dort insbes. Fn. 40 hin.

41 Eine Sonderstellung nimmt die italienische Rechtsordnung ein, in der Art. 136 Abs. 1 der Verf. die Verfassungswidrigkeit einer Norm *ex nunc* vorschreibt, die Lit. und Rspr. aber von einer Wirkung *ex tunc* ausgehen; vgl. hierzu: *Dietrich*, Der italienische Verfassungsgerichtshof, S. 165 m.w.N. aus der Rspr. in Fn. 24; *Luther*, Die italienische Verfassungsgerichtsbarkeit, S. 112 ff.; *Martines*, Diritto Costituzionale, S. 486 ff.; *Ruggeri/Spadaro*, Linamenti di Giustizia Costituzionale, S. 131; *Stuth/Siclari*, EuGRZ 1989, 389 (391 ff.).

42 Vgl. für einen Überblick: *Bundesministerium der Finanzen*, Monatsbericht des BMF – Okt. 2008, 83 (88 ff.); *Schmitz/Krasniqi*, EuR 2010, 189 (196 ff.); umfassend zur Situation in den Staaten Mittelosteuropas: *Brunner*, in: Trzciński, Studia nad prawem konstytucyjnym, 19 (22 ff.); *Cremer*, in: Frowein/Marauhn, Grundfragen der Verfassungsgerichtsbarkeit in Mittel- und Osteuropa, 237 (294 ff.).

43 Zsf. m.w.N. zu den beiden Ansätzen: *Weber*, Europäische Verfassungsvergleichung, Kap. 12 Rn. 51; *Wieser*, Vergleichendes Verfassungsrecht, S. 140 f.

A. Das deutsche Modell

I. Der Grundsatz der Wirkung *ex tunc*

Das deutsche Modell der Normenkontrolle beruht im Wesentlichen auf zwei Charakteristika, die sich folgendermaßen zusammenfassen lassen: Im Kollisionsfall einer rangniedrigeren Norm mit ranghöherem Recht ist automatisch von einer Nichtigkeit jener auszugehen, welche vom BVerfG in seinem Urteil dann lediglich deklaratorisch festgestellt wird[44]. Für die hier interessierende temporale Fragestellung bedeutet dies, dass Entscheidungen des BVerfG, in denen die Verfassungswidrigkeit einer Vorschrift festgestellt wird, im Regelfall *ex tunc* wirken, die verfassungswidrige Norm schon ab ihrer erstmaligen Kollision mit den Bestimmungen des Grundgesetzes als nichtig zu bewerten ist[45]. Obgleich diese Grundsätze von Teilen der Literatur seit Jahren in Frage gestellt werden[46], hält das BVerfG in ständiger Rechtsprechung bis heute unverändert an ihnen fest[47].

1. Rechtstheoretisches Fundament

Zur Begründung der Herangehensweise des BVerfG wird darauf verwiesen, dass aus der Nichtigkeit einer verfassungswidrigen Bestimmung begriffsnotwendig die Rückwirkung des dies feststellenden Urteils folgt[48]. Dieser Annahme ist in ihrem absolutem Geltungsanspruch indes schon an dieser Stelle entgegenzutreten, da sie zwei Themenkomplexe miteinander vermengt: Aus der Qualität des Normenkontrollurteils folgt mitnichten automatisch ein Ergebnis für die Frage der zeitlichen Wirkung der Entscheidung, wenngleich gewisse Überschneidungen zwischen den beiden Themenkomplexen bestehen[49].

44 So die ganz h.M. statt vieler: *Detterbeck*, Streitgegenstand und Entscheidungswirkungen im Öffentlichen Recht, S. 433 ff.; *Löwer*, in: Isensee/Kirchhof, HdbStR III, § 70 Rn. 114 ff.; für umfangreiche weitere Nachweise, vgl.: *Moench*, Verfassungswidriges Gesetz und Normenkontrolle, S. 11, dort insbes. Fn. 1 und 3. Dies entspricht im Übrigen auch der französischen Konzeption von richterlicher Tätigkeit, vgl. nur: *Pescatore*, Introduction à la science du droit, Rn. 216; *Ost*, Le Temps du Droit, S. 149 ff.

45 *Benda/Klein*, Verfassungsprozeßrecht, Rn. 1251; *Schlaich/Korioth*, Das Bundesverfassungsgericht, Rn. 379; i.E. auch: *Zeidler*, EuGRZ 1988, 207 (214).

46 Noch immer instruktiv: *Böckenförde*, Die sogenannte Nichtigkeit verfassungswidriger Gesetze, *passim*; kritisch auch: *Pestalozza*, Verfassungsprozeßrecht, § 20 Rn. 16 f.

47 St. Rspr. seit: *BVerfG*, Urt. v. 23. Oktober 1951, Az. 2 BvG 1/51, E 1, 14 (37).

48 So etwa exemplarisch statt vieler: *Lechner/Zuck*, BVerfGG, § 78 Rn. 2 f. m.w.N.

49 *Graßhof*, in: Umbach/Clemens/Dollinger, BVerfGG – Mitarbeiterkommentar, § 78 Rn. 12; *Scholzen*, Nichtigkeit oder Vernichtbarkeit verfassungswidriger Rechtsnormen,

Überzeugender ist ein anderer Ansatz. Hiernach soll die bereits angesprochene Nichtigkeit *ab initio* gelten, um die Widerspruchsfreiheit innerhalb der Rechtsordnung zu gewährleisten. Das gegen die Verfassung verstoßende Gesetz stellt nach diesem Ansatz her ein rechtliches Nullum dar, das schon gar nicht zu einem wirksamen Inkrafttreten und damit zum Entfalten von ebensolchen Rechtswirkungen in der Lage ist[50]. Im Verhältnis zu der späteren Entscheidung des BVerfG, die diesen Zustand nur noch bestätigt, stellt sich die Nichtigkeit der in Frage stehenden Vorschrift mit einer Wirkung *ex tunc* dar. Verdeutlicht werden kann dieser Gedanke der Rechtsprechung an dem Schicksal der *lex prior*, die durch das nichtige Gesetz verdrängt werden sollte. Sie lebt nicht etwa wieder auf, sie existiert nach dieser Dogmatik vielmehr fort, weil sie in Wahrheit nie außer Kraft gesetzt wurde[51].

Ergänzt werden kann diese Begründung mit einem verwandten Argumentationsansatz, der sich die Idee der verfassungswidrigen Norm als rechtliches Nullum zu Eigen macht und auf dem Gedanken der Rechtsordnung als Pyramidenkonstruktion mit der Verfassung an ihrer Spitze fußt[52]. Hierbei steht die Überlegung im Vordergrund, wonach jeder Rechtsakt für seine Allgemeinverbindlichkeit eines legitimierenden Rechtssatzes bedarf. Diesen bildet die Verfassung als oberste Rechtsnorm, die positiv festlegt, unter welchen Bedingungen gültiges Recht erzeugt werden kann. Gleichzeitig postuliert sie damit negativ die Konditionen, die der Gültigkeit einer Rechtsnorm aus formeller wie materieller Sicht entgegenstehen. Für die zu erzeugende Rechtsnorm bedeutet dies, dass eine Vorschrift, die formell oder materiell nicht im Einklang mit der Verfassung steht, schon von Anfang an keine Verbindlichkeit entfaltet. Sie ist keine Rechtsnorm im Sinne der Verfassung. Der verfassungswidrige Gesetzestext verharrt nach diesem Ansatz als bloßes Faktum oder rechtliches Nullum gleichermaßen auf einer „prälegalen“ Ebene und findet keinen Eingang in die bestehende Rechtsordnung. Ein Inkrafttreten der verfassungswidrigen Rechtsnorm ist daher *ab initio* schon unmöglich, woraus sich letztlich die Nichtigkeitsfolge *ex tunc* ergibt[53].

S. 7 f.; ähnl.: *Benda/Klein*, Verfassungsprozeßrecht, Rn. 1252; *Strehle*, Rechtswirkungen verfassungsgerichtlicher Normenkontrollentscheidungen, S. 93 ff.

50 Vgl. z.B. nur: *Heckmann*, Geltungskraft und Geltungsverlust von Rechtsnormen, S. 51 ff. m.w.N.

51 *Löwer*, in: *Isensee/Kirchhof*, HdbStR III, § 70 Rn. 116 mit Verweis auf: *BVerfG*, Urt. v. 11. März 2003, Az. 1 BvR 426/02, E 102, 107 (208); vgl. aus der st. Rspr. auch schon: *BVerfG*, Urt. v. 11. Juni 1958, Az. 1 BvR 596/56, E 7, 377 (387).

52 Vgl. hierzu sogleich *infra* in diesem Kap. in Punkt B I 1 m.w.N. zum Ansatz Kelsens.

53 Zum Ganzen etwa: *Moench*, Verfassungswidriges Gesetz und Normenkontrolle, S. 99 m.w.N.; ähnl.: *Detterbeck*, Streitgegenstand und Entscheidungswirkungen im öffentlichen Recht, S. 434; *Olshausen*, JZ 1967, 116 (117); *Weißauer/Hesselberger*, DÖV 1970, 325 (327 ff.).

2. Normatives Fundament

Die ständige Rechtsprechung des BVerfG, wonach seine Normenkontrollentscheidungen eine Wirkung *ex tunc* entfalten, lässt sich demnach rechtstheoretisch begründen und entspricht auch der rechtshistorisch ohne Begründung tradierten Auffassung aus der Weimarer Republik, wonach verfassungswidrige Gesetze *ex tunc* nichtig sind[54].

Ihre normative Verankerung hat diese Auffassung nicht im Grundgesetz selbst, dessen Bestimmungen über das Normenkontrollverfahren einen weitgehend ergebnisoffenen Wortlaut aufweisen[55], sondern vielmehr auf einfachgesetzlicher Ebene.

In §§ 78 f. BVerfGG findet die Auffassung ihren normativen Niederschlag, wonach das schon in der Weimarer Republik tradierte Modell einer Wirkung *ex tunc* von normverwerfenden Entscheidungen auch in der bundesrepublikanischen Rechtsordnung weiter gelten sollte[56]. § 78 BVerfGG, der direkt die Folgen von Entscheidungen in abstrakten Normenkontrollverfahren gemäß Art. 93 Abs. 1 Nr. 2 GG regelt, aber ausweislich § 82 BVerfGG auch in konkreten Normenkontrollverfahren nach Art. 100 GG Anwendung findet, erfasst als Tenorierungsvorschrift[57] seinem Wortlaut nach nur den Ausspruch des BVerfG für den Fall der Unvereinbarkeit einfachgesetzlicher Vorschriften mit höherrangigem Recht. Der Tenor für Urteile, in denen die Vereinbarkeit mit höherrangigem Recht festgestellt wird, bleibt ungeregelt. Dabei ist hier zum ersten Mal ausdrücklich von der Nichtigkeit als Konsequenz eines Konflikts zwischen rangniederem und ranghöherem Bundesrecht die Rede. Allerdings „erklärt" das BVerfG ausweislich des Wortlauts von § 78 BVerfGG die Nichtigkeit einer verfassungswidrigen Vorschrift. Dieser Terminus scheint vor dem rechtstheoretischen Hintergrund des deutschen Modells unglücklich gewählt. Wie eingangs gezeigt werden konnte, charakterisiert das deutsche Modell gerade nicht ein konstitutiver Effekt des Nichtigkeitsurteils; ganz im Gegenteil – das BVerfG muss die Nichtigkeit einer verfassungswidrigen Vorschrift nur für die Rechtsordnung verbindlich feststellen. Trotz der anders lautenden Wortwahl darf § 78 BVerfGG aber nicht als Absage an das deutsche Modell missverstanden werden. Ein Blick in die Geschichte der Norm sorgt für Klarheit. Mitte der 1970er Jahre sollte im Rahmen einer um-

54 *Jeschke*, JW 1922, 81 (81 f.); *Wassertrüdinger*, JW 1925, 44 (44 f.); zsf. aus rechtshistorischer Sicht: *Maurer*, DÖV 1963, 683 ff. m.w.N. aus der Lit. und Rspr.

55 Für diese heute h.M. haben schon früh: *Friauf*, FR 1969, 184 ff.; *Hoffmann*, JZ 1963, 193 (194); a.A. dezidiert noch: *Arndt*, NJW 1957, 361 (363); vgl. zum Ganzen auch: *Benda/Klein*, Verfassungsprozeßrecht, Rn. 1245 m.w.N. aus der Lit.

56 Vgl. hierfür und im Folgenden statt vieler: *Böckenförde*, Die sogenannte Nichtigkeit verfassungswidriger Gesetze, S. 50 ff. m.w.N aus dem Gesetzgebungsverfahren.

57 Z.B.: *Maunz*, in: ders./Schmidt-Bleibtreu/Klein/Bethge, BVerfGG, § 78 Rn. 10 m.w.N.

fassenden Reform des BVerfGG das deutsche Modell zugunsten des österreichischen Modells aufgegeben werden[58]. Letztendlich scheiterten aber beide Anläufe zur Abschaffung des deutschen Modells an den Bedenken der am Gesetzgebungsverfahren beteiligten Kreise, die eine Übernahme der österreichischen Lösung für das deutsche Recht insgesamt für unpassend erachteten. Zudem wurde die noch darzustellende Rechtsprechung des BVerfG, die in bestimmten Fallkonstellationen unerwünschte oder gar verfassungswidrige Konsequenzen der §§ 78 f. BVerfGG modifiziert, für ausreichend erachtet, um sachgerechte Urteilswirkungen in Normenkontrollverfahren zu erzielen[59]. Ein Überbleibsel der breit angelegten Reformbemühungen hat sich aber in die Gegenwart hinüberretten können: die Vereinheitlichung des Sprachgebrauchs im BVerfGG[60]. Paradoxerweise legen damit gerade die gescheiterten Reformbemühungen beredtes Zeugnis von der Kodifizierung des deutschen Modells im BVerfGG ab.

Die Nichtigkeit als Konsequenz der Verfassungswidrigkeit einer einfachgesetzlichen Vorschrift und damit das deutsche Modell sind mithin in § 78 BVerfGG kodifiziert. Wie eingangs angedeutet, folgt hieraus jedoch nicht automatisch ein Befund für die temporale Wirkung der Urteile des BVerfG. Es muss daher getrennt werden zwischen der Nichtigkeit als Konsequenz der Verfassungswidrigkeit einerseits und der Konsequenz der Nichtigkeit andererseits. Der Gesetzgeber ist – gerade vor dem Hintergrund fehlender verfassungsrechtlicher Vorgaben – relativ frei, die Konsequenzen von Normenkontrollentscheidungen abweichend von den rechtstheoretischen Vorgaben des deutschen Modells zu regeln. Grundgesetzlich binden ihn lediglich die beiden Verfassungsrang genießenden Prinzipien der Einzelfallgerechtigkeit und Rechtssicherheit[61] und der daraus resultierende Abwägungskonflikt hinsichtlich der Urteilswirkungen im Normenkontrollverfahren.

Diesen Konflikt einer sachgerechten Lösung zuzuführen, ist primär Aufgabe des Gesetzgebers, der somit entgegen rechtstheoretischer Gedankenkonstrukte

58 Vgl. BT-Drs. V/3816 ff. sowie BT-Drs. VI/388 ff. für die beiden Reformentwürfe; für den ersten Entwurf m.w.N.: *Böckenförde*, ZRP 1969, 130 ff.; *Friauf*, FR 1969, 184 ff. und 319 ff.; für den zweiten Entwurf m.w.N.: *Pestalozza*, AöR Bd. 96 (1971), 27 ff.

59 So ausdrückl. etwa: *Rupp-von Brünneck*, [1972] 20 A.J.C.L., 387 (395) mit Verweis auf BT-Drs. VI/1471, S. 6; ähnl.: *Frowein*, DÖV 1970, 591 (593).

60 Diese war nötig, da z.B. sich alleine in den beiden Sätzen des § 78 Abs. 1 BVerfGG ohne erkennbaren Grund zwei verschiedene Formulierungen („erklären" und „feststellen") fanden. Trotz dieserer Unklarheiten bestand in der Praxis kein Zweifel an der Verankerung des deutschen Modells im BVerfGG, vgl. hierzu etwa: *Geiger*, BVerfGG, § 78 Rn. 1 ff.; m.w.N. aus dem Gesetzgebungsverfahren: *Pestalozza*, Verfassungsprozeßrecht, § 20 Rn. 14.

61 St. Rspr.: *BVerfG*, Urt. v. 12. Dezember 1957, Az. 1 BvR 678/57, E 7, 194 (195 f.); Urt. v. 3. November 1965, Az. 1 BvR 62/61, E 19, 150 (166); Urt. v. 16. Januar 1980, Az. 1 BvR 127, 679/78, E 53, 115 (130).

gehalten ist, zu berücksichtigen, dass auch nichtige Vorschriften tatsächliche Wirkungen in der sozialen Welt entfalten[62]. Das deutsche Modell in seiner Reinform tendiert dagegen zu einer starken Akzentuierung des Grundsatzes der Einzelfallgerechtigkeit und des Individualrechtsschutzes auf Kosten der Rechtssicherheit. Bei strenger Befolgung des Modells müssten alle behördlichen und gerichtlichen Entscheidungen, die auf der als verfassungswidrig erkannten Norm beruhen, einer Neubewertung zugeführt werden. Ein solcher Lösungsansatz ist von vorneherein zum Scheitern verurteilt. Neben erhebliche, wenn nicht unlösbare praktische Schwierigkeiten bei der Rückabwicklung aller Altfälle treten durchgreifende rechtstheoretische Bedenken. So würde die vollständige Rückabwicklung das Prinzip der Rechtssicherheit, das letztlich ebenso im Gerechtigkeitsgedanken wurzelt wie der Grundsatz der Einzelfallgerechtigkeit, derart missachten, dass bei einer Gesamtschau eine schwerwiegendere Beeinträchtigung eben jenes Gerechtigkeitsgedankens einträte als bei einer Beibehaltung des *status quo*[63]. Es ist daher verfassungsrechtlich geboten, das Prinzip der Rechtssicherheit zu berücksichtigen, ihm eine entsprechende Geltung zu verschaffen und somit einen Ausgleich zwischen diesem und dem Grundsatz der Einzelfallgerechtigkeit herzustellen.

Ergebnis dieses verfassungsrechtlich gebotenen gesetzgeberischen Gewichtungsvorgangs ist § 79 BVerfGG. Diese Norm bildet den Kulminationspunkt der hinter dem Problem der temporalen Wirkungen stehenden Frage nach einer Abwägung der Prinzipien der Einzelfallgerechtigkeit sowie der Rechtssicherheit und versucht eine sachgerechte Folgenbewältigung der Nichtigkeitserklärung zu gewährleisten[64]. In zwei Absätzen trifft der Gesetzgeber detaillierte Regelungen, welche Konsequenzen die Nichtigkeit einer Rechtsnorm nach sich zieht. Während das Verfahren bei Strafurteilen, die auf einer nichtigen Norm des materiellen Strafrechts beruhen, nach § 79 Abs. 1 BVerfGG wieder aufgenommen werden kann, statuiert § 79 Abs. 2 BVerfGG eine allgemeine Fortbestandsgarantie, nach der alle sonstigen, auf nichtigen Normen beruhende Hoheitsakte, die einfachrechtlich nicht mehr angreifbar sind, rechts- und bestandskräftig bleiben[65].

Der Gesetzgeber hat sich für ein differenziertes System der Rechtsfolgen von Normenkontrollentscheidungen entscheiden, das dem deutschen Modell im Ergebnis zuwider läuft und nicht zuletzt schon deshalb einer Basis im Gesetz be-

62 So ausdrückl.: *Trzaskalik*, DB 1991, 2255 (2255 f.); ähnl.: *Schlaich/Korioth*, Das Bundesverfassungsgericht, Rn. 390.

63 Für diese Einschätzung deutlich: *Heckmam*, Geltungskraft und Geltungsverlust von Rechtsnormen, S. 101 m.w.N.; *Rupp-von Brünneck*, [1972] 20 A.J.C.L., 387 (391).

64 Jeweils m.w.N.: *Benda/Klein*, Verfassungsprozeßrecht, Rn. 1254; *Schick*, JZ 1969, 371 (373); *Sommerlad*, NJW 1984, 1489 (1490); *Steiner*, FS Leisener, 569 (578 f.).

65 Zsf. statt aller: *Lechner/Zuck*, BVerfG, § 79 Rn. 5 m.w.N. aus Lit. und Rspr.

darf, die diese Entscheidung klarstellt. § 79 BVerfGG räumt dem Grundsatz der Rechtssicherheit regelmäßig Vorrang vor Erwägungen der Einzelfallgerechtigkeit ein, solange es sich um abgeschlossene Rechtsbeziehungen handelt. Nicht abgeschlossenen Tatbestände hingegen kommt der Grundsatz der Einzelfallgerechtigkeit zugute. Hier wirkt das deutsche Modell fort. Eine Sonderstellung nehmen strafrechtliche Urteile ein, für die eine Wiederaufnahme des Verfahrens möglich ist, obgleich rechtskräftige Entscheidungen betroffen sind. Begründet wird diese Annahme wohl herrschend[66] mit fundamentalen Gerechtigkeitserwägungen. Dieser Ansatz weist nochmals auf die Abwägungsproblematik hin, die den Hintergrund zu § 79 BVerfGG bildet.

Insgesamt stellt sich § 79 BVerfGG als verfassungsrechtlich gebotener Beitrag des Gesetzgebers zur Lösung des Spannungsverhältnisses zwischen Einzelfallgerechtigkeit und Rechtssicherheit vor dem Hintergrund von Nichtigkeitsurteilen im Normenkontrollverfahren dar. Aufgrund der weiten legislatorischen Freiheit, die der Gesetzgeber hier mangels präziserer Vorgaben des Grundgesetzes genießt, erweist sich der von ihm gewählte Ansatz als verfassungsrechtlich unbedenklich[67]. Im Zusammenspiel mit § 78 BVerfGG ist die Norm der Platz, an dem das deutsche Modell in der bundesrepublikanischen Rechtsordnung verankert ist. Dessen massive Modifikationen auf der Rechtsfolgenseite sind dem Grundsatz der Rechtssicherheit geschuldet, der Verfassungsrang besitzt und daher bei gesetzgeberischen Bestrebungen ebenso berücksichtigt werden muss wie Aspekte der Einzelfallgerechtigkeit[68].

II. Ausnahmen vom Grundsatz der Wirkung *ex tunc*

§§ 78 f. BVerfGG sehen die Nichtigkeit verfassungswidriger Normen *ex tunc* vor und kodifizieren damit das deutsche Modell. In Ergänzung zu diesen normativen Vorgaben hat das BVerfG darüber hinaus im Wesentlichen zwei[69] Tenorierungsmethoden entwickelt, welche die rückwirkende Feststellung der Nichtigkeit

66 So etwa: *Bethge*, in: Maunz/Schmidt-Bleibtreu/Klein/Bethge, BVerfGG, § 79 Rn. 2; *Geiger*, BVerfGG, § 79 Rn. 2.

67 *Benda/Klein*, Verfassungsprozeßrecht, Rn. 1261 m.w.N. aus der st. Rspr. des BVerfG; *Graßhof*, in: Umbach/Clemens/Dollinger, BVerfGG – Mitarbeiterkommentar, § 79 Rn. 2; *Pestalozza*, AöR Bd. 96 (1971), 27 (44 f.).

68 *Lechner/Zuck*, BVerfGG, § 79 Rn. 2; ähnl.: *Geiger*, BVerfGG, § 79 Rn. 1; *Papier*, NJW 1979, 522 (523 ff.).

69 Einen dritten Ansatz bildet nach traditioneller Ansicht die Methode der verfassungskonformen Auslegung, die jedoch mangels entsprechender Relevanz vorliegend außer Acht gelassen werden kann; vgl. zu dieser Methode statt vieler: *Löwer*, in: Isensee/Kirchhof, HdbStR III, § 70 Rn. 126 f.; *Voßkuhle*, AöR Bd. 123 (2000), 177 ff.

im Sinne des BVerfGG ergänzen: die Unvereinbarkeitserklärung und die Appellentscheidung, die in temporaler Hinsicht beide eine Wirkung für die Zukunft zeitigen[70].

1. Unvereinbarkeitserklärungen

Die Befugnis des BVerfG, eine verfassungswidrige Norm als unvereinbar mit dem Grundgesetz zu erklären, ist heute explizit in §§ 31 Abs. 2, 79 BVerfGG kodifiziert. Indes stellen die Regelungen bloß eine Reaktion des Gesetzgebers auf die Rechtsprechung des Bundesverfassungsgerichts dar, welches bereits vor ihrem Inkrafttreten in Einzelfällen von dem Nichtigkeitsausspruch für verfassungswidrige Gesetze absah. Im Rahmen dieser vom BVerfG *praeter legem* entwickelten Unvereinbarkeitsrechtsprechung[71] ordnet das Gericht regelmäßig die Fortgeltung einer als verfassungswidrig erkannten Rechtslage für eine Übergangszeit an[72].

Eine derartige Aufrechterhaltung einer an sich verfassungswidrigen Norm für eine Übergangszeit erfolgt unweigerlich auf Kosten des Rechtsschutz suchenden Bürgers. Sein Erfolg in dem von ihm vor dem BVerfG angestrengten Anlassfall[73] erweist sich als bloßer Pyrrhussieg: Zwar wird ihm durch das Gericht die Verfassungswidrigkeit der von ihm angegriffenen Norm bescheinigt, doch kann er mit diesem Befund im Hauptsacheverfahren, in dessen Rahmen das Verfahren vor dem BVerfG überhaupt erst angestrengt wurde, regelmäßig nichts anfangen, schließlich gilt eben diese Regelung auch für ihn weiter fort. Diese Rechtsprechung ist daher als grobe Vernachlässigung des subjektiven Rechtsschutzes und der materialen Gerechtigkeit gebrandmarkt worden[74]. Das BVerfG reagierte auf diese Kritik, indem es die österreichische Lösung für Anlassfälle auf seine eigene Spruchpraxis übertrug[75]. Seitdem erfahren der Anlassfall und alle ihm gegenüber inhaltlich gleich gelagerten Verfahren, die durch Entscheidungen noch nicht

70 Zsf. zur temporalen Seite der Problematik: *Zeidler*, EuGRZ 1988, 207 (214 f.).

71 *Pestalozza*, Verfassungsprozeßrecht, § 20 Rn. 17 etwa spricht von einer Entwicklung *praeter legem*, die durch die Unfähigkeit des Gesetzgebers zur Schaffung sachgerechter Regelung bedingt war; a.A.: *Schlaich/Korioth*, Das Bundesverfassungsgericht, Rn. 396, die gar von einer Entwicklung *contra legem* ausgehen.

72 Statt aller exemplarisch: *Benda/Klein*, Verfassungsprozeßrecht, Rn. 1267 ff. m.w.N.

73 Zur Def. dieses Begriffs, vgl. *infra* in diesem Kap. in Punkt B II 2 a).

74 Vgl. statt vieler m.w.N.: *Moes*, StuW 2008, 27 (34 ff.); *Seer*, NJW 1996, 285 (290).

75 Erstmalig wohl: *BVerfG*, Urt. v. 10. November 1998, Az. 2 BvR 1057, 126, 980/91, E 99, 216 (245); zur Anlassfallproblematik, vgl. *infra* in diesem Kap. in Punkt B II 2 m.w.N. aus der österreichischen Lit. und Rspr.

in Bestands- oder Rechtskraft erwachsen sind[76], bei der Anordnung der Fortgeltung verfassungswidriger Normen im Rahmen der Unvereinbarkeitserklärung eine privilegierte Behandlung. Zugunsten des Betroffenen im Anlassfall macht das BVerfG eine Rückausnahme und wendet die verfassungswidrige Norm trotz anders lautender Tenorierung für alle übrigen Fälle nicht an[77].

Aus der hier interessierenden temporalen Sicht handelt es sich bei dieser Rechtsprechung um eine Ausnahme von dem Grundsatz der Wirkung *ex tunc*, die für eine Übergangszeit angeordnet wird, wobei der Anlassfall von einer Rückausnahme in zeitlicher Hinsicht profitiert und dieser somit in den Genuss des eigentlichen Unwerturteils des BVerfG kommt. Strukturell kommt es im Rahmen der Unvereinbarkeitserklärungen zu einer wirklichen temporalen Verfassungsdurchbrechung, die in der deutschen Rechtsordnung eine systemwidrige Ausnahme darstellt[78]. Effektiv handelt es sich bei diesen Konstellationen um Verfassungswidrigkeitserklärungen mit einer Wirkung *pro futuro*, die dem österreichischen Modell im Ergebnis entsprechen[79]. Das BVerfG macht im Wesentlichen in zwei Konstellationen von diesem Instrument Gebrauch, die sich zugleich als Begründung für diese Rechtsprechung heranziehen lassen[80].

a) Gewaltenteilungserwägungen

Den Gegenstand von Unvereinbarkeitserklärungen bilden häufig Sachverhalte, denen ein Verstoß gegen den Gleichheitssatz aus Art. 3 Abs. 1 GG zugrunde liegt[81]. In diesen Situationen führt das BVerfG regelmäßig als Begründung für eine Unvereinbarkeitserklärung an, die verfassungswidrige Ungleichbehandlung zweier an sich gleich gelagerter Sachverhalte könne auf unterschiedliche Art und Weise aufgelöst werden; welche der möglichen Varianten gewählt werde, oblie-

76 *BVerfG*, Urt. v. 6. Juli 2004, Az. 1 BvL 4, 5, 6/97, E 111, 160 (176); aus der Lit.: *Heußner*, NJW 1996, 257 (258).

77 *Schwenke*, DStR 1999, 404 (406 ff.); *Graßhof*, in: Umbach/Clemens/Dollinger, BVerfGG – Mitarbeiterkommentar, § 78 Rn. 55; i.E. aber auch schon: *Weißauer/Hesselberger*, DÖV 1970, 325 (329).

78 Hierzu grundlegend: *Hufeld*, Die Verfassungsdurchbrechung, S. 234 f.; allg. einführend zu dem Thema der Verfassungsdurchbrechung, vgl. statt aller: *Ipsen*, Staatsrecht I, Rn. 1030 ff.

79 *Graßhof*, in: Umbach/Clemens/Dollinger, BVerfGG – Mitarbeiterkommentar, § 78 Rn. 37; *Schlaich/Korioth*, Das Bundesverfassungsgericht, Rn. 407.

80 Explizit zu den beiden Fallgruppen: *Heußner*, NJW 1982, 257 (262 f.); *Moes*, StuW 2008, 27 (29 ff.).

81 St. Rspr. seit *BVerfG*, Urt. v. Az., E 28, 227 (242 f.); aus der Lit. m.w.N.: *Papier*, EuGRZ 2006, 530 (531 f.); *Zeidler*, EuGRZ 1988, 207 (213 ff.)

ge dabei der Gestaltungsfreiheit des Gesetzgebers[82]. Besonders deutlich wird dies in den Konstellationen, in denen der Verstoß gegen Art. 3 GG auf einem verfassungswidrigen gesetzgeberischen Unterlassen beruht. Hier ist aufgrund des Fehlens einer Bestimmung die Feststellung einer Nichtigkeit mangels entsprechenden Normsubstrats schon unmöglich[83]. Verfassungswidrig ist in diesen Konstellationen die unvollständige Regelung der Norm, das heißt die Nichterfassung eines Sachverhalts, der identisch gelagert ist wie der, welcher von der verfassungswidrigen gesetzlichen Regelung erfasst wird[84]. Ein Nichtigkeitsausspruch des BVerfG wäre hier nicht in der Lage, den verfassungsgemäßen Zustand wieder herzustellen. Es bedarf in beiden Fällen vielmehr des gesetzgeberischen Handelns, zu dem das Verfassungsgericht aus Gründen der Gewaltenteilung nicht berufen ist. Will es sich aber nicht dem Vorwurf der Rechtsverweigerung aussetzen, verbleibt letztlich nur die Möglichkeit, eine Unvereinbarkeit der gegenwärtigen Rechtslage mit dem Grundgesetz auszusprechen.

b) Fiskalische und andere Erwägungen

Auch in Konstellationen, in denen die Feststellung der Nichtigkeit einer verfassungswidrigen Bestimmung einen Zustand herbeiführen würde, der noch weiter von der verfassungsmäßigen Ordnung entfernt wäre als der bis dahin bestehende, greift das BVerfG in ständiger Rechtsprechung auf die Figur der Unvereinbarkeitserklärung zurück[85]. Hierbei lassen sich inhaltlich zwei Konstellationen unterscheiden. Zum einen sieht das Gericht von einer Nichtigkeitsfeststellung *ex tunc* ab, wenn die Verfassungswidrigkeit lediglich auf einem Teilaspekt einer ansonsten mit dem Grundgesetz vereinbaren Norm beruht und der Wegfall der gesamten Norm ein an sich rechtmäßiges und möglicherweise sogar grundgesetzlich gefordertes Verfahren unmöglich machen würde[86]. Zum anderen greift das BVerfG zum Mittel der Unvereinbarkeitserklärung, wenn das Objekt der

82 St. Rspr. seit *BVerfG*, Urt. v. 11. Juni 1958, Az. 1 BvL 149/52, E 8, 28 (37); Urt. v. 28. November 1967, Az. 1 BvR 515/63, E 22, 349 (361), noch ohne explizite Unvereinbarkeitserklärung; aus der jüngeren Rspr. vgl. etwa: *BVerfG*, Urt. v. 21. November 2001, Az. 1 BvL 19/93, 1 BvR 1318, 1513, 2358/94, 308/95, E 104, 126 (149).

83 *Benda/Klein*, Verfassungsprozeßrecht, Rn. 1269; *Pestalozza*, Verfassungsprozeßrecht, § 20 Rn. 113 ff. m.w.N. aus Lit. und Rspr.; *Rupp-von Brünneck*, [1972] 20 A.J.C.L., 387 (393).

84 Grundlegend: *Maurer*, FS Weber, 345 (353 f.); vgl. auch: *Schlaich/Korioth*, Das Bundesverfassungsgericht, Rn. 402; *Seer*, NJW 1996, 285 (286).

85 *BVerfG*, Urt. v. 21. Mai 1974, Az. 1 BvL 22/71, 21/72, E 37, 217 (236); vgl. *Zeidler*, EuGRZ 1988, 207 (213).

86 *BVerfG*, Urt. v. 27. November 1990, Az. 1 BvR 402/87, E 83, 130 (154); Urt. v. 10. Februar 2004, Az. 2 BvR 834/02, 1588/02, E 109, 190 (235 f.).

Verfassungswidrigkeit eine steuerrechtliche Regelung darstellt und ihre Nichtigkeit zur Nichterhebung der Steuer führen würde[87]. Insbesondere diese letzte Fallgruppe erfährt seit Jahren eine heftige Kritik in der Literatur, welche dem BVerfG vorwirft, hier auf Kosten des Individualrechtsschutzes eine Politik zu betreiben, die ausschließlich Rücksicht auf die Interessen des durch eine rückwirkende Nichtigkeit betroffenen Fiskus nimmt[88].

2. Appellentscheidungen

Abzugrenzen von den Fällen der Unvereinbarkeitserklärung sind Konstellationen, die in der Literatur unter der Bezeichnung „Appellentscheidungen" bekannt geworden sind. Sie bilden im Kreis der hier diskutierten Entscheidungswirkungen insofern einen Grenzfall, weil BVerfG die streitgegenständliche Norm gerade nicht für verfassungswidrig erklärt[89]. Trotzdem verbindet das Gericht mit seiner Entscheidung ein Unwerturteil, indem es den Gesetzgeber ermahnt, sich einer verfassungsrechtlich bedenklichen oder in Zukunft verfassungswidrig zu werdend drohenden Situation anzunehmen und diesen Zustand zu ändern[90]. In der Hauptsache betreffen Appellentscheidungen Konstellationen, in denen die Entwicklung der in Frage stehenden Sachverhalte prognostisch beurteilt wird. Das BVerfG kann dabei einerseits zwar nicht vorhersagen, wann genau die Verfassungswidrigkeit der Norm eintreten wird, andererseits ist es sich sicher, dass dieser Punkt irgendwann in der Zukunft erreicht werden wird[91]. Regelmäßig handelt es sich bei diesen Fällen um komplexe Lebenssachverhalte, in denen der Gesetzgeber über einen erheblichen legislatorischen Anpassungsspielraum verfügt[92].

Sinn und Zweck der Appellentscheidung ist in diesem Zusammenhang, den Gesetzgeber frühzeitig vor dem Umschlagen einer Rechtsnorm in die Verfassungswidrigkeit zu warnen, was einen Ausdruck des Verhältnismäßigkeitsprin-

87 Exemplarisch: *BVerfG*, Urt. v. 25. September 1992, Az. 2 BvL 5, 8 und 14/91, E 87, 153 (178).

88 Poientiert und krit.: *Moes*, StuW 2008, 27 (30 ff.); *Seer*, NJW 1996, 285 (289 ff.).

89 *Graßhof*, in: Umbach/Clemens/Dollinger, BVerfGG – Mitarbeiterkommentar, § 78 Rn. 10; *Lechner/Zuck*, BVerfGG, § 78 Rn. 13, dort in Fn. 38 m.w.N.; *Moench*, Verfassungswidriges Gesetz und Normenkontrolle, S. 69 ff.

90 Aus der Rspr. siehe etwa: *BVerfG*, Urt. v. 16. November 1992, Az. 1 BvL 17/89, E 87, 348 (358).

91 *Schlaich/Korioth*, Das Bundesverfassungsgericht, Rn. 431; *Zeidler*, EuGRZ 1988, 207 (211).

92 St. Rspr.: *BVerfG*, Urt. v. 28. Februar 1980, Az. 1 BvL 17/77, 7, 9, 14, 15, 16, 37, 64, 74, 78, 100/78, 5, 16/79 und 1 BvR 807/78, E 53, 257 (312 f.); Urt. v. 4. Juli 1995, Az. 1 BvF 2/86 und 1, 2, 3, 4/87 und 1 BvR 1421/86, E 92, 365 (396).

zips darstellen soll[93]. Abzugrenzen ist die Appellentscheidung in diesem Kontext von so genannten „Warnurteilen", in denen das BVerfG eine Rechtsprechungsänderung für die Zukunft ankündigt, ohne gleichzeitig einen Appell an den Gesetzgeber zu richten[94]. Darüber hinaus hat die Appellentscheidung eine maßgebliche Entlastungsfunktion für das Gericht selbst, indem sie im Idealfall verhindert, dass die Norm zu einem späteren Zeitpunkt dem BVerfG nochmals vorgelegt wird, um die eingetretene Verfassungswidrigkeit feststellen zu lassen[95]. Die Appellentscheidung bildet folglich qualitativ ein Plus zu Urteilen, mit denen die Vereinbarkeit einer Vorschrift mit dem Grundgesetz festgestellt wird, gleichzeitig aber ein Minus zu Nichtig- oder Unvereinbarkeitserklärungen. Sie ist daher zwischen diesen beiden Polen anzusiedeln, was zu ihrem Zwittercharakter unter den Entscheidungsaussprüchen des BVerfG beiträgt.

Diesem Spagat ist auch die Kontroverse geschuldet, welche Verbindlichkeit die Appelle für den Gesetzgeber entfalten[96]. Das Spektrum reicht von der Annahme einer Bindungswirkung des Gesetzgebers mit einer entsprechenden Nachbesserungspflicht[97] bis hin zu Meinungen, welche den appellativen Teil der Urteile als bloßes *obiter dictum* ohne eigentliche Bindungswirkung begreifen[98]. Aufgrund ihres insgesamt prognostischen Charakters, dem notwendig ein Aspekt der Unsicherheit innewohnt, ist die Appellentscheidung am ehesten wohl als Anregung an den Gesetzgeber zu verstehen, mit der das BVerfG folgenorientiert seinem Verfassungsauftrag zur Wahrung des Grundgesetzes unter Berücksichtigung seiner Stellung im politischen Gefüge nachkommt[99].

III. Abschließende Betrachtung

Die vorliegende Skizze des deutschen Modells hat ergeben, dass Urteilen des BVerfG in Normenkontrollverfahren, in denen die Grundgesetzeswidrigkeit einer Rechtsnorm festgestellt wird, regelmäßig eine zeitliche Wirkung *ex tunc* zukommt. Sie wird lediglich in bestimmten Ausnahmefällen durchbrochen, die

93 So ausdrückl.: *Löwer*, in: Isensee/Kirchhof, HdbStR III, § 70 Rn. 124 m.w.N.

94 *Benda/Klein*, Verfassungsprozeßrecht, Rn. 1283.

95 Vgl. hierzu die ehemalige Richterin des BVerfG *Rupp-von Brünneck*, [1972] 20 A.J.C.L., 387 (401).

96 *Schlaich/Korioth*, Das Bundesverfassungsgericht, Rn. 438, dort in Fn. 133 m.w.N.

97 I.E. wohl auch: *Löwer*, in: Isensee/Kirchhof, HdbStR III, § 70 Rn. 125; *Rupp-von Brünneck*, [1972] 20 A.J.C.L., 387 (400).

98 Vgl. statt vieler: *Benda/Klein*, Verfassungsprozeßrecht, Rn. 1280; *Graßhof*, in: Umbach/Clemens/Dollinger, BVerfGG – Mitarbeiterkommentar, § 78 Rn. 10.

99 *Schlaich/Korioth*, Das Bundesverfassungsgericht, Rn. 439; *Starck*, FS Isensee, 215 (226); *Rupp-von Brünneck*, [1972] 20 A.J.C.L., 387 (400 f.) will dagegen alleine hieraus die Kompetenz des BVerfG zu verbindlichen Appellentscheidungen begründen.

vom Verfassungsgericht in seiner Rechtsprechung entwickelt wurden. In diesen Konstellationen erfahren aber Anlassfälle und inhaltlich gleich gelagerte Sachverhalte eine Sonderbehandlung. Sie werden von der Rückwirkungsbeschränkung ausgenommen.

Damit weist das deutsche Modell eine starke Ähnlichkeit mit der Herangehensweise des EuGH an die Problematik der temporalen Wirkungen von Vorabentscheidungen im Sinne von Art. 267 AEUV auf. Obgleich bedeutende strukturelle Unterschiede zwischen einer Normenkontrolle im nationalen Verfassungsprozessrecht und dem Vorabentscheidungsverfahren bestehen[100], geht auch der Gerichtshof grundsätzlich von einer Wirkung seiner Urteile *ex tunc* aus, die nur unter ganz bestimmten Voraussetzungen durchbrochen werden kann. Inwieweit er hierbei von der Rechtsprechung des BVerfG inspiriert wurde, lässt sich aufgrund der apodiktischen Spruchpraxis des Gerichtshofs nicht beurteilen, jedenfalls aber wird das deutsche Modell in Luxemburg diskutiert[101]. Hiervon legen auch Ausführungen der Generalanwälte Zeugnis ab. So berief sich etwa Generalanwalt *Jacobs* in seinem Schlussantrag in der Rechtssache *Banca Popolare di Cremona* ausdrücklich auf die Tenorierungspraxis des BVerfG, die er dem EuGH zur Übernahme anempfahl[102]. Auch wenn der Gerichtshof auf diesen Vorschlag mangels Entscheidungserheblichkeit nicht eingehen musste, ist das deutsche Modell auf unionsrechtlicher Ebene zumindest nicht unbekannt geblieben.

B. Das österreichische Modell

Das im Folgenden darzustellende österreichische Modell der Normenkontrolle, das seinen normativen Ursprung in Art. 140 des österreichischen Bundes-Verfassungsgesetzes vom 1. Oktober 1920 hat, bildet rechtstheoretisch die diametrale Gegenkonzeption zum deutschen Modell.

100 Hierzu ausführl. *infra* im 5. Kap., dort insbes. Punkt A I 2 a) m.w.N.; vgl. aber: *Moes*, StuW 2008, 27 (32), dort Fn. 40, der auch in struktureller Hinsicht Parallelen zwischen den beiden Verfahrensarten erkennen will.

101 *EuGH*, Urt. v. 8. September 2010, Rs. C-409/06 (Winner Wetten GmbH ./. Bürgermeisterin der Stadt Bergheim), Slg. 2010, I-8015, Rz. 59.

102 Schlussanträge des GA *Jacobs* v. 17. März 2005 in der Rs. C-475/03, Slg. 2006, I-9375, Rz. 86.

I. Grundsatz der Wirkung *ex nunc*

Gemäß dem allgemeinen Verfassungsverständnis in Österreich wirken Normenkontrollentscheidungen, in denen der VfGH die Verfassungswidrigkeit einer Norm erklärt, nicht auf den Zeitpunkt des erstmaligen Normkonflikts zurück. Vielmehr erfolgt erst durch das normverwerfende Urteil selbst eine Aufhebung der verfassungswidrigen Norm, das *ex nunc* mit dem Ablauf des Tages der Kundmachung des Erkenntnisses[103] im jeweiligen Bundes- oder Landesgesetzblatt beginnt seine Wirkung zu entfaltet[104].

1. Rechtstheoretisches Fundament

Eine derart fundamental vom deutschen Modell abweichende Konzeption überrascht zunächst und wirft gleichsam Zweifel nach dessen rechtstheoretischer Begründbarkeit auf. Tatsächlich aber zeichnet sich das österreichische Modell in dieser Hinsicht als sehr viel homogener aus als sein deutsches Pendant. Diese Homogenität ist der Person *Hans Kelsens* geschuldet, der als Vertreter der rechtspositivistischen Denkschule Wiener Prägung[105] mit seinen Konzepten die Entstehung des österreichischen Bundes-Verfassungsgesetzes von 1920 insgesamt und das Rechtsinstitut der Normenkontrolle im Besonderen beeinflusst hat[106]. Die rechtstheoretischen Grundlagen der Normenkontrolle hat *Kelsen* dabei besonders pointiert in seinem Hauptwerk *Reine Rechtslehre* beschrieben[107].

Ein für das Rechtsinstitut der Normenkontrolle maßgeblicher Grundgedanke in der *Reinen Rechtslehre* bildet das schon im Zusammenhang mit dem deutschen Modell angesprochene Konzept des Stufenbaus der Rechtsordnung, wonach jede Einzelnorm ihren Geltungsgrund jeweils aus der hierarchisch übergeordneten Norm bezieht[108]. Im Verhältnis zum einfachen Gesetz bildet die übergeordnete Norm die Verfassung. Der hiermit verbundenen Gefahr eines *regressus ad infinitum* in Form einer unendlichen Verweisungskette begegnet *Kel-*

103 In der österreichischen Fachsprache werden mit dem Begriff „Erkenntnis" die Urteile des VfGH bezeichnet.

104 Statt aller: *Öhlinger*, Verfassungsrecht, Rn. 1031.

105 Einführend zum Rechtspositivismus im Allgemeinen: *Engländer*, Jura 2000, 113 ff.

106 *Mayer*, Das österreichische Bundes-Verfassungsrecht, Vorb. zu Art. 140; *Rohregger*, in: Korinek/Holubek, Österreichisches Bundesverfassungsrecht, Art. 140 B-VG Rn. 8 m.w.N. aus der Lit.

107 Insbesondere zum in dieser Arbeit untersuchten Problem, vgl.: *Kelsen*, Reine Rechtslehre, S. 271 ff.

108 *Kelsen*, Reine Rechtslehre, S. 228 ff.; davor schon hierzu: *Merkl*, JBl. 1918, 425 ff.

sen mit der Einführung einer fiktiven „Grundnorm“[109]. Diese Grundnorm ist denknotwendig keine positive Norm, sondern stellt lediglich ein Gedankenkonstrukt dar, welches im Sinne einer nicht beweisbaren Prämisse als transzendentaler Ausgangspunkt für die gesamte Rechtsordnung vorausgesetzt werden muss, an deren konkret manifestierter Spitze die Verfassung steht. Vor diesem Hintergrund überrascht es nicht, dass für *Kelsen* unter dem Begriff der Rechtmäßigkeit bloß eine Entsprechung der rangniederen zur ranghöheren Stufe einer Rechtsordnung verstanden werden kann, die einer gerichtlichen Überprüfung zugänglich ist[110].

Im Hinblick auf die hier interessierenden Folgen von Normenkontrollentscheidungen scheint der soeben geschilderte Ansatz zunächst eine dem deutschen Modell entsprechende Herangehensweise nahe zu legen. Wenn eine rangniedrigere Norm nicht einer ranghöheren Norm entspricht, fehlt ihr *per definitio-definitionem* die Normqualität, sie kann mithin denklogisch schon keine Norm im Sinne der Rechtsordnung bilden. Auch *Kelsen* rezipiert diesen Gedankengang in seiner *Reinen Rechtslehre*[111], jedoch geht er einen Schritt weiter: Aufgrund der inhaltlichen Unbestimmtheit der Grundnorm stehe es dem Verfassungsgeber frei, wie auch immer geartete Regelungen in Verfassungen zu treffen. Verfassungen wiederum sehen Normen vor, die bestimmte Einrichtungen ermächtigten, sich der Vorschriften anzunehmen, welche nicht in Einklang mit einer höherrangigen Norm in Form der Verfassung stünden. Durch die Schaffung dieser Einrichtungen selbst unterstelle die Verfassung den gegen sie verstoßenden Regelungen Gültigkeit, da es andernfalls keiner solcher Einrichtungen bedürfte[112]. Ihre Geltung und damit Existenz bezieht die verfassungswidrige Vorschrift demnach daraus, dass Normen bestehen, die den Umgang mit ihr regeln. Wenn aber solche Normen existieren, so können die verfassungswidrigen Vorschriften ihrerseits nicht nichtig sein, da sonst jene Normen keinen Anwendungsbereich hätten. Die Verfassung, die anordnet, wie mit verfassungswidrigen Normen umgegangen wird, bezeugt demnach, dass diese Normen zumindest vorläufig gültig und in der Lage sind, tatsächliche Folgen nach sich zu ziehen[113].

Aus alledem folgt für das österreichische Modell, dass verfassungswidrige Normen lediglich durch ein bestimmtes Verfahren aus der Rechtsordnung ent-

109 Zur Konzeption der Grundnorm: *Engländer*, Jura 2000, 113 (116 f.).; *Kley/Tophinke*, JA 2001, 169 (172); ausführl.: *Kelsen*, Reine Rechtslehre, S. 196 ff.

110 Vgl. hierzu prägnant: *Kelsen*, VVDStRL Bd. 5 (1929), 30 (32).

111 *Kelsen*, Reine Rechtslehre, S. 271 und 275.

112 *Kelsen*, Reine Rechtslehre, *ibid.*; zu diesem Gedanken in der schweizerischen Rechtsordnung, siehe: *Strehle*, Rechtwirkungen verfassungsgerichtlicher Normenkontrollentscheidungen, S. 96.

113 *Kelsen*, Reine Rechtslehre, S. 271; vgl. eindrückl. hierzu: *Adamovich*, in: Wieser/Stolz, Verfassungsrecht und Verfassungsgericht an der Schwelle zum 21. Jahrhundert, 7 (8).

fernbar, das heißt vernichtbar sind. Erst am Ende dieses Verfahrens steht die eigentliche Entfernung der Norm aus der Rechtsordnung durch ein Verfassungsgericht. Davon unabhängig ist die Frage zu stellen, welche temporalen Konsequenzen aus einer derartigen Normvernichtung gezogen werden können. Ein augenfälliges Ergebnis scheint auf der Hand zu liegen: Wird eine verfassungswidrige Norm bis zu ihrer Vernichtung von der Verfassung selbst als zwar in einem bestimmten Verfahren aufhebbare, aber dennoch gültige Norm betrachtet, so kann eine Vernichtung in zeitlicher Hinsicht nur zur Folge haben, dass die Norm erst mit ihrer Vernichtung und somit frühestens *ex nunc* mit dem entsprechenden Erkenntnis des Verfassungsgerichts aus der Rechtsordnung ausscheidet.

In temporaler Hinsicht kann die Vernichtung einer Norm im österreichischen Modell demnach drei Wirkungsrichtungen haben. Das Urteil des Verfassungsgerichts kann *ex nunc*, *pro futuro* oder aber auch *pro praeterito* wirken, wobei die drei Varianten zunächst gleichberechtigt nebeneinander stehen[114]. Lediglich der Umstand, dass die verfassungswidrige Norm im österreichischen Modell bis zu ihrer Vernichtung als gültig betrachtet wird, legt eine Wirkung *ex nunc* des verfassungsgerichtlichen Urteils nahe. Doch kann das die Norm vernichtende Urteil bei entsprechender Anordnung auch Wirkung für die Vergangenheit haben, was allerdings ähnlich gelagerte Probleme nach ziehen würde wie eine rigide Anwendung des deutschen Modells. Diese Lösung mit einer Erkenntniswirkung *pro praeterito* darf indes nicht pauschal mit der Wirkung *ex tunc* des deutschen Modells gleichgesetzt werden. Während dem deutschen Modell ein Vergangenheitsbezug wesensimmanent ist, bereitet er dem österreichischen Modell zusätzliche strukturelle Probleme, welche durch die Gültigkeitsannahme der verfassungswidrigen Norm bis zu deren Aufhebung bedingt sind.

2. Normatives Fundament

Im vorhergehenden Punkt konnte gezeigt werden, dass den verfassungsrechtlichen Bestimmungen über die Folgen des Normenkontrollverfahrens im österreichischen Modell eine wesentliche Bedeutung zukommt. Tatsächlich enthielt schon die erste Fassung des Bundes-Verfassungsgesetzes vom 1. Oktober 1920 in seinem Art. 140 B-VG eine der heutigen Norm vergleichbare Regelung zu den Konsequenzen von Normenkontrollentscheidungen des VfGH. Sein Absatz 3 ordnete die grundsätzliche Wirkung *ex nunc* von normverwerfenden Erkenntnissen ab dem Tag der Kundmachung der Entscheidung an. In Ausnahmefällen sollte hiervon auf Anordnung des VfGH *pro futuro* bis zu sechs Monate abgewichen

114 So explizit: *Kelsen*, Reine Rechtslehre, S. 280 ff.

werden können, um problematische Gesetzeslücken zu vermeiden[115]. Eine Ausnahme von diesem Grundsatz bildete der so genannte „Anlassfall", das heißt der Sachverhalt, der zur Prüfung des später als verfassungswidrig erkannten Gesetzes durch den VfGH führte[116].

Diese Bestimmungen sind in leicht veränderter Form[117] bis heute Teil des österreichischen Verfassungsrechts. So ist das Normenkontrollverfahren heute umfassend in Art. 139 bis Art. 140a B-VG geregelt, wobei die zentrale Vorschrift der Normenkontrolle in der österreichischen Verfassungsordnung weiterhin Art. 140 B-VG bildet, der die Prüfung von formellen Gesetzen auf ihre Vereinbarkeit mit der Verfassung zum Gegenstand hat.

a) Die Folgen von Normenkontrollen im Allgemeinen

Die Urteilswirkungen von normverwerfenden Erkenntnissen finden ihre Regelung in Art. 140 Abs. 5 bis 7 B-VG. Während Art. 140 Abs. 5 Satz 3 und 4 sowie Abs. 7 B-VG die hier im Fokus der Betrachtungen stehenden temporalen Folgen von Normenkontrollentscheidungen betreffen, regeln die übrigen Absätze die weiteren Wirkungen der Erkenntnisse des VfGH.

Hierbei ist auf eine Besonderheit einzugehen, welche sich aus dem Art. 140 B-VG zugrunde liegenden österreichischen Modell ergibt. So regelt Art. 140 Abs. 6 B-VG, dass im Falle der Vernichtung einer einfachgesetzlichen Vorschrift an dessen Stelle *eo ipso* die Normen treten, die durch die vernichtete Norm im Zuge des *lex posterior*-Grundsatzes aufgehoben wurden[118]. Diese Anordnung ist besonders aufschlussreich, unterstreicht sie doch den Unterscheid zwischen dem deutschen und dem österreichischen Modell im Hinblick auf die Qualität einer verfassungswidrigen Norm. So bedarf das deutsche Modell einer Vorschrift wie Art. 140 Abs. 6 B-VG strukturell nicht, weil der verfassungswidrigen Norm schon die Normqualität abgesprochen wird, während in Österreich selbst verfassungswidrige Normen zunächst Gültigkeit entfalten[119]. Zu einem Wideraufleben der vormals verdrängten Vorschriften kann es daher erst durch eine explizite Anordnung kommen, wie sie Art. 140 Abs. 6 B-VG trifft. Aller-

115 *Kelsen*, Die Bundesverfassung vom 1. Oktober 1920, Zu Art. 140, 258 (259 f.); *Adamovich/Funk/Holzinger*, Österreichisches Staatsrecht – Bd. 2, Rn. 39.045; kritisch dagegen: *Haller*, ÖJZ 1974, 174 (176 f.).

116 Hierzu und zum Folgenden: *Kelsen*, Die Bundesverfassung vom 1. Oktober 1920, Zu Art. 140, 258 (260 f.); detaillierter zum Ganzen: *ders.*, ZSR Bd. 42 n.F. (1923), 173 (194 f.).

117 Zu den hier interessierenden Reformen, vgl. insbes.: *Ermacora*, JBl. 1976, 79 (81 f.).

118 *Mayer*, Das österreichische Bundes-Verfassungsrecht, Art. 140 B-VG Rn. IV.3 m.w.N. aus der Rspr.

119 St. Rspr. seit *VfGH*, Erk. v. 24. November 1932, Az. B 23/32, VfSlg. 1491/1932.

dings steht es dem VfGH nach dieser Vorschrift auch frei, ein anderes anzuordnen, was den Regelfall in der Rechtsprechung bildet[120].

b) Die Wirkung *ex nunc* von Normenkontrollen

Wie bereits an mehreren Stellen dieses Abschnitts angeklungen, räumt Art. 140 B-VG in seiner gegenwärtigen Fassung dem VfGH ein sehr weites Ermessen bei der Bestimmung der zeitlichen Wirkungen seiner Erkenntnisse bei. Dies spiegelt die Einschätzung *Kelsens* wider, wonach einem normverwerfenden Urteil grundsätzlich Wirkung *ex nunc* zukommen soll, jedoch auch ein Effekt *pro praeterito*, respektive *pro futuro* denkbar ist. Tatsächlich wird der VfGH durch die Vorschrift Art. 140 B-VG in die Lage versetzt, seinen Erkenntnissen genau diese drei temporalen Konsequenzen beizumessen.

Den Regelfall der zeitlichen Wirkung normverwerfender Erkenntnisse bezeichnet Art. 140 Abs. 5 Satz 3 Hs. 1 B-VG, indem er eine Aufhebung der verfassungswidrigen Norm *ex nunc* anordnet. Das Außerkrafttreten erfolgt dann mit Ablauf des Tages der Kundmachung des Erkenntnisses im jeweiligen Bundes- oder Landesgesetzblatt um 24 Uhr[121].

II. Ausnahmen vom Grundsatz der Wirkung *ex nunc*

Art. 140 B-VG eröffnet dem VfGH die Möglichkeit, die temporalen Folgen seiner Normenkontrollentscheidungen im Vergleich zum Regelfall der Wirkung *ex nunc* gleich in zweifacher Hinsicht abzuwandeln.

1. Die Wirkung *pro futuro* von Normenkontrollen

Eine der wichtigsten und gleichzeitig umstrittensten Ausnahmen von dem Grundsatz der Wirkung *ex nunc* bildet die Kompetenz des VfGH, in seinen Erkenntnissen eine Frist zu bestimmen, innerhalb der die verfassungswidrige Norm außer Kraft treten muss. Seit jeher wird diese heute in Art. 140 Abs. 5 Satz 3 Hs. 2 und Satz 4 B-VG normierte Fristsetzungsbefugnis als Möglichkeit des Verfassungsgerichts verstanden, die Wirkungen seiner Erkenntnisse auf einen Zeit-

120 *Berchtold-Ostermann/Schober-Oswald*, EuGRZ 2006, 525 (529); *Öhlinger*, Verfassungsrecht, Rn. 1034.

121 *Öhlinger*, Verfassungsrecht, Rn. 1031; *Rohregger*, in: Korinek/Holubek, Österreichisches Bundesverfassungsrecht, Art. 140 B-VG Rn. 283 ff. m.w.N. aus Lit. und Rspr.

punkt nach deren Kundmachung hinauszuzögern[122], obgleich der Wortlaut der Regelung in dieser Hinsicht nicht eindeutig ist. So ist in Art. 140 B-VG stets nur neutral von „Frist“ die Rede, was Raum für eine weitergehende Deutung gäbe. Allerdings stünde eine solche Auslegung im Widerspruch zum rechtstheoretischen Fundament des österreichischen Modells, das im Regelfall von einer Aufhebung *ex nunc* ausgeht. Für eine nur *pro futuro* intendierte Fristsetzung spricht vor diesem Hintergrund vor allen Dingen der historische Befund. So enthielt bereits die von *Kelsen* mitredigierte Urfassung des Art. 140 B-VG von 1920 die Möglichkeit der Fristsetzung, die auch von diesem selbst im eingangs genannten Sinne verstanden wurde[123]. Zudem ermächtigt Art. 140 Abs. 7 B-VG den VfGH, seinen Erkenntnissen unter noch näher darzulegenden Voraussetzungen ausnahmsweise Rückwirkung zu verleihen. Wäre ein solcher Effekt *pro praeterito* schon auf Grundlage von Art. 140 Abs. 5 B-VG möglich, erwiese sich die Einführung jener Kompetenz im Jahre 1975 als redundant. Insofern ist trotz des offenen Wortlautes mit der allgemeinen Ansicht von einer nur *pro futuro* wirkenden Fristsetzungsmöglichkeit des Verfassungsgerichts auszugehen.

2. Die Wirkung *pro praeterito* von Normenkontrollen – der Anlassfall

Neben der Befugnis des VfGH, seinen Urteilen Wirkung nur für die Zukunft zu geben, kann das Verfassungsgericht in seinen Erkenntnissen auch das andere Spektrum der Zeitachse berücksichtigen und diesen eine Wirkung *pro praeterito* verleihen. Das prominenteste Beispiel hierfür ist der nunmehr explizit in Art. 140 Abs. 7 Satz 2 B-VG normierte Anlassfall. Obgleich seine Kodifikation erst in der B-VG-Novelle des Jahres 1975 erfolgte, war er seit Inkrafttreten des Bundes-Verfassungsgesetzes als Ausnahme von der grundsätzlichen Wirkung *ex nunc* bekannt[124]. Neben dem Anlassfall besitzt der VfGH zudem die Befugnis, die Rückwirkung auf andere, noch nicht bestandskräftige oder rechtskräftig entschiedene Sachverhalte zu erstrecken[125]. Die Behandlung des Anlassfalles, vor

122 So schon: *Kelsen*, Die Bundesverfassung vom 1. Oktober 1920, Zu Art. 140, 258 (261); vgl. ausdrückl. hierzu: *VfGH*, Erk. v. 28. September 1995, Az. G 296/94, VfSlg. 14262/1995.

123 Dies ergibt sich aus den Ausführungen in: *Kelsen*, Reine Rechtslehre, S. 173 (195).

124 St. Rspr. seit: *VfGH*, Erk. v. 10. Oktober 1931, Az. K 43/31, VfSlg. 1415/1931.

125 Vgl. aber: *VfGH*, Erk. v. 24. Januar 1997, Az. G 338–391/96, VfSlg. 14723/1997; Erk. v. 11. Dezember 1997, Az. G 441–449/97, VfSlg. 15060/1997 mit einer Rückwirkungserstreckung auch auf solche Fälle; zu Recht ablehnend die ganz h.M. in der Lit.: *Jirovec*, ÖStZ 1997, 55 (56 f.); *Mayer*, Das österreichische Bundes-Verfassungsrecht, Art. 140 B-VG Rn. V.2; *Novak*, JBl. 2000, 137 (138 f.); *Ruppe*, in: Holoubek/Lang, Das verfassungsgerichtliche Verfahren in Steuersachen, 175 (187).

allem aber seine Erstreckung ist seit der Einführung dieser Möglichkeit eines der zentralen Probleme des österreichischen Verfassungsprozessrechts.

a) Der Anlassfall

Als Anlassfall wird nach traditioneller Diktion stets der Sachverhalt bezeichnet, der dazu geführt hat, dass das Normprüfungsverfahren vor dem VfGH eingeleitet wurde, welches zur Aufhebung der verfassungswidrigen Norm führte[126]. Vereinfacht ausgedrückt, geht es um den Fall, der den Anlass zum Verfahren nach Art. 140 B-VG gegeben hat. Auf ihn findet gemäß Art. 140 Abs. 7 Satz 2 B-VG die verfassungswidrige Norm keine Anwendung mehr. Die aufhebende Wirkung des Erkenntnisses wird temporal auf den Anlassfall ausgedehnt, der Spruch des VfGH entfaltet hier eine Wirkung *pro praeterito.* Dieser Effekt tritt von Verfassungs wegen ohne entsprechende Anordnung des VfGH für alle Anlassfälle ein. Nach ständiger Rechtsprechung des VfGH hat dies zur Folge, dass die Anlassfallwirkung selbst dann nicht ausgesetzt werden kann, wenn sie sich im Endeffekt für den Beschwerdeführer im Hauptsacheverfahren nachteilig auswirkt, weil etwa die vernichtete Norm einen Anspruch auf eine Leistung begründete[127]. Der Anlassfall bildet demnach prinzipiell eine Ausnahme von dem Grundsatz, wonach Erkenntnisse des Verfassungsgerichts eine verfassungswidrige Norm nur für die Zukunft aufheben.

Traditionell wird zur Begründung des Anlassfalles die so genannte „Ergreiferprämie" angeführt[128]. Hinter dieser plastischen Bezeichnung verbirgt sich der Gedanke, dass derjenige, der zur Entdeckung und Entfernung einer verfassungswidrigen Vorschrift beiträgt, in den Genuss der „Früchte seiner Arbeit" kommen soll. Andernfalls bestünde kein Anreiz, einen Beitrag zur Auffindung verfassungswidriger Normen zu leisten. Allerdings erweist sich dieser Ansatz bei näherer Betrachtung als zweifelhaft, da der VfGH bei seiner Normprüfung nicht an die jeweiligen Vorträge der Beteiligten gebunden ist, sondern eine umfassende

126 Im Überblick statt aller: *Adamovich/Funk/Holzinger*, Österreichisches Staatsrecht – Bd. 2, Rn. 39.046; *Oberndorfer*, EuGRZ 1988, 193 (203); *Öhlinger*, Verfassungsrecht, Rn. 1032.

127 *VfGH*, Erk. v. 25. November 1985, Az. A 15/83, VfSlg. 10677/1985; Erk. v. 13. Juni 1986, Az. B 529/83, VfSlg. 10900/1986; dies entspricht der ganz h.M. der Lit.: *Mayer*, Das österreichische Bundes-Verfassungsrecht, Art. 140 B-VG Rn. V.6; *Oberndorfer*, EuGRZ 1988, 193 (203); *Ringhofer*, ÖstVerwArch 1978, 109 (117); *Walter/Mayer/Kucsko-Stadlmayer*, Bundesverfassungsrecht, Rn. 1170 m.w.N.

128 *VfGH*, Erk. v. 3. Dezember 1966, Az. B 368/66, VfSlg. 5414/1966; aus der Lit. statt aller: *Rohregger*, in: *Korinek/Holoubek*, Österreichisches Bundesverfassungsrecht, Art. 140 B-VG Rn. 317 m.w.N.

Verhältnismäßigkeitsprüfung vornimmt[129]. Zudem steht es dem Verfassungsgericht gemäß Art. 144 B-VG auch frei, eine Normenkontrolle von Amts wegen einzuleiten. Gerade in der letztgenannten Konstellation stellt sich die Frage, ob der Anlassfall hier tatsächlich einer wie auch immer gearteten Belohnung bedarf. Außerdem greift die Anlassfallwirkung, wie ausgeführt, auch zuungunsten des Beschwerdeführers im Hauptsacheverfahren ein, was entschieden gegen den Lösungsansatz der „Ergreiferprämie" spricht.

Eine der Ergreiferprämie ähnliche, aber insgesamt überzeugendere Argumentation konzentriert sich dagegen auf einen Antagonismus, der nur durch die Anerkennung der Figur des Anlassfalles begegnet werden kann. So sieht Art. 140 B-VG explizit die Möglichkeit vor, anlässlich eines konkreten Einzelfalls ein Normenkontrollverfahren einzuleiten. Hierzu würde es in krassem Widerspruch stehen, wollte man hinsichtlich des Ergebnisses von diesem Einzelfall abstrahieren und es nur für die Zukunft anwenden[130]. Ein neuerer Ansatz stellt außerdem auf die verfahrensrechtliche Konstruktion der konkreten Normenkontrolle nach Art. 140 Abs. 1 Satz 1 B-VG ab. Aufgrund der Konzentration der Normenkontrollkompetenz bei einem zentralen Verfassungsgericht gehe der Einleitung eines entsprechenden Verfahrens beim VfGH stets ein so genannter Prüfungsbeschluss des in der Hauptsache zur Entscheidungsfindung berufenen Gerichts vor, vermittels dessen dieses Gericht das laufende Verfahren unterbricht, die verfassungsrechtlich bedenkliche Norm an den VfGH überweist und damit das Normenkontrollverfahren als Zwischenverfahren einleitet[131]. Gerade vor dem Hintergrund, dass auch der VfGH selbst sich an dieses Prozedere halten muss[132], wenn er ein Normprüfungsverfahren *ex officio* in Gang setzt, spricht vieles dafür, das Ergebnis des Zwischenverfahrens auf den Anlassfall ausstrahlen zu lassen. Andernfalls stellte die Unterbrechung des Hauptverfahrens lediglich eine Verzögerung der Verfahrensdauer dar, die mit dem Grundsatz des effektiven Rechtsschutzes konfligieren würde. Dies gilt auch für die anderen Konstellationen der konkreten Normenkontrolle in Art. 140 Abs. 1 Satz 1 B-VG. Dass dabei tatsächlich eine Begünstigung eintritt, ist weniger der „Belohnung" im Sinne der Ergreiferprämie geschuldet als dem insgesamt hinter der Frage nach den temporalen Wirkungen

129 In diesem Sinne auch: *Lachmayer*, ÖJZ 2006, 673 (674f.).

130 Für diesen Gedankengang exemplarisch: *Ruppe*, in: Holoubek/Lang, Das verfassungsgerichtliche Verfahren in Steuersachen, 175 (181).

131 *Öhlinger*, Verfassungsrecht, Rn. 1004; *Berchtold-Ostermann/Schober-Oswald*, EuGRZ 2006, 525 (527).

132 Dies ergibt sich aus § 62 Abs. 1 und 3 VfGG, der nicht zwischen dem VfGH und anderen Gerichten differenziert.

von Verfassungsgerichtsurteilen stehenden Problematik der Abwägung von Rechtssicherheit und materieller Gerechtigkeit[133].

b) „Quasi-Anlassfälle", Anlassfälle im weiteren Sinne

Neben diesen eigentlichen Anlassfällen lässt der VfGH regelmäßig auch weitere Sachverhalte an der Wirkung *pro praeterito* des Anlassfalles teilhaben. Hierbei geht es um eine Ausweitung der Anlassfallwirkung, die grundsätzlich auf diesen einen Fall beschränkt ist, auf inhaltlich ähnlich gelagerte Sachverhalte, die aus bestimmten Gründen nicht zu Anlassfällen geworden sind. Diese Konstellationen sind zu unterscheiden von dem noch darzustellenden Art. 140 Abs. 7 Satz 2 B-VG, der die Wirkung des Anlassfalles bloß auf andere Fälle erstreckt[134]. Obwohl beide Fallgruppen im Regelfall zu vergleichbaren Ergebnissen führen, bestehen zwischen ihnen bedeutende konstruktive Unterschiede. Der wichtigste liegt darin, auf welche Art und Weise die Ausdehnung der Anlassfallwirkung erfolgt. Während diese bei der ersteren Gruppe in allen Fällen, die in Präzedenzentscheidungen den Anlassfällen gleichgesetzt wurden, *ex constitutione* eintritt, bedarf sie in den Konstellationen des Art. 140 Abs. 7 Satz 2 B-VG jedes Mal einer gesonderten Anordnung durch den VfGH.

Zu klären ist somit, welche Sachverhalte als Quasi-Anlassfälle ebenfalls in den Genuss einer automatischen Rückausnahme gelangen können. Hierzu hat sich seit der Novellierung des Art. 140 Abs. 7 B-VG im Jahre 1975 eine Rechtsprechung des VfGH entwickelt[135], in deren Rahmen vor allen Dingen das Erkenntnis 10616/1985 eine Schlüsselposition einnimmt. Es formuliert die Voraussetzungen, unter denen ein Sachverhalt dem Anlassfall ohne weitere Anordnung gleichgestellt wird. Die in diesem Präzedenzurteil aufgestellten Prinzipien prägen die Rechtsprechung des VfGH bis heute[136]. Demnach ist eine Rückwirkung regelmäßig in Konstellationen anzunehmen, die im Augenblick des Beginns der

133 Besonders deutlich hierfür: *Adamovich/Funk/Holzinger*, Österreichisches Staatsrecht – Bd. 2, Rn. 39.038; vgl. auch: *Novak*, JBl. 2000, 137 (138).

134 Die Schwierigkeit einer sauberen Trennung zeigt sich bei *Mayer*, Das österreichische Bundes-Verfassungsrecht, Art. 140 B-VG Rn. V.2 und V.3, wo sie in Ansätzen glückt, während sie bei *Walter/Mayer/Kucsko-Stadlmayer*, Bundesverfassungsrecht, Rn. 1170 einem Lehrbuch, das vom Autor des vorgenannten Werkes mitverfasst wurde, vollends undeutlich ausfällt.

135 Erstmals in: *VfGH*, Erk. v. 26. Januar 1978, Az. B 105/75, VfSlg. 8234/1978; zsf.: *Davy*, öRdW 1985, 178.

136 Zu den Modifikationen, die im Rahmen von *VfGH*, Erk. v.15. Oktober 2005, Az. B 844/05 und B 1659/05 et al., VfSlg. 17687/2005 eingeführt wurden und den Besonderheiten des Normenkontrollverfahrens vor dem VfGH geschuldet sind, vgl. statt vieler ausführl.: *Lachmayer*, ÖJZ 2006, 673 ff.

mündlichen Verhandlung des Anlassfalls oder zu Beginn der nicht-öffentlichen Beratung des Verfassungsgerichts bei diesem anhängig sind[137]. Denn die Frage, welcher Sachverhalt schließlich zum Anlassfall gemacht wird, hängt – insbesondere etwa in Steuerverfahren, die typischerweise massenhafte Rügen der Verfassungswidrigkeit einer Rechtsnorm zur Folge haben – zu einem nicht unwesentlichen Anteil von den Zufälligkeiten des Geschäftsgangs am VfGH selbst zusammen[138]. Allen Konstellationen, die den Anlassfällen im engeren Sinne gleichgestellt werden, ist somit eines gemeinsam. Stets handelt es sich um Konstellationen, in denen externe Faktoren im Vorfeld der Entscheidung des Verfassungsgerichts es bedingen, dass aus einer Gruppe von inhaltlich gleich gelagerten Sachverhalten ein bestimmter Fall zum Anlassfall auserkoren wird, während dies für andere Sachverhalte nicht gilt. Es sind daher Gleichheitsgesichtspunkte, die hier eine dominierende Rolle spielen. Danach erscheint es schlechterdings unzumutbar, beispielsweise gerichtsinterne Unwägbarkeiten auf die Parteien in parallel zum Anlassfall gelagerten Sachverhalten abzuwälzen[139].

c) Ausdehnung der Anlassfallwirkung gemäß Art. 140 Abs. 7 Satz 2 B-VG

Eine gänzlich andere Fallgruppe ist gemeint, wenn von der Ausdehnung oder Erstreckung der Anlassfallwirkung gesprochen wird.

Im Regelfall wirkt die Aufhebung einer verfassungswidrigen Regelung *ex nunc*, so dass Sachverhalte, die nicht als Anlassfälle im engeren oder weiteren Sinne zu qualifizieren sind und sich vor Kundmachung des normverwerfenden Erkenntnisses ereignet haben, in den Anwendungsbereich dieser Norm fallen. Art. 140 Abs. 7 Satz 2 B-VG eröffnet dem VfGH die Möglichkeit, von diesem Regelfall abzuweichen und „ein anderes" auszusprechen. Diese Formulierung verleiht dem VfGH die Befugnis, die Rückwirkung des Anlassfalles explizit auf andere Sachverhalte zu erstrecken. Im Vergleich zur soeben dargestellten Kompetenz des Gerichts, den Kreis der Anlassfälle auszuweiten, zeichnet sich diese Konstellation vor allen Dingen dadurch aus, dass es für die Erfassung der jeweiligen Fälle durch die Anlassfallwirkung einer entsprechenden vorherigen Anordnung des VfGH bedarf, während die Folge in den oben genannten Konstellationen schon *ex constitutione* eintritt[140].

137 St. Rspr. seit *VfGH*, Erk. v. 9. Oktober 1985, Az. B 168/85, VfSlg. 10616/1985.

138 *VfGH*, Erk. v. 22. Juni 1984, Az. B 181/80, VfSlg. 10067/1984.

139 St. Rspr. bis 2005, vgl. *Schäffer*, in: Rill/Schäffer, Kommentar zum Bundesverfassungsrecht, Art. 140 B-VG Rn. 93, dort Fn. 351 m.w.N. aus der Rspr. des VfGH.

140 Zum Ganzen statt aller: *Rohregger*, in: Korinek/Holubek, Österreichisches Bundesverfassungsrecht, Art. 140 B-VG Rn. 326 m.w.N. aus der Lit. und Rspr. des VfGH.

Erstmals bediente sich der VfGH seiner ihm neu gegebenen Kompetenz im Jahre 1978[141]: In einem Fall, in welchem das Verfassungsgericht eine Regelung über die unterschiedliche Mindestbesteuerung von verschiedenen Formen von Kapitalgesellschaften wegen eines Verstoßes gegen den Gleichheitssatz aus Art. 2 StGG, Art. 7 Abs. 1 Satz 1 B-VG[142] verwarf, stellte sich die Folgefrage, ob die Rückwirkung der Entscheidung ausgedehnt werden sollte. Dies hing damit zusammen, dass die streitgegenständliche Norm in zahlreichen parallel gelagerten Sachverhalten zur Anwendung gelangt war, wobei die Behörden trotz der Anhängigkeit des Anlassfalls beim Verfassungsgericht keine einheitliche Vorgehensweise wählten. Während einige Verfahren bis zum Urteil des VfGH ausgesetzt wurden, sahen sich andere Behörden zu einem solchen Schritt nicht veranlasst und beschieden die ihnen vorliegenden Anträge aufgrund der später für verfassungswidrig befundenen Vorschrift. Mithin spielten wieder Erwägungen des Gleichbehandlungsgrundsatzes eine ausschlaggebende Rolle, als der VfGH in dieser Situation entschied, Art. 140 Abs. 7 Satz 2 B-VG anzuwenden und die Wirkung des Anlassfalls auf alle zum Zeitpunkt von dessen Kundmachung verwirklichten, jedoch noch nicht in Rechtskraft erwachsenen Tatbestände auszudehnen.

Diese Spruchpraxis hat der VfGH in den Folgejahren weiter präzisiert[143] und dabei im Wesentlichen zwei Fallgruppen herausgearbeitet, in welchen eine Ausdehnung der Anlassfallwirkung im soeben beschriebenen Sinne in Frage kommt. Zum einen lassen sich Fälle finden, in denen eine selektive Rückwirkung nach Art. 140 Abs. 7 Satz 2 B-VG nur für eine bestimmte Gruppe oder gar nur einen weiteren Fall angeordnet wird, zum anderen existieren Erkenntnisse, denen eine generelle Rückwirkung zukommt[144]. Beiden Fallgruppen gemeinsam ist die Motivation für die Erstreckung der Anlassfallwirkung. Regelmäßig handelt es sich um Konstellationen, in denen den letztlich begünstigten Fällen dem Anlassfall parallel gelagerte Sachverhalte zugrunde lagen, die aus prozessrechtlichen Gründen nicht unter den „Schirm" des Anlassfalls gefasst werden konnten[145].

141 Erk. des *VfGH* vom 26. Januar 1978, Az. G 67–68/77, VfSlg. 8233/1978.

142 Zum Gleichheitssatz statt aller: *Öhlinger*, Verfassungsrecht, Rn. 755 ff. m.w.N.

143 Vgl. eine Übersicht von exemplarischen Erk. bei: *Rohregger*, in: Korinek/Holubek, Österreichisches Bundesverfassungsrecht, Art. 140 B-VG Rn. 326.

144 Die Begrifflichkeiten folgen: *Ruppe*, in: Holubek/Lang, das verfassungsrechtliche Verfahren in Steuersachen, 175 (186 f.) m.w.N. aus der Rspr. des VfGH in Fn. 34 ff.; ähnl. auch: *Berchtold-Ostermann/Schober-Oswald*, EuGRZ 2006, 525 (529); *Oberndorfer*, EuGRZ 1988, 193 (194 f.).

145 *Rohregger*, in: Korinek/Holubek, Österreichisches Bundesverfassungsrecht, Art. 140 B-VG Rn. 326 m.w.N.; *Ruppe*, in: Holubek/Lang, das verfassungsrechtliche Verfahren in Steuersachen, 175 (186).

III. Abschließende Betrachtung

Das österreichische Modell stellt den entgegengesetzten Pol zur Konzeption des deutschen Modells dar.

Trotz der signifikanten Unterschiede zum deutschen Modell mit seiner Konzeption einer *ex tunc* wirkenden Nichtigkeit lässt sich eine gewisse Annäherung der Systeme feststellen, die einer differenzierten Betrachtungsweise der Rechtsprechung des BVerfG und des VfGH geschuldet ist. Durch die Spruchpraxis beider Gerichte ist sowohl in Deutschland als auch in Österreich ein Abrücken von den jeweiligen rechtstheoretischen Ausgangspunkten zu beobachten.

Ebenso verhält es sich im Vergleich zu den temporalen Folgen von Vorabentscheidungen nach Art. 267 AEUV und der dazugehörigen Rechtsprechung des EuGH. Diese weist im Ergebnis Parallelen zum deutschen Modell auf; ein Befund, der nach einer Betrachtung des österreichischen Pendants nur unterstrichen werden kann. Dies mag im Vergleich zum österreichischen Modell zunächst damit zusammenhängen, dass die Folgen des Vorabentscheidungsverfahrens in Art. 267 AEUV kaum eine Regelung erfahren haben und sich der Gerichtshof in den ersten Jahren seiner Rechtsprechung zu diesem Thema aufgrund des Fehlens Österreichs im europäischen Staatenverbund nicht in dem Maße am österreichischen Modell orientieren konnte wie an den Lösungen des BVerfG.

Dennoch fällt auf, dass auch in der Rechtsprechung des EuGH die als Anlassfall bezeichnete Konstellation schon in der Rechtssache *Defrenne II* eine herausgehobene Rolle spielte und eine besondere Behandlung erfuhr[146]. Wie im österreichischen Verfassungsrecht genießt der Anlassfall seitdem eine privilegierte Stellung und kommt heute auch vor dem EuGH automatisch in den Genuss einer Rückausnahme bei der Beschränkung der zeitlichen Wirkung *ex tunc* einer Vorabentscheidung. Ebenso scheint sich die Spruchpraxis des Gerichtshofs im Zusammenhang mit der Erstreckung der Anlassfallwirkung auf inhaltlich identisch gelagerte Sachverhalte weitgehend an dem in dieser Hinsicht sehr ausdifferenzierten österreichischen Modell zu orientieren, so dass im Ergebnis auch die Rechtsprechung des VfGH als Inspirationsquelle für den EuGH bezeichnet werden kann.

146 *EuGH*, Urt. v. 8. April 1976, Rs. 43/75 (Gabrielle Defrenne ./. Sabena), Slg. 1976, 455, Rz. 74/75 a.E.

C. Zusammenfassendes Ergebnis

Anhand der soeben erfolgten Darstellung des deutschen und des österreichischen Modells lässt sich nachweisen, dass die Frage nach den temporalen Folgen von Gerichtsurteilen die nationalen Rechtsordnungen vor Herausforderungen stellt, genauso wie dies für das Unionsrecht der Fall ist. Obgleich beide nationale Konstruktionen von divergierenden Denkmodellen ausgehen, konnte gezeigt werden, wie sehr sich die praktischen Lösungsansätze der Verfassungsgerichte im Ergebnis gleichen. Dieser Befund hängt nicht unwesentlich mit dem in allen Rechtsordnungen identischen Grundkonflikt von Rechtssicherheit und Einzelfallgerechtigkeit zusammen[147], der auch das Vorabentscheidungsverfahren nach Art. 267 AEUV prägt[148].

Neben den aufgezeigten Parallelen zwischen der Rechtsprechung des BVerfG und des VfGH werden sich augenfällige Gemeinsamkeiten zwischen der Spruchpraxis dieser Gerichte und des EuGH zeigen. Angesichts des Fehlens verlässlicher öffentlicher Aufzeichnungen über die Vorarbeiten zu den Gründungsverträgen, den so genannten *travaux préparatoires*[149], wird hier zu fragen sein, inwieweit sich nicht nur bestimmte Ergebnisse nationaler Rechtsordnungen, sondern auch ganze strukturelle Begründungen auf das Vorabentscheidungsverfahren übertragen lassen.

147 I.E. tendenziell wohl auch: *Heckmann*, Geltungskraft und Geltungsverlust von Rechtsnormen, S. 102 f.

148 Vgl. statt vieler nur: *Bebr*, [1981] 18 C.M.L.Rev. 4, 475 (498 f.); *Harding*, [1982] 2 Y.E.L. 93 (103); *Weiß*, EuR 1995, 377 (381).

149 *Anweiler*, Die Auslegungsmethoden des Gerichthofs der Europäischen Gemeinschaften, S. 247 ff.

Zweiter Teil: Die allgemeinen Folgen von Vorabentscheidungen

3. Kapitel: Die Bindungswirkung von Vorabentscheidungen

Fragen rund um die Bindungswirkungen von Vorabentscheidungsurteilen gehören seit langem zu den umstrittensten Gebieten des unionalen Verfahrensrechts[150]. Dies hängt in erster Linie damit zusammen, dass das Primärrecht hierzu trotz der gewaltigen praktischen Konsequenzen der Problematik bis heute keinerlei explizite Bestimmungen enthält[151]. Der Themenkreis der Bindungswirkungen von Entscheidungen des EuGH nach Art. 267 AEUV unterliegt damit in besonderem Maße der laufenden Rechtsfortbildung durch den Gerichtshof.

A. Vorbemerkungen

Obwohl in der vorliegenden Arbeit die zeitlichen Effekte von Vorabentscheidungen im Vordergrund stehen, ist es aus praktischen Erwägungen hilfreich, in einem vorgelagerten Schritt zunächst auf die Frage der Bindungswirkungen von derartigen Entscheidungen einzugehen. Nachdem die Bedeutung dieser Frage für die temporale Problematik verdeutlicht wurde, soll in einem zweiten Schritt die Rechtslage auf unionsrechtlicher Ebene im Vordergrund stehen und einer Prüfung unterzogen werden, ob und – bejahendenfalls – welche weitergehenden Wirkungen Urteile im Rahmen von Art. 267 AEUV für das vorlegende und weitere Gerichte haben.

I. Bedeutung der Frage für den Untersuchungsgegenstand der Arbeit

Eine Arbeit, die sich mit der Problematik der zeitlichen Folgen von Vorabentscheidungen beschäftigt, kann sich nicht isoliert dieser Frage widmen, ohne auf die Bindungswirkung derartiger Urteile einzugehen. Zu lebhaft ist das Wechselspiel dieser beiden Themenkomplexe: Genauso wie bisweilen die grundsätzliche

150 So z.B.: *Schwarze*, in: ders., EU-Kommentar, Art. 267 AEUV Rn. 69 m.w.N.; schon 1977 sprechen *Vandersanden/Barav*, Contentieux communautaire, S. 312 von einem „...*problème complexe*".

151 *Pechstein*, EU-/EG-Prozessrecht, Rn. 857 im Vgl. zu anderen Verf.; *Streinz*, Europarecht, Rn. 64; *Tomuschat*, Die gerichtliche Vorabentscheidung nach den Verträgen über die europäischen Gemeinschaften, S. 167.

Rückwirkung der Urteile des EuGH herangezogen wird, um eine weitreichende Anwendbarkeit von Aussprüchen des Gerichtshofs in anderen als den Ausgangsverfahren zu erklären[152], lassen sich die Ergebnisse dieses Kapitels auch als Begründung dafür heranziehen, warum Urteile bestimmte zeitliche Wirkungen haben sollten[153].

Darüber hinaus ist ein weiterer, praktischer Aspekt von entscheidender Relevanz. Der gesamte Untersuchungsgegenstand dieser Arbeit kann nur vor dem Hintergrund einen Ertrag für die Praxis aufweisen, dass die Rechtskraft von Urteilen nach Art. 267 AEUV nicht lediglich auf das Ausgangsverfahren beschränkt ist. So wäre der eingangs skizzierte Grundsatz, wonach Vorabentscheidungen des EuGH grundsätzlich Rückwirkung haben, in der Rechtspraxis vollkommen uninteressant, wenn die Urteilswirkungen ausschließlich das Ausgangsverfahren beträfen. Erst durch die Möglichkeit, dass ein Ausspruch des Gerichtshofs auch auf andere Rechtssachen und Fälle Auswirkungen haben kann, gewinnt die temporale Problematik ihre rechtliche Brisanz[154].

Diese Prämisse trifft dabei auf die Wirkung von Vorabentscheidungsurteilen sowohl in der Zukunft als auch in der Vergangenheit zu. Für die Zukunftswirkung von Urteilen ist dies unmittelbar einsichtig. Haben neben dem nationalen Richter im Ausgangsverfahren auch die übrigen Gerichte in allen Mitgliedstaaten die Rechtsprechung des EuGH zu beachten, erweitert sich der Einflussradius des Gerichtshofs signifikant. Aber auch die Rückwirkungsproblematik ist unmittelbar von der Frage der Rechtskraftwirkung der Entscheidungen nach Art. 267 AEUV betroffen. Dies gilt vor allem für Rechtsbereiche wie das Steuer- und Arbeitsrecht, die zum einen zunehmend europarechtlichen Einflüssen ausgesetzt, zum anderen aber besonders stark geprägt sind durch Massenverfahren und Musterprozesse[155], die, von einem Einzelfall ausgehend, grundsätzliche Klärungen der Rechtslage herbeiführen sollen[156]. Nur wenn die in einem Musterprozess gefundene Auslegung des EuGH prinzipiell auch auf andere Fälle Anwendung finden kann, erlangt in einem zweiten Schritt die Frage nach den temporalen Konsequenzen der Urteile und nach der Anwendbarkeit des Ausspruchs in einem Verfahren auf andere, parallel gelagerte Rechtssachen Bedeutung.

152 Z.B.: *Pietrek*, Verbindlichkeit von Vorabentscheidungen nach Art. 177 EWGV, S. 266 f.

153 Für diesen Nexus auch: *Broberg/Fenger*, Preliminary References to the European Court of Justice, S. 442 f.

154 In diesem Sinne auch: *Labalye*, R.T.D.E. 1982, 484 (503); *Waldhoff*, EuR 2006, 615 (620) m.w.N. zum nationalen Recht.

155 *Frenz*, Hdb. Europarecht – Bd. 5, Rn. 3409; *Waldhoff*, [2009] 46 C.M.L.Rev. 1, 173 (177).

156 Zur Rolle von Musterprozessen statt vieler: *Nicolaysen*, Europarecht I, S. 408.

II. Definition der verwendeten Begrifflichkeiten

Die Bindungswirkung von Urteilen des EuGH wird gemeinhin unter Verwendung des Begriffspaares *inter partes* und *erga omnes* diskutiert[157]. Die Verwendung dieser Bezeichnungen stellt im Zusammenhang mit Art. 267 AEUV indes eine terminologische Ungenauigkeit dar. So ist das Vorabentscheidungsverfahren grundsätzlich als „Gespräch zwischen Gerichten"[158] und nicht als kontradiktorisches Inzidentverfahren ausgestaltet. Es kennt mithin keine Parteien im verfahrensrechtlichen Sinn, die von der Rechtskraftwirkung eines Urteils betroffen sein könnten, wenngleich dieser prozessrechtliche Begriff nicht selten in Betrachtungen des Vorabentscheidungsverfahrens Verwendung findet[159]. Eine Bindung kommt im Rahmen von Urteilen nach Art. 267 AEUV streng genommen nur für das vorlegende Gericht des Ausgangsverfahrens in Frage[160]. Wenn in der einschlägigen Literatur daher von *inter partes* die Rede ist, so ist dieser Begriff im Sinne einer relativen Bindungswirkung der Entscheidung für das nationale Vorlagegericht zu verstehen, während mit *erga omnes* eine Bindungswirkung für alle staatlichen Organe und Gerichte in der Europäischen Union bezeichnet werden soll[161]. Daneben ist auf die Formulierung „über den Ausgangsrechtstreit hinausgehende Bindungswirkung" hinzuweisen, die im Folgenden näher darzustellen sein wird und einen Effekt beschreibt, der zwischen *inter partes* und *erga omnes* angesiedelt ist[162].

Außerdem ist der Begriff der Bindungswirkung abzugrenzen von der Problematik einer möglichen Rechtskraft von Vorabentscheidungen[163]. Zu letzterer Fragestellung hält das Sekundärrecht in Form von Art. 91 Abs. 1 VerfO des EuGH einen zumindest rudimentären Ansatzpunkt bereit. Demnach erwächst ein Urteil des Gerichtshofs mit dem Tag seiner Verkündung in Rechtskraft. Ob diese

157 So verwenden z.B. *Borchardt*, Der Europäische Gerichtshof, Art. 234 Rn. 50 ff.; *Dauses*, in: ders., Hdb. des EU-Wirtschaftsrechts – Bd. 2, P.II Rn. 220 dieses Begriffspaar.

158 Schlussanträge des GA *Warner* v. 20. September 1977 in der Rs. 112/76, Slg. 1977, 1647 (1662 f.).

159 Vgl. etwa: *Schweitzer/Hummer/Obwexer*, Europarecht, Rn. 861, die dezidiert von „Parteien" sprechen.

160 *EuGH*, Beschl. v. 5. März 1986, Rs. 69/85 (Wünsche ./. Deutschland), Slg. 1986, 947, Rz. 13 f.; aus der Lit.: *Broberg/Fenger*, Preliminary References to the European Court of Justice, S. 432; *Laenerts/Arts/Maselis*, Procedural Law of the European Union, Rn. 6–031; besonders deutlich: *Tomuschat*, Die gerichtliche Vorabentscheodung nach den Verträgen über die europäische Gemeinschaft, S. 172.

161 Vgl.: *Pache*, in: Vedder/Heintschel von Heinegg, Europäischer Verfassungsvertrag, Art. III-369, Rz. 38 f.; unverständlich daher: *Steinberg/Bark*, EuZW 2007, 243 (246).

162 Für diese Dreiteilung schon: *Vandersanden/Barav*, Contentieux communautaire, S. 312 m.w.N.

163 Zu dieser Fragestellung insgesamt: *Heß*, ZZP Bd. 108 (1995), 59 (67 ff.) m.w.N.

Rechtskraft allerdings im Sinne einer Unanfechtbarkeit zu verstehen ist mit der Folge, dass sich das vorlegende Gericht im Rahmen des Ausgangsverfahrens nicht erneut mit der identischen Frage an den EuGH wenden kann[164], war in der Literatur lange Zeit umstritten und wurde bisweilen aufgrund der besonderen Struktur des Verfahrens nach Art. 267 AEUV, das keine Parteien kennt, verneint[165]. Dagegen nimmt die heute herrschende Auffassung eine Rechtskraftwirkung an, wie sie auch im in dieser Frage strukturell vergleichbaren Normenkontrollverfahren nach Art. 100 GG vom BVerfG[166] besteht.

Im Gegensatz hierzu hat die vorliegend interessierende Bindungswirkung eines Urteils im Vorabentscheidungsverfahren die Frage zum Gegenstand, ob das vorlegende Gericht und möglicherweise weitere Stellen der Entscheidung des EuGH inhaltlich Folge leisten müssen oder befugt sind, eine vom Urteil nach Art. 267 AEUV abweichende Entscheidung zu fällen.

III. Eingrenzung des Untersuchungsgegenstandes

Die Frage, welche Bindungswirkung Vorabentscheidungen entfalten können, lässt sich grundsätzlich aus zwei Blickwinkeln betrachten. Zum einen ist eine Analyse der unionsrechtlichen Dimension der Problematik unter Heranziehung der Rechtsprechung des EuGH möglich. An die Frage kann jedoch auch aus Sicht der nationalen Rechtsordnungen der 28 Mitgliedstaaten herangegangen werden, welchen eine Regelung der Problematik unbenommen bleibt, solange sie nicht mit dem übergeordneten Grundsatz der einheitlichen Geltung des Unionsrechts in Konflikt geraten[167].

Im vorliegenden Kapitel soll das Problem der Bindungswirkung ausschließlich aus dem Blickwinkel des Unionsrechts beleuchtet werden. Die daneben mögliche Diskussion der Rechtslage aus nationaler Perspektive wäre für die weiteren Zwecke der vorliegenden Arbeit wenig zielführend, da ihre zentrale Problematik ausschließlich im Unionsrecht verankert ist.

Der Vollständigkeit halber sei im Folgenden daher nur exkursorisch und exemplarisch auf die Rechtslage auf nationaler Ebene vor allem in Deutschland

164 Ausführl. hierzu und bestimmten Ausnahmen: *Ehricke*, Die Bindungswirkung von Urteilen des EuGH im Vorabentscheidungsverfahren nach deutschem Zivilprozessrecht und Gemeinschaftsrecht, S. 34 f.

165 Zu dieser Position: *Germelmann*, EuR 2009, 254 (257 ff.) m.w.N. aus der frz. Lit.

166 St. Rspr. seit *BVerfG*, Urt. v. 11. August 1954, Az. 2 BvK 2/54, E 4, 31 (38); *BVerfG*, Urt. v. 22. November 2001, Az. 2 BvE 6/99, E 104, 151 (196); vgl. ausführl. statt aller: *Schlaich/Korioth*, Das Bundesverfassungsgericht, Rn. 476 ff.

167 Hierzu im Überblick: *Kadelbach*, in: Holubek/Lang, Das EuGH-Verfahren in Steuersachen, 119 (129 f.).

eingegangen. So unterscheiden sich die Mitgliedstaaten zwar in ihrer Herangehensweise im Detail, doch eint die jeweiligen nationalen Rechtsordnungen die grundsätzliche Bereitschaft, den Vorabentscheidungen des EuGH eine über den Einzelfall hinausgreifende Bindungswirkung zuzubilligen mit der Folge, dass die nationalen Gerichte die Entscheidungen aus Luxemburg wie Präzedenzen der nationalen Obergerichte zu beachten haben[168].

Vereinzelt ordnet dies der Gesetzgeber ausdrücklich an: Im Vereinigten Königreich etwa sieht Sec. 3 para. I des European Communities Act 1972[169] vor, dass Rechtsstreitigkeiten, die einen unionsrechtlichen Bezug aufweisen, von englischen Gerichten unter Berücksichtigung der Rechtsauffassung des EuGH zu entscheiden sind[170].

Repräsentativer für die Mehrzahl der Mitgliedstaaten scheint indes die Herangehensweise in Deutschland zu sein. Hier ist die Rechtslage zwar nicht spezialgesetzlich geregelt, doch geht das BVerfG in ständiger Rechtsprechung von einer weitgehenden Bindungswirkung der Entscheidungen des EuGH über den Einzelfall hinaus aus. So lehnte es etwa, selbst im Rahmen einer konkreten Normenkontrolle nach Art. 100 GG angerufen, eine Vorlagefrage nach der Gültigkeit der Bestimmung einer nationalen Verordnung bereits als unzulässig mit der Begründung ab, dass zu der Problematik bereits einschlägige Rechtsprechung des Luxemburger Gerichtshofs existiere, deren Beachtung für die deutschen Gerichte verpflichtend sei[171].

Diese Einschätzung des BVerfG entspricht im Wesentlichen der ständigen Rechtsprechung der Bundes- und Obergerichte in Deutschland[172]. Demnach kann beispielsweise ein Verfahren vor den Zivilgerichten gemäß § 148 ZPO (analog) ausgesetzt und eine Entscheidung des EuGH im Rahmen von Art. 267 AEUV

168 Ausführl.: *Jimeno Bulnes*, La cuestión prejudicial del artículo 177 TCE, S. 468 ff. m.w.N. aus der Lit. und Rspr. der mitgliedstaatlichen Gerichte; *Schermers/Waelbroeck*, Judicial Protection in the European Union, § 622.

169 Vgl. den genauen Wortlaut der aktuell geltenden Fassung: „*For the purposes of all legal proceedings any question as to the meaning or effect of any of the Treaties, or as to the validity, meaning or effect of any Community instrument, shall be treated as a question of law (and, if not referred to the European Court, be for determination as such in accordance with the principles laid down by and any relevant decision of the European Court or any court attached thereto.*“ Abrufbar über die Internetpräsenz des *Office of Public Sector Information* unter: http://www.legislation.gov.uk/ukpga/1972/68 (zuletzt abgerufen am 15. August 2014).

170 Siehe auch den Hinweis auf diese Vorschrift in den Schlussanträgen des GA *Warner* v. 20. September 1977 in der Rs. 112/76 (Manzoni ./. FNORM), Slg. 1977, 1658 (1663).

171 *BVerfG*, Urt. v. 28. Januar 1992, Az. 1 BvR 1025/82, 1 BvL 16/83 und 10/91, E 85, 191 (203 ff.) mit Verweis auf *EuGH*, Urt. v. 25. Juli 1991, Rs. C-345/89 (Strafverfahren gegen Alfred Stoeckel), Slg. 1991, I-4047 ff.

172 Z.B. schon: *BGH*, Urt. v. 14. Juni 1963, Az. KZR 5/62, *BGHZ* 40, 135 (142); siehe auch: *Thömmes*, in: Herzig, Europäisierung des Bilanzrechts, 75 (82 f.) m.w.N. aus der Rspr.

abgewartet werden, wenn diesem eine identische Fragestellung eines anderen Gerichts bereits vorliegt[173]. Der Grund hierfür soll in der weitgehenden präjudiziellen Bindungswirkung einer Vorabentscheidung des Gerichtshofs liegen, welche mit denen im konkreten Normenkontrollverfahren nach Art. 100 GG vergleichbar sei[174].

B. Analyse des Unionsrechts

Nachdem gezeigt werden konnte, dass die deutsche und andere Rechtsordnungen von einer Bindungswirkung von Vorabentscheidungen ausgehen, die über den Ausgangsrechtsstreit hinausgreift, ist nunmehr zu klären, ob Gleiches auch aus unionsrechtlicher Sicht gelten kann. Zur Beantwortung dieser Frage bietet es sich aus Gründen der Übersichtlichkeit an, zunächst eine Unterscheidung zwischen dem vorlegenden Gericht und den übrigen Gerichten zu treffen sowie innerhalb der letzteren Kategorie der Aufteilung des Art. 267 AEUV zu folgen und zwischen Auslegungs- sowie Gültigkeitsentscheidungen zu differenzieren.

I. Bindungswirkung für das vorlegende Gericht

Das Vorabentscheidungsverfahren nach Art. 267 AEUV ist grundsätzlich als objektiviertes Zwischenverfahren konzipiert[175]. Ein nationales Gericht legt dem EuGH eine im Ausgangsverfahren relevant gewordene Frage des Unionsrechts zur Entscheidung vor. Allein von dieser Konzeption ausgehend, sind zwei Alternativen im Hinblick auf die Bindungswirkung denkbar. Die Entscheidung des EuGH kann als eine Art Rechtsgutachten zum Unionsrecht verstanden werden, dessen Übernahme auf das Ausgangsverfahren in das Ermessen des vorlegenden Gerichts gelegt ist. Genauso gut kann aus Art. 267 AEUV abgeleitet werden, dass das vorlegende Gericht an das Urteil des EuGH umfassend gebunden ist und dieses bei der Entscheidung des Ausgangsverfahrens umsetzen muss.

173 Dies ist str. und wird kritisiert, wenn das aussetzende Gericht selbst nicht vorlegt: *Hess*, Europäisches Zivilprozessrecht, § 12 Rn. 51 f. m.w.N. aus der Lit.; i.E. befürwortend: *Schmidt*, FS Lüke, 721 (732).

174 *OLG Düsseldorf*, Beschl. v. 2. Dezember 1992, Az. 18 W 58/92, NJW 1993, 1661; *LG Bonn*, Beschl. v. 31. Oktober 1994, Az. 1 O 265/94, EuZW 1996, 159 f.; dazu: *Pechstein*, EU-/EG-Prozessrecht, Rn. 779, dort Fn. 11; *Schima*, Das Vorabentscheidungsverfahren vor dem EuGH, S. 95 f.

175 Zum Begriff, vgl. z.B.: *Krück*, in: Groeben/Theising/Ehlermann, EUV/EGV, Art. 177 EGV Rn. 7; *Pechstein*, EU-/EG-Prozessrecht, Rn. 779.

Trotz dieser beiden Lösungsmöglichkeiten, die in der Anfangsphase der europäischen Integration durchaus diskutiert wurden[176], besteht heute nach allgemeiner Auffassung in Literatur und Rechtsprechung kein Zweifel an der Bindungswirkung von Vorabentscheidungen in allen ihren Varianten für das vorlegende Gericht und sämtliche Instanzgerichte, die in der identischen Rechtssache entscheiden[177]. Die Reichweite der Bindung erfasst dabei den Tenor, der im Lichte der Entscheidungsgründe zu verstehen ist[178].

1. Begründung der Bindungswirkung für vorlegende Gerichte und Ausnahmen

Obgleich der Gerichtshof seine Sichtweise, wonach Urteile gemäß Art. 267 AEUV keine bloß unverbindlichen gutachterlichen Stellungnahmen darstellen[179], nicht weiter erklärt, lassen sich hierfür eine Vielzahl von Gründen ins Feld führen.

Neben dem Wortlautargument, nach dem die Bezeichnung „Vorab*entscheidung*" für eine Bindungswirkung spricht[180], ist zunächst auf den Umstand hinzuweisen, dass Verfahren nach Art. 267 AEUV regelmäßig mit einem Urteil abgeschlossen werden, was schon gegen die Qualifikation als Rechtsgutachten spricht[181]. Eng hiermit hängt auch der bereits erwähnte Art. 91 Abs. 1 VerfO des EuGH zusammen, der Regelungen zur Rechtskraft von Vorabentscheidungsurteilen enthält[182]. Wenn die Entscheidungen des Gerichtshofs hierzu fähig sind, dann müssen sie auch in materielle Rechtskraft erwachsen können, was wiederum eine inhaltliche Bindungswirkung des vorlegenden Gerichts nach sich zieht.

Das entscheidende Argument für eine Bindungswirkung lässt sich indes aus dem primären Telos des Vorabentscheidungsverfahrens ableiten, das in der ein-

176 *Bravo*, in: Quadri/Monaco/Trabucchi, Trattato istitutivo della Comunità Economica Europea – Commentario, Art. 177 Rn. 10 f; *Gutsche*, Die Bindungswirkung der Urteile des Europäischen Gerichtshofs, S. 175 ff.

177 St. Rspr. seit *EuGH*, Urt. v. 24. Juni 969, Rs. 29/68 (Milch- Fett- und Eierkontor ./. Hauptzollamt Saarbrücken), Slg. 1969, 165, Rz. 3; *Ehricke*, Die Bindungswirkung von Urteilen des EuGH im Vorabentscheidungsverfahren nach deutschem Zivilprozessrecht und Gemeinschaftsrecht, S. 34; *Keppert*, ÖStZ 1997, 165 (166) m.w.N.

178 *EuGH*, Urt. v. 16. März 1978 (Bosch ./. Hauptzollamt Hildesheim); Slg. 1978, 855, Rz. 4.

179 Ausdrückl.: *EuGH*, Gutachten v. 14. Dezember 1991, Rs. C-1/91 (Erstes EFTA-Gutachten), Slg. 1991, I-6079, Rz. 61; vgl. auch: *Schermers/Waelbroeck*, Judicial Protection in the European Union, § 620.

180 *Daig*, EuR 1968, 371 (385); ähnl.: *Jimeno Bulnes*, La cuestión prejudicial del artículo 177 TCE, S. 456 f.

181 *Beckmann*, Probleme des Vorabentscheidungsverfahrens nach Art. 177 EWG-Vertrag, S. 95 m.w.N.

182 *Everling*, Das Vorabentscheidungsverfahren vor dem Gerichtshof der Europäischen Gemeinschaften, S. 61 f.

heitlichen Anwendung und der Kohärenz des Unionrechts in allen Mitgliedstaaten der EU liegt[183]. Dieser Sinn und Zweck würde komplett unterlaufen, wenn dem Urteil des Gerichtshofs bloß eine Art Gutachtenfunktion zukäme. Die vorlegenden Gerichte könnten bei einem solchen Verständnis nach Belieben von der Entscheidung des EuGH abweichen, das Ziel der einheitlichen Rechtsanwendung in der Union würde von bloßen Zufälligkeiten abhängen. Außerdem könnten sich auch die Parteien des Ausgangsverfahrens nicht auf die Entscheidung des EuGH verlassen, was nur schwerlich mit dem Gedanken der Rechtssicherheit zu vereinbaren wäre.

In zwei Fallkonstellationen indes erfährt der Grundsatz der umfassenden Bindungswirkung des Vorabentscheidungsurteils eine Modifikation.

Hierbei handelt es sich zunächst um die Fallkonstellation, in welcher der nationale Richter nach der oder durch die Entscheidung aus Luxemburg feststellt, dass die unionsrechtliche Fragestellung, die seiner Vorlage zugrunde lag, im Ausgangsfall schließlich doch keine Rolle spielt. Hier muss das Ergebnis des Zwischenverfahrens mangels Entscheidungserheblichkeit unberücksichtigt bleiben[184].

Darüber hinaus bleibt das nationale Gericht auch nach einer Entscheidung des EuGH gemäß Art. 267 AEUV weiterhin befugt, eine einmal übermittelte Frage erneut vorzulegen, um noch fortbestehende Unklarheiten zu beseitigen oder den Gerichtshof unter Hinweis auf neu auftretende Nachfragen oder eine geänderte Sachlage um eine weitere Entscheidung zu ersuchen[185]. Zwar gilt auch im Unionsrecht der Grundsatz *ne bis in idem*, wonach das ursprünglich gefällte Urteil unberührt bleibt[186], doch gebietet das dem Vorabentscheidungsverfahren zugrunde liegende Kooperationsverhältnis und die damit verbundene Autonomie des nationalen Richters bei der Formulierung von Vorlagefragen, die Möglichkeit einer weiteren Vorlage an den EuGH in einer bereits behandelten Sache nicht endgültig zu versagen[187], wenngleich zuzugeben ist, dass es sich im Ergebnis um

183 *EuGH*, Urt. v. 16. Januar 1974, Rs. 166/73 (Rheinmühlen Düsseldorf ./. Einfuhr- und Vorratsstelle für Futtermittel und Getreide), Slg. 1974, 33, Rz. 2.

184 *Borchardt*, Der Europäische Gerichtshof, Art. 234 Rn. 51; *Ehricke*, Die Bindungswirkung von Urteilen des EuGH im Vorabentscheidungsverfahren nach deutschem Zivilprozessrecht und Gemeinschaftsrecht, S. 35.

185 *EuGH*, Urt. v. 6. März 2003, Rs. C-466/00 (Kaba ./. Secertary of State for the Home Department), Slg. 2003, I-2219, Rz. 39; vgl. aus der Lit.: *Naômé*, Le renvoi préjudiciel en droit européen, Rn. 324; *Seelmann/Augsberg*, DÖV 2006, 533 (537).

186 St. Rspr., vgl. nur: *EuGH*, Beschl. v. 5. März 1986, Rs. 69/85 (Wünsche ./. Deutschland), Slg. 1986, 947, Rz. 15.

187 *Frenz*, Hdb. Europarecht – Bd. 5, Rn. 3396, vgl. hierzu ähnl. auch *infra* in diesem Kap. in Punkt B II 2.

eine stark eingeschränkte Freiheit des Richters im Hauptsacheverfahren handelt[188].

2. Die Befolgung von Vorabentscheidungen in der Praxis

Angesichts des nur beschränkten Entscheidungsspielraums des nationalen Gerichts und seiner grundsätzlich umfassenden inhaltlichen Bindung an die Vorabentscheidung des EuGH stellt sich die Frage, ob und inwieweit die nationalen Richter, die ihrerseits durch den Grundsatz der richterlichen Unabhängigkeit geschützt sind[189], bereit sind, Urteilen nach Art. 267 AEUV Folge zu leisten, zumal keinerlei effektive Sanktionen gegen eine Nichtbefolgung bestehen[190].

Empirische Studien zeigen indes ein eindeutiges Bild. Vorlegende Gerichte folgen in aller Regel den Vorabentscheidungen des Gerichtshofes und sind nur äußerst selten bereit, von dessen Rechtsprechung abzuweichen und sie durch eine eigene Beurteilung der Rechtslage zu ersetzen. Jüngeres Zahlenmaterial zeigt, dass in 96,3 % der Fälle ein Urteilsspruch nach Art. 267 AEUV von dem im Hauptsacheverfahren entscheidenden Richter befolgt wird[191].

Dies überrascht nicht. Ein mitgliedstaatliches Gericht, das sich gegen die Anwendung von Unionsrecht sträubt, wird im Regelfall Mittel und Wege finden, es gar nicht so weit kommen zu lassen, dass es eine Vorlagefrage formulieren müsste[192]. Demgegenüber wird ein europarechtsfreundliches Gericht, das bereit ist eine Vorlagefrage zu formulieren, auch regelmäßig gewillt sein, den Vorgaben aus Luxemburg zu folgen.

II. Bindungswirkung für andere Gerichte

Während die Feststellung der Bindungswirkung von Vorabentscheidungen für das vorlegende Gericht allgemein anerkannt ist, bereitet die Beurteilung dieses

188 *Jacqué*, Droit institutionnel de l'Union Européenne, Rn. 1194.

189 Für die Bundesrepublik Deutschland ist dies in Art. 97 Abs. 1 GG normiert, während sich der Grds. in der Republik Österreich aus Art. 87 Abs. 1 B-VG ableitet.

190 Auf letzteren Umstand weisen *Chalmers/Hadjiemmanuil/Monti/Tomkins*, European Union Law, S. 280 hin.

191 *Nyikos*, [2003] 4 E.U.P. 4, 397 (410). Dies deckt sich im Wesentlichen mit den Ergebnissen einer älteren Studie von *Schwarze* aus dem Jahre 1988, vgl.: *Schwarze.*, Die Befolgung von Vorabentscheidungen des Europäischen Gerichtshofs durch deutsche Gerichte, *passim*.

192 *Chalmers/Hadjiemmanuil/Monti/Tomkins*, European Union Law, S. 280 m.w.N. zu den Techniken; ähnl. auch: *Broberg/Fenger*, Preliminary References to the European Court of Justice, S. 434.

Effekts für andere Gerichte weitaus größere Probleme. Schon die Frage, ob es eine solche überhaupt geben kann, ist lebhaft umstritten[193]. Hinzu kommt, dass selbst unter den Befürwortern einer Bindungswirkung für andere als das vorlegende Gericht keine Einigkeit besteht, welche Reichweite diese für die einzelnen Varianten des Art. 267 AEUV haben soll.

Im Folgenden soll dieser Problematik nachgegangen werden. Ausgehend von der praktischen Bedeutung der Frage für den Untersuchungsgegenstand dieser Arbeit, reicht es indes nachzuweisen, dass generell eine über den Einzelfall hinausgehende Bindungswirkung von Urteilen gemäß Art. 267 AEUV besteht[194].

1. Auslegungsverfahren gemäß Art. 267 Abs. 1 lit. a) AEUV

Besonders gut lässt sich der dogmatische Streit um die über den Einzelfall hinausgehende Bindungswirkung von Vorabentscheidungen am Beispiel des Verfahrens zur Auslegung des Unionsrechts untersuchen. Obgleich sich dieses strukturell nicht unerheblich von dem noch zu behandelnden Verfahren nach Art. 267 Abs. 1 lit. b) AEUV unterscheidet, bestehen hinreichend gemeinsame Wurzeln, so dass zahlreiche der hier aufgeführten Argumente auch im nachfolgenden Punkt Berücksichtigung beanspruchen können[195].

a) Analyse des Unionsrechts

Eine Untersuchung der unionsrechtlichen Normtexte im Zusammenhang mit der Frage nach der Bindungswirkung von Auslegungsurteilen begegnet zwei Herausforderungen, von denen das bereits erwähnte Fehlen einer eindeutigen Formulierung lediglich eine ist. Hinzu kommt, dass es der EuGH in seiner Rechtsprechung zu diesem Thema bisher stets vermieden hat, seine noch näher zu analysierende Auffassung normativ zu verankern. Letzteres überrascht, liefert das Unionsrecht doch durchaus Ansatzpunkte für eine Auseinandersetzung.

193 Vgl. für den Streitstand statt vieler: *Middeke*, in: Rengeling/Middeke/Gellermann, Hdb. des Rechtsschutzes in der Europäischen Union, § 10 Rn. 88 ff.; *Schwarze*, in: ders., EU-Kommentar, Art. 267 AEUV Rn. 68 ff.

194 Wie diese im Einzelnen beschaffen ist, bedarf vorliegend indes keiner weiteren Prüfung.

195 Ähnl. auch: *Tomuschat*, Die gerichtliche Vorabentscheidung nach den Verträgen über die europäischen Gemeinschaften, S. 184.

aa) Hinweise in Art. 267 AEUV

Die Verfechter einer extrem rigiden relativen Bindungswirkung argumentieren mit der Struktur und dem Wortlaut von Art. 267 Abs. 1 lit. a) AEUV selbst. Bei dem Vorabentscheidungsverfahren handelt es sich ihrer Auffassung nach um ein durch den Grundsatz der Kooperation geprägtes Vorlageverfahren, bei dem ein nationales Gericht in einem konkreten Rechtsstreit eine Frage an den EuGH richtet, welche dieser für den vorgelegten Sachverhalt abstrakt klärt. Mit einem solchen diskursiven Charakter zwischen zwei Beteiligten lasse sich eine Bindungswirkung nicht vereinbaren, welche über diese beiden Protagonisten hinausgehinausgehe[196].

Obwohl dieser Ansatz versucht, Argumente gegen eine weitergehende Bindungswirkung direkt im Primärrecht zu finden, begegnet er bei weiterer Betrachtung durchgreifenden Bedenken. Der primäre Sinn und Zweck des gesamten Vorabentscheidungsverfahren besteht in der Gewährleistung eines einheitlichen und kohärenten Verständnisses des Unionsrechts in allen 28 Mitgliedstaaten und die sich hieraus ergebende Rechtssicherheit für den Rechtsanwender[197]. Dem trägt die Ausgestaltung des Vorabentscheidungsverfahrens als objektives Zwischenverfahren ohne Parteien im klassischen verfahrensrechtlichen Sinne Rechnung. Zwar ist richtig, dass hier ein Kooperationsverhältnis zwischen dem EuGH und dem vorlegenden Gericht existiert, doch sagt diese Feststellung für sich genommen noch nichts über die Bindungswirkung des Urteils aus. Im Gegenteil spricht der objektive Charakter des Verfahrens und gerade das Fehlen von Parteien gegen eine Wirkung *inter partes*, die es streng genommen gar nicht gibt[198]. Auch ist es grundsätzlich richtig, dass der EuGH lediglich auf das Vorlageersuchen eines nationalen Gerichts anlässlich eines konkreten Rechtsstreits tätig wird, allerdings ist er gerade nicht berufen diesen zu entscheiden[199]. Ganz im Sinne des Kooperationsverhältnisses ist letzteres die genuine Aufgabe des nationalen Richters. Dem trägt der EuGH insbesondere in Auslegungsverfahren bei der Formulierung seiner Urteile Rechnung, die er bewusst von dem der Vorlagefrage zugrunde liegenden Sachverhalt zu abstrahieren versucht.

196 *Lagrange*, R.T.D.E. 1974, 268 (295 f.); *Bebr*, [1981] 18 C.M.L.Rev. 4, 475 (487 f.); vgl. auch: *Ehricke*, in: Streinz, EUV/AEUV, Art. 267 AEUV Rn. 69 m.w.N.

197 *Ehricke*, Die Bindungswirkung von Urteilen des EuGH im Vorabentscheidungsverfahren nach deutschem Zivilprozessrecht und Gemeinschaftsrecht S. 39 ff. m.w.N.; siehe auch: *Trabucchi*, R.T.D.E. 1974, 56 (82 ff.).

198 Ähnl. auch: *Gutsche*, Die Bindungswirkung der Urteile des Europäischen Gerichtshofs, S. 173.

199 Statt aller: *Pechstein*, EU-/EG-Prozessrecht, Rn. 781 f.; zur hierzu oftmals abweichenden Rechtspraxis, welche die Grenze zwischen Auslegung und Anwendung vermissen lässt: *Craig/de Búrca*, EU Law, S. 493 f.

bb) Hinweise im übrigen Unionsrecht

Auf den sich in Art. 267 Abs. 1 lit. a) AEUV andeutenden Ansatz, dass Vorabentscheidungen eine über den Vorlagefall hinausreichende Wirkung haben könnten, weist auch das Sekundärrecht hin, das eine weitgehende Bindungswirkung von Auslegungsentscheidungen nahe legt.

Art. 23 Abs. 2 der Satzung des EuGH sieht nämlich ausdrücklich ein Beteiligungsrecht aller Mitgliedstaaten und der Organe der Union am Vorabentscheidungsverfahren vor. Diese sind berechtigt, sich in allen – auch sie nicht unmittelbar betreffenden – Vorlageverfahren zu äußern. Sinn und Zweck dieser Regelung besteht neben der Möglichkeit, dem Gerichtshof im allgemeinen Interesse eine Hilfestellung zu geben, vor allem darin, eigene Interessen wahrzunehmen und zu verteidigen[200]. Einer solchen Vorschrift bedürfte es jedoch nicht, wollte man Art. 267 AEUV als isoliertes „Gespräch“ zwischen dem vorlegenden Gericht und dem EuGH verstehen. Vielmehr hat Art. 23 Abs. 2 der Satzung des EuGH nur dann einen Sinn, wenn den Urteilen des Gerichtshofs eine über den Einzelfall hinausgehende Wirkung zukommt[201]. Nur dann wird verständlich, warum etwa Mitgliedstaaten, die sonst keinerlei Bezug zum konkreten Vorlageverfahren haben, ein Interesse entwickeln könnten, sich bisweilen umfassend zu der dort aufgeworfenen Rechtsproblematik zu äußern.

Doch nicht nur in der Satzung des EuGH lassen sich Vorschriften finden, welche auf eine über den Einzelfall hinausgehende Bindungswirkung von Vorabentscheidungen hindeuten. Auch Art. 99 der Verfahrensordnung des EuGH weist in diese Richtung. Demnach ist es dem Gerichtshof gestattet, im Rahmen des Vorabentscheidungsverfahrens durch Beschluss zu entscheiden, wenn die ihm vorgelegte Frage mit einer seiner Präzedenzentscheidungen übereinstimmt. Inhaltlich stellt die Norm eine Kodifikation der im Folgenden noch näher zu erläuternden *Da Costa*-Rechtsprechung dar[202], welche im Sinne einer Erweiterung der Bindungswirkung der Auslegungsurteile verstanden werden kann.

Trotz des Fehlens einer eindeutigen Vorschrift legen die existierenden Regelungen des Unionsverfahrensrechts somit eine über den Einzelfall hinausgehende Bindungswirkung von Auslegungsurteilen nahe, während sich für die Position, wonach Entscheidungen nach Art. 267 Abs. 1 AEUV eine nur relative Bindungswirkung zukommen soll, keine Stütze im Unionsrecht findet.

200 *Hackspiel*, in: Groeben/Schwarze, EUV/EGV, Art. 23 Satzung EuGH Rn. 15 ff.; *Wägenbaur*, Court of Justice oft he EU, Art. 23 Stat Rn. 61.

201 *Bebr*, [1981] 18 C.M.L.Rev. 4, 475 (486).

202 *Schima*, Das Vorabentscheidungsverfahren vor dem EuGH, S. 99 f.; ähnlich auch: *Brown/Kennedy*, The Court of Justice of the European Communities, S. 233; *Naômé*, Le renvoi préjudiciel en droit européen, Rn. 326.

b) Analyse der Rechtsprechung des EuGH

Inwieweit dieser erste Befund eine Bestätigung in der Rechtsprechung des EuGH findet, ist im Folgenden zu untersuchen. Ohne der eigentlichen Analyse vorzugreifen, kann indes bereits hier auf die Praxis des Gerichtshofs verwiesen werden, wonach er nationalen Gerichten, die eine Vorlagefrage formulieren, welche in der Vergangenheit inhaltlich bereits Gegenstand einer Vorabentscheidung war, ein Schreiben der Kanzlei des Gerichtshofs zustellt, in dem auf das entsprechende Urteil verwiesen und die Frage gestellt wird, ob das nationale Gericht angesichts dieser Sachlage sein Ersuchen aufrecht erhalten will[203].

Fraglich ist, inwieweit diese Praxis, die an sich bereits in eine bestimmte Richtung deutet, ihre Entsprechung in der Judikatur des EuGH findet.

aa) Das Urteil *Da Costa*

Als frühes Beispiel für die über den Einzelfall hinausgehende Bindungswirkung wird häufig die aus dem Urteil *Da Costa* hervorgegangene Linie der Rechtsprechung des EuGH angeführt[204]. Gegenstand dieser Entscheidung war, ebenso wie in der grundlegenden und zwei Monate zuvor entschiedenen Rechtssache *van Gend & Loos*[205], die Frage nach der unmittelbaren Anwendbarkeit von ex-Art. 12 EWGV. Der Gerichtshof sah sich folglich in *Da Costa* mit einer Auslegungsfrage konfrontiert, die er im selben Jahr auf Vorlage der Tariefcommissie in Amsterdam bereits beantwortet hatte.

Es stellte sich die Frage, wie der EuGH angesichts einer solchen Sachlage auf das erneute Auslegungsersuchen aus den Niederlanden reagieren würde. Grundsätzlich waren drei mögliche Antworten vorstellbar: Der EuGH hätte seine Rechtsauffassung aus *van Gend & Loos* – entsprechend den Schlussanträgen des Generalanwalts *Lagrange* – einfach wiederholen können[206]. Denkbar wäre aber auch eine Zurückweisung des Vorabentscheidungsersuchens mit Hinweis auf dessen Gegenstandslosigkeit gewesen, wie dies von der Kommission in ihrer Stellungnahme gefordert wurde[207]. Beides tat der EuGH erstaunlicherweise

203 Zu dieser Praxis: *Schima*, in: Feldner/Forgó, Norm und Entscheidung, 280 (293).

204 *EuGH*, Urt. v. 27. März 1963, verb. Rs. 28-30/62 (Da Costa & Schaake N.V. et al. ./. Niederländische Finanzverwaltung), Slg. 1963, 63 ff.

205 *EuGH*, Urt. v. 5. Februar 1963, Rs. 26/62 (Van Gend en Loos ./. Administratie van de Belastingen), Slg. 1963, 3 ff.

206 Schlussanträge des GA *Lagrange* v. 13. März 1963 in den verb. Rs. 28-30/62, Slg. 1963, 85 (87 ff.).

207 *EuGH*, Urt. v. 27. März 1963, verb. Rs. 28-30/62 (Da Costa & Schaake N.V. et al. ./. Niederländische Finanzverwaltung), Slg. 1963, 63 (80).

nicht, sondern entschied sich, das vorlegende Gericht einfach auf die in *van Gend & Loos* getroffene Auslegung des Primärrechts zu verweisen, indem es die dort gefundene Formulierung wiederholte[208].

Ein Blick auf die Entscheidung in *Da Costa* als Ganzes zeigt deutlich, dass aus dem eben dargestellten Tenor des Urteils keinerlei Hinweise zur Frage der Bindungswirkung von Auslegungsentscheidungen ableiten lassen. Der Verweis auf *van Gend & Loos* kann in beide Richtungen und damit als Mittelweg zu den Extrempositionen von Generalanwalt und Kommission gedeutet werden. So können Verfechter einer bloß relativen Bindungswirkung darauf abstellen, dass der EuGH die Entscheidungsformel aus der Auslegung in *van Gend & Loos* wiederholt, während die Befürworter einer weiteren Bindungswirkung ihre Sichtweise in dem expliziten Verweis auf eine Präzedenzentscheidung bestätigt sehen.

Als ergiebiger erweist sich der strukturelle Umstand, wonach der Gerichtshof in *Da Costa* drei verschiedene Rechtssachen zu ein und derselben Frage verband und damit letztlich eine Auslegung auf mehrere, jedoch inhaltlich identische ihm Probleme gab. Zwar war die Möglichkeit, mehrere Rechtssachen zu einer einzigen zu verbinden, bereits vorher bekannt und vom EuGH auch vielfach praktiziert worden[209], doch geschah dies in *Da Costa* zum ersten Mal im Rahmen eines Vorabentscheidungsverfahrens. Wäre der Gerichtshof hier der Meinung des Generalanwalts gefolgt, wäre es folgerichtig gewesen, die in *van Gend & Loos* getroffene Auslegung von ex-Art. 12 EWGV in allen drei Verfahren getrennt zu wiederholen. Dies tat er indes nicht, was für sich betrachtet bereits auf eine vom EuGH so verstandene Bindungswirkung einer Auslegung über den Einzelfall hinaus hindeutet.

An diesen Umstand ist zu erinnern, wenn man sich der für die vorliegende Frage zentralen Passage des Urteils zuwendet, die mit dem eigentlichen Vorlagegegenstand nichts zu tun hatte und streng genommen ein *obiter dictum* darstellte. In einem solchen *obiter dictum* wies der EuGH den Unzulässigkeitseinwand der Kommission in in einer berühmt gewordenen Passage zurück, wonach

> „...die Wirkung, die von einer durch den Gerichtshof gemäß Artikel 177 in einem früheren Verfahren gegebenen Auslegung ausgeht, doch im Einzelfall den inneren Grund dieser Verpflichtung entfallen und sie somit sinnlos erscheinen lassen [kann].

208 *Lagrange*, R.T.D.E. 1974, 268 (295), der hierin eine Parallele zur Rspr. des BVerfG sieht; vgl. auch: *Vandersanden/Barav*, Contentieux communautaire, S. 312 f.

209 So z.B. in: *EuGH*, Urt. v. 16. Dezember 1960, verb. Rs. 41/59 und 50/59 (Hamborner Bergbau AG et al. ./. Hohe Behörde der EGKS), Slg. 1960, 493 ff.; Urt. v. 14. Dezember 1962, verb. Rs. 2-3/62 (Kommission ./. Belgien), Slg. 1962, 911 ff.

Das gilt insbesondere dann, wenn die gestellte Frage tatsächlich bereits in einem gleich gelagerten Fall Gegenstand einer Vorabentscheidung gewesen ist[210]."

Sodann aber relativierte der Gerichtshof seine zitierte Aussage wieder, indem er betonte, dass trotz der fehlenden Notwendigkeit der Vorlage in solchen Fällen, die mitgliedstaatlichen Gerichte selbstverständlich weiterhin zu diesem Schritt berechtigt blieben.

Das salomonische Urteil des EuGH in *Da Costa* hat als Reaktion eine Vielzahl von Publikationen sowohl von Befürwortern als auch Gegnern einer über den Einzelfall hinausgehenden Bindungswirkung von Vorabentscheidungen hervorgerufen, die den Ausspruch des Gerichtshofs beide als Bestätigung der Richtigkeit ihrer jeweiligen Position verstehen[211]. Die widersprüchliche Rezeption der Entscheidung hängt dabei mit der relativierenden Art zusammen, mit welcher der EuGH zur Lösung der ihm vorgelegten Problematik ansetzt. Er schließt sich bewusst nicht den Extrempositionen des Generalanwalts oder der Kommission an, sondern beschreitet einen Mittelweg.

Schon aus Gründen der Prozessökonomie und Erwägungen des effektiven Rechtsschutzes kann demnach eine bloß relative Bindungswirkung vom EuGH nicht gewollt sein, würde so doch die Verpflichtung höchstinstanzlicher Gerichte zur einer weiteren Vorlage, obwohl die Frage bereits in einer anderen Rechtssache geklärt wurde, nur eine Verlängerung des Ausgangsverfahrens bedeuten. Auch erfährt der Gerichtshof selbst eine Minderung seiner eigenen Arbeitsbelastung, wenn er Gerichte von ihrer Vorlagepflicht in bestimmten Konstellationen befreit[212].

Nicht zuletzt aber zeigt sich in dem Urteil die Sensibilität des EuGH für das Kooperationsverhältnis, das ihn mit den nationalen Gerichten verbindet und welches in der Anfangsphase seiner Tätigkeit, in die auch die Entscheidung von *Da Costa* fällt, noch sehr zuungunsten des Gerichtshofs ausgeprägt war[213]. Hätte er die nationalen Gerichte im Sinne der Schlussanträge zu immer wiederkehrenden Vorlagen verpflichtet, hätten diese ein solches Verhalten als eine schikanöse Förmlichkeit einstufen und mit einer Weigerung zur Vorlage an den Gerichtshof reagieren können[214].

210 *EuGH*, Urt. v. 27. März 1963, verb. Rs. 28-30/62 (Da Costa & Schaake N.V. et al. ./. Niederländische Finanzverwaltung), Slg. 1963, 63 (81).

211 Zu dieser Debatte: *Plouvier*, Les décisions de la Cour de Justice des Communautés Européenes et leurs effets juridiques, S. 236 f.; vgl. auch: *Jimeno Bulnes*, La cuestión prejudicial del artículo 177 TCE, S. 475, dort insbes. Fn. 1498 m.w.N. für beide Seiten.

212 Für die Begründung dieses Ansatzes siehe *infra* in diesem Kap. in Punkt B II 1 b) bb).

213 Zu der gesamten Entwicklung des Verhältnisses von nationalen Gerichten und EuGH, einschließlich der erfolgten Machtverschiebungen: *Haltern*, Europarecht, Rn. 391 ff. m.w.N. aus der Lit. und Rspr.

214 *Dauses*, Das Vorabentscheidungsverfahren nach Artikel 177 EG-Vertrag, S. 154.

In diesem Kontext ist auch die oben angeführte Passage zu lesen, in welcher der EuGH die fortbestehende Vorlageberechtigung der nationalen Gerichte betonte. Genauso wie eine fortdauernde Verpflichtung zur Wiedervorlage von bereits entschiedenen Auslegungsfragen hätte die absolute Bindungswirkung einer Auslegung *erga omnes* und die damit einhergehende Abweisung der Vorlage eines nationalen Gerichts als schon unzulässig[215] den Gerichtshof in die Nähe eines obersten Unionsgerichts gerückt und von den nationalen Gerichten als Affront gegen ihre grundsätzliche Gleichrangigkeit mit dem EuGH verstanden werden können[216]. Beides vermied der EuGH durch den in *Da Costa* gewählten Lösungsansatz, indem er die Position der nationalen Gerichten im Rahmen des Vorabentscheidungsverfahrens durch die Einführung einer Ausnahme von der Vorlagepflicht nach Art. 267 Abs. 3 AEUV sogar stärkte. Einher damit ging aber gleichzeitig eine Stärkung des Gerichtshofs selbst, da er im Gegenzug in Fallkonstellationen wie *Da Costa* die Bindungswirkung seiner Urteile aufwertete. Interessant hierbei ist die Formulierung, welcher sich der EuGH bei der Beschreibung der Fälle bediente; diese müssten lediglich „gleichgelagert" sein. Der Ausdruck deutet an, dass eine Bindungswirkung nicht das Vorliegen eines Sachverhalts erfordert, der eins zu eins einer bereits entschiedenen Vorlagefrage entspricht, sondern durchaus von einer solchen in Einzelheiten abweichen kann, solange sie inhaltlich mit der Entscheidung, auf die verwiesen wird, übereinstimmt[217].

Der Balanceakt von eingeschränkter Bindungswirkung *erga omnes* bei gleichzeitiger Wiedervorlagemöglichkeit erweist sich auch in weiterer Hinsicht als ein ausgewogener Lösungsansatz, bildet er doch einen Mittelweg zwischen den Erfordernissen der Rechtssicherheit und des Vertrauensschutzes, die für eine strikte Bindungswirkung streiten, und den zur Zeit von *Da Costa* noch sehr viel wichtigeren Erfordernissen der Möglichkeit einer Revision und Präzisierung einer einmal gegebenen Auslegung, die sich beide aus dem dynamischen Charakter der sich entwickelnden Gemeinschaftsrechtsordnung ergeben.

215 Den Zusammenhang zwischen einer Wirkung *erga omnes* und der Unzulässigkeit weiterer identischer Vorlagefragen in Parallelverfahren diskutiert schon *Hay*, [1963] 12 A.J.C.L., 404 (408).

216 Vgl hierzu: *Haltern*, Europarecht, Rn. 429; ähnl.: *Ehricke*, Die Bindungswirkung von Urteilen des EuGH im Vorabentscheidungsverfahren nach deutschem Zivilprozessrecht und Gemeinschaftsrecht, S. 41.

217 Dies wird an den übrigen Sprachfassungen des Urteils deutlich; im Englischen findet sich etwa der Ausdruck „*materically identical*", auf Französisch heißt es „*materiellement identique*", was auch dem italienischen „*materialmente identica*" entspricht.

bb) Das Urteil *CILFIT*

Der EuGH hat in der Folgezeit seine in *Da Costa* aufgestellte Grundregel mehrmals bestätigt[218]. Eine wichtige Präzisierung der Frage nach der über den Einzelfall hinausgehenden Bindungswirkung eines Urteils erfolgte in der Rechtssache *CILFIT*[219]. Die beiden Entscheidungen werden seitdem nebeneinander gestellt, um sukzessive die Ausweitung der Bindungswirkungen von Urteilen des EuGH durch die Rechtsprechung des Gerichtshofs zu verdeutlichen[220].

Die Entscheidung *CILFIT* beruhte auf einer Vorlage der italienischen Corte di Cassazione, einem letztinstanzlichen Gericht im Sinne von Art. 267 Abs. 3 AEUV, und hatte zuvörderst die Frage zum Gegenstand, ob die dort formulierte Vorlagepflicht eine unbedingte sei oder nur dann eine Verpflichtung zur Anrufung des EuGH nach sich ziehe, wenn vernünftige Zweifel an der Auslegung einer gemeinschaftsrechtlichen Regelung bestünden. Diese Problematik ist mittlerweile unter dem Stichwort *Acte Clair* bekannt und hat mit der vorliegenden Frage der Bindungswirkung eines Urteils des Gerichtshofs nur mittelbar zu tun[221]. Nichtsdestotrotz nahm der EuGH die Vorlage des italienischen Gerichts zum Anlass, um seine Rechtsprechung in *Da Costa* entscheidend weiterzuentwickeln. Unter Bezugnahme auf dieses Urteil führte er aus, dass von der Formulierung einer Vorlagefrage anders als der Wortlaut von Art. 267 Abs. 3 AEUV nahelegt und damit *praeter legem* – abgesehen werden könne, wenn es sich um einen Fall handele, der einer bereits gegebenen Auslegung entspricht. Zentral ist auch in *CILFIT* der Begriff „gleichgelagerter Fall", von dessen Vorliegen ausgegangen werden kann,

> „...wenn bereits eine gesicherte Rechtsprechung des Gerichtshofes vorliegt, durch die die betreffende Rechtsfrage gelöst ist, gleich in welcher Art von Verfahren sich diese Rechtsprechung gebildet hat, und selbst dann, wenn die strittigen Fragen nicht vollkommen identisch sind[222]."

218 *Lenaerts/Arts/Maselis*, Procedural Law of the European Union, Rn. 6–028; *Pietrek*, Verbindlichkeit von Vorabentscheidungsverfahren nach Art. 177 EWGV, S. 239 ff. m.w.N.

219 *EuGH*, Urt. v. 6. Oktober 1982, Rs. 283/81 (Srl CILFIT und Lanificio die Gavardo SpA ./. Ministero della Sanità), Slg. 1982, 3415 ff.

220 So z.B.: *EuGH*, Urt. v. 4. November 1997, Rs. C-337/95 (Parfums Christian Dior SA und Parfums Christian Dior BV ./. Evora BV), Slg. 1997, I-6013, Rz. 29; Urt. v. 4. Juni 2002, Rs. C-99/00 (In re Kenny Roland Lyckeskog), Slg. 2002, I-4839, Rz. 11 ff.; statt vieler aus der Lit.: *Craig/de Búrca*, EU Law, S. 467 ff.

221 Zur *Acte Clair*-Doktrin ausführl.: Schlussanträge der GAin *Stix-Hackl* v. 12. April 2005 in der Rs. C-495/03 (Intermodal Transports BV ./. Staatssecretaris van Financiën), Slg. 2005, I-8151, Rz. 39 ff.

222 *EuGH*, Urt. v. 6. Oktober 1982, Rs. 283/81 (Srl CILFIT und Lanificio die Gavardo SpA ./. Ministero della Sanità), Slg. 1982, 3415, Rz. 14.

Aufgrund dieser Passage wird das Urteil in *CILFIT* regelmäßig herangezogen, um eine über den Einzelfall hinausgehende Bindungswirkung von Auslegungsentscheidungen des EuGH zu begründen[223].

Dieser Ansatz erweist sich tatsächlich als gut vereinbar mit der bisherigen Rechtsprechung des EuGH. So überrascht die Formulierung in *CILFIT* nicht sonderlich, stellt sie doch keine wesentliche Neuerung, sondern bloß eine Präzisierung einer Sichtweise dar, die im Kern bereits in *Da Costa* angelegt ist. Nach *CILFIT* müssen nunmehr zwei Kriterien kumulativ vorliegen, damit von „gleichgelagerten Fällen" ausgegangen werden kann, die eine weitergehende Bindungswirkung entfalten und eine Vorlageverpflichtung entfallen lassen. Während materiell eine gesicherte Rechtsprechung des Gerichtshofs vorliegen muss, soll es prozessual keine Rolle mehr spielen, in welchen Verfahren der EuGH diese Judikatur entwickelt hat. Mit „gleichgelagert" im Sinne von *Da Costa* ist mithin lediglich eine inhaltliche Vergleichbarkeit gemeint.

cc) Das Urteil *Kühne und Heitz*

Die Urteile in den Rechtssachen *Da Costa* und *CILFIT* sind die bekanntesten Beispiele für die Rechtsprechung des EuGH, wonach seinen Auslegungsurteilen eine über den Ausgangsrechtsstreit hinausgehende Bindungswirkung für alle mitgliedstaatlichen Gerichte in der Europäischen Union zukommt. Indes bilden diese Entscheidungen nicht die einzige Argumentationslinie des Gerichtshofs für diese Auffassung.

Die Rechtssache *Kühne und Heitz* illustriert anschaulich, welcher anderen Begründungsstrategien sich der EuGH bedient. Der Entscheidung lag ein Sachverhalt zugrunde, der die Klassifikation von Geflügelteilen für die Bestimmung von Exportzöllen zum Gegenstand hatte. *Kühne*, ein Exporteur bestimmter Geflügelteile, war von den zuständigen niederländischen Behörden zur Zahlung einer Abgabe auf Grundlage einer Klassifikation verpflichtet worden, die in einem anderen Verfahren vor dem EuGH[224] für unvereinbar mit dem damaligen Gemeinschaftsrecht befunden worden war. Unter Berufung auf dieses Urteil verlangte *Kühne* die Rückerstattung der überbezahlten Zollabgaben, was das erstinstanzli-

223 *Borchardt*, Der Europäische Gerichtshof, Art. 234 Rn. 55; *Gaitanides*, in: Groeben/Schwarze, EUV/EGV, Art. 234 EGV Rn. 92; *Schima*, Das Vorabentscheidungsverfahren vor dem EuGH, S. 99 f.

224 *EuGH*, Urt. v. 5. Oktober 1995, Rs. C-151/93 (Voogd Fleesimport en -export), Slg. 1994, I-4915 ff.

che niederländische Gericht indes unter Hinweis auf die Bestandskraft des Verwaltungsakts ablehnte[225].

Auf Vorlage des Berufungsgerichts wurde der EuGH mit dem Fall befasst, der eine Neubescheidung des Klägers anordnete. Trotz der überragenden Bedeutung des Grundsatzes der Rechtssicherheit befand der EuGH, dass dieser unter bestimmten Umständen durchbrochen werden kann, um so seine eigene Auslegung in einem später entschiedenen, inhaltlich jedoch identischen Fall zur Geltung zu bringen[226]. Ohne vorliegend auf die Problematik der *res iudicata* einzugehen[227], zeigt das Urteil deutlich die Auffassung des Gerichtshofs, wonach seine Auslegungen auch auf andere, sogar zeitlich vorgelagerte Sachverhalte Anwendung finden müssen. Der Grund hierfür liegt nach Auffassung des EuGH in der allgemeinverbindlichen Natur seiner Auslegungsentscheidungen[228], die auch in zeitlicher Hinsicht zu verstehen ist.

Mit dieser Argumentation unterstreicht der Gerichtshof somit seine in *Da Costa* und *CILFIT* dargelegte Rechtsüberzeugung, wonach Auslegungsurteile im Sinne von Art. 267 Abs. 1 lit. a) AEUV eine über den Einzelfall hinausgehende Wirkung haben, die einem allgemeinen Effekt *erga omnes*, wie er aus dem englischen System der Präzedenzen bekannt ist, zumindest sehr nahe kommt[229].

dd) Diskussion und Bewertung

Eine Analyse der Rechtsprechung zeigt, dass auch der EuGH selbst von einer über den Einzelfall hinausgehenden Bindungswirkung seiner Urteile ausgeht. Wie diese im Einzelnen beschaffen ist, ergibt sich aus dem Unionsrecht nur andeutungsweise. Ebenso hat der Gerichtshof in seiner bisherigen Rechtsprechung nur selten zur Qualität seiner Urteile Stellung bezogen.

Es ist mithin in einem letzten Schritt der Frage nachzugehen, welche Gerichte über den Ausgangsfall hinaus durch Urteile nach Art. 267 Abs. 1 lit. a) AEUV gebunden werden und wie dies dogmatisch überzeugend begründet werden kann.

225 *EuGH*, Urt. v. 13. Januar 2004, Rs. C-453/00 (Kühne und Heitz NV ./. Productschap voor Pluimvee en Eieren) Slg. 2004, I-837 ff.

226 *EuGH*, Urt. v. 13. Januar 2004, Rs. C-453/00 (Kühne und Heitz NV ./. Productschap voor Pluimvee en Eieren) Slg. 2004, I-837, insbes. Rz. 22.

227 Siehe hierzu die ausführl. Diskussion *infra* im 8. Kap. m.w.N. aus der Lit. und der Rspr.

228 St. Rspr., vgl. nur: *EuGH*, Urt. v. 22. Oktober 1998, Rs. C-10/97 bis C-22/97 (Ministero delle Finanze ./. IN.CO.GE'90 et al), Slg. 1998, I-6307, Rz. 23 m.w.N. aus der Rspr.; im Zusammenhang mit der Rs. *Kühne und Heitz*, siehe auch: *Urlesberger*, ZfRV 2004, 99 (101).

229 *Chalmers/Hadjiemmanuil/Monti/Tomkins*, European Union Law, S. 295 f.; ähnl. auch: *Craig/de Búrca*, EU Law, S. 473 ff.

Hierbei lassen sich drei Kategorien von Gerichten unterscheiden: der EuGH selbst, letztinstanzliche mitgliedstaatliche Gerichte im Sinne von Art. 267 Abs. 3 AEUV und unterinstanzliche Gerichte gemäß Art. 267 Abs. 2 AEUV.

α) (Selbst-)Bindung des EuGH

Zunächst stellt sich die Frage nach der Bindungswirkung von Auslegungsentscheidungen für den EuGH selbst. Der Gerichtshof wirft diese Frage grundsätzlich nicht auf, geht aber wie selbstverständlich davon aus, dass er nicht durch eigene Präjudizien gebunden ist[230]. Als wohl bekanntestes von unzähligen Beispielen in diesem Kontext kann die Auslegungsentscheidung in der Rechtssache *Keck* angeführt werden, in welcher der EuGH Verkaufsmodalitäten vom Anwendungsbereich des heutigen Art. 34 AEUV ausnahm und damit seine sehr weitgehende Judikatur in diesem Bereich ausdrücklich modifizierte[231]. Gleichzeitig und trotz dieser impliziten Abweichungskompetenz besteht für den EuGH, wie aus der soeben dargestellten Rechtsprechung in *Da Costa* deutlich wird, keine Veranlassung, nicht ohne triftigen Grund von einer einmal getroffenen Auslegung des Gemeinschaftsrechts abzuweichen.

Diese Ambivalenz mutet zunächst inkohärent an. Allerdings lassen sich vor dem Hintergrund teleologischer Erwägungen einleuchtende Argumente für eine derartige Sichtweise finden.

Hierzu reicht es aus, sich vor Augen zu führen, welche Konsequenzen ein Effekt im Sinne einer weitgehenden Bindungswirkung *erga omnes* ohne Abweichungsmöglichkeit für den EuGH nach sich ziehen würde. Der Begriff *erga omnes* ist in diesem Gedankenkonstrukt in die Nähe des aus der angloamerikanischen Rechtslehre bekannten Grundsatzes der *stare decisis* zu rücken. Diese Doktrin besagt, dass Urteile der höchstinstanzlichen Gerichte in einer Rechtsordnung nicht nur die untergeordneten Instanzen binden, sondern auch die Gerichte, die sie selbst aussprechen[232].

Eine strikte, selbst auferlegte Bindung an Präzedenzentscheidungen in diesem Sinne hätte für den EuGH jedoch zwangsläufig eine hemmende Wirkung auf die

230 *Tomuschat*, Die gerichtliche Vorabentscheidung nach den Verträgen über die europäischen Gemeinschaften, S. 188 f.; *Wohlfahrt*, in: Grabitz/Hilf, Das Recht der Europäischen Union, Art. 177 EGV Rn. 74.

231 *EuGH*, Urt. v. 24. November 1993, verb. Rs. C-267–268/91 (Keck und Mithouard), Slg. 1993, I-6079, Rz. 14 ff.; zum Hintergrund und den Konsequenzen des Urteils, vgl.: *Barnard*, The Substantive Law of the EU, S. 137 ff.; *Gormley*, [2008] 31 Fordham Int. L. J., 1637 (1648 ff.).

232 *Bernstorff*, Einführung in das englische Recht, S. 10 f.; ausführl. schon: *Cross*, [1966] 82 L.Q.R., 203 ff.

weitere Entwicklung seiner Rechtsprechung. Der Gerichtshof wäre an eine einmal vorgenommene Auslegung einer unionsrechtlichen Norm gebunden, die er nicht mehr für zeitgemäß oder gar richtig erachtet. Bisweilen wird in diesem Zusammenhang vor einer „Versteinerung“ der Judikatur gewarnt, welche für eine äußerst dynamische Rechtsordnung, die in einem hohem Maße durch die Spruchpraxis eines Gerichts geprägt ist wie das Unionsrecht, äußerst abträgliche Konsequenzen bis hin zu einem Stillstand der Rechtsentwicklung nach sich ziehen würde[233].

Andererseits würde die Verneinung einer wie auch immer gearteten Bindungswirkung kaum mit dem auch den EuGH bindenden Grundsatz der Rechtssicherheit zu vereinbaren sein[234]. Der rechtsunterworfene Bürger könnte sich ohne ein Mindestmaß an Achtung des EuGH vor den eigenen Präjudizien nicht auf dessen Auslegungen verlassen und müsste stets eine neuartige Auslegung einer Unionsrechtsnorm befürchten. Auf lange Sicht wäre damit nicht zuletzt auch die einheitliche Auslegung dieser Rechtsnormen gefährdet, weil die primär mit der Anwendung des Unionsrechts befassten nationalen Gerichte entweder jede Auslegungsfrage aufs Neue vorlegen müssten, was in einer Union mit 28 Mitgliedstaaten unweigerlich die Überlastung des EuGH zur Folge hätte, oder aber sie müssten anfangen, das Unionsrecht selbst autonom auszulegen. Beide Überlegungen aber stehen den grundlegenden Erwägungen, die hinter dem Rechtsinstitut des Verfahrens nach Art. 267 Abs. 1 lit. a) AEUV stehen, diametral entgegen.

Es kann nach dem Gesagten nicht verwundern, dass heute ganz überwiegend weder eine bloß relative Bindungswirkung noch ein umfassender und strikter Effekt *erga omnes* von Auslegungsentscheidungen gefordert wird[235]. Vielmehr ist ein flexibler Mittelweg anzustreben, der im Sinne einer im Folgenden noch zu untersuchenden, weitgehenden Präjudizwirkung die nationalen Gerichte an eine Auslegung des EuGH bindet, ihm aber selbst die Möglichkeit eines Abweichens gestattet, um der Gefahr der Erstarrung der eigenen Rechtsprechung zu entgehen[236].

233 *Schutter*, Fonctions de juger et droits fondamentaux, S. 468 ff.; *Kohl*, R.C.J.B. 1977, 231 (234 f.) m.w.N.; *Pollack*, ÖRiZ 1998, 190 (193 f.).

234 A.A., jedoch ohne weitere Begründung: *Thömmes*, in: Herzig, Europäisierung des Bilanzrechts, 75 (82).

235 Auch die teilweise abweichenden interessanten Überlegungen von *Trabucchi*, R.T.D.E. 1974, 59 (77 ff.) bilden hierzu i.E. keine Ausnahme, vgl. auch: *Piertrek*, Verbindlichkeit von Vorabentscheidungsverfahren nach Art. 177 EWGV, S. 243 ff.

236 Dies entspricht heute der ganz h.M., obwohl im Einzelnen verschiedene Begriffe verwendet werden: *Broberg/Fenger*, Preliminary References to the European Court of Justice, S. 444 m.w.N. aus Lit. und Rspr.; *Dauses*, Das Vorabentscheidungsverfahren nach Artikel 177 EG-Vertrag, S. 154 ff.; *Everling*, Das Vorabentscheidungsverfahren vor dem Gerichtshof der Europäischen Gemeinschaften, S. 66; *Lenz*, DRiZ 1995, 213 (217); *Schima*, Das Vorabentscheidungsverfahren vor dem EuGH, S. 98.

Mithin kann im Zusammenhang mit dem EuGH selbst für Auslegungsentscheidungen von einer eingeschränkten Bindungswirkung *erga omnes* des Gerichtshofes gesprochen werden, wie sie auch für die letztinstanzlichen Gerichte in den nationalen Rechtsordnungen kennzeichnend ist.

β) Bindung von Gerichten im Sinne von Art. 267 Abs. 3 AEUV

Die wenigen Einlassungen des Gerichtshofs zur über den Einzelfall hinausgehenden Bindungswirkung seiner Urteile in *Da Costa* und *CILFIT* betrafen beide höchstinstanzliche Gerichte im Sinne von Art. 267 Abs. 3 AEUV. Umso lebhafter erfolgte die Diskussion der Problematik an diesem Beispiel, wobei hier theoretische Überlegungen oftmals zugunsten einer bloßen Verengung der Auseinandersetzung auf diese beiden Urteile vernachlässigt wurden.

Dabei zeigen schon prozessökonomische Überlegungen, welche Konsequenzen ein relativer Bindungseffekt von Auslegungsentscheidungen hätte[237]. So müssten alle Sachverhalte, in denen eine einmal erfolgte Auslegung einer unionsrechtlichen Bestimmung eine Rolle spielt, weiterhin dem EuGH zur Vorabentscheidung vorgelegt werden, der dann in jedem dieser Verfahren aufs Neue eine für den Ausgangsrechtsstreit wirkende Auslegung der fraglichen Regelung geben könnte. Nach diesem Prinzip könnten alle denkbaren Verfahren einer Lösung zugeführt werden; im Ergebnis stünden so eine Vielzahl von sukzessive gefällten Einzelurteilen nebeneinander, die alle aus dem im ursprünglichen Fall gefundenen Grund das gleiche Resultat haben. Diese Urteile, die Teil einer Reihe von sinnfreien Vorlagekaskaden bildeten, würden in ihrer Summe denselben Effekt haben, wie in dem Fall, in dem schon der ursprünglichen Entscheidung eine über den Einzelfall hinausgehende Bindungswirkung beigemessen worden wäre[238].

Damit ist zwar geklärt, warum ein bloß relativer Ansatz ausscheiden muss, welchen Umfang eine weitergehende Bindungswirkung für höchstinstanzliche Gerichte haben soll, bleibt jedoch weiterhin zu prüfen. Besonders aufschlussreich erweist sich unter Berücksichtigung der Rechtsprechung des EuGH, wie der Gerichtshof implizit die Fragen der Bindungswirkung und der Vorlageverpflichtung miteinander verknüpft und sie so als zwei Seiten einer Medaille erscheinen lässt. Auf eine kurze Formel gebracht, bedeutet dies, dass sich die Vorlagepflicht aus Art. 267 Abs. 3 AEUV in eine Vorlageberechtigung wandelt,

237 Zur Problematik insgesamt schon *supra* in diesem Kap. in Punkt B II 1 a) aa).

238 Für einen ähnl. Gedankengang, siehe auch: *Jimeno Bulnes*, La cuestión prejudicial del artículo 177 TCE, S. 463 f. m.w.N.; zur parallelen Frage bei Ungültigkeitsurteilen, vgl. *infra* in diesem Kap. in Punkt B II 2 b).

sobald ein einschlägiges Auslegungsurteil des EuGH zu dieser Auslegungsfrage existiert. Es kommt mithin zu einer teleologischen Reduktion der Vorschrift. Diese kann jedoch nur unter der zentralen Prämisse erfolgen, dass sich das nationale Gericht entscheidet, der unionsgerichtlichen Auslegung zu folgen; erst dann entfällt die Pflicht zur Vorlage[239]. Sie muss aber wieder aufleben, wenn das Gericht die Auslegung aus welchen Gründen auch immer nicht zu beachten bereit ist[240]. Letzteres sprach der EuGH weder in *Da Costa* noch in *CILFIT* aus, doch erweist sich die Einschränkung als zwingende Konsequenz der obigen teleologischen Erwägungen, wonach Sinn und Zweck von Art. 267 AEUV in der Gewährleistung der einheitlichen Anwendung des Unionsrechts bestehen. Im Ergebnis nahm der EuGH implizit schon hier seine unter der Bezeichnung *Foto-Frost* bekannt gewordene Judikatur[241] vorweg.

Folglich bewerkstelligt die Verknüpfung der Fragen der Bindungswirkung und der Vorlagepflicht eine Kanalisierung der nationalen Rechtsprechung, die letztlich den Auslegungsurteilen des EuGH zu einer weit über den Ausgangsrechtsstreit hinausgehende Bindungswirkung verhilft.

Dieses Ergebnis lässt sich insbesondere aus Sicht des betroffenen höchstinstanzlichen nationalen Gerichts verdeutlichen. Es kann entweder der Rechtsprechung des Gerichtshofs folgen, oder es muss erneut vorlegen. Entscheidet es sich für letzteres, riskiert es eine Entscheidung nach dem Muster von *Da Costa*, in welcher der EuGH auf seine gegebene Auslegung hinweist. Diese muss vom nationalen Gericht dann angewendet werden, was im Ergebnis eine Pflicht zur Befolgung des bestätigten Präjudizes darstellt.

Mit einer neuen oder zumindest modifizierten Auslegung kann ein vorlegendes Gericht folglich nur dann rechnen, wenn sich „neue Beurteilungsgesichtspunkte“ ergeben, die einen solchen Schritt rechtfertigen[242]. Wie diese Gesichtspunkte im Einzelnen ausgestaltet sein müssen, spezifiziert der EuGH indes nicht weiter. Strukturell ähnelt die vorliegende Konstellation der eingangs geschilderten Sachlage, in welcher das um eine Vorabentscheidung ersuchende Gericht

239 *Frenz*, Hdb. Europarecht – Bd. 5, Rn. 3405; ähnl.: *Ehricke*, in: Streinz, EUV/AEUV, Art. 267 EGV Rn. 72.

240 *Pechstein*, EU-/EG-Prozessrecht, Rn. 861; *Streinz*, Europarecht, Rn. 641; *Wegener*, in: Calliess/Ruffert, EUV/AEUV, Art. 267 AEUV Rn. 49; i.E. wohl auch: *EuGH*, Urt. v. 27. März 1980, verb. Rs. 66, 127-128/79 (Amministrazione delle Finanze dello Stato ./. Meridionale Industria Salumi SrL et al.), Slg. 1980, 1237, Rz. 7 ff.

241 *EuGH*, Urt. v. 22. Oktober 1987, Rs. 314/85 (Foto-Frost ./. Hauptzollamt Lübeck Ost), Slg. 1987, 4199, Rz. 11 ff.; bestätigt in: *EuGH*, Urt. v. 6. Dezember 2005, Rs. C-461/03 (Gaston Schul Douane Expéditeur BV ./. Minister van Landbouw, Natuur en Voedselkwaliteit), Slg. 2005, I-10513, Rz. 17 ff.

242 Vgl. z.B.: *EuGH*, Urt. v. 12. November 1992, verb. Rs. C-134/91 und C-135/91 (Kerafina et al. ./. Griechenland), Slg. 1992, I-5699, Rz. 17; Urt. v. 16. Dezember 1992, C-237/92 (Kus ./. Landeshauptstadt Wiesbaden), Slg. 1992, I-6781, Rz. 9.

selbst nochmals eine Vorlagefrage formuliert, so dass es sich anbietet, die dort entwickelten Kriterien entsprechend anzuwenden[243]: Demnach wäre von einem neuen Beurteilungsgesichtspunkt auszugehen, sobald sich tatsächliche Umstände wesentlich ändern oder der Sachverhalt neue rechtliche Gesichtspunkte aufzuwerfen vermag, die in der bisherigen Rechtsprechung keine Berücksichtigung gefunden haben[244].

γ) Unterinstanzliche Gerichte im Sinne von Art. 267 Abs. 2 AEUV

Fraglich bleibt, ob im nationalen Kontext auch unterinstanzliche Gerichte gleichermaßen durch Präjudizien des Gerichtshofs gebunden werden. Zwar hat der EuGH selbst hierzu noch keine Entscheidung gefällt[245], doch könnte eine Bindungswirkung vordergründig schon mit einem einfachen Schluss *a fortiori* bejaht werden: Wenn schon die höchstinstanzlichen Gerichte in einem Mitgliedstaat nicht ohne Vorlage an den EuGH von dessen Rechtsprechung abweichen können, muss das für untere Instanzen des Rechtszuges erst recht gelten[246].

Allerdings greift ein derartiger Ansatz zu kurz. Art. 267 Abs. 2 AEUV garantiert den unterinstanzlichen nationalen Gerichten ihre sachliche Unabhängigkeit und steht einer Ausweitung der Bindungswirkung auf diese Gerichte entgegen. Im Gegensatz zu der teleologischen Reduktion von Art. 267 Abs. 3 AEUV, die den Gerichten ein höheres Maß an Autonomie einräumt, liefe eine Judikatur, die eine Bindungswirkung von Gerichten nach Art. 267 Abs. 2 AEUV im Sinne hätte, auf eine teleologische Extension von Absatz 2 hinaus, die in der Literatur bereits im Zusammenhang mit dem Urteil in der Rechtssache *Foto-Frost* als Verstoß gegen das auch für den EuGH geltende Prinzip der begrenzten Einzelermächtigung kritisiert wurde[247].

Ein zwingendes Argument für eine weitergehende Bindungswirkung lässt sich höchstens aus der Frage nach der Qualität der Auslegungsleistung des EuGH und eines damit verbundenen Urteils ableiten. Unter der Prämisse, dass es sich bei

243 In diese Richtung wohl auch: *Borchardt*, Der Europäische Gerichtshof, Art. 234 Rn. 55; *Haltern*, Europarecht, Rn. 429; *Schermers/Waelbroeck*, Judicial Protection in the European Union, § 622 m.w.N.

244 Vgl. insbes. auch in: *EuGH*, Urt. v. 11. Juni 1987, Rs. 14/86 (Pretore di Salò ./. X), Slg. 1987, 2545 ff.

245 Allerdings hat er in entsprechenden Urteilen auch nicht zwischen Gerichten im Sinne von Art. 267 Abs. 2 und 3 AEUV differenziert, vgl. hierzu: *Frenz*, Hdb. Europarecht – Bd. 5, Rn. 3406 m.w.N. aus der Rspr.

246 I.E. wohl auch: *Dauses*, Das Vorabentscheidungsverfahren nach Artikel 177 EG-Vertrag, S. 155; *Pietrek*, Verbindlichkeit von Vorabentscheidungen nach Art. 177 EWGV, S. 285.

247 Vgl. statt vieler etwa *Haltern*, Europarecht, Rn. 413, der von einer „Interpretation contra legem" spricht.

Auslegungsentscheidungen um deklaratorische Feststellungsurteile handelt, die lediglich verdeutlichen, mit welcher Tragweite die auszulegende Vorschrift seit ihrem Inkrafttreten zu verstehen und anzuwenden gewesen wäre[248], wird in der Literatur argumentiert, die vom Gerichtshof vorgenommene Interpretation einer Norm des Unionsrechts werde gleichsam Teil dieser Vorschrift selbst und entfalte folglich wie diese für alle Gerichte in den Mitgliedstaaten Verbindlichkeit im Sinne des allgemeinen Grundsatzes vom Vorrang des Unionsrechts[249].

Allerdings verliert diese scheinbar simple Idee ihren Reiz, sobald sie konsequent weitergedacht wird. Unabhängig von der komplexen Frage, inwieweit ein solcher Ansatz nicht schon als verbotene Rechtsetzung durch den EuGH gewertet werden müsste, hätte sie die merkwürdige Folge, dass einer Auslegungsentscheidung des Gerichtshofs eine stärkere Verbindlichkeit zukäme, als dies für die ausgelegte Vorschrift selbst der Fall wäre[250]. Zudem würde sich automatisch die Folgefrage stellen, ob und – bejahendenfalls – inwieweit die Überprüfung der Richtigkeit einer einmal erfolgten Auslegung noch möglich wäre, wenn der Inhalt einer solchen Vorabentscheidung zum Normbestandteil erhoben wird. So ließe sich durchaus die Meinung vertreten, dass unter dieser Prämisse eine Auslegung aufgrund ihrer Qualität als Primärrecht[251] der weiteren Prüfung durch den Gerichtshof entzogen sei; ebenso wäre eine erneute Vorlage der nationalen Gerichte zu dieser Frage nicht mehr möglich[252]. Beide Annahmen widersprechen indes der Realität des Unionrechts, wie in diesem Kapitel bereits nachgewiesen werden konnte[253], so dass dem Modell, nach welchem eine Auslegung automatisch Bestandteil der ausgelegten Norm wird, im Ergebnis nicht gefolgt werden kann und somit nicht zur Begründung einer zwingenden Bindung unterinstanzlicher Gerichte an ein Auslegungsurteil im Vorabentscheidungsverfahren taugt.

248 St. Rspr. seit: *EuGH*, Urt. v. 27. März 1980, Rs. 61/79 (Amministrazione delle Finanze dello Stato ./. Denkavit Italiana), Slg. 1980, 1205, Rz. 16.

249 *Broberg/Fenger*, Preliminary References to the European Court of Justice, S. 441 f.; *Lenaerts*, [2007] 44 C.M.L.Rev. 6, 1625 (1642); *Naômé*, Le renvoi préjudiciel en droit européen, Rn. 325; *Plouvier*, Les décisions de la Cour de Justice des Communautés Européennes et leurs effets juridiques, S. 240; *Weiß*, EuR 1995, 377 (378).

250 *Schima*, in: Feldner/Forgó, Norm und Entscheidung, 280 (309); *Thiele*, Europäisches Prozessrecht, § 9 Rn. 102 m.w.N.

251 Die Gültigkeit von Primärrecht kann nach allg. Ansicht nicht durch den EuGH infrage gestellt werden. Es gibt mithin – anders als nach der Doktrin des BVerfG zum „verfassungswidrigen Verfassungsrecht“ – kein „europarechtswidriges Primärrecht“; vgl. statt aller: *Ehricke*, in: Streinz, EUV/AEUV, Art. 267 AEUV Rn. 13.

252 *Kadelbach*, in: *Holubek/Lang*, Das EuGH-Verfahren in Steuersachen, 119 (125); *Tomuschat*, Die gerichtliche Vorabentscheidung nach den Verträgen über die europäischen Gemeinschaften, S. 186.

253 Vgl. *supra* in diesem Kap. in Punkt B I 1 m.w.N. aus der dem entgegenstehenden st. Rspr. des EuGH.

Tatsächlich sprechen hierfür auch keine zwingenden Gründe der einheitlichen Auslegung des Unionsrechts oder der Rechtssicherheit einer Bindungswirkung von Entscheidungen nach Art. 267 Abs. 1 lit. a) AEUV. Weicht ein unterinstanzliches Gericht von der Rechtsprechung des EuGH ab, so besteht die Möglichkeit, gegen das Urteil Rechtsmittel einzulegen, was schließlich zur Folge haben wird, dass der streitige Sachverhalt vor einem Gericht im Sinne von Art. 267 Abs. 3 AEUV verhandelt wird. Das höchstinstanzliche Gericht wiederum muss aus den bereits dargestellten Gründen im Einklang mit der Rechtsprechung des EuGH entscheiden oder bei veränderter Sach- und Rechtslage erneut vorlegen, womit im Ergebnis auch hier die eingeschränkte Bindungswirkung des Präjudizes, vermittelt über die letztinstanzlichen Gerichte, Anwendung finden würde[254].

Für die Bundesrepublik Deutschland etwa spiegelt sich dies in der ständigen Rechtsprechung des BVerwG wider, welches in den eben geschilderten Konstellationen regelmäßig den Revisionszulassungsgrund der „grundsätzlichen Bedeutung“ im Sinne von § 132 Abs. 2 Nr. 1 VwGO erfüllt sieht[255]. Derartige nationale Bestimmungen haben auch die unterinstanzlichen Gerichte bei ihrer Entscheidungsfindung vor Augen. Nicht zuletzt aus Gründen der Prozessökonomie werden sie daher zumindest mittelbar durch Präjudizien des EuGH beeinflusst, wollen sie nicht riskieren, dass ihre eigene Entscheidung in letzter Konsequenz aufgehoben wird[256].

Es ist daher festzuhalten, dass unterinstanzliche Gerichte durch Auslegungsentscheidungen des EuGH in der Rechtspraxis sehr stark beeinflusst werden. Eine über den Einzelfall hinausgreifende Bindungswirkung besteht somit zumindest in faktischer Hinsicht, da über Gerichten im Sinne von Art. 267 Abs. 2 AEUV stets das Damoklesschwert der erfolgreichen Berufung oder Revision schwebt, sollten sie von einer Auslegung, wie sie der EuGH getroffen hat ohne entsprechende eigene Vorlage an den Gerichtshof abweichen.

254 *Everling*, Das Vorabentscheidungsverfahren vor dem Gerichtshof der Europäischen Gemeinschaften, S. 66; *Middeke*, in: Rengeling/Middeke/Gellermann, Hdb. des Rechtsschutzes in der Europäischen Union, § 10 Rn. 89 m.w.N.

255 St. Rspr., vgl. nur: *BVerwG*, Beschl. v. 22. Oktober 1986, Az. 3 B 43/86, NJW 1988, 664; Urt. v. 21. Januar 1993, Az. 4 B 206/92, NVwZ 1993, 884; allg. hierzu: *Hess*, Europäisches Zivilprozessrecht, § 12 Rn. 54 mit Verweis auf §§ 551 Abs. 2 und 4, 543 Abs. 2 Nr. 1 ZPO.

256 Ganz h.M.: *Ehricke*, in: Streinz, EUV/AEUV, Art. 267 AEUV Rn. 72; *Krück*, in: Groeben/Thiesing/Ehlermann, EUV/EGV, Art. 177 EGV Rn. 91; vgl. auch: *Gutsche*, Die Bindungswirkung der Urteile des Europäischen Gerichtshofs, S. 181 f.; vgl. a.A. – soweit erkennbar – nur: *Schima*, in: Feldner/Forgó, Norm und Entscheidung, 280 (306 ff.).

2. Gültigkeitsverfahren gemäß Art. 267 Abs. 1 lit. b) AEUV

Unionsrecht ist oft unklar, selten jedoch ungültig[257]. Diese prägnante Formulierung bringt das Verhältnis von Auslegungsverfahren und Gültigkeitsverfahren auf den Punkt. Gültigkeitsfragen machen einen sehr viel geringeren Anteil der Fälle vor dem Gerichtshof aus als Auslegungsfragen; noch seltener wird letztlich die Ungültigkeit einer Maßnahme im Sinne von Art. 267 Abs. 1 lit. b) AEUV festgestellt.

Unter „Gültigkeit" im Sinne dieser Vorschrift wird dabei nach ganz herrschender Auffassung die Rechtmäßigkeit verstanden, was wiederum die Vereinbarkeit der zu untersuchenden Materie mit höherrangigem Unionsrecht und ungeschriebenen Rechtsgrundsätzen bedeutet[258].

Zur Bestimmung der Reichweite der Urteile in Gültigkeitsverfahren kann in weiten Teilen auf die obigen, zum Auslegungsverfahren angeführten Argumente verwiesen werden. So sprechen die normative Erwägungen zu Art. 23 Abs. 2 der Satzung und Art. 99 der Verfahrensordnung des EuGH wie auch die grundsätzlichen Überlegungen zur Rolle des Vorabentscheidungsverfahrens als Möglichkeit der Wahrung der einheitlichen Anwendung des Unionsrechts in allen Mitgliedstaaten auch für eine über den Einzelfall hinaus gehende Bindungswirkung von Entscheidungen betreffend die Gültigkeit von unionsrechtlichen Akten[259].

Andererseits bestehen durchaus Unterscheide zwischen den in Art. 267 Abs. 1 lit. a) und b) AEUV normierten Verfahren, die eine gesonderte Betrachtung der Bindungswirkung von Gültigkeitsverfahren notwendig machen.

In diesem Zusammenhang wird bisweilen versucht, Art. 267 Abs. 1 lit. b) AEUV in die Nähe der Nichtigkeitsklage zu rücken[260]: Aufgrund der vergleichbaren Zielsetzung beider Verfahrensarten sei eine mögliche Unterscheidung zwischen den Urteilswirkungen künstlich und nicht aufrechtzuerhalten. An dieser Sichtweise überrascht zunächst schon, dass sie keinerlei Stütze in der Rechtsprechung des EuGH findet[261], was mit den gravierenden strukturellen unterscheiden

257 *Brown/Kennedy*, The Court of Justice of the European Communities, S. 234.

258 *EuGH*, Urt. v. 23. April 1986, Rs. 293/83 (Parti Écologiste „Les Verts" ./. Europäisches Parlament), Slg. 1986, 1339, Rz. 23; Urt. v. 22. Oktober 1987, Rs. 314/85 (Foto-Frost ./. Hauptzollamt Lübeck Ost), Slg. 1987, 4199, Rz. 16; *Ehricke*, in: *Streinz*, EUV/AEUV, Art. 267 AEUV Rn. 23; *Oppermann*, Europarecht, § 9 Rn. 55.

259 Dies stellt indes keine genuine Wirkung *erga omnes* dar, was schon am Fehlen einer mit § 31 Abs. 2 BVerfGG vergleichbaren Regelung im Unionsrecht liegt. Letzteres mag auch der Grund für die Aussage in den Schlussanträgen des GA *Warner* v. 20. Spetember 1977 in der Rs. 112/76, Slg. 1977, 1647 (1663 f.) sein, wonach der EuGH im Hinblick auf die vorliegende Problematik eher mit dem H.L. als mit dem BVerfG zu vergleichen ist.

260 *Bleckmann*, Europarecht, Rn. 999; für Ungültigkeitsurteile wohl auch: *Nicolaysen*, Europarecht I, S. 416; unklar dagegen: *Pechstein*, EU-/EG-Prozessrecht, Rn. 859.

261 Ausführl. hierzu: *Germelmann*, EuR 2009, 254 (261 f.) m.w.N. aus der Lit. und Rspr.

zwischen Art. 263 f. AEUV und Art. 267 Abs. 1 lit. b) AEUV zusammenhängt[262]. Während ein Urteil nach Art. 264 Abs. 1 AEUV die Nichtigkeit der untersuchten unionsrechtlichen Bestimmung zur Folge haben kann, ist dies im Rahmen einer Feststellung der Ungültigkeit nicht möglich. Auch eine ungültige Vorschrift bleibt weiterhin Teil der Rechtsordnung und rechtlich existent; sie kann nur durch einen entsprechenden Akt des Unionsgesetzgebers aufgehoben werden[263]. Dies spiegelt sich nicht zuletzt in der Entscheidungsformel des EuGH wider. Ähnlich der ständigen Rechtsprechung des Gerichtshofs zu seinen Auslegungsurteilen bleiben mitgliedstaatliche Gerichte auch im Falle eines Ungültigkeitsurteils zumindest theoretisch zu einer erneuten Vorlage an den Gerichtshof berechtigt[264]. Würde der EuGH indes Entscheidungen im Verfahren nach Art. 267 Abs. 1 lit. b) AEUV mit denen des Art. 263 f. AEUV gleichsetzen, wäre eine derartige Formulierung fehlerhaft, da im Falle einer Nichtigkeit schon aufgrund der rechtlichen Nichtexistenz der betreffenden Norm eine erneute Vorlage ausscheiden müsste. Mithin lässt sich eine Analogie mit Art. 264 Abs. 1 AEUV nicht überzeugend begründen.

Fraglich ist daher weiterhin, ob Entscheidungen im Gültigkeitsverfahren eine über den Einzelfall hinausgehende Bindungswirkung zukommt, wie dies für Auslegungsurteile bereits nachgewiesen werden konnte. Im Folgenden soll daher auf die Einzelheiten jener Verfahrensart eingegangen werden, wobei eine strukturelle Differenzierung entsprechend der Teilbarkeit der projektierten Antwort des EuGH in Gültigkeit und Ungültigkeit vorzunehmen ist.

In diesem Zusammenhang ist auf die strukturelle Verschiedenheit der Urteile in den beiden Verfahrensarten des Art. 267 Abs. 1 lit. a) und b) AEUV hinzuweisen[265]. Das Gültigkeitsverfahren zeichnet sich durch eine strikte Teilbarkeit der projektierten Antwort des EuGH aus. Es kann entweder die Gültigkeit der in Frage stehenden Maßnahme feststellen oder diese für ungültig erklären. Eine dritte Möglichkeit bietet sich dem Gerichtshof nicht. Diese Konstruktion unterscheidet sich wesentlich von Urteilen in Auslegungsverfahren, die lediglich eine einheitliche, nämlich erklärende Struktur aufweisen können.

262 *Germelmann*, EuR 2009, 254 (261); *Lagrange* R.T.D.E. 1974, 268 (294 f.).

263 Zu den Voraussetzungen in deutscher Sprache: *EuGH*, Beschl. v. 2. Dezember 2007, Rs. C-421/06 (Martini und Cargill ./. Ministero delle Politiche agricole e forestali), Slg. 2007, I-152*, vollständig veröffentlicht in: EuR 2009, 241, Rz. 55 ff.

264 *Vandersanden/Barav*, Contentieux communautaire, S. 314 f.; zur Spruchpraxis des EuGH siehe sogleich *infra* in diesem Kap. in Punkt B II 2 b) m.w.N.

265 Zu den strukturellen Unterschieden zwischen Art. 267 Abs. 1 lit. a) und b) AEUV in dieser Hinsicht: *Pietrek*, Verbindlichkeit von Vorabentscheidungen nach Art. 177 EWGV, S. 234 f.

a) Fälle der Gültigkeit einer Organhandlung

Ein mögliches Ergebnis des Verfahrens nach Art. 267 Abs. 1 lit. b) AEUV kann in der Feststellung bestehen, wonach die dem EuGH vorgelegte Maßnahme oder Rechtsnorm nicht gegen höherrangiges Unionsrecht verstößt. In einem solchen Fall spricht der Gerichtshof nicht die Gültigkeit der in Frage stehenden Handlung aus, sondern bedient sich im Tenor seines Urteils der Formulierung, wonach die ihm vorgelegten Fragen keine Gründe ergeben haben, die Maßnahme als ungültig zu betrachten[266]. Auf diesem Wege macht der EuGH deutlich, dass er nicht positiv über die Gültigkeit einer Maßnahme der Union entscheidet, sondern vielmehr negativ eine Ungültigkeit im Hinblick auf eine bestimmte, ihm vorgelegte Fragestellung ausschließt, ohne zu anderen möglichen Ungültigkeitsgründen Stellung zu nehmen[267].

Zwar nimmt sich der Gerichtshof bisweilen die Freiheit, seine Prüfung *ex officio* auf andere mögliche Ungültigkeitsgründe als die ihm vorgelegten auszuweiten[268], doch darf hieraus nicht auf die Vornahme einer umfassenden und vor allem erschöpfenden Gültigkeitsprüfung durch den EuGH geschlossen werden. Mit Blick auf den objektiven Charakter des Vorabentscheidungsverfahrens wurde dies in der Vergangenheit zwar gefordert[269], doch kann ein solcher Ansatz aus theoretischen wie praktischen Gründen nicht überzeugen. Zum einen ist der Gerichtshof schon praktisch nicht in der Lage, die Gültigkeit einer Unionshandlung in allen ihren Facetten zu untersuchen, zum anderen würde ein solches Verständnis auch dem Charakter des auf Kooperation zwischen nationaler und europäischer Judikative ausgerichteten Vorabentscheidungsverfahrens widersprechen und den EuGH hierbei unnötig in die Position einer omnipotenten Revisionsinstanz rücken. Die Entscheidungen des Gerichtshofs, in denen die Gültigkeit einer Organhandlung der Gemeinschaft festgestellt wird, beziehen sich demnach stets nur auf die ihm vorgelegte Frage des nationalen Gerichts und schließen eine Ungültigkeit aus anderen Gründen nicht aus.

266 St. Rspr., vgl. z.B.: *EuGH*, Urt. v. 25. Juni 1997, Rs. C-114/96 (Kieffer und Thill), Slg. 1997, I-3629, Rz. 39; Urt. v. 3. Juni 2008, Rs. C-308/06 (International Association of Independent Tanker Owners (Intertanko) et al. ./. Secretary of State for Transport), Slg. 2008, I-4057, Rz. 80.

267 *Pietrek*, Verbindlichkeit von Vorabentscheidungen nach Art. 177 EWGV, S. 207 ff. verwendet in diesem Kontext den anschaulichen Begriff der „Nicht-Ungültigkeit".

268 Vgl. statt vieler schon: *EuGH*, Urt. v. 18. Februar 1964, verb. Rs. 73/63 und 74/63 (Internationale Crediet- en Handelsvereniging Rotterdam et al. ./. Minister van Landbouw en Visserij), Slg. 1964, 5 (29).

269 So z.T. in der Lit. der 1960er Jahre: *Gutsche*, Die Bindungswirkung der Urteile des Europäischen Gerichtshofes, S. 218 f.; *Tomuschat*, Die gerichtliche Vorabentscheidung nach den Verträgen über die europäischen Gemeinschaften, S. 182, i.E. aber ablehnend.

Für die Frage der Bindungswirkung von Gültigkeitsurteilen hat diese Feststellung wesentliche Konsequenzen. Diese lassen sich plastisch an der Situation eines mitgliedstaatlichen Gerichts illustrieren, das sich mit einem Rechtsstreit konfrontiert sieht, in dem eine Vorschrift eine Rolle spielt, welche vom EuGH für gültig befunden wurde, die vom nationalen Gericht aber für unvereinbar mit höherrangigem Unionsrecht gehalten wird.

Grundsätzlich hat der nationale Richter nun verschiedene Möglichkeiten des weiteren Vorgehens: (a) Zunächst könnte er die unionsrechtliche Norm nach eigenständiger Prüfung für ungültig halten und sie nicht anwenden. Diese Option scheidet nach gefestigter Rechtsprechung des EuGH seit der Rechtssache *Foto-Frost* aus[270]. Das zwingende Erfordernis der Einheitlichkeit des Unionsrechts, Rechtssicherheitserwägungen und die Konzentration des Verwerfungsmonopols von unionsrechtlichen Akten beim EuGH verpflichten alle nationalen Gerichte in einem solchen Fall zur Vorlage an den Gerichtshof. (b) Die Bedenken des nationalen Richters können um Punkte kreisen, die vom EuGH nicht geprüft wurden, als er sich in einer vorhergehenden Entscheidung zur Gültigkeit der nun wieder streitgegenständlichen Norm geäußert hatte. Hierfür kann auf die obige Feststellung zurückgegriffen werden, wonach der nationale Richter eine Vorlagefrage formulieren muss, da der EuGH im vorhergehenden Fall zur Gültigkeit nur hinsichtlich der in jenem Fall aufgeworfenen Zweifel Stellung genommen hatte. (c) Die letzte Variante betrifft den Fall, dass der nationale Richter die unionsrechtliche Maßnahme aus den gleichen Gründen für ungültig hält, die bereits ein anderes Gericht in dem vorhergehenden Fall veranlasst hatte, eine Vorlage an den EuGH zu formulieren, im Zuge derer die jetzt wieder bezweifelte Gültigkeit festgestellt wurde. In dieser Konstellation stellt sich nun die Frage nach der Bindungswirkung des vorhergehenden Urteils für den nationalen Richter.

Das Beispiel zeigt zweierlei auf: Die unter Punkt (a) aufgeworfene Frage, ob ein nationaler Richter von einem Gültigkeitsurteil dahingehend abweichen kann, dass er autonom eine Norm des Unionsrechts unbeachtet lässt, hat nicht die Problematik der Bindungswirkung von Urteilen des EuGH zum Gegenstand, sondern betrifft ausschließlich die Verwerfungskompetenz von solchen Normen, die spätestens seit der Rechtssache *Foto-Frost* eindeutig alleine dem EuGH zusteht[271]. Daneben lässt sich demonstrieren, dass auch das unter (b) angeführte Beispiel nichts mit der hier interessierenden Frage der Bindungswirkung von

270 St. Rspr. seit *EuGH*, Urt. v. Urt. v. 22. Oktober 1987, Rs. 314/85 (Foto-Frost ./. Hauptzollamt Lübeck Ost), Slg. 1987, 4199, Rz. 11 ff.

271 *Streinz*, Europarecht, Rn. 652; ähnl. auch: *Germelmann*, EuR 2009, 254 (259 f.); zumeist undifferenziert dagegen die meisten Stimmen aus der Lit., vgl. etwa: *Oppermann*, Europarecht, § 9 Rn. 58; *Middeke*, in: Rengeling/Middeke/Gellermann, Hdb. des Rechtsschutzes in der Europäischen Union, § 10 Rn. 90.

Gültigkeitsurteilen zu tun hat; das vorhergehende Urteil ist in dieser Konstellation schon deshalb keiner Bindungswirkung fähig, da dort über die aufgeworfenen Fragen gar nicht entschieden wurde. Die Problematik der über den Einzelfall hinausgehenden Bindungswirkung von Gültigkeitsurteilen betrifft mithin nur die unter Punkt (c) dargestellte Sachlage, in der ein nationaler Richter eine Ungültigkeit auf Grundlage von Erwägungen annimmt, die in der Vergangenheit bereits Gegenstand einer Prüfung durch den EuGH waren.

Im Allgemeinen wird die notwendige Unterscheidung zwischen den Punkten (b) und (c) nicht beachtet, was sich in der Beantwortung der Frage nach den Bindungswirkungen von Gültigkeitsurteilen niederschlägt. Ein solcher Effekt wird von weiten Teilen der Literatur mit der unscharfen Begründung abgelehnt, ein weitergehender Effekt sei schon deshalb nicht möglich, weil der EuGH bei Gültigkeitsurteilen keine allgemeinen Aussagen treffe[272]. Letztere Feststellung ist zwar richtig, geht aber an der eigentlichen Problematik vorbei.

Korrekterweise muss die Frage nach der Bindungswirkung auf Punkt (c) verengt und dergestalt formuliert werden, dass die Beschränkung auf die vom EuGH geprüften Punkte deutlich wird. Entgegen der herrschenden Ansicht wird man unter dieser Prämisse durchaus eine über den Einzelfall hinausgehende Bindungswirkung von Gültigkeitsurteilen annehmen können[273]. Zumindest solange in der Zwischenzeit keine Änderung wesentlicher Gesichtspunkte erfolgt ist, sprechen Aspekte der Rechtssicherheit und des Vertrauensschutzes dafür, dass der EuGH eine einmal aus bestimmten Gründen für gültig befundene Maßnahme der Union nicht ohne weiteres zu einem späteren Zeitpunkt aus den gleichen Motiven für ungültig erklären darf. Es wäre in dieser Situation nicht nachvollziehbar, wenn der Gerichtshof von einer einmal vorgenommenen Bewertung einer rechtlichen Argumentation abweichen würde[274]. Solange folglich signifikante Änderungen einer bestimmten Sachlage, die in der Vergangenheit Anlass zu einer Gültigkeitserklärung gegeben hatte, ausbleiben, muss die damalige Bewertung der Sachlage Bestand haben. Dies bedeutet indes nicht, dass es den nationalen Gerichten verwehrt wäre, ein entsprechendes Vorabentscheidungsersuchen

272 Statt vieler: *Ehricke*, in: Streinz, EUV/AEUV, Art. 267 AEUV Rn. 71; *Gaitanides*, in: Groeben/Schwarze, EUV/EGV, Art. 234 EGV Rn. 91; *Kischel*, in: Hailbronner/Wilms, EU, Art. 234 EGV Rn. 48; *Pechstein*, EU-/EG-Prozessrecht, Rn. 860; *Mertens de Wilmars*, FS Kutscher, 283 (297); *Schwarze*, in: ders., EU-Kommentar, Art. 267 AEUV Rn. 70; *Thiele*, Europäisches Prozessrecht, § 9 Rn. 115.

273 *Dauses*, Das Vorabentscheidungsverfahren nach Artikel 177 EG-Vertrag, S. 156 f.; mit anderen Begründungen, i.E. aber genauso: *Borchardt*, Der Europäische Gerichtshof, Art. 234 Rn. 54; *Everling*, Das Vorabentscheidungsverfahren vor dem Gerichtshof der Europäischen Gemeinschaften, S. 65.

274 So z.B.: *Constantinesco*, Das Recht der Europäischen Gemeinschaften, Rn. 744; *Daig*, EuR 1968, 371 (387).

an den EuGH zu formulieren, sie können aber nicht damit rechnen, dass der Gerichtshof eine andere als die bereits gegebene Antwort anbieten wird[275].

Diese Sichtweise findet Rückhalt in der Rechtsprechung des EuGH selbst. Zwar hat sich der Gerichtshof zur Problematik der Bindungswirkung von Gültigkeitsentscheidungen noch nicht explizit geäußert, doch enthält seine Judikatur zur Zulässigkeit von einstweiligen Anordnungen nach nationalem Recht Hinweise, die eine über den Ausgangsrechtsstreit hinausgehende Bindungswirkung von Gültigkeitsurteilen nahe legen. Besonders aufschlussreich zu dieser Frage erweist sich die Rechtssache *Atlanta II*, in welcher der EuGH die in der Grundsatzentscheidung *Zuckerfabrik Süderdithmarschen* aufgestellten Kriterien präzisiert, unter denen der Vollzug eines nationalen Verwaltungsakts, der auf einer unionsrechtlichen Verordnung beruht, verhindert werden kann[276]. An zentraler Stelle des Urteils führte der Gerichtshof aus:

> „Bei der Prüfung der Voraussetzungen für den Erlaß der Maßnahme des vorläufigen Rechtsschutzes ist das nationale Gericht nach Artikel 5 des Vertrages verpflichtet, Entscheidungen des Gemeinschaftsrichters über die vor ihm aufgeworfenen Streitfragen zu beachten. So darf das nationale Gericht, wenn der Gerichtshof (…) im Rahmen eines Vorabentscheidungsverfahrens zur Prüfung der Gültigkeit festgestellt hat, daß die Prüfung der Vorabentscheidungsfragen nichts ergeben hat, was die Gültigkeit dieser Verordnung beeinträchtigen könnte, keine Maßnahmen des vorläufigen Rechtsschutzes mehr erlassen oder muß diese aufheben, sofern nicht vor ihm andere Rechtswidrigkeitsgründe geltend gemacht worden sind als die Nichtigkeits- oder Rechtswidrigkeitsgründe, die der Gerichtshof in seinem Urteil zurückgewiesen hat“[277].

Der EuGH misst demnach seinen eigenen Gültigkeitsentscheidungen eine Bindungswirkung bei, die über den Ausgangsfall hinausgeht; ansonsten bestünde für die nationalen Gerichte, die über den Erlass einer einstweiligen Anordnung zu befinden haben, keine Notwendigkeit, eine vorhergehende Rechtsprechung des Gerichtshofs im Rahmen ihrer Abwägung zu berücksichtigen[278].

Entgegen der herrschenden Ansicht kann folglich festgehalten werden, dass auch Urteile gemäß Art. 267 Abs. 1 lit. b) AEUV, welche die Gültigkeit der

275 *Joliet*, Le droit institutionnel des Communautés européennes, S. 215; *Germelmann*, EuR 2009, 254 (259); a.A.: *Barav*, [1977] E.L.Rev. 2, 3 (14), der schon von einer Unzulässigkeit der Vorlage ausgeht; in der Begründung etwas unklar: *Pietrek*, Verbindlichkeit von Vorabentscheidungen nach Art. 177 EWGV, S. 211 f.

276 *EuGH*, Urt. v. 21. Februar 1991, verb. Rs. C-143/88 und C-92/89 (Zuckerfabrik Süderdithmarschen AG ./. Hauptzollamt Itzehoe und Zuckerfabrik Soest GmbH ./. Hauptzollamt Paderborn) Slg. 1991, I-415 ff.

277 *EuGH*, Urt. v. 9. November 1995, Rs. C-465/93 (Atlanta Fruchthandelsgesellschaft mbH et al. ./. Bundesamt für Ernährung und Forstwirtschaft), Slg. 1995, I-3761, Rz. 46.

278 Zutreffend daher: *Frenz*, Hdb. Europarecht – Bd. 5, Rn. 3404; ähnl.: *Schima*, in: Mayer, Kommentar zum EU- und EG-Vertrag, Art. 234 Rn. 193.

Handlung eines Unionsorgans feststellen, eine Bindungswirkung über den Ausgangsrechtsstreit hinaus entfalten können.

b) Fälle der Ungültigkeit einer Organhandlung

Grundsätzlich gilt für alle Akte der Unionsorgane eine Rechtmäßigkeitsvermutung, welche ihre primärrechtliche Verankerung in Art. 263 f., 267 und 277 AEUV erfährt[279]. Allerdings lässt sich diese Vermutung widerlegen. Dies kann – neben der Nichtigkeitsklage nach Art. 263 AEUV – auch im Wege des Vorabentscheidungsverfahrens gemäß Art. 267 Abs. 1 lit. b) AEUV erfolgen. Obgleich das Verhältnis der beiden Verfahrensarten zueinander in den Einzelheiten durchaus umstritten ist[280], besteht hinsichtlich der über den Ausgangsfall hinausgehenden Bindungswirkung von Ungültigkeitsentscheidungen des EuGH weitgehende Einigkeit[281]. Hierbei ist der Begründungsaufwand derjenigen, die von einer Vergleichbarkeit von Art. 263 AEUV und Art. 267 Abs. 1 lit. b) AEUV ausgehen, überschaubar, da für Nichtigkeitsklagen nach allgemeiner Ansicht aus Art. 264 Abs. 2 AEUV eine Bindungswirkung *erga omnes* abgeleitet wird. Diese Konsequenz findet demnach für Ungültigkeitsurteile im Vorabentscheidungsverfahren analoge Anwendung[282].

Allerdings lässt sich ein der Wirkung *erga omnes* zumindest in seinen praktischen Auswirkungen vergleichbarer Effekt auch ohne eine Analogie zu Art. 263 AEUV begründen. Hierzu kann im Wesentlichen auf die im vorhergehenden Punkt gemachten Ausführungen verwiesen werden, wobei die über den Einzelfall hinausgehende Bindungswirkung in den vorliegenden Konstellationen noch weitgehender ist als bei den Gültigkeitsurteilen[283]. Während letztere nur die Punkte erfassen, die ausdrücklich geprüft wurden, hat die Feststellung der Un-

279 So auch die st. Rspr. seit *EuGH*, Urt. v. 12. Juli 1957, verb. Rs. 7/56 und 3–7/57 (Frl. Dineke Alegra et al. ./. Gemeinsamme Versammlung der EGKS), Slg. 1957, 85 (126).

280 *Gaitanides*, in: Groeben/Schwarze, EUV/EGV, Art. 234 EGV Rn. 38 f.; *Pechstein*, EU-/EG-Prozessrecht, Rn. 799 ff.; *Pietrek*, Verbindlichkeit von Vorabentscheidungen nach Art. 177 EWGV, S. 213 ff.; vgl. auch die eingehende Analyse von *Mertens de Wilmars*, FS Kutscher, 283 ff.

281 *Dauses*, Das Vorabentscheidungsverfahren nach Artikel 177 EG-Vertrag, S. 157 f.; *Everling* Das Vorabentscheidungsverfahren vor dem Gerichtshof der Europäischen Gemeinschaften, S. 65; *Krück*, in: Groeben/Theising/Ehlermann, EUV/EGV, Art. 177 Rn. 89; *Lutter*, ZZP Bd. 86 (1973), 107 (138); *Schweitzer/Hummer/Obwexer*, Europarecht, Rn. 861; *Wegener*, in: Calliess/Ruffert, EUV/AEUV, Art. 267 AEUV Rn. 48.

282 Hierfür z.B.: *Gutsche*, Die Bindungswirkung der Urteile des Europäischen Gerichtshofs, S. 201; ähnl.: *Heß*, ZZP Bd. 108 (1995), 49 (69 f.); *Pechstein*, EU-/EG-Prozessrecht, Rn. 859; *Bebr*, [1984] 82 Michigan L. Rev., 1229 (1241).

283 *Lenaerts/Arts/Maselis*, Procedural Law of the European Union, Rn. 10–014 m.w.N.

gültigkeit einer unionsrechtlichen Maßnahme aus den gleichen Gründen automatisch deren allgemeine Ungültigkeit zur Folge. Zwar mögen weitere Gesichtspunkte hinzutreten, welche für die Ungültigkeit der streitgegenständliche Maßnahme sprechen, doch spielen diese keine Rolle mehr, wenn die Ungültigkeit einmal festgestellt wurde. Ein einziger Grund reicht bei der Ungültigkeit bereits aus, die gesamte unionsrechtliche Regelung zu Fall zu bringen.

In einem solchen Kontext gebieten es Rechtssicherheits- und des Vertrauensschutzerwägungen mehr noch als zuvor, dass eine einmal festgestellte Ungültigkeit nicht mehr nachträglich durch den Gerichtshof revidiert und gleichsam „zurückgenommen" werden kann. Anders als bei Auslegungsentscheidungen ziehen diese Erwägungen somit auch eine Bindungswirkung für den EuGH selbst nach sich[284]. Wenn aber sogar der Gerichtshof sein eigenes Ungültigkeitspräjudiz zu beachten hat, besteht kein Grund, die Bindungswirkung nicht auf alle übrigen mitgliedstaatlichen Gerichte zu erstrecken. Wie zwingend dieser Schluss ist, zeigt das im Zusammenhang mit dem Auslegungsverfahren angeführte Beispiel der Vorlagekaskaden, welches sich auf Urteile nach Art. 267 Abs. 1 lit. b) AEUV projizieren lässt. Trotz vorhandener Entscheidung, in der eine unionsrechtliche Bestimmung für ungültig befunden wurde, müsste wegen einer bloß relativen Bindungswirkung derselben erneut vorgelegt werden, um dem Gericht die Möglichkeit zu geben, ein weiteres Ungültigkeitsurteil zu fällen[285].

Dieser theoretische Begründungansatz einer über den Einzelfall hinausgreifenden Wirkung findet nunmehr ihre Entsprechung in der Rechtspraxis des EuGH. Spätestens seit der Leitentscheidung in der Rechtssache *International Chemical Corporation* ist von einer weitergehenden Bindungswirkung seiner Ungültigkeitserklärungen auszugehen[286]. Der diesem Fall zugrunde liegende Sachverhalt betraf die Anwendung bestimmter gemeinschaftsrechtlicher Regelungen, welche vom Gerichtshof in vorhergehenden Entscheidungen für ungültig erklärt wurden. Das vorlegende Gericht warf die Frage auf, ob diese Urteile des EuGH eine weitergehende Bindungswirkung hätten mit der Folge, dass ihr Tenor auch im Ausgangsverfahren Anwendung finden würde. In den zentralen Passagen des Urteils führte der Gerichtshof aus:

> „13. Ein Urteil des Gerichtshofes, durch das nach Artikel 177 EWG-Vertrag die Ungültigkeit der Handlung eines Organs, insbesondere einer Verordnung des Rates oder der Kommission, festgestellt wird, stellt daher, obwohl sein unmittelbarer Adressat nur das Gericht

284 *Pietrek*, Verbindlichkeit von Vorabentscheidungen nach Art. 177 EWGV, S. 231 f.; *Schima*, Das Vorabentscheidungsverfahren vor dem EuGH, S. 101.

285 Für den Gedanken: *Harding*, [1982] 2 Y.E.L., 93 (101); ähnl.: *Mertens de Wilmars*, FS Kutscher, 283 (298).

286 *EuGH*, Urt. v. 13. Mai 1981, Rs. 66/80 (International Chemical Corporation ./. Amministrazione delle Finanze dello Stato), Slg. 1981, 1191 ff.; zur Rspr. vor diesem Urt., siehe etwa: *Joliet*, Le droit institutionnel des Communautés européennes, S. 217 f.

ist, das den Gerichtshof angerufen hat, für jedes andere Gericht einen ausreichenden Grund dafür dar, diese Handlung bei den von ihm zu erlassenden Entscheidungen als ungültig anzusehen.

14. Da dies allerdings nicht bedeutet, dass den nationalen Gerichten die Befugnis, die ihnen Artikel 177 EWG-Vertrag einräumt, entzogen wäre, ist es Sache dieser Gerichte zu beurteilen, ob ein Interesse daran besteht, eine bereits vom Gerichtshof entschiedene Frage erneut aufzuwerfen, wenn der Gerichtshof zuvor die Ungültigkeit der Handlung des Gemeinschaftsorgans festgestellt hat. Ein solches Interesse könnte vor allem dann gegeben sein, wenn noch Unklarheiten über die Gründe, über den Umfang und eventuell über die Folgen der zuvor festgestellten Ungültigkeit bestehen sollten."

Für sich betrachtet, bildet Randziffer 13 in *International Chemical Corporation* die Antwort auf die Frage, ob Ungültigkeitsurteile eine über den Ausgangsfall hinausgehende Bindungswirkung aufweisen. Wenn die Feststellung der Ungültigkeit einer unionsrechtlichen Maßnahme nach sich zieht, dass jedes andere Gericht von einer Vorlage an den EuGH zu derselben Problematik absehen kann, so stellt dies für sich genommen einen deutlichen Hinweis dar. Die Äußerung muss als Signal an die nationalen Gerichte gewertet werden, einmal für ungültig befundene Maßnahmen der Union nicht mehr erneut dem EuGH zur Prüfung vorzulegen, was im Ergebnis einer Bindungswirkung *erga omnes* gleichkommt. Nur auf diesem Wege kann auch nach der Auffassung des Gerichtshofs den Gedanken der Rechtssicherheit und der einheitlichen Anwendung des Unionsrechts in allen Mitgliedstaaten Genüge getan werden[287].

An dieser Einschätzung vermag auch die in Randziffer 14 des Urteils scheinbar geäußerte Einschränkung nichts zu ändern. Die Befugnis nationaler Gerichte bei weiteren Fragen trotz Ungültigkeit einer Maßnahme vorlegen zu können, lässt sich in diesem Kontext auch auf folgende Art und Weise deuten: Dadurch, dass der EuGH die explizite Anordnung einer umfassenden Wirkung *erga omnes* vermeidet, überschreitet er nicht den Rubikon des Gleichsetzens von Urteilswirkungen in Vorabentscheidungsverfahren nach Art. 267 Abs. 1 lit. b) AEUV und Nichtigkeitsklagen nach Art. 263 AEUV[288]. Dies hat der Gerichtshof aufgrund der strukturellen und teleologischen Unterschiede zwischen den beiden Verfahrensarten seit 1965 in ständiger Rechtsprechung abgelehnt[289]. Insofern kann die

287 *EuGH*, Urt. v. 13. Mai 1981, Rs. 66/80 (International Chemical Corporation ./. Amministrazione delle Finanze dello Stato), Slg. 1981, 1191; Rz. 11 f.; dies im Vergleich zu den Gültigkeitsurteilen sehend: *Wohlfahrt*, in: Grabitz/Hilf, Das Recht der Europäischen Union, Art. 177 Rn. 71.

288 Zu den damit verbundenen Bedenken: *Constantinesco*, Das Recht der Europäischen Gemeinschaften, Rn. 745; *Daig*, EuR 1968, 371 (388); *Ehricke*, Die Bindungswirkung von Urteilen des EuGH im Vorabentscheidungsverfahren nach deutschem Zivilprozessrecht und Gemeinschaftsrecht, S. 40.

289 St. Rspr. seit *EuGH*, Urt. v. 1. Dezember 1965, Rs. 16/65 (Firma C. Schwarze ./. Einfuhr- und Vorratsstelle für Getreide und Futtermittel), Slg. 1965, 1152 (1165); ausdrückl. auch

vorsichtige Formulierung in der Rechtssache *International Chemical Corporation* als Zugeständnis an seine bisherige Spruchpraxis in dieser Frage verstanden werden. Wenn die Möglichkeit der weiteren Vorlage trotz einmal erklärter Ungültigkeit fortbesteht, wird damit gleichzeitig klargestellt, dass der Akt – anders als im Rahmen von Art. 263 AEUV – nicht aus der Unionsrechtsordnung getilgt wird, seine über den Einzelfall hinausgreifende Ungültigkeit sich im Ergebnis aber aus der Präjudizwirkung der Vorabentscheidung des Gerichtshofs ergibt[290].

Somit ändert die Formulierung in Randziffer 14 nichts an der Bindungswirkung des Ungültigkeitsausspruches selbst. Wie aus dem zweiten Satz des Absatzes deutlich wird, nimmt der EuGH eine fortdauernde Vorlageberechtigung nur in bestimmten Fällen an. Deren Gemeinsamkeit liegt in der Klarstellungsfunktion des eigentlichen Ungültigkeitsurteils; dieses kann in weiteren Vorlageersuchen näher erläutert und weiter präzisiert werden[291]. Von einer inhaltlichen Änderung der Ungültigkeitsentscheidung ist hingegen keine Rede, so dass auch von Seiten des EuGH praktisch von einer Bindungswirkung *erga omnes* ausgegangen werden kann[292].

in: *EuGH*, Urt. v. 12. Oktober 1978, Rs. 156/77 (Kommission ./. Belgien), Slg. 1978, 1881, Rz. 25.

290 Ausdrückl. hierzu: *Germelmann*, EuR 2009, 254 (263); i.E. auch: *Jimeno Bulnes*, La cuestión prejudicial del artículo 177 TCE, S. 477 f. m.w.N.

291 *Borchardt*, Der Europäische Gerichtshof, Art. 234 Rn. 53; *Schima*, in: Mayer, Kommentar zum EU- und EG-Vertrag, Art. 234 EGV Rn. 192.

292 *Bebr*, [1984] 82 Michigan L. Rev., 1229 (1240 f.); *Lenaerts/Arts/Maselis*, Procedural Law of the European Union, Rn. 10–017, die einen direkten Vergleich mit ex-Art. 231 EGV ziehen; i.E. auch: *Brown/Kennedy*, The Court of Justice of the European Communities, S. 235.

4. Kapitel: Die Kompetenz des EuGH zur Bestimmung der Urteilsfolgen

Neben der über den Einzelfall hinausreichenden Bindungswirkung von Vorabentscheidungen ist die Problematik der temporalen Folgen dieser Urteile des EuGH eingebettet in die Fragestellung, wem institutionell die Kompetenz zukommt, die Folgen der Entscheidungen des Gerichtshofs zu bestimmen. Gerade im Zusammenhang mit dem Thema der vorliegenden Arbeit ist dies in der Vergangenheit kontrovers diskutiert worden. Mithin ist im Vorfeld zu klären, ob und warum der EuGH überhaupt zur Formulierung von diesen Lösungsansätzen befugt sein soll. Ebenfalls unter der Überschrift dieses Kapitels ist der hierauf aufbauenden Fragestellung nachzugehen, ob der EuGH zudem ohne eine entsprechende Vorlagefrage der mitgliedstaatlichen Gerichte die Folgen seiner Urteile bestimmen und notfalls zu modifizieren befugt ist. Dabei wird zu zeigen sein, dass gerade diese Prüfungsbefugnis *ex officio* in der Vergangenheit zu einer der schwerwiegendsten Auseinandersetzungen des EuGH mit den nationalen Gerichten eines Mitgliedstaats geführt hat, aus welcher der Gerichtshof im Ergebnis aber gestärkt hervorgegangen ist.

A. Die Kompetenz zur Urteilsfolgenbestimmung aus Sicht des EuGH

Im Folgenden ist zunächst der Frage nachzugehen, ob und inwieweit der EuGH sich selbst für befugt hält, die zeitlichen Folgen seiner Urteile zu bestimmen. Hierzu liefert die Rechtsprechung des Gerichtshofs entscheidende Anhaltspunkte.

I. Zentralisierung der Entscheidungsbefugnis beim EuGH

Die Rechtsprechung des EuGH geht seit seinem Leiturteil in *Defrenne II* implizit davon aus, dass er alleine dazu berufen ist, die Folgen seiner Vorabentscheidungen festzulegen[293]. Ohne diese Kompetenz ausdrücklich anzusprechen oder zu begründen, diskutierte er dieser Entscheidung wie selbstverständlich die Konsequenzen, die eine Rückwirkung seines Urteils gehabt hätte und kam zu dem Schluss, diese selbst beschränken zu können und müssen.

Ausdrücklich von der Bestimmung der zeitlichen Urteilsfolgen als seiner „allein[igen] Sache“ sprach der Gerichtshof erstmals einige Jahre später in den zeit-

293 *EuGH*, Urt. v. 8. April 1976, Rs. 43/75 (Gabrielle Defrenne ./. Sabena), Slg. 1976, 455, Rz. 69/70 ff.

gleich entschiedenen Rechtssachen *Denkavit* und *Salumi*, welche den Problemkomplex der Abgaben gleicher Wirkung zum Gegenstand hatten und in denen der EuGH die Wirkung seiner Entscheidung auf die Zukunft beschränkte[294]. Seither geht er unter Bezugnahme auf diese Urteile von dem Bestehen einer ständigen Rechtsprechung aus, wonach ihm nicht nur in Gültigkeitsverfahren[295], sondern auch im Rahmen von Auslegungsentscheidungen[296] eine exklusive Kompetenz zukommen soll, die Folgen seiner Urteile insbesondere in zeitlicher Hinsicht zu bestimmen.

II. Konsequenz der exklusiven Befugnis des EuGH für nationale Gerichte

Es ist nunmehr anhand der Rechtsprechung die Frage zu untersuchen, ob der Gerichtshof die Befugnis zur temporalen Modifikation seiner Urteile mit den mitgliedstaatlichen Gerichten teilt oder er sich vielmehr ausschließlich für eine Modifikation der temporalen Wirkungen zuständig erachtet.

1. Die Exklusivität der Prüfungsbefugnis in der Rechtsprechung des EuGH

Das Exklusivitätsproblem stellt sich insbesondere in Konstellationen, in denen der EuGH zur temporalen Frage in seinem Urteil selbst keine Stellung bezieht. In der Vergangenheit wurde hierzu in der Literatur der Vorschlag unterbreitet, dass die nationalen Gerichte – gleichsam hilfsweise – zur Bestimmung von Urteilsfolgen berufen sein können, wenn der EuGH hierzu schweigt[297]. Der Gerichtshof selbst verneint diese Möglichkeit und betont in ständiger Rechtsprechung seine alleinige und ausschließliche Zuständigkeit zur Bestimmung der Folgen von

294 *EuGH*, Urt. v. 27. März 1980, Rs. 61/79 (Amministrazione delle Finanze dello Stato ./. Denkavit italiana), Slg. 1980, 1205, Rz. 18 und Urt. v. 27. März 1980, verb. Rs. 66/79 und 127-128/79 (Amministrazione delle Finanze dello Stato ./. Salumi), Slg. 1980, 1237, Rz. 11.

295 *EuGH*, Urt. v. 26. April 1994, Rs. C-228/92 (Roquette Frères ./. Hauptzollamt Geldern), Slg. 1994, I-1445, Rz. 19; Urt. v. 8. Februar 1996, Rs. C-212/94 (FMC et al. ./. Invention Board for Agricultural Produce and Ministry of Agriculture, Fisheries and Food), Slg. 1996, I-389, Rz. 56.

296 St. Rspr.: *EuGH*, Urt. v. 27. Februar 1985, Rs. 112/83 (Société des produits de maïs SA ./. Administration des douanes et droits indirects), Slg. 1985, 719, Rz. 18; *EuGH*, Urt. v. 16. Juli 1992, Rs. C-163/90 (Administrations des douanes et droits indirects ./. Legros et al.), Slg. 1992, I-4625, Rz. 30; Urt. v. 9. März 2000, Rs. C-437/97 (EKW und Wein & Co.), Slg. 2000, I-1157, Rz. 57.

297 Für diese Frage, vgl. etwa: *Bebr*, [1985] 22 C.M.L.Rev. 4, 771 (784), der diese Befugnis i.E. zu recht verneint.

Vorabentscheidungen[298]. *In praxi* zieht diese Sichtweise eine umfassende Sperrwirkung für die mitgliedstaatlichen Gerichte nach sich[299]. Diese sind nach Auffassung des EuGH nicht befugt, eigenständig Anordnungen zu temporalen Fragen zu treffen, selbst wenn der Gerichtshof sich in einem Fall Aussagen in dieser Frage enthält. Es komme zu keinem „Wiederaufleben" einer wie auch immer gearteten Befugnis der nationalen Gerichte. Schweigt der Gerichtshof zu den zeitlichen Konsequenzen seiner Urteile, gilt vielmehr der allgemeine Grundsatz der umfassenden Rückwirkung von Entscheidungen nach Art. 267 AEUV[300].

2. Begründungsansätze des EuGH für die exklusive Prüfungsbefugnis

Wie auch in anderen Bereichen stützt der EuGH sich im Regelfall auf seine ständige Rechtsprechung zu dieser Frage, die er nur selten mit Argumenten unterfüttert. Diese Herangehensweise ist auch hier durchaus kritikwürdig, existiert doch – anders als etwa im Rahmen der Nichtigkeitsklage nach Art. 263 AEUV – für Vorabentscheidungen keinerlei primärrechtliche Grundlage, die dem Gerichtshof eine entsprechende Kompetenz zuweisen würde. Wohl auch deshalb bemüht sich der EuGH bisweilen, eine zumindest implizite Begründung für seine Auffassung zu liefern und beruft sich hierzu seit 1980 stets auf das Erfordernis der einheitlichen Anwendung des Unionsrechts[301]. Was hierunter genau zu verstehen ist, führt er selbst in Urteilen indes nicht weiter aus.

Aufschlussreicher erweisen sich dagegen die Schlussanträge seines Generalanwalts in der Rechtssache *Société des produits de maïs* zu dieser Frage, die sich der Gerichtshof in seiner Entscheidung aus dem Jahre 1985 augenscheinlich zu

298 St. Rspr., vgl. insbes.: *EuGH*, Urt. v. 2. Februar 1988, Rs. 309/85 (Barra ./. Belgischer Staat), Slg. 1988, 355, Rz. 13, auch in jüngerer Vergangenheit wieder: *EuGH*, Urt. v. 6. März 2007, Rs. C-292/04 (Wienand Meilicke et al. ./. Finanzamt Bonn-Innenstadt), Slg. 2007, I-1835, Rz. 36 ff.; aus der Lit.: *Borchardt*, Der Europäische Gerichtshof, Art. 234 Rn. 57; *Karpenstein*, in: Grabitz/Hilf, Das Recht der Europäischen Union, Art. 234 EGV Rn. 105; *Vaughan*, in: Moser/Sawyer, Making Community Law, 218 (222), jeweils m.w.N. aus der Rspr.

299 Entsprechend *Forsthoff*, DStR 2005, 1840 (1842) hindert dies auch den nationalen Gesetzgeber, dieses Ergebnis durch legislative Maßnahmen zu unterlaufen; vgl. hierzu ausführl. *infra* im 8. Kap. in Punkt C I.

300 *Lenaerts/Arts/Maselis*, Procedural Law of the European Union, Rn. 6–034; *Schermers/Waelbroeck*, Judicial Protection in the European Union, § 625; missverständlich dagegen: *Pechstein*, EU-/EG-Prozessrecht, Rn. 864.

301 St. Rspr. seit: *EuGH*, Urt. v. 27. März 1980, Rs. 61/79 (Amministrazione delle Finanze dello Stato ./. Denkavit Italiana), Slg. 1980, 1205, Rz. 15; Urt. v. 27. März 1980, verb. Rs. 66/79 und 127–128/79 (Amministrazione delle Finanze dello Stato ./. Salumi), Slg. 1980, 1237, Rz. 8.

Eigen machte[302]. In sehr ausführlichen Anträgen ging Generalanwalt *Darmon* auf die ausschließliche Prüfungsbefugnis des EuGH in temporalen Fragen ein. Der Grund für diese ungewöhnlich extensive Darstellung mag dabei in der zeitlichen Nähe der Rechtssache zu den sogleich noch zu erläuternden *Währungsausgleichsfällen* liegen, in welcher einzelne französische Gerichte in Aufsehen erregender Manier dem EuGH die Befugnis der autonomen Bestimmung der zeitlichen Folgen seiner Urteile abgesprochen hatten[303]. Der Generalanwalt beschwor demgegenüber die unbedingte Notwendigkeit einer solchen Kompetenz des Luxemburger Gerichts im Hinblick auf die Einheitlichkeit der Gemeinschaftsrechtsordnung in allen Mitgliedstaaten, indem er das gegenteilige Szenario ausmalte: Wenn die mitgliedstaatlichen Gerichte für die Bestimmung der zeitlichen Folgen zuständig wären, hätten sie es gleichzeitig in der Hand, die Reichweite des Gemeinschaftsrechts in jedem Mitgliedstaat selbständig und voneinander abweichend zu bestimmen[304]. Um diesem Zustand der Rechtsunsicherheit zu entgehen, plädierte der Generalanwalt im Ergebnis erfolgreich für eine Beibehaltung der Kompetenz des EuGH, die zeitlichen Folgen seiner Urteile selbst zu bestimmen.

B. Die Kompetenzproblematik aus Sicht der mitgliedstaatlichen Gerichte

Im Fokus der unter diesem Punkt vorzunehmenden Betrachtungen stehen die bereits eingangs erwähnten *Währungsausgleichsfälle.* Hierbei handelt es sich um eine Reihe von Urteilen des EuGH, die im Zusammenhang mit der untersuchten Frage, ob der Gerichtshof selbst die zeitlichen Folgen seiner Entscheidungen bestimmen darf, als Auslöser für die bisher bedeutendste Debatte dieser Problematik zwischen dem EuGH und mitgliedstaatlichen Gerichten gelten kann. Die in diesem Punkt darzustellenden Urteile beziehen ihre rechtspolitische Brisanz dabei nicht nur aus der wissenschaftlichen Auseinandersetzung, die sie anzustoßen vermochten; vielmehr bilden sie einige der seltenen problematischen Beispiele, in denen die vorlegenden Gerichte den gegebenen Vorabentscheidungen des EuGH nicht zu folgen bereit waren.

302 *EuGH*, Urt. v. 27. Februar 1985, Rs. 112/83 (Société des produits de maïs SA ./. Administration des douanes et droits indirects), Slg. 1985, 719, Rz. 18.

303 In diese Richtung auch: *Bebr*, [1985] 22 C.M.L.Rev. 4, 771 (779 f.).

304 Schlussanträge des GA *Darmon* vom 14. November 1984 in der Rs. 112/83, Slg. 1985, 720 (724 ff.).

I. Prüfung durch den EuGH

Im Zentrum der Auseinandersetzung standen drei identisch gelagerte Sachverhalte, in welchen der EuGH von französischen Gerichten angerufen wurde, über die Gültigkeit von Verordnungen zur Berechnung von Währungsausgleichzahlungen für bestimmte landwirtschaftliche Erzeugnisse zu befinden[305]. Im Ergebnis teilte der EuGH die Bedenken der Vorlagegerichte und erklärte die betreffenden Regelungen für unvereinbar mit höherrangigem Gemeinschaftsrecht. Folge dieser Entscheidung wäre im zugrunde liegenden Hauptsacheverfahren die Anordnung einer Rückzahlung von zu viel gezahlten Abgaben an die Kläger gewesen. An diese Stelle aber setzte der Gerichtshof seine eigene Argumentation zu den Konsequenzen seiner Entscheidungen, welche in den folgenden Kapiteln näher darzustellen sein wird. Für den Augenblick reicht es aus, festzustellen, dass der EuGH die Wirkung seiner drei Urteile ausschließlich auf die Zukunft beschränkte, ohne eine Ausnahme zugunsten der Kläger im Anlassverfahren zu machen. Diese erhielten demnach zwar in der Sache Recht, im Ergebnis aber konnten sie trotzdem keinen Gewinn aus diesem Obsiegen ziehen[306].

II. Reaktion der französischen Gerichte

Nachdem der EuGH am 15. Oktober 1980 seine Entscheidungen in den Währungsausgleichsfällen verkündet hatte, war es nunmehr Aufgabe der französischen Gerichte im Hauptsacheverfahren die Urteile unter Beachtung des Luxemburger Richterspruchs zu fällen. Demnach hätten alle Klagen auf Rückerstattung der rechtsgrundlos gezahlten Währungsausgleichsbeträge als unbegründet abgewiesen werden müssen.

Demgegenüber nahmen die vorlegenden französischen Gerichte, allen voran das Tribunal administratif d'Orléans und das Tribunal d'Instance de Lille die Entscheidungen des EuGH zum Anlass, eine bisher nicht gekannte Kritik an der Rechtsprechung des Gerichtshofs zu üben und ihm letzten Endes inhaltlich die Gefolgschaft zu verweigern[307]. Die Gründe für diesen Schritt lassen in zwei Teile gliedern: Zunächst wurde allgemein kritisiert, der EuGH hätte autonom und un-

305 Vgl. für eine ausführl. Darstellung der Problematik *infra* im 6. Kap. in Punkt C I 1 m.w.N. aus Lit. und Rspr.

306 *EuGH*, Urt. v. 15. Oktober 1980, Rs. 4/79 (Providence agricole de la Champagne ./. ONIC), Slg. 1980, 2823, Rz. 42 ff.; Urt. v. 15. Oktober 1980, Rs. 109/79 (Maïseries de Bauce ./. ONIC), Slg. 1980, 2883, Rz. 42 ff.; Urt. v. 15. Oktober 1980, Rs. 145/79 (Roquette Frères ./. Frankreich), Slg. 1980, 2917, Rz.50 ff.

307 Im Überblick: *Rideau/Picod*, Code des procédures juridictionelles de l'Union europénne, S. 340 f. m.w.N.

aufgefordert *ex officio* die eigentliche Vorlagefrage umformuliert, indem er sie auf Gegenstände erweiterte, die das mitgliedstaatliche Gericht nicht angesprochen hatte. Im Weiteren hätte er dann auf diese im Vorlageersuchen nicht gestellte Frage geantwortet, was höchstens als *obiter dictum* zu verstehen sei, das vorlegende Gericht jedoch keinesfalls in der Hauptsacheentscheidung binden könnte[308].

Insofern hätte es keiner weiteren Begründung für die Verwerfung der Entscheidung des Gerichtshofs bedurft. Angesichts der Tragweite seines Urteils machte das Tribunal d'Instance de Lille aber zusätzlich geltend, der EuGH hätte in den Währungsausgleichsfällen zudem seine Befugnis aus dem damals das Vorabentscheidungsverfahren regelnden ex-Art. 177 EWGV überreizt, weil diese Vorschrift im Gegensatz zur nicht analogiefähigen Spezialregelung des Art. 174 Abs. 2 ex-EWGV, dem heutigen Art. 264 Abs. 2 AEUV, gerade nicht die Möglichkeit eröffnete, Urteilswirkungen zu modifizieren[309]. Da im vorliegenden Punkt lediglich die Kompetenz der EuGH zur Bestimmung der Wirkungen seiner Urteile im Allgemeinen diskutiert werden soll, kann dieser Aspekt im Moment vernachlässigt werden[310].

Das Nachspiel auf nationaler Ebene ließ nicht lange auf sich warten. In beiden Entscheidungen legte die zur Zahlung verurteilte französische Behörde Rechtsmittel ein, die in beiden Fällen letztlich[311] vor die obersten Instanzen des jeweiligen Gerichtszweigs führten, wo die einträchtige Ablehnung der Urteile des EuGH plötzlich und unerwartet endete. Während der Conseil d'État als höchstes Verwaltungsgericht die unterinstanzlichen Urteile vollumfänglich bestätigte[312], entschied das höchste französische Zivilgericht, die Cour de Cassation, als Berufungsinstanz zugunsten der Behörde und damit im Einklang mit der Rechtsprechung des EuGH[313]. Als Folge hiervon war es somit dem Zufall geschuldet, wie französische Gerichte eine Vorabentscheidung des EuGH bewerteten, welche

308 So das Hauptarg. des *Trib. Inst. Lille*, Urt. v. 15. Juli 1981, D. 1982, 9 f. zur Rs. 145/79 und des *T.A. Orléans*, Urt. v. 23. Februar 1982, Rec. Lebon 1982, 471 f. zur Rs. 109/79. Das Urt. des *T.A. Châlons-sur-Marne* zur Rs. 4/79 ist nicht publiziert, folgt i.E. aber dem des *T.A. Orléans*.

309 *Trib. Inst. Lille*, Urt. v. 15. Juli 1981, D. 1982, 9 (10).

310 Trotz der inhaltl. Nähe ist zur Vermeidung von Doppelungen auf die Diskussion im Rahmen der zeitl. Folgen von Ungültigkeitsurt. *infra* im 6. Kap. in Punkt C I 1 b) zu verweisen; für eine Trennung der Fragen, vgl. i.E. auch: *Masclet*, R.T.D.E. 1986, 161 (165).

311 In der Zwischenzeit bestätigte die *C.A. Douai*, Urt. v. 19. Januar 1983, Gaz. Pal. 1983.1, 292 ff. das vorgenannte Urt. des *Trib. Inst. Lille*.

312 *C.E.*, Urt. v. 26. Juli 1985, R.T.D.E. 1986, 145 ff., vgl. die abweichenden Concl. des Commissaire du gouvernement *Genevois*, AJDA 1985, 615 ff. sowie den Umgang des C.E. mit der temporalen Problematik auf nationaler Ebene, dazu m.w.N.: *Dubos*, Les juridictions nationales, juge communautaire, Rn. 552; *Everling*, FS Börner, 57 (62).

313 *C.Cass.*, Urt. v. 10. Dezember 1985, D. 1986, 250 f.

nicht eins zu eins der Vorlagefrage entsprach – je nachdem, ob der ordentliche oder der Verwaltungsrechtsweg eingeschlagen worden war[314].

Obgleich sich der Conseil d'État in der Folgezeit in keinem weiteren Fall gegen eine Entscheidung des Gerichtshofs sperrte[315], standen diese trotzdem zumindest theoretisch weiterhin unter dem Vorbehalt einer Anwendbarkeitsprüfung durch die nationalen Verwaltungsgerichte. Dies änderte sich erst 2006, als sich der Conseil d'État veranlasst sah, in einem Rechtsstreit über eine Ministerialverordnung betreffend den Verkauf von Schalotten das Verfahren auszusetzen und beim EuGH um die Auslegung zweier gemeinschaftsrechtlicher Verordnungen zu ersuchen. Obwohl die Bedeutung von ex-Art. 28 EGV für den Fall ausdrücklich nicht Gegenstand der Vorlagefrage war, sondern lediglich von den Parteien des Hauptsacheverfahrens in Spiel gebracht worden war, entschloss sich der Gerichtshof das Vorlageersuchen um diesen Punkt zu erweitern und im Ergebnis festzustellen, dass die fragliche nationale Rechtsvorschrift gegen den dort normierten Grundsatz der Warenverkehrsfreiheit verstieß[316]. Ausgehend von der soeben skizzierten Spruchpraxis des Conseil d'État wäre Widerstand gegen eine solche Entscheidung zu erwarten gewesen. Tatsächlich aber erkannte auch das oberste französische Verwaltungsgericht, ähnlich wie zwanzig Jahre zuvor schon die Cour de Cassation, in seinem Urteil im Hauptsacheverfahren die Vorabentscheidung des Gerichtshofs ausdrücklich als bindend für sich selbst an, obwohl sie nicht der gestellten Vorlagefrage entsprach[317] und stellte auf diesem Wege die Einheit in der französischen Rechtsprechung wieder her.

III. *Exkurs*: Das Urteil des englischen High Court in *Arsenal*

Obwohl die Rebellion der französischen Vorlagegerichte gegen die Vorabentscheidungen des EuGH die größte Beachtung in der Öffentlichkeit erfahren hat, stellt sie nicht das einzige Beispiel für ein derartiges Verhalten auf mitgliedstaat-

314 Diametrale Lösungen in der Rspr. der beiden Gerichte auf dem Gebiet des Europarechts stellten indes keine Neuheit dar, wie schon die Debatte um den Vorrang des Gemeinschaftsrechts in Frankreich zeigt, vgl. dazu im Überlick statt aller: *Craig/de Búrca*, EU Law, S. 354 ff. m.w.N. aus der Rspr. der C.Cass. und des C.E.

315 *Naômé*, Le renvoi prejudiciel en droit européen, Rn. 348; vgl. auch: *Rideau/Picod*, Code des procédures juridictionelles de l'Union Européenne, S. 334 f. m.w.N. aus der Rspr.

316 *EuGH*, Urt. v. 10. Januar 2006, Rs. C-147/04 (De Groot en Sloot Allium et al. ./. Ministre de l'Économie, des Finances et d'Industrie et al.), Slg. 2006, I-245, insbes. Rz. 39 ff.

317 *C.E.*, Urt. v. 11. Dezember 2006, AJDA 2007, 136, zu diesem Urt.: *Jacqué*, Droit Institutionnel de l'Union Européenne, Rn. 1198; *Naômé*, Le renvoi prejudiciel en droit européen, Rn. 348, dort Fn. 665; vgl zur Entwicklung im Folgenden: *Mehdi*, [2011] 48 C.M.L.Rev. 2, 439 (441 ff.) m.w.N. aus der Rspr.

licher Ebene dar. Mehr als zwanzig Jahre nach den *Währungsausgleichsfällen* trat eine ähnliche Fallkonstellation auch vor englischen Gerichten auf.

Der englische High Court of Justice hatte in der Rechtssache *Arsenal* dem EuGH eine Frage zum Recht eines Markeninhabers, die Benutzung dieser Marke einem Dritten zu untersagen, vorgelegt[318]. Im Hauptsacheverfahren jedoch verwarf der High Court die Auslegung des Gerichtshofes mit der Begründung, der EuGH hätte seine Kompetenzen überschritten, da er die Fakten des vorlegenden Gerichts einer nochmaligen Überprüfung unterzogen und nicht als feststehend hingenommen hatte[319]. Der High Court bezog folglich die Vorabentscheidung des Gerichtshof nicht in sein abschließendes Urteil mit ein, das im Ergebnis diametral zur Rechtsauffassung des EuGH ausfiel.

Im Berufungsverfahren vor dem Court of Appeal wurde diese Nichtbeachtung der Vorabentscheidung schließlich einer erneuten Prüfung unterzogen. Dabei stellte auch der Court of Appeal eine problematische Vorgehensweise des EuGH fest, folgte dem Gerichtshof im Ergebnis aber, da es dessen Beurteilung der Fakten nicht für unvereinbar mit der des High Court erachtete. Dadurch war das Berufungsgericht in der Lage, den Konflikt zwischen dem EuGH und dem vorlegenden nationalen Gericht zu entschärfen und im Ergebnis ein Urteil zu fällen, das im Einklang mit der Auslegung des Gerichtshofs stand[320].

Trotz des versöhnlichen Ausgangs zeigt die Rechtssache *Arsenal*, dass die Debatte um die *Währungsausgleichsfälle* zwar eine seltene, jedoch keinesfalls eine Einzelfallkonstellation darstellt. Vielmehr können sich derartig gravierende Meinungsverschiedenheiten über die Verteilung der Prüfungskompetenzen zwischen dem EuGH und den nationalen Vorlagegerichten auch heute noch ereignen und bedürfen im Folgenden einer Klärung unter Heranziehung der von beiden Seiten angeführten Argumente.

C. Diskussion

Die exklusive Kompetenz des EuGH, die Folgen seiner Urteile zu bestimmen, ist mithin nicht unumstritten. Sowohl in der Spruchpraxis der nationalen Gerichte als auch in der Literatur lassen sich Beispiele für Positionen finden, die den Vorlagegerichten eine größere Rolle in dieser Frage zubilligen wollen. Dass die nationalen Spruchkörper in der Vergangenheit den äußerst außergewöhnlichen

318 *EuGH*, Urt. v. 12. November 2002, Rs. C-206/01 (Arsenal Football Club ./. Reed), Slg. 2002, I-10273, insbes. Rz. 55 ff., dazu: *Broberg/Fenger*, Preliminary References to the European Court of Justice, S. 435 f. m.w.N.

319 *High Court of Justice*, Urt. v. 12. Dezember 2002, [2002] All ER (D) 180 (Dec.).

320 Zum Ganzen: *Court of Appeal*, Urt. v. 21 Mai 2003, [2003] 3 All ER 865.

Schritt zu gehen bereit waren, Vorabentscheidungen des EuGH schlichtweg zu ignorieren[321], sowie die heftige, zu großem Teil positive Resonanz der Literatur hierauf, verdienen eine vertiefte Auseinandersetzung mit den aufgeführten Argumenten.

I. Vorbemerkung

Bevor jedoch eine solche Analyse in Angriff genommen werden kann, ist eine Unterteilung des zu untersuchenden Problems vorzunehmen, die regelmäßig unterlassen wird, obwohl die Debatte im Wesentlichen zwei unterschiedlich gelagerte Fragestellungen betrifft. Zum einen geht es um die grundsätzliche Frage, ob der Gerichtshof oder die vorlegenden nationalen Gerichte befugt sein sollen, die Folgen der Urteile des EuGH zu bestimmen. Hiervon zu trennen ist die Problematik, ob der Gerichtshof eine Modifikation der Wirkung seiner Urteile auch *ex officio*, also ohne entsprechende Vorlagefrage des mitgliedstaatlichen Gerichts, vornehmen kann. Diese stellt eine Folgefrage dar, welche auf der ersteren aufbaut und deren Behandlung von dem Ergebnis der ersten Untersuchung abhängt. Erst wenn eine prinzipielle Zuständigkeit des EuGH zur Folgenbestimmung seiner Urteile bejaht werden kann, ist überhaupt zu analysieren, ob der Gerichtshof hierzu auch ohne einen solchen Antrag des vorlegenden Gerichts befugt ist.

Bei der Frage, wer die Urteilsfolgen bestimmt, handelt es sich um ein Kompetenzproblem, das unabhängig ist von grundsätzlichen Erwägungen, ob die Veränderung einer Entscheidungswirkung *ex tunc* überhaupt möglich sein soll. Letzteres wird unter Bezugnahme auf Traditionen des romanischen Rechtskreises ebendort häufig mit Nachdruck verneint[322], wie dies besonders an den soeben geschilderten Entscheidungen der französischen Gerichte deutlich wird.

Diese Meinung, welche dem Leser bei der Auseinandersetzung mit dem romanischen Schrifttum gleichsam als allgemeine Ansicht entgegenschlägt, verkennt indes, dass auch hier durchaus abweichende Rechtsauffassungen bestehen. Als Beispiel sei hier nur die dem romanischen Rechtskreis zugehörende belgische Rechtsordnung genannt[323]. So übernahm in der bereits mehrfach erwähnten

321 Vgl. hierzu den Hinweis von: *Pescatore*, BayVBl. 1987, 33 (42), der sich in Fn. 34 auf die frz. Fälle bezieht.

322 Aus dem deutschen Schrifttum m.w.N. aus der Lit. hierzu: *Everling*, Das Vorabentscheidungsverfahren vor dem Gerichtshof der Europäischen Gemeinschaften, S. 69 f.; vgl. ausführl. zu dieser Frage auch: *Jimeno Bulnes*, La cuestión prejudicial del artículo 177 TCE, S. 515 ff. m.w.N.

323 Statt aller: *Zweigert/Kötz*, Einführung in die Rechtsvergleichung, S. 99 ff. m.w.N.

Rechtssache *Defrenne II* die vorlegende Cour de Travail de Bruxelles mehrere Jahre, bevor sich die heftige Kritik der französischen Gerichte entzündete, die Vorgaben des EuGH anstandslos, ohne dessen Zuständigkeit zur Beschränkung der Wirkungen seiner Urteile jemals in Frage zu stellen[324].

Während die Auseinandersetzung mit der inhaltlichen Problematik dieser Entscheidung direkt im Zusammenhang mit den temporalen Entscheidungswirkungen erfolgen wird[325], zeigt die Gefolgschaft der Cour de Travail de Bruxelles in diesem prominenten Fall bereits jetzt eindrücklich, dass sich auch im romanischen Rechtskreis nicht von einer durchweg ablehnenden Front gegen die Auffassung des EuGH, selbst die Folgen seiner Urteile festlegen zu können, sprechen lässt.

II. Die Kompetenz des EuGH zur Bestimmung der Urteilsfolgen

Ausgangspunkt und Kern der Kritik am Gerichtshof[326] bildet der schon von den Gerichten in Lille und Orléans angeführte Punkt, dass der EuGH in den *Währungsausgleichsfällen* eigenständig *ex offico* zu einer Prüfung der temporalen Urteilsfolgen gelangte, ohne hierzu befragt worden zu sein und damit letztlich gegen den Grundsatz des *ne ultra petita* verstieß[327].

Damit ist das Verhältnis zwischen Gerichtshof und den mitgliedstaatlichen Gerichten angesprochen. Dieses kennzeichnet ausweislich Art. 267 AEUV gerade nicht eine hierarchische Konstellation, an dessen Spitze der EuGH steht; die Beziehung zwischen den europäischen und den nationalen Gerichten im Rahmen der Vorabentscheidung ist vielmehr geprägt vom Grundsatz der Zusammenarbeit[328]. Anknüpfend an dieses Kooperationserfordernis wird vielfach argumentiert, der nationale Richter müsse im Hauptsacheverfahren noch in der Lage sein nach der Vorabentscheidung aus Luxemburg selbst eine inhaltliche Entscheidung auf Grundlage der jeweils einschlägigen staatlichen Rechtsvorschriften zu fäl-

324 Dies geht aus der Folgevorlage vor, die unter dem Namen *Defrenne III* bekannt geworden ist: *EuGH*, Urt. v. 15. Juni 1978, Rs. 149/77 (Defrenne ./. Sabena), Slg. 1978, 1365, Rz. 2/8, zutreffend daher auch: *Pietrek*, Verbindlichkeit von Vorabentscheidungsverfahren nach Art. 177 EWGV, S. 46; zur Rechtslage in Belgien, vgl.: *Naômé*, Le renvoi préjudiciel en droit européen, Rn. 341 m.w.N. aus der Rspr. der belgischen Gerichte.

325 Vgl. hierzu ausführl. *infra* im 5. Kap. in Punkt B I m.w.N. aus der Lit. und Rspr.

326 Interessant, jedoch juristisch nicht relevant ist die Überlegung von *Bribosia/Rorive*, Rev. Dr. ULB 2002, 125 (139), wonach der lakonische Ton der Urt. des EuGH aus Sicht der frz. Gerichte eine Provokation darstellte.

327 Aus der Lit. etwa: *Dubos*, Les jurisdictions nationales, juge communautaire, Rn. 550 m.w.N.; *Quadros*, A Função Subjectiva da Competência Prejudicial do Tribunal de Juctiça das Comunidades Europeias, S. 182.

328 Allg. Ansicht, vgl. statt aller: *Gersdorf*, DVBl. 1994, 674 ff. m.w.N. aus Lit. und Rspr.

len[329]. Die Betonung liegt hierbei, wie die Cour d'Appel in Douai anschaulich ausführt, auf dem Begriff „inhaltlich", der im Gegensatz zu einer Situation zu verstehen ist, in welcher der mitgliedstaatliche Richter zu einem bloßen Erfüllungsgehilfen des EuGH degradiert werde, der lediglich den Urteilsspruch des Letzteren wiederhole[330]. Ein derartiges Vorgehen, so die Kritik, unterminiere das gegenseitige Vertrauen zwischen EuGH und den nationalen Gerichten, welche unabdingbar sei für einen fruchtbaren Dialog im Rahmen von Art. 267 AEUV[331]. Zur unionsrechtlichen Grundierung dieses Gedankengangs wird auch die Rechtsprechung des EuGH selbst herangezogen[332]: Urteile, welche ausdrücklich den mitgliedstaatlichen Gerichten die Kompetenz zuweisen, die Konsequenzen aus einer Vorabentscheidung zu ziehen[333], sollen dabei verdeutlichen, dass auch der Gerichtshof von der eben geschilderten Zuständigkeitsverteilung zwischen ihm und nationalen Gerichten ausgeht und diese eigenen Grundsätze damit in den *Währungsausgleichsfällen* selbst verletzte.

Obwohl diese Argumentation auf den ersten Blick schlüssig wirkt, kann sie im Ergebnis nicht überzeugen. Tatsächlich erweist sich gerade die genaue Lektüre der zunächst so passend anmutenden Rechtsprechung des EuGH als Schlüssel zu einem gegenteiligen Ansatz. In den von den Kritikern angeführten Entscheidungen betont der Gerichtshof zwar durchaus die Kompetenz der nationalen Gerichte, doch sagt das für sich genommen noch nichts über seine eigenen Befugnisse aus[334]. Der Grund hierfür besteht darin, dass es in den genannten Urteilen entweder um die Bewertung von Sachverhaltsfragen oder die Folgen einer Entscheidung des EuGH für den Fortbestand einer Maßnahme des nationalen Rechts ging[335]. Hierbei handelt es sich in beiden Fällen um Probleme, deren Behandlung spezifisch dem Aufgabenkreis der mitgliedstaatlichen Gerichte zuzuordnen ist. In solchen Konstellationen reicht die bloße Wiederholung des Tenors einer Vor-

329 *Boulois*, FS Teitgen, 23 (25); Concl. *Genevois*, R.T.D.E. 1986, 145 (155); *Laurent*, Gaz. Pal. 1983.1, 295; *Waelbroeck*, in: Louis/Vandersanden/Waelbroeck, Commentaire Mégret – Bd. 10, Art. 177 EGV Rn. 42.

330 *C.A. Douai*, Urt. v. 19. Januar 1983, Gaz. Pal 1983.1, 292 (293); vgl. hierzu auch deutlich: *Simon*, FS Pescatore, 651 (668); zu dieser Problematik anschaulich auch: *Craig/de Búrca*, EU Law, S. 493 f. m.w.N.

331 So ausdrückl. etwa: *Labayle*, R.T.D.E. 1982, 484 (507).

332 Vgl. z.B. *Boulois*, D. 1982, 10 (11) mit Verweis auf *EuGH*, Urt. v. 29. November 1978, Rs. 83/78 (Pigs Marketing Board ./. Raymond Redmond), Slg. 1978, 2347 ff.; so auch: *Labayle*, R.T.D.E. 1982, 484 (490).

333 *EuGH*, Rs. 83/78, Slg. 1978, 2347, Rz. 25; vgl. hierzu auch: Urt. v. 30. Oktober 1975, Rs. 23/75 (Rey Soda ./. Cassa Conguaglio Zucchero), Slg. 1975, 1279, Rz. 51.

334 Zutreffend daher: *Pietrek*, Verbindlichkeit von Vorabentscheidungsverfahren nach Art. 177 EWGV, S. 47 f.

335 So auch: *EuGH*, Urt. v. 27. September 2007, Rs. C-351/04 (IKEA Wholesale), Slg. 2007, I-7723, Rz. 67.

abentscheidung alleine noch nicht aus, um den Kläger im Hauptsacheverfahren zu seinem Ziel zu führen[336]. Ganz im Zeichen des angesprochenen Kooperationsverhältnisses bedarf es hier gerade einer Übertragung des Urteils des Gerichtshofs auf den konkreten Sachverhalt unter Anwendung nationaler Rechtsvorschriften, was in der Tat alleinige Aufgabe des nationalen Richters ist.

Hieraus lässt sich jedoch nicht verallgemeinern, ausschließlich nationale Gerichte seien zur Bestimmung der Konsequenzen eines Urteils des EuGH befugt. Tatsächlich liegen die vorliegend interessierenden Sachverhalte völlig anders als die soeben angeführten[337]. Konstellationen wie die *Währungsausgleichsfälle* betreffen im Kern gerade Fragen des Unionsrechts, die unbestritten in den Zuständigkeitsbereich des EuGH fallen, geht es doch konkret um die Auslegung von Art. 267 AEUV und nicht etwa um die Gültigkeit von Bestimmungen des nationalen Rechts. Indem die französischen Gerichte sich unter Berufung auf den Einwand des *ne ultra petita* weigern, die Vorgaben des EuGH zu übernehmen, verletzten ausgerechnet sie das von ihnen selbst hoch gehaltene Prinzip der Arbeitsteilung im Vorabentscheidungsverfahren. Durch ihre Urteile maßen sie sich im Ergebnis an, eine verbindliche Auslegung der unionsrechtlichen Vorschrift des Art. 267 Abs. 1 AEUV zu treffen, was ausweislich dieser Vorschrift doch gerade Aufgabe des EuGH ist[338].

Auch kann hiergegen nicht grundsätzlich eingewendet werden, der Gerichtshof überschreite mit seinem Vorgehen den Rubikon zwischen der ihm im Rahmen des Vorabentscheidungsverfahrens zustehenden Kompetenz der Auslegung von Unionsrecht und dessen Anwendung, die den mitgliedstaatlichen Gerichten obliegt[339]. So formulieren nationale Gerichte ihre Vorlagefragen seit einiger Zeit derart präzise und auf den Einzelfall bezogen, dass der EuGH in seinem Urteil nach Art. 267 AEUV gleichsam gezwungen wird, das Hauptsacheverfahren mit zu entscheiden[340]. Mag diese generelle Tendenz im Hinblick auf die Aufgabenverteilung zwischen dem Gerichtshof und den nationalen Gerichten auch noch so kritikwürdig sein, so beruht sie auf den Vorlagefragen der vorlegenden Spruch-

336 Vgl. hierzu explizit m.w.N.: Schlussanträge des GA *Darmon* v. 14. November 1984 in der Rs. 112/83, Slg. 1985, 720 (725 f.).

337 I.E. auch: *Isaac*, C.D.E. 1987, 444 (455 f.).

338 Für diesen Gedankengang: *Le Tallec*, D. 1986, 251 (254); ähnl. in anderem Kontext: *Waelbroeck*, in: Louis/Vandersanden/Waelbroeck, Commentaire Mégret – Bd. 10, Art. 177 EGV Rn. 48; i.E. auch: *ders.*, [1982] 1 Y.E.L., 115 (122 f.); Concl. *Genevois*, R.T.D.E. 1986, 145 (156 f.).

339 *Boulois*, D. 1982, 9 (12); *Hamson*, in : Gerichtshof der Europäischen Gemeinschaften, Begegnung von Justiz und Hochschule, II-1 (II-17).

340 Vgl. etwa die kritischen Schlussanträge des GA *Jacobs* v. 10. Juli 1997, Rs. C-338/95 (Wiener ./. Hauptzollamt Emmerich), Slg. 1997, I-6497 ff., die sich mit der Def. des Begriffs „Nachthemden“ im Sinne des Gemeinsamen Zolltarifs auseinanderzusetzen hatten.

körper und kann nicht dem EuGH angelastet werden[341]. Zudem ist die Unterscheidung zwischen Auslegung und Anwendung von Unionsrecht in der Praxis ohnehin schon schwer zu treffen, wie etwa das Beispiel der Rechtssache *Defrenne II* verdeutlicht, die den Fall der unmittelbaren Anwendbarkeit einer Norm des Gemeinschaftsrechts zum Gegenstand hatte[342]. Die Klärung einer derartigen Frage entscheidet im Ergebnis mittelbar auch den konkreten Rechtsstreit in der Hauptsache, ohne dass hierbei von mitgliedstaatlicher Seite jemals eine Kompetenzüberschreitung seitens des EuGH angesprochen worden wäre[343]. Es handelt sich vielmehr um die notwendige Konsequenz der Beantwortung der Vorlagefrage durch den Gerichtshof und ist mitnichten auf dessen Kompetenzüberschreitung zurückzuführen. Ähnlich verhält es sich im Zusammenhang mit den vorliegend interessierenden temporalen Entscheidungswirkungen. Auch sie mögen im Ergebnis den Rechtsstreit im Hauptsacheverfahren entscheidend beeinflussen, dennoch liegt auch in diesen Konstellationen ein Fall des Art. 267 AEUV vor. Schließlich geht es auch um den Umfang einer unionsrechtlichen Regelung, nur dass diese durch den EuGH *ratione temporis* bestimmt wird. Eine solche Bestimmung der Reichweite einer Vorschrift ist jedoch nicht gleichzusetzen mit deren Anwendung im Einzelfall, sie ist vielmehr untrennbar verbunden mit der untersuchten Regelung selbst[344].

Weiterhin streiten auch unabhängig von dieser Einschätzung, die ihrerseits in ihrem Kern die außerordentlich komplexe Frage der Letztentscheidungsbefugnis über die Reichweite und den Vorrang des Unionsrechts berührt[345], andere überzeugende Gründe dafür, ausschließlich dem Gerichtshof die Kompetenz zuzuweisen, die Folgen seiner Urteile zu bestimmen. Hierfür spricht zunächst die Existenz des Art. 267 AEUV selbst. Dessen Ratio, welche der Einrichtung des Vorabentscheidungsverfahrens zugrunde liegt, besteht zuvörderst darin, die einheitliche Anwendung des Unionsrechts in allen 28 Mitgliedstaaten zu gewährleisten und damit zur Rechtssicherheit auf Unionsebene beizutragen. Gerade diese Rechtssicherheit würde indes ausgehebelt, wenn man dem französischen Ansatz folgte. Die Konsequenzen einer Auslegungs- oder Ungültigkeitsentscheidung würden demnach auf die nationale Ebene verlagert, was im Extremfall zu so vielen Lösungen führen würde, wie die Union Mitgliedstaaten hat[346]. Führt

341 *Schima*, in: Feldner/Forgó, Norm und Entscheidung, 280 (311 f.); zu Recht kritisch auch: *Barnard*, Substantive Law of the EU, S. 226 m.w.N.

342 In diese Richtung auch: *Dauses*, FS Everling – Bd. I, 223 (231); *Seer/Müller*, IWB 2008, 255 (257); *Rasmussen*, [1980] 5 E.L.Rev., 112 (125)

343 Allg. hierzu: *Bebr*, [1984] 82 Michigan L. Rev., 1229 (1246).

344 Ausführl.: *Masclet*, R.T.D.E. 1986, 161 (168 f.).

345 Statt aller m.w.N. für die Sicht des EuGH und der Mitgliedstaaten: *Craig/de Búrca*, EU Law, S. 344 ff.

346 Ähnl. schon: *Schermers*, [1986] 23 C.M.L.Rev. 2, 473 (475).

man sich zudem vor Augen, dass ausweislich Art. 267 Abs. 2 AEUV auch unterinstanzliche Gerichte wie das Tribunal d'Instance in Lille vorlegen können, stünde zudem die Frage im Raum, ob nicht sogar jedes vorlegende Gericht autonom zur Bestimmung der Entscheidungsfolgen aufgefordert sein könnte. Ohne diese Frage einer abschließenden Klärung zuführen zu müssen, zeigt die eben geschilderte Hypothese die Konsequenzen des französischen Ansatzes auf, die eindeutig für eine Monopolisierung der Bestimmung der Entscheidungsfolgen bei Gerichtshof sprechen. Nur auf diesem Wege kann dem Sinn und Zweck des Vorabentscheidungsverfahrens, die einheitliche Anwendung des Unionsrechts zu gewährleisten, entsprochen werden[347].

Dieser Ansatz entspricht zudem der ständigen Rechtsprechung des EuGH in Fallkonstellationen, die hinter der Entscheidung *Foto-Frost* stehen. Hier ordnet der Gerichtshof auch für unterinstanzliche Gerichte eine Vorlagepflicht an, wie sie gemäß Art. 267 Abs. 3 AEUV für letztinstanzliche Spruchkörper besteht, wenn jene von der Anwendung der in einem konkreten Sachverhalt eigentlich einschlägigen sekundärrechtlichen Norm absehen wollen, weil sie von deren Unvereinbarkeit mit dem Primärrecht ausgehen[348]. Mit anderen Worten ausgedrückt, zentralisiert der Gerichtshof die Prüfung für die Fälle bei sich, in denen über die Nichtanwendung von Sekundärrecht entschieden wird. In struktureller Hinsicht geschieht bei der Modifikation der temporalen Folgen von Vorabentscheidungen indes nichts anderes; auch hier geht es um eine, allerdings zeitliche begrenzte Nichtanwendung von Unionsrecht gleich welcher Art, die vom EuGH durch die Anordnung des Zurücktretens der unionsrechtlichen Bestimmung für die Vergangenheit erreicht wird[349]. Wenn aber von diesem Prozess auch Unionsprimärrecht erfasst werden kann, leuchtet es nicht ein, warum ausgerechnet hier die Prüfung der Voraussetzungen für eine Nichtanwendung nicht beim Gerichtshof konzentriert sein soll. Im Gegenteil gebietet gerade in diesen Konstellationen die hinter *Foto-Frost* stehende Überzeugung *a fortiori* eine Konzentration der Prüfungsbefugnisse ausschließlich beim EuGH[350].

Dies gilt umso mehr, wenn man den Entscheidungen des Gerichtshofs in den beiden Verfahrensarten des Art. 267 Abs. 1 lit. a) und b) AEUV eine über den Einzelfall hinausgehende Bedeutung zuspricht, die einer Wirkung *erga omnes*

347 Vgl. hierzu aus der Lit. m.w.N. z.B.: *Megret*, FS Teitgen, 311 (320); *Simon*, FS Pescatore, 651 (673); i.E. auch: *Alexander*, [1988] 7 Y.E.L., 11 (25).

348 *EuGH*, Urt. v. Urt. v. 22. Oktober 1987, Rs. 314/85 (Foto-Frost ./. Hauptzollamt Lübeck Ost), Slg. 1987, 4199, Rz. 11 ff.; hierzu statt vieler: *Haltern*, Europarecht, Rn. 408 ff.; *Pechstein*, EU-/EG-Prozessrecht, Rn. 837.

349 Grundlegend: *Weiß*, EuR 1995, 377 (382).

350 I.E. ähnl., allerdings in einem anderen Kontext: *Ehlers/Eggert*, JZ 2008, 585 (590 f.); *Kruis*, EuZW 2006, 606 (608); *Terhechte*, EuR 2006, 828 (841 f.).

zumindest sehr nahe kommt[351]. Es wäre geradezu widersprüchlich, diesen Urteilen einerseits inhaltlich eine derartige Bedeutung zuzusprechen, die Bestimmung der Entscheidungsfolgen aber in andere Hände als die des EuGH zu geben, die zudem imstande wären, den über den Einzelfall hinausgehenden Effekt der Entscheidung wieder zu neutralisieren.

Ausgehend von der Prämisse einer über den Einzelfall hinausgehenden Wirkung von Vorabentscheidungen ergibt sich zudem ein weiterer Gesichtspunkt gegen die Argumentation der französischen Gerichte. Demnach müssen letztinstanzliche Gerichte wie etwa auch der Conseil d'État einen Sachverhalt mit Bezügen zum Unionsrecht bei Unklarheiten gemäß Art. 267 Abs. 3 AEUV dem Gerichtshof zur Entscheidung vorlegen. Ein Dispens von dieser Verpflichtung kommt nur ausnahmsweise in Betracht, wenn die Voraussetzungen der *acte clair*-Doktrin vorliegen oder das nationale Gericht der Rechtsprechung des EuGH folgt, welche dieser in einem identischen oder zumindest vergleichbaren Fall zuvor aufgestellt hat. Hieraus lässt sich für die vorliegend interessierende Frage folgern, dass das letztinstanzliche mitgliedstaatliche Gericht entweder den Richterspruch des EuGH anwendet oder aber erneut dem Gerichtshof vorlegt, damit dieser ein im Zusammenhang mit der Bestimmung der Urteilsfolgen bisher nicht beachtetes Problem in seine Betrachtungen mit einbezieht; eine selbständige Evaluation der Urteilsfolgen durch das nationale Gericht kommt nach diesen Vorgaben jedoch keinesfalls in Frage[352].

Abschließend lassen sich auch rechtspraktische Erwägungen für die hier vertretene Lösung ins Feld führen, allen voran die praktischen Schwierigkeiten einer sauberen Trennung zwischen dem eigentlichen Urteil und dessen Folgen[353]. Vor einem solchen Hintergrund wird die Notwendigkeit einer derartigen Trennung unter Hinweis auf einen klassischen Schluss *a maiore ad minus* verneint und die Meinung vertreten, dass die Bestimmung der Urteilsfolgen auch in zeitlicher Hinsicht einer Annexkompetenz des EuGH gleichkomme: Wenn dieser schon berufen sei, die Fragen der Gültigkeit von Sekundärrecht und die Auslegung der Gründungsverträge autoritativ zu entscheiden, muss er auch befugt sein, die Wirkungen seiner Urteilssprüche zu bestimmen[354].

Folglich sprechen überzeugende Argumente dafür, die Bestimmung der Urteilsfolgen in Verfahren nach Art. 267 AEUV beim EuGH zu zentralisieren. Aus den hier genannten Erwägungen heraus folgt dieser Lösung nunmehr auch die

351 Hierzu ausführl. die Betrachtungen *supra* im vorhergehenden Kap., *passim*.

352 Vgl. hierzu auch: *Simon*, FS Pescatore, 651 (671 f.) m.w.N. auf die Concl. *Bonichot*, R.T.D.E. 1986, 533 ff.

353 *Masclet*, R.T.D.E. 1986, 161 (167); *Waelbroeck*, [1982] 1 Y.E.L., 115 (122).

354 *Bebr*, [1984] 82 Michigan L. Rev., 1229 (1245); *Everling*, FS Börner, 57 (63); *Pietrek*, Verbindlichkeit von Vorabentscheidungsverfahren nach Art. 177 EWGV, S. 48 f.

gesamte französische Rechtsprechung, auch wenn sie dies nicht explizit betont. Dass es hierbei mitunter zu Ergebnissen kommt, die dem nationalen Richter, der vorgelegt hatte, kaum mehr einen Spielraum zu einer genuin eigenen Entscheidung belassen, ist mehr den spezifischen Vorlagefragen selbst geschuldet als der fehlenden Rücksichtnahme des EuGH auf Entscheidungsspielräume des nationalen Richters oder eines grundsätzlichen systemimmanenten Fehlers auf Unionsebene. Anders als zum Teil behauptet, trägt die Bestimmung der Urteilsfolgen durch den Gerichtshof selbst nicht zu einer Hierarchisierung des Kooperationsverhältnisses zwischen EuGH und nationalem Gericht bei, wie dies in anderen Konstellationen beobachtet werden kann[355]. Sie ist somit vielmehr Ausfluss des Gebotes der einheitlichen Anwendung des Unionsrechts in allen Mitgliedstaaten, welches sich wiederum unmittelbar aus dem Prinzip der Rechtssicherheit speist.

III. Die Befugnis des EuGH zur Bestimmung der Urteilsfolgen *ex officio*

Selbst wenn die Bestimmung der Urteilsfolgen aus überzeugenden Gründen beim EuGH zu zentralisieren ist, stellt sich darüber hinaus die Frage, ob der Gerichtshof in temporaler Hinsicht ein Abgehen von dem Grundsatz der Wirkung *ex tunc* selbständig anordnen kann, auch wenn ein solcher Schritt im Rahmen der Vorlagefrage nicht angeregt worden war. Von einer derartigen Kompetenz gehen seit den soeben diskutierten *Währungsausgleichsfällen* sowohl der EuGH selbst als auch die wohl herrschende Auffassung in der Literatur aus, ohne dass eine Begründung für diese Annahme geliefert wird[356]. Sie wird gleichsam als Annex zur Zentralisierung der Bestimmung der Urteilsfolgen beim EuGH angenommen.

Um das Problem der Prüfungsbefugnis *ex officio* vollständig einer Lösung zuführen zu können, ist zunächst zu klären, was hierunter eigentlich zu verstehen ist und wie dieser Begriff mit der Wendung *proprio motu* zusammenhängt, welcher im vorliegenden Kontext häufig als Synonym verwendet wird[357]. Grundsätzlich lassen sich zwei Sichtweisen unterscheiden: Eine engere Argumentation versteht unter dem Begriff *ex officio* jede Prüfung der Urteilsfolgen im Rahmen von Art. 267 AEUV, die durch den EuGH erfolgt, ohne dass dieser von den vorlegenden mitgliedstaatlichen Gerichten hierzu aufgefordert worden wäre. Dem-

355 Vgl. zu dieser Tendenz z.B.: *EuGH*, Urt. v. 16. Dezember 1981, Rs. 144/80 (Foglia ./. Novello), Slg. 1981, 3045 ff. und die Diskussion bei: *Haltern*, Europarecht, Rn. 481 ff.; *Schmidt*, FS Lücke, 721 (729 f.).

356 Zumeist wird diese Problematik in der Lit. verkannt, anders dagegen z.B.: *Dauses*, FS Everling – Bd. I, 223 (239 f.); *Hyland*, [1995] 2 I.J.E.L., 208 (232); *Rainer*, IStR 1996, 328 (329).

357 Vgl. z.B. aus der Rspr.: *C.A. Douai*, Urt. v. 19. Januar 1983, Gaz. Pal. 1983.1, 292 (293) und die ihr folgende Lit.

gegenüber ist eine weitere Sichtweise denkbar, die nur dann eine Prüfung *ex officio* annimmt, wenn auch keiner der Verfahrensbeteiligten im Sinne von Art. 23 der Satzung des EuGH die Auseinandersetzung mit den Urteilsfolgen angeregt hatte, der EuGH mithin völlig ohne externen Impuls dieser Fragestellung nachgeht. Lediglich in letztgenannter Konstellation handelt der Gerichtshof *proprio motu* im eigentlichen Wortsinn – aus eigenem Antrieb.

Welcher der beiden Sichtweisen der EuGH selbst folgt, lässt sich in Ermangelung einschlägiger Entscheidungen zu dem Thema nicht mit letzter Sicherheit sagen. Allerdings scheinen seine Urteile im Zusammenhang mit der in Art. 23 Abs. 2 der Satzung des EuGH normierten Stellungnahmebefugnis anderer Beteiligter am Vorabentscheidungsverfahren außer den vorlegenden Gerichten auf den erstgenannten Lösungsansatz hinzudeuten. Schon mehrfach vertrat der Gerichtshof hierzu die Auffassung, dass die in Art. 23 der Satzung des EuGH genannten anderen Beteiligten sich zu den Vorlagefragen des vorlegenden nationalen Gerichtes umfassend äußern können; er selbst sieht sich allerdings nicht befugt, auf mögliche Zusatzfragen, die im Rahmen dieser Stellungnahmen aufgeworfen werden, einzugehen[358].

Diese Selbstwahrnehmung steht jedoch bei oberflächlicher Betrachtung mit der Entscheidungspraxis des Gerichtshofs zu den Urteilsfolgen auf temporaler Ebene in Widerspruch. Ein Blick auf die bisherigen Entscheidungen in diesem Bereich zeigt nämlich, dass eine Auseinandersetzung mit Fragen der zeitlichen Wirkung mitnichten nur auf Anregung der vorlegenden Gerichte zustande kommt. In einer Vielzahl von Fällen beschäftigt sich der EuGH mit diesem Problem, nachdem er von der Kommission[359], von Mitgliedstaaten[360] oder sogar den Parteien des Hauptsacheverfahrens[361] hierauf aufmerksam gemacht wurde. Wenn sich aber der Gerichtshof nach eigenem Bekunden außerstande erachtet, auf weitergehende Einwürfe, wie sie auch die Frage nach den Urteilsfolgen darstellen, zu antworten, andererseits aber seine Ausführungen zu diesem Thema in der

358 So ausdrückl. etwa: *EuGH*, Urt. v. 17. September 1998, Rs. C-412/96 (Kainuun Liikenne und Pohjolan Liikenne), Slg. 1998, I-5141, Rz. 22 ff. m.w.N. aus der Rspr.

359 Wie z.B. in den Währungsausgleichfällen, so etwa die Hinweise in den Schlussanträgen des GA *Mayras* in der Rs. 4/79, Slg. 1980, 2855 (2868); vgl. auch: *EuGH*, Urt. v. 17. Mai 1990, Rs. C-262/88 (Barber ./. Guardian Royal Exchange Assurance Group), Slg. 1990, I-1889, Rz. 40.

360 Z.B. *EuGH*, Urt. v. 3. Juli 1997, Rs. C-330/95 (Goldsmiths ./. Commissioners of Customs and Excise), Slg. 1997, I-3801, Rz. 27; i.E. aber zu restriktiv: *Wathelet*, FS Malherbe, 1143 (1148), der dies als ausschließliche Zuständigkeit des jeweils betroffenen Mitgliedstaats erachtet.

361 *EuGH*, Urt. v. 15. Dezember 1995, Rs. C-415/93 (Union royale belge des sociétés de football association ASBL ./. Bosman et al.), Slg. 1995, I-4921, Rz. 139 f.; Urt. v. 21. Oktober 2010, Rs. C-242/09 (Albron Catering BV ./. FNV Bondgenoten und John Roest), Slg. 2010, I-10309, Rz. 33.

Praxis durchaus auf solchen Hinweisen von dritter Seite beruhen, lassen sich diese beiden Positionen nur dann miteinander in Einklang bringen, wenn man ein bestimmtes dogmatisches Selbstverständnis des EuGH zugrunde legt: Demnach nimmt der Gerichtshof Hinweise Dritter bloß als Anstoß zu einer autonomen Prüfung der temporalen Wirkungen *ex officio*[362].

Die Vorzugswürdigkeit dieser den Ansatz *ex officio* befürwortenden Lösung zeigt sich allerdings auch unabhängig vom Selbstverständnis des EuGH im Rahmen dieser Problematik. Den Ausgangspunkt folgender Überlegungen bildet die Frage nach der Vorlagebefugnis der nationalen Gerichte zu den temporalen Folgen der Urteile des Gerichtshofs. Ausweislich Art. 267 Abs. 2 und 3 AEUV bildet die Erforderlichkeit im Sinne einer Entscheidungserheblichkeit der Vorlagefrage für die Beurteilung des Rechtsstreits im Hauptsacheverfahren eine zentrale materielle Voraussetzung. Auch wenn die Beurteilung dieser Frage grundsätzlich dem nationalen Richter obliegt, der hier anders als etwa im Zusammenhang mit Art. 100 GG einen sehr weiten Ermessensspielraum besitzt[363], erachtet sich der EuGH in zunehmenden Maße für befugt, die Umstände zu untersuchen, auf Grundlage derer er angerufen wird, was insbesondere dann gilt, wenn die vorgelegte Frage für die Entscheidung des Ausgangsrechtsstreits offensichtlich unerheblich ist[364]. Ohne auf die Einzelheiten dieser Problematik in der Praxis eingehen zu müssen[365], steht jedenfalls fest, dass nach dem Verständnis des EuGH die mangelnde Entscheidungserheblichkeit einer Vorlagefrage die Zulässigkeit derselben entfallen lassen kann. Unter dieser Prämisse erscheint das von Kritikern der Lösung *ex officio* vorausgesetzte Privileg der mitgliedstaatlichen Gerichte, den Anstoß für die Behandlung mit der Problematik der Urteilswirkungen geben zu dürfen, plötzlich in einem völlig anderen Licht[366]. Das vorlegende Gericht bedarf streng genommen gar keiner Aussagen über die temporale Wirkung einer Vorabentscheidung, um den diesem zugrunde liegenden Rechtsstreit in der Hauptsache zu entscheiden. Schließlich gilt allgemein der Grundsatz der Rückwirkung von Vorabentscheidungen, solange nicht explizit

362 I.E. wohl auch: *Daig*, FS Kutscher, 79 (90), dort insbes. Fn. 69.

363 *Hess*, Europäisches Zivilprozessrecht, § 12 Rn. 25; *Pechstein*, EU-/EG-Prozessrecht, Rn. 822.

364 Ausdrückl. z.B. in: *EuGH*, Urt. v. 13. Juli 2001, Rs. C-36/99 (Idéal tourisme ./. Belgien), Slg. 2000, I-6049, Rz. 26 ff.; vgl. in der Lit. z.B.: *Nicolaysen*, Europarecht I, S. 406 ff.; *Ress*, FS Jahr, 339 (357 ff.).

365 Ausführl. hierzu: *Middeke*, in: Rengeling/Middeke/Gellermann, Hdb. des Rechtsschutzes in der Europäischen Union, § 10 Rn. 44 ff.; *Ress*, FS Jahr, 339 (340 ff.) m.w.N. aus Lit. und Rspr.

366 Zum Folgenden: *Lang*, in: Dourado/Palma Borges, The Acte Clair in Direct Tax Law, 133 (136 ff.); ähnl. auch: *ders.*, [2007] 35 Intertax 4, 230 (242).

eine der vom EuGH ausgearbeiteten Ausnahmen greift[367]. Das vorlegende Gericht könnte die inhaltliche Aussage des Gerichtshofs ohne weitere Probleme rückwirkend auf den Ausgangssachverhalt anwenden. Dies gilt umso mehr, führt man sich die ständige Rechtsprechung des EuGH vor Augen, wonach die Kläger im Hauptsacheverfahren, das Anlass zu der eigentlichen Vorabentscheidung gegeben hat, deren Wirkung vom Gerichtshof in zeitlicher Hinsicht beschränkt wird, von dieser Beschränkung im Rahmen einer Rückausnahme stets ausgenommen sind. Im Hauptsacheverfahren stellt sich die temporale Problematik somit gar nicht, da hier die Urteile des EuGH immer Rückwirkung entfalten. Entsprechende Vorlagefragen der mitgliedstaatlichen Gerichte nach einer Beschränkung der Rückwirkung erweisen sich somit als irrelevant im Sinne der in Art. 267 Abs. 2 AEUV niedergelegten Erheblichkeitsklausel und sind demnach sogar unzulässig.

Nach der soeben geschilderten Sichtweise stellt die Befugnis zur Prüfung der temporalen Entscheidungsfolgen im Ergebnis eine ausschließliche Kompetenz des EuGH dar; mitgliedstaatliche Gerichte oder andere Beteiligte des Vorabentscheidungsverfahrens können demnach höchstens Impulse für eine solche Prüfung geben. Ob in selbige eingetreten wird, obliegt damit allein der Entscheidung des EuGH, der auch ohne einen derartigen Vorschlag die Frage nach der Rückwirkung seines Urteils in einem bestimmten Fall *ex officio* problematisieren kann. Anders ausgedrückt, erfolgt nach dieser Theorie eine latente Prüfung der zeitlichen Wirkung einer Vorabentscheidung in jedem vom Gerichtshof nach Art. 267 AEUV zu entscheidenden Fall, auch wenn der EuGH nicht in jedem seiner Urteile auf die temporale Problematik eingeht, da im Regelfall von einer Rückwirkung auszugehen ist. Diese latente Prüfung schlägt nur in zwei Konstellationen in eine explizite Untersuchung um: Vereinzelt kommt es vor, dass sich der Gerichtshof *ex officio* im Sinne eines Vorgehens *proprio motu* ohne einen Hinweis von dritter Seite äußert. Dies geschieht, wenn er autonom aus Gründen der Rechtssicherheit die Wirkungen seiner Vorabentscheidung begrenzen will[368]. Sehr viel häufiger kommt es zu einer ausdrücklichen Analyse der zeitlichen Urteilswirkungen, wenn entsprechende Fragen von den vorlegenden Gerichten oder Verfahrensbeteiligten im Sinne von Art. 23 Abs. 1 der Satzung des EuGH formuliert werden. Trotz der eigentlichen Unzulässigkeit solcher Fragen vonseiten

367 Hierzu in aller Ausführlichkeit *infra* im 5. Kap. in Punkt B und im 6. Kap. in Punkt C.

368 Ein klassisches Bsp. hierfür ist das Urteil in der Rechtssache *Defrenne II*, wo keiner der Verfahrensbeteiligten an eine zeitliche Beschränkung der Urteilswirkungen dachte, sondern allgemein vielmehr eine Vermeidung der unmittelbaren Anwendbarkeit von Art. 119 EWGV angestrebt wurde; a.A. wohl: *Lang*, in: Dourado/Palma Borges, The Acte Clair in Direct Tax Law, 133 (138), der davon ausgeht, dass die geschilderte Fallkonstellation in der Praxis bisher nicht vorgekommen ist.

der nationalen Gerichte führt der EuGH hier regelmäßig eine explizite Prüfung durch, auch wenn in der weit überwiegenden Zahl der Fälle ein Antrag auf Beschränkung der Urteilswirkungen im Ergebnis nicht erfolgreich ist.

Nur der Vollständigkeit halber sei abschließend auf den Lösungsansatz der Kritiker einer Prüfungsbefugnis des EuGH *ex officio* eingegangen, zumal auch dieser sich der hier vorgeschlagenen Annahme einer latenten Prüfung bedient. Im Gegensatz zu dem vorliegend vertretenen Modell rückt diese Konstruktion die nationalen Gerichte in das Zentrum der Betrachtungen. Demnach wird namentlich in der französischen Literatur eingewandt, jeder Vorlagefrage wohne bereits automatisch die implizite Frage nach den Wirkungen der zu fällenden Vorabentscheidung inne[369]. Strukturell ist hiermit noch keine Prüfungsbefugnis *ex officio* des EuGH begründet, da die Initiative hier, wenn auch unausgesprochen, bei den mitgliedstaatlichen Gerichten verbleibt, welche eine fiktiv umfassende Vorlagefrage formulieren. Im Ergebnis befürwortet aber auch dieser Ansatz bereits einen zumindest faktisch autonomen Eintritt des Gerichtshofs in die Untersuchung der Entscheidungswirkungen ohne das Vorliegen einer ausdrücklichen entsprechenden Vorlagefrage.

369 Hierauf weist v.a. das *C.A. Douai*, Urt. v. 19. Januar 1983, Gaz. Pal. 1983.1, 292 (294) in seinem Urt. hin; vgl. ähnl. Arg. aus der Lit.: *Simon*, FS Pescatore, 651 (667 f.).

Dritter Teil: Die temporalen Folgen von Vorabentscheidungen

Wenn eine Auslegungs- oder Ungültigkeitsentscheidung gemäß Art. 267 AEUV nicht nur das vorlegende Gericht betrifft, sondern Konsequenzen für alle mit derselben Frage befassten Spruchkörper der Judikative in der Union hat, hängt von der Frage, welche zeitlichen Folgen ein solches Urteil nach sich zieht, unmittelbar die Anzahl und der Kreis derjenigen Verfahren ab, die von jener Entscheidung betroffen sind[370]. Entfaltet die Entscheidung des EuGH eine umfassende Rückwirkung *ex tunc* auf den Erlasszeitpunkt der im Verfahren untersuchten Norm, betrifft ihr Inhalt eine weitaus größere Anzahl an Sachverhalten als in einer Konstellation, in der derselben Entscheidung lediglich eine Wirkung *ex nunc* ab ihrem Verkündungsdatum oder gar erst für die Zukunft zukommt.

Im vorliegenden Teil ist zu untersuchen, auf welche Weise sich der EuGH den temporalen Konsequenzen seiner Vorabentscheidungen im Sinne von Art. 267 AEUV angenommen hat und wie sich der *Status Quo* dieser Problematik nach dem gegenwärtigen Stand der Rechtsprechung darstellt.

Die Analyse der Rechtsprechung des EuGH zu den temporalen Folgen von Vorabentscheidungen folgt der Unterteilung, die von Art. 267 AEUV vorgegeben ist. Es wird mithin unterschieden zwischen Auslegungsurteilen im Sinne von Art. 267 Abs. 1 lit. a) AEUV einerseits und Gültigkeitsurteilen gemäß Art. 267 Abs. 1 lit. b) AEUV andererseits.

A. Die semantische Problematik der „Rückwirkung" einer Vorabentscheidung

Vorab soll zunächst auf eine semantische Ungenauigkeit eingegangen werden, welche die Auseinandersetzung um die zeitliche Wirkung von Vorabentscheidungsurteilen wie ein roter Faden durchzieht und das Verständnis der Problematik zu erschweren geeignet ist.

Es handelt sich hierbei um den Begriff der „Rückwirkung". Ausführungen zu der vorliegend interessierenden Fragestellung beginnen nicht selten mit der Aussage, dass Vorabentscheidungsurteile des EuGH im Grundsatz eine „Rückwir-

370 Zutreffend daher in seiner Einschätzung: *Waldhoff*, EuR 2006, 615 (619); ähnl. statt vieler: *Broberg/Fenger*, Preliminary References to the European Court of Justice, S. 441 ff. m.w.N.

kung" entfalten[371]. Eine nähere Erläuterung des Begriffs findet sich nur selten, obwohl er für sich genommen unscharf ist. Die Wendung „Rückwirkung von Urteilen" suggeriert, die Entscheidungen selbst gestalteten Rechtsverhältnisse für die Vergangenheit, was dem Sinn und Zweck des Vorabentscheidungsverfahrens aber gerade widerspricht. Letzterer besteht respektive in der Klärung der Bedeutung einer Rechtsnorm oder der Feststellung von deren Gültigkeit. Eine „Rückwirkung" entfalten Urteile höchstens in dem Sinne, dass die analysierten Normen in der vom EuGH gegebenen Auslegung ab ihrem Inkrafttreten in den Mitgliedsstaaten gelten beziehungsweise seit ihrem Inkrafttreten ungültig sind[372]. Pointiert ausgedrückt, geht es im Wesentlichen um die Geltung der vom EuGH festgestellten Auslegung oder Ungültigkeit *ab initio*. Nichts anderes als die Wirkung *ex tunc* der untersuchten unionsrechtlichen Norm kann folglich gemeint sein, wenn von der „Rückwirkung des Urteils" die Rede ist.

Obgleich sich die Formulierung „Rückwirkung von Urteilen" aufgrund ihrer prägnanten Kürze in der Diskussion bereits eingebürgert und daher auch im Rahmen der vorliegenden Arbeit gebraucht wird, sollte im Rahmen ihrer Verwendung nicht vergessen werden, dass sie gerade aufgrund ihrer Bündigkeit und ohne erklärenden Zusatz auch geeignet ist, unnötige Verwirrung zu stiften. Wenn im Folgenden mithin von einer „Rückwirkung von Urteilen" die Rede ist, bezieht sich dies auf die Rückwirkung einer unionsrechtlichen Bestimmung in ihrer vom Gerichtshof ausgelegten oder für ungültig befundenen Form.

B. Einleitende Bemerkungen zu Art. 267 AEUV

Bevor auf die Rechtsprechung des EuGH zu den temporalen Wirkungen seiner Vorabentscheidungen in der jeweiligen Verfahrensart eingegangen werden kann, soll in einem vorgelagerten Schritt zunächst ermittelt werden, inwieweit sich aus dem Normtext von Art. 267 AEUV selbst Aussagen zu dieser Frage ableiten lassen.

371 *Borchardt*, Der Europäische Gerichtshof, Art. 234 Rn. 56; *Hakenberg/Stix-Hackl*, Hdb. zum Verfahren vor dem Europäischen Gerichtshof, S. 64; *Keppert*, ÖStZ 1997, 165 (168); *Kischel*, in: Hailbronner/Wilms, EU, Art. 234 EGV Rn. 49, jeweils m.w.N.

372 Treffend daher in ihrer Kritik: *Kokott/Henze*, NJW 2006, 177 (178); *Schima*, Das Vorabentscheidungsverfahren vor dem EuGH, S. 102, dort insbes. Fn. 541.

I. Die Bestimmung des Art. 267 AEUV

Ihre normative Verankerung findet das Vorabentscheidungsverfahren ausschließlich in Art. 267 Abs. 1 lit. a) und b) AEUV. Diese Norm regelt ausweislich ihres kargen Wortlauts indes nur die Zuständigkeit des EuGH für die Auslegung der Gründungsverträge und die Bestimmung der Gültigkeit von Sekundärrecht. Hinweise auf jedwede Art von Wirkungen der Urteile des Gerichtshofs sucht man hier jedoch, ebenso wie in den restlichen Absätzen der Norm, vergebens. Auch die übrigen, gleichermaßen verbindlichen Sprachfassungen der Bestimmung liefern kein anderes Bild. Insoweit lassen sich auf Grundlage von Art. 267 Abs. 1 lit. a) und b) AEUV keine Aussagen zu den zeitlichen Konsequenzen von Vorabentscheidungen treffen[373], was aufgrund der überragenden Bedeutung dieser Verfahrensart für das europäische Rechtschutzsystem umso bedauerlicher ist[374].

II. Der systematische Kontext von Art. 267 AEUV

Während dieser Befund bei einer isolierten Betrachtung von Art. 267 Abs. 1 lit. a) AEUV noch Verwunderung auslöst, überrascht er bei einer Heranziehung der Art. 251 ff. AEUV in ihrer Gesamtheit nicht. Die Bestimmungen zu zahlreichen anderen Verfahrensarten enthalten häufig ebenfalls keine direkte Aussage zu den zeitlichen Wirkungen der dort gefällten Urteile[375]. Die vorliegend im Zusammenhang mit dem Vorabentscheidungsverfahren diskutierten Probleme stellen sich aber auch bei anderen Verfahren[376] genauso wie im Rahmen von Art. 267 AEUV.

Andererseits existieren durchaus Verfahrensarten, die zumindest über einige rudimentäre Regelungen betreffend ihre Urteilswirkungen verfügen. Dies ist insbesondere für die Nichtigkeitsklage der Fall. Während Art. 263 AEUV die kom-

373 I.E. genauso, jedoch ohne Begründung: *Geiger*, in: Geiger/Khan/Kotzur, EUV/AEUV, Art. 267 AEUV Rn. 37; *Hyland*, [1995] 2 I.J.E.L., 208 (211); *Lang*, in: Dourado/Palma Borges, The Acte Clair in EC Direct Tax Law, 133 (134); *Schweitzer/Hummer/Obwexer*, Europarecht, Rn. 859.

374 Hierzu näher auch: *Bebr*, [1984] 82 Michigan L. Rev., 1229 (1239).

375 Im Überblick zu einigen Verfahrensarten: *Bribosia/Rorive*, Rev. Dr. ULB 2002, 125 (128 ff.); *Le Mire*, FS Chapus, 367 ff.; *Waldhoff*, EuR 2006, 615 (625 ff.).

376 Dies gilt insbes. für das Vertragsverletzungsverfahren, vgl. hierzu: *Karpenstein*, DVBl. 1977, 61 ff.; *Riedl*, in: *Mayer*, Kommentar zum EU- und EG-Vertrag, Art. 228 EGV Rn. 11 ff.; *Seer/Müller*, IWB 2008, Fach 11 Gruppe 2, 851 (852 f.); *Tsikrikas*, Die Wirkungen der Urteile des Europäischen Gerichtshofs im Vertragsverletzungsverfahren (Art. 169 ff. EWGV), S. 172 ff.

plizierten Voraussetzungen dieser Klage normiert[377], enthält Art. 264 AEUV Bestimmungen für den Fall, dass die Klage begründet ist. Die Rechtsfolge besteht nach Art. 264 Abs. 1 AEUV regelmäßig in der Nichtigkeit des angegriffenen Rechtsakts. Auf die Analyse der deutschen und österreichischen Rechtsordnung rekurrierend[378] könnte zwar eingewandt werden, die Passage „...*erklärt* der Gerichtshof die angegriffene Handlung für *nichtig*“[379] bilde mit ihren auslegungsbedürftigen Rechtsbegriffen mitnichten ein besonders gutes Beispiel für eine klare Regelung von Urteilswirkungen in den Gründungsverträgen. Jedoch handelt es sich hierbei um unionsrechtliche Formulierungen, die autonom und unter Beachtung der übrigen, gleichermaßen verbindlichen Sprachfassungen des Vertrages auszulegen sind. Ein Blick in die Vertragstexte in den romanischen Sprachen erweist sich für das Verständnis von Art. 264 Abs. 1 AEUV als besonders aufschlussreich[380]: Im Gegensatz zur deutschen Version normiert beispielsweise der französische Text die Folgen einer begründeten Nichtigkeitsklage mit „...*nul et non avenu*“, was mit „...nichtig und niemals eingetretenen [Wirkungen]“ übersetzt werden kann. Demnach fingiert Art. 264 Abs. 1 AEUV eine Beseitigung des nichtigen Rechtsakts mit Wirkung *ex tunc*, ein Ergebnis, das durch Art. 264 Abs. 2 AEUV alleine zwar nicht bewiesen, aber doch gestützt wird[381]. Als Ausnahme zu Abs. 1 ermöglicht die Vorschrift – ähnlich § 79 Abs. 2 BVerfGG[382] – die Anordnung der Fortgeltung bestimmter nichtiger Regelungen durch den EuGH, so dass der Regelfall eine Beseitigung der Norm aus der Unionsrechtsordnung nach sich ziehen muss. Die romanischen Sprachfassungen zeigen dabei auf, dass dies mit Wirkung *ex tunc* geschieht, was sowohl der ganz herrschenden Meinung in der Literatur[383] wie auch der Rechtsprechung des EuGH entspricht[384].

377 Exemplarisch: *Craig/de Búrca*, EU Law, S. 502 ff.; *Oppermann*, Europarecht, § 9 Rn. 32 ff. m.w.N.

378 Vgl. hierzu *supra* im 2. Kap. in den Punkten A und B m.w.N. aus der Rspr. des BVerfG und des des VfGH.

379 Hervorhebungen des Verf.

380 Hierfür schon sehr früh: *Daig*, AöR Bd. 83 (1958), 132 (175); *Wohlfahrt/Everling/Glaesner/Sprung*, Die Europäische Wirtschaftsgemeinschaft, Art. 174 Rn. 1 m.w.N.

381 A.A. dagegen wohl: *Schwarze*, in: ders., EU-Kommentar, Art. 264 AEUV Rn. 6; *Weiß*, EuR 1995, 377 (378).

382 *Everling*, Das Vorabentscheidungsverfahren vor dem Gerichtshof der europäischen Gemeinschaften, S. 67 meint hierin denn auch das Vorbild für Art. 264 Abs. 2 AEUV erblicken zu können.

383 Die Lit. belässt es aber i.d.R. bei der bloßen Behauptung dieses Erg.: *Ehricke*, in: Streinz, EUV/AEUV, Art. 264 AEUV Rn. 5; *Oppermann*, Europarecht, § 9 Rn. 42; *Pechstein*, EU-/EG-Prozessrecht, Rn. 558.

384 So z.B. eindeutig in: *EuGH*, Urt. v. 26. April 1988, verb. Rs. 97, 193, 99 und 215/86 (Asteris A.E. at al. und Republik Griechenland ./. Kommission), Slg. 1988, 2181, Rz. 30.

Fraglich ist, welche Erkenntnisse hieraus für die hier interessierenden zeitlichen Wirkungen von Vorabentscheidungen gewonnen werden können. Sicher ist jedenfalls, dass eine schlichte Übertragung des Ergebnisses für Art. 264 AEUV auf Art. 267 Abs. 1 AEUV im Wege einer umfassenden Analogie ausscheidet. Nicht nur handelt es sich bei der Nichtigkeitsklage um eine völlig andere Verfahrensart, auch die systematische Stellung des Art. 264 AEUV in unmittelbarem Zusammenhang mit Art. 263 AEUV und vor den Bestimmungen über das Vorabentscheidungsverfahren sprechen gegen pauschale Analogieschlüsse[385].

Immerhin zeigt Art. 264 AEUV aber ein Bewusstsein der Verfasser der Gründungsverträge für die temporale Problematik von Wirkungen der Entscheidungen des EuGH. Warum sie die Folgen von Urteilen im Rahmen anderer Verfahrensarten nicht einer Regelung zugeführt haben, kann in Ermangelung entsprechender Dokumente nicht mit letzter Sicherheit gesagt werden. Jedenfalls handelt es sich bei den fehlenden Bestimmungen um keine unbewusste Regelungslücke. Der Grund hierfür kann darin liegen, dass die Verfasser der Verträge die zukünftige Brisanz und die Bedeutung des Vorabentscheidungsverfahrens schlicht noch nicht erahnen konnten[386] oder der Meinung waren, die Antwort auf die Frage nach den zeitlichen Wirkungen sei offensichtlich beziehungsweise bei ihrem Auftreten durch den EuGH selbst zu klären.

385 Vgl. hierzu ausführl. *infra* im 5. Kap. in Punkt B II 2 b) m.w.N. aus der Lit. und Rspr. des EuGH.

386 *Streil*, in: Schwarze, Der Europäische Gerichtshof als Verfassungsgericht und Rechtsschutzinstanz, 69 (70) m.w.N. zu den Vorlagezahlen; zsf. zur Bedeutung des Verf., vgl.: *Craig/de Búrca*, EU Law, S. 461; *Haltern*, Europarecht, S. 209 ff.

Entsprechend der Struktur des Art. 267 AEUV sind zunächst Auslegungsentscheidungen des EuGH auf ihre temporalen Folgen hin zu untersuchen.

A. Der Grundsatz der Wirkung *ex tunc* in der Rechtsprechung des EuGH

Das Urteil, welches in der Literatur wie kein anderes für die Diskussion der Problematik der temporalen Wirkungen von Vorabentscheidungen herangezogen wird, ist die bereits mehrfach erwähnte Entscheidung des EuGH in der Rechtssache *Defrenne II*[387], die unmittelbar nach ihrer Verkündung eine ungeahnte Zahl von Kommentaren provozierte und der schon früh eine herausgehobene Bedeutung für die weitere Entwicklung des Gemeinschaftsrechts prophezeit wurde[388]. Der Einfluss des 1975 von *Gabrielle Defrenne* angestrengten Rechtsstreits auf die Diskussion um die zeitliche Wirkung von Urteilen im Rahmen von Art. 267 AEUV ist keineswegs zu überschätzen. Dem Leser fallen schon bei einer oberflächlichen ersten Betrachtung des Urteils zwei Dinge auf. Zum einen ist dies der späte Zeitpunkt der Entscheidung. Erst am 8. April 1976, fünfzehn Jahre nach seinem ersten Auslegungsurteil und mehr als zehn Jahre nach seinen bahnbrechenden Entscheidungen in den Rechtssachen *van Gend und Loos* und *Costa ENEL* nahm sich er Gerichtshof einer Thematik an, die heute als eines der problematischsten Fragen des europäischen Prozessrechts wahrgenommen wird[389]. Zum anderen stellte der EuGH in *Defrenne II* zum ersten Mal die Voraussetzungen auf, unter denen die generelle Rückwirkung seiner Urteile durchbrochen werden kann, vermeidet es aber gleichzeitig, diese Wirkung *ex tunc* als solche zu benennen. Er setzte in dem Urteil gleichsam *e contrario* voraus, dass die Existenz dieses Prinzips allgemein bekannt sei.

Es stellt sich mithin die Frage, wie der Grundsatz, wonach die in einem Urteil des Gerichtshofs gefundene Auslegung eine Wirkung *ex tunc* entfaltet, begründen lässt und wie er aus der Rechtsprechung des EuGH, gegebenenfalls implizit, entwickelt werden kann.

387 *EuGH*, Urt. v. 8. April 1976, Rs. 43/75 (Gabrielle Defrenne ./. Sabena), Slg. 1976, 455 ff.

388 Vgl. *Dauses*, Das Vorabentscheidungsverfahren nach Artikel 177 EG-Vertrag, S. 151, dort Fn. 560; *Everling*, Das Vorabentscheidungsverfahren vor dem Gerichtshof der europäischen Gemeinschaften, S. 69 f., dort Fn. 131, jeweils m.w.N. aus der Lit.

389 Aus dem deutschen Schrifttum, vgl. z.B.: *Ribbrock*, BB 2006, 2611 (2614); *Sellmann/Augsberg*, DÖV 2006, 533 (537); *Wiedmann*, EuZW 2007, 692.

I. Das Prinzip der Wirkung *ex tunc* der Auslegung von Primärrecht

Der EuGH selbst äußerte sich erstmals 1980 in den zeitgleich entschiedenen Rechtssachen *Denkavit* und *Salumi* explizit zu den zeitlichen Wirkungen, die Auslegungsentscheidungen gemäß Art. 267 Abs. 1 lit. a) AEUV nach sich ziehen[390]. In der Literatur findet sich aber die Sichtweise, wonach der EuGH schon vor diesen Urteilen anerkannt habe, dass eine von ihm gegebene Interpretation *ex tunc* ab Inkrafttreten der ausgelegten Norm des Unionsrechts Anwendung finde[391], so dass zunächst auf diese Urteile eingegangen werden soll.

1. Die Wirkung *ex tunc* vor den Rechtssachen *Denkavit* und *Salumi*

Tatsächlich erlauben schon die frühesten und berühmtesten Urteile des EuGH Rückschlüsse auf die zeitliche Wirkung seiner Auslegungsentscheidungen. Der Gerichtshof bediente sich dabei zweier Techniken, um implizit Hinweise auf deren prinzipielle Rückwirkung zu geben.

Die erste der beiden Methoden findet bis heute Anwendung in der Rechtsprechung des EuGH und lässt sich etwa an folgendem prominenten Fall verdeutlichen: In der Rechtssache *Costa ENEL* begründete der Gerichtshof im Rahmen eines Vorabentscheidungsersuchens den Vorrang des Unionsrechts vor dem Recht der Mitgliedsstaaten[392]. In einer der bekanntesten Passagen des Urteils wies er hierfür darauf hin, dass durch den EWG-Vertrag eine eigene Rechtsordnung geschaffen worden sei, die „*seit ihrem Inkrafttreten*" Teil der Rechtsordnungen der Mitgliedsstaaten wurde[393]. Indem er die Rechtsqualität des EWG-Vertrages erläuterte, gab der EuGH eine Auslegung im Sinne des Art. 267 Abs. 1 lit a) AEUV. Er bestimmte hierbei nicht explizit die zeitliche Reichweite seiner Auslegung, sondern verankerte diesen Aspekt seines Urteils in der eigentlichen Auslegung selbst. Durch die Erläuterung eines bestimmten Vertragsinhalt erreichte der Gerichtshof mithin implizit, dass seine Auslegung des Vertrages ab dessen Inkrafttreten und damit rückwirkend galt; die Wirkung *ex tunc* wurde mithin Teil der Auslegung. Diese Herangehensweise lässt sich in einer Vielzahl

390 *EuGH*, Urt. v. 27. März 1980, Rs. 61/79 (Amministrazione delle Finanze dello Stato ./. Denkavit italiana Srl), Slg. 1980, 1205 ff.; Urt. 27. März 1980, verb. Rs. 66, 127 und 128/79 (Amministrazione delle Finanze dello Stato ./. Meridionale Industria Salumi Srl, Fratelli Vasanelli und Fratelli Ultrocchi), Slg. 1980, 1237 ff.

391 *Bebr*, [1981] 18 C.M.L.Rev. 4, 475 (489 f.); i.E. wohl auch: *Brown/Kennedy*, The Court of Justice of the European Communities, S. 234.

392 *EuGH*, Urt. v. 15. Juli 1964, Rs. 6/64 (Flaminio Costa ./. E.N.E.L.), Slg. 1964, 1253 ff.

393 *EuGH*, Urt. v. 15. Juli 1964, Rs. 6/64 (Flaminio Costa ./. E.N.E.L.), Slg. 1964, 1253, Rz. 8, Hevorhebungen durch den Verf.

von frühen Urteilen des EuGH beobachten und liefert gleichzeitig einen Hinweis auf die generelle Rückwirkung von Auslegungen.

Einer anderen Technik bedient sich der Gerichtshof in Konstellationen, in denen er die Bedeutung und Funktion des Vorabentscheidungsverfahrens selbst erläutert. Anders als in den vorgenannten Fällen geht es hier nicht um die Auslegung einer konkreten Vorschrift des Unionsrechts, sondern konkret um Art. 267 AEUV selbst. Schon vor *Denkavit* und *Salumi* lässt sich aus bestimmten Formulierungen des EuGH die Wirkung *ex tunc* von Auslegungen erahnen. Im Gegensatz zur Systematik der soeben skizzierten Fallgruppe zeichnen sich die im Folgenden genannten Sachverhalte durch einen Mangel an einer kohärenten Struktur aus, durch welche sie sich einfach zusammenfassen ließen. Vielmehr bildet die wesensstiftende Gemeinsamkeit lediglich das Vorabentscheidungsverfahren als solches. Ein markantes Beispiel etwa bildet die Rechtssache *Defrenne II* mit ihrer Argumentation *e contrario*, in welcher der EuGH die Ausnahme von der Rückwirkung seiner Vorabentscheidung erläuterte. Daneben enthalten auch frühere Entscheidungen mitunter Passagen, die aufhorchen lassen. So erläuterte etwa der Gerichtshof in der Rechtssache *Rheinmühlen I* in allgemeinen Worten die Funktion von Vorabentscheidungsverfahren unter Betonung des Gedankens der einheitlichen Rechtsanwendung in der Gemeinschaft. Dies ist an sich nichts Neues, gilt doch die Wahrung der Rechtseinheit seit jeher als eine der vornehmsten Aufgaben im Rahmen von Art. 267 AEUV und ist vom EuGH dementsprechend häufig genug betont worden[394]. Allerdings unterscheidet sich die Entscheidung an einer Stelle in ihrer Wortwahl signifikant von anderen Urteilen, in denen die Einheitlichkeit der Rechtsanwendung des Gemeinschaftsrechts eine Rolle spielte. Diese gewährleistet laut der Formulierung in der Rechtssache *Rheinmühlen I*, dass das Gemeinschaftsrecht „...in allen Mitgliedstaaten der Gemeinschaft *immer* die gleiche Wirkung hat“[395]. Neben dem Rekurs auf die Mitgliedstaaten, welche die Notwendigkeit einer territorial einheitlichen Rechtsanwendung verdeutlicht, spricht der Begriff „immer“ eine andere Dimension an. Zwar könnte damit auch eine instanzliche Ebene gemeint sein, dass einmal gegebene Auslegungen des Gerichtshofs von allen Gerichten eines Instanzenzuges zu beachten sind[396], mindestens genauso wahrscheinlich erscheint jedoch das Abstellen auf eine zeitliche Dimension zu sein. Demnach ist die Einheitlichkeit

394 St. Rspr.: *EuGH*, Urt. v. 1. Dezember 1965, Rs. 16/65 (Schwarze ./. Einfuhr- und Vorratsstelle für Getreide und Futtermittel), Slg. 1965, 1152 (1165); immer noch instruktiv dazu: *Pescatore*, BayVBl. 1987, 33 (35 f.).

395 *EuGH*, Urt. v. 16. Januar 1974, Rs. 166/73 (Rheinmühlen Düsseldorf ./. Einfuhr- und Vorratsstelle für Getreide und Futtermittel), Slg. 1974, 33, Rz. 2, Hervorhebung durch den Verf.

396 Vgl. hierzu explizit die Erläutrungen *supra* im 3. Kap. in Punkt B I m.w.N. für diese h.M.

der Anwendung des Gemeinschaftsrechts auch temporal zu verstehen. Diese Uniformität kann jedoch nur unter der Prämisse erzeugt werden, wonach der Auslegung des EuGH eine Wirkung ab Inkrafttreten der ausgelegten Norm zukommt.

2. Die Wirkung *ex tunc* der Auslegung von Primärrecht in *Denkavit* und *Salumi*

Fraglich bleibt aber weiterhin, was den EuGH dazu bewegt hat, seinen Auslegungen im Grundsatz ausdrücklich einen Effekt *ex tunc* zukommen zu lassen. Zur Beantwortung dieser Frage eignen sich die Rechtssachen *Denkavit* und *Salumi* gleich in mehrfacher Hinsicht in besonderer Weise. In beiden Verfahren, denen italienische Sachverhalte zugrunde lagen und die materiellrechtlich Fragestellungen des freien Warenverkehrs und von Zöllen auf die Einfuhr von landwirtschaftlichen Erzeugnissen aus einem Mitgliedstaat der Gemeinschaft in einen anderen zum Gegenstand hatten, wurden dem EuGH unabhängig voneinander explizit die Frage vorgelegt, wie Auslegungen von primärrechtlichen Vorschriften in zeitlicher Hinsicht zu verstehen seien. Der Gerichtshof sah sich in den Rechtssachen mithin erstmals gezwungen, von seinen impliziten Andeutungen Abstand zu nehmen und eindeutig zur Frage nach den zeitlichen Wirkungen von Auslegungen des Primärrechts Stellung zu beziehen. Er tat dies in seiner gewohnt apodiktischen Art und beantwortete die Fragen der vorlegenden Gerichte zu diesem Punkt mit einem Passus, der für das Verständnis der temporalen Problematik von Ausschlag gebender Bedeutung ist:

> „Durch die Auslegung einer Vorschrift des Gemeinschaftsrechts, die der Gerichtshof in Ausübung seiner Befugnisse aus Artikel 177 EWG-Vertrag [Art. 267 AEUV] vornimmt, wird *erläutert* und erforderlichenfalls *verdeutlicht*, in welchem Sinn und mit welcher Tragweite die *Vorschrift seit ihrem Inkrafttreten zu verstehen oder anzuwenden* ist oder gewesen wäre. Daraus folgt, daß die *Gerichte die Vorschrift in dieser Auslegung auch auf Rechtsverhältnisse, die vor Erlaß des auf das Ersuchen um Auslegung ergangenen Urteils entstanden sind, anwenden* können und müssen ...“[397]

Im Anschluss an diese ungewöhnlich klare Aussage, welche zeitliche Bedeutung der Gerichtshof seinen Auslegung beimisst, folgt in beiden Verfahren ein Hinweis auf die Rechtssache *Defrenne II* und die dort gemachten Ausnahmen vom soeben aufgestellten Prinzip, wobei diese Ausnahmen im Ergebnis in keinem der Fälle durchgreifen konnten.

397 *EuGH*, Urt. v. 27. März 1980, Rs. 61/79 (Amministrazione delle Finanze dello Stato ./. Denkavit italiana Srl), Slg. 1980, 1205, Rz. 16; Urt. 27. März 1980, verb. Rs. 66, 127 und 128/79 (Amministrazione delle Finanze dello Stato ./. Meridionale Industria Salumi Srl, Fratelli Vasanelli und Fratelli Ultrocchi), Slg. 1980, 1237, Rz. 9; Hervorhebungen und Ergänzungen durch den Verf.

Die zentrale Bedeutung dieser in *Denkavit* und *Salumi* aufgestellten Formel ergibt sich bereits aus einer quantitativen Betrachtung: Seit ihrer erstmaligen Erwähnung 1980 rekurriert der EuGH regelmäßig auf diese Passage, wenn er sich mit dem Begehren nach der Beschränkung der zeitlichen Wirkung seiner Auslegungsurteile konfrontiert sieht und verwendet den zitierten Absatz – einem Element aus dem Baukasten gleich – stets aufs Neue an entsprechenden Stellen in Vorabentscheidungen[398]. Warum dieses Vorgehen durchaus seine Berechtigung hat, zeigt eine nähere Analyse der entscheidenden Formulierungen in den Urteilen.

a) Die deklaratorische Wirkung der Auslegung

Schon die einleitenden Begriffe „*erläutert*" und „*verdeutlicht*" weisen auf ein bestimmtes Wesensmerkmal von Auslegungsentscheidungen hin. Zwar sprach der EuGH dies in *Denkavit* und *Salumi* noch nicht explizit aus, doch kann aus seinen Aussagen geschlossen werden, dass er seinen Urteilen nach Art. 267 Abs. 1 lit. a) AEUV offenbar eine ausschließlich feststellende Bedeutung beimisst. Wie schon der Generalanwalt in seinen Schlussanträgen ausführte, sah auch der Gerichtshof seine primäre Aufgabe im Rahmen der Auslegung darin, zu erklären, wie eine bestimmte Rechtslage tatsächlich zu verstehen ist[399]. In der Literatur wird dieser Aspekt der Spruchpraxis als deklaratorische Wirkung der Auslegungen des EuGH zumeist ohne weitere Begründung unter Hinweis auf die einschlägige Rechtsprechung als allgemeine Ansicht rezipiert[400]. Dieser Auffassung scheint sich der EuGH in jüngerer Vergangenheit angeschlossen zu haben, spricht er nunmehr auch ausdrücklich davon, dass seinen Auslegungen eine deklaratorische und keine konstitutive Wirkung zukommt[401].

398 Vgl. statt vieler z.B.: *EuGH*, Urt. v. 2. Februar 1988, Rs. 309/85 (Barra ./. Belgischer Staat), Slg. 1988, 355, Rz. 11; Urt. v. 5. Oktober 1988, Rs. 210/87 (Padovani u.a. ./. Amministrazione delle Finanze dello Stato), Slg. 1988, 6177, Rz. 12; Urt. v. 14. Dezember 1988, Rs. 269/87 (Ventura ./. Landesversicherungsanstalt Schwaben), Slg. 1988, 6411, Rz. 15; Urt. v. 22. Oktober 1998, verb. Rs. C-10/97 bis C-22/97 (Ministero delle Finanze ./. IN.CO.GE.'90 Srl et al.), Slg. 1998, I-6307, Rz. 23; Urt. v. 5. Oktober 2006, verb. Rs. C-290/05 und 333/05 (Nádasdi und Németh ./. Vám- és Pénzügyőrség Észak-Alföldi Regionális Parancsnoksága), Slg. 2006, I-10115, Rz. 62 m.w.N. aus der Rspr.

399 Schlussanträge des GA *Reischl* v. 9. Januar 1980 in der Rs. 61/79, Slg. 1980, 1230 (1232).

400 Allg. Ansicht, vgl. nur: *Jimeno Bulnes*, La cuestión prejudicial del artículo 177 TCE, S. 507; *Joliet*, Le droit institutionnel des Communautés Européennes, S. 219; *Quadros*, A Função Subjectiva da Competência Prejudicial do Tribunal de Juctiça das Comunidades Europeias, S. 181; *Seer*, ET 2006, 470 (473).

401 *EuGH*, Urt. v. 12. Februar 2008, Rs. C-2/06 (Kempter), Slg. 2008, I-411, Rz. 35.

Fraglich ist indes, inwieweit vom augenscheinlich deklaratorischen Charakter von Auslegungen auf deren Rückwirkung geschlossen werden kann. Dies geschieht in der Literatur entweder mit der Begründung, dass die Auslegung Teil der vom Gerichtshof interpretierten Norm selbst werde und damit zurückwirke auf den Moment ihres Inkrafttretens[402] oder gänzlich ohne weitergehende Argumentation[403]. Im Rahmen des letzteren Ansatzes sollen dann offensichtlich nationale Denkmuster, wie sie beispielsweise hinter der Nichtigkeitsrechtsprechung des BVerfG[404] stehen, auf die Rechtsprechung des EuGH übertragen werden[405]. Keiner der genannten Ansätze kann indes überzeugen.

So wurde das erstgenannte Modell schon im Zusammenhang mit der Diskussion um die über den Einzelfall hinausreichende Wirkung von Vorabentscheidungen als nicht haltbar zurückgewiesen[406]. Aber auch gegen die Annahme einer Analogie zum deutschen Verfassungsprozessrecht bestehen durchgreifende Bedenken. Die theoretische Begründbarkeit einer rückwirkenden Nichtigkeit im Sinne des deutschen Modells lässt sich auf nationaler Ebene mit der pyramidalen Konstruktion der Rechtsordnung erklären, an deren Spitze die Verfassung steht, welche ihrerseits die Bedingungen postuliert, unter denen nationales Recht gültig gesetzt werden kann. Eine zentrale Forderung bildet hierbei die Vereinbarkeit des rangniedrigeren Rechts mit der Verfassung, so dass bei einem Verstoß hiergegen schon kein gültiges Recht gesetzt werden kann. Dieses deutsche Modell lässt sich indes nicht eins zu eines auf Urteile gemäß Art. 267 Abs. 1 lit. a) AEUV übertragen.

Zwar läuft das Resultat einer Auslegung im Konfliktfalle *in praxi* jedenfalls auf die Feststellung der Unvereinbarkeit einer nationalen Rechtsnorm mit der ausgelegten Vorschrift des Unionsrechts hinaus und wird regelmäßig zur Folge haben, dass der nationale Gesetzgeber die entsprechende Vorschrift nach den Vorgaben des EuGH modifiziert[407], was in der Literatur bisweilen als „faktisch

402 *Broberg/Fenger*, Preliminary References to the European Court of Justice, S. 441 f.; *Lenaerts*, [2007] 44 C.M.L.Rev. 6, 1625 (1642); *Naômé*, Le renvoi préjudiciel en droit européen, Rn. 325; *Plouvier*, Les décisions de la Cour de Justice des Communautés Européennes et leurs effets juridiques, S. 240; *Weiß*, EuR 1995, 377 (378).

403 *Schermers/Waelbroeck*, Judicial Protection in the European Union, § 624.

404 Hierzu und zum Folgenden, vgl. ausführl. *supra* im 2. Kap., dort Punkt A I 1 m.w.N. aus der deutschen Lit.

405 Zsf.: *Waelbroeck*, in: Louis/Vandersanden/Waelbroeck, Commentaire Mégret – Bd. 10, S. 264 f. m.w.N. in Fn. 380 f. zur Lit., die sich auf die Rspr. des BVerfG oder das angloamerikanische Modell des *Prospective Overruling* bezieht, zu Letzterem vgl. ausführl. *infra* im 10. Kap.

406 Vgl. hierzu *supra* im 3. Kap., dort in Punkt B II 1 b) dd) γ) m.w.N. aus der Lit.

407 *Moes*, StuW 2008, 27 (32), dort Fn. 40; i.E. auch: *Bribosia/Rorive*, Rev. Dr. ULB 2002, 125; *Seer/Müller*, IWB 2008, Gruppe 2, Fach 11, 851 (853).

rechtsgestaltende“ Wirkung der Auslegungsentscheidungen bezeichnet wird[408]. Ein derartiges Resultat in der mitgliedstaatlichen Rechtsordnung ist indes dem Anpassungsdruck geschuldet, unter dem der Mitgliedstaat nach der Vorabentscheidung steht, und ist als solches keinesfalls eine zwingende Folge der Auslegungsentscheidung des Gerichtshofs selbst[409]. Dies ist auf das Prinzip des Anwendungsvorrangs des Unionsrechts zurückzuführen. Der Grundsatz, der das Verhältnis von nationalem zum Unionsrecht bis heute beherrscht, ist als Kollisionsregel zu verstehen, wonach unionsrechtswidriges nationales Recht lediglich in zwischenstaatlichen Sachverhalten keine Anwendung mehr findet, ohne indes allgemein ungültig zu sein[410]. Anders als im Verfassungsrecht bleibt ungültiges nationales Recht somit bei einem Konflikt mit dem höherrangigen Unionsrecht bestehen, es tritt gerade keine Nichtigkeit oder Vernichtbarkeit ein, die auf den Entstehungszeitpunkt der staatlichen Regel zurückwirken würde.

Mithin kommt den Auslegungsurteilen nach Art. 267 Abs. 1 lit. a) AEUV ausweislich der Rechtsprechung des EuGH zwar eine Klarstellungsfunktion zu, welche ihrerseits mit dem bereits herausgearbeiteten objektiven Charakter des Vorabentscheidungsverfahrens als Zwischenverfahren ohne Parteien korrespondiert[411], Rückschlüsse auf die zeitliche Wirkung dieser Entscheidungen können entgegen der Auffassung von Teilen der Literatur hieraus indes nicht gezogen werden.

b) Argumente für die Wirkung der Auslegung *ex tunc*

Der soeben ermittelte Befund spiegelt sich auch in den Entscheidungen *Denkavit* und *Salumi* wider, in denen der EuGH für sich in Anspruch nahm, im Rahmen einer Auslegung zu klären, „wie die Vorschrift seit ihrem Inkrafttreten zu verstehen (...) ist“. Wenn sich die Rückwirkung bereits aus dem deklaratorischen Charakter der Auslegungsentscheidungen selbst ergeben würde, wären die weiteren Ausführungen des EuGH zur deren temporalen Folgen redundant und könnten bestenfalls als *obiter dictum* bezeichnet werden. Da dem, wie gezeigt, nicht so

408 *Bundesministerium der Finanzen*, Monatsbericht des BMF – Okt. 2008, 83 (85); *Kokott/Henze*, NJW 2006, 177 (178); *Thiele*, Europäisches Prozessrecht, § 9 Rn. 113; etwas vorsichtiger noch: *Dauses*, Das Vorabentscheidungsverfahren nach Artikel 177 EG-Vertrag, S. 152.

409 I.E. wohl auch: *Klein*, IStR 2006, 209. Zudem ist zu bedenken, dass eine rechtsgestaltende Wirkung ohnehin dem österreichischen Modell näher stünde als der deutschen Konzeption von Verfassungsgerichtsbarkeit.

410 Statt aller: *Craig/de Búrca*, EU Law, S. 344 ff.; *Ipsen*, Europäisches Gemeinschaftsrecht, § 10 Rn. 55 ff.; *Schweitzer/Hummer/Obwexer*, Europarecht, Rn. 180.

411 *Dubos*, Les jurisdictions nationales, le juge communautaire, Rn. 548 m.w.N.

ist, kommt den weiteren Bemerkungen des Gerichthofs eine entscheidende Bedeutung zu. Während er in der oben zitierten Passage der beiden Urteile zunächst die Rückwirkung seiner Auslegungen feststellte, beschrieb er die sich hieraus ergebenden Folgen im zweiten Satz des Absatzes, indem er eine Anwendung der gefundenen Auslegung auch auf Sachverhalte vor dem Erlass des eigentlichen Auslegungsurteils anordnete.

Hierbei handelt es sich um die zentrale Aussage von *Denkavit* und *Salumi* und gleichzeitig das, was gemeinhin unter der „*ex tunc*-Wirkung des Auslegungsurteils“ verstanden wird[412]: Potentiell werden alle Sachverhalte ab Inkrafttreten der ausgelegten unionsrechtlichen Vorschrift von der vom Gerichthof gegebenen Interpretation erfasst. Die Betonung liegt bei dieser Formulierung auf dem Begriff „alle“: Er stellt den Nexus zwischen zwei grundlegenden Aufgaben des Vorabentscheidungsverfahrens im Allgemeinen her, die erklären, warum Auslegungen im Sinne von Art. 267 Abs. 1 lit. a) AEUV regelmäßig zwingend eine Wirkung *ex tunc* zukommen muss.

aa) Die Wahrung der einheitlichen Rechtsanwendung

Eine dieser zentralen Aufgaben, die der EuGH durch seine Auslegungstätigkeit sicherstellt, besteht in der Wahrung der einheitlichen Anwendung des Unionsrechts, womit nach ständiger Rechtsprechung gewährleistet wird, dass dieses in allen Mitgliedsstaaten stets identischen Inhalt aufweist[413]. Die Urteilspassagen aus *Denkavit* und *Salumi* dienen dabei als Verdeutlichung jener Judikatur. Wie oben bereits anhand der Rechtssache *Rheinmühlen I* herausgearbeitet, lässt sich dem Grundsatz der einheitlichen Anwendung des Unionsrechts auch eine temporale Dimension entnehmen. Dadurch, dass eine Interpretation ihre Wirkung *ex tunc* ab dem Inkrafttreten der ausgelegten Norm des Primärrechts entfaltet, lassen sich mithilfe der gefundenen Auslegung dem Grundsatz nach alle Sachverhalte, in denen jene Auslegung eine Rolle spielt, einheitlich behandeln. Auf diesem Wege vermeidet der EuGH temporale Friktionen und leistet einen Beitrag zur Wahrung der Rechtseinheit in der Union auch auf zeitlicher Ebene. Würde dagegen eine Auslegung nur ab Erlass des Urteils Wirkung beanspruchen, hätte dies die bemerkenswerte Folge, dass voneinander divergierende Auslegungen

412 Statt vieler, vgl. exemplarisch: *Middeke*, in: Rengeling/Middeke/Gellermann, Hdb. des Rechtsschutzes in der Europäischen Union, § 10 Rn. 91; *Streinz*, Europarecht, Rn. 641, jeweils m.w.N.

413 *Pechstein*, EU-/EG-Prozessrecht, Rn. 777 f.; *Wegener*, in: Calliess/Ruffert, EUV/AEUV, Art. 267 AEUV Rn. 1; *Voßkuhle*, NVwZ 2010, 1 (2 f.) spricht in diesem Zusammenhang treffend vom EuGH als „Gestalter der europäischen Rechtseinheit“.

des EuGH gleichberechtigt nebeneinander stünden, was die einheitliche Anwendung des Unionsrechts in temporaler Hinsicht konterkarieren würde[414].

bb) Der Grundsatz der Einzelfallgerechtigkeit und des Individualrechtsschutzes

Darüber hinaus verwirklicht der Gerichtshof mit dem Prinzip der Rückwirkung von Vorabentscheidungen eine weitere Funktion des Vorabentscheidungsverfahrens. Es handelt sich um den auch im nationalen Verfassungsprozessrecht fundamentalen Gedanken der Einzelfallgerechtigkeit[415]. Das Prinzip findet im Rahmen von Art. 267 AEUV zumindest mittelbar Anwendung, indem die Norm auch eine Komponente des Individualrechtsschutzes aufweist[416]. Demnach muss sich der Bürger tatsächlich auf die ihm durch die Unionsrechtsordnung verliehenen Rechte, wie sie durch die Rechtsprechung den EuGH ausgelegt werden, berufen können[417]. Dies gilt zunächst einmal offensichtlich für das Hauptsacheverfahren, in dessen Rahmen das Auslegungsersuchen formuliert wurde, das zu einer bestimmten Interpretation des Gerichtshofs führt. Demnach muss das Zwischenverfahren das Hauptsacheverfahren unmittelbar beeinflussen[418], wozu es aber nur in der Lage ist, wenn die vom Gerichtshof gefundene Auslegung einer unionsrechtlichen Vorschrift nicht erst zu einem in der Zukunft liegenden Zeitpunkt Anwendung findet.

Geht man aber – wie der EuGH in *Denkavit* und *Salumi* – zusätzlich davon aus, dass die Auslegung des EuGH auch die Anwendung des Unionsrechts in Sachverhalten beeinflusst, die parallel zum Anlassfall gelagert sind, so folgt daraus ein Anspruch der betroffenen Unionsbürger auf Berücksichtigung der Einzelfallgerechtigkeit auch in ihren Fällen. Eine zusätzliche Aufladung erfährt das Prinzip hier durch den allgemeinen Gleichbehandlungsgrundsatz, der nach stän-

414 Hierzu zutreffend die Erklärung der Europäischen Kommission in: *EuGH*, Urt. 27. März 1980, verb. Rs. 66, 127 und 128/79 (Amministrazione delle Finanze dello Stato ./. Meridionale Industria Salumi Srl, Fratelli Vasanelli und Fratelli Ultrocchi), Slg. 1980, 1237 (1255); i.E. auch: *Simon*, FS Pescatore, 651 (659).

415 Zu diesem Grundkonflikt vgl. *supra* im 1. Kap., in Punkt A I 2 m.w.N. aus Lit. und Rspr.

416 Ganz h.M., statt vieler: *Baumeister*, EuR 2005, 1 (7 ff.); *Gaitanides*, in: Groeben/Schwarze, Kommentar zum EU-/EG-Vertrag, Art. 234 EGV Rn. 7 ff; *Lindner*, JuS 2008, 1 ff. ; *Schwarze*, in: ders., EU-Kommentar, Art. 267 AEUV Rn. 5.

417 *Middeke*, in: Rengeling/Middeke/Gellermann, Hdb. des Rechtsschutzes in der Europäischen Union, § 10 Rn. 8 m.w.N.

418 Das meint wohl *Waldhoff*, EuR 2006, 615 (618), wenn er auf die Funktion der „Rechtsprechung als Vergangenheitsbewältigung" abstellt; genauer hierzu etwa: *Pescatore*, in: Constantinesco/Jacqué/Kovar/Simon, Traité institutant la CEE, Art. 234 Rn. 70.

diger Rechtsprechung des EuGH auch auf Unionsebene beachtet werden muss[419]. Beidem kann man nur gerecht werden, wenn der Interpretation des Gerichtshofs allgemein ab Inkrafttreten der ausgelegten Norm Geltung zukommt. Dass der Anspruch auf Einzelfallgerechtigkeit dem Grundsatz nach auch den zum Anlassfall parallel gelagerten Sachverhalten zuteil wird, zeigt sich besonders deutlich am bereits erwähnten zweiten Satz der zitierten Stelle aus *Denkavit* und *Salumi*, der diese Fallkonstellationen ausdrücklich mit einbezieht. Insofern tritt hier ungefiltert der direkte Zusammenhang zwischen den zeitlichen Folgen von Auslegungsurteilen und der im dritten Kapitel beleuchteten Problematik zutage, ob eine Auslegung *erga omnes* wirkt und über den Einzelfall hinaus Folgen hat. Nicht nur hat die Klärung der Frage nach den temporalen Konsequenzen nur dann einen praktischen Nutzen, wenn die Auslegung *erga omnes* wirkt, auch umgekehrt beeinflusst die Wirkung der Auslegung für die Vergangenheit die Zahl der von der Auslegung des EuGH betroffenen Fälle[420].

II. Die Wirkung *ex tunc* der Auslegung von Sekundärrecht

In der Analyse der Rechtsprechung des Gerichtshofs war bisher lediglich von Auslegungsurteilen im Vorabentscheidungsverfahren nach Art. 267 Abs. 1 lit. a) AEUV und damit von der Interpretation des Primärrechts die Rede. In lit. b) derselben Vorschrift findet sich aber – neben dem Recht zur Überprüfung der Gültigkeit – auch die Befugnis des EuGH zur Auslegung von Handlungen der Organe, Einrichtungen oder sonstigen Stellen der Union. Gemeint ist hiermit das gesamte Sekundärrecht[421].

Aufgrund der bisherigen Unterscheidung könnte nun fraglich sein, ob nur Auslegungen des Primärrechts eine umfassende Wirkung *ex tunc* zukommt, während Vorschriften des Sekundärrechts eine andere Behandlung durch den EuGH erfahren. Hierfür sind indes keine vernünftigen Gründe ersichtlich. Vielmehr sprechen die Überlegungen, die soeben zu Art. 267 Abs. 1 lit a) AEUV angestellt wurden, ebenso für die Auslegung des Sekundärrechts. Auch der Gerichtshof selbst differenziert in dieser Hinsicht nicht; er wendet die aus den Rechtssachen *Denkavit* und *Salumi* bekannten Textbausteine unterschiedslos auch auf Konstel-

419 St. Rspr. seit: *EuGH*, Urt. v. 19. Oktober 1977, verb. Rs. 117/76 und 16/77 (Ruckdeschel et al. ./. Hauptzollamt Hamburg-St. Annen), Slg. 1977, 1753, Rz. 7; aus der Lit.: *Kingreen*, in: Ehlers, Europäische Grundrechte und Grundfreiheiten, § 17 Rn. 10 ff.

420 Vgl. schon *supra* im 3. Kap. in Punkt A I m.w.N. aus der Lit.

421 Allg. Ansicht, vgl. statt aller: *Ehricke*, in: Streinz, EUV/AEUV, Art. 267 AEUV Rn. 19 m.w.N. aus der Rspr. des EuGH zu den einzelnen Sekundärrechtsakten; ausführl. auch: *Middeke*, in: Rengeling/Middeke/Gellermann, Hdb. des Rechtsschutzes in der Europäischen Union, § 10 Rn. 30 ff.

lationen an, in denen die Frage nach der zeitlichen Wirkung einer Auslegung von Sekundärrecht zur Debatte steht[422]. Für die Auslegung von Sekundärrecht gilt das oben gefundene Ergebnis daher entsprechend.

III. Zusammenfassendes Ergebnis

„Das Auslegungsverfahren gleich einem Orakel, das lediglich klarstellt, was ohnehin schon immer gegolten hat"[423]: So plakativ die Aussage von *Brown* und *Kennedy* auf den ersten Blick auch anmuten mag, es konnte gezeigt werden, dass ihr ein wahrer Kern innewohnt. Auslegungsurteile des EuGH nach Art. 267 Abs. 1 lit. a) und b) AEUV entfalten im Regelfall eine Wirkung *ex tunc*. Das heißt, grundsätzlich sind Normen des Primär- und Sekundärrechts ab dem Tag des Inkrafttretens für jeden Mitgliedsstaat so zu verstehen, wie eine zeitliche spätere Interpretation des EuGH sie auslegt[424].

Diese Sichtweise hat erhebliche praktische Konsequenzen. Gepaart mit der über den Einzelfall hinausgreifenden Bindungswirkung von Auslegungen bedeutet dies, dass die nationalen Gerichte eine Auslegung des EuGH nicht bloß auf den Anlassfall im Hauptsacheverfahren, sondern grundsätzlich auf alle inhaltlich vergleichbaren Sachverhalte anwenden müssen, die bei den Gerichten anhängig sind[425]. Gerade in Rechtsbereichen, die wie das Steuer- und Sozialrecht durch Massenverfahren gekennzeichnet sind, können hierdurch eine Vielzahl von Verfahren erfasst sein und deren Ausgang im Nachhinein verändert werden[426]. Diese Modifikationsmöglichkeit *ex post* ist aber in der Lage, mit einem anderen allgemeinen Rechtsgrundsatz des Unionsrechts in Widerspruch zu geraten, dem Prinzip der Rechtssicherheit.

422 Vgl. z.B.: *EuGH*, Urt. v. 6. Juli 1995 (BP Spouergaz ./. Griechischer Staat), Slg. 1995, I-1883, Rz. 39; i.E. wohl auch: *Streinz*, Europarecht, Rn. 641, dort Fn. 69 allerdings m.w.N. auf ein nicht einschlägiges Urt.; i.E. ebenso: *EuGH*, Urt. v. 19. Juli 2012, Rs. C-263/11 (Ainārs Rēdlihs ./. Valsts ieņēmumu dienests), Slg. 2012, I-0000, Rz. 56 ff.

423 Für diese Formulierung, vgl.: *Brown/Kennedy*, The Court of Justice of the European Communities, S. 234.

424 Allg. Ansicht., vgl. aus dem deutschsprachigen Schrifttum statt aller: *Pechstein*, EU-/EG-Prozessrecht, Rn. 863; *Schwarze*, in: ders., EU-Kommentar, Art. 267 AEUV Rn. 72; *Wegener*, in: Calliess/Ruffert, EUV/AEUV, Art. 267 AEUV Rn. 50; *Schweitzer/Hummer/Oberwexer*, Europarecht, Rn. 862; a.A. ohne Begründung, wohl nur noch: *Thewes*, Bindung und Durchsetzung gerichtlicher Entscheidungen in der EU, S. 154.

425 *Waelbroeck*, in: Louis/Vandersanden/Waelbroeck, Commentaire Mégret – Bd. 10, S. 263.

426 *Frenz*, Hdb. Europarecht – Bd. 5, Rn. 3409; *Waldhoff*, [2009] 46 C.M.L.Rev. 1, 173 (177).

B. Ausnahmen von der Wirkung *ex tunc*

In der überwältigenden Mehrheit von Auslegungsentscheidungen kommt der soeben geschilderte Grundsatz zum Tragen, wonach Auslegungsurteile des EuGH eine umfassende Rückwirkung *ex tunc* zeitigen. Obgleich er *ex officio* dazu befugt ist, die temporale Wirkung seiner Auslegungen auch ohne entsprechendes Vorbringen der Verfahrensbeteiligten zu prüfen, erwähnt der Gerichtshof diese Fragestellung zumeist mit keinem Wort. Auch in den Fällen, in denen schließlich eine umfassende Prüfung erfolgt, lehnt er es im Ergebnis zumeist ab, die Rückwirkung seiner Auslegungsurteile zu beschränken[427]. Somit wird der EuGH seinem eigenen Postulat gerecht, wonach eine Modifikation der zeitlichen Wirkung von Auslegungen den absoluten Ausnahmefall darstellt[428].

Für die nachfolgende Untersuchung hat dies zur Folge, dass nur eine überschaubare Anzahl von Rechtssachen existiert, in denen der Gerichtshof eine Rückwirkungsbeschränkung im Ergebnis zugelassen hat[429]. Diese Sachverhalte sollen vorliegend untersucht werden, um zu ermitteln, unter welchen Voraussetzungen der EuGH seine Auslegungen in zeitlicher Hinsicht modifiziert und inwieweit Fallgruppen hierzu gebildet werden können. Zu beginnen ist hierbei mit der Rechtssache *Defrenne II*, die als Geburtsstunde der Rückwirkungsbeschränkung gelten kann.

I. Erstmalige Formulierung einer Rückwirkungsbeschränkung in *Defrenne II*

Die Rechtssache *Defrenne II*[430] verdient in mehrfacher Hinsicht Aufmerksamkeit: Nicht nur formulierte der EuGH hier erstmalig Ausnahmen vom Grundsatz der Wirkung *ex tunc* von Auslegungsurteilen, auch die materiellrechtlichen Ausführungen, die der Gerichtshof in der Entscheidung zu ex-Art. 119 EWGV entwickelte, haben für das Verständnis des Unionsrechts eine bis heute grundlegende Bedeutung. Erst das Zusammenspiel der beiden Neuerungen des EuGH macht

427 Aus der jüngeren Rspr., vgl. nur: *EuGH*, Urt. v. 13. April 2010, Rs. C-73/08 (Bressol, Chaverot et al. ./. Gouvernement de la Communauté française), Slg. 2010, I-2735, Rz. 89 ff.

428 St. Rspr., vgl. nur: *EuGH*, Urt. v. 15. September 1998, Rs. C-231/96 (Edilizia Industirale Siderurgica Srl (Edis) ./. Ministero delle Finanze), Slg. 1998, I-4951, Rz. 16; Urt. v. 7. Juli 2011, Rs. C-263/10 (Iulian Nisipeanu ./. Direcţia Generală a Finanţelor Publie Groj et al.), Slg. 2011, I-0000, Rz. 33.

429 Für eine aus dem Jahr 2006 stammende Übersicht, vgl.: *Wathelet*, FS Malherbe, 1143 (1166 ff.), der dort insgesamt von 32 Vorabentscheidungen ausgeht, in denen eine Rückwirkungsbeschränkung angeordnet wurde.

430 *EuGH*, Urt. v. 8. April 1976, Rs. 43/75 (Gabrielle Defrenne ./. Sabena), Slg. 1976, 455 ff.

den Fall *Defrenne II* zu einer der wegweisenden Entscheidungen des Gerichtshofs.

1. Vorstellung der Rechtssache *Defrenne II*

Wie der Name des Falles bereits andeutet, bildet die Entscheidung des EuGH in *Defrenne II* nur einen Ausschnitt aus einer Reihe von Klagen, die den Gerichtshof im Wege des Vorabentscheidungsverfahrens erreichten[431]. In sämtlichen dieser Verfahren ging es materiellrechtlich um die unmittelbare Anwendbarkeit von ex-Art. 119 EWGV, den heutigen Art. 157 AEUV, der den Grundsatz des gleichen Entgelts für Mann und Frau beinhaltet. Den Hintergrund bildete ein Rechtsstreit zwischen der Flugbegleiterin *Gabrielle Defrenne* und deren Arbeitgeber, der sie hinsichtlich ihres Gehalts und im Hinblick auf eine obligatorische Pensionsgrenze gegenüber ihren männlichen Kollegen benachteiligte.

In seiner Entscheidung setzte sich der EuGH zunächst mit der Frage der unmittelbaren Geltung von ex-Art. 119 EWGV auseinander. Obgleich sich die Vorschrift ihrem Wortlaut nach nur an die Mitgliedsstaaten richtet, entnahm der EuGH hieraus keinen Hinderungsgrund für die Anwendbarkeit zwischen Privaten wie der Klägerin im Anlassfall und der sie beschäftigenden Fluglinie. Aufgrund der elementaren Bedeutung der Entgeltgleichheit für Mann und Frau als Ausfluss des Prinzips der Gleichberechtigung beider Geschlechter im Arbeitsleben sowie der wirtschafts- und sozialpolitischen Zielsetzung des Vertrages bedurfte es laut EuGH zur effektiven Durchsetzung des Prinzips auch einer Anwendbarkeit von ex-Art. 119 EWGV zwischen Privatpersonen[432].

In einem zweiten Schritt wandte sich der Gerichtshof sodann der prozessualen Frage des Falles zu und nutzte die Vorlagefrage des Brüsseler Cour de Travail quasi als Sprungbrett für eine weitergehende Auseinandersetzung *obiter dictum* mit der temporalen Geltung seiner soeben gegebenen Auslegung, die in dieser Form zuvor von keiner der am Verfahren beteiligten Parteien angeregt worden war[433]. Lediglich Großbritannien und Irland hatten entsprechend ihres Beteili-

431 Neben der Rechtssache *Defrenne II* existieren noch zwei weitere Fälle, denen dieser Sachverhalt zugrunde liegt, vgl.: *EuGH*, Urt. v. 25. Mai 1971, Rs. 80/70 (Defrenne ./. Belgischer Staat), Slg. 1971, 445 ff.; Urt. v. 15. Juni 1978, Rs. 149/77 (Defrenne ./. Sabena), Slg. 1978, 1365 ff.

432 *EuGH*, Urt. v. 8. April 1976, Rs. 43/75 (Gabrielle Defrenne ./. Sabena), Slg. 1976, 455, insbes. Rz. 30/34.

433 *EuGH*, Urt. v. 8. April 1976, Rs. 43/75 (Gabrielle Defrenne ./. Sabena), Slg. 1976, 455, Rz. 69/70 ff.; in diese Richtung auch: *Philip*, R.T.D.E. 1976, 529 (534).

gungsrechts aus Art. 23 der Satzung des EuGH Erklärungen abgegeben[434], in denen sie auf die schweren wirtschaftlichen Folgen hinwiesen, die eine unmittelbare Anwendbarkeit von ex-Art. 119 EWGV nach sich gezogen und die Volkswirtschaften der beiden Staaten in nicht unerheblicher Weise beeinträchtigt hätte[435].

Zur Überraschung wohl aller beteiligten Parteien[436] aber griff der EuGH die Erklärungen beider Staaten auf und setzte sich ausführlich mit ihnen auseinander. Ähnlich den Ausführungen seines Generalanwalts verwarf er zunächst die wirtschaftlichen Einwände des Vereinigten Königreichs und Irlands mit der Begründung, dass derartige „praktische Auswirkungen [zwar] sorgfältig berücksichtigt werden müssen", dies gleichzeitig aber nicht zu einer Beugung der „Objektivität des Rechts" führen dürfte[437].

Dennoch blieben die Erklärungen nicht ohne Folgen. Nach Ansicht des Gerichtshofs hätte nämlich durch das Verhalten einiger Mitgliedsstaaten und der Europäischen Kommission, die trotz Beibehaltung gegen ex-Art. 119 EWGV verstoßender Regelungen durch Mitgliedstaaten keine Vertragsverletzungsverfahren gegen diese eingeleitet hatte[438], für die Rechtsanwender in den Mitgliedstaaten Veranlassung bestanden, gegen ex-Art. 119 EWGV verstoßende Verhaltensweisen fortzusetzen, was bei der Gesamtbewertung des Sachverhalts zu berücksichtigen sei[439]. Aus Rücksicht auf die schwer abzuschätzenden wirt-

434 Zu Art. 23 der Satzung des EuGH, vgl.: *EuGH*, Urt. v. 19. Dezember 1968, Rs. 19/68 (De Cicco ./. Landesversicherungsanstalt Schwaben), Slg. 1968, 689 (716); *Wägenbaur*, Court of Justice of the EU, Art. 23 Stat Rn. 60.

435 *EuGH*, Urt. v. 8. April 1976, Rs. 43/75 (Gabrielle Defrenne ./. Sabena), Slg. 1976, 455, (459 ff., insbes. 461 [Vereinigtes Königreich] und 462 [Irland]). Hierbei ist interessant, dass ausgerechnet die Staaten wirtschaftliche Belange geltend machen, die zum Entscheidungszeitpunkt erst unlängst der EWG beigetreten waren. Die Auslegung hätte für beide Länder mithin nur auf den 1. Januar 1973 zurückwirken können, was auch erklären mag, warum auch der Generalanwalt diesen Erklärungen keine allzu große rechtliche Bedeutung beimisst; vgl. hierzu: Schlussanträge des GA *Trabucchi* v. 10. März 1976 in der Rs. 43/75, Slg. 1976, 482, Rz. 10.

436 Dies mag sogar für das Vereinigte Königreich und Irland gelten, die mit ihren Erklärungen wohl keine Debatte um die zeitlichen Folgen von Auslegungsurteilen nach Art. 267 AEUV lostreten wollten, sondern eher bezweckten, die unmittelbare Anwendbarkeit von ex-Art. 119 EWGV zu verhindern; lediglich die Erklärung des Vereinigten Königreiches scheint mit dem Hinweis auf die Folgen einer „rückwirkend(en)" Anwendung auf die temporale Dimension des Urteils anzudeuten, vgl. zu letzterem: *EuGH*, Urt. v. 8. April 1976, Rs. 43/75 (Gabrielle Defrenne ./. Sabena), Slg. 1976, 455 (461).

437 *EuGH*, Urt. v. 8. April 1976, Rs. 43/75 (Gabrielle Defrenne ./. Sabena), Slg. 1976, 455, Rz. 71/73.

438 Zwar ist richtig, dass letztendlich nie eine „Klage wegen Vertragsverletzung" gegen einen Mitgliedsstaat eingeleitet wurde, doch hatte die Kommission sehr wohl entsprechende erste Schritte in diese Richtung unternommen, vgl. hierzu: *Crisham*, [1977] 14 C.M.L.Rev. 1, 108 (116) m.w.N.

439 *EuGH*, Urt. v. 8. April 1976, Rs. 43/75 (Gabrielle Defrenne ./. Sabena), Slg. 1976, 455, Rz. 71/73.

schaftlichen Folgen der bedingungslosen Rückwirkung der Auslegung *ex tunc* würden es zudem „zwingende Erwägungen der Rechtssicherheit" verbieten, Arbeitsentgelte für vor der Zeit der Urteilsverkündung abgeschlossene Rechtsverhältnisse neu zu berechnen[440]. Im Ergebnis bedeutete dies die Unanwendbarkeit der eben gegebenen Auslegung von ex-Art. 119 EWGV für die Sachverhalte, die vor Verkündung des Urteils in *Defrenne II* abgeschlossen waren.

Mit dem generellen Ausschluss der Rückwirkung ließ es der EuGH nicht bewenden. In einem letzten Schritt etablierte der Gerichtshof eine Rückausnahme von der Ausnahme der Wirkung *ex tunc* von Auslegungen. Trotz der zuvor aufgestellten Ausnahme sollte die neu gegebene Auslegung in denjenigen Sachverhalten Anwendung finden, in welchen bereits Klagen erhoben und Rechtsbehelfe eingelegt wurden; für sie beanspruchte die neue Auslegung von ex-Art. 119 EWGV unmittelbare Geltung auch in zeitlicher Hinsicht[441].

2. Analyse des Urteils *Defrenne II* und der Ausnahmen von der Rückwirkung

Das Urteil in der Rechtssache *Defrenne II* ist in mehrfacher Hinsicht ungewöhnlich[442]: Obwohl die ganz herrschende Meinung in der Literatur bis zu der Entscheidung ein solches einhellig abgelehnt hatte[443], stellte der Gerichtshof den Grundsatz der unmittelbaren Anwendbarkeit von ex-Art. 119 EWGV zwischen privaten Parteien auf und revolutionierte damit das europäische Arbeitsrecht[444]. Im vorliegenden Kontext interessiert jedoch die andere zentrale Fragestellung des Urteils, die Behandlung der Frage nach der temporalen Wirkung von Auslegungen im Sinne von Art. 267 AEUV. Das Aufstellen von Kriterien, bei deren Vorliegen ein Abweichen vom Grundsatz der Wirkung *ex tunc* einer Auslegung in Frage kommt, führte zu einer Vielzahl von Reaktionen in der Literatur[445] und diente anderen Gerichten wie etwa dem EGMR in der unmittelbaren Folgezeit

440 *EuGH*, Urt. v. 8. April 1976, Rs. 43/75 (Gabrielle Defrenne ./. Sabena), Slg. 1976, 455, Rz. 74/75.

441 *EuGH*, Urt. v. 8. April 1976, Rs. 43/75 (Gabrielle Defrenne ./. Sabena), Slg. 1976, 455, Rz. 74/75 a.E.

442 Vgl auch: *Waelbroeck*, in: Louis/Vandersanden/Waelbroeck, Commentaire Mégret – Bd. 10, S. 264 f.

443 Zsf. statt vieler: *Koopmans*, [1980] 39 C.L.J. 2, 287; *Stocker*, C.D.E. 1977, 180 (201).

444 Ausführl. zur arbeitsrechtlichen Seite der Problematik: *Huep*, Beschränkung einer Rückwirkung neuer richterlicher Erkenntnisse auf ältere Sachverhalte, S. 73 ff.; *Stocker*, C.D.E. 1977, 180 ff.

445 *Kutscher*, in: Gerichtshof der Europäischen Gemeinschaften, Begegnung von Justiz und Hochschule, I-1 (I-45 ff.); *Louis*, EuGRZ 1976, 178 (179); *Verloeren van Themaat*, SEW 1977, 90 ff.; vgl. auch die Einschätzung von *van Greven*, C.D.E. 1977, 131: *„arrêt déjà célèbre"*; a.A. dagegen noch: *Philip*, R.T.D.E. 1976, 529 (535).

als Vorbild für die Auseinandersetzung mit den temporalen Konsequenzen ihrer Urteile[446].

Zusammenfassend aber bezieht das Urteil *Defrenne II* seine Bedeutung sowohl aus seinen materiellrechtlichen Aussagen zum europäischen Arbeitsrecht als auch den prozessualen Ausführungen zur Möglichkeit der Beschränkung der zeitlichen Wirkung von Vorabentscheidungen. Zu wenig Beachtung findet hierbei der Umstand, dass beide Aspekte der Entscheidung untrennbar miteinander verwoben sind. Durch die Beschränkung der zeitlichen Wirkung milderte der Gerichtshof gleichsam seine radikale und unerwartete Auslegung von ex-Art. 119 EWGV in ihren praktischen Konsequenzen ab. Es erscheint daher nicht fern liegend, die Frage aufzuwerfen, ob der EuGH eine derart weitreichende Auslegung der Vertragsvorschrift auch vorgenommen hätte, wäre ihm der Weg der Beschränkung der zeitlichen Entscheidungsfolgen versperrt gewesen. Angesichts der im Urteil selbst angedeuteten gravierenden Konsequenzen der unmittelbaren Anwendbarkeit von ex-Art. 119 EWGV kann dies durchaus bezweifelt werden. Insofern bedient sich der EuGH im Ergebnis in *Defrenne II* eines prozessualen Vehikels, um eine radikale Neuerung im europäischen Arbeitsrecht[447] durchzusetzen[448].

Rückblickend erweist sich aber gerade dieses prozessuale Mittel in der Rechtssache *Defrenne II* an sich schon als interessanter Untersuchungsgegenstand, da der EuGH hier erstmals entscheidende Weichenstellungen für die Problematik der Rückwirkungsbeschränkungen vornahm, welche in seiner Rechtsprechung bis heute Geltung beanspruchen[449]. Zum Zeitpunkt der Entscheidung selbst jedoch herrschte Verwirrung in weiten Teilen der Literatur. Zwar wurde die Bedeutung der Ausführungen des Gerichtshof unter dem Kapitel zum „... zeitlichen Geltungsbereich des ... Urteils“ durchaus gesehen, doch bestand zu-

446 Vgl. hierzu *supra* im 1. Kap., dort Punkt B, Fn. 32 m.w.N. zur Rspr. des EGMR und der hierzu relevanten Lit.

447 Zur kaum zu unterschätzenden Bedeutung der unmittelbaren Anwendbarkeit des heutigen Art. 157 AEUV, vgl. statt vieler: *Eichenhofer*, in: Streinz, EUV/AEUV, Art. 157 AEUV Rn. 7 ff.; *Rebhahn*, in: Schwarze, EU-Kommentar, Art. 157 AEUV Rn. 1 ff. m.w.N.

448 I.E. ähnl.: *Gordon*, EC Law in Judicial Review, Rn. 9.81 unter Hinweis auf die Motivationslage des EuGH.

449 Explizit: *Düsterhaus*, EuZW 2006, 393 (394); *Kokott/Henze*, NJW 2006, 177 (178); *Lindemann/Hackemann*, IStR 2005, 786 (792); i.E. auch: *Lang*, [2007] 35 Intertax 4, 230 (231); *Stok/Thomson*, [2006] 34 Intertax 11, 552; a.A. noch: *Hamson*, in: Gerichtshof der Europäischen Gemeinschaften, Begegnung von Justiz und Hochschule, II-1 (II-17); ähnl.: *Waelbroeck*, [1982] 1 Y.E.L., 615 (615 f.); *Huep*, Beschränkung einer Rückwirkung neuer richterlicher Erkenntnisse auf ältere Sachverhalte, S. 74, die einen spezifischen Bezug zur materiellrechtlichen Komponente des Falles betonen.

nächst Unklarheit, unter welchen Voraussetzungen genau und aufgrund wievieler Kriterien sich Auslegungen einschränken ließen[450].

Obgleich viele dieser Fragestellungen erst im Laufe der folgenden Jahre gelöst wurden, enthält das Urteil in *Defrenne II* einen auch aus heutiger Sicht entscheidenden Hinweis, woher der EuGH seine Befugnis bezieht, Vorabentscheidungen nach Art. 267 AEUV in zeitlicher Hinsicht zu beschränken. Es handelt sich um das Prinzip der Rechtssicherheit, das hier erstmals im vorliegenden Kontext benannt wird[451]. Die Bezugnahme auf diesen Grundsatz stellt bis heute die wesentliche Begründung seitens des EuGH dar, warum er zur zeitlichen Beschränkung von Auslegungsurteilen befugt sein soll[452]. Wie zu Beginn dieser Arbeit bereits nachgewiesen, handelt es sich bei dem Prinzip der Rechtssicherheit um einen der elementaren allgemeinen Rechtsgrundsätze des Unionsrechts[453]. Aufgrund seiner übergeordneten Bedeutung lässt es sich gut gegenüber den beiden anderen Prinzipien in Stellung bringen, welche für eine umfassende Rückwirkung von Auslegungsurteilen im Rahmen von Art. 267 Abs. 1 lit. a) AEUV streiten: Das Gebot der Rechtssicherheit verhält sich antagonistisch zu den Grundsätzen der einheitlichen Anwendung des Unionsrechts und des Individualrechtsschutzes als Verkörperung von Einzelfallgerechtigkeit. Die Anwendung des einen Prinzips erfolgt notwendigerweise auf Kosten des jeweils anderen. Ähnlich der Arbeit der nationalen Verfassungsgerichte besteht die Aufgabe des EuGH hier darin, die verschiedenen Rechtsgrundsätze zu einem interessengerechten Ausgleich zu bringen.

Dieser Ausgleich erfolgt nach einer bestimmten Systematik, die im Folgenden zu untersuchen ist. Im Kern steht der Grundsatz der Rechtssicherheit. Da es sich hierbei jedoch um ein sehr allgemeines Prinzip handelt, das bei alleiniger Anwendung einen überaus weiten Ermessensspielraum des EuGH eröffnen würde[454], bedarf es bestimmter Voraussetzungen, anhand derer sich ermitteln lässt, in welchen Ausnahmekonstellationen der Rechtssicherheit Vorrang vor den

450 Vgl. z.B. die unterschiedlichen Kriterien bei *Crisham*, [1977] 13 C.M.L.Rev. 1, 108 (114 ff.), *Louis*, EuGRZ 1976, 178 (179); *Schwarze*, EuR 1977, 44 (47 f.); *Wyatt*, [1977] E.L.Rev., 399 (400 ff.).

451 *EuGH*, Urt. v. 8. April 1976, Rs. 43/75 (Gabrielle Defrenne ./. Sabena), Slg. 1976, 455, Rz. 74/75.

452 Z.B. *Bribosia/Rorive*, Rev. Dr. ULB 2002, 125 (133); *Weiß*, EuR 1995, 377 (384); undifferenziert ist dagegen der pauschale Hinweis auf eine Analogie zu Art. 264 Abs. 2 AEUV von *Naômé*, Le renvoi préjudiciel en droit européen, Rn. 329; *Roseren*, in: Léger, Commentaire article par article des traités UE et CE, Art. 234 CE Rn. 29.

453 Vgl. hierzu *supra* im einleitenden 1. Kap. in Punkt A I 2 m.w.N.

454 Diesen Ermessenspielraum kritisiert *Dubos*, Les jurisdictions nationales, le juge communautaire, Rn. 553 a.E. trotz der vorhandenen Kriterien, wie dieser ausgefüllt werden soll.

Überlegungen der einheitlichen Rechtsanwendung und des umfassenden Individualrechtsschutzes zu gewähren ist[455].

Der EuGH hat hierzu in seiner weiteren Rechtsprechung im Wesentlichen[456] vier Kriterien, zwei materieller und zwei formaler Natur, entwickelt, die aber ebenfalls bereits in der Rechtssache *Defrenne II* angelegt sind: Wie schon dort untersucht der Gerichtshof in materieller Hinsicht bis heute das Verhalten und die Rechtsauffassung der Institutionen der Union und der Mitgliedstaaten zu einer bestimmten Rechtsfrage, die Anlass zu einer Rückwirkungsbeschränkung geben könnte, und berücksichtigt bei seiner Entscheidungsfindung auch die wirtschaftlichen Folgen, welche sich aus einem *ex tunc* wirkenden Urteil für die beteiligten Parteien und Mitgliedstaaten ergeben könnten. Darüber hinaus setzt er sich mit der formellen Problematik auseinander, ob die Beschränkung der Rückwirkung einer gefundenen Auslegung tatsächlich in der Vorabentscheidung erfolgt, in welcher die fragliche Auslegung erstmalig ermittelt wurde, und inwieweit die genannten materiellen Kriterien kumulativ vorliegen.

II. Kriterien für eine Ausnahme von der Wirkung *ex tunc*

Nachdem gezeigt werden konnte, wie der EuGH in der Rechtssache *Defrenne II* erstmals eine Ausnahme vom Grundsatz der Rückwirkung einer Vorabentscheidung *ex tunc* auf den Erlasszeitpunkt der ausgelegten Norm des Unionsrechts zugelassen hat, ist nunmehr unter Heranziehung der einschlägigen Folgerechtsprechung zu ermitteln, unter welchen Voraussetzungen gegenwärtig eine solche Ausnahme in Frage kommt.

1. Darstellung der einzelnen Kriterien

Eine Betrachtung der einzelnen Urteile, in denen der EuGH die Rückwirkung seiner Auslegung beschränkt[457] sowie der diese rezipierenden Literatur hinterlässt auf den ersten Blick ein nuancenreiches Bild, in dem eine Vielzahl von Vo-

455 *Kokott/Henze*, NJW 2006, 177 (179).

456 Für eine wenig systematische Aufzählung von sieben scheinbaren Fallgruppen und weiteren Untergruppen, vgl.: *Naômé*, Le renvoi préjudiciel en droit européen, Rn. 331 m.w.N. aus der Rspr. des EuGH.

457 In den folgenden Fußnoten werden aus Gründen der Übersicht und Platzersparnis nicht erschöpfend alle Urt. des EuGH aufgeführt, in denen sich die belegte Stelle findet, sondern nur exemplarisch jene, die geeignet sind, eine st. Rspr. aufzuzeigen.

raussetzungen aufscheinen. Dennoch lassen sich bestimmte Gemeinsamkeiten ausmachen, die im Folgenden dargestellt werden sollen.

So unterschiedlich die einzelnen vom EuGH verwendeten Kriterien im Einzelnen auch anmuten mögen, weisen die einschlägigen Vorabentscheidungen in ihren Kapiteln zu den zeitlichen Wirkungen des Urteils grundsätzlich eine identische Struktur auf, die der ständigen Praxis der Unterteilung von Entscheidungen des Gerichtshof in Randziffern folgt.

a) Einleitung

Wird der EuGH von einer der in Art. 23 seiner Satzung aufgeführten Parteien zu einer Beschränkung der Rückwirkung seiner Entscheidung aufgefordert, so stellt er in den einleitenden Randziffern seiner Ausführungen zu diesem Thema zunächst diesen Wunsch der Parteien dar und benennt die hierfür geltend gemachten Argumente[458]. Sodann referiert er in einer separaten Randziffer seine ständige Rechtsprechung, wonach seinen Auslegungen grundsätzlich eine Wirkung *ex tunc* zukommt und rekurriert hierbei auf die bereits erörterten Textbausteine, die in den Entscheidungen *Denkavit* und *Salumi* entwickelt wurden[459].

b) Der Grundsatz der Rechtssicherheit

Erst nachdem diese Grundlagen gelegt und damit der Ausnahmecharakter einer Rückwirkungsbeschränkung angedeutet sind, wendet sich der EuGH in der folgenden Randziffer der eigentlichen Prüfung der Voraussetzungen zu. Hierfür rekurriert er mittlerweile auch auf einen Textbaustein, den er im Laufe der Jahre entwickelt hat. Demnach kann

> „...[d]er Gerichtshof (...) die für die Betroffenen bestehende Möglichkeit, sich auf die Auslegung, die er einer Bestimmung gegeben hat, zu berufen, um in gutem Glauben begründete Rechtsverhältnisse in Frage zu stellen, nur ausnahmsweise aufgrund des allgemeinen gemeinschaftsrechtlichen Grundsatzes der Rechtssicherheit beschränken.“[460]

458 St. Rspr., vgl. nur: *EuGH*, Urt. v. 14. September 2006, Rs. C-228/05 (Stradasfalti), Slg. 2006, I-8391, Rz. 70 f.; Urt. v. 1. April 2008, Rs. C-267/06 (Mauko ./. Versorgungsanstalt der deutschen Bühnen), Slg. 2008, I-1757, Rz. 74 ff. unter eigener Überschrift; siehe auch: *EuGH*, Urt. 21. Oktober 2010, Rs. C-242/09 (Albron Catering BV ./. FNV Bondgenoten und John Roest), Slg. 2010, I-10309, Rz. 33 f.

459 Vgl. hierzu *supra* in diesem Kap. in Punkt A I 2 m.w.N. aus der Lit. und Rspr. des EuGH.

460 *EuGH*, Urt. v. 13. April 2010, Rs. C-73/08 (Bressol et al. ./. Gouvernement de la Communauté française), Slg. 2010, I-2735, Rz. 91; Urt. v. 19. Juli 2012, Rs. C-263/11 (Ainārs Rēdlihs ./. Valsts ieņēmumu dienests), Rz. 53; fast identisch auch schon: *EuGH*, Urt. v.

Im Zentrum der Betrachtungen des Gerichtshofs steht folglich schon der in *Defrenne II* angeführte Grundsatz der Rechtssicherheit, den jener in ständiger Rechtsprechung als einziges Argument für seine Befugnis, die Wirkung *ex tunc* von Auslegungsentscheidungen zu beschränken, anführt. Darüber hinaus finden zwar auch allgemeinen Gutglaubenserwägungen im Hinblick auf die durch seine Auslegung betroffenen Rechtsverhältnisse Erwähnung, allerdings deutet die Formulierung der zitierten Passage bereits an, dass diese Überlegungen lediglich die Motivation, indes nicht die Rechtsfertigung für eine Rückwirkungsbeschränkung bilden. Anders als in der Literatur zum Teil behauptet, zieht der EuGH zur Begründung seiner Befugnis zur Rückwirkungsbeschränkung seiner Auslegungen auch in keinem Falle Art. 264 Abs. 2 AEUV analog heran[461].

c) Die Voraussetzungen für die Rückwirkungsbeschränkung

Problematischer als die bisher dargestellte Struktur erweist sich die Prüfung der Voraussetzungen, in denen von einer Beeinträchtigung der Rechtssicherheit ausgegangen werden kann und welche der EuGH in den Randziffern im Anschluss an die Erklärung seiner Befugnis zur Rückwirkungsbeschränkung prüft. Hier gilt es grundsätzlich zu unterscheiden zwischen zwei formellen und zwei materiellen Voraussetzungen.

aa) Materielle Voraussetzungen

In materieller Hinsicht finden sich zwei Voraussetzungen, deren Inhalt bereits Gegenstand einer Vielzahl von Präzisierungsversuchen seitens des EuGH gewesen ist.

α) Zustand der objektiven und bedeutenden Rechtsunsicherheit

Die Schwierigkeiten bezüglich der Klassifikation der Voraussetzungen hängen nicht zuletzt mit dem in diesem Punkt darzustellenden Merkmal zusammen und

10. Juli 1980, Rs. 826/79 (Amministrazione delle Finanze dello Stato ./. Mireco), Slg. 1980, 2559, Rz. 8; Urt. v. 2. Februar 1988, Rs. 309/85 (Barra ./. Belgien), Slg. 1988, 355, Rz. 12, jeweils noch unter Bezugnahme auf die Rechtssache *Defrenne II*.

461 So aber: *Gaitanides*, in: Groeben/Schwarze, EUV/EGV, Art. 234 EGV Rn. 94; *Roseren*, in: Léger, Commentaire article par article des traités UE et CE, Art. 234 EGV Rn. 29; *Wernsmann/Behrmann*, Jura 2006, 181 (186).

rühren von deren uneinheitlicher Bezeichnung durch den EuGH und die Literatur her. Während in der akademischen Auseinandersetzung eine schier unüberschaubare Vielzahl von Begriffen verwendet wird, die mitunter gar Aspekte der Rechtssicherheit und des Vertrauensschutzes einbeziehen, wie sie im vorhergehenden Punkt genannt wurden[462], beschränkt sich der EuGH hier darauf, abwechselnd in einigen Fällen den „guten Glauben“ der Betroffenen zu prüfen[463] und in anderen Konstellationen wieder auf das Vorliegen eines „Zustand[es] der objektiven und bedeutenden Rechtsunsicherheit“ einzugehen[464]. Lediglich in einer Fallkonstellation prüfte er im vorliegenden Kontext, inwieweit der Grundsatz des Vertrauensschutzes eine Rückwirkungsbeschränkung gebiete[465].

Diese verwirrende Vielzahl an Bezeichnungen würde den Schluss nahe legen, der EuGH verfolge eine Einzelfallrechtsprechung, was bei näherer Betrachtung indes nicht der Fall ist. Unabhängig von der im jeweiligen Fall verwendeten Begrifflichkeit folgt die eigentliche Prüfung der vorliegenden Voraussetzung stets demselben Schema: Zunächst wird ein Obersatz formuliert, in dem das Kriterium benannt wird, dann folgt eine Beschreibung der Umstände, die aus Sicht des Gerichtshofs zu einer Rechtsunsicherheit oder zum Entstehen eines guten Glaubens führen, ehe abschließend festgestellt wird, dass angesichts der geschilderten Faktenlage „vernünftigerweise“ oder „bei vernünftiger Betrachtung“ von einer solchen Situation auszugehen ist[466].

Obwohl das letztgenannte Merkmal der „vernünftigen“ Betrachtung in Auslegungsentscheidungen, deren zeitliche Folgen modifiziert werden, häufig wiederholt wird, kommt ihm in der Rechtsprechung keine inhaltliche Bedeutung zu.

462 Vgl. aus dem deutschen Schrifttum statt vieler etwa exemplarisch: *Borchardt*, Der Europäische Gerichtshof, Art. 234 EGV Rn. 57 („Vertrauenstatbestand“); *Frenz*, Hdb. Europarecht – Bd. 5, Rn. 3417 ff. („Unsicherheit“ nebst Vorliegen eines Vertrauenstatbestands); *Kokott/Henze*, NJW 2006, 177 (181) („Unklarheit der Rechtslage“); *Seer*, in: Tipke/Lang, Steuerrecht, § 22 Rn. 307 („objektive und bedeutende Unsicherheit“); *Thiele*, Europäisches Prozessrecht, § 9 Rn. 114 („Ungeklärte Rechtslage“).

463 *EuGH*, Urt. v. 28. September 1994, Rs. C-57/93 (Vroege ./. NCIV Instituut voor Volkshuisvesting BV et al.); Urt. v. 12. Oktokber 2000, Rs. C-372/98 (Cooke & Sons), Slg. 2000, I-8683, Rz. 42; Urt. v. 10. Januar 2006, Rs. C-402/03 (Skov und Bilka), Slg. 2006, I-199, Rz. 51.

464 *EuGH*, Urt. v. 11. August 1995, Urt. v. 11. August 1995, verb. Rs. C-367/93 und C-377/93 (Roders et al. ./. Inspecteur der Invoerrechten en Akijnzen), Slg. 1995, I-2229, Rz. 43; Urt. v. 20. September 2001, Rs. C-184/99 (Grzelcyk ./. Centre public d'aide sociale d'Ottignies-Louvain-la-Neuve), Slg. 2001, I-6193, Rz. 53; Urt. v. 15. März 2005, Rs. C-209/03 (Bidar), Slg. 2005, I-2119, Rz. 67.

465 *EuGH*, Urt. v. 27. Mai 1981, verb. Rs. 142–143/80 (Amministrazione delle Finanze dello Stato ./. Essevi und Salengo), Slg. 1981, 1413, Rz. 34.

466 *EuGH*, Urt. v. 4. Mai 1999, Rs. C-262/96 (Sürül ./. Bundesanstalt für Arbeit), Slg. 1999, I-2685, Rz. 108 ff. kann als besonders illustratives Bsp. für diese Herangehensweise herangezogen werden.

Der EuGH verknüpft mit ihm keine weitergehende Prüfung, vielmehr scheint er damit auf einen objektiven Dritten abstellen zu wollen, aus dessen Sichtweise das Vorliegen der Rechtsunsicherheit bzw. des guten Glaubens angesichts der geschilderten Fakten abschließend bestätigt wird. Subjektive Komponenten tauchen in keinem der untersuchten Entscheidungen auf, im Mittelpunkt steht stets die objektivierte Faktenlage aus Sicht eines vernünftigen Dritten.

β) Gefahr schwerwiegender Störungen

Ist das Vorliegen eines Zustandes der objektiven Rechtsunsicherheit festgestellt, so reicht dies nach der Rechtsprechung des Gerichtshofs regelmäßig noch nicht aus, um eine Beschränkung der zeitlichen Konsequenzen einer Auslegung durchzusetzen. Es hat die Erfüllung einer weiteren Voraussetzung hinzuzutreten, die Gefahr erheblicher praktischer Schwierigkeiten. Dieses Kriterium tauchte erstmalig in den Rechtssachen *Denkavit* und *Salumi* auf, wo der Gerichtshof die „...erheblichen Schwierigkeiten, die sein Urteil bei in gutem Glauben begründeten Rechtsverhältnissen für die Vergangenheit hervorrufen könnte..." berücksichtigte[467]. In beiden Entscheidungen verwies der EuGH auf die Rechtssache *Defrenne II* als ursprüngliche Quelle seiner Formulierungen. Dort war noch etwas konkreter von „praktischen Auswirkungen" die Rede[468].

Letzterer Terminus findet sich auch in der Rechtsprechung der Folgezeit[469], genauso wie die in *Denkavit* und *Salumi* gebrauchte Formulierung der schwerwiegenden Störungen, die sich mit dem Begriff der Schwierigkeiten abwechselt[470]. Eine Weiterentwicklung der Rechtsprechung des Gerichtshofs erfolgt Mitte der 1990er Jahre, als er anfing, die schwerwiegenden Folgen seiner Ent-

467 *EuGH*, *EuGH*, Urt. v. 27. März 1980, Rs. 61/79 (Amministrazione delle Finanze dello Stato ./. Denkavit italiana Srl), Slg. 1980, 1205, Rz. 17; Urt. 27. März 1980, verb. Rs. 66, 127 und 128/79 (Amministrazione delle Finanze dello Stato ./. Meridionale Industria Salumi Srl, Fratelli Vasanelli und Fratelli Ultrocchi), Slg. 1980, 1237, Rz. 10.

468 *EuGH*, Urt. v. 8. April 1976, Rs. 43/75 (Gabrielle Defrenne ./. Sabena), Slg. 1976, 455, Rz. 74/75.

469 *EuGH*, Urt. v. 2. Februar 1988, Rs. 24/86 (Blaizot ./. Universität Lüttich et al.), Slg. 1988, 379, Rz. 30; Urt. v. 16. Juli 1992, Rs. C-163/90 (Administration des Douanes et Droits Indirects ./. Legros), Slg. 1992, I-4625, Rz. 30; Urt. v. 12. Oktober 2000, Rs. C-372/98 (Cooke & Sons), Slg. 2000, I-8683, Rz. 41.

470 Erstmalig in: *EuGH*, Urt. v. 17. Mai 1990, Rs. C-262/92 (Barber ./. Guardian Royal Exchange Assurance Group), Slg. 1990, I-1899, Rz. 41; Urt. v. 28. September 1994, Rs. C-57/93 (Vroege ./. NCIV), Slg. 1994, I-4541, Rz. 21 – alle mit Verweis auf die Rs. 43/75; Urt. v. 10. Januar 2006, Rs. C-402/03 (Skov und Bilka), Slg. 2006, I-199, Rz. 51; Urt. v. 5. Oktober 2006, verb. Rs. C-290/05 und 333/05 (Nádasdi und Németh ./. Vám- és Pénzügyőrség Észak-Alföldi Regionális Parancsnoksága), Slg. 2006, I-10115, Rz. 63 – beide u.a. mit Verweis auf die Rs. C-372/98.

scheidungen mit dem Adjektiv „wirtschaftlich" zu versehen[471]. Da bis heute keine der Begrifflichkeiten aufgegeben wurde und in den einzelnen Urteilen häufig auf Entscheidungen mit der jeweils anderen Formulierung verwiesen wird, ohne dass eine Änderung der damit einhergehenden Prüfung erfolgt, kann mithin von der synonymialen Anwendung der Ausdrücke untereinander ausgegangen werden, ohne dass damit eine inhaltliche Veränderung des Kriteriums eintreten würde.

Wie der spätere Zusatz bereits andeutet, prüft der EuGH im Rahmen des vorliegenden Kriteriums zunächst die wirtschaftlichen Auswirkungen[472] einer Auslegung *ex tunc* für Einzelpersonen oder Mitgliedstaaten[473]. Die eigentliche Analyse erfolgt nach dem Muster, wie sie soeben für die vorhergehende Voraussetzung dargestellt wurde und zeichnet sich auch vorliegend durch eine besondere Subsumtionsarmut des Gerichtshofs aus.

bb) Formelle Voraussetzungen

In formeller Hinsicht gilt es im Rahmen einer Rückwirkungsbeschränkung zu beachten, dass diese nur in der Vorabentscheidung erfolgen kann, in der die materiellen Voraussetzungen hierfür kumulativ vorliegen.

α) Erstmaliges Vorliegen der materiellen Voraussetzungen

Noch vor der eigentlichen Erörterung der soeben skizzierten materiellen Kriterien für eine Beschränkung der Rückwirkung seiner Urteile stellt der EuGH regelmäßig in Form eines Textbausteins klar, dass eine Beschränkung der Wirkung *ex tunc* nur in der Vorabentscheidung überhaupt in Frage kommt, in der über die

471 *EuGH*, Urt. v. 11. August 1995, verb. Rs. C-367/93 und C-377/93 (Roders et al. ./. Inspecteur der Invoerrechten en Akijnzen), Slg. 1995, I-2229, Rz. 43; Urt. v. 13. Februar 1996, verb. Rs. C-197/94 und C-252/94 (Bautiaa und Société française maritime ./. Directeurs des services fiscaux des Landes et du Finistère), Slg. 1996, I-505, Rz. 48 – beide mit Verweis auf die Rs. C-163/90; Urt. v. 20. September 2001, Rs. C-184/99 (Grzelcyk ./. Centre public d'aide sociale d'Ottignies-Louvain-la-Neuve), Slg. 2001, I-6193, Rz. 53; Urt. v. 4. Oktober 2001, Rs. C-294/99 (Athinaïki Zythopoiia ./. Elliniko Dimosio), Slg. 2001, I-6797, Rz. 36.

472 Vgl. hierzu ausführl *infra* in diesem Kap. in Punkt B IV 2 a); zsf.: *Broberg/Fenger*, Preliminary References to the European Court of Justice, S. 454 ff. m.w.N. aus der Rspr. des EuGH.

473 Diese Differenzierung wird nur selten gesehen, vgl. etwa: *Frenz*, Hdb. Europarecht – Bd. 5, Rn. 3421.

zu beschränkende Auslegung selbst entschieden wird[474]. Dies bedeutet in anderen Worten, dass der Gerichtshof nur dann gewillt ist, in die Prüfung der materiellen Voraussetzungen einzutreten, wenn diese sich im Zusammenhang mit der Auslegung einer bestimmten Rechtsfrage erstmalig stellen. Eine Prüfung kommt für ihn mithin nicht mehr in Frage, wenn um die Beschränkung der temporalen Wirkungen in einem Vorlageverfahren ersucht wird, dessen Gegenstand eine Auslegung bildet, welche der EuGH in der Vergangenheit in einer anderen Vorabentscheidung gegeben hat[475]. Es besteht demnach ein zeitlicher Gleichlauf zwischen der zu beschränkenden Auslegung und der Beschränkung selbst, die stets beide in ein und demselben Urteil zu erfolgen haben[476].

Auffällig an der systematischen Platzierung der formellen Voraussetzung ist deren Nähe zum dem einleitenden Hinweis des EuGH auf seine exklusive Prüfungsbefugnis der Rückwirkungsbeschränkung einer Vorabentscheidung. Hierdurch erscheint diese formelle Voraussetzung gleichermaßen als inhärente Einschränkung der umfassenden Prüfungsbefugnis des Gerichtshofs im Sinne eines *judicial self restraint*[477]: Obgleich der EuGH weitestgehend autonom und allein über die zeitliche Beschränkung einer Vorabentscheidung befindet, bindet er sich selbst dahingehend, dass er nur dann in dieser Frage befinden wird, wenn er sich erstmalig mit ihr konfrontiert sieht[478].

Folglich stellt das hier angesprochene formelle Kriterium zum einen ein probates Mittel dar, um den besonderen Ausnahmecharakter der Beschränkung der zeitlichen Wirkung *ex tunc* einer Auslegungsentscheidung sicherzustellen und somit einen allzu leichtfertigen Umgang hiermit zu unterbinden, der entstehen könnte, wenn der EuGH befugt wäre, diese auch *ex post* in Bezug auf eine vorher ergangene Auslegung anzuordnen[479]. Zum anderen fungiert es auch als Mechanismus zur Beschränkung der ansonsten auszuufern drohenden exklusiven Prüfungsbefugnis des Gerichtshofs in dieser Frage.

474 St. Rspr., vgl. etwa: *EuGH*, Urt. v. 16. Juli 1992, Rs. C-163/90 (Administration des Douanes et Droits Indirects ./. Legros et al.), Slg. 1992, I-4625, Rz. 30; Urt. v. 15. Dezember 1995, Rs. C-415/93 (Union royale belge des sociétés de football association ASBL ./. Bosman et al.), Slg. 1995, I-4921, Rz. 142.

475 Vgl. exemplarisch: *EuGH*, Urt. v. 6. Oktober 1993, Rs. C-109/91 (Ten Oever ./. Stichting Bedrijfspensioenfonds voor het Glazenwassers- en Schoonmaakbedrijf), Slg. 1993, I-4879, Rz. 19 f.

476 Dies hat unmittelbare Folgen im Zusammenhang mit der Diskussion der Anwendbarkeit der Rechtsfigur des *Prospective Overruling*, vgl. hierzu ausführl. *infra* im 10. Kap. m.w.N. aus Lit. und Rspr.

477 Hierfür nunmehr ausdrückl. wohl auch: *EuGH*, Urt. v. 1. April 2008, Rs. C-267/06 (Maruko ./. Versorgungsanstalt der deutschen Bühnen), Slg. 2008, I-1757, Rz. 77.

478 Explizit hierauf abstellend: *EuGH*, Urt. v. 6. März 2007, Rs. C-292/04 (Wienand Meilicke et al. ./. Finanzamt Bonn-Innenstadt), Slg. 2007, I-1835, Rz. 37.

479 Für diese Einschätzung i.E. wohl auch: *Kokott/Henze*, BB 2007, 913 (916).

β) Kumulatives Vorliegen der materiellen Voraussetzungen

Während der konkrete Inhalt der soeben skizzierten Voraussetzung nicht vollkommen unproblematisch ist[480], herrscht sowohl in der Rechtsprechung des EuGH als auch in der Literatur Einigkeit hinsichtlich der Frage, in welchem Verhältnis die beiden Kriterien zueinander stehen.

Prinzipiell sind hierbei zwei Möglichkeiten denkbar; der Gerichtshof könnte entweder ein alternatives oder ein kumulatives Vorliegen fordern. Allerdings legt der schon mehrfach betonte absolute Ausnahmecharakter der zeitlichen Folgenmodifikationen eine möglichst restriktive Handhabung der genannten materiellen Kriterien nahe. Mithin überrascht es nicht, dass der EuGH eine Rückwirkungsbeschränkung einer Auslegung regelmäßig[481] nur dann annimmt, wenn beide Voraussetzungen auch tatsächlich kumulativ erfüllt sind[482].

Dieses Erfordernis zeigt sich auch in den einschlägigen Entscheidungen des Gerichtshofs. So ist der EuGH in jüngeren Entscheidungen dazu übergegangen, den Vortrag desjenigen, der eine temporale Beschränkung beantragt, inhaltlich unter Hinweis auf das Fehlen entsprechender Angaben gar nicht zu prüfen, wenn dieser unvollständig ist[483]. Beispielhaft hierfür kann auf die Prüfung in der Rechtssache *Brzeziński* hingewiesen werden: Zunächst stellte der Gerichtshof den fehlenden Nachweis der Gefahr einer schwerwiegenden Störung fest, so dass sich die Frage nach dem Gutglaubensmerkmal erübrigte, wodurch dann auch eine zeitliche Urteilsbeschränkung im Ergebnis ausschied[484].

480 Vgl. hierzu sogleich ausführl. *infra* in diesem Kap. in Punkt B V m.w.N. aus der Rspr. des EuGH.

481 Einzige Ausn. bildet, soweit ersichtlich: *EuGH*, Urt. v. 15. Dezember 1995, Rs. C-415/93 (Union royale belge des sociétés de football association ASBL ./. Bosman et al.), Slg. 1995, I-4921, Rz. 139 ff., wo dieses Kriterium gar nicht geprüft wird.

482 So etwa in: *EuGH*, Urt. v. 4. Mai 1999, Rs. C-262/96 (Sürül ./. Bundesanstalt für Arbeit), Slg. 1999, I-2685, Rz. 110 ff.; vgl. aus der Lit. m.w.N. statt vieler nur: *Gaitanides*, in: Groeben/Schwarze; *Lindemann/Hackemann*, IStR 2005, 786 (787 ff.); a.A. ohne Begründung wohl nur: *Schwarze*, in: ders., EU-Kommentar, Art. 267 AEUV Rn. 72.

483 So z.B. etwa: *EuGH*, Urt. v. 13. Dezember 2001, Rs. C-481/99 (Heininger ./. Bayerische Hypo- und Vereinsbank AG), Slg. 2001, I-9945, Rz. 53 f.; Urt. v. 15. März 2005, Rs. C-209/03 (Bidar), Slg. 2005, I-2219, Rz. 70 f.; Urt. v. 12. Dezember 2006, Rs. C-446/04 (Test Claimants in the FII Group Litigation), Slg. 2006, I-11753, Rz. 221 ff.

484 *EuGH*, Urt. v. 18. Januar 2007, Rs. C-313/05 (Brzeziński ./. Dyrektor Izby Celnej w Warszawie), Slg. 2007, I-513, Rz. 60–62; in diese Richtung auch schon: *EuGH*, Urt. v. 5. Oktober 2006, verb. Rs. C-290/05 und 333/05 (Nádasdi und Németh ./. Vám- és Pénzügyőrség Észak-Alföldi Regionális Parancsnoksága), Slg. 2006, I-10115, Rz. 70 f.

2. Analyse der Vorgehensweise des Gerichtshofs

Das Vorliegen der beiden materiellen Voraussetzungen in Form eines Zustandes der objektiven und bedeutenden Rechtsunsicherheit sowie einer Gefahr von schwerwiegenden Störungen bilden augenscheinlich den Schwerpunkt der Prüfung des EuGH in jedem der Fälle, in dem eine Beschränkung der Rückwirkung seiner Auslegung in Frage kommt. Daher sind diese beiden Kriterien separat zu untersuchen und zu systematisieren. Im Folgenden soll dagegen zunächst das im vorhergehenden Punkt erläuterte Vorgehen des EuGH als Ganzes näher analysiert werden. Hierbei ist insbesondere auf die Bedeutung des Prinzips der Rechtssicherheit vor allem im Zusammenhang mit dem ebenfalls bereits dargestellten Grundsatz der Wirkung *ex tunc* einzugehen und aufzuzeigen, wie jenes strukturell mit den beiden Voraussetzungen für eine Rückwirkungsbeschränkung zusammenhängt.

a) Die Bedeutung des Prinzips der Rechtssicherheit

Wie bereits angedeutet, bildet das Herzstück und gleichzeitig die einzige inhaltliche Begründung dafür, dass die Rückwirkungsbeschränkung einer Auslegung möglich sein soll, der ebenso apodiktische wie prägnante Verweis des Gerichtshofs auf den Grundsatz der Rechtssicherheit[485].

Damit befindet sich der EuGH wieder in der Gesellschaft der nationalen Verfassungsgerichte, wenn diese über die zeitlichen Konsequenzen ihrer Entscheidungen über die Verfassungswidrigkeit einfachgesetzlicher Normen entscheiden. Zwar lässt sich die Wirkung *ex tunc* von Auslegungen des EuGH nicht mit denselben Denkmodellen begründen, wie sie für das mitgliedstaatliche Verfassungsprozessrecht kennzeichnend sind. Die ihnen zugrunde liegenden rechtsstaatlichen Erwägungen sind indes identisch: Sowohl auf nationaler wie auch Unionsebene stehen sich die Prinzipien der Einzelfallgerechtigkeit und der Rechtssicherheit gegenüber[486]. Diesen Konflikt aufzulösen sind der EuGH und die nationale Verfassungsgerichtsbarkeit im Rahmen ihres Entscheidungsermes-

485 *Lenaerts/Arts/Maselis*, Procedural Law of the European Union, Rn. 6–034, die dies als „only exception" bezeichnet; ähnl.: *Dauses*, Das Vorabentscheidungsverfahren nach Artikel 177 EG-Vertrag, S. 150; *Vanistendael*, in: Dourado/Palma Borges, The Acte Clair in EC Direct Tax Law, 157 (160 f.).

486 Vgl. hierzu ausführl. *supra* im 1. Kap. in Punkt A I 2; zur Lösung des Problems durch Verfassungsgerichtsbarkeit in Deutschland und Österreich siehe im 2. Kap. in den Punkten A und B m.w.N. aus der Rspr.

sens aufgerufen[487], wobei im Falle des ersteren der Grundsatz der einheitlichen Auslegung des Unionsrechts die Waagschale eher zugunsten der Wirkung *ex tunc* ausschlagen lässt[488]. Dies erklärt im Ergebnis, warum der Gerichtshof mehr noch als die Verfassungsgerichte in den Mitgliedstaaten Wert auf die Feststellung legt, dass die Rückwirkungsbeschränkung einer Vorabentscheidung den „absoluten Ausnahmefall" darstellen muss.

b) *Exkurs*: Die Unmöglichkeit einer Analogie zu Art. 264 Abs. 2 AEUV

Anders als bisweilen in der Literatur undifferenziert behauptet[489], findet sich vonseiten des EuGH kein Hinweis auf eine analoge Anwendung von Art. 264 Abs. 2 AEUV, um eine Beschränkbarkeit der Wirkung *ex tunc* von Auslegungen zu begründen. Zwar spielt eine Analogie zu dieser Bestimmung im Vorabentscheidungsverfahren durchaus eine Rolle, allerdings findet sie ihren Platz bei Gültigkeitsurteilen im Sinne von Art. 267 Abs. 1 lit. b) AEUV[490]. Im Zusammenhang mit Auslegungsentscheidungen überzeugt ein solcher Verweis jedoch nicht. Die ständige Rechtsprechung des Gerichtshofs differenziert hingegen treffend, weil im Rahmen von Auslegungsentscheidungen schlichtweg kein Raum für eine analoge Anwendung von Art. 264 Abs. 2 AEUV besteht, wie hier nachzuweisen ist.

aa) Analogien im Unionsrecht

Die grundlegende Rechtfertigung für eine Analogie ergibt sich aus der Ähnlichkeit eines gesetzlich geregelten Falles mit dessen nicht geregeltem Pendant, gepaart mit einem allgemeinen Gerechtigkeitspostulat, wonach Gleiches tatsächlich auch gleich zu behandeln ist[491]. Auch im Unionsrecht ist die Möglichkeit der analogen Anwendung von Rechtsnormen weithin anerkannt[492]. Der EuGH praktiziert diese Technik im Bereich des Sekundärrechts seit Mitte der 1970er Jah-

487 Ausdrückl. zu diesem Abwägungsvorgang: *Lenaerts/Arts/Maselis*, Procedural Law of the European Union, Rn. 6–034; ähnl.: *Thiele*, Europäisches Prozessrecht, § 9 Rn. 114.

488 Vgl. *supra* in diesem Kap. in Punkt A I 2 a) aa) m.w.N.

489 Exemplarisch statt vieler: *Gaitanides*, in: Groeben/Schwarze, EUV/EGV, Art. 234 EGV Rn. 94 *Roseren*, in: Léger, Commentaire article par article des traités UE et CE, Art. 234 EGV Rn. 29.

490 Vgl. hierzu ausführl. *infra* im 6. Kap. in Punkt C I 2 b) und C II 1 b) m.w.N.

491 Statt aller: *Larenz/Canaris*, Methodenlehre der Rechtswissenschaft, S. 202 m.w.N.

492 Allg. Ansicht, vgl.: *Ipsen*, Europäisches Gemeinschaftsrecht, § 5 Rn. 82; siehe auch: *Schwarze*, Europäisches Wirtschaftsrecht, S. 54 m.w.N. aus der Lit.

re[493] in ständiger Rechtsprechung und hat die Methodik der Analogieschlüsse in einer Vielzahl von Entscheidung seitdem weiter präzisiert und wendet sie ganz in allen Bereichen des Unionsrechts an[494].

Besonders aufschlussreich für das bessere Verständnis der Herangehensweise des Gerichtshofs ist die Rechtssache *Krohn*, in welcher der EuGH erstmals konkrete Voraussetzungen für die analoge Anwendung einer Rechtsnorm auf einen von ihr nicht geregelten Sachverhalt aufstellte[495]. Dem Urteil lag ein Vorabentscheidungsverfahren zugrunde, in dem das nationale Gericht um die Auslegung einer Verordnung über die Einfuhrlizenzen für bestimmte landwirtschaftliche Produkte ersucht hatte. Konkret stellte sich die Frage, ob die betreffende Regelung aus Gründen der Gleichbehandlung analog auf Einfuhren aus Thailand angewendet werden konnte, obgleich dieses Land in der Verordnung nicht erwähnt war. Der EuGH betonte in seiner Entscheidung zunächst, dass der Anwendungsbereich einer Verordnung grundsätzlich nur für die Fälle einschlägig sei, die sie inhaltlich erfasse. Von diesem Prinzip aber seien im Wege der Analogie Ausnahmen zuzulassen, wenn zum einen die geltende Regelung weitgehend der Regelung entspreche, die analog angewendet werden solle und zum anderen eine Lücke bestehe, die mit einem allgemeinen Grundsatz des Gemeinschaftsrecht unvereinbar sei und sich durch eine entsprechende Anwendung schließen lasse.

Die Voraussetzungen für eine Analogie auf europäischer Ebene entsprechen somit den allgemeinen Anforderungen einer Regelungslücke und der Übertragbarkeit einer vergleichbaren Bestimmung, wie sie auch auf nationaler Ebene zu finden sind. So bedient sich der EuGH bis heute den in der Rechtssache *Krohn* aufgestellten Kriterien, um die analoge Anwendbarkeit einer Norm auf einen von ihr nicht geregelten Sachverhalt zu prüfen.

bb) Analoge Anwendung von Art. 264 Abs. 2 AEUV auf Auslegungen

Mithin bilden die Voraussetzungen für eine Analogie im Unionsrecht das Vorliegen einer planwidrigen Regelungslücke sowie die Vergleichbarkeit der Sach- und Rechtslage mit dem gesetzlich geregelten Fall.

493 St. Rspr.: *EuGH*, Urt. v. 20. Februar 1975, Rs. 64/74 (Reich ./. Hauptzollamt Landau), Slg. 1975, 261, Rz. 3.

494 Vgl. statt vieler als frühen Befürworter dieser Technik: *Ipsen*, Europäisches Gemeinschaftsrecht, § 5 Rn. 82.

495 Hierzu und zum Folgenden: *EuGH*, Urt. v. 12. Dezember 1985, Rs. 165/84 (Krohn ./. Bundesanstalt für landwirtschaftliche Marktordnung), Slg. 1985, 3997, Rz. 12 ff., dort insbes. Rz. 14.

Grundsätzlich sind Analogien auch im Auslegungsverfahren gemäß Art. 267 AEUV bekannt und kommen dort zum Einsatz[496], jedoch kann bei der Frage nach einer analogen Anwendung von Art. 264 Abs. 2 AEUV schon die Vergleichbarkeit der Sach- und Rechtslage zwischen dem gesetzlich geregelten und nicht erfassten Zustand bezweifelt werden. Wie soeben nachgewiesen, lässt sich die Begründung für eine Wirkung *ex tunc* von Auslegungsentscheidungen nicht aus den Denkmodellen ableiten, welche die nationale Verfassungsgerichtsbarkeit kennzeichnen, da die Urteile des EuGH gerade nicht die mit seiner Auslegung unvereinbare Norm aus dem Rechtsbestand des europäischen oder gar nationalen Rechts eliminieren[497]. Genau dies passiert aber im Rahmen der Nichtigkeitsprüfung im Sinne von Art. 263 AEUV, auf den sich Art. 264 Abs. 2 AEUV bezieht und der den somit vergleichbaren mitgliedstaatlichen Normen des Verfassungsprozessrechts damit strukturell sehr viel näher steht. So spricht schon der Wortlaut von Art. 264 Abs. 2 AEUV von einer Fortgeltung nichtiger Verordnungen und setzt damit eine Normverwerfungskompetenz durch die Unionsgerichte voraus, was bei Auslegungen gerade nicht der Fall ist. Nichtigkeitsklagen betreffen das Verhältnis von Normen innerhalb einer Rechtsordnung zueinander, während es bei Auslegungen um die Feststellung eines andersartigen Verständnisses einer Norm geht, die sich lediglich indirekt vermittels des Anwendungsvorrangs des Unionsrechts auf mit dieser Interpretation unvereinbare Bestimmungen auswirkt[498].

Folglich kommt eine Analogie zu Art. 264 Abs. 2 AEUV im Rahmen von Auslegungen mangels der Vergleichbarkeit zwischen der von der Bestimmung erfassten und nicht geregelten Sach- und Rechtslage nicht in Betracht[499].

c) Nexus zwischen der Rechtssicherheit und anderen Erwägungen

Nachdem der Grundsatz der Rechtssicherheit als maßgeblicher Gedanke isoliert werden konnte, der dem EuGH die Befugnis gibt, die Wirkung *ex tunc* seiner Auslegungen zu beschränken, stellt sich im Folgenden die Frage, inwieweit die-

496 *Ipsen*, Europäisches Gemeinschaftsrecht, § 5 Rn. 82; ausführl. zur Analogie im Unionsrecht: *Anweiler*, Die Auslegungsmethoden des Gerichtshofs der Europäischen Gemeinschaften, S. 305 ff.

497 Vgl. hierzu *supra* in diesem Kap. in Punkt A I 2 a) m.w.N. aus der Lit.

498 *Waldhoff*, [2009] 46 C.M.L.Rev. 1, 173 (186); *Weiß*, EuR 1995, 377 (381); in Ansätzen wohl zustimmend: *Seer/Müller*, IWB 2008, Gruppe 2, Fach 11, 851 (856).

499 I.E. zutreffend daher: *Bribosia/Rorive*, Rev. Dr. ULB 2002, 125 (133); a.A.: *Bydlinski*, JBl. 2001, 2 (24 f.), der diesen Einwand als „zu subtil“ ablehnt und Art. 264 Abs. 2 AEUV unter Ablehnung des damit im Vergleich allzu allgemeinen Grundsatzes der Rechtssicherheit analog anwenden will.

ser mit den materiellen Voraussetzungen zusammenhängt, die der Gerichtshof in seiner Spruchpraxis prüft, um im konkreten Einzelfall zu ermitteln, ob eine Rückwirkungsbeschränkung in Frage kommt.

Der Zustand einer objektiven und bedeutenden Rechtsunsicherheit stellt dabei Ausfluss und Kehrseite der Rechtssicherheit dar[500]. Ziel des EuGH ist in diesen Konstellationen zwar, mit seiner Auslegung letztverbindlich für Rechtssicherheit zu sorgen, doch soll dies hier nur für die Zukunft geschehen, um die Rechtsunsicherheit für die Vergangenheit durch das Hinzutreten einer weiteren oder gänzlich neuen Rechtsauffassung nicht noch zu vergrößern. Ebenso ist das Vorliegen der Gefahr schwerwiegender Störungen als Ausfluss des Rechtssicherheitsgrundsatzes zu qualifizieren, da es hier nicht zuletzt darum geht, bestehende Rechtsverhältnisse zu schützen, die ansonsten neu aufgerollt werden müssten.

3. Zusammenfassendes Ergebnis

Es konnte gezeigt werden, unter welchen Bedingungen der Gerichtshof eine Beschränkung der zeitlichen Wirkungen *ex tunc* seiner Auslegungsentscheidungen vorzunehmen bereit ist. Den Dreh- und Angelpunkt der Befugnis hierzu bildet der Grundsatz der Rechtssicherheit, der die temporale Fragestellung in einen Zusammenhang mit den Überlegungen nationaler Verfassungsgerichte zu den Wirkungen ihrer Urteile über die Verfassungswidrigkeit einfachen Gesetzesrechts stellt. Eine Analogie zu Art. 264 Abs. 2 AEUV, wie sie zum Teil in der Literatur vorgeschlagen wird, spielt indes zu Recht keine Rolle.

Auch konnten die Voraussetzungen ermittelt werden, unter denen eine Rückwirkungsbeschränkung von Auslegungen möglich ist. Die beiden zentralen Kriterien, der Zustand einer bedeutenden und objektiven Rechtsunsicherheit sowie die Gefahr schwerwiegender Störungen sollen im Folgenden nunmehr im Detail untersucht werden, ehe sodann eine Analyse der formellen Voraussetzungen für eine Rückwirkungsbeschränkung das vorliegende Kapitel abschließt.

III. Analyse des Zustandes der bedeutenden und objektiven Rechtsunsicherheit

Im Folgenden ist auf das Kriterium der bedeutenden und objektiven Rechtsunsicherheit einzugehen. Hierbei soll zunächst gezeigt werden, dass es sich trotz der verschiedenen Bezeichnungen, die der EuGH für diese Fallgruppe wählt, inhaltlich um ein und dasselbe Kriterium handelt. Sodann ist eine Systematisierung der

500 In diesem Sinne wohl: *Kischel*, in: Hailbronner/Wilms, EU, Art. 234 EGV Rn. 49 m.w.N.

zu dieser Voraussetzung ergangenen Rechtsprechung anhand von Fallgruppen vorzunehmen, welche Entscheidungen des Gerichtshofs hierzu vorzusehen helfen sollen. Den Abschluss bilden soll eine Bewertung des Kriteriums unter Berücksichtigung der zuvor ermittelten Fallgruppen.

1. Einleitung

Der EuGH bedient sich einer Vielzahl von Bezeichnungen, um das Kriterium eines Zustandes der bedeutenden und objektiven Rechtsunsicherheit zu untersuchen.

a) Inhalt des Kriteriums: Ein Gutglaubensmerkmal

Die Rechtsprechung des Gerichtshofs rekurriert im Rahmen der Prüfung der Beschränkung der zeitlichen Wirkungen einer Auslegungsentscheidung regelmäßig auf das Vorliegen eines Zustandes der bedeutenden und objektiven Rechtsunsicherheit. Trotz der umfangreichen Spruchpraxis blieb das Merkmal in der Anfangsphase seiner Anwendung durch den EuGH seltsam konturenlos. Erst seitdem der Gerichtshof weitere Überlegungen in seiner Betrachtung einbezieht, lässt sich das Merkmal inhaltlich besser einordnen. Von wesentlicher Bedeutung hat sich die Einführung einer Gutglaubenskontrolle durch den EuGH erwiesen[501]. Anstatt zu prüfen, ob ein Zustand der bedeutenden und objektiven Rechtsunsicherheit vorliegt, der auf die Möglichkeit einer Rückwirkungsbeschränkung einer Auslegungsentscheidung hinweisen würde, fragt der EuGH in jüngerer Zeit häufiger nach „dem guten Glauben der Betroffenen“[502], was auf das Hinzutreten einer subjektiven Prüfungskomponente hindeutet.

Indes zeigt gerade die neuere Rechtsprechung, dass zwischen den beiden so unterschiedlich anmutenden Kriterien weitestgehend Deckungsgleichheit besteht. Beispielhaft lässt sich in diesem Kontext die Rechtssache *Brzeziński* anführen, ein Urteil zur Gemeinschaftsrechtswidrigkeit einer Einfuhrsteuer für Ge-

501 Allgemein zum Merkmal des guten Glaubens in der Rspr. der Unionsgerichte, vgl.: *EuGH*, Urt. v. 20. Februar 1975, Rs. 21/74 (Ariola ./. Kommission), Slg. 1975, 221, Rz. 18/19.

502 Vgl. z.B.: *EuGH*, Urt. v. 28. September 1994, Rs. C-57/93 (Vroege ./. NCIV), Slg. 1994, I-4541, Rz. 21; vgl. auch: Urt. v. 28. September 1994, Rs. C-128/93 (Fisscher ./. Voorhuis Hengelo und Stichting Bedrijfspensioensfonds voor de Detailhandel), Slg. 1994, I-4583, Rz. 18; Urt. v. 13. Dezember 2001, Rs. C-481/99 (Heininger ./. Bayerische Hypo- und Vereinsbank AG), Slg. 2001, I-9945, Rz. 52.

brauchtwagen nach Polen[503]: Hier wurden vom EuGH in der abschließenden Prüfung der zeitlichen Urteilsbeschränkungen die Gefahr schwerwiegender Störungen und der gute Glaube der Betroffenen als Voraussetzungen für einen solchen Schritt genannt. In den darauf folgenden Ausführungen fand das letztgenannte Kriterium jedoch keine Erwähnung mehr. Der Gerichtshof stellte demgegenüber die bereits bekannte Frage nach dem Vorliegen einer objektiven und bedeutenden Rechtsunsicherheit in den Raum, allerdings ohne im Ergebnis eine Prüfung durchzuführen, da er bereits im Vorfeld das Fehlen einer Gefahr schwerwiegender Störungen feststellen konnte. Dennoch deutet der übergangslose Wechsel zwischen dem Gutglaubenskriterium und der Frage der objektiven Rechtsunsicherheit zumindest auf einen engen Zusammenhang zwischen beiden hin.

Ergiebiger als die Rechtssache *Brzeziński* erweisen sich die Schlussanträge des Generalanwalts *Léger* in der Rechtssache *Cooke & Sons*, einem Fall, der sich inhaltlich mit der Auslegung einer Durchführungsverordnung auf dem Gebiet der gemeinsamen Agrarpolitik befasste. In der vorliegend interessierenden Frage der temporalen Urteilswirkungen folgte der EuGH hier vollumfänglich den Ausführungen seines Generalanwalts und lehnte im Ergebnis eine Beschränkung ab, da weder die Voraussetzung der Gefahr schwerwiegender Störungen noch das Gutglaubenskriterium erfüllt waren[504]. Auch der Generalanwalt hatte zuvor explizit auf letztere Voraussetzung abgestellt und nicht das Vorliegen eines Zustandes der objektiven und bedeutenden Rechtsunsicherheit untersucht[505]. Im Gegensatz zum EuGH gab *Léger* aber einen Hinweis darauf, was generell für die Bejahung eines guten Glaubens vorliegen muss. Demnach müssen die „...beteiligten Kreise bei Anwendung angemessener Sorgfalt über die Anwendbarkeit oder die Reichweite der ausgelegten Gemeinschaftsbestimmung irren [können]“[506].

Im Zentrum der Aufmerksamkeit stand für *Léger* also die Möglichkeit des Irrtums über die Anwendbarkeit oder die Reichweite der auszulegenden Regelung[507]. Beides erinnert stark an die Kriterien, die im Rahmen der Prüfung eines Zustandes der objektiven und bedeutenden Rechtsunsicherheit angerissen werden. Angereichert waren diese für den Generalanwalt offenbar nur um objekti-

503 Zum Ganzen: *EuGH*, Urt. v. 18. Januar 2007, Rs. C-313/05 (Brzeziński ./. Dyrektor Izby Celnej w Warszawie), Slg. 2007, I-513, insbes. Rz. 56 f. und 61.

504 *EuGH*, Urt. v. 12. Oktober 2000, Rs. C-372/98 (Cooke & Sons), Slg. 2000, I-8683, Rz. 42 ff.

505 Schlussanträge des GA *Léger* v. 11. Mai 2001 in der Rs. C-372/98, Slg. 2000, I-8685, Rz. 48 ff.

506 Explizit: Schlussanträge des GA *Léger* v. 11. Mai 2001 in der Rs. C-372/98, Slg. 2000, I-8685, Rz. 49.

507 Vgl. hierzu die Schlussanträge des GA *Léger* v. 12. Juli 2001 in der Rs. C-481/99, Slg. 2001, I-9948, Rz. 70, wo jene Begriffe ohne Bedeutungswanel durch die Termini „Geltung“ und „Tragweite“ ersetzt werden; ähnl. auch die Formulierung in den Schlussanträgen des GA *Léger* v. 6. Juni 2002 in der Rs. C-347/00, Slg. 2002, I-8191, Rz. 78.

vierte Komponente einer Irrtumsmöglichkeit. Ein tatsächlicher Irrtum der Betroffenen spielte keine Rolle, wie die weitere Prüfung durch den Generalanwalt zeigt. Entsprechend des Fokuses des EuGH im Rahmen der Prüfung eines Zustandes der bedeutenden und objektiven Rechtsunsicherheit ging auch der Generalanwalt lediglich auf objektive Umstände wie etwa das Verhalten der Kommission in dem Fall ein und kam zu dem Schluss, dass dieses einen Irrtum auf Seiten der beteiligten Kreise ermöglichen konnte[508].

Noch deutlicher sind in dieser Hinsicht die Schlussanträge der Generalanwältin *Kokott*, welche die Einschätzung ihres Kollegen *Léger* in der Rechtssache *Skoma-Lux* bestätigte. Von der Struktur her bestehen zu den vorgenannten Fällen keine Unterschiede: Auch hier übernahm der Gerichtshof die Ausführungen aus den Schlussanträgen, benannte aber in seinem Urteil lediglich den Gutglaubensgrundsatz[509]. Demgegenüber bezog Generalanwältin *Kokott* klar Stellung und setzte den in einer Randnummer erwähnten „gute[n] Glauben“ im darauf folgenden Absatz mit dem Zustand der „...objektiven und erheblichen Unsicherheit in Bezug auf die Tragweite von gemeinschaftsrechtlichen Vorschriften“ gleich[510].

Insofern bestätigt sich die eingangs aufgestellte Behauptung, wonach der EuGH die Bezeichnungen „Zustand der objektiven und bedeutenden Unsicherheit“ und „guter Glaube“ synonymial gebraucht[511].

b) Die Rolle des Vertrauensschutzes

Neben dem Gutglaubensmerkmal existiert in der Rechtsprechung des Gerichtshofs der Grundsatz des Vertrauensschutzes, der in der Entscheidung *Essevi und Salengo* anstatt einer Untersuchung des Vorliegens eines Zustandes der bedeutenden und objektiven Rechtsunsicherheit zum Prüfungsmaßstab bei der Frage nach der zeitlichen Beschränkung der Urteilswirkungen erhoben wurde[512].

Der Grundsatz des Vertrauensschutzes ist generell seit längerem als allgemeiner Rechtsgrundsatz im Unionsrecht bekannt[513]. Er verlangt nach der ständigen

508 Identisch ist die Argumentationsstruktur in den Schlussanträgen des GA *Léger* in der Rs. C-481/99.

509 *EuGH*, Urt. v. 11. Dezember 2007, Rs. C-161/06 (Skoma-Lux), Slg. 2007, I-10841, Rz. 64.

510 Schlussanträge der GAin *Kokott* v. 18. September 2007 in der Rs. C-161/06, Slg. 2007, I-10846, Rz. 89 f.

511 Hierfür i.E. auch: *Karpenstein*, in: Grabitz/Hilf, Das Recht der Europäischen Union, Art. 234 EGV Rn. 107.

512 *EuGH*, Urt. v. 27. Mai 1981, verb. Rs. 142–143/80 (Amministrazione delle Finanze dello Stato ./. Essevi und Salengo), Slg. 1981, 1413, Rz. 34.

513 *Borchardt*, Der Grundsatz des Vertrauensschutzes im Europäischen Gemeinschaftsrecht, *passim*; *Calliess*, in: ders./Ruffert, EUV/AEUV, Art. 2 EUV Rn. 26.

Rechtsprechung des Gerichtshofs zum einen das Vorliegen einer Vertrauenslage, aufgrund welcher der Betroffene entsprechende Dispositionen getroffen hat, und zum anderen eine Schutzwürdigkeit des vom Betroffenen gebildeten Vertrauens[514].

Insofern bestehen signifikante Unterschiede zwischen dem Vertrauensschutzgrundsatz sowie der vom EuGH praktizierten Prüfung der objektiven und bedeutenden Rechtsunsicherheit. Warum der Gerichtshof in *Essevi und Salengo* dennoch auf jenes Kriterium abstellte, lässt sich am besten mit Blick auf den Vortrag Italiens erklären, in welchem der betroffene Mitgliedstaat selbst auf den Grundsatz des Vertrauensschutzes abgestellt hatte[515]. Aufgrund der eindeutigen Rechtslage indes wies der Gerichtshof das Ansinnen Italiens nach einer Beschränkung der zeitlichen Urteilswirkungen nach dem bereits bekannten Muster zurück und setzte sich nicht weiter mit den angeführten Argumenten auseinander, sondern verneinte pauschal deren Bedeutung[516]. In diesem Kontext erwähnte der EuGH dann auch, die Position Italiens rekapitulierend, auch den Grundsatz des Vertrauensschutzes.

Mithin sollte das Urteil *Essevi und Salengo* keinesfalls dahingehend missverstanden werden, dass der Gerichtshof Aspekte des Vertrauensschutzes zu einem der entscheidenden Kriterien bei der Beurteilung der Beschränkung der zeitlichen Entscheidungsfolgen erhoben hätte. Vielmehr handelt es sich um ein Einzelfallurteil, in dem der EuGH das von ihm angeführte Kriterium nicht einmal inhaltlich ausfüllt. Insofern vermag die Erwähnung von Vertrauensschutzgesichtspunkten in einer Vorabentscheidung nichts daran ändern, dass das eigentlich zu prüfende Kriterium das Vorliegen eines Zustandes der bedeutenden und objektiven Rechtsunsicherheit bleibt[517].

514 Ausführl.: *Borchardt*, Der Grundsatz des Vertrauensschutzes im Europäischen Gemeinschaftsrecht, S. 76 ff. m.w.N.; zsf.: *ders.*, EuGRZ 1988, 309 (311 ff.).

515 *EuGH*, Urt. v. 27. Mai 1981, verb. Rs. 142–143/80 (Amministrazione delle Finanze dello Stato ./. Essevi und Salengo), Slg. 1981, 1413, Rz. 31, wo von einem „berechtigte[n] Vertrauen“ die Rede ist.

516 *EuGH*, Urt. v. 27. Mai 1981, verb. Rs. 142–143/80 (Amministrazione delle Finanze dello Stato ./. Essevi und Salengo), Slg. 1981, 1413, Rz. 34.

517 Vgl. hierzu etwa die Ausführungen der GAin *Kokott*, die beide Kriterien als Synonyme zu verwenden scheint: *Kokott/Henze*, NJW 2006, 177 (179), dort: „objektive und bedeutende Unsicherheit hinsichtlich der Tragweite der Bestimmungen des Gemeinschaftsrechts“; dagegen: *Kokott*, Jb. der Fachanwälte für Steuerrecht 2006/2007, 50 (66), dort: „unklare Rechtslage sowie Vertrauensschutz“.

c) Zwischenergebnis

Die bisherige Prüfung des Zustandes einer objektiven und bedeutenden Rechtsunsicherheit zeigt, dass es dem EuGH nicht um den Schutz eines subjektiven Vertrauens der durch das Urteil betroffenen Rechtskreise geht. Dies wäre auch nicht mit der Rolle des Art. 267 Abs. 1 lit. a) AEUV als Verfahren zur Sicherstellung der einheitlichen Rechtsanwendung in der gesamten Europäischen Union zu vereinbaren. Die zeitliche Begrenzung der Rückwirkung einer Auslegungsentscheidung, die zumindest faktisch alle Gerichte der Europäischen Union bindet, kann nicht damit stehen oder fallen, ob konkrete Verfahrensbeteiligte subjektiv und schutzwürdig auf eine Rechtslage vertraut hat.

Dennoch hat sich gezeigt, dass die vom EuGH durchgeführte Prüfung im Rahmen des Gutglaubensmerkmals der entspricht, die er für das Vorliegen eines Zustandes der objektiven Rechtsunsicherheit vornimmt. Das Vorliegen eines Zustandes der objektiven und bedeutenden Rechtsunsicherheit kann daher nur angenommen werden, wenn aufgrund äußerer Umstände eine Irrtumsmöglichkeit der durch das Urteil betroffenen Kreise bestand. Hierbei handelt es sich in der Tat um einen „objektiven", zumindest aber objektivierten Maßstab des Gutglaubens.[518] Es muss durch äußere Umstände die Möglichkeit gegeben sein, dass die Allgemeinheit „vernünftigerweise" zu einem Irrtum über den Inhalt der auszulegenden Norm des Unionsrechts verleitet werden konnte. Das Kriterium verlangt – mit anderen Worten – nach einem objektivierten guten Glauben der Rechtsanwender.

2. Systematisierung anhand von Fallgruppen

Im Folgenden ist der Frage nachzugehen, was aus Sicht des EuGH als Zustand der objektiven und bedeutenden Rechtsunsicherheit verstanden werden kann. Aufgrund ihrer sehr allgemeinen Formulierung verlangt diese Voraussetzung eine inhaltliche Ausfüllung, welche durch Auslegungsentscheidungen des Gerichtshofs erfolgt ist. In einer Reihe von Einzelfällen hat er dabei Rechts- und Faktenlagen als Indikatoren angeführt, die dazu geeignet sind, dem hier zu untersuchenden Kriterium gerecht zu werden. Diese Einzelfälle sollen nunmehr analysiert und der Versuch unternommen werden, sie anhand von Fallgruppen zu

518 Vgl. hierzu auch: *Ludewig*, Die zeitliche Beschränkung der Wirkung von Urteilen des EuGH im Vorabentscheidungsverfahren, S. 141 f.

systematisieren, um so die inhaltliche Bedeutung des Kriteriums der objektiven und bedeutenden Rechtsunsicherheit kenntlich zu machen[519].

a) Vorbemerkung

Die Frage nach dem Vorliegen einer objektiven und bedeutenden Rechtsunsicherheit stellte sich in dieser Form in der Leitentscheidung *Defrenne II* noch nicht. Gleichwohl ist das, was dieses Kriterium inhaltlich ausmacht, hier bereits deutlich angelegt gewesen. Der EuGH wies in der Entscheidung schon auf das inkonsistente und bisweilen sogar widersprüchliche Verhalten der Mitgliedstaaten und der Kommission im Zusammenhang mit ex-Art. 119 EWGV hin: Insbesondere der Umstand, dass die Kommission trotz entsprechender öffentlicher Warnungen keine Vertragsverletzungsverfahren gegen Mitgliedsstaaten mit geschlechterdiskriminierenden Rechtsvorschriften anstrengte, habe demnach dazu beigetragen, die Rechtsunterworfenen über die Tragweite jener Vertragsnorm im Unklaren zu lassen[520]. Der EuGH konzentrierte sich in seiner Analyse somit auf das Verhalten der Mitgliedstaaten und der Kommission.

Bis heute untersucht der Gerichtshof weniger die auszulegende Norm selbst, sondern prüft vielmehr das Verhalten der Unionsorgane beziehungsweise der mitgliedstaatlichen Akteure und Privater, um zu ermitteln, ob ein Zustand der objektiven und bedeutenden Rechtsunsicherheit vorliegt. Hinsichtlich dieser Gruppe haben sich in den vergangen Jahrzehnten sukzessive Erweiterungen hinsichtlich der untersuchten Akteure gegeben[521]: Während in der frühen Rechtsprechung vor allem die Kommission aufgrund ihrer Eigenschaft als „Hüterin der Verträge" im Fokus des Interesses stand[522], wird seit einiger Zeit vermehrt auch die Rechtsprechung des EuGH selbst in die Betrachtung mit einbezogen[523].

519 Einen vergleichbaren Ansatz wählen z.B. auch *Broberg/Fenger*, Preliminary References to the European Court of Justice, S. 446 ff.; *Lindemann/Hackemann*, IStR 2005, 786 (788 f.), wobei sich dies jeweils in der Darstellung bzw. bloßen Erwähnung bestimmter Einzelfallentscheidungen erschöpft.

520 *EuGH*, Urt. v. 8. April 1976, Rs. 43/75, Slg. 1976 (Gabrielle Defrenne ./. Sabena), 455, Rz. 71/73.

521 Zsf.: *Lenaerts/Arts/Maselis.*, Procedural Law of the European Union, Rn. 6–034, Fn. 339–342.

522 *Schima*, Das Vorabentscheidungsverfahren vor dem EuGH, S. 104; zum Konzept der Kommissin als „Hüterin der Verträge" allg.: *Haltern*, Europarecht, Rn. 166; *Haratsch/Koenig/Pechsein*, Europarecht, Rn. 241.

523 *Jann*, EuGRZ 2006, 523 (524); *Schima*, in: Mayer, Kommentar zum EU- und EG-Vertrag, Art. 234 EGV Rn. 198 f. beispielsweise betonen neuerdings verstärkt die Rolle des EuGH.

b) Das Verhalten der Kommission

Bei der Auslegung von Bestimmungen des Unionsrechts können laut Rechtsprechung des Gerichtshofs vor allem die Organe der EU selbst zum Entstehen oder Fortbestehen eines Zustandes der objektiven und bedeutenden Rechtsunsicherheit beitragen, der letztlich eine zeitliche Beschränkung der Urteilswirkungen nach sich zieht.

Vor allem kommt hierfür das Verhalten der Europäischen Kommission in Frage. Abstrakt kann die Rechtsprechung des EuGH in diesem Bereich mit dessen Bedenken zusammengefasst werden, die Kommission könne einen Mitgliedstaat in dem Glauben lassen, sein Verhalten oder eine bestimmte nationale Rechtslage seien mit dem Unionsrecht zu vereinbaren, obwohl dies objektiv nicht den Tatsachen entspricht. Als Kehrseite dieser Medaille sind nach Auffassung des Gerichtshofs Interventionen der Kommission andererseits auch geeignet, das Entstehen einer objektiven und bedeutenden Rechtsunsicherheit zu verhindern, indem sie frühzeitig auf Missverständnisse und Schwierigkeiten der Mitgliedstaaten bei der Anwendung unionsrechtlicher Bestimmungen hinweisen[524].

Obgleich die Kommission auf vielfältige Art und Weise intervenieren kann, spielen im vorliegenden Kontext praktisch vor allen Dingen zwei Konstellationen eine Rolle: Zum einen kann das Verhalten der Kommission in oder im Vorfeld von früheren Vertragsverletzungsverfahren nach Art. 258 ff. AEUV dazu führen, dass sich Rechtanwender über die Tragweite einer Unionsrechtsvorschrift irren können[525]. Zum anderen eignen sich nach der Rechtsprechung auch einfache Stellungnahmen der Kommission, die nicht im Zusammenhang mit bestimmten formalisierten Verfahren oder konkreten Rechtsstreitigkeiten stehen[526].

524 Z.B.: *EuGH*, Urt. v. 31. März 1992, Rs. C-200/90 (Dansk Denkavit und Poulsen Trading ./. Skatteministeriet), Slg. 1992, I-2217, Rz. 22; Urt. v. 12. Oktober 2000, Rs. C-372/98 (Cooke & Sons), Slg. 2000, I-8683, Rz. 44; Urt. v. 14. September 2006, Rs. C-228/05 (Stradasfaldi), Slg. 2006, I-8391, Rz. 73.

525 Vgl. hierzu schon: *EuGH*, Urt. v. 8. April 1976, Rs. 43/75 (Gabrielle Defrenne ./. Sabena), Slg. 1976, 455, Rz. 49/51; *EuGH*, Urt. v. 16. Juli 1992, Rs. C-163/90 (Administration des Douanes et Droits indirects ./. Legros et al.), Slg. 1992, I-4625, Rz. 32.

526 *EuGH*, Urt. v. 2 Februar 1988, Rs. 24/86 (Blaizot ./. Universität Lüttich), Slg. 1988, 379, Rz. 32; Urt. v. 16. Juli 1992, Rs. C-163/90 (Administration des Douanes et Droits Indirects ./. Legros), Slg. 1992, I-4625, Rz. 32.

aa) Aktives Verhalten der Kommission

Jedenfalls bedarf es zur Begründung eines Zustandes der objektiven und bedeutenden Rechtsunsicherheit einer aktiven Handlung Kommission.

Die eindeutigste und gleichzeitig am seltensten auftretende Fallgruppe bilden hierbei die Sachverhalte, in denen dem betroffenen Mitgliedstaat gegenüber klar zum Ausdruck gebracht wurde, dass etwa eine nationale Regelung oder eine bestimmte Verhaltensweise mit dem Unionsrecht vereinbar sei[527]. Hier besteht ein Zustand der Rechtsunsicherheit tatsächlich in objektiver Hinsicht, da der Mitgliedstaat und alle anderen Rechtsanwender aufgrund der Informationen der Kommission in gutem Glauben von der Unionsrechtskonformität der nationalen Maßnahme ausgehen mussten.

bb) Schweigen der Kommission

Ein bloßes Schweigen kann demgegenüber nicht ausreichen. Laut der Auffassung des EuGH in der Rechtssache *Richardson* gilt dies jedenfalls in Situationen, in denen die Kommission nicht zu einer Antwort verpflichtet ist[528]. Ob dies in Konstellationen, in denen der Kommission eine Antwortpflicht auferlegt ist, anders sein kann, ist bisher nicht Gegenstand einer gerichtlichen Klärung gewesen. Allerdings liegt dieser Schluss bei einem Blick auf die angeführte Entscheidung nahe, stellte der EuGH dort doch explizit auf das Fehlen einer derartigen Pflicht ab, um die mitgliedstaatliche Argumentation zurückzuweisen[529]. Demnach ist anzunehmen, dass ein Schweigen der Kommission zumindest bei einer bestehenden Antwortpflicht durchaus geeignet sein kann, zum Entstehen oder dem Fortbestand eines Irrtums über den Inhalt einer Norm des Unionsrechts beizutragen.

527 *EuGH*, Urt. v. 9. März 2000, Rs. C-437/97 (EKW und Wein & Co.), Slg. 2000, I-1157, Rz. 58; i.E. auch: *EuGH*, Urt. v. 14. September 2006, Rs. C-228/05 (Stradasfalti), Slg. 2006, I-8391, Rz. 73.

528 So nunmehr ausdrückl. in: *EuGH*, Urt. v. 19. Oktober 1995, Rs. C-137/94 (The Queen ./. Seceretary of State for Health, ex parte Richardson), Slg. 1995, I-3407, Rz. 35; i.E. auch: *EuGH*, Urt. v. 12. Oktober 2000, Rs. C-372/98 (Cooke & Sons), Slg. 2000, I-8683, Rz. 44.

529 AA. dagegen ohne weitere Begründung: *Wiedmann*, EuZW 2007, 692 (693); unklar auch: *Frenz*, Hdb. Europarecht – Bd. 5, Rn. 3420 mit Verweis auf das so nicht einschlägige Urt. *Defrenne II*; differenzierter wohl nur: *Klein*, IStR 2006, 209 (210).

cc) Perplexes Verhalten der Kommission

Schwieriger einzuordnen sind die Fälle, in denen die Kommission ein scheinbar widersprüchliches Verhalten an den Tag legt. Auch in diesen Konstellationen war der EuGH in der Vergangenheit bereit, die temporale Wirkung seiner Urteile einzuschränken. Dies überrascht, weil ein perplexes Verhalten eines Unionsorgans der Herausbildung eines objektivierten guten Glaubens gerade entgegenstehen sollte. Deshalb ist vorliegend eine Einzelfallbetrachtung der Rechtsprechung vorzunehmen.

In der Rechtssache *Blaizot* etwa teilte die Kommission Belgien brieflich mit, dass zusätzliche Einschreibegebühren für Ausländer an Hochschulen nicht gegen gemeinschaftsrechtliche Vorgaben verstießen, ehe sie dann in einem informellen Gespräch mit Vertretern Belgiens ein Jahr später eine Revision ihrer Sichtweise ankündigte, zwei Tage danach aber zu Protokoll gab, dass ihre Entscheidungsfindung in dieser Angelegenheit noch nicht abgeschlossen sei[530]. Ein anderes anschauliches Beispiel bildet die Entscheidung *Legros*, deren zugrunde liegender Sachverhalt eine bestimmte Abgabe, welche bei der Einfuhr von Waren in französische Überseedepartments fällig wurde, zum Gegenstand hatte. Hier verfolgte die Kommission ein zunächst in die Wege geleitetes Vertragsverletzungsverfahren gegen Frankreich nicht weiter und schlug dem Rat sogar den Erlass einer Entscheidung vor, welche eine temporäre Gestattung der Sonderabgabe zum Gegenstand gehabt hätte[531].

In beiden Fallkonstellationen ging der Gerichtshof davon aus, dass ein Zustand der bedeutenden und objektiven Rechtsunsicherheit vorlag. Allerdings zeigt eine genauere Lektüre der Urteile, dass der EuGH gerade nicht auf das widersprüchliche Verhalten der Kommission abstellte. In der Rechtssache *Blaizot* ging er von einer evolutionären Entwicklung der gemeinschaftsrechtlichen Regelungen aus, die in gutem Glauben bestehende Überzeugungen erst sukzessive anfing zu ändern. Demgegenüber war der treibende Gedanke für die Beschränkung der Rückwirkung seiner Auslegung in *Legros* offenbar das kulminierte Verhalten der Kommission, ein einmal eingeleitetes Vertragsverletzungsverfahren nicht weiterzuverfolgen und darüber hinaus dem Rat ausdrücklich vorzuschlagen, dass später für gemeinschaftsrechtswidrig erachtete Verhalten der Mitgliedsstaaten zu akzeptieren. Mithin stellen die Rechtssachen *Blaizot* und *Legros* nur scheinbar eine eigenständige Fallgruppe dar und sollten eher als Einzelfallentscheidungen bewertet werden.

530 *EuGH*, Urt. v. 2. Februar 1988, Rs. 24/86 (Blaizot ./. Universität Lüttich et al.), Slg. 1988, 379, Rz. 32.

531 *EuGH*, Urt. v. 16. Juli 1992, Rs. C-163/90 (Administration des Douanes et Droits indirects ./. Legros et al.), Slg. 1992, I-4625, Rz. 32.

c) Das Verhalten des EuGH

Neben dem Verhalten der Kommission kann auch die eigene Rechtsprechung des Gerichtshofs als Begründung dafür herangezogen werden, dass ein Zustand der objektiven und bedeutenden Rechtsunsicherheit vorliegt, der eine Beschränkung der Wirkung *ex tunc* einer Auslegung rechtfertigt. Die Spruchpraxis des EuGH kann wiederum in zwei Fallgruppen unterteilt werden, die beide regelmäßig Indikatoren für das Vorliegen des hier untersuchten Kriteriums darstellen.

aa) Erstmalige Befassung mit einer Auslegungsfrage

Befasst sich der Gerichtshof erstmalig mit einer bestimmten Auslegung oder legt er gar eine Norm des Unionsrechts zum ersten Mal aus, so kann dieser Umstand nach der Rechtsprechung des EuGH auf das Vorliegen einer objektiven Rechtsunsicherheit hindeuten.

Dies überrascht, wenn man das hier untersuchte Merkmal als objektive Möglichkeit eines Irrtums über den Inhalt einer Unionsrechtsregelung versteht. Denn die Notwendigkeit einer Auslegung durch den EuGH besteht gerade in den Fällen, in denen über den Inhalt einer unionsrechtlichen Bestimmung Unklarheit besteht[532]. In solchen Konstellationen bestehen eben keine objektiven Anhaltspunkte, die einen Irrtum rechtfertigen. Zudem handelt es sich bei den meisten Auslegungsvorlagen um Fragen, mit denen sich der EuGH erstmalig befasst. Würde man in diesen Konstellationen stets von einer Möglichkeit ausgehen können, die zeitlichen Wirkungen der Auslegung zu begrenzen, würde dies die Praktikabilität des Kriteriums unterminieren.[533]

Dies kann vom EuGH nicht gemeint sein. Die vorliegend zu kategorisierende Fallgruppe beschreibt tatsächlich ein anderes Phänomen: Es geht um Fälle, in denen eine Bestimmung, die den Gegenstand einer Auslegung durch den EuGH bilden, von der herrschenden Meinung in einer eindeutigen Weise verstanden werden. Die objektive Rechtunsicherheit entsteht quasi im Nachhinein durch die divergierende autoritative Auslegung des Gerichtshofs. Es wird erstmalig die Existenz einer neuen Rechtsregel im Rahmen der Auslegung festgestellt[534].

532 *Ehricke*, in: Streinz, EUV/AEUV, Art. 267 AEUV Rn. 34; *Oppermann*, Europarecht, § 9 Rn. 60.

533 *Ludewig*, Die zeitliche Beschränkung der Wirkung von Urteilen des EuGH im Vorabentscheidungsverfahren, S. 131.

534 Siehe hierzu aus der Lit.: *Schima*, Das Vorabentscheidungsverfahren vor dem EuGH, S. 104: Auslegung als „Neuerung"; *Weiß*, EuR 1995, 377 (389).

Obgleich der EuGH beispielsweise in *Defrenne II* nicht damit argumentierte, dass er aus ex-Art. 119 EWGV erstmalig eine bestimmte Bedeutung herauslas, steht die Entscheidung exemplarisch für diese Fallgruppe. Wie bei der Analyse des Urteils angeführt, lehnte die ganz herrschende Meinung in der Europarechtswissenschaft und die Mehrheit der Mitgliedstaaten eine unmittelbare Anwendbarkeit von ex-Art. 119 EWGV ab, für sie war der Norminhalt mithin klar. Die Rechtsunsicherheit entstand hier *ex post* durch die neuartige Auslegung des Gerichtshofs. Erst sie ermöglichte die unmittelbare Anwendbarkeit der Vorschrift durch die nationalen Gerichte ohne weitere Implementierung durch die Mitgliedstaaten.

Dem gleichen Schema folgte der Gerichtshof in späteren Entscheidungen, von denen die Rechtssache *EKW* als besonders prägnantes Beispiel Erwähnung verdient. Hier hatte der EuGH eine Verbrauchssteuerrichtlinie in einer Art und Weise ausgelegt, die einen Verstoß bestimmter österreichischer Bestimmungen über die Besteuerung alkoholischer Getränke gegen das Gemeinschaftsrecht nach sich zog. Da die Richtlinie zuvor ganz einhellig anders verstanden wurde, nahm der Gerichtshof das Vorliegen einer objektiven und bedeutenden Rechtsunsicherheit an, die nicht zuletzt durch das Urteil selbst entstanden war und sprach diesem im Ergebnis eine Wirkung *ex nunc* zu[535].

bb) Unklarheiten bei der bisherigen Auslegung einer Rechtsvorschrift

Neben einer gänzlich neuen Auslegungsfrage kann der Gerichtshof auch mit einer Situation konfrontiert sein, in der bereits eine Auslegung oder gar mehrere Auslegungen zu einer Rechtsfrage existieren, diese aber einer Neubewertung unterzogen werden müssen. Dies kann zum einen daran liegen, dass die bisherigen Auslegungen widersprüchlich erscheinen, wie dies etwa in der Rechtssache *Sürül* der Fall war[536]. Hier hatte sich der Gerichtshof zwar einerseits zum ersten Mal mit der Auslegung eines Beschlusses zu befassen, der die Anwendung der mitgliedstaatlichen Sozialsysteme auf türkische Arbeitnehmer und deren Familien zum Gegenstand hatte, was eine Einordnung in der ersten Fallgruppe nahe legen würde. Jedoch existierte in diesem Zusammenhang bereits ein Urteil in einem anderen, ähnlich gelagerten Fall, das dazu geeignet war, in Sachverhalten wie dem in *Sürül* einen Zustand der objektiven und bedeutenden Rechtsunsicherheit

535 *EuGH*, Urt. v. 9. März 2000, Rs. C-437/97 (EKW und Wein & Co.), Slg. 2000, I-1157, Rz. 58.

536 Vgl. hierzu und im Folgenden: *EuGH*, Urt. v. 4. Mai 1999, Rs. C-262/96 (Sürül ./. Bundesanstalt für Arbeit), Slg. 1999, I-2685, Rz. 109 f. mit Verweis auf das Urt. v. 10. September 1996, Rs. C-277/94 (Taflan-Met et al.), Slg. 1996, I-4085 ff.

hervorzurufen. Insoweit sah sich der EuGH veranlasst, in der Rechtssache *Sürül* einen erläuternden Hinweis zur Auslegung der vorherigen Entscheidung zu geben. Der Rechtsprechung kommt in diesen Konstellationen eine Klarstellungsfunktion zu[537].

Etwas anders gelagert sind Sachverhalte wie in dem schon erwähnten Fall *Blaizot*: Auch hier hatte der EuGH eine völlig neuartige Auslegungsfrage zu klären, die eine Einordnung des Urteils auch in die erste Fallgruppe rechtfertigt. Im Unterscheid zu den dortigen Konstellationen reihte der Gerichtshof den Sachverhalt in seine bisherige Rechtsprechung in dem Bereich der Berufsausbildung ein und stellte so einen Sachzusammenhang zwischen *Blaizot* und den von ihm in der Vergangenheit entschiedenen Fällen her[538]. In der Sache ging es ihm in dieser Angelegenheit nicht um die Korrektur einer missverständlichen Rechtsprechung. Vielmehr handelt es sich bei dieser Kategorie von Urteilen grundsätzlich um die Weiterentwicklung der Bedeutung bestimmter Begriffe oder Vertragsvorschriften und deren Bedeutungswandel beziehungsweise Weiterentwicklung im Zuge des europäischen Integrationsprozesses[539]. Diese Fallgruppe lässt sich folglich mit dem Stichwort der Präzisierungsfunktion der Rechtsprechung des EuGH umschreiben.

cc) Ergebnis

Auch die Rechtsprechung des Gerichtshofs selbst kann als Indiz für das Vorliegen eines Zustandes der objektiven Rechtsunsicherheit herangezogen werden. Im Gegensatz zum Verhalten der Kommission gestaltet sich die Kategorienbildung hier indes schwerer. So lassen sich Schnittmengen zwischen Fällen der erstmaligen Auslegung einer Norm sowie der Fallgruppe der unklaren Unionsrechtsnormen feststellen. Auch kann an den Rechtssachen *Blaizot* und *Sürül* das Verschwimmen der Grenzen innerhalb einer Kategorie demonstriert werden. Dies ist dem Umstand geschuldet, dass die Entscheidung einer neu aufgeworfenen Auslegungsfrage oftmals gleichzeitig den Teil eines Rechtsprechungskomplexes zu einem übergeordneten Problemkreis bildet. Das neue Auslegungsurteil kann somit durchaus die bisherige Struktur der Rechtsprechung zu diesem Problemkreis

537 I.E. auch: *EuGH*, Urt. v. 30. April 1996, Rs. C-308/93 (Bestuur van de Sociaale Verzekeringsbank ./. Cabanis-Issarte), Slg. 1996, I-2097, Rz. 46 ff.

538 *EuGH*, Urt. v. 2. Februar 1988, Rs. 24/86 (Blaizot ./. Universität Lüttich et al.), Slg. 1988, 379, Rz. 31; siehe für diese Konstellation auch: Urt. v. 14. September 1995, verb. Rs. C-485/93 und C-486/93 (Simitzi ./. Kos), Slg. 1995, I-2655, Rz. 32.

539 So zutreffend: *Schima*, in: Mayer, Kommentar zum EU- und EG-Vertrag, Art. 34 EGV Rn. 199 mit Verweis auf die Rs. 24/86.

verändern und Präzisierungen notwendig machen, was dessen Einordnung in beide der genannten Fallgruppen nach sich zieht.

Trotz dieser Schnittmengen ist die Unterteilung nicht obsolet, zeigt sie doch auf, welche Aufgabe der Rechtsprechung des Gerichtshofs im vorliegenden Kontext zukommt. Auch kann sie einen Beitrag für eine präzisiere Einordnung zukünftiger Fälle des EuGH liefern und somit insgesamt die Vorhersehbarkeit der Rechtsprechung stärken.

Während sich die Fallgruppen in der Rechtsprechung von dem Verhalten der Kommission durch die Möglichkeit der Schnittmengenbildung unterscheiden, ist hinsichtlich der weiteren Funktion von Rechtsprechung und Kommissionstätigkeit ein Gleichlauf zu verzeichnen: Auch der EuGH kann dazu beitragen, einen Zustand der objektiven Rechtsunsicherheit zu überwinden und damit auch eine Einschränkung der Urteilswirkungen überflüssig werden zu lassen. So ist das Vorliegen eines solchen Zustands regelmäßig abzulehnen, wenn die aufgeworfene Auslegungsfrage bereits Gegenstand einer gefestigten Rechtsprechung ist, aufgrund derer keine Zweifel an der Auslegung einer Rechtsfrage bestehen[540]. Wie andernorts bereits dargestellt, könnte das vorlegende Gericht in diesen Konstellationen von der Formulierung einer Auslegungsfrage auch gänzlich absehen und die vom EuGH gewählte Auslegung einfach anwenden; allerdings steht es dem nationalen Richter im Rahmen seiner Kooperation mit dem EuGH es weitgehend frei eine bereits geklärte Frage nochmals vorzulegen[541]. Wird dann in diesem Kontext ein Antrag auf Beschränkung der zeitlichen Wirkung der Auslegung gestellt, ist dieser vom EuGH bisher immer zurückgewiesen worden. Dies ist gerade im Hinblick auf das vorliegend untersuchte Kriterium der objektiven Rechtsunsicherheit folgerichtig, da eine solche in diesen Fällen regelmäßig fehlt.

Mit diesem Ansatz korrelieren in der Rechtsfolge auch diejenigen Fallkonstellationen, in denen der Gerichtshof auf eine bereits bestehende Auslegung verweist, diese aber in einem Urteil entwickelt wurde, das selbst in seinen zeitlichen Wirkungen beschränkt war. Um hier eine Konsistenz seiner Spruchpraxis zu gewährleisten, wird der EuGH in diesen Situationen die zeitliche Wirkung seiner Entscheidung auf den Zeitpunkt begrenzen, zu dem das Urteil gefällt wurde, in

540 St. Rspr., vgl. statt vieler: *EuGH*, Urt. v. 11. August 1995, verb. Rs. C-367/93 und C-377/93 (Roders et al. ./. Inspecteur der Invoerrechten en Akijnzen), Slg. 1995, I-2229, Rz. 45; Urt. v. 23. Mai 2000, Rs. C-104/98 (Buchner et al. ./. Sozialversicherungsanstalt der Bauern), Slg. 2000, I-3625, Rz. 40; siehe auch: Schlussanträge des GA *Geelhoed* v. 11. November 2004 in der Rs. C-209/03, Slg. 2005, I-2119, Rz. 71 m.w.N.

541 Vgl. hierzu schon *supra* im 3. Kap. in Punkt B I 1 m.w.N. aus der st. Rspr. des EuGH.

welchem erstmalig die neu gefundene, mit einer temporalen Beschränkung versehene Auslegung zur Anwendung gelangte[542].

d) Das Verhalten von Mitgliedstaaten

Schon in der Rechtssache *Defrenne II* wurde vonseiten des Gerichtshofs auf das Verhalten „mehrerer Mitgliedstaaten“ abgestellt, das wesentlich zur Verwirrung über die unmittelbare Anwendbarkeit von Art. 119 EWGV beigetragen habe[543]. Trotz der frühen Erwähnung dieses Indikators findet sich in der wissenschaftlichen Auseinandersetzung kaum ein Hinweis hierzu, was umso mehr befremdet, als die Berücksichtigung mitgliedstaatlichen Handelns für die Ermittlung eines objektiven und bedeutenden Zustandes der Rechtsunsicherheit auf den ersten Blick merkwürdig anmuten muss. Es leuchtet nicht sofort ein, warum die Beschränkung der Rückwirkung vom Verhalten der Mitgliedstaaten abhängen soll, bestünde doch so die Gefahr, dass alle oder zumindest eine hinreichend große Anzahl von Mitgliedsstaaten durch ein kollusives und bewusst widersprüchliches Verhalten den Anwendungsbereich einer unionsrechtlichen Norm unterminieren könnten und im Ergebnis hierfür auch noch belohnt würden[544]. Verkürzt ausgedrückt, könnte eine Berücksichtigung des Verhaltens der Mitgliedstaten selbst in bestimmten Konstellationen einer Aufforderung zu einem unionsrechtlichen *venire contra factum proprium* gleichkommen.

So zutreffend diese Kritik im Allgemeinen auch sein mag, sie verkennt zum einen die weitere Entwicklung der Rechtsprechung des Gerichtshofs und die besondere Sachverhaltskonstellation in *Defrenne II.* In diesem Fall hatten zwar Mitgliedsstaaten ein Interesse an einer Beschränkung der Auslegung, da eine rückwirkende Anwendung von ex-Art. 119 EWGV auch Angestellte des öffentlichen Dienstes und Beamte betroffen hätte[545]. Der eindeutige Schwerpunkt der

542 St. Rspr., vgl.: *EuGH*, Urt. v. 6. Oktober 1993, Rs. C-109/91 (Ten Oever ./. Stichting Bedrijfspensioenfonds voor het Glazenwassers- en Schoonmaakbedrijf), Slg. 1993, I-4879, Rz. 15 ff. mit Verweis auf die Rs. C-262/88; Urt. v. 28. September 1994, Rs. C-57/93 (Vroege ./. NCIV), Slg. 1994, I-4541, Rz. 30 f. mit Verweis auf die Rs. 43/75; Urt. v. 9. September 2004, Rs. C-72/03 (Carbonati Apuani), Slg. 2004, I-8027, Rz. 40 f. mit Verweis auf die Rs. C-163/90; vgl. hierzu auch die Ausführung in diesem Kap. in Punkt B V m.w.N.

543 *EuGH*, Urt. v. 8. April 1976, Rs. 43/75 (Gabrielle Defrenne ./. Sabena), Slg. 1976, 455, Rz. 71/73.

544 Zu recht kritisch daher, soweit die Mitgliedsstaaten profitieren: *Koopmans*, [1980] 39 C.L.J. 2, 287 (293).

545 Diese fallen nach st. Rspr. unter den Arbeitnehmerbegriff des Art. 141 EGV, vgl. nur: *EuGH*, Urt. v. 21. Mai 1985, Rs. 248/83 (Kommission ./. Deutschland), Slg. 1985, 1474,

Urteilskonsequenzen lag aber auf Arbeitsverhältnissen zwischen Privatrechtssubjekten untereinander. Wenn der EuGH in seiner Entscheidung auch auf das Verhalten der Mitgliedstaaten abstellt, nimmt er mithin die Perspektive des Gemeinschaftsbürgers ein, für den jenes Verhalten bei der Beurteilung, ob geschlechterdiskriminierende Gehälter rechtmäßig sind, natürlich mit eine Rolle spielt. Es wäre schlechterdings unvereinbar mit dem hier in Frage stehenden Grundsatz der Rechtssicherheit, wenn diejenigen Bürger, die sich an die vor der Entscheidung geltende unionsrechtwidrige Rechtslage in den Mitgliedstaaten gehalten haben, im Nachhinein für das Fehlverhalten des Mitgliedstaates in die Pflicht genommen würden. Insofern ist die Berücksichtigung der Unklarheiten auf mitgliedstaatlicher Ebene geboten, wenn die Auslegung des EuGH in erster Linie praktische Konsequenzen für die Rechtsanwender in den Mitgliedstaaten entfaltet[546].

Hierauf scheint auch die unmittelbar der Entscheidung *Defrenne II* nachfolgende Rechtsprechung zur temporalen Wirkung von Auslegungsurteilen hinzudeuten. In der Rechtssache *Blaizot*, in welcher der EuGH erstmalig seit der Aufstellung der Kriterien in *Defrenne II* von seiner Befugnis zur Beschränkung der Wirkungen einer Auslegung Gebrauch machte, findet sich an den entscheidenden Stellen auch kein Hinweis auf ein eventuelles Fehlverhalten der Mitgliedstaaten[547]. Nur das widersprüchliche Verhalten der Kommission wurde durch den Gerichtshof ausführlich gewürdigt. Legt man die eben entwickelte Argumentation zugrunde, erstaunt der fehlende Hinweis des EuGH auf die gemeinschaftsrechtswidrige und nicht widerspruchsfreie nationale Rechtslage nicht[548]: Der Fall hatte Einschreibegebühren an einer staatlichen Universität zum Gegenstand, die Folgen des Urteils traf nur den belgischen Staat, so dass die Berücksichtigung eines möglichen staatlichen Fehlverhaltens somit nicht in Frage kam.

Problematisch in diesem Kontext könnte sich jedoch erweisen, dass auch Urteile wie in der Rechtssache *Roders* existieren, in denen das Verhalten von Mit-

Rz. 12 ff.; aus der Lit. statt vieler: *Eichendorfer*, in: Streinz, EUV/AEUV, Art. 157 AEUV Rn. 9 m.w.N. aus der Rspr. des EuGH.

546 Zutreffend daher die Schlussanträge des GA *Poiares Maduro* v. 18. Mai 2006 in der Rs. C-17/05, Slg. 2006, I-9585, Rz. 68 ff.; der Gerichtshof löst das Problem indes so, dass es auf diesen Punkt nicht eingehen muss: *EuGH*, Urt. v. 3. Oktober 2006, Rs. C-17/05 (Cadman ./. Health & Safety Exeutive), Slg. 2006, I-9583, Rz. 43.

547 *EuGH*, Urt. v. 2. Februar 1988, Rs. 24/86 (Blaizot ./. Universität Lüttich et al.), Slg. 1988, 379, Rz. 28 ff.

548 Vgl. die Erklärung Belgiens zur nationalen Rechtslage: *EuGH*, Urt. v. 2. Februar 1988, Rs. 24/86 (Blaizot ./. Universität Lüttich et al.), Slg. 1988, 379 (390) mit Verweis auf die weitergehenden Erklärungen in *EuGH*, Urt. v. 2. Februar 1988, Rs. 309/85 (Barra ./. Belgischer Staat), Slg. 1988, 355 (361 ff.).

gliedstaaten entgegen der hier vertreten Theorie Berücksichtigung finden soll[549]. Wie eingangs angedeutet, könnte die Beachtung dieses Verhaltens die Gefahr einer Kollusion einiger oder aller Mitgliedstaaten[550] in sich bergen, um so im Ergebnis von einer Beschränkung der zeitlichen Urteilswirkungen in einer sie betreffenden Rechtssache zu profitieren. Allerdings stellt diese Argumentation nur eine mögliche Sichtweise dar. Demgegenüber lässt sich bei näherer Betrachtung der Urteile mindestens genauso gut auch eine andere Begründung vertreten, welche nicht im Widerspruch zum bisher Gesagten steht. In *Roders* und anderen Rechtssachen bediente sich der Gerichtshof nämlich des Hinweises auf das „Verhalten *anderer* Mitgliedstaaten“[551]. Anders als *Defrenne II* sprachen die hier angeführten Urteile somit nicht abstrakt vom Verhalten „mehrerer“ Mitgliedstaaten. Der Verweis bezog sich explizit auf andere als den im konkreten Fall betroffenen Staat. Auf sein eigenes Fehlverhalten konnte sich dieser Mitgliedstaat also auch hier nicht berufen. Dass der EuGH aber das Verhalten von Nachbarländern oder anderen Partnern in der Europäischen Union, die demselben Rechtsregime unterworfen sind, in seine Überlegungen hinsichtlich des Bedeutungsgehalts einer unionsrechtlichen Vorschrift mit einbezieht, überrascht nicht. Führt eine unionsrechtlich beeinflusste Situation nicht nur in dem durch das Vorlageverfahren direkt betroffenen Mitgliedstaat zu einer fehlerhaften Rechtsanwendung, sondern besteht das Problem auch in anderen Rechtsordnungen der Union, so lässt sich der Vorwurf, lediglich der betroffene Mitgliedstaat hätte ein fehlerhaftes Verständnis der Rechtslage an den Tag gelegt, sehr viel einfacher entkräften. Insofern begegnet auch die Berücksichtigung des Verhaltens anderer Mitgliedstaaten durch den EuGH vor diesem Hintergrund keinen Bedenken.

e) Das Verhalten von Privaten

Neben dem Verhalten von Mitgliedsstaaten hat der EuGH in einem Einzelfall auch das Verhalten von Privaten herangezogen, um das Vorliegen eines Zustandes der objektiven und bedeutenden Rechtsunsicherheit zu begründen. In der Rechtssache *Bosman* bejahte der Gerichtshof das Vorliegen dieses Merkmals

549 *EuGH*, Urt. v. 11. August 1995, verb. Rs. C-367/93 und C-377/93 (Roders et al. ./. Inspecteur der Invoerrechten en Akijnzen), Slg. 1995, I-2229, Rz. 43.

550 Hierbei erschwert die zunehmende Größe der EU zwar die Kollusion sämtlicher Mitgliedstaaten, *per se* kann sie indes nicht ganz ausgeschlossen werden.

551 Vgl. hierzu auch: *EuGH*, Urt. v. 11. August 1995, verb. Rs. C-367/93 und C-377/93 (Roders et al. ./. Inspecteur der Invoerrechten en Akijnzen), Slg. 1995, I-2229, Rz. 43; Urt. v. 20. September 2001, Rs. C-184/99 (Grzelcyk ./. Centre public d'aide sociale d'Ottignies-Louvain-la-Neuve), Slg. 2001, I-6193, Rz. 53, Hervorhebung des Verf.

aufgrund der „Besonderheiten der von den Sportverbänden aufgestellten Regeln für die Transfers von Spielern zwischen den Vereinen“[552].

Bei den der Entscheidung zugrunde liegenden Normen handelt es sich indes um Bestimmungen privatrechtlich organisierter Sportverbände. Warum diese Regelungen geeignet seien sollen, eine Rechtsunsicherheit im Europäischen Unionsrechts auszulösen, erklärt der EuGH nicht. Lediglich implizit lässt sich aus den übereinstimmenden Formulierungen der einzelnen nationalen Fußballverbände, der FIFA und der UEFA ein guter Glauben der Beteiligten ableiten[553]. Ob dieser allerdings ausreicht, um eine objektivierte Rechtsüberzeugung zu manifestieren, prüft der Gerichtshof nicht. Ähnlich wie in der vorgenannten Fallgruppe, die das Verhalten der Mitgliedstaaten zum Gegenstand hatte, ist dies bei dem Verhalten von Privaten besonders fraglich. Ihr Verhalten kann gegenüber Privaten nicht nur keine „Autorität“ staatlichen Handelns für sich beanspruchen, es steht besteht noch mehr als bei Mitgliedsstaaten die Gefahr im Raum, dass sich Private untereinander abstimmen, um gezielt eine scheinbar bedeutende und objektive Rechtsunsicherheit zu „konstruieren“. [554]

Schon allein vor diesem Hintergrund bestehen gegen die Spruchpraxis des EuGH in der Rechtssache *Bosmann* überzeugende Einwände, weshalb das Urteil wohl auch eine Einzelfallentscheidung geblieben sein mag.

3. Diskussion und Bewertung

Laut einer Vielzahl von Kommentatoren handelt es sich bei dem Kriterium des Zustandes einer bedeutenden und objektiven Rechtsunsicherheit um die zentrale Voraussetzung bei der Beurteilung der Frage, ob die temporalen Wirkungen *ex tunc* in einem konkreten Fall beschränkt werden können[555]. Trotz dieser augenscheinlichen Bedeutung des Merkmals fällt bei einer Analyse der hierzu ergangenen Rechtsprechung ins Auge, wie ausgeprägt auch hier die schon andernorts erwähnte Subsumtionsarmut des EuGH ausfällt.

Dennoch hat die obige Untersuchung gezeigt, dass sich das Kriterium „Zustand der bedeutenden und objektiven Rechtsunsicherheit“ trotz seiner kryptischen Formulierung unter Heranziehung von Gutglaubenserwägungen einem Definiti-

552 *EuGH*, Urt. 15. Dezember 1995, Rs. C-415/93 (Union royale belge des sociétés de football association et al. ./. Bosman et al.), Slg. 1995, I-4921, Rz. 143.

553 *Hilf/Pache*, NJW 1996, 1169.

554 So i.E. auch: *Ludewig*, Die zeitliche Beschränkung der Wirkung von Urteilen des EuGH im Vorabentscheidungsverfahren, S. 140; a.A. wenig überzeugend: *Hilf/Pache*, NJW 1996, 1169 (1173 f.).

555 Vgl. statt vieler anschaulich: *Pechstein*, EU-/EG-Prozessrecht, Rn. 863; *Wegener*, in: Calliess/Ruffert, EUV/AEUV, Art. 267 AEUV Rn. 51.

onsansatz zuführen lässt. Die Bildung von Fallgruppen aus der Rechtsprechung ermöglicht es zudem, diesen Definitionsansatz inhaltlich weiter auszufüllen. Allerdings bleiben trotz der vorhandenen Systematisierungsmöglichkeiten Zweifel an der Vorgehensweise des Gerichtshofs und an der Geeignetheit einiger der soeben dargestellten Fallgruppen, die beide im Folgenden zu kommentieren sind.

a) Unpassende Bezeichnung des Kriteriums

Das Kriterium „Zustand der bedeutenden und objektiven Rechtsunsicherheit" wird im vorliegenden Kontext als eine Situation verstanden, in der objektive Anhaltspunkte vorliegen, welche die Rechtsanwender vernünftigerweise davon ausgehen lassen dürfen, dass die vom EuGH in seinem Urteil verworfene Auslegung einer Rechtsnorm aufgrund des Verhaltens Dritter nachvollziehbar erschien.[556]

Angesichts dessen ist die Bezeichnung des Kriteriums gleich in mehrfacher Hinsicht verfehlt. Zugespitzt ausgedrückt, lässt sich nach der Analyse in den vorhergehenden Punkten lediglich das Merkmal „objektiv" nachvollziehen, wenngleich die Formulierung „objektiviert" für den Prüfungsmaßstab noch passender wäre.

Dagegen ist das Abstellen auf einen Zustand der „Rechtsunsicherheit" geradezu widersinnig und findet auch keinen inhaltlichen Niederschlag in den jeweiligen Fallgruppen. Tatsächlich wohnt jeder Vorlagefrage an den EuGH ein Element der „Rechtsunsicherheit" inne, sonst wäre die Vorlage an sich schon überflüssig. Gerade diese Rechtsunsicherheit muss durch die oben genannten Kriterien für den Rechtsanwender nicht oder nur schwer erkennbar sein. Die Rechtsunsicherheit wird durch andere Faktoren wie etwa das Verhalten der Unionsorgane überlagert. Nur diese „Überlagerungen" geben Anlass für eine Beschränkung der zeitlichen Wirkung der von dem EuGH in seinem Urteil für zutreffend befundenen Auslegung. Besteht lediglich eine Rechtsunsicherheit über den Inhalt oder die Reichweite einer Unionsrechtsnorm, ist nicht einzusehen, warum ihre Rechtsklarheit stiftende Auslegung in zeitlicher Hinsicht beschränkt werden sollte. Sehr treffend hat diese Problematik Generalanwältin *Sharpston* schon 2006 auf den Punkt gemacht, als sie fragte, ob „das Vorliegen einer bedeutenden Unsicherheit einen Mitgliedsstaat nicht zu Vorsicht mahnen, statt dass er eine ihm genehme Auslegung des Gemeinschaftsrechts unterstell[en sollte]?"[557].

556 In diesem Sinne auch: Schlussanträge der GAin *Sharpston* v. 22. Juni 2006 in der Rs. C-228/05, Slg. 2006, I-8391, Rz. 88; ähnl. auch: *Lang*, [2007] 35 Intertax 4, 230 (231).

557 Schlussanträge der GAin *Sharpston* v. 22. Juni 2006 in der Rs. C-228/05, Slg. 2006, I-8391, Rz. 87, vgl. nunmehr auch: *Ludewig*, Die zeitliche Beschränkung der Wirkung von Urteilen des EuGH im Vorabentscheidungsverfahren, S. 129 f.

Auch bleibt nach der obigen Untersuchung unklar, welcher Sinn dem Merkmal „bedeutend“ zukommen soll. Anders als es zunächst vielleicht glauben machen möchte, spielen bei der Beurteilung der Frage nach dem Vorliegen eines Zustandes objektiver Rechtsunsicherheit quantitative oder qualitative Aussagen keine Rolle. Der Gerichtshof benennt vielmehr abstrakt die zum Ent- oder Fortbestehen des Zustandes der objektiven Rechtsunsicherheit relevanten Tatsachen, ohne dabei auf Faktoren wie etwa die Dauer eines bestimmten Verhaltens, dessen zahlenmäßige Wiederholung oder Veränderung abzustellen. Der Begriff „bedeutend“ hat demnach im vorliegenden Kontext keinen weitergehenden Inhalt. Dies wird umso evidenter, wenn man das zweite Merkmal in Betracht zieht, das erfüllt sein muss, damit der EuGH die zeitlichen Wirkungen seiner Vorabentscheidungen beschränkt. Wie im Folgenden näher darzustellen sein wird, stellt der EuGH hierbei auf die Folgen seiner Urteile ab und prüft in der Mehrzahl der Fälle die finanziellen Konsequenzen, welche die Entscheidungen nach sich ziehen[558]. Quantitative wie qualitative Aussagen spielen folglich erst im Rahmen dieses zweiten Merkmals eine Rolle.

Zusammenfassend sollte der EuGH es in seiner Rechtsprechung vermeiden, das vorliegend untersuchte Kriterium als „Zustand der objektiven und bedeutenden Rechtsunsicherheit“ zu bezeichnen. Diese Benennung wird dem Inhalt des Merkmals nicht gerecht und ist noch immer geeignet, bei Rechtsanwendern Verwirrung zu stiften. Alternativ zu der vom Gerichtshof verwendeten Terminologie würde es sich anbieten auf das Merkmal eines „objektivierten guten Glaubens“ im oben dargestellten Sinne auszuweichen.

b) Die einheitliche Geltung der Rückwirkung in der gesamten EU

Problematisch erweist sich auch der Umstand, dass sich die Vorgehensweise des EuGH in einigen Konstellationen mitnichten mit dem Grundsatz der einheitlichen Geltung des Unionsrechts in der gesamten EU und der über den Einzelfall hinausgreifenden Wirkung von Urteilen nach Art. 267 AEUV vereinbaren lässt.

Verdeutlichen lässt sich die Problematik insbesondere an der Fallgruppe, welche das Verhalten die Kommission zum Gegenstand hat. Demnach kann etwa das Verhalten der Kommission sowohl im Zusammenhang mit einem offiziellen Vertragsverletzungsverfahren nach Art. 258 ff. AEUV wie auch im Rahmen von inoffiziellen Schriftwechseln mit dem Mitgliedstaat, der im Hauptsacheverfahren betroffen ist, als Indikator für das Vorliegen einer objektiven Rechtsunsicherheit herangezogen werden. Beide der genannten Konstellationen teilen dabei die

558 Vgl. hierzu sogleich *infra* in diesem Kap. in Punkt B IV 2 m.w.N. aus der Rspr.

Gemeinsamkeit, dass die als Bewertungsmaßstab herangezogenen Vorgänge im Regelfall keiner Publikationspflicht unterliegen und somit ausschließlich dem im Hauptsacheverfahren betroffenen Mitgliedstaat bekannt sein dürften. Bei einem inoffiziellen Schriftwechsel mit der Kommission leuchtet dies unmittelbar ein[559], aber auch die Anwendung des in Art. 258 ff. AEUV normierten Verfahrens kennzeichnet in weiten Teilen eine solche Grundkonstellation.

Ausweislich des Wortlauts von Art. 258 Abs. 1 AEUV gliedert sich das Vertragsverletzungsverfahren in drei Schritte: Ehe die Kommission den Gerichtshof anrufen kann, muss sie eine begründete Stellungnahme zum vermeintlichen Vertragsverstoß des Mitgliedstaates abgeben, nachdem dieser Gelegenheit hatte, sich zu den Vorwürfen zu äußern. Letzteres impliziert als ersten Schritt eine Benachrichtigung des Mitgliedstaates, die regelmäßig durch ein so genanntes Mahnschreiben der Kommission erfolgt[560]. Nach ständiger Kommissionspraxis ist diesem ersten formellen Schritt zudem ein informelles Vorverfahren vorgelagert[561], das im Wesentlichen aus einem Gedankenaustausch mit dem jeweils betroffenen Mitgliedstaat besteht und eine einvernehmliche Lösung der Meinungsverschiedenheiten zwischen der Kommission und dem Mitgliedstaat herbeiführen soll[562]. Der Zweck dieses ausführlichen Vorverfahrens liegt in der Vermeidung einer „Anprangerungswirkung“[563], welche der Funktion der Art. 258 ff. AEUV, die laut Rechtsprechung des EuGH eine objektive Rechtskontrolle gewährleisten sollen, zuwiderlaufen würde[564].

Nach der ständigen Rechtsprechung des EuGH stellen diese Maßnahmen im Vorfeld der eigentlichen Klageerhebung keine Handlungen im Sinne des heutigen Art. 263 AEUV dar und können mithin nicht als rechtsverbindliche Maßnahmen der Unionsorgane qualifiziert werden[565]. Sie spielen sich in einer Grauzone zwischen der Kommission und dem Mitgliedstaat ab, dem die

559 *Lang*, IStR 2007, 235 (238) mit Hinweis auf: *EuGH*, Urt. v. 9. März 2000, Rs. C-437/97 (EKW und Wein & Co.), Slg. 2000, I-1157, Rz. 56 und 58, wo auf vertrauliche Gespräche zwischen Österreich und der Kommission im Rahmen der Beitrittverhandlungen des Landes zur EU abgestellt wird.

560 *Pechstein*, EU-/EG-Prozessrecht, Rn. 257 ff.; *Oppermann*, Europarecht, § 9 Rn. 27 f.

561 *Craig/de Búrca*, EU Law, S. 432 f. sprechen daher i.E. auch von einem vierstufigen Verfahren.

562 Jeweils m.w.N.: *Cremer*, in: Calliess/Ruffert, EUV/AEUV, Art. 258 AEUV Rn. 1 und 19; *Ehricke*, in: Streinz, EUV/AEUV, Art. 258 AEUV Rn. 16.

563 Für diesen Begriff, vgl.: *Burgi*, in: Rengeling/Middeke/Gellermann, Hdb. des Rechtsschutzes in der Europäischen Union, § 6 Rn. 9; *Pechstein*, EU-/EG-Prozessrecht, Rn. 257.

564 *EuGH*, Urt. v. 4. April 1974, Rs. 167/73 (Kommission ./. Frankreich), Slg. 1974, 359, Rz. 15; Urt. v. 11. August 1995, Rs. C-431/92 (Kommission ./. Deutschland), Slg. 1995, I-2189, Rz. 21.

565 St. Rspr. seit: *EuGH*, Urt. v. 1. März 1966, Rs. 48/65 (Lütticke ./. Kommission), Slg. 1965, 28 (39).

Vertragsverletzung zur Last gelegt wird, und werden im Ergebnis den übrigen Mitgliedstaaten nicht zur Kenntnis gebracht.

Wenn die Kommission im Rahmen der Frage, ob eine Auslegung im Sinne von Art. 267 Abs. 1 AEUV zeitlich zu beschränken ist, auf derartige Dokumente zurückgreift, um das Vorliegen eines Zustandes der bedeutenden und objektiven Rechtsunsicherheit zu belegen, kann eine solche Praxis nur überzeugen, wenn dies aus illustrativen Gründen geschieht, um das Vorliegen eines bestehenden Zustandes der objektiven Rechtsunsicherheit zu beschreiben.

Hiervon zu unterscheiden sind indes die Konstellationen, in denen der Rückgriff auf derartige Vorgänge dazu dienen soll, das Vorliegen eines Zustandes der objektiven Rechtsunsicherheit noch erst zu begründen. Diese Fälle kennzeichnet eine andere Argumentationsrichtung als die zuvor geschilderten. Das genannte Verhalten der Kommission wird hier nicht als Indikator für eine bestehende Rechtsunsicherheit, sondern als Auslöser hierfür genutzt.

Letzteres kann im vorliegenden Kontext für die Begründung eines Zustandes der objektiven Unsicherheit indes nicht ausreichen. Hinter dem Vorabentscheidungsverfahren steht als Rechtsinstitut der Grundgedanke der einheitlichen Anwendung der europäischen Rechtsordnung in der gesamten Union. Dieser auch in temporaler Hinsicht beherrschende Gedanke kann nur aus zwingenden Gründen der Rechtssicherheit durchbrochen werden und sollte den eben genannten Grundsatz ausschließlich in dem hierfür notwendigen Mindestmaß beeinträchtigen. Deshalb und aus Gründen der Gleichbehandlung aller Mitgliedstaaten kann eine Beschränkung der Wirkung *ex tunc* einer Auslegung nach der nunmehr ausdrücklichen Rechtsprechung des Gerichtshofs auch nur zu einem einheitlichen Zeitpunkt für alle Mitgliedstaaten erfolgen[566]. Wenn aber die Modifikation der zeitlichen Folgen einer Auslegung einheitlich für die gesamte EU erfolgt, so müssen die Voraussetzungen hierfür ebenfalls in allen Mitgliedstaaten erfüllt sein, mithin ein Zustand der objektiven Rechtsunsicherheit allgemein und *in abstracto* vorliegen. Soweit die Unklarheit einer unionsrechtlichen Bestimmung oder der Rechtsprechung des EuGH hierfür als Nachweis herangezogen wird, stellt dies kein Problem dar. Ein Vertragsverletzungsverfahren, das nicht weiterverfolgt wird, oder Widersprüche in einem offiziellen Briefwechsel mit der Kommission betreffen aufgrund der fehlenden Publikation der entsprechenden Dokumente dagegen nur den an diesem Verfahren unmittelbar beteiligten Mit-

566 Hiervon geht der EuGH implizit von jeher aus, ausdrücklich formuliert er dies indes erst in: *EuGH*, Urt. v. 6. März 2007, Rs. C-292/04 (Meilicke et al. ./. Finanzamt Bonn-Innenstadt), Slg. 2007, I-1835, Rz. 37.

gliedstaat und sind somit nicht geeignet, einen Zustand der objektiven Rechtsunsicherheit unionsweit zu begründen[567].

Dennoch scheint der EuGH in einigen seiner Entscheidungen von einer konstitutiven Wirkung auszugehen[568]. So spricht er etwa in der Rechtssache *Blaizot* davon, dass bestimmte Schreiben und Äußerungen der Kommission gegenüber Belgien geeignet waren, das Land zu einer bestimmten Rechtsauffassung zu „verleiten"[569], während es in der Entscheidung *Legros* heißt, die Besonderheiten im Zusammenhang mit einer französischen Steuer und die unterbliebene Fortsetzung eines Vertragsverletzungsverfahrens hätten einen „...Zustand der Unsicherheit geschaffen"[570]. Diese Rechtsprechung kann jedoch aus den genannten Gründen nicht überzeugen. Insofern ist die eingangs erwähnte Tendenz nur zu begrüßen, wonach der EuGH vermehrt auf seine eigene Rechtsprechung rekurriert, um das Vorliegen eines Zustandes der objektiven Rechtsunsicherheit zu begründen. Tatsächlich legen die in diesem Punkt nachgewiesenen Schwierigkeiten nahe, dass der Gerichtshof sich in Zukunft von seiner Spruchpraxis in diesem Punkt verabschieden und das Verhalten der Kommission gegenüber einen Mitgliedstaat nur noch dazu nutzen sollte, das Vorliegen einer bestehenden Rechtsunsicherheit zu belegen[571].

IV. Analyse der Gefahr schwerwiegender Störungen

Um die Wirkung *ex tunc* einer Auslegung im Sinne von Art. 267 AEUV in zeitlicher Hinsicht zu beschränken, bedarf es ausweislich der Rechtsprechung des EuGH neben dem Vorliegen eines Zustandes der objektiven Rechtsunsicherheit regelmäßig[572] der Erfüllung einer zweiten Voraussetzung, welche namentlich da-

567 Diese Problematik wird in der Lit. nur selten so erkannt wie bei *Wathelet*, FS Malherbe, 1143 (1147).

568 Zsf. auch: Schlussanträge des GA *Jacobs* v. 17. März 2005 in der Rs. C-475/03, Slg. 2006, I-9375, Rz. 76, worauf der EuGH aber mangels Entscheidungserheblichkeit nicht einzugehen brauchte.

569 *EuGH*, Urt. v. 2. Februar 1988, Rs. 24/86 (Blaizot ./. Universität Lüttich et al.), Slg. 1988, 379, Rz. 33.

570 *EuGH*, Urt. v. 16. Juli 1992, Rs. C-163/90 (Administration des Douanes et Droits Indirects ./. Legros et al.), Slg. 1992, I-4625, Rz. 31, wobei hier ausweislich Rz. 32 weitere Handlungen der Kommission dazu geeignet waren, einen Zustand der Rechtsunsicherheit auch bei den übrigen Mitgliedstaaten zu begründen.

571 Zumindest die Eignung des Verhaltens der Kommission im Rahmen des Vorverfahrens zu einer Klage gemäß Art. 258 ff. AEUV scheint neuerdings bezweifelt zu werden: Schlussanträge der GAin *Stix-Hackl* v. 8 Juli 2004 in den verb. Rs. C-453/02 und 462/02, Slg. 2005, I-1134, Rz. 60.

572 Soweit ersichtlich, hat der EuGH bisher nur in zwei Entscheidungen das Vorliegen eines Zustandes der objektiven Rechtsunsicherheit für die Anordnung einer Rückwirkungsbe-

rin besteht, dass die Rückwirkung im konkreten Falle die Gefahr schwerwiegender Störungen nach sich ziehen würde.

1. Einleitung

Das Kriterium der Gefahr schwer wiegender Störungen greift in erster Linie die wirtschaftlichen Folgen auf, die eine unbegrenzte Wirkung *ex tunc* einer Auslegung nach sich zöge[573]. Bei der Bewertung, ob dieses Merkmal im Einzelfall erfüllt ist, unterscheidet der EuGH in seiner Rechtsprechung regelmäßig zwischen einzelnen Gruppen von Betroffenen, die der Gefahr schwerwiegender Störungen ausgesetzt sind.

a) Kreis der Betroffenen

Anhand der Rechtsprechung lassen sich grundsätzlich zwei Kreise von Betroffenen ermitteln[574]: Zum einen handelt es sich um den Mitgliedstaat, in welchem sich das der Vorlagefrage zugrunde liegende Hauptsacheverfahren abspielt, und weitere Mitgliedstaaten, die sich mit einer vergleichbaren Ausgestaltung ihrer Rechtsordnung konfrontiert sehen. Kennzeichnend für diese Gruppe von Betroffenen sind regelmäßig Sachverhalte mit einem steuerrechtlichen Hintergrund[575]. Zum anderen bilden private Wirtschaftsteilnehmer vor allem in arbeitsrechtlich geprägten Sachverhaltskonstellationen den Personenkreis, bei dem die Rückwirkung einer Auslegung die Gefahr schwerwiegender Störungen für Dauerschuldverhältnisse wie etwa Dienstverträge nach sich ziehen kann[576]. Diese

schränkung ausreichen lassen: *EuGH*, Urt. v. 15. Dezember 1995, Rs. C-415/93 (Union royale belge des sociétés de football association ASBL ./. Bosman et al.), Slg. 1995, I-4921, Rz. 139 ff.; Urt. v. 30. April 1996, Rs. C-308/93 (Bestuur van de Sociaale Verzekeringsbank ./. Cabanis-Issarte), Slg. 1996, I-2097, Rz. 46 ff.

573 Vgl. *supra* in diesem Kap. in Punkt B II 1 c) aa) β) m.w.N. aus der Rspr. des EuGH.

574 Ausdrückl.: Schlussanträge des GA *Alber* v. 10. Mai 2001 in der Rs. C-294/99, Slg. 2001, I-6799, Rz. 48; diese Unterscheidung wird in der Lit. nur sehr selten gesehen: *Frenz*, Hdb. Europarecht – Bd. 5, Rn. 3421; ähnl.: *Stok/Thomson*, [2006] 34 Intertax 11, 552 (553); *Tiedtke/Mohr*, EuZW 2008, 424 (427).

575 Dies ist bei weitem der häufigste Fall, vgl. nur exemplarisch: *EuGH*, Urt. v. 3. Oktober 1996, Rs. C-126/95 (Hallouzi-Choho), Slg. 1996, I-4807, Rz. 41; Urt. v. 13. April 2010, Rs. C-73/08 (Bressol, Chaverot et al. ./. Gouvernement de la Communauté française), Slg. 2010, I-2735, Rz. 89.

576 *EuGH*, Urt. v. 13. Dezember 2001, Rs. C-481/99 (Heininger ./. Bayerische Hypo- und Vereinsbank AG), Slg. 2001, I-9945, Rz. 49; Urt. v. 1. April 2008, Rs. C-267/06 (Maruko ./. Versorgungsanstalt der deutschen Bühnen) Slg. 2008, I-1757, Rz. 75.

Betroffenen können mithin ein Interesse daran haben, die Wirkung einer Auslegung einschränken zu lassen. Darüber hinaus geben bisweilen auch die vorlegenden Gerichte das Vorliegen einer Gefahr schwer wiegenden Störung zu bedenken, wenn sie in ihrer Auslegungsfrage selbst die Möglichkeit einer Rückwirkungsbeschränkung zur Sprache bringen[577].

Bei rein quantitativer Betrachtung überwiegt eindeutig die erstgenannte Konstellation, in deren Mittelpunkt ein mitgliedstaatliches Verhalten steht. Ein anschauliches Beispiel hierfür bildet etwa die Rechtssache *Legros*. Hier wurde der EuGH um die Auslegung der Frage ersucht, ob bestimmte Vorschriften des EG-Vertrages so zu verstehen seien, dass sie die Besteuerung auf die Einfuhr von Waren in einen Teilbereich eines Mitgliedstaates auch dann verbieten, wenn jene unabhängig von ihren Ursprungsort außerhalb dieses Teilbereichs erfasst würden, mithin auch die Waren aus dem Mitgliedstaat selbst dieser Steuerpflicht unterfielen[578]. Trotz des verwirrenden Sachverhalts war klar, für welchen Beteiligten das Auslegungsurteil hier die Gefahr schwerwiegender Störungen nach sich ziehen würde – ausschließlich den Mitgliedstaat, der die Steuer erhob.

Der Grund für das zahlenmäßige Überwiegen der Fälle, in denen die Gefahr schwerwiegender Störungen von den betroffenen Mitgliedstaaten geltend gemacht wird, ist dabei auf die prozessuale Gemengelage zurückzuführen, welche diese Auslegungsentscheidungen kennzeichnet. Die von Hauptsacheverfahren betroffenen privaten Parteien haben regelmäßig keinerlei Interesse daran, eine Beschränkung der zeitlichen Wirkungen *ex tunc* einer Auslegung zu beantragen. So ordnet der EuGH selbst im Falle einer Rückwirkungsbeschränkung stets eine Rückausnahme hiervon im Anlassverfahren an[579]. Im Hauptsacheverfahren selbst findet daher in jedem Falle die neu gefundene Auslegungsregel Anwendung. Die privaten Parteien, für die regelmäßig nur der sie betreffende Rechtsstreit von Bedeutung ist, haben demnach nie ein eigenes Interesse daran, sich überhaupt mit der Frage der temporalen Problematik auseinanderzusetzen und werden dieses Feld den Mitgliedstaaten überlassen, welche die weiteren Implikationen einer Auslegung, insbesondere im Bereich des Steuerrechts, berücksichtigen[580].

577 *EuGH*, Urt. v. 19. Oktober 1995, Rs. C-137/94 (The Queen ./. Secretary of State for Health, ex parte Richardson), Slg. 1995, I-3407, Rz. 30; Urt. v. 10. Februar 2000, Rs. C-50/96 (Deutsche Telekom ./. Schröder) Slg. 2000, I-743, Rz. 30; Urt. v. 18. November 2008, Rs. C-158/07 (Förster ./. Hoofdirectie van de Informatie Beheer Groep), Slg. 2008, I-8507, Rz. 61.

578 *EuGH*, Urt. v. 16. Juli 1992, Rs. C-163/90 (Administration des Douanes et Droits Indirects ./. Legros et al.), Slg. 1992, I-4625, Rz. 3 ff.

579 St. Rspr. schon seit: *EuGH*, Urt. v. 8. April 1976, Rs. 43/75 (Gabrielle Defrenne ./. Sabena), Slg. 1976, 455, Rz. 74/75 a.E.; vgl hierzu ausführl. *infra* im 7. Kap in Punkt B m.w.N. aus der Lit. und Rspr. des EuGH.

580 I.E. in diese Richtung, aber noch nicht konsequent: *Thiele*, Europäisches Prozessrecht, § 9 Rn. 114.

b) Divergierende Anforderungen an die Beweislast

Aufgrund der Struktur von Art. 267 AEUV führt der EuGH im Rahmen des Vorabentscheidungsverfahrens regelmäßig keine eigene Beweisaufnahme durch, sondern bedient sich der Sachverhaltsangaben, die ihm von dritter Seite, zumeist durch das um eine Vorabentscheidung ersuchende Gericht in der Hauptsache, zur Verfügung gestellt werden[581]. Je nachdem, wer von der Gefahr schwerwiegender Auswirkungen betroffen ist, legt der EuGH in seiner Rechtsprechung divergierende Maßstäbe an die Anforderungen an, die an den Nachweis des Vorliegens einer solchen Gefahr geknüpft sind[582].

Beruft sich etwa der Mitgliedstaat, vor dessen Gerichten das ausgesetzte Hauptverfahren verhandelt wird, auf das Vorliegen der Gefahr schwerwiegender Störungen, so verlangt der EuGH insbesondere in der jüngeren Zeit von diesem einen substantiierten und äußerst präzisen Faktenvortrag[583], in dem die Verlässlichkeit der Berechnungsmodalitäten und die zur Debatte stehende Gesamtsumme, mit welcher ein betroffener Staatshaushalt im Falle einer sich aus der Auslegung des EuGH ergebenden Rückzahlungsverpflichtung belastet wäre, detailliert nachzuweisen sind[584].

Wie dies praktisch aussehen kann und welche Konsequenzen sich hieraus ergeben, lässt sich anschaulich an der besonders strikten Entscheidung des Gerichtshofs in der Rechtssache *Test Claimants in the FII Group Litigation* verdeutlichen[585]: Das Vereinigte Königreich stellte dem EuGH hier umfassendes Zahlenmaterial zur Verfügung, welches die Rückzahlungsverpflichtungen des Landes für den Fall verdeutlichen sollte, dass dem Antrag auf Beschränkung der umfassenden Wirkung *ex tunc* der anhängigen Vorabentscheidung nicht stattgegeben würde. Dennoch lehnten es die Luxemburger Richter ab, sich mit den Daten auch nur auseinanderzusetzen und begründeten dies mit dem unzureichenden

581 *Hackspiel*, in: Rengeling/Middeke/Gellermann, Hdb. des Rechtsschutzes in der Europäischen Union, § 24 Rn. 2 m.w.N. zur seltenen Rspr. des EuGH, wo dieser im Rahmen von Art. 267 AEUV selbst Beweis erhob.

582 In der Lit. wird dieses Problem in der Regel gar nicht diskutiert, vgl. z.B.: *Broberg/Fenger*, Preliminary References to the European Court of Justice, S. 431 ff.; *Naômé*, Le renvoi préjudiciel en droit européen, Rn. 322 ff.; *Pechstein*, EU-/EG-Prozessrecht, Rn. 863 f.; ansatzweise: *Tiedtke/Mohr*, EuZW 2008, 424 (427).

583 St. Rspr., vgl. exemplarisch: *EuGH*, Urt. v. 15. März 2005, Rs. C-209/03 (Bidar), Slg. 2005, I-2219, Rz. 70; Urt. v. 13. März 2007, Rs. C-524/04 (Test Claimants in the Thin Cap Group Litigation), Slg. 2007, I-2107, Rz. 129 f.

584 *EuGH*, Urt. v. 14. September 2006, Rs. C-228/05 (Stradasfalti), Slg. 2006, I-8391, Rz. 76; Urt. v. 18. Januar 2007, Rs. C-313/05 (Brzeziński ./. Dyrektor Izby Celnej w Warszawie), Slg. 2007, I-513, insbes. Rz. 59 f.

585 *EuGH*, Urt. v. 12. Dezember 2006, Rs. C-446/04 (Test Claimants in the FII Group Litigation), Slg. 2006, I-11753, Rz. 224.

Vortrag des Vereinigten Königreichs. So wären nur die Belastungen einer umfassenden Rückwirkung einer bestimmten Auslegung ermittelt worden, wohingegen der EuGH eine Vielzahl von Auslegungen mit jeweils anderen wirtschaftlichen Folgen für das Vereinigte Königreich hätte feststellen können. Die Konsequenzen dieser Rechtsprechung sind für die Mitgliedstaaten gleich in zweifacher Hinsicht gravierend. So verschärfte der EuGH nicht nur die Anforderungen an das zu übermittelnde Datenmaterial erheblich, auch die Folgen einer Nichtbeachtung dieser Anforderungen sind nicht zu unterschätzen, da der Gerichtshof in diesem Falle eine Erörterung der Frage, ob die Gefahr schwerwiegender Störungen vorliegen könnte, gänzlich unterlässt. Mit anderen Worten bedeutet dies, dass zwar objektiv eine derartige Gefahr durchaus vorliegen mag, der EuGH im Ergebnis dennoch nicht zu einer Beschränkung der zeitlichen Urteilswirkungen gelangen wird, da er das Kriterium schon von vorneherein nicht prüft[586].

In augenfälligem Kontrast hierzu stehen die inhaltlichen Anforderungen im Hinblick auf die gleiche Voraussetzung, wenn ein vorlegendes Gericht oder private Betroffene die Beschränkung der temporalen Urteilswirkungen anregen. Stehen im Anlassverfahren nicht staatliche Interessen auf dem Spiel, begnügt sich der Gerichtshof mit sehr viel weniger spezifischen, zum Teil sogar pauschal anmutenden Angaben zum Vorliegen einer Gefahr schwerwiegender Störungen. Zwar mag im Ergebnis das Vorliegen der Voraussetzung abgelehnt werden, doch setzt sich der EuGH stets inhaltlich mit den ihm präsentierten Fakten auseinander, mögen sie noch so dürftig sein. Als mögliche Motivation hierfür wird bisweilen ein bestehendes Informationsgefälle zwischen den Mitgliedstaaten und übrigen Betroffenen im Vorabentscheidungsverfahren zu bedenken gegeben[587]: Hinter den mitgliedstaatlichen Regierungen stünden deren Verwaltungsapparate, die am ehesten in der Lage seien, verlässliche Daten zu den Konsequenzen einer bestimmten Vorabentscheidung zu ermitteln. Im Gegensatz dazu seien die Möglichkeiten und Ressourcen privater Verfahrensbeteiligter im Hauptsacheverfahren oder der vorlegenden Gerichte begrenzt.

Daneben lassen sich jedoch auch andere Gründe für diese Differenzierung anführen. Insbesondere in Konstellationen, in den das mitgliedstaatliche Gericht die Frage nach der Modifikation der umfassenden Rückwirkung zum Teil seiner Vorlage macht, verlässt sich der Gerichtshof auf die bisweilen dürftigen Anga-

586 *EuGH*, Urt. v. 18. Januar 2007, Rs. C-313/05 (Brzeziński ./. Dyrektor Izby Celnej w Warszawie), Slg. 2007, I-513, Rz. 61; Urt. v. 12. Februrar 2009, Rs. C-138/07 (Belgien ./. Cobelfret), Slg. 2009, I-731, Rz. 69; Urt. v. 3. Juni 2010, Rs. C-2/09 (Regionalna Mitnicheska Direktsia – Plovdiv ./. Kalinchev), Slg. 2010, I-4939, Rz. 54.

587 *Lang*, IStR 2007, 235 (242); *ders*, in: Dourado/Palma Borges, The Acte Clair in EC Direct Tax Law, 133 (149), der diese Rechtfertigung i.E. aber ablehnt.

ben, die ihm von jenem zur Verfügung gestellt werden[588], auch wenn eine derartige Vorlagefrage, wie andernorts bereits gezeigt wurde, für das nationale Gericht in der Hauptsache gar nicht entscheidungserheblich und damit streng genommen sogar unzulässig ist[589]. Die Erklärung für diese wohlwollende Herangehensweise des EuGH mag hier auch in dem Kooperationsverhältnis liegen, das im Rahmen des Vorabentscheidungsverfahrens sein Verhältnis zu den nationalen Gerichten kennzeichnet. Um die Vorlagebereitschaft der mitgliedstaatlichen Spruchkörper nicht zu mindern, gibt sich der EuGH mit den ihm übermittelten Daten zufrieden[590].

Ebenso nachsichtig bewertet der Gerichtshof die Situation, wenn vordergründig Interessen von privaten Parteien auf dem Spiel stehen, wie dies schon in der Rechtssache *Defrenne II* der Fall war. Auch hier lässt er Nachweise genügen, die in anderen Konstellationen als nicht hinreichend angesehen würden[591], solange ihm ein Mindestmaß an Daten zur Verfügung gestellt wird[592]. Allerdings weicht die Begründung für seine Nachsichtigkeit in diesen Fällen von der Argumentation des EuGH in der vorhergehenden Fallkonstellation ab. Wie schon bei der Untersuchung des Grundsatzes der Rechtssicherheit nachgewiesen, können die dort angeführten Gutglaubenserwägungen nur im Rahmen des Merkmals der Gefahr schwerwiegender Störungen eine Rolle spielen[593]. Tatsächlich legen einige Schlussanträge einen solchen Zusammenhang nahe, wenn diese das Vorliegen einer Gefahr schwerwiegender Störungen nunmehr ausdrücklich anhand der Rückabwicklung einer Vielzahl von gutgläubig geschlossenen Vertragsverhältnissen belegen wollen[594]. Auch wenn der Gerichtshof selbst diese bisher nicht explizit geprüft hat, scheint sich dieser Nexus offenbar dahingehend auszuwirken, dass ein weniger strenger Maßstab angelegt wird, sobald nicht steuerrechtli-

588 Z.B.: *EuGH*, Urt. v. 11. August 1995, verb. Rs. C-367/93 und C-377/93 (Roders et al. ./. Inspecteur der Invoerrechten en Accijnzen), Slg. 1995, I-2229, Rz. 41 ff.; Urt. v. 19. Oktober 1995, Rs. C-137/94 (The Queen ./. Secretary of State for Health, ex parte Richardson), Slg. 1995, I-3407, Rz. 30 ff.

589 Vgl. hierzu ausführl. *supra* im 4. Kap. in Punkt C III m.w.N.

590 Hierzu aus rechtspolitischer Sicht eingehend: *Haltern*, Europarecht, Rn. 353 ff. m.w.N.

591 *EuGH*, Urt. v. 8. April 1976 Rs. 43/75 (Gabrielle Defrenne ./. Sabena), Slg. 1976, 455, Rz. 69/70 ff.; vgl. auch: *EuGH*, Urt. v. 15. Dezember 1995, Rs. C-415/93 (Union royale belge des sociétés de football association ASBL ./. Bosman et al.), Slg. 1995, I-4921, Rz. 139 ff.

592 *EuGH*, Urt. v. 10. Januar 2006, Rs. C-402/03 (Skov und Bilka), Slg. 2006, I-199, Rz. 53, wo dies nicht der Fall war; vgl. in diesem Kontext auch: *EuGH*, Urt. v. 21. Oktober 2012, Rs. C-242/09 (Albron Catering BV ./. FNV Bondgenoten und John Rest), Slg. 2010, I-10309, Rz. 38.

593 Vgl. hierzu *supra* in diesem Kap. in Punkt B II 1 b) m.w.N.

594 Für diesen Zusammenhang: Schlussanträge des GA *Poiares Maduro* v. 18. Mai 2006 in der Rs. C-17/05, Slg. 2006, I-9585, Rz. 68 ff.; ähnl. auch: Schlussanträge des GA *Colomer* v. 6. September 2007 in der Rs. C-267/06, Slg. 2007, I-1759, Rz. 108.

che Interessen der Mitgliedstaaten auf dem Spiel stehen, sondern es um die finanziellen Interessen privater Wirtschaftsteilnehmer geht. Diese Annahme findet auch eine Stütze in der Behandlung des EuGH von den Sachverhalten, in denen sich Mitgliedstaaten versuchen, auf das Vorliegen eines guten Glaubens zu berufen. Auf solche Ansinnen geht der Gerichtshof gar nicht ein, da sie augenscheinlich nur im Zusammenhang mit der Prüfung der wirtschaftlichen Situation von privaten Parteien Berücksichtigung finden kann[595].

2. Systematisierung der Rechtsprechung

Ebenso wie im Zusammenhang des Zustandes der objektiven Rechtsunsicherheit soll auch vorliegend versucht werden, die Rechtsprechung des EuGH zum Merkmal der Gefahr einer schwerwiegenden Störung zu systematisieren. Auf den ersten Blick scheint sich der Gerichtshof im Wesentlichen an zwei Fallgruppen zu orientieren, wenn er prüft, ob die Gefahr schwerwiegender Störungen in einer konkreten Sachverhaltskonstellation bejaht werden kann.

a) Wirtschaftliche Konsequenzen einer Auslegung

Der Gerichtshof nimmt für sich in Anspruch zu beurteilen, welche wirtschaftlichen Folgen die Wirkung *ex tunc* einer von ihm gegebenen Auslegung für den im Anlassfall betroffenen Mitgliedstaat hat. Wie sich diese Prüfung praktisch gestaltet, zeigt beispielhaft die Rechtssache *Barber*, welche die Gleichbehandlung der Geschlechter im Rahmen der betrieblichen Altersvorsorge zum Gegenstand hatte. Zunächst untersuchte der Gerichtshof hier das Vorliegen eines Zustandes der objektiven Rechtsunsicherheit, den er bejahte. Sodann wandte er sich dem vom Vereinigten Königreich übermittelten Zahlenmaterial zu und stellte dazu fest, dass „unter diesen Umständen", gemeint ist das zuvor geprüfte Kriterium, das finanzielle Gleichgewicht der Rentenkassen durch eine Wirkung *ex*

595 Ausdrückl. hat sich der EuGH hierzu bisher nur in einer Ungültigkeitsentscheidung im Sinne von Art. 267 Abs. 1 lit. b) AEUV geäußert: *EuGH*, Urt. v. 19. September 2000, verb. Rs. C-177/99 und C-181/99 (Ampafrance und Sanofi), Slg. 2000, I-7013, Rz. 65 ff.; für die vorliegende Konstellation existieren nur Urteile, in denen die Frage nicht entscheidungserheblich war: *EuGH*, Urt. v. 3. Juli 1997, Rs. C-330/95 (Goldsmiths Ltd ./. Commissioners of Customs & Excise), Slg. 1997, I-3801, Rz. 27; Urt. v. 12. Februar 2009, Rs. C-138/07 (Belgien ./. Cobelfret), Slg. 2009, I-731, Rz. 67.

tunc der Auslegung empfindlich gestört werden könnte und im Ergebnis von der Gefahr schwerwiegender Störungen ausgegangen werden müsste[596].

Der Gerichtshof nimmt die ihm präsentierten Zahlen somit lediglich zur Kenntnis und äußert sich pauschal dahingehend, die Angaben seien geeignet, eine rückwirkende Erschütterung staatlicher Finanzierungssysteme herbeizuführen[597]. Warum dies indes der Fall sein soll, verschweigt der EuGH, genauso wie er sich auf keine Schwellenwerte festlegen[598] oder Angaben zum Anknüpfungspunkt seiner Überlegungen machen will. So erhob er zum Beispiel in der Rechtssache *EKW* die Finanzierung österreichischer Gemeinden zum Maßstab und sah diese durch eine umfassende Rückwirkung seiner Auslegung, die im Ergebnis die Gemeinschaftsrechtswidrigkeit einer kommunalen Getränkesteuer zur Folge gehabt hätte, für gefährdet an[599], während eine Beschränkung der zeitlichen Urteilsfolgen im Fall *Blaizot* deshalb angenommen wurde, weil ansonsten die Finanzierung des belgischen Hochschulwesens in ihren Grundfesten erschüttert worden wäre[600].

Lediglich in einem Fall hat sich der EuGH bisher veranlasst gesehen, sich in Ansätzen mit den Angaben eines Mitgliedstaates auseinanderzusetzen, der die Gefahr schwerwiegender Störungen geltend machte. In der Rechtssache *Nádasdi*, welche die Unionsrechtswidrigkeit einer Zulassungssteuer für aus dem Ausland eingeführte Personenkraftwagen zum Gegenstand hatte, führte die im Auslegungsverfahren unmittelbar betroffene ungarische Regierung Zahlen an, die den EuGH zur Bemerkung veranlassten, „...der zu erstattende Betrag [sei] nicht so hoch, dass die Erstattung als solche die Gefahr schwerwiegender wirtschaftliche[r] Folgen nach sich zöge...“[601]. Zwar stellten diese Aussagen ein Novum im Vergleich zur bisherigen Spruchpraxis dar, da sich der EuGH hier erstmals in quantitativer Hinsicht auf eine Auseinandersetzung mit dem ihm präsentierten

596 *EuGH*, Urt. v. 17. Mai 1990, Rs. C-262/92 (Barber ./. Guardian Royal Exchange Assurance Group), Slg. 1990, I-1899, Rz. 44; ebenso: *EuGH*, Urt. v. 4. Mai 1999, Rs. C-262/96 (Sürül ./. Bundesanstalt für Arbeit), Slg. 1999, I-2685, Rz. 111.

597 Exemplarisch: *EuGH*, Rs. C-163/90, Slg. 1992, I-4625, Rz. 34; Urt. v. 9. März 2000, Rs. C-437/97 (EKW und Wein & Co.), Slg. 2000, I-1157, Rz. 59.

598 Dies gilt auch für die Entscheidung Urt. v. 31. März 1992, Rs. C-200/90 (Dansk Denkavit und Poulsen Trading ./. Skatteministeriet), Slg. 1992, I-2217, Rz 20 f.

599 *EuGH*, Urt. v. 9. März 2000, Rs. C-437/97 (EKW und Wein & Co.), Slg. 2000, I-1157, Rz. 59. Es ist nicht ersichtlich, wie *Broberg/Fenger*, Preliminary References to the European Court of Justice, S. 456 aus diesem Urteil ein nachsichtigere Haltung des EuGH gegenüber lokalen Steuern herleiten wollen.

600 *EuGH*, Urt. v. 2. Februar 1988, Rs. 24/86 (Blaizot ./. Universität Lüttich et al.), Slg. 1988, 379, Rz. 34.

601 *EuGH*, Urt. v. 5. Oktober 2006, verb. Rs. C-290/05 und 333/05 (Nádasdi und Németh ./. Vám- és Pénzügyőrség Észak-Alföldi Regionális Parancsnoksága), Slg. 2006, I-10115, Rz. 68.

Zahlenmaterial einlässt. Allerdings erscheint fraglich, ob hieraus schon eine Rechtsprechungswende abgeleitet werden kann. Tatsächlich handelt es sich bei dem Fall *Nádasdi* bisher um einen Einzelfall, dessen Begründungsmuster auf nachfolgende Fälle nicht angewandt wurde[602].

Wenn sich die Mitgliedstaaten mithin trotz der soeben geschilderten strengen Anforderungen des EuGH an die Plausibilität ihrer Daten zum Beleg der Existenz einer Gefahr schwerwiegender Störungen damit begnügen, dem EuGH scheinbar beliebiges Zahlenmaterial zu liefern, kann dies nicht ohne weiteres deren Sorglosigkeit zugeschrieben werden[603]. Auch die konturenlose Rechtsprechung des Gerichtshofs selbst leistet in dieser Hinsicht ihren Beitrag.

b) Andere Konsequenzen einer Auslegung

Neben dem pauschalen Verweis auf die Kosten einer Auslegung mit Wirkung *ex tunc* hat es den Anschein, als ob in den Augen des EuGH eine weitere Möglichkeit bestünde, das Vorliegen einer Gefahr schwerwiegender Störungen nachzuweisen. So rekurrierte er etwa in der Rechtssache *Bautiaa* auf die große Zahl von gutgläubig begründeten Rechtsverhältnissen, die in Folge der Rückwirkung einer Auslegung modifiziert werden müssten, um das Merkmal der Gefahr schwerwiegender Störungen beispielhaft zu erläutern[604], während er in der Rechtssache *Griesmar* die große Anzahl der Berechtigten in Betracht zog, die Anspruch auf die Auszahlung einer Leistung hätten[605].

Auf den ersten Blick scheint der Gerichtshof in diesen Fällen nicht nur die Kosten der Rückwirkung einer Auslegung im Fokus zu haben, sondern auch anderweitige tatsächliche Probleme berücksichtigen zu wollen. Indes täuscht dieser Eindruck, wie auch seine Aussagen in der Rechtssache *Cooke & Sons* verdeutlichen, wo er den Antrag des Vereinigten Königreichs auf zeitliche Beschränkungen seiner Urteilswirkung mit dem ausdrücklichen Hinweis ablehnte, die „...angeführten administrativen und praktischen Schwierigkeiten“ seien nicht für

602 Vgl. in jüngerer Vergangenheit etwa: *EuGH*, Urt. v. 7. Juli 2011, Rs. C-263/10 (Iulian Nisipeanu ./. Direcţia Generală a Finanţelor Publie Groj et al.), Slg. 2011, I-0000, Rz. 36 mit dem Hinweis auf „*...l'absence des données chifrées plus précises...*“.

603 *EuGH*, Urt. v. 13. Dezember 2001, Rs. C-481/99 (Heininger ./. Bayerische Hypo- und Vereinsbank AG), Slg. 2001, I-9945, Rz. 53.

604 *EuGH*, Urt. v. 13. Februar 1996, verb. Rs. C-197/94 und C-252/94 (Bautiaa und Société française maritime ./. Directeurs des services fiscaux des Landes et du Finistère), Slg. 1996, I-505, Rz. 48.

605 *EuGH*, Urt. v. 29. November 2001, Rs. C-366/99 (Griesmar ./. Ministre de l'Économie, des Finances et de l'Industrie), Slg. 2001, I-9383, Rz. 77.

die Begründung einer Gefahr schwerwiegender Störungen geeignet[606]. Wenn aber die Überlastung von Gerichten oder Behörden keine Berücksichtigung finden kann, bleibt von der vorliegend untersuchten Fallgruppe nicht viel übrig. Auch hier geht es dem Gerichtshof somit offenbar ausschließlich um die hochgerechneten Kosten als Ganzes, welche die Rückabwicklung der zahlreichen Einzelfälle nach sich zieht[607].

3. Diskussion und Bewertung

Nachdem gezeigt werden konnte, welchen Inhalt der Gerichtshof dem Merkmal der Gefahr schwerwiegender Störungen gegeben hat, ist diese Voraussetzung selbst sowie die hierzu ergangene Rechtsprechung des EuGH einer kritischen Würdigung zu unterziehen. Entgegen der herrschenden Meinung, die ungefragt an dem Merkmal festhält, wird vorliegend nachzuweisen sein, dass mit ihm eine Vielzahl von Problemen einhergehen, die es erwägenswert erscheinen lassen, auf seine Verwendung in Zukunft zu verzichten[608].

a) Bewertung der Rechtsprechung des EuGH

Ausgerechnet der Gerichtshof selbst benennt in mittlerweile ständiger Rechtsprechung den gewichtigsten Einwand gegen das von ihm entwickelte Kriterium, wenn er die Notwendigkeit des kumulativen Vorliegens einer Gefahr schwerwiegender Störungen mit dem Zustand der objektiven und bedeutenden Rechtsunsicherheit für die Beschränkung der zeitlichen Urteilswirkungen betont. Es handelt sich um den Vorwurf der Besserstellung der schwersten Verstöße gegen das Unionsrecht. Würden, so der Gerichtshof etwa in der Rechtssache *Roders et al.*, nur die wirtschaftlichen Konsequenzen einer Entscheidung für die Beschränkung von deren Wirkung *ex tunc* ausschlaggebend sein, so käme der Mitgliedstaat, der einen besonders lange andauernden oder finanziell gravierenden Verstoß gegen unionsrechtliche Bestimmungen zu verantworten hat, mit größerer Wahrscheinlichkeit in den Genuss einer Urteilsbeschränkung als andere betroffene Mitgliedstaaten, deren Verstöße weniger schwer und damit auch weni-

606 *EuGH*, Urt. v. 12. Oktober 2000, Rs. C-372/98 (Cooke & Sons), Slg. 2000, I-8683, Rz. 43.
607 Zutreffend in dieser Hinsicht: *Vording/Lubbers*, [2006] B.T.R. 1, 91 (105).
608 Vorsichtig hierfür: *Jann*, EuGRZ 2006, 523 (524 f.); *Lang*, IStR 2007, 235 (244).

ger folgenreich sind[609]. Zudem hätte eine derartige Herangehensweise, wie der EuGH in der Rechtssache *Brouwer* betonte, auch Folgen für die Rechtsubjekte in den betroffenen Mitgliedstaaten, da diese ausgerechnet bei besonders gravierenden Rechtsverstößen befürchten müssen, durch die Beschränkung der zeitlichen Wirkung der Vorabentscheidung eine Verkürzung ihres Individualrechtsschutzes auf nationaler Ebene zu erfahren[610].

Dass beides paradox anmutet und für das Verhalten der Mitgliedstaaten den falschen Anreiz zu besonders schwerwiegenden Verstößen gegen die Unionsrechtsordnung setzen würde, der das übergeordnete Ziel einer einheitlichen Anwendung des Gemeinschaftsrechts in allen Staaten der Union vollkommen konterkariert, ist dem Gerichtshof offenbar bewusst und auch in der Literatur seit längerem bekannt[611]. Dennoch hat der EuGH dies nicht zum Anlass für eine kritische Reflexion über die Geeignetheit des Merkmals an sich genutzt, sondern betont lediglich die Notwendigkeit des kumulativen Vorliegens beider Merkmale, was gerade in jüngerer Vergangenheit lediglich die praktische Konsequenz hatte, dass eine inhaltliche Prüfung einer Voraussetzung gar nicht erst erfolgte, wenn das Fehlen der anderen feststand[612].

Kritisch an der Rechtsprechung des EuGH ist weiterhin dessen Uneinheitlichkeit hervorzuheben. So differenziert er sowohl hinsichtlich der von einer Gefahr schwerwiegender Störungen Betroffenen als auch in Bezug auf deren Nachweispflichten für das Vorliegen des Merkmals. Obgleich sich durchaus Gründe für eine derartige Ungleichbehandlung finden lassen[613], stellt sich dennoch die Frage, ob sie in der Lage sind, die zahlreichen Nachteile, die mit einer solchen differenzierenden Spruchpraxis einhergehen, aufzuwiegen. Dies gilt insbesondere hinsichtlich der Nachweispflichten, die der EuGH den Mitgliedstaaten aufgebürdet hat, denen diese – vor dem Hintergrund der in *Test Claimants in the FII Group Litigation* aufgestellten holistischen Anforderungen – kaum mehr nachzukommen in der Lage sind. Tatsächlich zeigt insbesondere die jüngere Recht-

609 So explizit etwa: *EuGH*, Urt. v. 11. August 1995, verb. Rs. C-367/93 und C-377/93 (Roders et al. ./. Inspecteur der Invoerrechten en Akijnzen), Slg. 1995, I-2229, Rz. 48.

610 *EuGH*, Urt. v. 29. Juli 2010, Rs. C-577/08 (Rijksdienst voor Pensioenen ./. Elisabeth Brouwer), Slg. 2010, I-7489, Rz. 35; vgl. in diesem Sinne auch schon: *Hyland*, [1995] 2 I.J.E.L., 208 (222) m.w.N. auf Schlussanträge des GA *Tesauro*.

611 Zu dieser Einschätzung exemplarisch statt vieler: *Waldhoff*, EuR 2006, 615 (634).

612 Vgl. hierzu *supra* in diesem Kap. in Punkt B II 1 c) bb) β) m.w.N. aus der Rspr.

613 *Ibid.* Sowie die jüngere Rspr.:*EuGH*, Urt. v. 7. Juli 2011, Rs. C-263/10 (Iulian Nisipeanu ./. Direcţia Generală a Finanţelor Publie Groj et al.), Slg. 2011, I-97*, Rz. 36 f.; Urt. v. 10. Mai 2012, verb. Rs. C-338/11–C-347/11 (Santander Asset Management SGIIC SA ./. Directeur des résidents à l'étranger et des services généraux et al.), Slg. 2012, I-0000, Rz. 62 f.; Urt. v. 19. Juli 2012, Rs. C-263/11 (Ainārs Rēdlihs ./. Valsts ieņēmumu dienests), Slg. 2012, I-0000, Rz. 63 f.

sprechung, welche praktischen Schwierigkeiten mit der Bestimmung des den Ansprüchen des EuGH genügenden Zahlenmaterials verbunden sind[614].

Ein weiteres zentrales Problem, das mit unmittelbar mit der hier untersuchten Rechtsprechung des EuGH zusammenhängt, liegt in der Beliebigkeit seiner Ergebnisse begründet. Ohne dass dies vom Gerichtshof gesteuert werden könnte, hängt es weitgehend vom Zufall ab, ob ein betroffener Mitgliedstaat, das vorlegende Gericht oder – in den seltensten Fällen – eine Partei des Hauptsacheverfahrens die Beschränkung der zeitlichen Wirkung beantragen wird. Zudem hat der Gerichtshof die Kompetenz, die Voraussetzungen für eine Beschränkung der zeitlichen Urteilswirkungen *ex officio* zu prüfen, wobei er sich von vorneherein nur auf die ihm zur Verfügung gestellten Angaben stützen kann. Zwar zeigt eine empirische Betrachtung, dass in der Mehrzahl der Fälle tatsächlich die mitgliedstaatlichen Regierungen diesen Weg beschreiten, doch zwingend ist dies keinesfalls. Warum aber letztendlich die Prüfungsdichte in einer bestimmten Konstellation von einer derartigen Zufälligkeit abhängen soll, leuchtet gerade aus dem Blickwinkel der durch die Rückwirkungsbeschränkung betroffenen Dritten, die auf das laufende Vorabentscheidungsverfahren keinen Einfluss haben, nicht ein. Dies gilt umso mehr, wenn man sich nochmals vor Augen führt, dass nach der eigenen Rechtsprechung eine der Hauptbeweggründe des EuGH für die Begrenzung der zeitlichen Urteilswirkungen gerade in Rechtssicherheitserwägungen zu suchen ist, die durch die gegenwärtige Herangehensweise gerade konterkariert werden.

b) Bewertung des Kriteriums

Signifikanter sind indes schon die Bedenken gegen das Merkmal der Gefahr schwerwiegender Störungen als solchem, das sich kaum mit dem Grundsatz der einheitlichen Anwendung des Unionsrechts vereinbaren lässt[615]. Wie schon im Zusammenhang mit dem Kriterium des Zustandes der objektiven Rechtsunsicherheit angesprochen, bedingt dieser Grundsatz eine unionseinheitliche temporale Beschränkung der Wirkungen einer Auslegung in allen Mitgliedstaaten. Solange man, wie der EuGH, eine territoriale Begrenzung von Auslegungsent-

614 Vgl. etwa *Balmes/Ribbrock*, BB 2006, 17 (19), welche diese Schwierigkeiten im Zusammenhang mit der Rechtssache *Meilicke* darstellen; ähnl.: *Dubos*, Les jurisdictions nationales, le juge communautaire, Rn. 653.

615 Vgl. hierfür bisher – soweit ersichtlich – nur: *Lang*, [2007] 35 Intertax 4, 230 (238 ff.); *ders.*, IStR 2007, 235 (236 ff.).

scheidungen ablehnt[616], muss dies bedeuten, dass die Voraussetzungen für eine solche Beschränkung in allen Mitgliedstaaten auch vorliegen.

Gerade dies gewährleistet das Merkmal der Gefahr schwerwiegender Störungen in seiner vorliegenden Form nicht. Den Anknüpfungspunkt bilden für den EuGH die wirtschaftlichen Auswirkungen auf den jeweils im Hauptsacheverfahren betroffenen mitgliedstaatlichen Haushalt. Darüber hinaus differenziert der Gerichtshof innerhalb des nationalen Kontexts bisweilen sogar regional und sektoral[617]. Diese Vorgehensweise hat mit einem Ansatz, der die EU als Ganzes im Blick hat, kaum etwas zu tun. So kann beispielsweise die Rückabwicklung von Sachverhalten, die auf einer unionsrechtswidrig erhobenen Abgabe beruhen, in einem Staat, in dem diese Steuer regional erhoben wird, erhebliche und damit berücksichtigungswürdige Konsequenzen für die regionalen Haushalte entfalten, während die gleiche Steuer in einem anderen Mitgliedstaat möglicherweise zentral erhoben wird, wodurch ihr Wegfall im Gesamthaushalt nicht weiter auffällt und somit nicht geeignet ist, die Gefahr schwerwiegender Störungen herbeizuführen. Die Prüfung des EuGH, ob die Gefahr schwerwiegender Störungen auf nationaler oder regionaler Ebene beziehungsweise für die Finanzierung eines bestimmten Sektors vorliegt, beruht jeweils auf nationalen Strukturentscheidungen, die einer Überprüfung oder Wertung durch den Gerichtshof grundsätzlich entzogen sind. Im Falle einer Steuer etwa hat er keinen Einfluss darauf, ob diese kommunal, regional oder zentral erhoben wird und ob dies in den Mitgliedstaaten einheitlich geregelt wird oder nicht. Dies wiederum macht die Festlegung eines einheitlichen Anknüpfungspunktes für die Prüfung, ob die Gefahr einer schwerwiegenden Störung vorliegt, von vorneherein praktisch unmöglich. Streng genommen müsste der Gerichtshof in einem solchen Fall für jeden Mitgliedstaat im Rahmen einer separaten Untersuchung feststellen, ob die Voraussetzung gegeben ist oder nicht, womit er schon in logistischer Hinsicht überfordert wäre[618]. Mithin berücksichtigt er diese Differenzen zwischen den einzelnen Rechtsordnungen der Mitgliedstaaten in seiner Rechtsprechung überhaupt nicht, sondern schließt stattdessen ausgehend von der Analyse der Sachlage in einem Mitgliedstaat auf das Vorliegen einer Gefahr schwerwiegender Störungen, die eine unionsweite Beschränkung der Rückwirkung einer Auslegung rechtfertigt.

616 Vgl. hierzu die Diskussion *infra* im 9. Kap. in Punkt B II 3 m.w.N. aus der Rspr. des EuGH, Urt. v. 6. März 2007, Rs.C-292/04 (Wienand Meilicke et al. ./. Finanzamt Bonn-Innenstadt), Slg.2007, I-1835, Rz. 32 ff.

617 *Lang*, IStR 2007, 235 (238 f.) mit Verweis etwa auf: *EuGH*, Urt. v. 9. März 2000, Rs. C-437/97 (EKW Wien und Wein & Co.), Slg. 2000, I-1157 ff.; Urt. v. 2. Februar 1988, Rs. 24/86 (Blaizot ./. Universität Lüttich), Slg. 1988, 379 ff.; Urt. v. 13. Februar 1985, Rs. 293/83 (Gravier ./. Stadt Lüttich), Slg. 1985, 593 ff.

618 Ausdrückl. zu diesen Schwierigkeiten: *Lang*, in: Dourado/Palma Borges, The Acte Clair in Direct Tax Law, 133 (149 f.); ähnl. auch: *ders.*, IstR 2007, 235 (239).

In der Literatur wird daher vereinzelt ein anderer Ansatzpunkt gewählt. Ausgehend von dem übergeordneten Ziel des Vorabentscheidungsverfahrens nach Art. 267 AEUV, die einheitliche Anwendung des Unionsrechts in allen Mitgliedstaaten zu wahren, wird für die inhaltliche Ausfüllung des vorliegend untersuchten Kriteriums an ein überstaatliches Merkmal angeknüpft: Nur wenn außer dem im Auslegungsverfahren unmittelbar auftretende Mitgliedstaat auch andere Mitgliedstaaten durch eine Rückwirkung des Urteils *ex tunc* betroffen sind, sollte die Gefahr einer schwerwiegenden Störung angenommen werden können. Dies könnte im Einzelfall beispielsweise dann bejaht werden, wenn andernfalls eine Beeinträchtigung des störungsfreien Funktionierens des Gemeinsamen Marktes beklagt werden müsste[619].

Dieser Gedanke, dessen Herzstück das Funktionieren des Gemeinsamen Marktes darstellt, lässt sich indes noch weiterführen. So spielen wirtschaftliche Erwägungen in fast allen Bereichen des Unionsrechts eine herausragende Rolle. Dies verwundert nicht sonderlich, ist doch der hinter der europäischen Einigung stehende Gedanke zuvörderst die Idee einer Wirtschaftsintegration in einem Gemeinsamen Markt, was Niederschlag auch in den Gründungsverträgen findet[620]. So nennt Art. 3 Abs. 3 EUV die Errichtung eines Binnenmarktes als maßgebliches Ziel der Europäischen Union, und erstreckt folgerichtig deren Zuständigkeit gemäß Art. 4 Abs. 2 lit. a) AEUV auf diesen Bereich. Die europäische Integration bringt somit wesensnotwendig wirtschaftliche Konsequenzen für die Mitgliedstaaten der EU mit sich, an welcher der EuGH durch seine Rechtsprechung einen signifikanten Anteil hatte und auch weiterhin hat[621]. Wenn aber wirtschaftliche Folgen der europäischen Einigung immanent und daher in Kauf zu nehmen sind, stellt sich die Frage, ob dies nicht auch für die Gefahr schwerwiegender Störungen gelten muss. Wie andernorts bereits dargelegt[622], zieht die Beschränkung der temporalen Urteilswirkungen schließlich nach sich, dass eine bestimmte Auslegung des Unionsrechts oder eine ungültige Norm des Sekundärrechts nicht umfassend aus der europäischen Rechtsordnung getilgt wird, sondern zumindest für in der Vergangenheit liegende Rechtsverhältnisse noch Wirkungen

619 Zum Ganzen: *Dauses*, in: ders., Hdb. des Europäischen Wirtschaftsrechts, P.II Rn. 231; *ders.*, Das Vorabentscheidungsverfahren nach Artikel 177 EG-Vertrag, S. 151, jeweils ohne weiteren Nachweise.

620 Allgemein zu dem Thema statt aller: *Craig/de Búrca*, EU Law, S. 604 ff.; *Ipsen*, Europäisches Gemeinschaftsrecht, § 28 Rn. 26 ff.; *Schwarze*, Europäisches Wirtschaftsrecht, Rn. 20 ff.

621 Mithin wird der EuGH als weiterer „Motor der Integration" verstanden; vgl. zu diesem Konzept etwa: *Calliess*, NJW 2005, 929 (933); *Oppermann*, DVBl. 1994, 901 (905 f.); *Tomuschat*, FS Ress, 857 (869 ff.).

622 Vgl. *supra* in diesem Kap. in Punkt B II 1 m.w.N. aus der Lit. und Rspr.

zeitigt. Im gegebenen Kontext wirkt sich die Beschränkung der Rückwirkung von Vorabentscheidungen mithin integrationshemmend aus.

Letzteres kann in Ausnahmefällen aus Gründen der Rechtssicherheit hingenommen werden. Allerdings stellt sich dann die Frage, ob als eine der Voraussetzungen für ein derartiges Integrationshemmnis ausgerechnet die Gefahr schwerwiegender Störungen gelten sollte, in dessen Rahmen nach der bisherigen Rechtsprechung des Gerichtshofs im Ergebnis auch nur wirtschaftliche Erwägungen Berücksichtigung finden. In anderen Zusammenhängen zeigt sich der EuGH bei der Berücksichtigung ökonomischer Konsequenzen zur Rechtfertigung von Ausnahmen sehr viel restriktiver. Im Bereich der Grundfreiheiten beispielsweise entspricht es der ständigen Rechtsprechung, derartige Folgen grundsätzlich unberücksichtigt zu lassen[623]. So hat der Gerichtshof zu den heute in Art. 36 AEUV normierten Ausnahmen vom Verbot von mengenmäßigen Beschränkungen schon sehr früh festgelegt, dass diese ausschließlich nichtwirtschaftlicher Art sein dürfen[624], ein Grundsatz, der aufgrund der allgemeinen Erwägungen, die hinter ihm stehen, ausweislich seiner Rechtsprechung auch auf die anderen Grundfreiheiten zu übertragen ist[625].

Diese durchaus strikte Haltung des EuGH im Hinblick auf wirtschaftlich motivierte Ausnahmen von der Anwendbarkeit der Grundfreiheiten steht mithin in diametralem Gegensatz zu seiner Herangehensweise bei der zeitlichen Beschränkung von Vorabentscheidungen, wo ausgerechnet gravierende ökonomische Folgen zu einem der Entscheidungsmaßstäbe erhoben werden. Aufgrund der identischen Zielsetzung beider Bereiche, die letztendlich in der Verwirklichung und Durchsetzung eines einheitlichen Binnenmarktes wurzeln und aufgrund der aufgezeigten gravierenden Schwierigkeiten im Hinblick auf das Kriterium der Gefahr schwerwiegender Störungen wäre es jedoch überlegenswert, sich im Rahmen dieser Voraussetzungen an der Rechtsprechung des Gerichtshofs zu den Grundfreiheiten zu orientieren und wirtschaftliche Erwägungen, zumal solche, die auf nationaler Ebene begründet sind, als Rechtfertigung für einen Ausnahmetatbestand nicht mehr heranzuziehen[626].

Für diesen Fall könnte indes auch die gänzliche Abschaffung der Voraussetzung der Gefahr schwerwiegender Störungen ins Auge gefasst werden[627]. Wie

623 St. Rspr., vgl. statt vieler: *EuGH*, Urt. v. 13. Mai 2003, Rs. C-385/99, (Müller-Fauré und van Riet), Slg. 2003, I-4509, Rn. 72.

624 *EuGH*, Urt. v. 19. Dezember 1961, Rs. 7/61 (Kommission ./. Italien), Slg. 1961, 693 (720); siehe statt aller aus der Lit auch: *Barnard*, The Substantive Law of the EU, S. 64 ff. m.w.N. aus der Rspr. des EuGH.

625 So z.B.: *Becker*, in: Schwarze, EU-Kommentar, Art. 36 AEUV Rn. 61 m.w.N.

626 *De jurisprudentiae ferenda* zutreffend: *Karpenstein*, in: Grabitz/Hilf, Das Recht der Europäischen Union, Art. 234 EGV Rn. 106.

627 In diese Richtung wohl nur noch: *Lang*, IStR 2007, 235 (244).

andernorts bereits dargelegt, müssen nach dem gegenwärtigen Stand der Rechtsprechung die beiden Voraussetzungen für eine Beschränkung der zeitlichen Wirkung einer Auslegung kumulativ vorliegen. Wenn der EuGH zudem in ständiger Rechtsprechung betont, dass die Gefahr schwerwiegender Störungen für sich alleine keinesfalls für eine Rückwirkungsbeschränkung ausreicht[628], würde durch eine Streichung des Kriteriums keine substantielle Änderung seiner Rechtsprechung auftreten. Keine Konstellation, in dem bisher schon Gründe der Rechtssicherheit einer Wirkung *ex tunc* entgegenstehen, würde aus dem Anwendungsbereich der Ausnahmen herausfallen. Im Gegenteil könnten einige der Rechtssachen, denen der EuGH nach dem gegenwärtigen Stand der Rechtsprechung den Genuss einer Rückwirkungsbeschränkung versagt, weil die Gefahr schwerwiegender Störungen im konkreten Einzelfall nicht nachgewiesen werden konnte, in Zukunft von einer solchen Modifikation der Kriterien profitieren. Damit wären im Ergebnis auch jene Kritiker zufriedengestellt, die für eine stärkere Beachtung des von den Mitgliedstaaten vorgetragenen Einwands der schwerwiegenden wirtschaftlichen Konsequenzen einer Rückwirkung plädieren und dies damit begründen, dass eine Nichtbeachtung dieser mitgliedstaatlichen Vorbringen durch den EuGH langfristig zu einer einem Boykott der Entscheidungen des Gerichtshofs durch die Mitgliedstaaten selbst führen könnte[629].

Angesichts dieser durchgreifenden Bedenken gegen das Kriterium der Gefahr schwerwiegender Störungen wird daher vorgeschlagen, in Zukunft diese Merkmal gänzlich aufzugeben.

V. Formelle Voraussetzungen für die zeitliche Rückwirkungsbeschränkung

Nachdem der Inhalt der materiellen Voraussetzungen für eine Rückwirkungsbeschränkung dargestellt wurde, sind nunmehr abschließend die formellen Voraussetzungen zu erörtern.

1. Einleitung

Wie eingangs in diesem Kapitel angerissen, gesellen sich zu den soeben erläuterten materiellen Voraussetzungen zwei weitere Kriterien, deren Vorliegen der Ge-

628 Schlussanträge der GAin *Kokott* v. 18. September 2007 in der Rs. C-161/06, Slg. 2007, I-10846, Rz. 94 m.w.N. aus der st. Rspr. des EuGH; *Wegener*, in: Calliess/Ruffert, EUV/AEUV, Art. 267 AEUV Rn. 51.

629 *Dubos*, Les jurisdictions nationales, juge communautaire, Rn. 551; *Tiedtke/Mohr*, EuZW 2008, 424 (427); *Vording/Lubbers*, [2006] B.T.R. 1, 91 ff.

richtshof prüft, ehe er die Beschränkung der zeitlichen Wirkung *ex tunc* einer Auslegung anordnet. Hierbei handelt es sich zum einen um das Erfordernis, dass beide der besprochenen materiellen Voraussetzungen kumulativ erfüllt sein müssen. Dieses Kriterium bereitet in der Literatur und Rechtsprechung keine Probleme, sondern wird als rechtspolitische Entscheidung des EuGH kommentarlos hingenommen[630]. Zum anderen geht der Gerichtshof auch davon aus, dass eine Rückwirkungsbeschränkung nur in dem Urteil in Frage kommt, in dem er sich inhaltlich erstmals mit der Auslegung auseinandersetzt, die eventuell einer Beschränkung bedarf. Im Folgenden soll dieses Kriterium einer näheren Würdigung unterzogen.

2. Systematisierung der Rechtsprechung

Erstmalig formulierte der EuGH die vorliegend zu untersuchende Voraussetzung in seiner Entscheidung in der Rechtssache *Dansk Denkavit*, indem er postulierte, dass eine Beschränkung der zeitlichen Wirkung *ex tunc* einer Auslegung „in dem Urteil selbst enthalten sein [muss], durch das über das Auslegungsersuchen entschieden wird“[631]. Seitdem geht er in ständiger Rechtsprechung von dem Erfordernis eines zeitlichen Zusammenfallens der Prüfung einer Rückwirkungsbeschränkung und der zu beschränkenden Auslegung selbst aus[632]. Wie dies im Einzelnen aussieht, lässt sich anhand der Spruchpraxis des Gerichtshofs selbst verdeutlichen.

a) Die Rechtsprechung des EuGH in *Barber* und den Folgeurteilen

Als besonders illustrativ für die Darstellung des formellen Kriteriums der erstmaligen Befassung mit einer Auslegungsfrage erweist sich die Vorabentscheidung des EuGH in der Rechtssache *Barber*, deren Wirkung *ex tunc* eine Beschränkung erfuhr, und die sie nachfolgenden Entscheidungen, in welchen ähnliche Fragestellungen aufgeworfen wurden wie in *Barber* selbst und die

630 Vgl. hierzu *supra* in diesem Kap. in Punkt B II 1 c) bb) β) m.w.N. aus Lit. und Rspr.

631 *EuGH*, Urt. v. 27. März 1980, Rs. 61/79 (Amministrazione delle Finanze dello Stato ./. Denkavit Italiana), Slg. 1980, 1205, Rz. 18.

632 Vgl. hierzu die Bsp. aus der Rspr. *supra* in diesem Kap. in Punkt B II 1 c) bb) α).

ebenfalls auf die Möglichkeit einer Rückwirkungsbeschränkung untersucht wurden[633].

In *Barber* selbst wandte der Gerichtshof erstmalig ex-Art. 119 EWGV, der schon im Mittelpunkt der Entscheidung *Defrenne II* gestanden hatte, auf Betriebsrenten an und stellte fest, dass auch diese dem Grundsatz der Entgeltgleichheit für beide Geschlechter unterworfen sind. Da es sich hierbei um eine neuartige Auslegung handelte, schloss er zugleich die Anwendbarkeit der Interpretation für die Vergangenheit aus, wie er dies in einem anderen Kontext bereits in *Defrenne II* getan hatte[634].

An *Barber* schlossen sich in der Folgezeit eine Vielzahl von Entscheidungen an, die eine Präzisierung dieses Urteils erwirken wollten, so auch die Rechtssache *Ten Oever*, welche die Frage der Anwendbarkeit von ex-Art. 119 EWGV auf Hinterbliebenenrenten zum Gegenstand hatte[635]. Dies bejahte der EuGH und war – wie in *Barber* – mit der Frage dem temporalen Effekt seines Urteils konfrontiert. Anders als noch in jener Entscheidung beschränkte er die Rückwirkung seiner Auslegung nicht nach dem Muster, wie es seit *Defrenne II* bekannt ist. Da eine zeitliche Beschränkung der in *Ten Oever* maßgeblichen Auslegung in der Rechtssache *Barber* erfolgt war, stellte der EuGH auf dieses Urteil ab und ließ für die Entscheidung in *Ten Oever* eine eingeschränkte Wirkung *ex tunc* zu, die auf den Zeitpunkt der Auslegung in *Barber* zurückwirkte[636].

Ebenfalls im Gefolge der Rechtssache *Barber* befasste sich der Gerichtshof in der Rechtssache *Vroege* mit ex-Art. 119 EWGV, wobei dieses Vorlageersuchen die Frage betraf, inwieweit ein Anspruch, an ein Betriebsrentensystem angeschlossen zu werden, geschlechterdiskriminierungsfrei ausgestaltet sein muss[637]. Die Parallelen zu *Barber* lagen für das um die Vorabentscheidung ersuchende Gericht auf der Hand, so dass es bei der Formulierung der Vorlagefrage bereits

633 Zu dieser Rechtsprechung aus arbeitsrechtlicher Sicht, vgl. etwa: *Huep*, Beschränkung einer Rückwirkung neuer richterlicher Erkenntnisse auf ältere Sachverhalte, S. 85 ff. m.w.N. aus der Rspr. des EuGH.

634 *EuGH*, Urt. v. 17. Mai 1990, Rs. C-262/88 (Barber ./. Guardian Royal Exchange Assurance Group), Slg. 1990, I-1889, Rz. 41 ff.

635 *EuGH*, Urt. v. 6. Oktober 1993, Rs. C-109/91 (Ten Oever ./. Stichting Bedrijfspensoensfonds voor het Glazenwassers- en Schoonmaakbedrijf), Slg. 1993, I-4879 ff.

636 *EuGH*, Urt. v. 6. Oktober 1993, Rs. C-109/91 (Ten Oever ./. Stichting Bedrijfspensoensfonds voor het Glazenwassers- en Schoonmaakbedrijf), Slg. 1993, I-4879, Rz. 19 f.; ebenso: *EuGH*, Urt. v. 14. Dezember 1993, Rs. C-110/91 (Moroni ./. Collo), Slg. 1990, I-6591, Rz. 33.

637 *EuGH*, Urt. v. 28. September 1994, Rs. C-57/93 (Vroege ./. NCIV), Slg. 1994, I-4541 ff.; vgl. ebenso: *EuGH*, Urt. v. 28. September 1994, Rs. C-128/93 (Fisscher ./. Voorhuis Hengelo und Stichting Bedrijfspensioensfonds voor de Detailhandel), Slg. 1994, I-4583, dort inbes. Rz. 26 f.

von einer Anwendbarkeit der in jenem Urteil aufgestellten Grundsätze ausging. Der EuGH allerdings teilte diese Auffassung nicht und sah in der ihm vorgelegten Frage Gemeinsamkeiten zu einem noch älteren Urteil in der Rechtssache *Bilka* gegeben, in welchem er im Ausschluss von Teilzeitkräften eine gegen ex-Art. 119 EWGV verstoßende Diskriminierung erblickte. Da es sich hierbei um ein Urteil handelte, dass noch vor der maßgeblichen Rechtssache *Barber* ergangen war, konnte der Gerichtshof folgerichtig die dort festgelegte Beschränkung der zeitlichen Urteilswirkungen auch in *Vroege* nicht zum Maßstab erheben[638]. Stattdessen untersuchte er die Entscheidung *Bilka* auf deren zeitliche Beschränkung hin, ohne fündig zu werden, so dass damit auch die Rechtssache *Vroege* hätte eine umfassende Wirkung *ex tunc* entfalten müssen. Indessen sah der EuGH die Möglichkeit einer Parallele von *Vroege* zu *Defrenne II* als gegeben an, so dass er kurzerhand auf die Rückwirkungsbeschränkung in dieser Entscheidung abstellte, um die temporalen Wirkungen von *Vroege* zumindest in Teilen abzumildern[639].

b) Die Rechtssache *Förster*

Kennzeichnend für eine andere Fallkonstellation als die komplexen, soeben im Zusammenhang mit *Barber* geschilderten Sachverhalte ist die Rechtssache *Förster*, welche inhaltlich die Fragestellung betraf, inwieweit ein Arbeitnehmer nach Beendigung seiner Tätigkeit im Hoheitsgebiet eines Mitgliedstaates verbleiben darf, dessen Staatsangehöriger er nicht ist[640].

Die materielle Prüfung der aufgeworfenen Rechtsfrage veranlasste den EuGH zu der Feststellung, die relevante Auslegung bereits in der Rechtssache *Bidar* gegeben zu haben[641]. Im Rahmen dieser Entscheidung hatte sich der Gerichtshof auch ausführlich mit der Problematik des temporalen Effekts seiner dort gefundenen Auslegung beschäftigt und war dort explizit zu dem Schluss gelangt, dass die Voraussetzungen für die Einschränkung der Rückwirkung in dem Fall nicht

638 *EuGH*, Urt. v. 28. September 1994, Rs. C-57/93 (Vroege ./. NCIV), Slg. 1994, I-4541, Rz. 31 mit Verweis auf das Urt. v. 13. Mai 1986, Rs. 170/84 (Bilka ./. Weber von Hartz), Slg. 1986, 1607 ff.; vgl. zum Ganzen zsf. auch: *Hyland*, [1995] 2 I.J.E.L., 208 (214 ff.).

639 *EuGH*, Urt. v. 28. September 1994, Rs. C-57/93 (Vroege ./. NCIV), Slg. 1994, I-4541, Rz. 29 f.; ebenso in: *EuGH*, Urt. v. 24. Oktober 1996, Rs. C-435/93 (Dietz ./. Stichting Thuiszorg Rotterdam), Slg. 1996, I-5223, Rz. 21; Urt. v. 11. Dezember 1997, Rs. C-246/96 (Magorrian und Cunningham ./. Eastern Health and Social Services Board and Department of Health and Social Services), Slg. 1997, I-7153, Rz. 30.

640 *EuGH*, Urt. v. 18. November 2008, Rs. C-158/07 (Förster ./. Hoofdirectie van de Informatie Beheer Groep), Slg. 2008, I-8507 ff.

641 *EuGH*, Urt. v. 15. März 2005, Rs. C-209/03 (Bidar), Slg. 2005, I-2119 ff.

gegeben waren[642]. Anders als in der Rechtssache *Vroege* hatte dies in *Förster* aber nicht zur Folge, dass der EuGH nun auf eine andere Vorabentscheidung in einem ähnlichen Sachverhalt hätte abstellen können, in welcher er die Beschränkung der Wirkung *ex tunc* für angezeigt gehalten hatte. In Ermangelung einer solchen „Auffangentscheidung" kam somit auch in der Rechtssache *Förster* denklogisch nur die Anordnung der Rückwirkung in Frage. So ordnete der EuGH genau dies unter Hinweis auf *Bidar* und dessen umfassende Wirkung *ex tunc* an[643].

c) *Exkurs*: Die Rechtssachen *Gravier* und *Blaizot*

Kritik im Zusammenhang mit dem vorliegend untersuchten formellen Kriterium erfährt der EuGH bisweilen unter Hinweis auf seine Rechtsprechung in den Rechtssachen *Gravier* und *Blaizot*, die beide das belgische Ausbildungswesen und die Frage nach einer zeitlichen Beschränkung der Urteilsfolgen in Konstellationen betrafen, in denen vorhergehende Vorabentscheidungen zu ähnlich gelagerten Sachverhalten existierten[644].

In *Gravier* hatte sich der Gerichtshof erstmals mit der Frage auseinanderzusetzen, ob eine Immatrikulationsgebühr für eine berufsqualifizierende Ausbildung, die nur gegenüber Ausländern erhoben wird, eine verbotene Diskriminierung aus Gründen der Staatsangehörigkeit darstellte[645]. Nachdem er dies, ohne ein Wort zur zeitlichen Wirkung zu verlieren, bejaht hatte, legte ihm das gleiche mitgliedstaatliche Gericht in einem Folgeverfahren die Problematik der zeitlichen Wirkungen jenes Urteils vor. Entsprechend dem soeben dargestellten Muster lehnte der Gerichtshof eine Beschränkung der Rückwirkung in seiner Entscheidung *Barra* unter anderem mit der Begründung ab, dass er dies bereits in der Rechtssache *Gravier* selbst hätte vornehmen müssen[646]. Insoweit fällt die Rechtsprechung noch nicht aus dem skizzierten Rahmen. Am gleichen Tag wie

642 *EuGH*, Urt. v. 15. März 2005, Rs. C-209/03 (Bidar), Slg. 2005, I-2119, Rz. 64 ff., dort inbes. Rz. 70.

643 *EuGH*, Urt. v. 18. November 2008, Rs. C-158/07 (Förster ./. Hoofdirectie van de Informatie Beheer Groep), Slg. 2008, I-8507, Rz. 66; vgl. zu dieser Konstellation auch: *EuGH*, Urt. v. 17. Juli 2008, RS. C-426/07 (Krawczyński ./. Dyrektor Izby Celnej w Białymstoku), Slg. 2008, I-6021, Rz. 46 f. mit Verweis auf: *EuGH*, Urt. v. 18. Januar 2007, Rs. C-313/05 (Brzeziński ./. Dyrektor Izby Celnej w Warszawie), Slg. 2007, I-513, Rz. 62.

644 Zur Problematik des Gleichbehandlungsgrundsatzes im Ausbildungswesen ausführl. statt vieler: *Barnard*, Substantive Law of the EU, S. 302 ff. m.w.N. aus Lit. und Rspr.

645 *EuGH*, Urt. v. 13. Februar 1985, Rs. 293/83 (Gravier ./. Stadt Lüttich), Slg. 1985, 593 ff.

646 *EuGH*, Urt. v. 2. Februar 1988, Rs. 309/85 (Barra ./. Belgien), Slg. 1988, 355, Rz. 10 ff., inbes. Rz. 14.

Barra entschied der EuGH jedoch auch die Rechtssache *Blaizot*, in welcher er sich mit einer inhaltlich vergleichbaren Frage wie in *Gravier* konfrontiert sah: Während sich der Sachverhalt dort um Immatrikulationsgebühren an einer Fachhochschule für Comic-Zeichner drehte, hatte sich der Gerichtshof in *Blaizot* mit ebensolchen Gebühren für ein veterinärmedizinisches Studium an einer Universität zu befassen. Insofern lag die Annahme nahe, er würde auch hier ein vergleichbares Urteil fällen, dass unter Berufung auf die zeitlich vorgelagerte Entscheidung in ihrer Rückwirkung nicht zu beschränken gewesen wäre. Tatsächlich vertrat der EuGH inhaltlich auch in *Blaizot* diese Linie und verstand auch die Studien an einer Universität als Teil der Berufsausbildung, welche vom Anwendungsbereich des Gemeinschaftsrechts erfasst ist. Gleichwohl beschränkte er – anders noch als in *Gravier* – die zeitliche Wirkung seiner Entscheidung mit Hinweis auf die praktischen Auswirkungen seines Urteilsspruchs auf die belgische Hochschulfinanzierung sowie das unklare Verhalten der Kommission im Zusammenhang mit dieser Problematik[647].

Angesichts der Vergleichbarkeit beider Fragen reagierten zahlreiche Kommentatoren mit Unverständnis. Insbesondere im Hinblick auf die vorliegend interessierende Problematik der temporalen Urteilswirkungen sei es demnach schwer nachzuvollziehen, warum der EuGH die Vorlagen unterschiedlich behandelt habe[648]. Tatsächlich bestehen hinreichende Parallelen zwischen den beiden Sachverhalten, die eine Gleichbehandlung auch in temporaler Hinsicht gerechtfertigt hätten. So hatten beide Konstellationen inhaltlich Immatrikulationsgebühren für eine belgische Hochschule zum Gegenstand; ob es sich hierbei um eine Fachhochschule oder eine Universität handelt, erscheint dabei ein wenig überzeugendes Unterscheidungskriterium[649]. Indes wollte der EuGH in *Blaizot* es offensichtlich vermeiden, eine allzu weite Auslegung des vom Gemeinschaftsrecht erfassten Begriffs der Berufsausbildung zu geben und modifizierte deshalb seine Entscheidung auf temporaler Ebene.

Die unterschiedliche Behandlung der temporalen Wirkungen in den Entscheidungen *Gravier* und *Blaizot* kann mithin aufgrund der Deckungsgleichheit der beiden vorgelegten Fragen im Ergebnis nicht überzeugen. Dieser Gefahr schien sich jedoch auch der EuGH bewusst gewesen zu sein, was nicht zuletzt an der Formulierung des Urteils in *Blaizot* deutlich wird, wo er eine für ihn ungewohnte Sorgfalt auf die Begründung für die Beschränkung der zeitlichen Entscheidungsfolgen verwandte. Mehr noch als in vergleichbaren Urteilen versuchte er, sein

647 *EuGH*, Urt. v. 2. Februar 1988, Rs. 24/86 (Blaizot ./. Universität Lüttich), Slg. 1988, 379, Rz. 25 ff.

648 So etwa: *Alexander*, [1988] 7 Y.E.L., 11 (16); *Arnull*, [1988] 13 E.L.Rev., 260 (266).

649 Anders dagegen mit Blick auf den EuGH: *Kokott/Henze*, NJW 2006, 177 (181); i.E. ähnl.: *Craig/de Búrca*, EU Law, S. 862; *Everling*, FS Börner, 57 (66 f.).

Urteil in eine Reihe mit den in diesem Kapitel vorgestellten Prinzipien zu bringen, um zu betonen, dass *Blaizot* keine Ausnahme hiervon darstellen sollte. Betrachtet man aber diese Entscheidung im Kontext der übrigen Jurisprudenz des EuGH zu den Fragen der Rückwirkung, so fällt *Blaizot* jedoch aus diesem Rahmen und bleibt im Ergebnis eine Einzelfallentscheidung, auch wenn der Gerichtshof das Gegenteil zu versichern versuchte. Tatsächlich hat der EuGH in der Folgezeit in ähnlich gelagerten Sachverhaltskonstellationen dann auch eine sehr viel vorsichtigere Herangehensweise gewählt und sich trotz anders lautender Vorschläge von Seiten seiner Generalanwälte auf den Standpunkt gestellt, dass eine Beschränkung der Urteilswirkungen ausschließlich in der Rechtssache in Frage komme, in denen die Voraussetzungen hierfür zum ersten Mal vorliegen[650].

3. Diskussion und Bewertung

Trotz der Einzelfallentscheidungen in den soeben exkursorisch dargestellten Rechtssachen *Gravier* und *Blaizot* lässt sich eine klare Rechtsprechungslinie des EuGH ausmachen. Der Gerichtshof ist demnach nur in dem Urteil bereit die Beschränkung der Rückwirkung einer Auslegungsentscheidung anzuordnen, in welchem er die sodann zeitlich zu beschränkende Auslegung erstmalig ermittelt; in allen dieselbe Auslegungsfrage betreffenden Folgeentscheidungen stellt er sodann grundsätzlich auf die temporalen Folgen dieses ersten Urteils ab[651].

Sieht sich der Gerichtshof mit einer Vorlagefrage konfrontiert, die eigentlich Anlass dazu geben würde, von dem Grundsatz der generell umfassenden Wirkung *ex tunc* abzuweichen, prüft er somit, ob die ihm vorgelegte Frage inhaltlich bereits Gegenstand einer früheren Vorabentscheidung war, in welcher er sich bereits zu einem Problem äußerte, das auch die Lösung der späteren Fragestellung enthält. Bejaht er schon dies, scheidet im aktuellen Rechtsstreit eine Beschränkung der Rückwirkung aus. Allerdings zieht dies nicht automatisch einen umfassenden Effekt *ex tunc* nach sich. Vielmehr prüft der Gerichtshof in diesen Fällen sodann in einem zweiten Schritt, welche temporalen Konsequenzen er zum erstmaligen Entscheidungszeitpunkt an sein Urteil geknüpft hatte.

650 *EuGH*, Urt. v. 6. März 2007, Rs. C-292/04 (Meilicke et al. ./. Finanzamt Bonn-Innenstadt), Slg. 2007, I-1835, Rz. 36 f. im Gegensatz zu den Schlussanträgen des GA *Tizzano* v. 10. November 2005 in der Rs. C-292/04, Slg. 2007, I-1838 ff.; dagegen aber wieder: Schlussanträge der GAin *Stix-Hackl* v. 5. Oktober 2006 in der Rs. C-292/04, Slg. 2007, I-1854, Rz. 21.

651 Dies entspricht der allg. Ansicht in der Lit., vgl. nur.: *Pechstein*, EU-/EG-Prozessrecht, Rn. 863; *Naômé*, Le renvoi préjudiciel en droit européen, Rn. 332; *Vaughan*, in: Moser/Sawyer, Making Community Law, 218 (222).

Wie sich aus der in dem vorherigen Punkt skizzierten Rechtsprechung ergibt, sind für die Lösung mithin zwei Ansätze denkbar: (a) Zum einen kann der EuGH – wie in *Vroege* – in dem inhaltlich gleich gelagerten Vorgängerverfahren vom Vorliegen der Voraussetzungen für eine Modifikation des Rückwirkungsgrundsatzes ausgehen. In diesem Falle wirkt die einstige Ausnahmekonstellation fort und bindet den Gerichtshof in der aktuell zu entscheidenden Rechtssache dahingehend, dass die dann eintretende Wirkung *ex tunc* seines Urteils nicht bis zum Inkrafttreten der ausgelegten oder für ungültig befundenen Norm zurückwirkt, sondern nur auf den Zeitpunkt, in dem die erstmalige Entscheidung getroffen wurde. Davor liegende Sachverhalte bleiben auch nach dem zweiten Urteil nicht erfasst. (b) Hat der EuGH dagegen, so die zweite denkbare Variante, die dem Ansatz in der Rechtssache *Förster* entspricht, in seinem Vorgängerurteil schon von einer Beschränkung der zeitlichen Wirkung abgesehen, so bleibt auch für nachfolgende Entscheidungen eine Modifikation ausgeschlossen; das erste Urteile entfaltet hier eine Sperrwirkung und lässt gleichzeitig die Voraussetzungen für eine Beschränkung der Rückwirkung entfallen.

Diese Vorgehensweise hat indes nicht automatisch zur Folge, dass Vorlagen, in denen mitgliedstaatliche Gerichte ausschließlich die temporale Wirkung einer vorhergehenden Entscheidung des EuGH zum Gegenstand machen, von vorneherein aussichtslos sind. Zunächst können gemäß der ständigen Rechtsprechung des Gerichtshofs grundsätzlich auch Urteile selbst im Vorabentscheidungsverfahren dem EuGH zur Auslegung nach Art. 267 Abs. 1 lit. a) AEUV vorgelegt werden[652]. Ob diese Auslegungsverlangen indes in der Lage sind, im Ergebnis eine temporale Beschränkungen der Urteilswirkungen durch den Gerichtshof nach sich zu ziehen, hängt von dem soeben dargestellten Schema ab: Hatte der EuGH in dem auszulegenden Urteil bereits eine Ausnahme vom Grundsatz der Rückwirkung angenommen und versucht das mitgliedstaatliche Gericht in einem zweiten Schritt lediglich eine Präzisierung dieser Entscheidung herbeizuführen, findet sich der Gerichtshof hierzu regelmäßig bereit[653]. Für den Fall allerdings, dass in dem vorhergehenden Verfahren, auf welches sich die spätere Vorlage beruft, keine Aussagen zu den zeitlichen Folgen getroffen beziehungsweise die Begrenzung der Rückwirkung des Urteils ausdrücklich verneint wurden, wird der

652 St. Rspr., vgl. nur: *EuGH*, Urt. v. 5. März 1986, Rs. 69/85 (Wünsche ./. Deutschland), 947, Rz. 15.

653 Z.B.: *EuGH*, Urt. v. 11. Juni 1987, Rs. 14/86 (Pretore di Salò ./. X), Slg. 1987, 2545, Rz. 12; Urt. v. 14. Dezember 1993, Rs. C-110/91 (Moroni ./. Collo), Slg. 1993, I-6591 ff.; aus der Lit: *Sellmann/Augsberg*, DÖV 2006, 533 (537); *Middeke*, in: Rengeling/Middeke/Gellermann, Hdb. des Rechtsschutzes in der Europäischen Union, § 10 Rn. 87 ff.; etwas undeutlich in der Formulierung dagegen: *Laenerts/Arts/Maselis*, Procedural Law of the European Union, Rn. 6–034 mit Verweis auf Rn. 6–008.

EuGH auch in der zeitlich späteren Vorlage eine Modifikation der Wirkung *ex tunc* mit Blick auf sein vorhergehendes Urteil ablehnen[654].

Trotz der hier dargestellten Schwächen in der Anwendung des vorliegend untersuchten Kriteriums überzeugt die Rechtsprechung des EuGH im Ergebnis, sobald die hinter ihr stehende Ratio in die Betrachtung miteinbezogen wird. Der hier beschriebene Ansatz befördert das auch im Zusammenhang mit anderen Fragen des Vorabentscheidungsverfahrens nach Art. 267 AEUV vorrangige Ziel des EuGH, zu jeder Zeit eine möglichst einheitliche Anwendung des Unionsrechts in allen Mitgliedstaaten zu gewährleisten. Indem er seine eigene Rechtsprechung in seine jeweils aktuellen Auslegungen miteinbezieht, hilft er dieses Postulat zu verwirklichen und seine Spruchpraxis kohärent zu gestalten, die andernfalls unvorhersehbar würde: Könnte der Gerichtshof nämlich einer in einer Entscheidung gefundenen Auslegung zu einem nachgelagerten Zeitpunkt durch ein Urteil die Wirkung für die Vergangenheit nehmen, hätte dies unweigerlich eine folgenreiche Wirkung für die Rechtsunterworfenen, die sich zunächst nach der einen und sodann nach einer unter Umständen diametral entgegenstehenden Entscheidung richten müssten[655]. Zudem würde ein solcher Ansatz auch dem in Art. 4 Abs. 2 EUV an prominenter Stelle niedergelegten Prinzip der Gleichbehandlung der Mitgliedstaaten zuwiderlaufen[656].

Dem kann auch nicht mit dem Einwand begegnet werden, es sei für die Mitgliedstaaten unmöglich, alle auch sie nicht direkt betreffenden Vorabentscheidungsverfahren im Auge zu behalten, um rechtzeitig die Beschränkung der zeitlichen Wirkung *ex tunc* vorzuschlagen, um in einer nachgelagerten, ihre Rechtsordnung wiederum betreffenden Vorabentscheidung mit dem Antrag auf Rückwirkungsbeschränkung aufgrund der soeben beschriebenen Szenarien nicht präkludiert zu sein[657]. Zwar soll nicht verhehlt werden, dass es für die in einem konkreten Vorabentscheidungsverfahren nicht betroffenen Mitgliedstaaten im Vorfeld der Auslegungsentscheidung bisweilen eine Herausforderung darstellt abzuschätzen, inwieweit der EuGH bereit sein könnte, deren temporale Wirkungen zu modifizieren. Tatsächlich wird ein Mitgliedstaat nach der hier vorgestellten Rechtsprechung aber angehalten sein, notfalls auch prophylaktisch den Antrag auf Rückwirkungsbeschränkung einer ihn nicht direkt betreffenden Vorabentscheidung vorzuschlagen. Nur so kann er die Gefahr vermeiden, sich in einem späteren ihn betreffenden Verfahren im Ergebnis mit einer *ex tunc* wir-

654 A.A., jedoch ohne weitere Arg., soweit erkennbar nur: *Le Mire*, FS Chapus, 367 (383).

655 Für diese Problematik, siehe auch: *Kokott/Henze*, BB 2007, 913 (916 f.) m.w.N. aus der Rspr. des EuGH.

656 *Broberg/Fenger*, Preliminary References to the European Court of Justice, S. 447; vgl. hierzu auch *infra* die Diskussion im 9. Kap., dort in Punkt B II 3 m.w.N.

657 So i.E. wohl: *Wiedmann*, EuZW 2007, 692 (695).

kenden Auslegungsentscheidung konfrontiert zu sehen, die nur ergangen ist, weil in einem materiellrechtlich vergleichbar gelagerten Urteil, auf das sich der EuGH sodann bezieht, die Anordnung einer Rückwirkungsbeschränkung nicht angeregt worden war.

Anders als von Kritikern behauptet, bürdet ein solches Ergebnis den Mitgliedstaaten zwar umfangreiche, indes keine übermäßigen Kontrollobliegenheiten auf. Im Gegenteil ist das Vorabentscheidungsverfahren als solches von vorneherein auf eine weitgehende Mitarbeit aller Mitgliedstaaten angelegt, wie bereits aus Art. 23 Abs. 1 und 2 der Satzung des EuGH hervorgeht. Das dort vorgesehene umfassende Äußerungsrecht aller Mitgliedstaaten in allen Vorabentscheidungsverfahren soll diesen gerade den Weg dahin eröffnen, zur Entscheidungsfindung des Gerichtshofs beizutragen[658], so dass ihnen im Umkehrschluss auch die Folgen zuzurechnen sind, wenn sie sich entschließen, von dieser Möglichkeit keinen Gebrauch zu machen.

658 Hierzu näher: *Hackspiel*, in: Groeben/Schwarze, EUV/EGV, Art. 23 Satzung EuGH Rn. 15 ff.; *Wägenbaur*, Court of Justice oft he EU, Art. 23 Stat Rn. 60.

Das Gültigkeitsverfahren nach Art. 267 Abs. 1 lit. b) AEUV bildet die zweite wichtige Spielart des Vorabentscheidungsverfahrens. Ebenso wie im Rahmen der zuvor analysierten Auslegungen stellt sich auch für jene Entscheidungen die Frage nach den Wirkungen der Urteile des Gerichtshofs in zeitlicher Hinsicht. Bei der Behandlung dieser Problematik durch die Rechtsprechung des EuGH bestehen zahlreiche Gemeinsamkeiten zu seiner Spruchpraxis zu den temporalen Folgen von Auslegungen[659], auf die im Folgenden verwiesen werden kann. Dennoch existieren auch hinreichend signifikante Unterschiede zwischen den beiden Verfahrensarten, die – entgegen einiger Darstellungen in der Literatur[660] – eine separate Diskussion erfordern, die im vorliegenden Punkt für die temporalen Konsequenzen von Ungültigkeitsurteilen des EuGH erfolgen soll.

Im Folgenden sind daher die temporalen Folgen von Entscheidungen im Sinne von Art. 267 Abs. 1 lit. b) AEUV in ihren Einzelheiten und unter Heranziehung der einschlägigen Rechtsprechung des EuGH zu untersuchen. Wie andernorts dargelegt[661], ist hierzu grundsätzlich zwischen Urteilen zu unterscheiden, welche die Gültigkeit einer Norm des Sekundärrechts feststellen und solchen, welche die Ungültigkeit einer derartigen Bestimmung nach sich ziehen. Diese Differenzierung spielt im vorliegenden Kontext indes keine Rolle, weil sich die Frage nach der zeitlichen Wirkung im Falle der Gültigkeit von vorneherein nicht stellt. Ausgehend von dem Gedanken, dass Unionsrecht prinzipiell als gültig anzusehen ist, bis der EuGH das Gegenteil ausspricht[662], sind Situationen, wonach die Feststellung der Gültigkeit eines Rechtsakts eine andere als eine Wirkung *ex tunc* entfaltet, nicht denkbar. Hier wirkt die untersuchte Norm des Sekundärrechts fort. Mithin werden im Folgenden ausschließlich die temporalen Folgen von Vorabentscheidungen untersucht, in deren Rahmen der EuGH die Ungültigkeit einer unionsrechtlichen Bestimmung feststellt.

659 Für diese Einschätzung siehe etwa: *Broberg/Fenger*, Preliminary References to the European Court of Justice, S. 457; *Naômé*, Le renvoi préjudiciel en droit européen, Rn. 338.

660 Z.B.: *Borchardt*, Der Europäische Gerichtshof, Art. 234 EGV Rn. 56 f.; *Kotzur*, in: Geiger/Khan/Kotzur, AEUV/EUV, Art. 267 AEUV Rn. 40; *Schermers/Waelbroeck*, Judicial Protection in the European Union, § 624.

661 Vgl. für diesen Ansatz *supra* im 3. Kap. in den Punkten B II 2 a) und b) m.w.N. im Zusammenhang mit der Frage, inwieweit Urteile des EuGH gemäß Art. 267 Abs. 1 lit. b) AEUV eine über den Einzelfall hinausgreifende Wirkung zeitigen.

662 St. Rspr. vgl. z.B. nur: *EuGH*, Urt. v. 15. Juni 1994, Rs. C-137/92 P (Kommission ./. BASF et al.), Slg. 1994, I-2555, Rn. 48.

Genauso wie für Auslegungsurteile geht die heute ganz herrschende Meinung davon aus, dass auch Ungültigkeitsurteile im Verfahren nach Art. 267 Abs. 1 lit. b) AEUV im Grundsatz eine Wirkung *ex tunc* aufweisen[663]. Der Weg zu dieser Erkenntnis bildet das Ergebnis eines sehr viel langwierigeren Entwicklungsprozesses, als dies noch bei Auslegungsentscheidungen der Fall war, deren wesentliche temporalen Folgen bereits seit der Leitentscheidung *Defrenne II* feststanden und dann in den Rechtssachen *Denkavit* und *Salumi* nur noch bestätigt wurden[664]. Erst 1994, über ein Jahrzehnt nach seinen grundlegenden Ausführungen in der letztgenannten Angelegenheit, erkannte der EuGH auch für Ungültigkeitsurteile das Prinzip der temporalen Wirkung *ex tunc* ausdrücklich an. Allerdings fielen seine Bemerkungen in der entscheidenden Rechtssache *Roquette IV*, welche Teil und Abschluss einer noch näher darzustellenden Fallgruppe bildete, sehr viel kürzer und lapidarer aus als in den vorgenannten Urteilen:

> Ein Urteil des Gerichtshofes, mit dem im Vorabentscheidungsverfahren eine Gemeinschaftshandlung für ungültig erklärt wird, besitzt grundsätzlich ebenso wie ein Nichtigkeitsurteil Rückwirkung[665].

Trotz ihrer Kürze enthält die Aussage den hier interessierenden Punkt: Urteile des Gerichtshofs im Gültigkeitsverfahren weisen regelmäßig eine Rückwirkung auf, wie das auch für Entscheidungen im Rahmen von Auslegungsverfahren festgestellt werden konnte. Einen signifikanten Unterschied zu diesen Verfahren, der zugleich ein Charakteristikum im Zusammenhang mit der temporalen Dimension von Gültigkeitsentscheidungen bildet, macht die kurze Passage ebenso deutlich, indem sie eine Parallele zu den Nichtigkeitsurteilen zieht. Dieser letztere Umstand spielt insbesondere im Zusammenhang mit der noch zu diskutierenden Beschränkung der Wirkung *ex tunc* von Ungültigkeitsurteilen eine Rolle und soll in diesem Kontext ausführlich dargestellt werden[666].

663 Statt vieler: *Lenaerts/Arts/Maselis*, Procedural Law of the European Union, Rn. 10–018; *Middeke*, in: Rengeling/Middeke/Gellermann, Hdb. des Rechtsschutzes in der Europäischen Union, § 10 Rn. 91; *Pechstein*, EU-/EG-Prozessrecht, Rn. 863; *Wegener*, in: Calliess/Ruffert, EUV/AEUV, Art. 267 AEUV Rn. ´50; a.A. nur noch: *Constantinesco*, Das Recht der Europäischen Gemeinschaften (Bd. 1), Rn. 745; unklar: *Gordon*, EC Law in Judicial Review, Rn. 9.79.

664 Für den Begriff „Evolution“, vgl. etwa die Einschätzungen von *Le Mire*, FS Chappius, 367 (373); *Naômé*, Le renvoi préjudiciel en droit européen, Rn. 339.

665 *EuGH*, Urt. v. 26. April 1994, Rs. C-228/92 (Roquette Frères ./. Hauptzollamt Geldern), Slg. 1994, I-1445, Rz. 17; praktisch wortgleich: *EuGH*, Urt. v. 8. Februar 1996, Rs. C-212/94 (FMC et al. ./. Invention Board for Agricultural Produce and Ministry of Agriculture, Fisheries and Food), Slg. 1996, I-389, Rz. 55.

666 Vgl. hierzu ausführl. *infra* in diesem Kap. in Punkt C I 2 b) und C II 1 b) m.w.N. aus der Lit. und Rspr.

Vorliegend ist zunächst die Entwicklung der Rechtsprechung bis zum Urteil *Roquette IV* zu illustrieren. Hierbei geben die Schlussanträge der Generalanwälte beredtes Zeugnis davon ab, wie kontrovers die Frage nach der temporalen Wirkung von Ungültigkeitsurteilen anfangs diskutiert wurde[667]. Maßgeblich durch sie und weniger durch den EuGH selbst war diese Phase der Auseinandersetzung geprägt.

I. Die frühen Schlussanträge der Generalanwälte: Wirkung *ex nunc*?

Ausgangspunkt der Auseinandersetzung um die zeitliche Dimension von Gültigkeitsentscheidungen bildet die Frage nach einer möglichen über den Einzelfall hinausgreifenden Wirkung derartiger Urteile. Wie eingangs gezeigt[668], hängen beide Problemkonstellationen unmittelbar miteinander zusammen, so dass die Ausführungen der Generalanwälte dazu, ob Vorabentscheidungen Beachtung über den Einzelfall hinaus verlangen, auch Auswirkungen für ihre temporale Reichweite zeitigen und diese Fragestellungen gleichsam als Annex mitbehandeln.

Auf diesem Wege wurde die vorliegend interessierende Problematik zumindest implizit erstmals im Jahre 1965 in den Schlussanträgen des Generalanwalts *Gand* in der Rechtssache *Schwarze* behandelt, welche im Zusammenhang mit der Diskussion der Wirkung *erga omnes* von Vorabentscheidungen bereits Erwähnung fanden[669]. Ausgehend von der damals schon anerkannten, über den Einzelfall hinausgehenden Rückwirkung der Gestaltungsurteile im Nichtigkeitsverfahren argumentierte der Generalanwalt deutlich gegen einen vergleichbaren Effekt von Ungültigkeitsurteilen und stellte in seiner Argumentation die Unterschiede zwischen den heutigen Art. 263 AEUV und Art. 267 AEUV heraus. Anders als letztere handele es sich bei der Nichtigkeitsklage um ein kontradiktorisches Verfahren, das strengen Fristvorschriften unterworfen sei. Wollte man nun einer Ungültigkeitsentscheidung eine Wirkung *erga omnes* zusprechen, bedeutete dies eine Angleichung an die Folgen von Nichtigkeitsurteilen und damit ein Unterlaufen der dort nach Art. 263 Abs. 6 AEUV geltenden Frist. Die bewusst normierten Unterschiede hinsichtlich der Konsequenzen von Nichtigkeitsurteilen und Ungültigkeitserklärungen würden so eingeebnet. Diese Sichtweise fand einige Jahre später ihren Widerhall in den Schlussanträgen des deutschen Generalanwalts *Roemer*, der ebenso wie *Gand* die fundamentalen Differenzen zwischen den Ver-

667 Zsf. aus der Lit. m.w.N.: *Bebr*, [1984] 82 Michigan L. Rev., 1229 (1242 f.).
668 Vgl. hierzu *supra* in den einleitenden Ausführungen im dritten Teil der Untersuchung.
669 Schlussanträge des GA *Gand* v. 28. Oktober 1965 in der Rs. 16/65, Slg. 1965, 1170 (1181 f.).

fahren gemäß Art. 263 ff. AEUV und Art. 267 AEUV betonte, die sich in den Urteilswirkungen fortzusetzen hätten[670].

Mithin ist diese erste Phase der Auseinandersetzung um die Folgen von Ungültigkeitsurteilen in erster Linie geprägt von dem Bestreben, eine saubere Trennung zwischen den beiden Verfahrensarten der Nichtigkeitsklage und der Vorabentscheidung zur Gültigkeit eines Unionsrechtsakts aufrecht zu erhalten. Dies überrascht zunächst, führt man sich die explizite Formulierung des EuGH in *Roquette IV* vor Augen, in welcher der Gerichtshof eine völlig gegensätzliche Position zu den frühen Schlussanträgen seiner Generalanwälte vertritt. Allerdings zeigt eine weitergehende Analyse der Urteile des Gerichtshofs aus der Zeit vor 1994, dass die banale Feststellung, wonach Gültigkeitsentscheidungen grundsätzlich eine Wirkung *ex tunc* haben, nicht aus heiterem Himmel erfolgte, sondern vielmehr den Endpunkt eines längeren Erkenntnisprozesses bildete.

II. Die Entwicklung der Rechtsprechung hin zur Wirkung *ex tunc*

Auch den Beginn der Auseinandersetzung um eine mögliche Rückwirkung von Gültigkeitsurteilen eröffnete ein Schlussantrag. Wenige Monate vor der ersten, noch impliziten Stellungnahme des EuGH zu der Problematik, äußerte sich Generalanwalt *Capotori* in der Rechtssache *Express Dairy Foods*[671], welche die Rückerstattung von Ausgleichszahlungen auf Grundlage einer Verordnung behandelte, die in einer zeitlich vorhergehenden Entscheidung durch den Gerichtshof für ungültig befunden worden war[672]. In seinen Ausführungen erkannte der Generalanwalt auf die Ungültigkeit der in Frage stehenden Vorschriften und schlug dementsprechend eine Ungültigerklärung derselben vor. Gleichsam *obiter dictum* schloss er seine Bemerkungen mit dem Hinweis, die Feststellung der Ungültigkeit einer Norm nach Art. 267 Abs. 1 lit. b) AEUV wirke *ex tunc*[673].

Eine weitergehende Begründung für diese Bemerkung findet sich zwar nicht, im Ergebnis ist sie schon damals – und damit weit vor 1994 – zutreffend gewesen. Am besten lässt sich dies an der Spruchpraxis des EuGH selbst zu zwei ver-

670 Zitiert nach: *Bebr*, [1981] 18 C.M.L.Rev. 4, 475 (495), dort insbes. Fn. 47 m.w.N.; vgl. auch: *Harding*, [1982] 2 Y.E.L., 93 (103); a.A. mit eindrucksvoller Begründung aber schon: Schlussanträge des GA *Warner* v. 20. September 1977 in der Rs. 112/76, Slg. 1977, 1658 (1662 ff.), allerdings ohne Erwähnung der temporalen Problematik.

671 Zu dem Fall ausführl.: *EuGH*, Urt. v. 12. Juni 1980, Rs. 130/79 (Express Dairy Foods ./. Intervention Board for Agricultre Produce), Slg. 1980, 1887 ff.

672 *EuGH*, Urt. v. 3. Mai 1978, Rs. 131/77 (Milac ./. Hauptzollamt Saarbrücken), Slg. 1978, 1041 ff.

673 Schlussanträge des GA *Capotori* v. 6. Mai 1980 in der Rs. 130/79, Slg. 1979, 1903 (1909).

schiedenen Themenkomplexen verdeutlichen. Die eine betrifft Klagen, mit der die Erstattung von Schäden begehrt wird, welche aufgrund einer später für ungültig erkannten gemeinschaftlichen Rechtsnorm entstanden sind, die andere hat die analoge Anwendung der Art. 267 ff. AEUV zum Gegenstand.

1. Die Rechtssachen *Ireks-Arkady* und *Express Dairy Foods*

Zur Verdeutlichung der erstgenannten Fallgruppe eignet sich exemplarisch die Rechtssache *Ireks-Arkady*[674]. Materiellrechtlich betraf der Fall Produktionserstattungen im Getreidesektor[675]. Hierunter sind gemeinschaftliche Subventionierungen in Form von Zahlungen an Produzenten bestimmter Stärkearten zu verstehen, die eine Angleichung zwischen Erzeugerpreisen in der Gemeinschaft und dem regelmäßig weit niedrigeren Weltpreisen für diese Getreideprodukte ermöglichen soll[676].

Konkret betraf der Fall Produktionserstattungen für die Herstellung von Quellmehl aus Mais, die durch eine Verordnung des Rates ersatzlos gestrichen worden waren, während gleiche Erstattungen für die Produktion von Stärke weiterhin gezahlt wurden. In dem zeitlich vorgelagerten Verfahren *Ruckdeschel* erkannte der EuGH hierin eine objektiv nicht zu rechtfertigende Ungleichbehandlung, welche schließlich zur Ungültigkeit der Verordnung führte[677]. Auf dieses Urteil stützte sich ein Produzent von Quellmehl in der Rechtssache *Ireks-Arkady* und verlangte gemäß der Vorgängerregelung zum heutigen Art. 268 AEUV Schadensersatz von der Gemeinschaft auf Grundlage von Art. 340 Abs. 2 AEUV. Im Ergebnis erachtete der Gerichtshof – unter Anführung seiner zwei Jahre zuvor ergangenen Entscheidung in *Ruckdeschel* – die Klage des Unternehmens Ireks-Arkady für begründet und verurteilte die Gemeinschaft zur Zahlung des Betrages, welcher der Gesellschaft in der Zeit ab dem Inkrafttreten der diskriminierenden Verordnung und dem Urteil, das diese Verordnung für ungültig erklärte, ursprünglich zugestanden hätte[678].

674 *EuGH*, Urt. v. 4. Oktober 1977, Rs. 238/78 (Ireks-Arkady ./. Rat und Kommission), Slg. 1979, 2955 ff.; vgl. zu dieser Fallgruppe auch die weiteren Bsp. in den Schlussanträgen des GA *Reischl* v. 21. Januar 1981 in der Rs. 66/80, Slg. 1981, 1224 (1229) sowie *Schima*, Das Vorabentscheidungsverfahren vor dem EuGH, S. 107.

675 Im Überblick hierzu: *Oppermann*, Europarecht, § 21 Rn. 44 ff. m.w.N.

676 Zur heutigen Regelung: Verordnung (EG) Nr. 491/2008 der Kommission v. 3. Juni 2008, ABl. EU v. 4. Juni 2008, Nr. L 144/3.

677 *EuGH*, Urt. v. 19. Oktober 1977, verb. Rs. 117/76 und 16/77 (Ruckdeschel et al. ./. Hauptzollamt Hamburg-St. Annen), Slg. 1977, 1753, Rz. 1 ff.

678 Vgl. insbes.: *EuGH*, Urt. v. 4. Oktober 1977, Rs. 238/78 (Ireks-Arkady ./. Rat und Kommission), Slg. 1979, 2955, Rz. 17 sowie Punkt 1 des Tenors.

Interessant im Zusammenhang mit der temporalen Wirkung von Ungültigkeitsentscheidungen ist an der Rechtssache *Ireks-Arkady* vor allem dieser letzte Punkt. Die Klage vor dem EuGH hat regelmäßig Erfolg, auch wenn der Schadenseintritt auf einen Zeitpunkt vor der Feststellung der Ungültigkeit zu datieren ist, wie dies in der konkreten Rechtssache der Fall war. Eine Verurteilung der Union kann in dieser Konstellation nur unter einer Prämisse in Frage kommen: Das Urteil, mit dem die diskriminierende Verordnung für ungültig erklärt wird, muss eine umfassende Rückwirkung zeitigen. Der ungültige Akt wird zum Gegenstand einer Fiktion und so angesehen, als habe er nie existiert[679]. Würde eine Ungültigkeitserklärung ausschließlich eine Wirkung *ex nunc* entfalten, so müsste die Schadensersatzklage regelmäßig abgewiesen werden, da die Regelung, die für den Schadenseintritt verantwortlich ist, zu dessen Zeitpunkt noch gültiger Bestandteil der Unionsordnung war. Für die Rechtssache *Ireks-Arkady* hätte dies bedeutet, dass die diskriminierende Verordnung vor der Feststellung ihrer Ungültigkeit in *Ruckdeschel* eine Rechtsgrundlage für die Verweigerung der Produktionserstattungen geliefert hätte.

Noch einen Schritt weiter in dieser Richtung ging der EuGH in der Rechtssache *Express Dairy Foods*, in welcher er die temporale Problematik mit der über den Einzelfall hinausgehenden Wirkung seiner Entscheidungen verknüpfte. Hier stand die Rückerstattung von Abgaben im Raum, die auf Grundlage einer Regelung erhoben worden waren, welche inhaltlich einer Verordnung entsprach, die zuvor in der Rechtssache *Milac* vom EuGH für ungültig im Sinne von Art. 267 Abs. 1 lit. b) AEUV befunden wurde. An der entscheidenden Stelle seiner Ausführungen erstreckte der Gerichtshof die Rechtswirkungen des Urteils *Milac* auf alle Verordnungen gleichen Inhalts, welche davor liegende Zeiträume erfassten und gelangte auf diesem Wege zu dem Ergebnis, dass das Rückerstattungsbegehren des Klägers berechtigt sei[680]. Auch wenn der EuGH die Ungültigkeit dieser Verordnungen streng genommen erst in *Express Dairy Foods* aussprach, kam der Ratio der Rechtssache *Milac* zumindest implizit eine umfassende Wirkung *ex tunc* zu, welche über den Einzelfall hinausging, indem das Gericht die dortige Feststellung auf alle ähnlich gelagerten Verordnungen erstreckte[681].

679 Schlussanträge des GA *Darmon* v. 14. November 1984 in der Rs. 112/83, Slg. 1985, 720 (724 und 727); vgl. auch: *Simon*, FS Pescatore, 651 (656 f.); *Wohlfahrt*, in: Grabitz/Hilf, Das Recht der Europäischen Union, Art. 177 EGV Rn. 78 m.w.N.

680 *EuGH*, Urt. v. 12. Juni 1980, Rs. 130/79 (Express Dairy Foods ./. Intervention Board for Agricultre Produce), Slg. 1980, 1887, Rz. 8.

681 Für diese Einschätzung: *Joliet*, Le droit institutionnel des Communautés Européennes, S. 226 f.; ähnl. auch: *Usher*, [1981] 6 E.L.Rev., 116 (118).

2. Die *Währungsausgleichsfälle*

Die zweite Fallgruppe, in welcher der Gerichtshof implizit die prinzipielle Rückwirkung von Entscheidungen in Gültigkeitsverfahren anerkannte, betrifft Entscheidungen nach Art. 267 Abs. 1 lit. b) AEUV, in denen der EuGH zu einer analogen Anwendung der Regelungen aus Art. 264 Abs. 2 AEUV gelangte, welche die Rechtsfolgen von Nichtigkeitsurteilen näher ausgestalten[682]. Die bekanntesten Urteile dieser Fallgruppe stehen dabei in unmittelbarem zeitlichen Zusammenhang mit *Express Dairy Foods* und werden in der deutschsprachigen Li- Literatur unter der Bezeichnung *Währungsausgleichsfälle* zusammengefasst[683]. Diese Rechtssachen, die in ihrer Bedeutung in etwa dem Urteil in *Defrenne II* für Auslegungsverfahren gleichkommen, eint mit diesem Fall noch mehr. Beide gleichen sich in der Konstellation, dass der EuGH in den Entscheidungen jeweils explizit die Ausnahmen vom Grundsatz der Wirkung *ex tunc* seiner Vorabentscheidungen formulierte, ehe er den eigentlichen Regelfall hier oder in einem zeitlich vorhergehenden Urteil klar benannte.

Auch die Währungsausgleichsfälle beschäftigten sich in der Sache mit Fragestellungen des gemeinschaftlichen Agrarrechts[684]. Anders als noch bei *Ireks-Arkady* ging es hier nicht um Produzenten bestimmter landwirtschaftlicher Produkte vorenthaltene Subventionen, sondern um die Rückerstattung rechtgrundlos gezahlter Währungsausgleichsabgaben. Die Vorlageersuchen der französischen Untergerichte fragten nach der Gültigkeit derjenigen Verordnungen, aufgrund derer die Abgabe berechnet wurde. Aus für die vorliegende Problematik nicht näher relevanten Gründen ergab die Prüfung der Rechtslage durch den Gerichtshof, dass die in Frage stehenden Verordnungen gegen höherrangiges Gemeinschaftsrecht verstießen und mithin ungültig waren. Allerdings hatte diese Ungültigkeit in den Währungsausgleichsfällen nicht eine Rückwirkung der sie feststellenden Entscheidung zur Folge. Unter Berufung auf eine analoge Anwendung von ex-Art. 173 Abs. 2 EWGV, dem heutigen Art. 264 Abs. 2 AEUV, beschränkte der EuGH die Wirkung seiner Entscheidungen für die Zukunft. Hieraus ließ sich sodann im Gegenschluss ableiten, dass er im Regelfall sehr wohl von einer Rückwirkung auch seiner Ungültigkeitsentscheidungen ausging[685].

682 Vgl. hierzu sogleich *infra* in diesem Kap. in Punkt C I 2 b) m.w.N. aus der Rspr.

683 Hierbei handelt es sich um die folgenden drei Fälle: *EuGH*, Urt. v. 15. Oktober 1980, Rs. 4/79 (Providence agricole de la Champagne ./. ONIC), Slg. 1980, 2823 ff.; Urt. v. 15. Oktober 1980, Rs. 109/79 (Maïseries de Bauce ./. ONIC), Slg. 1980, 2883 ff.; Urt. v. 15. Oktober 1980, Rs. 145/79 (Roquette Frères ./. Frankreich), Slg. 1980, 2917 ff.

684 Ausführl. zum materiellrechtlichen Hintergrund der Fälle etwa: *Brown*, [1981] 22 C.M.L.Rev. 4, 509 (510 ff.); *Labayle*, R.T.D.E. 1982, 484 (486 ff.).

685 Schlussanträge des GA *Reischl* v. 21. Januar 1981 in der Rs. 66/80, Slg. 1981, 1224 (1229 f.) m.w.N. aus der Rspr.; vgl. zu diesem Punkt auch: *Lenaerts/Arts/Maselis*, Proce-

Aber nicht nur im Zusammenhang mit Art. 264 Abs. 2 AEUV hat der Gerichtshof in seiner Fallpraxis Parallelen zwischen den Folgen einer Nichtigkeitsklage und einem Vorabentscheidungsverfahren zur Prüfung der Gültigkeit einer Unionsrechtsnorm gezogen. Auch die positive Handlungspflicht als Konsequenz des Nichtigkeitsurteils, wie sie in Art. 266 AEUV niedergelegt ist, hat er – zumindest implizit – auf Verfahren nach Art. 267 Abs. 1 lit. b) AEUV übertragen[686]. Insofern scheint der EuGH insgesamt von einer allgemeinen Vergleichbarkeit der Urteilsfolgen in diesen Verfahrensarten auszugehen, was wiederum die Annahme einer grundsätzlichen Rückwirkung von Ungültigkeitsurteilen nur nochmals verstärkt.

III. Bewertung und Diskussion

Im Wesentlichen beruft sich der EuGH zur Begründung der Rückwirkung seiner Ungültigkeitsentscheidungen auf eine Parallele zu den Nichtigkeitsurteilen im Sinne von Art. 263 ff. AEUV. Für diese ist eine zeitliche Wirkung *ex tunc* in Art. 264 Abs. 1 AEUV ausdrücklich angeordnet, so dass sich die Frage stellt, warum der Gerichthof seine Argumentation im Rahmen von Art. 267 Abs. 1 lit. b) AEUV nicht auf eine analoge Anwendung jener Vorschrift stützt, zumal er im Zusammenhang mit den Ausnahmen von der Rückwirkung seiner Ungültigkeitsurteil ausgerechnet auf Art. 264 Abs. 2 AEUV rekurriert. Auch der Sinn und Zweck des Verfahrens nach Art. 267 Abs. 1 lit. b) AEUV scheint für ein solches Ergebnis zu streiten, handelt es sich doch bei dieser Spielart des Vorabentscheidungsverfahrens ebenso wie bei der Nichtigkeitsklage zumindest auch um ein Mittel der objektiven Rechtskontrolle[687].

Trotz dieser zahlreichen Gemeinsamkeiten bestehen auch eine Reihe von Differenzen zwischen den beiden Verfahrensarten. Es ist mithin zu prüfen, inwieweit diese Unterschiede reichen, um sodann die Frage zu klären, welche Konsequenzen diese für die vorliegend zu untersuchende Problematik der temporalen Folgen von Ungültigkeitsurteilen nach Art. 267 Abs. 1 lit. b) AEUV haben.

dural Law of the European Union, Rn. 10–018; *Pietrek*, Verbindlichkeit von Vorabentscheidungsverfahren nach Art. 177 EWGV, S. 225 f.; i.E. auch: *Defalque*, J.T. 1983, 33 (36); noch zurückhaltender: *Bebr*, [1984] 24 Michigan L. Rev., 1229 (1243).

686 St. Rspr. spätestens seit: *EuGH*, Urt. v. 19. Oktober 1977, verb. Rs. 124/76 und 20/77 (Moulins Pont-à-Mousson ./. ONIC), Slg. 1977, 1795, Rz. 27/29; andeutungsweise wohl auch bereits in: *EuGH*, Urt. v. 30. Oktober 1975, Rs. 23/75 (Rey Soda ./. Cassa Conguaglio Zucchero), Slg. 1975, 1275, Rz. 50.

687 *Bribosia/Rorive*, Rev. Dr. ULB 2002, 125 (140); *Masclet*, R.T.D.E. 1986, 161 (169); vgl. auch: *Mertens de Wilmars*, FS Kutscher, 283 (298 f.) m.w.N. zu beiden Verfahrensarten.

1. Unterschiede zwischen Art. 263 ff. AEUV und Art. 267 Abs. 1 lit. b) AEUV

Bereits in den frühen, soeben dargestellten Schlussanträgen der Generalanwälte *Gand* und *Roemer* finden sich eindeutige Hinweise auf signifikante Unterscheide zwischen den beiden Verfahrensarten. Diese beginnen schon beim Wortlaut von Art. 264 Abs. 1 AEUV einerseits und Art. 267 Abs. 1 lit. b) AEUV andererseits, die sich wesentlich voneinander unterscheiden. Geht die erstgenannte Vorschrift von einer möglichen Nichtigkeit der untersuchten Vorschrift des Unionsrechts aus, steht im Rahmen der Vorabentscheidung deren bloße Ungültigkeit im Zentrum der Betrachtungen. Auch handelt es sich bei Art. 264 Abs. 1 AEUV in struktureller Hinsicht um eine Norm, mit der die Rechtsfolge eines Urteils nach Art. 263 AEUV bestimmt wird. Die Rechtsfolge der Gültigkeitsvorlage ergibt sich indes unmittelbar aus Art. 267 Abs. 1 lit. b) AEUV selbst, so dass es einer analogen Anwendung von Art. 264 Abs. 1 AEUV schon gar nicht bedürfte.

Der unterschiedliche Wortlaut hat zudem wesentliche Folgen für die Struktur und, damit einhergehend, das Verständnis der beiden Verfahrensarten. Während die Nichtigkeitsklage ausweislich Art. 263 Abs. 2 AEUV primär eine vom konkreten Einzelfall losgelöste Prüfung eines rangniedrigeren Rechtsakts mit den Gründungsverträgen zum Gegenstand hat, liegt dem Verfahren nach Art. 267 Abs. 1 lit. b) AEUV ein konkreter Rechtsstreit zugrunde, der Anlass für die Vorlagefrage an den EuGH gibt[688]. Ebenso wie im Rahmen von Auslegungen gibt der Gerichtshof hier bloß eine Erklärung dazu ab, ob eine Rechtsnorm des Unionsrechts gültig ist oder nicht, aus der Unionsrechtsordnung getilgt wird sie dadurch noch nicht. Das Urteil hat mithin deklaratorischen Charakter[689]. Demgegenüber steht am Ende des Verfahrens im Sinne von Art. 263 ff. AEUV nach ganz herrschender Meinung ein Gestaltungsurteil, mit dem der EuGH die mit dem höherrangigen Recht unvereinbare Norm vernichtet[690].

Letzteres ist insofern bedeutsam, als das Unionsgericht nicht bloß eine sich aus der Normkollision ohnehin bestehende Nichtigkeit der rangniedrigeren Bestimmung feststellt, wie dies etwa im Rahmen von Normenkontrollverfahren vor

688 Prägnant hierzu: *Germelmann*, EuR 2009, 254 (261 f.) m.w.N. aus der Lit. und Rspr.

689 Dies entspricht der allg. Ansicht, vgl. statt vieler: *Dubos*, Les jurisdictions nationales, juge communautaire, Rn. 548; *Jimeno Bulnes*, La cuestión prejudicial des Artículo 177 TCE, S. 508 f.; *Kerwer*, Das europäische Gemeinschaftsrecht und die Rechtsprechung der deutschen Arbeitsgerichte, S. 644 f. m.w.N.

690 Zu dieser Technik, die der st. Rspr. entspricht, vgl. nur: *EuGH*, Urt. v. 31. März 1998, verb. Rs. C-68/94 und C-30/95 (Frankreich et al. ./. Kommission), Slg. 1998, I-1375, Rz. 251 ff.; aus der Lit.: *Gesser*, Die Nichtigkeitsklage nach Art. 173 EGV, S. 237 m.w.N.; *Kirschner/Klüpfel*, Das Gericht erster Instanz der Europäischen Gemeinschaften, Rn. 134; *Pechstein*, EU-/EG-Prozessrecht, Rn. 326.

dem Bundesverfassungsgericht nach § 78 BVerfGG geschieht[691]. Obgleich die Normkollision in beiden Fällen in die Nichtigkeit der angegriffenen Vorschrift mündet, tritt diese Folge nach Art. 264 Abs. 1 AEUV nicht schon automatisch ein. Dies lässt sich schon aus dem Wortlaut der Bestimmung ableiten, die von einer Nichtigkeitserklärung ausgeht. Noch deutlicher ergibt sich dieser Befund aus dem durch die ständige Rechtsprechung des Gerichtshofs geprägten Grundsatz, wonach für alle sekundärrechtlichen Regelungen eine Rechtmäßigkeitsvermutung gilt[692]. Wenn diese erst durch eine Entscheidung der Unionsgerichte widerlegt werden kann, so ist aus deren Sicht die Norm bis zu einem derartigen Urteil als Bestandteil der Unionsrechtsordnung zu werten. Nach der Konzeption der Verfahren gemäß Art. 263 ff. AEUV bedeutet Nichtigkeit – trotz identischer Bezeichnung – mithin nicht das, was nach bundesdeutscher Diktion hierunter verstanden wird. Nichtigkeit wird nicht mit der Fiktion einer Rechtsnorm gleichgesetzt, die aufgrund des Konflikts mit dem höherrangigen Recht schon keine Geltung beanspruchen kann und damit ein rechtliches Nullum ist. Vielmehr verbirgt sich hinter dem Begriff ein Verständnis, das in der österreichischen Tradition Kelsens steht. So geht der im vorliegenden Kontext maßgebliche Art. 140 Abs. 3 B-VG von einer Aufhebbarkeit verfassungswidriger Normen durch ein rechtsgestaltendes Urteil des VfGH aus. Regelungen, die gegen das österreichische Bundes-Verfassungsgesetz verstoßen, sind demnach vernichtbar, bilden aber bis zu diesem Zeitpunkt einen validen Bestandteil der nationalen Rechtsordnung[693].

Dieser Unterschied zwischen Feststellungs- und Gestaltungsurteil hat gravierende Konsequenzen, wie sich im Zusammenhang mit der Frage gezeigt hat, ob Entscheidungen nach Art. 267 Abs. 1 lit. b) AEUV genauso wie solche gemäß Art. 264 Abs. 1 AEUV eine Wirkung *erga omnes* zugesprochen werden kann. Wie andernorts nachgewiesen, ist dies eben aus dem Grund zu verneinen, dass die Ungültigkeit im erstgenannten Fall lediglich festgestellt wird, die ungültige Norm indes Teil der Unionsrechtsordnung bleibt[694].

691 Vgl. hierzu ausführl. *supra* im 2. Kap., dort Punkt A I 2 b) m.w.N. aus der Lit. und Rspr. des BVerfG.

692 St. Rspr. seit: *EuGH*, Urt. v. 12. Juli 1957, verb. Rs. 7/56 und 3–7/57 (Alegra ./. Gemeinsame Versammlung der EGKS), Slg. 1957, 83 (126).

693 Vgl. hierzu ausführl. *supra* im 2. Kap. in Punkt B I 2 b) m.w.N. aus Lit und Rspr. des VfGH.

694 Vgl. hierzu ausführl. *supra* im 3. Kap. in Punkt B II 2 b) m.w.N. aus der Lit. und der Rspr. des EuGH.

2. Wirkung *ex tunc* von Ungültigkeitsurteilen

Es bestehen demnach gravierende Unterschiede zwischen den Verfahren nach Art. 263 ff. AEUV und Art. 267 Abs. 1 lit. b) AEUV, so dass weiterhin die Frage im Raum steht, wie sich eine temporale Wirkung der Urteile *ex tunc* bei der letztgenannten Verfahrensart begründen lassen kann.

Wie bei der Prüfung der Auslegungsentscheidungen des EuGH bereits nachgewiesen, kann alleine aus dem deklaratorischen Charakter einer Entscheidung noch keine Rückwirkung abgeleitet werden. Allerdings charakterisiert auch das Verfahren in Art. 267 Abs. 1 lit. b) AEUV eine Grundkonstellation, wie sie das Auslegungsverfahren kennzeichnet, in dessen unmittelbarem systematischen Zusammenhang ersteres steht. Anders als im Rahmen von Art. 263 ff. AEUV, der primär eine objektive Rechtmäßigkeitskontrolle sicherstellen soll, steht im Mittelpunkt des Vorabentscheidungsverfahrens die Gewährleistung der einheitlichen Anwendung des Unionsrechts[695]. Dieser Zweck lädt auch bei der Gültigkeitsprüfung das ihm zugrunde liegende Spannungsverhältnis in der Abwägung zwischen den Prinzipien der Rechtssicherheit und der Einzelfallgerechtigkeit zusätzlich auf[696] und fordert auch vorliegend im Regelfall ein Ergebnis zugunsten einer temporalen Wirkung *ex tunc*. Der wichtige Gedanke der Einzelfallgerechtigkeit spielt indes im Rahmen der objektivierten Art. 263 ff. AEUV keinerlei Rolle, was zusätzlich erklären mag, warum es dort einer ausdrücklichen Anordnung der zeitlichen Folgen eines Nichtigkeitsurteils bedarf, während sich dies bei der Vorabentscheidung aus dem Charakter des Verfahrens selbst ergibt.

3. Zusammenfassendes Ergebnis

Mithin wirken Ungültigkeitsentscheidungen im Sinne von Art. 267 Abs. 1 lit. b) AEUV ebenso wie Auslegungen in zeitlicher Hinsicht grundsätzlich *ex tunc*, was sich indes nur sehr bedingt aus den Folgen der Nichtigkeitsurteile gemäß Art. 263 ff. AEUV ableiten lässt, sondern vielmehr der Natur des Vorabentscheidungsverfahrens selbst geschuldet ist.

Dieses Ergebnis steht auch nicht im Widerspruch zur Entscheidung des EuGH in der Rechtssache *Roquette IV*. Der dortige Hinweis auf Nichtigkeitsurteile muss nicht unbedingt auf eine vom Gerichtshof intendierte Analogie in diese Richtung verstanden werden, sondern kann entsprechend der komparatistisch anmutenden Wortwahl „...ebenso wie...“ und angesichts der analogen Anwen-

695 *Thiele*, Europäisches Prozessrecht, § 9 Rn. 116.

696 Statt aller: *Karpenstein*, in: Grabitz/Hilf, Das Recht der Europäischen Union, Art. 234 EGV Rn. 109.

dung von Art. 264 Abs. 2 AEUV im Rahmen der Bestimmung der Ausnahmen von der prinzipiellen Rückwirkung auch einen Hinweis auf den Gleichlauf der Ergebnisse bei beiden Verfahrensarten bedeuten.

Der Ansatz des EuGH, warum seine Ungültigkeitsurteile eine zeitliche Wirkung *ex tunc* haben sollen, erweist sich im Ergebnis als gut nachvollziehbar. Eines Rekurses auf Art. 264 Abs. 1 AEUV bedarf es im vorliegenden Kontext richtigerweise somit nicht[697].

B. Diskriminierungstatbestände als Sonderkonstellationen

In temporaler Hinsicht nehmen die im Folgenden zu behandelnden Fälle eine besondere Stellung zwischen der umfassenden Wirkung einer Ungültigkeit *ex tunc* und einer Rückwirkungsbeschränkung ein. Inhaltlich handelt es sich hierbei um Situationen, in welchen sich die Ungültigkeit der untersuchten Bestimmung aus einem Verstoß gegen den auch im Unionsrecht geltenden allgemeinen Gleichbehandlungsgrundsatz ergibt[698].

I. Die Rechtsprechung des EuGH

Die im Folgenden zu behandelnde Fallgruppe findet in der Literatur nur vereinzelt als eigenständiger Komplex in der Rechtsprechung des Gerichtshofs Beachtung[699], regelmäßig geht sie in einer allgemeinen Behandlung der Rückwirkungsbeschränkung von Ungültigkeitsurteilen auf[700]. Allerdings weisen die hier auszuwertenden Fälle sowohl strukturell wie inhaltlich signifikante Unterschiede auf, die eine separate Behandlung rechtfertigen.

1. Die frühe Phase am Beispiel der Rechtssache *Ruckdeschel*

Charakteristisch für die vorliegende Konstellation sind Sachverhalte, wie sie die Rechtssache *Ruckdeschel* kennzeichneten[701]. Dieser Fall betraf inhaltlich die

697 I.E. auch: *Schima*, Das Vorabentscheidungsverfahren vor dem EuGH, S. 107.

698 Vgl. hierzu statt aller: *Streinz*, in: ders., EUV/AEUV, Art. 20 GR-Charta, Rn. 6 ff. m.w.N. aus Lit. und Rspr.

699 *Kadelbach*, in: Holubek/Lang, Das EuGH-Verfahren in Steuersachen, 119 (127); *Seer/Müller*, IWB 2008, Gruppe 2, Fach 11, 851 (855 ff.).

700 Vgl. z.B. nur: *Naôme*, Le renvoi préjudiciel en droit européen, Rn. 338 ff.

701 *EuGH*, Urt. v. 19. Oktober 1977, verb. Rs. 117/76 und 16/77 (Ruckdeschel ./. Hauptzollamt Hamburg-St.Annen), Slg. 1977, 1753 ff.; zu dieser Fallgruppe siehe auch: *EuGH*,

Änderung des Artikels einer Verordnung, wodurch Produktionserstattungen für die Herstellung von Quellmehl aus Mais aufgehoben, während die gleichen Erstattungen für die Produktion von Stärke aus Mais aufrecht erhalten wurden. Der EuGH erkannte hierin eine diskriminierende Differenzierung, welche nicht durch objektive Umstände gerechtfertigt war[702]. Ausgehend von Art. 267 Abs. 1 lit. b) AEUV hätte der Gerichtshof in einem solchen Fall die Ungültigkeit der fraglichen Bestimmung feststellen müssen. Ein derartiger Schritt wäre in der vorliegenden Fallkonstellation indes mitnichten geeignet gewesen, das dem Fall zugrunde liegende Problem zufriedenstellend zu lösen. Die Diskriminierung und damit die Ungültigkeit beruhte schließlich auf der Neufassung des Artikels[703] und dem damit einhergehenden Fehlen der Produktionserstattung für die Herstellung von Quellmehl, die schlichtweg keine Erwähnung mehr fand. Mithin hätte die Feststellung der Ungültigkeit durch den EuGH lediglich zur Folge gehabt, dass auch die Produzenten von Stärke keine Produktionserstattungen mehr erhalten hätten; das Ziel des Klägers im zur Vorlage Anlass gebenden Hauptsacheverfahren, selbst auch wieder in den Genuss der Produktionserstattungen zu kommen, wäre keinesfalls erreichbar gewesen[704].

Vor diesem Hintergrund entschied sich der Gerichtshof dafür, einen neuartigen Schritt zu gehen. Er rügte den Verstoß der Verordnungsbestimmung gegen das Primärrecht, indem er den fraglichen Artikel für unvereinbar mit dem damals in ex-Art. 40 Abs. 3 EWGV normierten Gleichbehandlungsgrundsatz erklärte und verband dies zeitgleich mit einer Forderung an den Gemeinschaftsgesetzgeber, diesen Zustand zu beseitigen[705]. Das Urteil stellte somit eine Unwertentscheidung dar, ohne dass dies ebendort automatisch die Ungültigkeit der rangniedrigeren Vorschrift zur Folge gehabt hätte. Die Ungültigkeit trat demnach erst mit dem Erlass einer neuen Regelung ein, welche die inhaltlichen Vorgaben des Gerichtshofs berücksichtigte. Dies zeigt sich vor allem an der Begründung, welche auf die verschiedenen Möglichkeiten der Herstellung der Gleichbehandlung rekurrierte, deren Auswahl grundsätzlich in den Aufgabenbereich der zuständi-

Urt. v. 19. Oktober 1977, verb. Rs. 124/76 und 20/77 (Moulins Pont-à-Mousson ./. Office interprofessionel des Céréales), Slg. 1977, 1795 ff.

702 Vgl. insbes. *EuGH*, verb. Rs. 117/76 und 16/77 (Ruckdeschel ./. Hauptzollamt Hamburg-St.Annen), Slg. 1977, 1753, Rz. 10.

703 Art. 11 Abs. 1 der Verordnung (EWG) Nr. 1125/74 des Rates v. 29. April 1974, ABl. EG v. 10. Mai 1974, Nr. L 128/12 ff. im Vgl. zur Vorgängernorm in Art. 11 Abs. 1 der Verordnung (EWG) Nr. 120/67 des Ratesv. 13. Juni 1967, ABl. EG v. 19. Juni 1967, 2269 ff.

704 *EuGH*, verb. Rs. 117/76 und 16/77, (Ruckdeschel ./. Hauptzollamt Hamburg-St.Annen), Slg. 1977, 1753, Rz. 12; vgl. auch die Anm. v. *Nicolaysen*, EuR 1977, 50 (51); aus der Lit.: *Alexander*, 7 Y.E.L. 1988, 11 (19 f.); *Bribosia/Rorive*, Rev. Dr. ULB 2002, 125 (144).

705 *EuGH*, verb. Rs. 117/76 und 16/77 (Ruckdeschel ./. Hauptzollamt Hamburg-St.Annen), Slg. 1977, 1753, Rz. 1 f. des Tenors.

gen Unionsorgane fiele, die zum Handeln aufgerufen seien. Der dem Kläger entstandene Schaden war im Ergebnis zwar auszugleichen, nur lehnte es der EuGH ab, die Art und Weise hierfür im Rahmen des Verfahrens nach Art. 267 Abs. 1 lit. b) AEUV selbst zu bestimmen.

2. Die Folgerechtsprechung zur Rechtssache *Ruckdeschel*

Hiervon ausgehend hat der EuGH in seiner Rechtsprechung der Folgezeit in zwei Sachverhalten die eben dargestellte Fallgruppe signifikant modifiziert. Während die Entscheidungen wie in *Ruckdeschel* noch von einer Selbstbeschränkung hinsichtlich der Beurteilung der Urteilsfolgen gekennzeichnet waren, zeigte sich der Gerichtshof einige Jahre später auch hierbei regelungsfreudiger.

a) Diskriminierende Abgaben: Die Rechtssache *van Landschoot*

Den Ausgangspunkt der hier zu schildernden Spruchpraxis bildete die Rechtssache *van Landschoot*, welche ebenfalls eine diskriminierende abgabenrechtliche Ungleichbehandlung im Getreidesektor zum Gegenstand hatte, die auf der Nichtbefreiung bestimmter Gruppen von einer Abgabe beruhte. Allerdings ergab sich bei dieser Entscheidung eine konstruktive Besonderheit, die sich in der Rechtssache *Ruckdeschel* schon angedeutet hatte und vorliegend eine Darstellung des Urteils in zwei Schritten notwendig macht.

Auch in *van Landschoot* entschied der Gerichtshof, die ungültige Bestimmung vorläufig aufrecht zu erhalten, solange der Gemeinschaftsgesetzgeber diese Regelung nicht beseitigte. Anders als in *Ruckdeschel* jedoch verknüpfte er diesen Schritt mit einer Modifikation der diskriminierenden Sekundärrechtsnorm[706]. Da es sich in *van Landschoot* ebenfalls um einen begünstigenden Befreiungstatbestand handelte, wurde dieser vom EuGH entgegen seines Wortlautes kurzerhand auf die bis dahin diskriminierten Fälle erstreckt. Im Ergebnis erweiterte der Gerichtshof damit den Anwendungsbereich der streitgegenständlichen Norm, so dass der Kläger in der Hauptsache mit seinem Begehren auf Befreiung von der ihn treffenden Abgabe durchdrang.

Während in Fällen wie *Ruckdeschel* die Modifikation der primärrechtswidrigen Vorschrift noch als ausschließliche Aufgabe des Gemeinschaftsgesetzgebers angesehen wurde, griff der EuGH in *van Landschoot* selbständig in den Norm-

706 Zum Ganzen: *EuGH*, Urt. v. 29. Juni 1988, Rs. 300/86 (van Landschoot ./. Mera), Slg. 1988, 3443, Rz. 22 ff.

text ein und änderte ihn richterrechtlich bis zur Inkraftsetzung einer gesetzlichen Neuregelung, die sich nach den Vorgaben des Gerichtshofs zu richten hatte. Für die Zwischenzeit schaffte der EuGH unter Berufung auf eine analoge Anwendung von Art. 264 Abs. 2 AEUV eine nicht diskriminierende Form des Übergangsrechts.

Tatsächlich hätte eine Ungültigkeitsfeststellung mit Wirkung *ex tunc* die Rückabwicklung aller Rechtsverhältnisse nach sich gezogen, welche auf der primärrechtswidrigen Norm beruhten und noch nicht in Rechtskraft erwachsen waren. Ein solcher Schritt hätte wie schon in der Rechtssache *Ruckdeschel* mit dem eigentlichen Unwerturteil des Gerichtshofs in Widerspruch gestanden. Dieser sollte eben nicht zum Ausdruck bringen, dass der Regelungsgegenstand der ungültigen Norm beanstandungswürdig ist, sondern nur die Begrenzung derjenigen, die von ihr profitierten, auf einen bestimmten Personenkreis. Eine Rückabwicklung hätte mithin das Gegenteil der Regelungsintention des EuGH zur Folge gehabt, der den Anwendungsbereich der überprüften Gemeinschaftsrechtsbestimmung doch gerade ausweiten wollte. Um diesen Effekt letztlich erzielen zu können, erweiterte der Gerichtshof vorläufig den Kreis der Begünstigten um die bisher diskriminierten Fälle und verschob letztlich den Eintritt der Ungültigkeit auf den Zeitpunkt, zu dem der Gemeinschaftsgesetzgeber die endgültige Neuregelung erließ.

b) Diskriminierende Beihilfen: Die Rechtssache *Pinna II*

Der andere zur vorliegenden Fallgruppe gehörende Sachverhalt stellt sich als spiegelverkehrte Ergänzung zur Rechtssache *van Landschoot* dar. Anders als dort ging es im Urteil *Pinna II* nicht um die Befreiung von einer Abgabe. Vielmehr wollte der Kläger in den Genuss einer Familienbeihilfe gelangen, welche ihm vom Beklagten verwehrt worden war[707].

Die Versagung basierte dabei unmittelbar auf einer gemeinschaftsrechtlichen Vorschrift. Der entsprechende Verordnungsartikel unterschied hinsichtlich der Gewährung von Familienbeihilfen zwischen in Frankreich ansässigen und sonstigen Arbeitnehmern, wobei die erstgenannte Kategorie weiter unterteilt war. In der zeitlich vorgelagerten Entscheidung *Pinna I* war diese Verordnungsbestimmung vom Gerichtshof aufgrund einer objektiv nicht zu rechtfertigenden Diskriminierung der in Frankreich ansässigen Arbeitnehmer für gemeinschafts-

707 Zum Ganzen: *EuGH*, Urt. v. 2. März 1989, Rs. 359/87 (Pinna ./. Caisse d'allocations familiales de Savoie), Slg. 1989, 585 ff.

rechtswidrig und damit ungültig erklärt worden[708]. Ebenfalls in diesem Urteil wurde ausgeführt, dass die Ungültigkeit aus zwingenden Erwägungen der Rechtssicherheit lediglich eine Geltung *ex nunc* entfalten könnte[709]. Insoweit fiel die Rechtssache *Pinna I* unter die im folgenden Punkt zu erläuternde Ausnahme von der grundsätzlichen Rückwirkung von Ungültigkeitsentscheidungen.

In *Pinna II* schließlich wandte sich die vorlegende französische Cour de Cassation ausdrücklich mit der Bitte um Präzisierung der Urteilswirkungen von *Pinna I* an den EuGH. Im Wesentlichen ging es dem vorlegenden Gericht um die Frage, welche Rechtsvorschriften in Folge der Ungültigkeitserklärung für in Frankreich ansässige Arbeitnehmer Anwendung finden sollten.

An dieser Stelle zeigt sich nunmehr die Kongruenz mit der Rechtssache *van Landschoot*, welche im Ergebnis der beiden besteht, auch wenn der Gerichtshof das letztgenannte Urteil nicht ausdrücklich erwähnt. In beiden Fällen modifizierte er die Urteilswirkungen dahingehend, dass er die Diskriminierung beseitigte. In *Pinna II* geschah dies durch die Ausdehnung der allgemeinen Vorschriften auf in Frankreich ansässige Arbeitnehmer, für welche bis dahin die diskriminierenden Sondervorschriften gegolten hatten[710]. Somit drang der Kläger auch hier direkt mit seinem Ansinnen durch und war im Gegensatz zur Konstellation in der Rechtssache *Ruckdeschel* nicht auf Schadensersatzansprüche angewiesen.

Allerdings besteht auch ein signifikanter Unterschied zum Urteil in *van Landschoot*, der die ungültige Vorschrift selbst betrifft. Während der EuGH dort darauf angewiesen war, richterrechtlich dem Gemeinschaftsgesetzgeber für eine Übergangszeit vorzugreifen, konnte er in *Pinna II* auf eine bereits bestehende allgemeine Regelung rekurrieren, welche lediglich auf die bisher diskriminierten Gruppen ausgedehnt wurde. Zudem wies *Pinna II* eine weitere Besonderheit gegenüber der Rechtssache *van Landschoot* auf. In der Entscheidung zu *Pinna I* hatte der EuGH die zeitliche Wirkung seines Urteils mit einer Wirkung *ex nunc* versehen[711], was für die hier untersuchte Rechtssache die Folge hatte, dass Ausgleichszahlungen nur ab diesem Moment und nicht *ex tunc* ab dem Inkrafttreten der diskriminierenden Bestimmung gewährt werden konnten. Alles in allem hatte die Vorgehensweise des Gerichtshofs in der Rechtssache *Pinna II* somit einen

708 *EuGH*, Urt. v. 15. Januar 1986, Rs. 41/84 (Pinna ./. Caisse d'allocations familiales de Savoie), Slg. 1986, 1 ff.

709 Zur zeitlichen Geltung: *EuGH*, Urt. v. 15. Januar 1986, Rs. 41/84 (Pinna ./. Caisse d'allocations familiales de Savoie), Slg. 1986, 1, Rz. 25 ff., vgl. auch *infra* in diesem Kap. in Punkt C I 2.

710 *EuGH*, Urt. v. 2. März 1989, Rs. 359/87 (Pinna ./. Caisse d'allocations familiales de Savoie), Slg. 1989, 585, Rz. 17.

711 *EuGH*, Urt. v. 15. Januar 1986, Rs. 41/84 (Pinna ./. Caisse d'allocations familiales de Savoie), Slg. 1986, 1, Rz. 28.

weniger quasilegislatorischen Charakter als dies noch in der Entscheidung *van Landschoot* der Fall war.

II. Diskussion und Bewertung

Fraglich ist nunmehr, wie die soeben vorgestellte Fallgruppe in temporaler Hinsicht einzuordnen ist. Ganz augenscheinlich stellt sie eine Ausnahme von der grundsätzlichen Rückwirkung eines Ungültigkeitsurteils dar. Die Feststellung der Ungültigkeit der unionsrechtlichen Norm wirkt entgegen dem Regelfall nicht *ex tunc* auf ihren Erlasszeitpunkt zurück, was der EuGH in semantischer Hinsicht nicht immer zu verdeutlichen vermag: Während er im Tenor seines Urteils in *Ruckdeschel* noch folgerichtig davon sprach, die ihm vorgelegte Verordnungsbestimmung sei „...mit dem Gleichheitsgrundsatz unvereinbar"[712], stützte er sich in den Rechtssachen *van Landschoot* und *Pinna II* wieder auf die Ungültigkeit der diskriminierenden Bestimmungen und wandte im ersten Fall zudem ausdrücklich ex-Art. 174 Abs. 2 EWGV an[713]. Wohl aus dieser Undeutlichkeit speist sich auch die Verwirrung um die Einordnung der Entscheidungen in der Literatur, die diese regelmäßig als Fälle der Rückwirkungsbeschränkung klassifiziert[714].

1. Qualifikation der temporalen Wirkung als *ex tunc*

Die von der Literatur vorgeschlagene Einordnung leuchtet zunächst ein. Anders als im Regelfall der Ungültigkeit sprach der Gerichtshof in den vorliegenden Fällen ein Unwerturteil über die ihm zur Untersuchung vorgelegte Normen, ohne jedoch die Konsequenzen hieraus zu ziehen. Dies wurde als Aufgabe des Unionsgesetzgebers erkannt und diesem für einen zukünftigen Zeitpunkt zugewiesen[715]. Der Leser dieser Urteilspassagen könnte mithin aus guten Gründen ver-

712 *EuGH*, Urt. v. 19. Oktober 1977, verb. Rs. 117/76 und 16/77 (Ruckdeschel ./. Hauptzollamt Hamburg-St.Annen), Slg. 1977, 1753, Punkt 1 des Tenors.

713 *EuGH*, Urt. v. 29. Juni 1988, Rs. 300/86 (van Landschoot ./. Mera), Slg. 1988, 3443, Rz. 24 und Punkt 1 des Tenors; Urt. v. 15. Januar 1986, Rs. 41/84 (Pinna ./. Caisse d'allocations familiales de Savoie), Slg. 1986, 1, Tenor.

714 *Kadelbach*, in: Holubek/Lang, Das EuGH-Verfahren in Steuersachen, 119 (127); *Seer/Müller*, IWB 2008, Gruppe 2, Fach 11, 851 (854 f.); in diese Richtung wohl auch: *Everling*, FS Börner, 57 (59 f.).

715 *EuGH*, Urt. v. 19. Oktober 1977, verb. Rs. 117/76 und 16/77 (Ruckdeschel ./. Hauptzollamt Hamburg-St.Annen), Slg. 1977, 1753, Rz. 13; Urt. v. 29. Juni 1988, Rs. 300/86 (van Landschoot ./. Mera), Slg. 1988, 3443, Rz. 22 ff., Urt. v. 15. Januar 1986, Rs. 41/84 (Pinna ./. Caisse d'allocations familiales de Savoie), Slg. 1986, 1, Rz. 13.

sucht sein anzunehmen, die Entscheidungen des EuGH würden lediglich Wirkungen *pro futuro* entfalten.

Allerdings zeigt ein zweiter Blick, dass es sich bei den dargestellten Rechtssachen in der hier interessierenden zeitlichen Dimension um Entscheidungen handelt, die im Ergebnis eine Wirkung *ex tunc* entfalten. Hierfür bedarf es einer Unterscheidung zwischen dem eigentlichen Unwerturteil des Gerichtshof, das tatsächlich *pro futuro* wirkt, und dessen Konsequenzen für alle Rechtssubjekte, welche von der ungültigen Bestimmung betroffen sind. Anders als eine rein zukunftsgerichtete Entscheidung dies vermuten lassen würde, profitierte diese letztgenannte Gruppe durchaus vom Urteilsspruch des EuGH[716].

Zur Verdeutlichung dieses Ergebnisses sei nochmals auf den obigen Befund verwiesen, wonach zeitlich nachgelagerte Schadensersatzklagen auf Grundlage von Urteilen wie in der Rechtssache *Ruckdeschel* zum Erfolg führten. Insoweit zeitigen auch Unvereinbarkeitserklärungen des EuGH in dem hier untersuchten Sinne eine Rückwirkung, indem sie ein Unwerturteil auch für die Vergangenheit aussprechen. Es bedarf mithin einer Trennung zwischen der Primär- und Sekundärebene. Vordergründig entfaltet das Urteil des EuGH in den vorgestellten Konstellationen lediglich eine Wirkung für die Zukunft, indem es einerseits die Prärogative des Gemeinschaftsgesetzebers zu betonen scheint, dies aber gleichzeitig mit einer verbindlichen Verpflichtung verknüpft, den festgestellten Rechtsverstoß zu beseitigen. Der Kläger im Hauptsacheverfahren dringt hier mit seinem Begehren im Ergebnis nicht durch. Auf Sekundärebene, auf der Schadensersatzansprüche ins Spiel kommen, ist hingegen eine Rückwirkung der Urteile zu bejahen, wie an der Rechtssache *Ireks-Arkady* abgelesen werden kann, die sich unmittelbar auf das Unwerturteil in *Ruckdeschel* berief und in dem ein Schadensersatzanspruch der durch die Diskriminierung betroffenen Partei anerkannt wurde.

Ebenso verhält es sich in Konstellationen, wie sie die Rechtssache *van Landschoot* kennzeichnete. Die vom EuGH gestaltete Übergangsregelung könnte in temporaler Hinsicht grundsätzlich auf zwei Wegen Wirkung entfalten: Zum einen kann das Urteil restriktiv dahingehend verstanden werden, dass lediglich die Sachverhalte in den Genuss der vom EuGH übergangsweise diskriminierungsfrei ausgestalteten Regelung kommen, die nach dem Erlass der Entscheidung abgeschlossen werden beziehungsweise in denen zu diesem Zeitpunkt bereits Rechtsmittel eingelegt wurden. Zum anderen lässt sich auch eine extensive Auslegung des Urteils vertreten, wonach die vom Gerichtshof modifizierte Übergangsregelung eine umfassende Wirkung *ex tunc* nach sich zieht. Demnach

716 Hierfür, soweit erkennbar, nur: *Schima*, Das Vorabentscheidungsverfahren vor dem EuGH, S. 106 f. mit Verweis auf die Schlussanträge des GA *Capotori* v. 12. September 1979 in der Rs. 238/78, Slg. 1979, 2976 (2991).

müssten alle nicht rechtskräftig abgeschlossenen Sachverhalte, in denen eine Diskriminierung aufgrund der für ungültig befundenen Norm erfolgte, einer Neubewertung unterzogen werden.

Im konkreten Fall *van Landschoot* sprechen mehrere Gründe für eine Rückwirkung der richterrechtlichen Neuregelung durch den EuGH. Zwar kennt das Unionsrecht ein Rückwirkungsverbot legislativer Bestimmungen[717], doch bestehen hiervon Ausnahmen, soweit es sich etwa um eine begünstigende Regelung handelt und keine Erwägungen der Rechtssicherheit oder des Vertrauensschutzes dem entgegenstehen[718]. Beide Kriterien sind in der Konstellation von *van Landschoot* erfüllt. Die Befreiung von einer Abgabe begünstigt die Betroffenen, zudem sind keine entgegenstehenden Erwägungen denkbar. Insbesondere waren vorliegend keine Interessen der Mitgliedstaaten zu berücksichtigen, da es sich bei der fraglichen Abgabe um eine solche handelte, deren Erlöse der Gemeinschaft selbst unmittelbar zugute kamen[719].

Neben diesen allgemeinen Erwägungen weist die vorliegende Problematik zudem Parallelen zum eben diskutierten Verhältnis der Urteile *Ruckdeschel* und *Ireks-Arkady* auf. Der Unterschied dieser Konstellation zu *van Landschoot* besteht darin, dass der Richterspruch im letztgenannten Fall die Diskriminierung nicht auf der Sekundärebene auszugleichen suchte, sondern dieses Ergebnis durch eine Modifikation der Primärebene selbst erzielen wollte. Wenn aber das endgültige, vom EuGH vorgegebene Regelungsziel, die Beseitigung der Diskriminierung, in beiden Konstellationen gleich ist und mithin bereits vor Inkrafttreten der neuen diskriminierungsfreien Bestimmung erreicht werden soll, kann dies in Konstellationen wie in der Rechtssache *van Landschoot* nur dann erzielt werden, wenn die vom Gerichtshof aufgestellte Übergangsregelung selbst eine Wirkung *ex tunc* entfaltet.

2. Hintergrund der Vorgehensweise des EuGH

Der Argumentation des Gerichtshofs in dieser Fallgruppe liegt der unausgesprochene Gedanke des institutionellen Gleichgewichts[720] und im Speziellen der Organtreue zugrunde, welcher den Grundsatz der loyalen Zusammenarbeit der ein-

717 Vgl. statt aller: *Calliess*, in: ders./Ruffert, EUV/AEUV, Art. 2 EUV Rn. 26 m.w.N.

718 So ausdrückl.: *Gellermann*, in: Streinz, EUV/AEUV, Art. 297 AEUV Rn. 7; *Scheuing*, in: Schulze/Zuleeg, Europarecht, § 6 Rn. 37 m.w.N. aus der Rspr. des EuGH.

719 Im konkreten Fall handelte es sich um eine unionsrechtliche Abgabe im Sinne von Art. 311 AEUV.

720 Zu diesem Prinzip vgl. statt aller: *Oppermann*, Europarecht, § 5 Rn. 5; *Craig/de Búrca*, EU Law, S. 137 f.

zelnen Organe untereinander verkörpert und den der Gerichtshof in zahlreichen Entscheidungen für das Funktionieren der Union betont hat[721]. Nach diesem Prinzip haben alle Unionsorgane ihre Aufgaben in einer Weise zu erfüllen, welche andere Organe bei der Ausübung ihrer Befugnisse nicht behindert[722].

Für den EuGH hatte das im konkreten Fall zur Folge, dass er sich nicht an die Stelle des Unionsgesetzgebers setzte, um etwa in der Rechtssache *Ruckdeschel* dem betroffenen Unternehmen in der Hauptsache zu einer Gewährung der Produktionserstattungen zu verhelfen. Vielmehr betonte der Gerichtshof die Aufgabe der zuständigen Gemeinschaftsorgane den von ihm gerügten Missstand zu beseitigen, welche insbesondere in solchen Fällen akut würde, in denen mehrere Möglichkeiten der Schadensbeseitigung bestanden[723].

Aus dem Grundsatz der loyalen Zusammenarbeit folgt aber andererseits auch der verbindliche Charakter der Entscheidung. Das Unwerturteil des EuGH darf demnach nicht nur als bloße Empfehlung an die angesprochenen Organe missverstanden werden. Diese waren in ihrer Reaktion auf das Urteil gerade nicht frei, vielmehr traf sie eine Verpflichtung zur Behebung der Umstände, die zur Rechtswidrigkeit geführt hatten[724]. Vereinfacht ausgedrückt, kam ihnen nur ein Ermessen hinsichtlich der Frage zu, wie sie auf die Unvereinbarkeit der Rechtsnorm mit dem Vertrag reagieren. Dass sie hierzu verpflichtet waren, ergab sich dagegen bereits aus der Entscheidung des Gerichtshofs. Ebenfalls aus dem Prinzip der loyalen Zusammenarbeit wird sich eine zeitliche Bindung des Unionsgesetzgebers ableiten lassen können. Diesem stand es demnach nicht frei, irgendwann auf die Entscheidung des EuGH zu reagieren, er musste vielmehr innerhalb einer angemessenen Frist die notwendigen Schritte für eine Modifizierung der beanstandeten Vorschrift des Unionsrechts einleiten, da ansonsten die Gefahr bestanden hätte, das Unwerturteil des Gerichtshofs durch Verzögerungstaktiken zu umgehen. Der EuGH selbst jedenfalls sah sich in der Lage, Art. 266 AEUV, der sich ausweislich seines Wortlauts und seiner systematischen Stellung auf Nichtigkeitsurteile gemäß Art. 263 AEUV bezieht, auch auf Ungültigkeitserklärungen nach Art. 267 Abs. 1 lit. b) AEUV analog anzuwenden, um dieses Ergeb-

721 St. Rspr., vgl. z.B.: *EuGH*, Urt. v. 30. März 1995, Rs. C-65/93 (Rat ./. Parlament), Slg. 1995, I-643, Rz. 23; aus der Lit. z.B.: *Streinz*, in: ders., EUV/AEUV, Art. 4 EUV Rn. 25 ff.

722 *Hatje*, in: Schwarze, EU-Kommentar, Art. 13 EUV Rn. 34 f. m.w.N. aus der Rspr.

723 *EuGH*, Urt. v. 19. Oktober 1977, verb. Rs. 117/76 und 16/77 (Ruckdeschel ./. Hauptzollamt Hamburg-St.Annen), Slg. 1977, 1753, Rz. 13.

724 *EuG*, Urt. v. 20. Mai 1999, Rs. T-220/97 (H. & R. Ecroyd ./. Kommission), Slg. 1999, II-1677, Rz. 49.

nis zu sichern[725]. Mithin kann abschließend festgehalten werden, dass es sich bei der Entscheidung in *Ruckdeschel* letztlich um ein vollwertiges Ungültigkeitsurteil handelte, das über einen bloßen Appell an den Gemeinschaftsgesetzgeber hinausging[726].

Dieses Prinzip spiegelt sich auch in den Urteilen des Gerichtshofs in den Rechtssachen *van Landschoot* und *Pinna II* wider. So genoss der Gerichtshof hier nicht völlig freie Hand bei der Bestimmung der Folgen seiner Entscheidungen und konnte keine endgültigen Regelungen oder Modifikationen der ungültigen Normen treffen. Dies wird nicht zuletzt deutlich an der Betonung der weiterhin bestehenden Kompetenz und Verpflichtung des Unionsgesetzgebers zur Neufassung der für ungültig befundenen Bestimmung[727].

3. Parallelen zur Rechtsprechung des BVerfG

Bei einer abschließenden Betrachtung der in der vorliegenden Fallgruppe zusammengefassten Urteile fällt deren Heterogenität bei gleichzeitiger quantitativer Überschaubarkeit ins Auge. Verbindendes Element ist der Ungültigkeitsgrund der jeweils untersuchten europarechtlichen Bestimmung, welche in deren gleichheitswidriger Begünstigung bestimmter Sachverhalte liegt. Diese Gemeinsamkeit unterscheidet sie wiederum von den im Folgenden zu besprechenden Fällen und rechtfertigt eine gesonderte Betrachtung trotz der geringen Anzahl der vorhandenen Entscheidungen[728]. Die den Fällen zugrunde liegende Verletzung des allgemeinen Gleichheitssatzes und die daraus resultierende Vielzahl der Lösungsmöglichkeiten rufen nach Ansicht des Gerichtshofes den Unionsgesetzgeber auf den Plan, dessen Kompetenz es unterfällt, eine Neuregelung auszuarbeiten. Aus Gründen der Gewaltenteilung sieht der EuGH von einer rückwirkenden Ungültigerklärung ab, um dem Unionsgesetzgeber nicht vorzugreifen.

725 Ausdrückl. in: *EuGH*, Urt. v. 22. Dezember 2008, Rs. C-333/07 (Société Regie Networks ./. Direction de contrôle fiscal Rhône-Alpes Bourgogne), Slg. 2008, I-10807, Rz. 124 m.w.N. aus der Rspr.

726 Schlussanträge des GA *Mischo* v. 21. März 2002 in der Rs. C-395/00, Slg. 2002, I-11879, Rz. 54; Schlussanträge des GA *Geelhoed* v. 13. Februar 2003 in der Rs. C-230/01, Slg. 2004, I-939, Rz. 60; vgl. auch i.E. zutreffend: *Schima*, Das Vorabentscheidungsverfahren vor dem EuGH, S. 106; missverständlich in der Formulierung dagegen: *Dauses*, Das Vorabentscheidungsverfahren nach Artikel 177 EG-Vertrag, S. 151; *ders*., Hdb. des EU-Wirtschaftsrechts, Bd. 2, P.II, Rn. 228.

727 *EuGH*, , Urt. v. 29. Juni 1988, Rs. 300/86 (van Landschoot ./. Mera), Slg. 1988, 3443, Rz. 22; vgl. in anderem Zusammenhang auch: Urt. v. 2. März 1989, Rs. 359/87 (Pinna ./. Caisse d'allocations familiales de Savoie), Slg. 1989, 585, Rz. 17.

728 Vgl. für die Sonderstellung der Fälle auch wieder: Schlussanträge der GA *Stix-Hackl* v. 14. März 2006 in der Rs. C-475/03, Slg. 2007, I-9375, Rz. 134.

In ihrer Struktur entspricht die vorliegende Fallgruppe weitestgehend dem deutschen Modell der Unvereinbarkeitserklärung[729]. Die Parallelen zwischen den beiden Konstellationen führen demgemäß auch zu nahezu identischen Lösungsansätzen des BVerfG und des EuGH. Angesichts der augenfälligen Deckungsgleichheit der beiden muss davon ausgegangen werden, dass der Gerichtshof die deutsche Spruchpraxis bei seiner Entscheidungsfindung berücksichtigt, wenn nicht gar übernommen hat. Hierauf scheint insbesondere auch die Semantik der besprochenen Urteile hinzudeuten, wo der Gerichtshof gerade in der deutschen Fassung der Texte ausdrücklich zwischen „Ungültigkeit“ und „Unvereinbarkeit“, wie sie der deutschen verfassungsprozessualen Terminologie entspricht, zu unterscheiden wusste[730]. Bis in die jüngste Rechtsprechung des EuGH hinein handelt es sich bei der beschriebenen Fallgruppe somit um die Konstellationen, in denen der deutsche Einfluss auf die Spruchpraxis des EuGH im Hinblick auf die Frage der zeitlichen Entscheidungswirkungen am deutlichsten zutage tritt.

C. Ausnahmen von der Wirkung *ex tunc*

Fraglich ist nunmehr, wann der EuGH im Falle der Feststellung der Ungültigkeit einer sekundärrechtlichen Regelung im Sinne von Art. 267 Abs. 1 lit. b) AEUV davon absieht, seinen Urteilen eine Wirkung *ex tunc* beizumessen.

I. Die Rechtsprechung des EuGH

Die Analyse der Entscheidungen des EuGH, die sich mit dieser Problematik überhaupt beschäftigen und eine Fallgruppenbildung gestalten sich hier ungleich schwieriger als die Untersuchung der Auslegungsentscheidungen des Gerichtshofs, was damit zusammenhängt, dass der EuGH in den vergangenen drei Jahrzehnten die Problematik der Rückwirkungsbeschränkung seiner Ungültigkeitsurteile in insgesamt nicht einmal einem Dutzend Fällen behandelt hat. Dennoch soll die bisherige Spruchpraxis im Folgenden insbesondere unter zwei charakteristischen Gesichtspunkten untersucht werden: Zum einen weisen die vorzustellenden Rechtssachen im Ergebnis zum Teil eine Ähnlichkeit mit Herangehensweise des Gerichtshofs betreffend die Ausnahmen von der Rückwirkung von Auslegungsurteilen auf; eine Ähnlichkeit, die gerade in der jüngeren Rechtspre-

729 *Everling*, FS Börner, 57 (58); zur Rspr. des BVerfG, vgl. *supra* im 2. Kap. In Punkt B I 2 a) m.w.N.

730 *EuGH*, Urt. v. 19. Oktober 1977, verb. Rs. 117/76 und 16/77 (Ruckdeschel ./. Hauptzollamt Hamburg-St.Annen), Slg. 1977, 1753, Rz. 13 sowie Punkt 1 des Tenors.

chung des EuGH deutlicher als früher in Erscheinung tritt[731]. Diese wird vor allem im Hinblick auf die Voraussetzungen sichtbar, die für eine Beschränkung der Rückwirkung vorliegen müssen und weniger inhaltlich, wobei der Gerichtshof sich auch hier einer starken Zurückhaltung in Subsumtionsfragen befleißigt. Zum anderen bestehen hinsichtlich der Begründungsansätze des EuGH und der Gewichtung der dahinter stehenden Argumente immer noch hinreichend Unterschiede zwischen den beiden Konstellationen des Vorabentscheidungsverfahrens, so dass eine gesonderte Behandlung der Ausnahmen von der Rückwirkung von Ungültigkeitsentscheidungen gerechtfertigt ist.

1. Die *Währungsausgleichsfälle* und die Rechtssache *Produits de maïs*

Die wohl prominentesten Sachverhalte, welche unter die hier zu untersuchende Fallgruppe zu subsumieren sind, bilden die so genannten *Währungsausgleichsfälle*, die bereits zu Beginn des Kapitels erwähnt wurden[732] und die hier im Zusammenhang mit der Rechtssache *Produits de maïs* besprochen werden sollen.

a) Die Problematik des Währungsausgleichs

Inhaltlich hatten diese Sachverhalte die Frage einer möglichen Rückerstattung rechtgrundlos gezahlter Währungsausgleichsabgaben zum Gegenstand. Bei dem Mechanismus des Währungsausgleichs handelt es sich um ein Relikt, das vor allem in Zeiten vor der Einführung der Gemeinschaftswährung Euro im Jahre 1999 eine Rolle spielte und mit dessen Hilfe Wechselkursschwankungen und damit Wettbewerbsverzerrungen zwischen den einzelnen europäischen Währungen für den Agrarsektor abgemildert werden sollten. Hierzu ermittelte der Rat einen fiktiven gemeinsamen „grünen Kurs" für den Bereich der Landwirtschaft, der als Referenz für alle mitgliedstaatlichen Währungen galt. Auf dieser Grundlage bestimmte die Kommission die Ausgleichsbeträge, die im Wesentlichen einem bestimmten Muster folgten und von den Mitgliedstaaten abgewickelt wurden: Bei der Ausfuhr von Agrarprodukten aus einem Land mit einer schwachen Währung hatten die Produzenten in diesem Staat eine Abgabe zu entrichten, während Hersteller von landwirtschaftlichen Erzeugnissen aus Mitgliedstaaten mit einer star-

731 *Schima*, Das Vorabentscheidungsverfahren vor dem EuGH, S. 107.

732 *EuGH*, Urt. v. 15. Oktober 1980, Rs. 4/79 (Providence agricole de la Champagne ./. ONIC), Slg. 1980, 2823 ff.; Urt. v. 15. Oktober 1980, Rs. 109/79 (Maïseries de Bauce ./. ONIC), Slg. 1980, 2883 ff.; Urt. v. 15. Oktober 1980, Rs. 145/79 (Roquette Frères ./. Frankreich), Slg. 1980, 2917 ff.; vgl. schon *supra* in diesem Kap. in Punkt A II 2.

ken Währung eine Zahlung gewährt wurde[733]. In den *Währungsausgleichsfällen* wandten sich französische Getreide- und Zuckerproduzenten, die aufgrund des damals schwachen französischen Francs zu Währungsausgleichszahlungen verpflichtet waren, gegen einen Berechnungsmechanismus, der sich nach einzelnen Kommissionsverordnungen bestimmte.

Ohne auf Details derselben eingehen zu müssen, ist die frappierende inhaltliche Ähnlichkeit der drei Vorabentscheidungsersuchen zu betonen, welche im Folgenden eine zusammenfassende Würdigung der Fälle rechtfertigt. Dies gilt umso mehr, als dass auch der zuständige Generalanwalt *Mayras* lediglich für den ersten der insgesamt drei Fälle Schlussanträge anfertigte, auf die in den übrigen Rechtssachen ohne inhaltliche Änderung verwiesen wurde[734].

In ihren Vorlageersuchen fragten die französischen Gerichte nach der Gültigkeit der Verordnungen, aufgrund derer die Währungsausgleichsabgabe berechnet wurde. Aus für die vorliegende Problematik nicht entscheidungserheblichen Gründen ergab die Prüfung der Rechtslage durch den Gerichtshof, dass die in Frage stehenden Verordnungen gegen höherrangiges Gemeinschaftsrecht verstießen und mithin ungültig waren. Allerdings beließ es der EuGH nicht bei diesem Ergebnis. Ohne von den vorlegenden Gerichten hierzu angesprochen worden zu sein, begann er sich im Anschluss an die Feststellung der Ungültigkeit *ex officio* in einem eigenen Abschnitt mit den Konsequenzen dieser Ungültigkeit zu beschäftigen. In allen drei Urteilen fragte er danach, ob die Folge der Ungültigkeit tatsächlich die erwartete Rückerstattung der zu viel gezahlten Beträge sein kann, und in allen drei Urteilen lehnte er dies im Ergebnis – zur Überraschung der Parteien des Hauptsacheverfahrens und der vorlegenden Gerichte – ab[735].

b) Die Einschränkung der Rückwirkung und ihre Begründung

Folglich schränkte der Gerichtshof in den *Währungsausgleichsfällen* erstmals explizit und in einer den Auslegungsurteilen seit *Defrenne II* vergleichbaren Weise die Wirkung *ex tunc* seiner Entscheidungen ein. Die von ihm gewählten Begründungsansätze sind dabei von besonderem Interesse, bilden sie doch die

733 Für nähere Angaben, vgl. statt vieler: *Usher*, [1979] 4 E.L.Rev., 147 ff. m.w.N.

734 Schlussanträge des GA *Mayras* v. 11. März 1980 in der Rs. 4/79, Slg. 1980, 2855 ff. und – nach Wiedereröffnung der mündlichen Verhandlung – v. 17. Juni 1980, Slg. 1980, 2876 ff.

735 In den zweiten Schlussanträgen des GA *Mayras* v. 17. Juni 1980 in der Rs. 4/79, Slg. 1980, 2876 (2882) findet sich nur eine kurze Andeutung zu dem Thema, so dass die Beschränkung der Urteilswirkungen Gegenstand der mündlichen Verhandlung gewesen sein könnte.

Grundlage für die Argumentation des EuGH in allen weiteren derart gelagerten Sachverhalten.

Normativ stützte sich der Gerichtshof zunächst auf eine analoge Anwendung von ex-Art. 174 Abs. 2 EWGV, dem heutigen Art. 264 Abs. 2 AEUV. Lediglich unter Berufung auf eigene frühere Urteile versuchte der Gerichtshof aufzuzeigen, dass er Vorschriften über Nichtigkeitsklagen auch in anderen Konstellationen im Vorabentscheidungsverfahren nach Art. 267 Abs. 1 lit. b) AEUV bereits zur Anwendung hatte gelangen lassen[736].

Inhaltlich begründete er die Begrenzung der Rückwirkung mit abstrakten Rechtssicherheitserwägungen, die auch dem eben angeführten ex-Art. 174 Abs. 2 EWGV zugrunde liegen und welche in identischer Form nicht nur bei der Nichtigkeitsklage, sondern auch im konkreten Ungültigkeitsurteil eine Rolle spielten[737]. Mithin bildet, wie bei den zuvor untersuchten Auslegungsentscheidungen, auch im Rahmen der Ungültigkeitsurteile das Prinzip der Rechtssicherheit den Hauptanknüpfungspunkt seiner Begründung. Die Verknüpfung mit der Nichtigkeitsklage deutet jedoch bereits darauf hin, dass keine vollständige Deckungsgleichheit hinsichtlich der konkreten Begründungen besteht.

In den vorliegend untersuchten Fällen finden die Rechtssicherheitserwägungen ihre inhaltliche Ausfüllung durch zwei Argumente, die beide einen ökonomischen Fokus aufweisen. Zentrale Bedeutung hatten für den Gerichtshof Wettbewerbsverzerrungen, welche durch die Wirkung *ex tunc* des Urteils und die daraus resultierende umfassende Rückabwicklung des Währungsausgleichs entstehen könnten. Da die Erhebung und Gewährung des Ausgleichs den unterschiedlichen nationalen Verfahrensbestimmungen unterlag, war diese Befürchtung nicht ohne Grundlage. Sie gewinnt zudem an zusätzlicher Brisanz, wenn man sich den ursprünglichen Sinn und Zweck des gesamten Währungsausgleichs vor Augen führt. Wie angedeutet, lag dieser ausgerechnet in der Vermeidung von Wettbewerbsverzerrungen, welche durch Währungsschwankungen entstehen konnten. Durch die Rückabwicklung der betroffenen Fälle wäre dieses Regelungsziel aber vollkommen konterkariert worden und hätte womöglich noch stärkere Wettbewerbsverzerrungen zur Folge gehabt, als dies gänzlich ohne die für ungültig befundene Regelung der Fall gewesen wäre. Der zweite Gesichts-

736 *EuGH*, Urt. v. 15. Oktober 1980, Rs. 4/79 (Providence agricole de la Champagne ./. ONIC), Slg. 1980, 2823, Rz. 44; Urt. v. 15. Oktober 1980, Rs. 109/79 (Maïseries de Bauce ./. ONIC), Slg. 1980, 2883, Rz. 44; Urt. v. 15. Oktober 1980, Rs. 145/79 (Roquette Frères ./. Frankreich), Slg. 1980, 2917, Rz. 51.

737 Wortgleich insoweit und zum Folgenden: *EuGH*, Urt. v. 15. Oktober 1980, Rs. 4/79 (Providence agricole de la Champagne ./. ONIC), Slg. 1980, 2823, Rz. 44 ff.; Urt. v. 15. Oktober 1980, Rs. 109/79 (Maïseries de Bauce ./. ONIC), Slg. 1980, 2883, Rz. 44 ff.; Urt. v. 15. Oktober 1980, Rs. 145/79 (Roquette Frères ./. Frankreich), Slg. 1980, 2917, Rz. 50 ff.

punkt, den der Gerichtshof zur Begründung des Ausschlusses der Rückwirkung heranzog, betraf die ungültigen Parameter der Bestimmung des Währungsausgleichs, die von der Kommission bestimmt worden waren. Hierzu stellte der EuGH lapidar fest, dass deren Bestimmung wiederum einen Teil der Einschätzungsprärogative der Kommission bildet.

c) Klarstellungen in der Rechtssache *Produits de maïs*

In der Rechtssache *Produits de maïs*, die in direkter Nachfolge zu den *Währungsausgleichsfällen* steht, versuchte abermals ein französischer Kläger die Rückerstattung von Währungsausgleichsabgaben, welche noch auf Grundlage der für ungültig befundenen Regelungen gezahlt wurden, zu erreichen. In dem Fall schlug Generalanwalts *Darmon* in seinen Schlussanträgen eine stärkere Gewichtung der privaten Interessen und damit im Ergebnis die Rückzahlung der auf Grundlage der rechtswidrigen Bestimmungen erhobenen Abgaben vor[738]. Allerdings handelte es sich in diesem Fall gleichsam um Ausführungen *obiter dictum*, da der Kläger in *Produits de maïs* seine Begehren zu einem Zeitpunkt geltend machte, zu dem der EuGH bereits die Rückwirkung in den *Währungsausgleichsfällen* rechtskräftig ausgeschlossen hatte[739].

Ausgehend von seiner Rechtsprechung bei Auslegungsurteilen ging der EuGH daher inhaltlich nicht auf das Vorabentscheidungsersuchen ein und betonte, dass die Beschränkung der zeitlichen Urteilswirkungen bereits in den Entscheidungen zu den *Währungsausgleichsfällen* erfolgt war und er somit in *Produits de maïs* nicht mehr in der Lage war, *ex post* eine zeitliche Remodulation der Urteilsfolgen herbeizuführen. Allerdings handelte es sich hierbei nicht bloß um eine einfache Wiederholung des im Zusammenhang mit den Auslegungsentscheidungen erläuterten Grundsatzes, wonach die Beschränkung der Urteilswirkungen nur in dem Urteil selbst, das erstmalig die Voraussetzungen hierfür bietet, erfolgen kann[740]. Vielmehr erweist sich die Rechtssache *Produits de maïs* als kongruente Erweiterung dieses Prinzips, da vorliegend gerade nicht die Anordnung einer Rückwirkungsbeschränkung begehrt wurde, sondern vielmehr deren Rückgängigmachung.

738 Schlussanträge des GA *Darmon* v. 14. November 1984, Rs. 112/83, Slg. 1985, 720 (730 f.); vgl. auch: *Schima*, Das Vorabentscheidungsverfahren vor dem EuGH, S. 108 sowie wenig später die Schlussanträge des GA *Lenz* v. 28. Februar 1985 in der Rs. 33/84, Slg. 1985, 1606 (1610 f.) mit explizitem Verweis auf die Rs. 43/75 (Defrenne II).

739 Schlussanträge des GA *Darmon* v. 27. Oktober 1993 in der Rs. C-228/92, Slg. 1994, I-1448 (I-1454 f.) mit Verweis auf: *Everling*, FS Börner, 57 (65).

740 Vgl. *supra* im 5. Kap. in Punkt B II 1 c) bb) α) m.w.N. aus der Rspr.

Wenngleich aufgrund dieser Fallkonstellation klar war, dass der EuGH dem Ersuchen im konkreten Fall nicht stattgeben würde, nutzte er die Rechtssache *Produits de maïs*, um *obiter dictum* umfassend zu den Ausnahmen vom Grundsatz der Rückwirkung von Ungültigkeitsurteilen Stellung zu beziehen[741]. Hierbei schien er motiviert gewesen zu sein, seine Rechtsprechung zu der zeitlichen Wirkung an jene im Rahmen von Auslegungsentscheidungen heranzuführen, worauf einige subtile Änderungen in der Herangehensweise des Gerichtshofs hindeuten: Anders als noch in den *Währungsausgleichsfällen* betonte der EuGH hier etwa die notwendige Kohärenz zwischen der Nichtigkeitsklage und allgemein der Vorlage zur Vorabentscheidung, um die Beschränkung der Rückwirkung zu rechtfertigen[742], während in den vorhergehenden Entscheidungen noch explizit auf das Ungültigkeitsverfahren nach Art. 267 Abs. 1 lit. b) AEUV abgestellt worden war.

Ebenso erinnert die Argumentation des EuGH, weshalb er zur Beschränkung der zeitlichen Urteilswirkungen befugt sei, an die Begründungen im Rahmen der Auslegungsentscheidungen. Im Zusammenhang mit den schon zuvor genannten Rechtssicherheitserwägungen berief er sich nunmehr auch auf ein gemeinsames Primärziel der Nichtigkeitsklage sowie des Vorabentscheidungsverfahrens *in abstracto*, nämlich die Wahrung der einheitlichen Rechtsauslegung in der Gemeinschaft; ex-Art. 174 Abs. 2 EWGV fand hier dagegen, anders als in früheren Urteilen, keine Erwähnung mehr[743].

Die Überleitung zu ex-Art. 174 Abs. 2 EWGV erfolgte dann auch konsequenterweise wieder direkt über den Hinweis auf Erwägungen der Rechtssicherheit. Anders aber als noch in den *Währungsausgleichsfällen* folgerte der Gerichtshof hieraus nicht automatisch eine Beschränkung der Urteilswirkungen, sondern maß sich einen generellen Beurteilungsspielraum der temporalen Frage zu, der sich am Wortlaut der Vorschrift orientiert[744]. Gerade an dieser Stelle scheinen die Schlussanträge des Generalanwalts Früchte zu tragen, der auf eine differenzierte Betrachtungsweise gedrängt hatte.

Mithin lässt sich die Rechtssache *Produits de maïs* formal als Auflockerung der bisweilen als starr empfundenen Herangehensweise in den *Währungsausgleichsfällen* charakterisieren, in welcher der Gerichtshof das Fundament für eine flexiblere Behandlung der temporalen Urteilswirkungen in Ungültigkeitsent-

741 Für die gleiche Fallkonstellation, vgl. auch: *EuGH*, Urt. v. 22. Mai 1985, Rs. 33/84 (Fragd ./. Amministrazione delle finanze dello Stato), Slg. 1985, 1605, Rz. 19 f.

742 Insbes.: *EuGH*, Urt. v. 27. Februar 1985, Rs. 112/83 (Société des produits de maïs ./. Administration des douanes et droits indirects), Slg. 1985, 719, Rz. 17.

743 So auch später ohne weitere Begründung: *EuGH*, Urt. v. 26. April 1994, Rs. C-228/92 (Roquette Frères ./. Hauptzollamt Geldern), Slg. 1994, I-1445, Rz. 20.

744 *EuGH*, Urt. v. 27. Februar 1985, Rs. 112/83 (Société des produits de maïs ./. Administration des douanes et droits indirects), Rs. 112/83, Slg. 1985, 719, Rz. 18.

scheidungen legte. Darüber hinaus stellt das Urteil einen ersten Schritt in der Rechtsprechung dar hin zu einer möglichen Angleichung der zeitlichen Folgen einer Ungültigkeitserklärung an die der Auslegung im Sinne von Art. 267 Abs. 1 lit. a) AEUV.

2. Die weitere Rechtsprechung des EuGH

Es stellt sich nunmehr die Frage, wie der EuGH diese Rechtsprechung in den folgenden Jahren weiterentwickelt hat. Insbesondere ist dabei zu klären, ob hinsichtlich der Voraussetzungen für die Anordnung einer Rückwirkungsbeschränkung nunmehr ein Gleichlauf mit der Argumentation bei Auslegungsentscheidungen zu verzeichnen ist und welcher Begründungen sich der Gerichtshof im Einzelfall bedient.

a) Parallelen zur Rückwirkungsbeschränkung bei Art. 267 Abs. 1 lit. a) AEUV

Betrachtet man die nachfolgenden Urteile aus dem Blickwinkel möglicher Gemeinsamkeiten zu Auslegungsentscheidungen, so fällt vor allem die bereits erwähnte Rechtssache *Pinna I* ins Auge. Auch hier führte die Ungültigkeit einer Verordnungsbestimmung aus zwingenden Erwägungen der Rechtssicherheit, die eine analoge Anwendung von ex-Art. 174 Abs. 2 EWGV nach sich zogen, nicht zu einer Rückwirkung des Urteils[745]; insofern entsprach der Ausspruch des Gerichtshofs seinen bisherigen Entscheidungen. Neu hinzu traten in der Argumentation die weiteren Präzisierungen des Grundsatzes durch den EuGH: Ob eine Beschränkung der zeitlichen Wirkungen eines Urteils in Frage komme, sollte demnach von den öffentlichen und privaten Interessen abhängen, die sich als konstituierend für den Rechtssicherheitsgrundsatz erwiesen. Die Formulierung entspricht praktisch eins zu eins der Wortwahl des Gerichtshofs in der Rechtssache *Defrenne II*[746], was für sich genommen schon auf eine weitere Annäherung an die Auslegungsentscheidungen hindeutet.

Eine weitere Einebnung erfuhr der Unterschied zwischen Auslegung und Feststellung der Ungültigkeit sodann in der Rechtssache *Lancry*, in welcher sich der Gerichtshof, wie zuvor schon in seinem oben dargestellten Auslegungsurteil

745 *EuGH*, Urt. v. 15. Januar 1986, Rs. 41/84 (Pinna ./. Caisse d'allocations familiales de Savoie), Slg. 1986, 1, Rz. 28.
746 *EuGH*, Urt. v. April 1976, Rs. 43/75 (Gabrielle Defrenne ./. Sabena), Slg. 1976, 455, Rz. 74/75.

in *Legros*[747], mit der *octroi de mer*, einer französischen Dockgebühr in Form einer Sonderabgabe für die Einfuhr von Produkten in Überseedepartements, beschäftigte[748]. Konkret befasste sich der Gerichtshof hier mit der Frage der Gültigkeit einer Entscheidung des Rates zu dem Thema, welche ihm von französischen Gerichten, die im Nachgang zum Urteil *Legros* über die Rückerstattung der Steuer zu befinden hatten, vorgelegt wurden.

Die Beschränkung der zeitlichen Urteilswirkungen für den Fall der Ungültigkeit der Entscheidung wurde dabei auf Anregung der französischen Regierung diskutiert, welche durch einen solchen Schritt im Ergebnis eine Rückzahlung der Abgaben zu vermeiden versuchte und sich deshalb einer Argumentation bediente, die im Verfahren *Legros* bereits von Erfolg gekrönt war[749]. Die Regierung trug Argumente für das Bestehen eines Zustandes der objektiven Rechtsunsicherheit und der Gefahr schwerwiegender wirtschaftlicher Konsequenzen für den Fall einer Wirkung *ex tunc* vor, ganz wie dies in Auslegungsverfahren der ständigen Rechtsprechung des Gerichtshofs entspricht. Obgleich der EuGH das Ansinnen im Ergebnis zurückwies, tat er dies nicht aus formalen Gründen, sondern setzte sich mit den ihm vorgetragenen Argumenten auseinander, ohne sich an deren Ausrichtung am Auslegungsverfahren zu stören.

Dabei ging er in einer Weise vor, die von seiner bisherigen Rechtsprechung zu Ungültigkeitsurteilen abwich und nahm die Rechtssache *Lancry* somit nicht zum Anlass, eine Klarstellung zu den Unterschieden zu der Spruchpraxis bei den beiden Verfahrensarten zu treffen[750]. Zwar ist fraglich, ob der Gerichtshof seine Entscheidung genauso formuliert hätte, wenn die Auseinandersetzung mit der temporalen Problematik etwa Ergebnis einer *ex officio* durchgeführten Prüfung gewesen wäre, allerdings deutet die Offenheit des Gerichtshofs auf eine zumindest grundlegende Bereitschaft zu einem flexiblen Umgang mit der temporalen Problematik im Rahmen der Gültigkeitsprüfungen hin, die eine Verwandtschaft zur Prüfung der Materie in Auslegungsverfahren akzeptiert[751].

Dennoch kann das Urteil in *Lancry* nicht als Durchbruch verstanden werden hin zu einer Vereinheitlichung der Prüfung in den beiden Verfahren der Art. 267

747 *EuGH*, Urt. v. 16. Juli 1992, Rs. C-163/90 (Administration des douanes et droits indirects ./. Legros et al.), Slg. 1992, I-4625 ff.

748 *EuGH*, Urt. v. 9. August 1994, verb. Rs. C-363/93 und C-407–411/93 (Lancry et al. ./. Direction générale des douanes et al.), Slg. 1994, I-3957 ff.

749 Hierzu und zum Folgenden: *EuGH*, Rs. C-363/93 und C-407-411/93, Slg. 1994, I-3957, Rz. 40.

750 Anders dagegen noch die Schlussanträge des GA *Tesauro* v. 28. Juni 1994 in den verb. Rs. C-363/93 und C-407–411/93, Slg. 1994, I-3960 (I-3975 f.).

751 Vgl. auch die vom Muster abweichende Herangehensweise in: *EuGH*, Urt. v. 19. September 2000, verb. Rs. C-177/99 und C-181/99 (Ampafrance und Sanofi), Slg. 2000, I-7013, Rz. 64 ff.

Abs. 1 lit. a) und b) AEUV. Vielmehr sind die Parallelen zwischen den beiden Verfahrensarten eher auf die zeitliche wie thematische Koinzidenz der Rechtssachen *Legros* und *Lancry* zurückzuführen, in deren Rahmen die französische Regierung lediglich ein Argumentationsmuster, das in einem Auslegungsverfahren Erfolg hatte, ohne Modifikationen auf ein Ungültigkeitsverfahren übertrug. Ob sie tatsächlich auch der Intention des EuGH entsprachen, lässt sich indes mit Blick auf die im nächsten Punkt darzustellende jüngere Rechtsprechung bezweifeln. Wahrscheinlicher ist vielmehr die Hypothese, dass der Gerichtshof von einer Präzisierung alleine deshalb absah, weil der französische Vorstoß im Ergebnis aus anderen Gründen schon nicht von Erfolg gekrönt war.

Als vorläufiges Zwischenergebnis kann folglich festgehalten werden, dass durchaus Parallelen zwischen den Begründungen für die Beschränkung der Rückwirkung von Auslegungs- wie Ungültigkeitsentscheidungen bestehen können.

b) Parallelen zur Rückwirkungsbeschränkung nach Art. 264 Abs. 2 AEUV

Sehr viel deutlicher fallen demgegenüber in der Rechtsprechung des Gerichtshofs die Parallelen zwischen der Beschränkung der Rückwirkung von Entscheidungen nach Art. 267 Abs. 1 lit. b) AEUV und Art. 264 Abs. 2 AEUV aus. Mit wenigen Ausnahmen[752] berief sich der EuGH in allen Ungültigkeitsurteilen, in denen die zeitlichen Folgen der Entscheidung diskutiert wurden, stets explizit auf eine analoge Anwendung von Art. 264 Abs. 2 AEUV beziehungsweise dessen inhaltlich identische Vorgängernormen[753]. In diesem Kontext findet auch der Terminus „zwingende Erwägung(en) der Rechtssicherheit“ als Begründung für die Befugnis des Gerichtshofs zur Beschränkung der Rückwirkung dieser Urteile Erwähnung, wie dies auch bei Nichtigkeitsentscheidungen regelmäßig der Fall ist[754]. Als Beispiel für diese Herangehensweise kann die Rechtssache *Lomas* dienen, in welcher der EuGH unter Rückgriff auf seine ständige Rechtsprechung zunächst die Bedeutung dieser Erwägungen im Rahmen von ex-Art. 174 Abs. 2

752 Soweit ersichtlich nur: *EuGH*, Urt. v. 9. August 1994, verb. Rs. C-363/93 und C-407–411/93 (Lancry et al. ./. Direction générale des douanes et al.), Slg. 1994, I-3957 ff.; Urt. v. 19. September 2000, verb. Rs. C-177/99 und C-181/99 (Ampafrance und Sanofi), Slg. 2000, I-7013 ff.

753 *EuGH*, Urt. v. 10. Mai 2001, Rs. C-463/98 (Cabletron Systems Ltd. ./. The Revenue Commissioners), Slg. 2001, I-3495, Rz. 26 unter wörtlicher Übernahme der Schlussanträge des GA *Jacobs* v. 1. Februar 2001 in der Rs. C-463/98, Slg. 2001, I-3497, Rz. 111 ff., dort Rz. 113.

754 Vgl. zu dieser Problematik im Kontext von Auslegungen *supra* im 5. Kap. in Punkt B II 2 b) m.w.N. aus der Lit. und der Rspr. des EuGH.

EWGV erwähnte, ehe er auf die entsprechende Anwendbarkeit dieser Gedanken im Rahmen des Vorabentscheidungsverfahrens zur Feststellung der Gültigkeit von Gemeinschaftsrechtsakten einging[755].

Diesen Befund unterstreichen Fälle aus der jüngeren Rechtsprechung wie die Rechtssachen *Silos* und *FMC* mit ihrem Festhalten an der Analogie zu Art. 264 Abs. 2 AEUV, wobei auch hier die zwingenden Erwägungen der Rechtssicherheit, die sich aus den am Fall beteiligten öffentlichen und privaten Interessen ergeben, im Mittelpunkt der Betrachtungen der Richter standen[756]. Allerdings wies die konkrete Prüfung der Interessen auch in diesen Fällen keine Parallelen mit der Vorgehensweise des Gerichtshofs bei Auslegungsfragen auf. Zwar wurde die Beschränkung der Rückwirkung im Ergebnis abgelehnt, doch geschah dies wieder nach ausschließlicher Prüfung der wirtschaftlichen Konsequenzen für die Gemeinschaft[757]. Anders als noch im Prüfungsmaßstab angekündigt, fanden weitergehende private Interessen keine weitergehende Berücksichtigung. Ebenso wenig spielte die Frage nach dem Vorliegen eines Zustandes der objektiven Rechtsunsicherheit eine Rolle. Damit reiht sich die Argumentation des Gerichtshofs in den Rechtssachen *Silos* und *FMC* in die der übrigen Entscheidungen der vorliegenden Fallgruppe ein.

Dieses Ergebnis spiegelt auch wieder in den Schlussanträgen des Generalanwalts *Geelhoed* in den Rechtssachen *Arnold André* und *Egenberger* sowie den Ausführungen der Generalanwältin *Sharpston* in der Rechtssache *Heinrich*: Beide Generalanwälte diskutierten die Problematik der Rückwirkungsbeschränkung von Ungültigkeitsurteilen und begründeten die Möglichkeit des EuGH hierzu zum einen mit Rechtssicherheitserwägungen zum anderen mit einer Analogie zu Art. 264 Abs. 2 AEUV[758]. Wie der Gerichtshof zum Fortbestand dieser Spruchpraxis steht, lässt sich aus den genannten Rechtssachen indes nicht ableiten, da er aus inhaltlichen Gründen im Ergebnis in keinem der genannten Fälle eine Veran-

755 *EuGH*, Urt. v. 10 März 1992, verb. Rs. C-38/90 und C-151/90 (Lomas et al.), Slg. 1992, I-1781, Rz. 23.

756 *EuGH*, Urt. v. 8. November 2001, Rs. C-228/99 (Silos e Mangimi Martini ./. Ministero delle Finanze), Slg. 2001, I-8401, Rz. 32 ff., inbes. Rz. 35 f.; genauso in: *EuGH*, Urt. v. 8. Februar 1996, Rs. C-212/94 (FMC et al. ./. Invention Board for Agricultural Produce and Ministry of Agriculture, Fisheries and Food), Slg. 1996, I-389, Rz. 59.

757 *EuGH*, Urt. v. 8. November 2001, Rs. C-228/99 (Silos e Mangimi Martini ./. Ministero delle Finanze), Slg. 2001, I-8401, Rz. 37 f.

758 Schlussanträge des GA *Geelhoed* v. 7. September 2004 in der Rs. C-434/02, Slg. 2004, I-11825, Rz. 147 ff. sowie v. 1. Dezember 2005 in der Rs. C-313/04, Slg. 2006, I-6331, Rz. 84 f.; Schlussanträge der GAin *Shapston* v. 10. April 2008 in der Rs. C-345/06, Slg. 2009, I-1661, Rz. 93.

lassung hatte, sich mit den Ausführungen seiner Generalanwälte zu beschäftigen[759].

II. Diskussion und Bewertung

Die Analyse der Rechtsprechung hat gezeigt, wie komplex sich im Gegensatz zu Auslegungsurteilen eine Systematisierung der Ungültigkeitsurteile des EuGH darstellt, was nicht zuletzt auch der geringen Anzahl von Fällen geschuldet ist, in denen das Problem der Rückwirkungsbeschränkung überhaupt diskutiert wurde. Allerdings lassen sich auch aus dem spärlichen Fallmaterial bereits Erkenntnisse gewinnen: Der Gerichtshof ist im Rahmen von Urteilen nach Art. 267 Abs. 1 lit. b) AEUV offenbar sehr viel seltener dazu bereit, dessen temporale Folgen zu modifizieren. Falls er aber einen solchen Schritt in Betracht zieht, weichen die Voraussetzungen trotz ähnlicher Benennungen inhaltlich von den Kriterien ab, die im Rahmen von Auslegungsverfahren angelegt werden.

Im Folgenden sind nunmehr die wenigen hier vorgestellten Entscheidungen des EuGH zu diskutieren. Wie zuvor schon im Kontext der Auslegungsentscheidungen soll auch hier zunächst auf die Motivation und die Befugnis des Gerichtshofs eingegangen werden, die Wirkung *ex tunc* seiner Ungültigkeitsurteile zu beschneiden, ehe in einem zweiten Schritt die von ihm hierbei angelegten Kriterien näher betrachtet werden.

1. Die Befugnis des EuGH zur Beschränkung der Wirkung *ex tunc*

Anders als zur Begründung der Modifikation der temporalen Wirkungen seiner Auslegungsentscheidungen rekurriert der EuGH im Zusammenhang mit Urteilen gemäß Art. 267 Abs. 1 lit. b) AEUV auf zwei Argumentationslinien, um seine Spruchpraxis zu den Rückwirkungsbeschränkungen zu begründen.

a) Das Prinzip der Rechtssicherheit

Schon in den *Währungsausgleichsfällen* stellte der EuGH zur Begründung der zeitlichen Beschränkung seines Ungültigkeitsurteils auf den Grundsatz der Rechtssicherheit ab; allerdings verknüpfte er diesen nicht mit den Rechtssicher-

759 Lediglich in *EuGH*, Urt. v. 10. März 2009, Rs. C-345/06 (Heinrich), Slg. 2009, I-1659, Rz. 64 ff. kommt das Problem der zeitlichen Beschränkung des Ungültigkeiturteils überhaupt zur Sprache.

heitserwägungen wie sie das Auslegungsverfahren kennzeichnen, sondern rekurrierte vielmehr auf Parallelen zu den Überlegungen, die hinter der zeitlichen Beschränkbarkeit eines Nichtigkeitsurteils stehen[760]. Diesen Ansatz vertiefte und verdeutlichte er kurze Zeit später in der Rechtssache *Produits de maïs* unter Betonung einer „...notwendige[n] Kohärenz zwischen der Vorlage zur Vorabentscheidung und der (...) Nichtigkeitsklage...“, die er als zwei von den Gründungsverträgen vorgesehene Mechanismen der Rechtmäßigkeitskontrolle begreift, mit deren Hilfe die einheitliche Anwendung des Unionsrechts in der gesamten EU sichergestellt werden soll[761]. Insbesondere den Hinweis auf den heutigen Art. 264 Abs. 2 AEUV, gepaart mit den erwähnten Rechtssicherheitserwägungen, wiederholte er seitdem in einer Vielzahl von Folgeentscheidungen[762].

Mithin könnte der Verdacht aufkeimen, der Gerichtshof verfolge hier mit seinem Rekurs auf den Grundsatz der Rechtssicherheit einen anderen Ansatz als noch im Kontext seiner Auslegungsentscheidungen. Allerdings lassen sich für eine solche Annahme keinerlei Hinweise in der Rechtsprechung selbst finden. Der hinter der Frage nach der Befugnis zur temporalen Modifikation aufscheinende Grundkonflikt zwischen Rechtssicherheitserwägungen und Gesichtspunkten der Einzelfallgerechtigkeit findet sich hier vielmehr wieder, erneut aufgeladen durch den hinzutretenden Gedanken der einheitlichen Anwendung des Unionsrechts[763].

b) Die Analogie zu Art. 264 Abs. 2 AEUV

Ganz anders mutet die Herangehensweise des Gerichtshofs im Hinblick auf die analoge Anwendung von Art. 264 Abs. 2 AEUV an, die in den in diesem Punkt analysierten Fällen gleichsam den Eckpfeiler seiner Argumentation bildet. Auch in der Literatur wird die Anwendbarkeit einer Analogie in der vorliegenden Konstellation angenommen[764], wobei als Begründung hierfür lediglich die Vergleichbarkeit von Art. 267 Abs. 1 lit. b) AEUV mit dem Nichtigkeitsverfahren

760 *EuGH*, Urt. v. 15. Oktober 1980, Rs. 4/79 (Providence agricole de la Champagne ./. ONIC), Slg. 1980, 2823, Rz. 45.

761 *EuGH*, Urt. v. 27. Februar 1985, Rs. 112/83 (Société des produits de maïs ./. Administration des douanes et droits indirects), Slg. 1985, 719, Rz. 17.

762 *EuGH*, Urt. v. 15. Januar 1986, Rs. 41/84 (Pinna ./. Caisse d'allocations familiales de Savoie), Slg. 1986, 1, Rz. 26 und 28; Urt. v. 10. März 1992, verb. Rs. C-38/90 und C-151/90 (Lomas et al.), Slg. 1992, I-1781, Rz. 23 f. ; Urt. v. 8. November 2001, Rs. C-228/99 (Silos e Mangimi Martini ./. Ministero delle Finanze), Slg. 2001, I-8401, Rz. 35 f.

763 Vgl. hierzu *supra* im 5. Kap. in Punkt A I 2 b).

764 *Schima*, in: Mayer, Kommentar zum EU- und EG-Vertrag, Art. 234 EGV Rn. 203; *Thiele*, Europäisches Prozessrecht, § 9 Rn. 118

angeführt wird[765], ohne dass ein weiterer Nachweis für die Richtigkeit dieser Annahme geliefert würde.

Bevor im Folgenden der Hintergrund für diesen Schritt angesprochen werden kann, ist somit zuvor zu prüfen, inwieweit eine analoge Anwendung dieser Vorschrift auf das Verfahren nach Art. 267 Abs. 1 lit. b) AEUV überhaupt in Frage kommen kann. Zu beginnen ist jedoch zunächst mit der in der Literatur geäußerten Kritik gegen diese Technik des Gerichtshofs, die sodann in die Bewertung miteinbezogen werden soll.

aa) Kritik an einer analogen Anwendung von Art. 264 Abs. 2 AEUV

Die Praxis des Gerichtshofes, Art. 264 Abs. 2 AEUV analog auf Urteile nach Art. 267 Abs. 1 lit. b) AEUV anzuwenden, wurde in der Vergangenheit von zahlreichen Autoren kritisiert. Diese stützen sich dabei im Wesentlichen auf teleologische Gesichtspunkte, die sich gegenseitig ergänzen.

Zum einen wird teleologisch die Verschiedenheit von Nichtigkeitsklage einerseits und Vorabentscheidungsverfahren zur Feststellung der Gültigkeit eines Gemeinschaftsrechtsakts andererseits ins Feld geführt. Während die letztere Verfahrensart ein Feststellungsurteil beschließe, hätten Nichtigkeitsurteile stets einen gestaltenden Charakter, was eine Übertragbarkeit von Art. 264 Abs. 2 AEUV schon aus diesem Grunde ausscheiden lasse[766]. Allgemeiner fällt dagegen die Überlegung aus, die auf den generellen Sinn und Zweck der beiden Verfahrensarten abstellt und im Ergebnis danach fragt, warum schon die Gründungsverträge mit Art. 263 ff. AEUV und Art. 267 Abs. 1 lit. b) AEUV zwei verschiedene Verfahrensarten vorsahen, wenn die Rechtsprechung dann durch das Mittel des Analogieschlusses diese Unterschiede einzuebnen befugt sein soll[767].

In Ergänzung zu diesen teleologischen Bedenken werden weiterhin systematische Argumente gegen eine analoge Anwendung von Art. 264 Abs. 2 AEUV ins Feld geführt. Demnach leuchte es nicht ein, diese Vorschrift auf Art. 267 AEUV anzuwenden, der sich schon von seiner Stellung her auf die vorhergehende allgemeine Bestimmung zu den Nichtigkeitsklagen bezieht und somit nicht für eine nachfolgende Verfahrensart gedacht sein kann[768]. Zudem handele es sich bei Art. 264 Abs. 2 AEUV um eine Ausnahmevorschrift von der grundsätzlichen

765 *Frenz*, Hdb. Europarecht – Bd. 5, Rn. 3411; *Lenaerts/Arts/Maselis*, Procedural Law of the European Union, Rn. 10–017 f.; *Waldhoff*, EuR 2006, 615 (631); *Weiß*, EuR 1995, 377 (383).

766 Zum Folgenden etwa: *Boulois*, FS Teitgen, 23 (26); *Ubertazzi*, DCSI 1985, 75 (78 f.).

767 *Defalque*, J.T. 1983, 33 (40) m.w.N.

768 In diesem Sinne etwa: *Labayle*, R.T.D.E. 1982, 484 (489 f.).

Rückwirkung von Nichtigkeitsurteilen und sei aufgrund dieser Eigenschaft schon eng auszulegen mit der Folge, dass ein Analogieschluss auf Vorabentscheidungsverfahren nicht in Frage kommen kann[769].

bb) Prüfung der analogen Anwendbarkeit

So überzeugend diese Einwände auf den ersten Blick auch anmuten mögen, halten sie einer näheren Betrachtung nicht stand. Insbesondere vermag nicht einzuleuchten, warum die Kritik in der Literatur regelmäßig ohne eine Prüfung der bereits dargestellten Voraussetzungen für einen Analogieschluss im Primärrecht vorgetragen wird[770]. Im Folgenden ist daher anhand der beiden etablierten Kriterien hierfür zu prüfen, ob sich tatsächlich Gründe gegen eine analoge Anwendung von Art. 264 Abs. 2 AEUV auf Urteile im Vorabentscheidungsverfahren anführen lassen und inwieweit die Einwände hiergegen verfangen können.

Eben diese Vergleichbarkeit wird von den Kritikern des Analogieschlusses indes aus den genannten systematischen wie teleologischen Gründen bestritten. Allerdings verfängt der Hinweis auf den engen Zusammenhang des Art. 264 Abs. 2 AEUV mit den übrigen Regelungen des Nichtigkeitsverfahrens nicht wirklich, wenn man sich nochmals die Struktur und den hinter dieser Vorschrift stehenden Sinn und Zweck vor Augen führt. Zunächst handelt es sich bei der Nichtigerklärung nach Art. 264 Abs. 2 AEUV ausweislich der Konzeption der Norm lediglich um eine Tatbestandsvoraussetzung, die im Rahmen der Analogiebildung gerade ersetzt wird[771]. Aber auch das Telos der Bestimmung widerspricht einer analogen Anwendung auf Ungültigkeitsurteile nicht. Grundsätzlich soll der EuGH durch seinen weiten Ermessensspielraum in die Lage versetzt werden, seiner Rechtsbefriedungsfunktion nachzukommen. Das Mittel der Beschränkung der Rückwirkung dient ihm dabei dazu, Konflikte zu vermeiden, die sich aus der Rückabwicklung weit in die Vergangenheit reichender Sachverhalte ergeben[772]. Nicht viel anders ist die Motivationslage des Gerichtshofs im Rahmen des Vorabentscheidungsverfahrens einzustufen; auch hier liegt der temporalen Problematik eine Abwägungsentscheidung zugrunde[773], bei der lediglich der Gedanke des Individualrechtsschutzes stärker hervortritt als bei der Nichtigkeits-

769 *Masclet*, R.T.D.E. 1986, 161 (171); *Simon*, FS Pescatore, 651 (660 f.).

770 Zu den Vorausetzungen für eine Analogie im Unionsrecht, vgl. ausführl. *supra* im 5. Kap. im Punkt B II 2 b) aa) m.w.N. aus der Lit. und Rspr. des EuGH.

771 *Germelmann*, EuR 2009, 254 (261), dort insbes. Fn. 31 m.w.N.

772 *Burgi*, in: Rengeling/Middeke/Gellermann, Hdb. des Rechtsschutzes in der Europäischen Union, § 7 Rn. 109; *Schwarze*, in: ders., EU-Kommentar, Art. 264 AEUV Rn. 9.

773 Für eine derartige Vergleichbarkeit, siehe etwa: *Bebr*, [1985] 22 C.M.L.Rev. 4, 771 (782), ähnl. auch: *Bribosia/Rorive*, Rev. Dr. ULB 2002, 125 (141).

klage im Sinne von Art. 263 ff. AEUV. Auch der Einwand, dass die Urteile im Falle der Vorabentscheidung einen deklaratorischen und keinen rechtsgestaltenden Charakter haben, eignet sich hier nicht als Argument gegen eine analoge Anwendung von Art. 264 Abs. 2 AEUV, zumal diese Eigenschaften mitnichten zwingend etwas über die temporale Urteilsfolgen aussagen, wie andernorts bereits gezeigt werden konnte[774].

Wenn aber den Gültigkeitsprüfungen im Rahmen von Vorabentscheidungen ebenfalls die gleiche Fragestellung zugrunde liegt, wie sie im Rahmen von Nichtigkeitsverfahren gestellt wird, dann leuchtet nicht ein, warum die Lösungsmöglichkeiten des Art. 264 Abs. 2 AEUV nicht übertragbar sein sollen. Tatsächlich drängen sie sich im Rahmen von Art. 267 Abs. 1 lit. b) AEUV noch mehr auf als dies für die Nichtigkeitsklage der Fall ist. Dort ist die Rückwirkung einer Nichtigkeit schon durch Art. 263 Abs. 6 AEUV begrenzt, der eine entsprechende Klage einer Ausschlussfrist von zwei Monaten unterwirft. Für Vorabentscheidungen besteht eine solche Fristbindung indes nicht, so dass dort unter Umständen noch weiter zurückliegende Sachverhalte in viel größerer Zahl rückabzuwickeln sind. Vor diesem Hintergrund spricht die fehlende Fristbindung im Rahmen von Art. 267 AEUV sogar *a fortiori* für eine Übertragbarkeit des Gedankens aus Art. 264 Abs. 2 AEUV auf jene Verfahrensart[775].

Neben diesen grundsätzlichen Überlegungen lassen sich zudem weitere Parallelen zwischen der Nichtigkeitsklage und dem Vorabentscheidungsverfahren nach Art. 267 Abs. 1 lit. b) AEUV ausmachen, was die Funktion der beiden Verfahren und ihre weiteren Urteilswirkungen betrifft. Obgleich es sich bei letzterem um ein dreipoliges objektives Zwischenverfahren handelt, bei dem Parteien im Sinne von klassischen Verfahrensbeteiligten fehlen, während Art. 263 ff. AEUV durch eine klassische direkte zweipolige Situation gekennzeichnet ist, steht bei beiden funktional die objektive Rechtmäßigkeitskontrolle eines Sekundärrechtsakts anhand des Primärrechts im Vordergrund[776]. Im Falle der Vorabentscheidung kommt als weitere Motivation von herausragender Wichtigkeit die Wahrung der einheitlichen Anwendung des Unionsrechts hinzu, was aber die Objektivität dieses Verfahrens nur noch mehr hervorhebt. Aus diesem objektiven Charakter beider Verfahren und den identischen Verfahrensgegenständen ergibt sich als zusätzliche Gemeinsamkeit die über den Einzelfall hinausgehende Wirkung der im Rahmen von Art. 263 ff. AEUV und Art. 267 Abs. 1 lit. b) AEUV

774 Vgl. hierzu auch *supra* im 5. Kap. in Punkt A I 2 a) m.w.N. aus der Lit.

775 *Brown*, [1981] 18 C.M.L.Rev. 4, 509 (519); *Lenaerts/Arts/Marselis*, Procedural Law of the European Union, Rn. 10–018; *Simon*, FS Pescatore, 651 (662) m.w.N.; i.E. auch: *Harding*, [1982] 2 Y.E.L., 93 (103), der hieraus aber andere Schlüsse ziehen will.

776 Diesen Vgl. zieht zutreffend auch: *Masclet*, R.T.D.E. 1986, 161 (169).

gefällten Entscheidungen[777]. Zudem ist sowohl in der Rechtsprechung wie in der Literatur unstreitig anerkannt, dass die hier gefällten Urteile für den Regelfall eine umfassende Rückwirkung *ex tunc* zeitigen, was sich für die Nichtigkeitsklage direkt aus Art. 264 AEUV ergibt, während dies für Ungültigkeitsentscheidungen durch das Erfordernis der einheitlichen Anwendung des Unionsrechts auch in temporaler Hinsicht gilt.

Alle diese Gemeinsamkeiten tragen zu einer Annäherung der beiden Verfahrensarten bei, die von den Gegnern einer analogen Anwendung von Art. 264 Abs. 2 AEUV kritisch betrachtet wird. Hierbei wird jedoch weithin vergessen, dass der EuGH selbst diese Tendenzen durch seine früheste Rechtsprechung begünstigt. In der Rechtssache *Milchwerke Wöhrmann* hatte der Gerichtshof bereits 1962 anerkannt, dass ein Gericht nicht an einer Vorlage nach Art. 267 Abs. 1 lit. b) AEUV gehindert ist, bloß weil derselbe Sekundärrechtsakt nicht mehr von einer der Parteien des Hauptsacheverfahrens selbst im Rahmen einer Nichtigkeitsklage angegriffen werden kann[778]. Aufgrund der kurzen Fristen in Art. 263 Abs. 6 AEUV, innerhalb derer die Nichtigkeit geltend gemacht werden kann, verwundert es nicht, dass infolge dieser Rechtsprechung vor den mitgliedstaatlichen Gerichten vermehrt darauf gedrungen wird, die Rechtswidrigkeit eines Sekundärrechtsaktes mit denselben Gründen im Wege des Vorabentscheidungsverfahrens anzugreifen, wie diese bei der Nichtigkeitsklage angeführt worden wären, wenn sie fristgerecht hätte erhoben werden können. Akzeptiert der EuGH diese Vorgehensweise, ist gleichsam deren notwendige Konsequenz eine Angleichung und gegenseitige Befruchtung beider Verfahrensarten[779], wodurch sich das Verfahren nach Art. 267 Abs. 1 lit. b) AEUV allmählich zum funktionellen Äquivalent der Nichtigkeitsklage entwickelt[780].

cc) Diskussion über die Notwendigkeit einer Analogie

Die Möglichkeit einer Analogiebildung sagt indes nichts über deren Notwendigkeit im konkreten Fall aus. Gerade angesichts der in diesem Kapitel bereits mehrfach angesprochenen Frage nach möglichen Vereinheitlichungstendenzen der Rechtsprechung zur temporalen Modifikation von Auslegungen und Ungültigkeitsurteilen erschiene es nicht fernliegend, die Forderung in den Raum zu

777 *Mertens de Wilmars*, FS Kutscher, 283 (298 f.) m.w.N. zu beiden Verfahrensarten.

778 *EuGH*, Urt. v. 30. Oktober 1962, verb. Rs. 31/62 und 33/62 (Milchwerke Heinz Wöhrmann & Sohn ./. Kommission), Slg. 1962, 501 (507 f.).

779 Ausführl. hierzu m.w.N.: *Bebr*, [1984] 82 Michigan L. Rev., 1229 (1231 ff.).

780 Für diesen Begriff, vgl.: *Dauses*, FS Everling (Bd. I), 223 (225); *Waldhoff*, EuR 2006, 615 (631).

stellen, aus Gründen der Einheitlichkeit des Vorabentscheidungsverfahrens auf einen möglichen Analogieschluss zu verzichten, um stattdessen das Problem der Rückwirkungsbeschränkungen über die Anwendung allgemeiner Rechtsgrundsätze wie etwa den der Rechtssicherheit direkt zu lösen, wie dies der EuGH seit jeher für Auslegungen im Sinne von Art. 267 Abs. 1 lit. a) AEUV praktiziert.

Angesprochen ist damit das Verhältnis zwischen der entsprechenden Anwendung einer Rechtsnorm und grundlegenden Prinzipien des Unionsrechts. Vielfach wird dabei von einer grundsätzlichen Subsidiarität der allgemeinen Rechtsgrundsätze gegenüber der analogen Anwendung einer Norm ausgegangen; der Richter soll demnach in erster Linie auf das geschriebene Recht der von ihm anzuwenden Rechtsordnung zurückgreifen[781]. Ausgehend von diesem Ansatz erscheint es folgerichtig, der Bildung einer Analogie den Vorrang vor allgemeinen Rechtsgrundsätzen einzuräumen. Tatsächlich trägt, wie soeben gezeigt, im vorliegenden Zusammenhang die hinter Art. 264 Abs. 2 AEUV stehende Ratio ohnehin allgemeinen Rechtsgrundsätzen Rechnung, so dass die Vorschrift lediglich eine Manifestation der Rechtssicherheit als dem dieser Norm zugrunde liegenden Prinzip darstellt[782]. Wenn aber eine Bestimmung des geschriebenen Unionsrechts einen allgemeinen Rechtsgedanken kodifiziert, erscheint es gerade aus Gründen der Rechtssicherheit und -klarheit geboten, auf diese Bestimmung rekurrieren, ehe der Weg über die Ermittlung allgemeiner Rechtsgrundsätze mithilfe der gemeinsamen Verfassungstraditionen der Mitgliedstaaten eingeschlagen wird[783].

2. Die Kriterien des EuGH zur Beschränkung der Wirkung *ex tunc*

Fraglich ist, ob sich allgemeingültige Aussagen dahingehend treffen lassen, in welchen Fallkonstellationen der Gerichtshof aus Gründen der Rechtssicherheit von einer Beschränkung der Urteilswirkungen *ex tunc* absieht. Die bisherige Analyse der Rechtsprechung hat gezeigt, dass in dieser Hinsicht zumindest keine Kongruenz mit der Rechtsprechung zur Rückwirkungsbeschränkung von Ausle-

781 *Anweiler*, Die Auslegungsmethoden des Gerichtshofs der Europäischen Gemeinschaften, S. 306 ff. m.w.N.

782 *Gordon*, EC Law in Judicial Review, Rn. 9.79; *Seer/Müller*, IWB 2008, Gruppe 2 Fach 11, 851 (855); *Waldhoff*, EuR 2006, 615 (630); ähnl. wohl auch: *Pechstein*, EU-/EG-Prozessrecht, Rn. 863.

783 *Bydlinski*, JBl. 2001, 2 (24); *Seer/Müller*, IWB 2008, Gruppe 2 Fach 11, 851 (856); a.A.: *Bribosia/Rorive*, Rev. Dr. ULB 2002, 125 (133), die ohne weitere Nachweise auf die Rspr. des EuGH abstellen.

gungen zu verzeichnen ist[784]. Gerade die Rechtssache *Lancry* mit ihrem oben diskutierten Ausnahmecharakter unterstreicht diesen Befund deutlich.

Insgesamt spielen im Rahmen der hier untersuchten Ungültigkeitsurteile wirtschaftliche und organisatorische Erwägungen eine ausgeprägte Rolle[785], was insbesondere im direkten Vergleich mit den zuvor analysierten Auslegungen auffällt[786]. Der Grund für diese Unterschiede in der Gewichtung ist in der Literatur bisher nicht erforscht und überrascht angesichts der Schwierigkeiten, welche die Berücksichtigung wirtschaftlicher Erwägungen bei der Diskussion der Rückwirkungsbeschränkung von Auslegungen ausgelöst haben. Allerdings lassen sich bei näherer Betrachtung durchaus nachvollziehbare Gründe für die Herangehensweise des Gerichtshofs finden.

So beschränken sich die wirtschaftlichen und organisatorischen Konsequenzen, die Urteile nach Art. 267 Abs. 1 lit. b) AEUV nach sich zu ziehen geeignet sind, nicht nur auf einen Mitgliedstaat, sondern haben zwingend Auswirkungen auf die EU als Ganzes. Die Ungültigkeit einer Bestimmung des Unionsrechts zeitigt wirtschaftliche Folgen auch und gerade auf unionaler Ebene. Anders ausgedrückt, spielen sich die Ungültigkeit der Rechtsnorm und deren Folgen innerhalb ein- und desselben Systems ab. Durch die Berücksichtigung wirtschaftlicher Erwägungen entstehen demnach keine Ungleichbehandlungen zwischen den einzelnen Mitgliedstaaten sowie anderen betroffenen Personenkreisen. Sie lassen sich zudem für den EuGH beziehungsweise für die betroffenen Institutionen der EU sehr viel einfacher ermitteln als dies für Auslegungen der Fall ist, weil sie unionsweit kalkuliert werden können. Anders als bei der Rückwirkungsbeschränkung von Auslegungen steht auch nicht die Gefährdung der Verwirklichung des Binnenmarktes zur Debatte. Diese könnte im Gegenteil sogar dann eintreten, wenn die Wirkung einer Entscheidung *ex tunc* nicht beschränkt würde, wie dies in den *Währungsausgleichsfällen* zu befürchten stand, in welchen der EuGH ausdrücklich auf die Gefahr einer Wettbewerbsverzerrung abstellte[787].

Darüber hinaus enthüllt ein Blick auf die Rechtsprechung des Gerichtshofs zu Art. 264 Abs. 2 AEUV, dass insbesondere auch dort wirtschaftliche und organisatorische Argumente von dem EuGH zur temporalen Beschränkung seiner Ur-

784 A.A. wohl nur *Thiele*, Europäisches Prozessrecht, § 9 Rn. 118 mit Verweis auf die Rs. C-163/90, die aber ausgerechnet eine Auslegung zum Gegenstand hatte.

785 Schlussanträge des GA *Geelhoed* v. 3. April 2001 in der Rs. C-228/99, Slg. 2001, I-8405, Rz. 74 f.; vgl. aus der Lit. für diese Auffassung etwa: *Ward*, Judicial Review and the Rights of Private Parties in EC Law, S. 271 f.

786 Vgl. hierzu z.B.: *Weiß*, EuR 1995, 377 (391 f.) m.w.N. aus der Rspr. des EuGH.

787 *EuGH*, Urt. v. 15. Oktober 1980, Rs. 4/79 (Providence agricole de la Champagne ./. ONIC), Slg. 1980, 2823, Rz. 45; Urt. v. 15. Oktober 1980, Rs. 109/79 (Maïseries de Bauce ./. ONIC), Slg. 1980, 2883, Rz. 45; Urt. v. 15. Oktober 1980, Rs. 145/79 (Roquette Frères ./. Frankreich), Slg. 1980, 2917, Rz. 38.

teilswirkungen herangezogen werden. Angesichts der analogen Anwendbarkeit der Vorschrift im Rahmen von Art. 267 Abs. 1 lit. b) AEUV überrascht die verstärkte Berücksichtigung dieser Erwägungen auch bei Ungültigkeitsurteilen mithin auch in systematischer Hinsicht nicht.

III. Zusammenfassendes Ergebnis

Zusammenfassend erweist sich die Rechtsprechung des EuGH zu den temporalen Folgen seiner Ungültigkeitsurteile als weniger kritikwürdig als seine Spruchpraxis zu Vorabentscheidungen, die Auslegungen betreffen.

Insgesamt bestehen strukturelle wie inhaltlich Parallelen zu den Auslegungsentscheidungen: Der Gerichtshof geht auch im Rahmen von Art. 267 Abs. 1 lit. b) AEUV grundsätzlich von einer Wirkung *ex tunc* seiner Entscheidungen aus, die in bestimmten Konstellationen temporal beschränkt werden. Als Begründung führt er auch hier in nachvollziehbarer Weise den Gedanken der Rechtssicherheit an. Demgegenüber bedient er sich anderer Kriterien um nachzuweisen, ob im konkreten Fall Rechtssicherheitserwägungen tatsächlich eine Rückwirkungsbeschränkung erfordern. Gerade im Vergleich zu seiner Spruchpraxis im Hinblick auf die Urteilsfolgen von Auslegungen wirkt diese Rechtsprechung noch wenig einheitlich, auch wenn sich die besondere Bedeutung wirtschaftlicher und organisatorischer Folgen nachweisen ließ.

Mithin bestehen zwischen den beiden in Art. 267 Abs. 1 lit. a) und b) AEUV geregelten Verfahrensarten hinsichtlich der vorliegend untersuchten Fragestellung zahlreiche Gemeinsamkeiten. Von einer völligen Deckungsgleichheit, wie dies in der Literatur bisweilen suggeriert wird, kann indes keine Rede sein.

Für beide in Art. 267 Abs. 1 AEUV zusammengefassten Spielarten des Vorabentscheidungsverfahrens konnte nachgewiesen werden, dass den dort gefällten Urteilen des EuGH eine Wirkung *ex tunc* zukommt, die unter bestimmten Voraussetzungen aus Gründen der Rechtssicherheit durchbrochen werden kann. Zu klären ist im Folgenden, welche Rechtsfolgen diese Rückwirkungsbeschränkungen im Einzelnen nach sich ziehen.

Anders als in den vorhergehenden Punkten muss für diese Frage nicht mehr zwischen den einzelnen Formen des Vorabentscheidungsverfahrens differenziert werden. Der EuGH selbst bedient sich in seiner ständigen Rechtsprechung einer Herangehensweise, die in dieser Hinsicht heute keinerlei Unterscheide mehr zwischen den Verfahrensarten erkennen lässt[788]. Dies rechtfertigt im vorliegenden Kapitel eine gemeinsame Betrachtung der Rechtsfolgen für beide Verfahrensarten. Lediglich hinsichtlich der eigentlichen Konsequenzen gilt es zu unterscheiden zwischen den generellen Rechtsfolgen und solchen, die den Anlassfall und gleich gelagerte Sachverhalte betreffen.

A. Generelle Rechtsfolgen: Wirkung des Urteils *ex nunc*

Fraglich ist somit, was eine Beschränkung der Wirkung *ex tunc* bedeutet. Ähnlich der Rechtsprechungspraxis des BVerfG und des VfGH[789] sind hier mehrere Lösungen denkbar, die inhaltlich im Wesentlichen auf eine Unterscheidung zwischen einem Effekt *ex nunc* und *pro futuro* hinauslaufen. Unter den erstgenannten Effekt sind nach der in dieser Arbeit verwendeten Diktion Konstellationen zu fassen, in denen der Entscheidung, in welcher die Beschränkung der zeitlichen Wirkung *ex tunc* angeordnet wird, lediglich Wirkung ab dem Zeitpunkt der Urteilsverkündung zugesprochen wird. Demgegenüber beschreibt eine Wirkung *pro futuro* Konstellationen, in denen der Inhalt eines Urteils ab einen von dem betreffenden Gericht festgesetzten, zukünftigen Zeitpunkt seine Konsequenzen entfaltet[790].

788 Allg. Ansicht, vgl. statt aller m.w.N. aus der Rspr. des EuGH: *Frenz*, Hdb. Europarecht – Bd. 5, Rn. 3424; *Schima*, in: Mayer, Kommentar zum EU- und EG-Vertrag, Art. 234 EGV Rn. 204; *Wegener*, in: Calliess/Ruffert, EUV/AEUV, Art. 267 AEUV Rn. 52.

789 Vgl. hierzu dies Ausführungen im 2. Kap. der Arbeit, dort Punkte A II und B II m.w.N. aus der Lit. und Rspr. des BVerfG und des VfGH.

790 Diese Unterscheidung ist auch in der Rspr. des EuGH bekannt, vgl. hierzu etwa: *EuGH*, Urt. v. 8. Februrar 1996, Rs. C-212/94 (FMC et al. ./. Invention Board for Agricultural Produce and Ministry of Agriculture, Fisheries and Food), Slg. 1996, I-389, Rz. 57.

Der EuGH verfolgt seit seinem Urteil in der Rechtssache *Defrenne II* in bisher ständiger Rechtsprechung den Ansatz, wonach eine Rückwirkungsbeschränkung für beide Verfahrensarten des Art. 267 AEUV einen einheitlichen Effekt *ex nunc* nach sich zieht[791]. Schon in *Defrenne II* bildete „...der Tag [...] der Verkündung dieses Urteils“ den maßgeblichen Zeitpunkt, ab dem das Urteil seine Wirkung entfalten konnte[792]. Hieran hat sich in den vergangenen Jahrzehnten nichts verändert, auch wenn der Gerichtshof dies in seiner Formulierung zum Teil nur inzident deutlich macht, indem er sich ausschließlich auf die noch zu behandelnden Fälle der Rückausnahmen kapriziert[793]. Weiterhin bildet das Datum der Urteilsverkündung, in dem über die Beschränkung der Wirkung *ex tunc* entschieden wird, den entscheidenden Moment, ab dem eine bestimmte Auslegung oder die Feststellung der Ungültigkeit einer gegen die Gründungsverträge verstoßenden unionsrechtlichen Norm ihre Folgen nach sich zieht[794].

Eine Wirkung *pro futuro* seiner Vorabentscheidungen nimmt der EuGH dagegen nicht an. Lediglich in den bereits angesprochenen *Währungsausgleichsfällen* sprach er sich für einen rein zukunftsgerichteten Effekt seiner Entscheidungen aus, der einer Wirkung *pro futuro* zumindest sehr nahe kam. In diesen Rechtssachen verwehrte es der Gerichtshof sogar den am Anlassfall beteiligten Parteien, sich in der Hauptsache auf die in der Vorabentscheidung festgestellte Ungültigkeit zu berufen. Die Entscheidung hatte demnach ausschließlich Konsequenzen für zeitlich nachgelagerte Sachverhalte. Allerdings handelt es sich hierbei um eine Einzelfallentscheidung, die vom EuGH alsbald wieder aufgegeben wurde, seitdem keine Reaktivierung erfahren hat und somit zu recht als überholt angesehen werden muss[795].

Eine reine Wirkung *pro futuro* in dem Sinne, dass eine Auslegung oder die Feststellung der Ungültigkeit einer Norm ihre Folgen ausschließlich ab einem nach der eigentlichen Vorabentscheidung in der Sache bestimmten Zeitpunkt gezeigt hätte, hat der EuGH bisher nicht in Erwägung gezogen[796]. Auch jüngere

791 Ganz h.M., vgl. statt vieler: *Pechstein*, EU-/EG-Prozessrecht, Rn. 863, *Wathelet*, FS Malherbe, 1143 (1154).

792 *EuGH*, Urt. v. 8. April 1976, Rs. 43/75 (Gabrielle Defrenne ./. Sabena), Slg. 1976, 455, Rz. 74/75.

793 *EuGH*, Urt. v. 26. April 1994, Rs. C-228/92 (Roquette Frères ./. Hauptzollamt Geldern), Slg. 1994, I-1445, Rz. 28 ff.; Urt. v. 15. Dezember 1995, Rs. C-415/93 (Union royale belge des sociétés de football association ASBL ./. Bosman et al.), Slg. 1995, I-4921, Rz. 145; Urt. v. 7. November 1996, Rs. C-126/94 (Cadi Surgelés et al. ./. Ministre des Finances und Directeur général des douanes), Slg. 1996, I-5647, Rz. 33.

794 Allg. Ansicht auch in der Lit., vgl. statt vieler: *Classen*, in: Schulze/Zuleeg, Europarecht, § 4 Rn. 81 m.w.N.

795 Zur gesamten Problemkonstellation ausführl. sogleich *infra* im nachfolgenden Punkt B I.

796 Missverständl. daher der Hinweis von: *Keppert*, SWK 1997, T-47 (T-48).

Vorschläge aus den Reihen bestimmter Generalanwälte in diese Richtung hat der EuGH in der Rechtssache *Meilicke* eine Absage erteilt[797].

Mithin kann festgehalten werden, dass im Falle einer Rückwirkungsbeschränkung diese einen Effekt *ex nunc* nach sich zieht. Das heißt, eine vom EuGH gefundene Auslegung oder festgestellte Ungültigkeit wirkt sich grundsätzlich nur auf Fälle ab dem Verkündungszeitpunkt einer solchen Vorabentscheidung aus.

B. Rückausnahmen

Eine Darstellung der Rechtsfolgen der Rückwirkungsbeschränkung einer Vorabentscheidung wäre unvollständig ohne eine Diskussion der Rückausnahmen, die der EuGH vom Effekt *ex nunc* seines Urteils zulässt. In mittlerweile ständiger Rechtsprechung[798] nimmt der Gerichtshof von dieser Wirkung einer Reihe von Personengruppen aus. Um welche es sich hierbei handelt, soll im Folgenden ebenso geklärt werden wie die hiermit verbundene Frage, unter welchen Umständen der EuGH eine derartige Privilegierung anzunehmen bereit ist.

I. Die Rechtsprechung des EuGH zu den Rückausnahmen

Auch für das Problem der Rückausnahmen kann das Urteil des EuGH in *Defrenne II* als richterrechtliche Keimzelle der weiteren Rechtsprechung bezeichnet werden. Die Fragestellung, wer von einer Wirkung *ex nunc* einer Vorabentscheidung ausgenommen werden soll, begleitet den Gerichtshof somit seit der Anfangsphase seiner Rechtsprechung zu dieser Problematik und ist untrennbar mit dem Gesamtkomplex der temporalen Modifikation von Urteilswirkungen verknüpft. Allerdings ist das, was gemeinhin als ständige Rechtsprechung bezeichnet wird, erst das Ergebnis einer in der Anfangsphase noch unbeständigen Spruchpraxis, welche erst später zu den heutigen Standards fand.

797 *EuGH*, Urt. v. 6. März 2007, Rs. C-292/04 (Meilicke et al. ./. Finanzamt Bonn-Innenstadt), Slg. 2007, I-1835, Rz. 32 ff.; vgl. zu dieser Rechtssache ausführl. *infra* im 9. Kap. in Punkt A II m.w.N.

798 Leicht zweifelnd in dieser Hinsicht die ältere Lit., vgl. etwa nur: *Krück*, in: Groeben/Thiesing/Ehlermann, Kommentar zum EU-/EG-Vertrag, Art. 177 EGV Rn. 96.

1. Die erstmalige Anordnung einer Rückausnahme in *Defrenne II*

Die Frage nach der Rückausnahme tauchte erstmalig in der Leitentscheidung *Defrenne II* auf. Konkret nahm der EuGH hier eine ganze Gruppe von Personen von der Beschränkung der Urteilswirkungen *ex tunc* aus. Es handelte sich um Arbeitnehmer, die sich in einer vergleichbaren Position wie die Klägerin im Hauptsacheverfahren befunden hatten: Soweit diese geklagt oder entsprechende Rechtsbehelfe eingelegt hatten, blieben sie von der Beschränkung der Rückwirkung verschont[799]. Es konnte sich mithin eine bestimmte Personengruppe in ihren Verfahren vor den nationalen Gerichten oder Verwaltungsbehörden auf die vom Gerichtshof in dem in *Defrenne II* festgestellte unmittelbare Wirkung von ex-Art. 119 EWGV berufen und mit ihren Begehren im Ergebnis durchdringen, soweit dem keine nationalen Vorschriften entgegenstanden[800]. Für sie entfaltete das Urteil *Defrenne II* wie im Regelfall eine Wirkung *ex tunc*.

An der Formulierung der Rückausnahme durch den EuGH fallen dabei gleich mehrere Dinge auf: Zum einen bildet sie systematisch den Schluss des gesamten Urteils, zum anderen erfolgt ihre Anordnung gleichsam beiläufig in einem Nebensatz zur eigentlichen Hauptaussage des Gerichtshofs, dass für den Regelfall in der vorliegenden Rechtssache eine Berufung auf die gefundene Auslegung nicht möglich sein soll. Entsprechend der gleichsam versteckten Platzierung scheint die Rückausnahme für den EuGH eine Selbstverständlichkeit darzustellen, die mit der Beschränkung der Urteilswirkungen automatisch einhergeht und keiner gesonderten Prüfung bedarf. Demgemäß findet sich auch keinerlei weitergehende Begründung, warum eine Rückausnahme gemacht wird, wie genau sich die von ihr betroffene Personengruppe zusammensetzt und warum ausgerechnet sie von der Rückausnahme profitieren soll. Die so aufgeworfenen Fragen werden erst in sehr viel späteren Entscheidungen eine Klärung zugeführt werden können.

2. Die Problematik und Konsequenz der *Währungsausgleichsfälle*

Die dem Urteil *Defrenne II* nachfolgenden Entscheidungen hatten jedoch noch nicht die Klärung dieser Fragestellungen zur Folge. Vielmehr führten die nächsten Rechtssachen, in denen sich der Gerichtshof mit den Rückausnahmen auseinandersetzte, zu einer der gravierendsten Meinungsverschiedenheiten zwischen dem EuGH und den mitgliedstaatlichen Gerichten, die sich bislang überhaupt im

799 *EuGH*, Urt. v. 8. April 1976, Rs. 43/75 (Gabrielle Defrenne ./. Sabena), Slg. 1976, 455, Rz. 74/75 a.E.

800 Vgl. zu dieser Problematik ausführl. *infra* im 8. Kap. m.w.N. aus der Lit. und der Rspr. des EuGH.

Zusammenhang mit der Frage der temporalen Entscheidungswirkungen ereignet hat.

Anlass hierzu bildeten die so genannten *Währungsausgleichsfälle*. Wie bereits gezeigt[801], hatten die unter dieser Bezeichnung bekannten Rechtssachen Zahlungsrückforderungen zum Gegenstand, die auf Grundlage einer später für ungültig befundenen gemeinschaftsrechtlichen Regelung entrichtet wurden. Im Rahmen der von ihm *ex officio* durchgeführten Prüfung kam der Gerichtshof zu dem Ergebnis, seinem Ungültigkeitsurteil lediglich eine Wirkung *ex nunc* zukommen zu lassen. Anders aber als in der Vorgängerentscheidung in der Rechtssache *Defrenne II* machte der EuGH keinerlei Angaben zu Rückausnahmen zugunsten derjenigen, die sich vor dem Urteil bereits auf dem Klagewege oder durch Einlegen eines Rechtsbehelfs bei den Verwaltungsbehörden gegen die Währungsausgleichszahlungen gewehrt hatten[802]. Als Konsequenz hieraus hätten auch die Kläger in den Hauptsacheverfahren, welche den Vorabentscheidungsersuchen zugrunde lagen, vor den nationalen Gerichten nicht mit ihrem Antrag durchdringen dürfen und somit im Ergebnis mit der Abweisung ihrer Klagen rechnen müssen[803].

Tatsächlich aber führten die *Währungsausgleichsfälle* auf nationaler Ebene zu sehr unterschiedlichen Ergebnissen. Wie andernorts ausführlich dargestellt[804], wandten sich die unterinstanzlichen französischen Gerichte, welche mit der Frage der Gültigkeit der gemeinschaftsrechtlichen Bestimmungen über den Währungsausgleich an den EuGH herangetreten waren, nach Beendigung des Zwischenverfahrens in Luxemburg gegen den Gerichtshof, indem sie nur den materiellrechtlichen Teil seiner Entscheidung anerkannten. Die Beschränkung der Urteilswirkungen hingegen wurde einhellig verworfen mit der Begründung, diese Problematik sei nicht Bestandteil der Vorlagefrage gewesen und hätte mithin nicht verbindlich für die vorlegenden Gerichte entscheiden werden dürfen. Im Vordergrund des Streits stand mithin die kompetenzrechtliche Frage, wer über die Auswirkungen von Vorabentscheidungen befinden darf. Angesichts der

801 Vgl. *supra* im 6. Kap. in Punkt C I 1 m.w.N. aus der Lit. und Rspr.

802 *EuGH*, 15. Oktober 1980, Rs. 4/79 (Providence agricole de la Champagne ./. ONIC), Slg. 1980, 2823, Rz. 45 ff.; Urt. v. 15. Oktober 1980, Rs. 109/79 (Maïseries de Bauce ./. ONIC), Slg. 1980, 2883, Rz. 45 f.; Urt. v. 15. Oktober 1980, Rs. 145/79 (Roquette Frères ./. Frankreich), Slg. 1980, 2917, Rz. 52 f. ohne Ausführungen zu den Rückausnahmen.

803 Zu den beiden Möglichkeiten ausdrückl. etwa: *EuGH*, Urt. v. 15 Januar 1986, Rs. 41/84 (Pinna ./. Caisse d'allocations familiales de la Savoie), Slg. 1986, 1, Rz. 29; Urt. v. 10. März 1992, verb. Rs. C-38/90 und C-151/90 (Lomas et al.), Slg. 1992, I-1781, Rz. 25.

804 Vgl. hierzu ausführl. *supra* im 4. Kap. in Punkt B II m.w.N. Eine ähnliche, wenngleich weniger stark ausgeprägte Debatte entspann sich in Italien im Anschluss an: *EuGH*, Urt. v. 22. Mai 1985, Rs. 33/84 (Fragd ./. Amministrazione delle Finanze dello Stato), Slg. 1985, 1605 ff.; hierzu m.w.N. zur Rspr. der italienischen Gerichte: *Naômé*, Le renvoi préjudiciel en droit européen, Rn. 339.

Urteilsformulierung der französischen Gerichte kann man sich aus heutiger Sicht jedoch nicht des Eindruckes erwehren, dass dies nicht der einzige Grund für das Verwerfen der Urteilsbeschränkungen gewesen sein dürfte. Vielmehr war der Gedanke, dass die Kläger im Hauptsacheverfahren trotz Ungültigkeit der Rechtsgrundlage ihre Abgaben nicht zurückerhalten sollten, mit verantwortlich für die ablehnende Haltung der mitgliedstaatlichen Gerichte[805], die im romanischen Rechtskreis durch eine besondere ausgeprägte Zurückhaltung bei der Bestimmung von Entscheidungsfolgen geprägt sind[806].

Bei den *Währungsausgleichsfällen* handelt es sich um eine der seltenen Konstellationen, in denen die Entscheidungen in den nationalen Hauptsacheverfahren direkten Einfluss auf die spätere Rechtsprechung des EuGH hatten: In der Rechtssache *Produits de maïs*, welche sich ebenfalls mit Währungsausgleichsbeträgen befasste und inhaltlich direkt an diese Fallgruppe anknüpfte, nahm der Gerichtshof ausdrücklich Bezug auf das Urteil des Tribunal d'Instance Lille, das entgegen dem Ausspruch des EuGH die Rückzahlung der rechtsgrundlos entrichteten Abgaben angeordnet hatte[807]. Obgleich diese einführende Erwähnung im Rahmen der eigentlichen Auseinandersetzung um die temporale Problematik im konkreten Fall nicht nochmals wiederholt wurde, nahm der Gerichtshof den Fall zum Anlass, seine Auffassung zu den Rückausnahmen erneut zu überdenken. Während er hinsichtlich der Befugnis zur Bestimmung der Urteilswirkungen keine Konfrontation mit den französischen Gerichten scheute und hier die Letztentscheidungskompetenz alleine für sich beanspruchte, ließ er im Zusammenhang mit der Frage der Rückausnahmen von der rigiden Haltung der Währungsausgleichsfälle ab, ohne jedoch zur Linie zurückzukehren, die er noch in *Defrenne II* entwickelt hatte. Vielmehr wählte der EuGH einen Mittelweg, indem er sich einen Beurteilungsspielraum vorbehielt, der es ihm ermöglichen sollte, eine Rückausnahme von der Beschränkung der zeitlichen Entscheidungswirkungen zugunsten der Kläger im Hauptsacheverfahren und anderer Rechtsteilnehmer zu treffen, die sich vor der Ungültigkeitsfeststellung bereits in einer vergleichbaren Situation befanden[808]. Ob dies in der Rechtssache *Produits de maïs* selbst zur

805 *Alexander*, [1988] 7 Y.E.L., 11 (21); *Dauses*, Hdb. des Europäischen Wirtschaftsrechts, P.II Rn. 236 m.w.N.

806 Vgl. hierzu die Erläuterungen *supra* im 4. Kap. in Punkt C I m.w.N. sowie *Everling*, Das Vorabentscheidungsverfahren vor dem Gerichtshof der EG, S. 69.

807 *EuGH*, Urt. v. 27. Februar 1985, Rs. 112/83 (Société des produits de maïs ./. Administrations des douanes et droist indirects), Slg. 1985, 719, Rz. 4 f.; hierzu: *Bebr*, [1985] 22 C.M.L.Rev. 4, 771 (779 f.).

808 *EuGH*, Urt. v. 27. Februar 1985, Rs. 112/83 (Société des produits de maïs ./. Administrations des douanes et droist indirects), Slg. 1985, 719, Rz. 18; vgl. auch wortgleich: *EuGH*, Urt. v. 22. Mai 1985, Rs. 33/84 (Fragd ./. Amministrazione delle Finanze dello Stato), Slg. 1985, 1605, Rz. 18.

Anordnung der Rückausnahme geführt hätte, musste der EuGH dort nicht entscheiden, da ein solcher Schritt aus anderen Gründen schon nicht in Frage kam. Insoweit handelt es sich bei seinen Ausführungen um ein *obiter dictum*, dessen eigentlicher Sinn und Zweck darin bestand, eine Stellungnahme zu den Turbulenzen vor den mitgliedstaatlichen Gerichten abzugeben, welche die Währungsausgleichsfälle ausgelöst hatten.

Die eigentliche Rückkehr zu der Linie, wie sie schon in der Rechtssache *Defrenne II* vertreten wurde, erfolgte jedoch schon kurze Zeit später in der Entscheidung *Pinna I*: Unter Berufung auf den Beurteilungsspielraum aus *Produits de maïs* ordnete der Gerichtshof hier ohne weitere Begründung die Ausnahme von der Rückwirkungsbeschränkung für genau die Gruppe von Personen an, die bereits in der Entscheidung von 1976 Erwähnung gefunden hatten[809]. Im Unterschied zu *Defrenne II* bildete die Gewährung der Rückausnahme hier indes keinen Automatismus, sondern beruhte auf einer bewussten Entscheidung des Gerichtshofs. Diese Linie bestätigte sich in den Folgeentscheidungen, in denen bisher jedoch in keinem Fall die Anordnung einer Rückausnahme versagt worden ist[810]. Im Ergebnis kann daher mit Ausnahme der *Währungsausgleichsfälle* von einer ständigen Rechtsprechung ausgegangen werden, welche die Kläger des Hauptsacheverfahrens und Betroffene in parallel gelagerten Sachverhalten von einer Beschränkung der Rückwirkung von Auslegungs- und Ungültigkeitsentscheidungen ausnimmt.

3. Die Rechtssache *Roquette IV* und die aktuelle Rechtsprechung

Die Annahme eines Automatismus, der im Rahmen der Rechtssache *Defrenne II* schon nahe gelegen hatte und durch die ständige Rechtsprechung des Gerichtshofs spätestens seit der Rechtssache *Produits de maïs* neue Nahrung erhielt, fand letztlich auch ihren Niederschlag in dem Urteil *Roquette IV*, das ohne weiteres als die wichtigste Entscheidung in Sachen Rückausnahmen gelten kann: Ausgehend von dem eigenen Ermessenspielraum entfaltete der EuGH hier erstmals eine umfassende Argumentation, warum mit der Beschränkung der Wirkung *ex*

809 *EuGH*, Urt. v. 15 Januar 1986, Rs. 41/84 (Pinna ./. Caisse d'allocations familiales de la Savoie), Slg. 1986, 1, Rz. 29 f., zu den Folgen des Urt.: *Brown/Kennedy*, The Court of Justice of the European Communities, S. 235.

810 So ausdrückl. die Schlussanträge des GA *Darmon* v. 27. Oktober 1993 in der Rs. C-228/93, Slg. 1994, I-1448, Rz. 37 m.w.N. auf die Rspr. des EuGH im Anschluss an die Rs. 112/83 in Fn. 44.

tunc einer Vorabentscheidung die Anordnung einer Rückausnahme notwendigerweise einherzugehen hat[811].

Im Zentrum seiner Ausführungen in *Roquette IV* standen hypothetische Erwägungen über die Folgen einer nicht angeordneten Rückausnahme: Dabei würde die Entscheidung des Gerichtshofs ausschließlich *ex nunc* wirken, so dass das mitgliedstaatliche Gericht im Hauptsacheverfahren die Klage abweisen müsste, obwohl der EuGH zuvor die Ungültigkeit der maßgeblichen gemeinschaftsrechtlichen Bestimmung festgestellt hatte. Dieses Ergebnis begegnete nach Ansicht des Gerichtshofs entscheidenden Bedenken. So würde der Kläger im Hauptsacheverfahren regelmäßig seines Anspruchs auf wirksamen Rechtsschutz[812] beraubt, was insbesondere die praktische Wirksamkeit des Vorabentscheidungsverfahrens als solches beeinträchtigen würde[813]. Diese letztere Formulierung mutet zunächst befremdlich an, erklärt sich aber vor dem Hintergrund des Falles. So hatten die Kläger im Anlassverfahren gegen eine mögliche rein zukunftsgerichtete Wirkung ihres Urteils ins Feld geführt, dies würde ihre Klage in der Hauptsache vor dem nationalen Gericht unzulässig werden lassen und auf diesem Wege den durch das Vorabentscheidungsverfahren gewährten Individualrechtsschutz leerlaufen lassen[814]. Offenbar beeindruckte dieses Argument den EuGH im Ergebnis derart, dass er sich bewogen sah, die Beschränkung der zeitlichen Wirkungen seines Urteils *ex tunc* mit einer Rückausnahme zu versehen zugunsten der Beteiligten des Ausgangsverfahrens sowie all derjenigen Betroffenen, die vor der Verkündung des Urteils, dessen Rückwirkung zeitlich begrenzt wurde, bereits Klage vor den nationalen Gerichten erhoben oder einen vergleichbaren außerordentlichen Rechtsbehelf eingelegt hatten[815].

Vor dem Hintergrund der damaligen Rechtsprechung des Gerichtshofs zu den Rückausnahmen offenbart die Lektüre des Urteils *Roquette IV* einen signifikanten Bedeutungswandel: Während jene Entscheidungen von einem Ermessenspielraum für den EuGH bei der Anordnung einer Rückausnahme ausgingen, erfolgte in *Roquette IV* eine Verdichtung hin zu einer automatischen Rechtsfolge, die eintritt, sobald der Regelfall der Wirkung *ex tunc* ausgeschlossen wird und

811 Zum Ganzen: *EuGH*, Urt. v. 26. April 1994, Rs. C-228/92 (Roquette Frères ./. Hauptzollamt Geldern), Slg. 1994, I-1445, Rz. 25 ff.

812 Zur gemeinschaftsrechtlichen Dimension des Grundsatzes, vgl. z.B.: *Pechstein*, EU-/EG-Prozessrecht, Rn. 20 ff.

813 Vgl. insbes.: *EuGH*, Urt. v. 26. April 1994, Rs. C-228/92 (Roquette Frères ./. Hauptzollamt Geldern), Slg. 1994, I-1445, Rz. 27.

814 Schlussanträge des GA *Darmon* v. 11. November 1984 in der Rs. 112/83, Slg. 1985, 719 (723); allg. zu dieser Problematik: *Schima*, Das Vorabentscheidungsverfahren vor dem EuGH, S. 107.

815 *EuGH*, Urt. v. 26. April 1994, Rs. C-228/92 (Roquette Frères ./. Hauptzollamt Geldern), Slg. 1994, I-1445, Rz. 28 f.

die mit einem Anspruch der betroffenen Personenkreise auf die Gewährung der Rückausnahme korrespondiert[816].

Den entscheidenden zeitlichen Anknüpfungspunkt für die Erfassung von der Rückausnahme markiert dabei der Moment, in dem das in seiner Rückwirkung beschränkte Urteil erlassen wird. Dieser Aspekt, der im Urteil *Roquette IV* lediglich beiläufig Erwähnung fand, ist gerade in der jüngeren Debatte von erheblicher Bedeutung gewesen, als es um die Frage ging, ob dieser Zeitpunkt nicht vorverlegt werden sollte, um dem quantitativen Ausmaß der Konstellationen, die von der Rückausnahme erfasst werden, Herr zu werden[817].

Darüber hinaus trug die Rechtssache *Roquette IV* auch dazu bei, die Frage nach der personalen Reichweite von Rückausnahmen zu klären. Seit dem Urteil in *Defrenne II* stand die Problematik im Raum, wer genau sich auf eine Rückausnahme berufen kann. So war zwar von Anfang an klar, dass Personen, die bereits vor dem Erlass des die zeitliche Wirkung beschränkenden Urteils geklagt hatten, von dieser nicht erfasst würden. Darüber hinaus aber sollten auch diejenigen sich auf die Rückausnahme berufen können, die einen „entsprechenden Rechtsbehelf" eingelegt hatten[818]. Was hierunter verstanden werden könnte, machte der EuGH erstmals in *Roquette IV* deutlich, indem er sehr weit von einem außergerichtlichen Rechtsbehelf sprach[819]. Wie dieser im Weiteren aussieht, obliegt nach dieser Rechtsprechung den Mitgliedstaaten, denen in dieser Hinsicht eine weitgehende Verwaltungsautonomie zukommt[820], solange sie die Grundsätze der Äquivalenz und Effektivität achten[821]. Um in den Genuss der Rückausnahme zu gelangen, reicht es daher aus, sich vor der Entscheidung des Gerichtshofs, in der die Rückwirkung beschränkt wird, mit einem Widerspruch gegen einen belastenden Verwaltungsakt zur Wehr zu setzen; eine Klage vor den

816 *EuGH*, Urt. v. 26. April 1994, Rs. C-228/92 (Roquette Frères ./. Hauptzollamt Geldern), Slg. 1994, I-1445, Rz. 25, wo noch davon die Rede ist, dass der „...Gerichtshof (...) bestimmen kann...", während in Rz. 28 der angesprochene „...Marktteilnehmer (...) berechtigt..." sein soll, sich auf eine Rückausnahme zu berufen.

817 Zu dieser Diskussion, siehe *infra* im 9. Kap. in Punkt B II 2 m.w.N. aus der Lit.

818 St. Rspr. seit *EuGH*, Urt. v. 8. April 1976, Rs. 43/75 (Gabrielle Defrenne ./. Sabena), Slg. 1976, 455, Rz. 74/75; vgl. z.B. auch: *EuGH*, Urt. v. 10. März 1992 verb. Rs. C-38/90 und C-151/90 (Lomas et al.), Slg. 1992, I-1781, Rz. 25.

819 *EuGH*, Urt. v. 26. April 1994, Rs. C-228/92 (Roquette Frères ./. Hauptzollamt Geldern), Slg. 1994, I-1445, Rz. 29.

820 Hierzu statt aller: *Streinz*, in: ders., EUV/AEUV, Art. 4 EUV Rn. 56; ähnl. schon: *EuGH*, Urt. v. 16. Dezember 1976, Rs. 33/76 (Rewe ./. Landwirtschaftskammer für das Saarland), Slg. 1976, 1989, Rz. 5, dort allerdings für das gerichtliche Verfahren.

821 Zu der Problematik vgl. auch *infra* im 8. Kap. in den Punkten A und B m.w.N. aus Lit. und Rspr. des EuGH.

Gerichten oder gar eine Vorlage an den EuGH ist somit ausdrücklich nicht erforderlich[822].

Die wirkliche Bedeutung und Zäsurwirkung der Entscheidung *Roquette IV* wird jedoch erst deutlich, wenn man die spätere Spruchpraxis des EuGH zu den Rückausnahmen verfolgt. In allen weiteren Fallkonstellationen, in denen der Gerichtshof ab diesem Urteil zu einer Beschränkung der Wirkung *ex tunc* seiner Urteile veranlasst war, erfolgte gleichzeitig eine Rückausnahme für die hier genannten Personenkreise[823].

II. Diskussion und Bewertung

Im Zentrum der Auseinandersetzung um die hier behandelten Folgen der Beschränkung der temporalen Wirkung *ex tunc* von Vorabentscheidungen stehen seit jeher die Konstellationen, die in den Genuss einer Rückausnahme von dieser Rückwirkungsbeschränkung kommen. Geschuldet ist diese Prominenz dabei vor allem den *Währungsausgleichsfällen*, die eine Vielzahl von kritischen Stellungnahmen provoziert haben[824]. Trotz der häufigen Erwähnung dieser Fälle und ihrer mittlerweile einhelligen Ablehnung in der Literatur zugunsten der ständigen Rechtsprechung finden sich nur sehr vereinzelt Auseinandersetzungen um die Frage, welche Vorbilder die Spruchpraxis des EuGH hat und wie diese dogmatisch sauber begründet werden kann.

1. Die Technik des VfGH als Vorbild für den EuGH

Es überrascht, dass in der Debatte um die Rückausnahmen nur selten auf das nationale Verfassungsprozessrecht der Mitgliedstaaten eingegangen wird. Obgleich die Herangehensweise des EuGH an die Problematik augenscheinlich in bestimmten Traditionen des nationalen Rechts wurzelt, wird sie in der wissen-

822 *Lenaerts/Arts/Maselis*, Procedural Law of the European Union, Rn. 10–019; *Ward*, Judicial Review and the Rights of Private Parties in EC Law, S. 272.

823 St. Rspr., vgl. z.B. nur: *EuGH*, Urt. v. 8. Februar 1996, Rs. C-212/94 (FMC er al. ./. Invention Board for Agricultural Produce and Ministry of Agriculture, Fisheries and Food), Slg. 1996, I-389, Rz. 66; Urt. v. 15. Dezember 1995, Rs. C-415/93 Union royale belge des sociétés de football association ASBL ./. Bosman), Slg. 1995, I-4921, Rz. 144; Urt. v. 9. März 2000, Rs. C-437/97 (EKW und Wein & Co.), Slg. 2000, I-1157, Rz. 60; aus der Lit., vgl. etwa: *Kadelbach*, in: Holubek/Lang, Das EuGH-Verfahren in Steuersachen, 119 (127 f.); *Weiß*, EuR 1995, 377 (393).

824 Vgl. hierzu ausführl. *supra* im 4. Kap., dort im Punkt B II m.w.N. insbes. aus der frankophonen Lit.

schaftlichen Debatte kaum wahrgenommen[825]. Die Rede ist von der so genannten Anlassfallwirkung, die der österreichische VfGH nach Art. 140 Abs. 7 S. 3 B-VG in seinen Urteilen, in denen er die Verwerfung von verfassungswidrigen Normen anordnet, zu beachten hat. Wie im einführenden Teil der Arbeit dargestellt, hat die Erklärung der Verfassungswidrigkeit einer Norm im österreichischen Verfassungsrecht grundsätzlich eine Wirkung *ex nunc*, die durch einen reinen Effekt *pro futuro* oder seltener durch eine Wirkung *pro praeterito* substituiert werden kann[826]. In allen Fällen findet indes eine Ausnahme zugunsten des Anlassfalles. Für diesen und prozessual gleich gelagerte Fälle kommt es stets zu einer Rückwirkung des verfassungsgerichtlichen Entscheids.

Auch wenn es im Rahmen des Vorabentscheidungsverfahrens zu keiner Normverwerfung im verfassungsprozessualen Sinne der Tradition Kelsens kommt, besteht zumindest ein struktureller Gleichlauf zwischen den Anlassfällen in der österreichischen Rechtsordnung und den hier untersuchten Konstellationen der Rückausnahme auf europäischer Ebene. Der Verdacht einer Inspiration des EuGH durch das österreichische Verfassungsprozessrecht liegt aufgrund dieser auffallenden Parallelen sicherlich nicht fern, auch wenn die Republik Österreich zum Zeitpunkt der ersten Entscheidungen des EuGH zur Rückausnahmenproblematik noch nicht Mitglied der Europäischen Union war.

2. Begründungsansätze für die Privilegierung der Rückausnahmen

Von besonderer Bedeutung ist im Rahmen dieser Begründungsansätze die Rechtsfigur der so genannten „Ergreiferprämie", die insbesondere im österreichischen Verfassungsprozessrecht eine Rolle spielt[827]. Ohne diese explizit anzuführen, wird in der Literatur häufig auf dieses Modell abgestellt, um die Notwendigkeit der Rückausnahmen auch auf unionsrechtlicher Ebene zu begründen: Demnach nimmt ein Urteil, das nur *ex nunc* oder *pro futuro* Konsequenzen zeitigt, dem Kläger im Anlassfall jeden Anreiz, für die Wahrung seiner Rechte und die Richtigkeit der Unionsrechtsordnung einzutreten, da er durch eine derartige Rechtsprechung gleichsam der Früchte seines Einsatzes beraubt wird[828]. Der

825 *Seer/Müller*, IWB 2008, Fach 11, Gruppe 2, 851 (861 ff.); *Sperlich*, FS Ruppe, 551 (570 ff.); in Ansätzen auch: *Bydlinski*, JBl. 2001, 2 (25).

826 Ausführl. *supra* im 2. Kap. in den Punkten B II 1 und 2 m.w.N. aus der Lit. der und Rspr. des VfGH.

827 Vgl. hierzu schon *supra* im 2. Kap. in Punkt B II 2 a) m.w.N. aus der österreichischen Lit. und Rspr.

828 Ausführl.: *Vording/Lubbers*, [2006] B.T.R. 1, 91 (98 f.); vgl. aber auch: *Hyland*, [1995] 2 I.J.E.L., 215 (229); *Lenaerts/Arts/Maselis*, Procedural Law of the European Union,

Kläger wird hier gerade nicht für sein Bemühen um die Rechtordnung belohnt: Trotz festgestellter Ungültigkeit könne er sich nicht auf dieses Ergebnis berufen, da eine Rückwirkung auch für den Anlassfall ausgeschlossen wird.

So einleuchtend, wie dieses anreizbasierte Argument auf den ersten Blick wirkt, so unsauber erweist es sich in dogmatischer Hinsicht insbesondere auf europäischer Ebene. Es handelt sich bei dem Vorabentscheidungsverfahren strukturell um ein Zwischenverfahren, das ausweislich der Vorschrift des Art. 267 Abs. 1 a.E. und 2 AEUV von einem mitgliedstaatlichen Gericht in die Wege geleitet wird. Oftmals erfolgt die Vorlage an den EuGH somit gar nicht auf Anregung des Klägers im Hauptsachverfahren, der von der unionsrechtlichen Dimension seines Falles vielleicht noch nicht einmal etwas ahnt, sondern erweist sich als autonome Entscheidung des unter- oder letztinstanzlichen Gerichts, das mit einer Rechtsfrage konfrontiert ist, in welcher Normen des EU-Rechts eine Rolle spielen[829]. Ob es angesichts dessen gerechtfertigt erscheint, generell einen persönlichen Einsatz des Klägers für die Wahrung des Unionsrechts zu unterstellen, erscheint zumindest fraglich. In Konstellationen wie den geschilderten besteht dieser Einsatz höchstens darin, dass er überhaupt eine Klage vor den nationalen Gerichten angestrengt hat. Hierbei handelt es sich aber um eine notwendige, keineswegs jedoch allein hinreichende Bedingung für eine letztendliche Klärung der Rechtsfrage im Rahmen von Art. 267 AEUV durch den EuGH.

Hinzu kommt beim Vorabentscheidungsverfahren weiterhin Art. 23 Abs. 1 und 2 der Satzung des EuGH, wonach allen Mitgliedstaaten, der Kommission sowie darüber hinaus gegebenenfalls noch den Organen, Einrichtungen und andere Stellen der Union ein Äußerungsrecht zugesprochen wird, dessen Nutzung ursächlich für die Erörterung einer spezifischen Problematik sein kann, welche im Ergebnis zu einem für den Kläger im Hauptsacheverfahren günstigen Ergebnis führt. Zwischen einem solchen Resultat und dem Vortrag des Klägers vor dem mitgliedstaatlichen Gericht lässt sich auf Unionsebene somit noch weniger als vielleicht noch in der nationalen Rechtordnung eine allgemeingültige Kausalitätsvermutung aufstellen, welche aber ihrerseits die Grundlage für die Theorie von der Ergreiferprämie liefert.

Die hinter diesem Modell stehende Argumentation kann mithin auf europäischer Ebene dogmatisch nicht verfangen. Vielmehr ist der Gedanke der Privilegierung von Rückausnahmen aus einem anderen Blickwinkel anzugehen, wie auch die Rechtsprechung des EuGH selbst nahe legt. So greift der Gerichtshof in seiner eigenen Argumentation im entscheidenden Urteil *Roquette IV* mitnichten auf die Ergreiferprämie zurück. Dort ist in der zentralen Passage der Ausführun-

Rn. 10–019; *Schima*, in: Mayer, Kommentar zum EU- und EG-Vertrag, Art. 234 EGV Rn. 204.

829 Statt aller: *Schima*, Das Vorabentscheidungsverfahren vor dem EuGH, S. 47 ff. m.w.N.

gen denn auch vielmehr von der Beeinträchtigung der „praktische[n] Wirksamkeit des Artikels 177 EWG-Vertrag“ die Rede[830]. Für den EuGH sprechen mithin andere grundlegende Überlegungen für eine Anordnung der Rückausnahme. Als Schlüssel zum Verständnis erweist sich eben diese Erwägung des Gerichtshofs, die auf dem auch in der Unionsrechtsordnung grundlegenden Gedanken des Individualrechtsschutzes basiert[831].

Es ist folglich zu fragen, in welchen Formen sich ein wirksamer Rechtsschutz manifestiert. Fundament eines jeden effektiven Individualrechtsschutzes bildet dabei der auch in Art. 47 Abs. 1 der EU-Grundrechtecharta normierte Grundsatz, dass dieser überhaupt gewährt wird, mithin die Möglichkeit eines wirksamen Rechtsbehelfs gegeben sein muss[832]. Schon hieran kann indes in Konstellationen wie den *Währungsausgleichsfällen* gezweifelt werden. Der Kläger erhält hier nicht nur keine Ergreiferprämie; er erhält gar nichts, obwohl der EuGH im selben Atemzug eine Auslegung gibt, welchem dem Kläger im Hauptsachverfahren helfen würde, oder die Ungültigkeit der angegriffenen Unionsrechtsnorm ausspricht, die den Kläger konkret beeinträchtigt[833]. Sein Anspruch auf effektiven Individualrechtsschutz wird durch die Wirkung *ex nunc* oder gar *pro futuro* im Ergebnis ausgehöhlt. Darüber hinaus besteht die Gefahr, dass diese Beeinträchtigung des Individualrechtsschutzes auch auf die Vorlagemöglichkeit der nationalen Gerichte durchschlägt: Wie in *Roquette IV* angeklungen, könnte die Klage mangels entsprechender Erfolgsaussichten im Hauptsacheverfahren in bestimmten Mitgliedstaaten eine Verpflichtung des nationalen Gerichts begründen, den Anlassfall bereits als unzulässig abzuweisen, ehe sich die Frage nach der Vorlage überhaupt stellt[834]. Aber selbst wenn dies nicht der Fall sein sollte, vermag der Kläger im Hauptsacheverfahren nicht zu obsiegen. Seine Klage wird vor den nationalen Gerichten letztendlich abgewiesen, da die in der Vorabentscheidung gefundene Auslegung oder erklärte Ungültigkeit ausschließlich für die Zukunft gilt. Ein derartiges Ergebnis lässt sich indes nur schwer mit der Aussage des Gerichtshofs in Einklang bringen, wonach das Vorabentscheidungsverfahren auch

830 *EuGH*, Urt. v. 26. April 1994, Rs. C-228/92 (Roquette Frères ./. Hauptzollamt Geldern), Slg. 1994, I-1445, Rz. 27.

831 *Roseren*, in: Léger, Commentaire article par article des traités UE et CE, Art. 234 CE Rn. 30; allg. hierzu: *Middeke*, in: Rengeling/Middeke/Gellermann, Hdb. des Rechtschutzes in der Europäischen Union, § 10 Rn. 8; *Schwarze*, in: ders., EU-Kommentar, Art. 267 AEUV Rn. 5.

832 *Alber*, in: Tettinger/Stern, Europäische Grundrechte-Charta, Art. 47 GRCh. Rn. 37 ff. m.w.N. aus der Rspr. des EuGH; *Blanke*, in: Calliess/Ruffert, EUV/AEUV, Art. 47 GRCh. Rn. 1.

833 *Seer/Müller*, IWB 2008, Fach 11, Gruppe 2, 851 (860) sprechen hier treffend von einem „Pyrrhus-Sieg“.

834 Schlussanträge des GA *Darmon* v. 11. November 1984 in der Rs. 112/83, Slg. 1985, 719 (723); kritisch hierzu: *Hyland*, [1995] 2 I.J.E.L. 215 (228).

dem Individualrechtsschutz dienen soll. Darüber hinaus verliert der Kläger nicht nur das Verfahren in der Hauptsache, nach deutschem Prozessrecht hat er in diesen Fällen gemäß § 91 Abs. 1 ZPO beziehungsweise § 154 Abs. 1 VwGO auch eine Kostenentscheidung zu seinen Lasten zu dulden, obgleich der EuGH inhaltlich zu seinen Gunsten entschieden hat. Im Endeffekt hat eine Beschränkung der zeitlichen Urteilswirkungen ausschließlich für die Zukunft die Konsequenz, dass die Vorabentscheidung im Hauptsacheverfahren keinerlei Urteilsrelevanz mehr besitzt, der Kläger durch die Vorlage somit auch noch eine ertragslose Verfahrensverzögerung in Kauf nehmen müsste, die zum Beschleunigungsgrundsatz in eklatantem Widerspruch stünde[835].

In diesem letztgenannten Kontext vertieft das Fehlen einer Rückausnahme für den Kläger im Hauptsacheverfahren die Beeinträchtigung seiner Rechtsposition unter Gesichtspunkten des effektiven Rechtsschutzes sogar noch. Hierzu ist ein weiterer Aspekt dieses Gebotes zu berücksichtigen, welcher sich – auch laut ausdrücklicher Rechtsprechung des Gerichtshofs – in dem Anspruch des Rechtsunterworfenen manifestiert, seinen Prozesses nicht unnötig in die Länge zu ziehen, mithin eine angemessene Verfahrensdauer zu gewährleisten[836]. Genau dieser Anspruch wird jedoch in den *Währungsausgleichsfällen* konterkariert. Angesichts einer durchschnittlichen Verfahrensdauer im Vorabentscheidungsersuchen von über 15 Monaten[837] zieht sich das Hauptsacheverfahren, das für die Dauer der Vorlage in Luxemburg ruht[838], in die Länge, ohne dass sich dies für den Kläger im Ergebnis positiv auswirken würde. Vor einem derartigen prozessualen Hintergrund verkommt das Vorabentscheidungsverfahren zu einem abstrakten Rechtsgutachten, das mit dem eigenen Anspruch des Gerichtshofs, im Rahmen von Art. 267 AEUV zum Individualrechtsschutz beizutragen, nicht mehr allzu viel gemein hat[839].

Der Ausschluss einer Rückausnahme von der Beschränkung der Urteilswirkungen *ex nunc* oder *pro futuro* verstößt folglich weniger gegen das Gebot, dem Kläger im Hauptsacheverfahren einen Anreiz für sein Bemühen um die Rechtsordnung zu gewähren. Auch wenn dieser Gedanke gut mit dem bisweilen be-

835 *Sperlich*, FS Ruppe, 551 (555) mit Blick auf Art. 6 EMRK; ähnl. kritisch auch: *Broberg/Fenger*, Preliminary References to the European Court of Justice, S. 457.

836 So ausdrückl. etwa in: *EuGH*, Urt. v. 17. Dezember 1998, Rs. C-185/95 P (Baustahlgewerbe ./. Kommission), Slg. 1998, I-8417, Rz. 26 ff. m.w.N. aus der Rspr. des EuGH.

837 *Wegener*, in: Calliess/Ruffert, EUV/AEUV, Art. 267 AEUV Rn. 2, dort Fn. 13 m.w.N. für das Zahlenmaterial.

838 In Deutschland ergibt sich dies etwa aus § 148 ZPO für die Zivilgerichte, vgl. statt aller: *Greger*, in: Zöller, Zivilprozessordnung, § 148 Rn. 2; für die Verwaltungsgerichte ergibt sich dies aus einer analogen Anwendung von § 94 VwGO, hierzu: *Kopp/Schenke*, Verwaltungsgerichtsordnung, § 94 Rn. 2 m.w.N. aus der Rspr.

839 *Haratsch/Koenig/Pechstein*, Europarecht, Rn. 495; *Schweitzer/Hummer/Obwexer*, Europarecht, Rn. 826.

mühten Bild von der Rolle des Bürgers im Vorabentscheidungsverfahren als „privatem Durchsetzungsorgan des Gemeinschaftsrechts“ korrespondiert[840], krankt er an dogmatischen Bedenken. Mag hinter der Idee der Ergreiferprämie der anerkennungswürdige Versuch stehen, die rechtssuchenden Bürger in den Mitgliedstaaten zu einer Beschäftigung mit dem Unionsrecht anzuhalten und mag der Vortrag des Klägers vor den nationalen Gerichten in einer Vielzahl von Fällen als Anregung für die Beschäftigung des EuGH mit einer Rechtsfrage dienen, lässt sich hieraus trotzdem kein verallgemeinerungsfähiger Schluss ziehen.

Das entscheidende Argument für die zwingende Notwendigkeit der Rückausnahme ergibt sich vielmehr aus Überlegungen des Individualrechtsschutzes. Dieser ist eine Ausprägung des Grundsatzes der Einzelfallgerechtigkeit, dessen Widerstreit mit dem Prinzip der Rechtssicherheit die Grundlage für die gesamte Problematik der temporalen Urteilswirkungen bildet[841]. Daher lässt sich auch die Auseinandersetzung um die Rückausnahmen auf diesen grundlegenden Antagonismus zurückführen[842]. Angesichts der obigen Argumente muss die Abwägung zwischen den beiden Prinzipien vorliegend allerdings eindeutig zu einem Ausschlagen des Pendels zugunsten der Einzelfallgerechtigkeit führen.

840 *Haltern*, Europarecht, Rn. 340 f. mit Verweis auf *Weiler*, [1993] 31 JCMSt, 417 (421); *Craig/de Búrca*, EU Law, S. 461 sprechen dagegen richtiger den mitgliedstaatlichen Gerichten diese Rolle zu.

841 Vgl. hierzu *supra* im 5. Kap. in Punkt A I 2 b) bb) m.w.N. aus der Lit. und Rspr.

842 So auch: *Kadelbach*, in: Holubek/Lang, Das EuGH-Verfahren in Steuersachen, 119 (128).

Nach der ständigen Rechtsprechung des EuGH beruht die umfassende Rückwirkung von Vorabentscheidungen auf der Prämisse, dass der Gerichtshof im Rahmen dieses Verfahrens die Rechtslage dergestalt feststellt, wie sie seit Inkrafttreten der im konkreten Verfahren untersuchten Norm des Unionsrechts hätte verstanden werden müssen[843]. Beschränkt der Gerichtshof den zeitlichen Umfang seiner Vorabentscheidung in einem solchen Falle nicht, so ist deren Inhalt von den mitgliedstaatlichen Gerichten demnach auf ausnahmslos alle Sachverhalte anzuwenden, die sich vor der Verkündung des Urteils zugetragen haben.

Fraglich ist, ob eine derart absolute Aussage angesichts mitgliedstaatlicher Normen über die Bestandskraft von Verwaltungsakten und der Rechtskraft von Urteilen nationaler Gerichte richtig sein kann. Es ist daher zu untersuchen, ob und inwieweit derartige Verfahrensvorschriften, die temporale Wirkung von Vorabentscheidungen beeinflussen können[844]. Obgleich dieses Problemfeld von genuin mitgliedstaatlichen Bestimmungen dominiert wird, deren primärer Daseinszweck auf nationaler Ebene zu suchen ist[845], sind die hier einschlägigen Regelungen für die in dieser Arbeit untersuchte Frage der temporalen Wirkung von Vorabentscheidungen von Bedeutung. Sobald nationale Bestands- und Rechtskraftnormen auch gegenüber Urteilen im Sinne von Art. 267 AEUV Geltung beanspruchen, können diese in den betroffenen Mitgliedstaaten nicht mehr eine umfassende Rückwirkung entfalten, da entsprechende Bescheide und Gerichtsurteile dem Schutz jener mitgliedstaatlichen Bestimmungen unterliegen. Im Ergebnis sind Regelungen über die Bestands- und Rechtskraft daher in der Lage, die praktischen Folgen, die eine grundsätzlich *ex tunc* wirkende Vorabentscheidung mit sich bringen würde, für den mitgliedstaatlichen Rechtsraum in temporaler Hinsicht zu mildern und im Einzelfall zu vereiteln[846].

Nationale Bestands- und Rechtskraftregeln hängen mit dem Thema der vorliegenden Untersuchung aber nicht nur deshalb zusammen, weil sie den unmittelbaren zeitlichen Wirkungskreis von Vorabentscheidungen beeinflussen vermögen. Darüber hinaus bewegt sich die Rechtsprechung des EuGH zu den hier anwendbaren Regeln in einem strukturellen Spannungsfeld, das Parallelen mit

843 *EuGH*, Urt. v. 10. Februar 2000, Rs. C-50/96 (Deutsche Telekom AG ./. Schröder), Slg. 2000, I-743, Rz. 43.

844 Für diesen Zusammenhang statt vieler: *Bebr*, [1981] 18 C.M.L.Rev. 4, 475 (492); *Craig*, EU Administrative Law, S. 794 f.; *Seer/Müller*, IWB 2008, Gruppe 2, Fach 11, 865 (866); *Urlesberger*, ZfRV 2004, 99 (100 f.).

845 Zu den hier nicht diskutierten Regelungen, deren eigentliches Telos darin besteht, das Vorabentscheidungsverfahren zu beeinflussen, vgl. etwa: *Oexle*, NVwZ 2002, 1328 ff.

846 *Forsthoff*, DStR 2005, 1840 (1841); i.E. auch: *Lindemann/Hackemann*, IStR 2005, 786 (788).

den prinzipiellen Überlegungen aufweist, die seiner Spruchpraxis zu den temporalen Folgen von Urteilen gemäß Art. 267 AEUV zugrunde liegen. In beiden Fällen geht es darum, den Konflikt der widerstreitenden Prinzipien der Rechtssicherheit und der materiellen Rechtmäßigkeit aufzulösen[847]: Im Kontext der Bestands- und Rechtskraftregeln wird dieser Gegensatz in die Frage gekleidet, ob entsprechende Bescheide und Urteile angesichts einer deren Unionsrechtswidrigkeit feststellenden Vorabentscheidung als hinfällig zu betrachten sind[848]. Während im Hinblick auf den Grundsatz der materiellen Rechtmäßigkeit hiervon ausgegangen werden müsste, sprechen Erwägungen der Rechtssicherheit gegen eine Aufhebung. Zudem erfährt diese ohnehin schon komplexe Grundfrage eine Aufladung durch die verschiedenen sie betreffenden Ebenen. Geht es bei den zeitlichen Folgen eines Urteils nach Art. 267 AEUV noch ausschließlich um das prozessuale Unionsrecht, betrifft die vorliegende Problematik den weiteren Konflikt zwischen unionsrechtlicher Rechtsgewährung und mitgliedstaatlicher Rechtsrealisierung[849].

Im Folgenden ist somit darzustellen, auf welche Weise Bestimmungen des nationalen Verfahrensrechts zu einer Rückwirkungsbeschränkung von Vorabentscheidungen führen können und wie die Rechtsprechung des EuGH diesen Effekt bewertet. Ausgehend von der prinzipiellen Bereitschaft des Gerichtshofs, nationale Verfahrensvorschriften als temporale Beschränkung anzuerkennen[850], soll der Frage nachgegangen werden, wann dies nicht der Fall ist und in welchen Konstellationen damit der Vorrang des Unionsrechts Ausnahmen von dem Grundsatz erfordert[851].

A. Grundsatz der nationalen Verfahrensautonomie

Die Ausführung sowie die Kontrolle der korrekten Anwendung des Unionsrechts fällt nach ständiger Rechtsprechung des EuGH in die Zuständigkeit der Mit-

847 Trotz dieser Gemeinsamkeiten trennt der EuGH ausdrückl. zwischen dem hier dargestellten Problemkreis und den Fragen der Rückwirkungsbeschränkung, vgl. etwa: *EuGH*, Urt. v. 15. September 1998, Rs. C-231/96 (Edilizia Industriale Siderurgica Srl ./. Ministero delle Finanze), Slg. 1998, I-4951, Rz. 17 f.

848 Zu diesem Spannungsfeld statt vieler: *Kremer*, EuR 2007, 470 (473); *Ludwigs*, ZfRV 2006, 191.

849 *Weiß*, DÖV 2008, 477 (478); ähnl.: *Schwarze*, Europäisches Verwaltungsrecht, S. cxcix f.

850 Statt aller m.w.N. aus der Rspr.: *Gaitanides*, in: Groeben/Schwarze, EUV/EGV, Art. 234 EGV Rn. 97; *Wegener*, in: Calliess/Ruffert, EUV/AEUV, Art. 267 AEUV Rn. 53.

851 Der Einfluss der Staatshaftung und des Vertragsverletzungsverfahrens wird vorliegend nicht untersucht, da beide Problemkreise keine temporalen Fragestellungen aufwerfen; vgl. hierzu im Überblick: *Kremer*, EuR 2007, 470 (474 ff.) m.w.N. aus der Lit. und Rspr.

gliedstaaten, die sich hierfür ihres jeweiligen innerstaatlichen Rechts bedienen[852]. Dieser Grundsatz der institutionellen und verfahrensmäßigen Autonomie[853] ist nach Auffassung des Gerichtshofs dem Fehlen entsprechender verfahrensrechtlicher Bestimmungen im Unionsrecht geschuldet und entspringt dem heute in Art. 4 Abs. 3 EUV kodifizierten Prinzip der loyalen Zusammenarbeit[854]. Explizit eingeschlossen hiervon sind auch nationale Regelungen über die Bestands- und Rechtskraft[855], die trotz der Anerkennung beider Institute auch auf europäischer Ebene als Ausdruck des allgemeineren Rechtsgrundsatzes der Rechtssicherheit kein unionsrechtliches Pendant besitzen[856].

Der EuGH achtet demnach den Grundsatz der Verfahrensautonomie der Mitgliedstaaten und nimmt in Kauf, dass diese hinsichtlich der Ausgestaltung ihrer jeweiligen Regelungen über die Bestandskraft von Verwaltungsakten und die Rechtskraft von Urteilen sehr unterschiedliche Wege gehen. Auffallend ist hierbei, welchen weiten Spielraum der Gerichtshof den Mitgliedstaaten in dieser Frage zugesteht, obwohl es hier aus Zwecken der einheitlichen Anwendung des Unionsrechts durchaus auch vorstellbar wäre, über allgemeine Rechtsgrundsätze des Unionsrechts den Einfluss der nationalen Rechtsordnungen zu begrenzen. Zwar kann der EuGH es trotz der ihm selbst auferlegten Reserviertheit im Ergebnis nicht zulassen, alle im Zusammenhang mit nationalen Bestands- und Rechtskraftregeln auftretenden Konstellationen einseitig zugunsten der Rechtssicherheit und damit dem Respekt für die jeweiligen mitgliedstaatlichen Bestimmungen aufzulösen, zumal in den hier zugrunde liegenden Sachverhaltskonstellationen die Rechtssicherheit auf dem Fundament einer rechtswidrigen Verletzung von Unionsrecht beruht, die lediglich zu einem verspäteten Zeitpunkt erkannt wurde. Dennoch knüpft er die Achtung der mitgliedstaatlichen Bestands- und Rechtskraftbestimmungen – ebenso wie die Anerkennung der nationalen Verfahrensautonomie als solche – lediglich an zwei von ihm ausgelegte Voraussetzungen, die eine Abwägung zwischen den Prinzipien der Rechtsicherheit und

852 St. Rspr.: *EuGH*, Urt. v. 1. Februar 1971, Rs. 39/70 (Norddeutsches Vieh- und Fleischkontor ./. Hauptzollamt Hamburg St. Annen), Slg. 1971, 49, Rn. 4; aus der Lit. m.w.N.: *Craig/de Búrca*, EU Law, S. 306 ff.; *Streinz*, in: ders., EUV/AEUV, Art. 4 EUV Rn. 50 ff.

853 Hierzu aus der Lit.: *Gellermann*, in: Rengeling/Middeke/Gellermann, Hdb. des Rechtsschutzes in der Europäischen Union, § 34 Rn. 28; *Schwarze*, NVwZ 2000, 241 (244).

854 *EuGH*, Urt. v. 5. März 1980, Rs. 265/78 (Ferwerda BV ./. Produktschap voor Vee en Vlees), Slg. 1980, 617, Rz. 10; Urt. v. 21. September 1983, verb. Rs. 205 –215/82 (Deutsche Milchkontor GmbH et al. ./. Deutschland), Slg. 1983, 2633, Rz. 17; aus der Lit. m.w.N.: *Urlesberger*, ZfRV 2004, 99 (100), dort insbes. Fn. 4 f.

855 St. Rspr.: *EuGH*, Urt. v. 16. Dezember 1971, Rs. 33/76 (Rewe Zentralfinanz EG ./. Landwirtschaftskammer für das Saarland), Slg. 1976, 1989, Rz. 6; Urt. v. 17. Juli 1997, Rs. C-90/94 (Haahr Petroleum Ltd ./. Åbenrå Havn et al.), Slg. 1997, I-4085, Rz. 48.

856 *Hatje*, in: Schwarze, EU-Kommentar, Art. 4 EUV Rn. 60.

der materiellen Rechtmäßigkeit gewährleisten sollen und im Folgenden zu erläutern sind.

B. Grenzen der nationalen Verfahrensautonomie

Um ein Mindestmaß an Einheitlichkeit innerhalb der EU zu gewährleisten und die Schaffung von Umgehungstatbeständen durch die Mitgliedstaaten zu vermeiden, gibt die Rechtsprechung des Gerichtshofs einen weit gefassten Rahmen vor, innerhalb dessen sich die Verfahrensautonomie der Mitgliedstaaten entfalten kann. Diese findet ihre Grenze in den Prinzipien der Effektivität und der Äquivalenz. Beide Grundsätze hat der Gerichtshof bereits früh in der Rechtssache *Rewe Zentralfinanz* anschaulich umrissen: Nach dem Äquivalenzprinzip dürfen die nationalen Prozessordnungen im Hinblick auf europarechtliche Sachverhalte „...nicht ungünstiger gestaltet werden als für gleichartige Klagen, die das innerstaatliche Recht betreffen“, während das Effektivitätsprinzip fordert, dass die Ausübung der Rechte, die dem Einzelnen durch die Unionsrechtsordnung verliehen werden, nicht „...praktisch unmöglich [gemacht wird]“[857]. Letzteres wird vom EuGH in ebenso ständiger Rechtsprechung als Verbot einer übermäßigen Erschwerung der Durchsetzung unionsrechtlicher Privilegien verstanden[858].

Sowohl das Effektivitätsprinzip wie auch der Grundsatz der Äquivalenz haben seit dieser rudimentären Beschreibung im Jahre 1976 Konkretisierungen und Änderungen erfahren. Diese erfolgten in einer Vielzahl von Einzelentscheidungen des EuGH, was die Ermittlung einer kohärenten ständigen Rechtsprechung erschwert. Hinzu kommt, dass der Gerichtshof offensichtlich einen unterschiedlichen Bewertungsmaßstab für die Beurteilung der Rechtskraft von nationalen Gerichtsurteilen einerseits und der Bestandskraft von Verwaltungsakten andererseits anlegt. Innerhalb letzterer Fallgruppe differenziert der EuGH außerdem zwischen begünstigenden Verwaltungsakten, insbesondere im Beihilfenrecht, und solchen Bescheiden, die den Empfänger allgemein belasten. Vor allem der widersprüchliche Umgang des Gerichtshofs mit den letztgenannten Konstellationen hat dabei in der Vergangenheit für Unverständnis gesorgt, die selbst das

857 *EuGH*, Urt. v. 16. Dezember 1971, Rs. 33/76 (Rewe Zentralfinanz EG ./. Landwirtschaftskammer für das Saarland), Slg. 1976, 1989, Rz. 5; wortgleich insofern: Urt. v. 16. Dezember 1976, Rs. 45/76 (Comet ./. Produktschap voor Siergewassen), Slg. 1976, 2043, Rz. 11/18; ausführl. aus der Lit.: *Craig/de Búrca*, EU-Law, S. 313 ff.; *Pechstein*, EU-/EG-Prozessrecht, Rn. 46, dort inbes. Fn. 143 m.w.N. aus der st. Rspr. des EuGH.

858 *EuGH*, Urt. v. 9. Februar 1983, Rs. 199/82 (Amministrazione delle Finanze dello Stato ./. Società San Giorgio SpA), Slg. 1983, 3595, Rz. 14; Urt. v. 25. Februar 1988, verb. Rs. 331/85, 376/85 und 378/85 (S.A. Les Fils du Jules Bianco et al. ./. Directeur général des douanes et droits indirects), Slg. 1988, 1099, Rz. 12.

BVerfG zu der Bemerkung veranlasste, nicht alle Fragen zur Durchbrechung der Bestandskraft belastender Verwaltungsakte seien hinreichend beantwortet[859].

C. Berücksichtigung der nationalen Verfahrensautonomie durch den EuGH

Da im Rahmen der vorliegenden Arbeit lediglich die temporalen Konsequenzen der Anerkennung nationaler Bestands- und Rechtskraftregeln für Vorabentscheidungen von Relevanz sind, bedarf es im Folgenden keiner erschöpfenden Darstellung des Umganges mit der nationalen Verfahrensautonmie durch den Gerichtshof.

Vielmehr sollen ausgewählte Facetten der Problematik dargestellt und dabei die These bewiesen werden, dass der EuGH in seiner jüngeren Rechtsprechung wieder vermehrt dazu neigt, der nationalen Verfahrensautonomie einen größeren Spielraum einzuräumen und die Durchbrechung dieses Grundsatz nur noch in Einzelfällen zuzulassen[860].

I. Rückwirkungsbeschränkung durch nationale Maßnahmengesetze

Ein prominentes Beispiel für die weit gesteckten Grenzen der nationalen Verfahrensautonomie bildet die Fragestellung, inwieweit der mitgliedstaatliche Gesetzgeber befugt sein soll, rückwirkend eine Vorschrift zu erlassen, deren Sinn und Zweck darin besteht, die umfassende Wirkung *ex tunc* einer Vorabentscheidung auf prozessrechtlichem Wege, etwa durch kürzere Verjährungsfristen, zu verhindern.

Der EuGH hat sich dieser Problematik in der Rechtssache *Deville* angenommen: Demnach ist eine Regelung, „...die [ohne Rechtsgrund[861]] speziell die Möglichkeiten einschränkt...“, die Konsequenzen aus *ex tunc* wirkenden Urteilen nach Art. 267 AEUV zu ziehen, wegen Verstoßes gegen den Effektivitätsgrundsatz unvereinbar mit dem Unionsrecht[862]. Aus dieser Formulierung wird gemeinhin ein weit reichendes Verbot der Schlechterstellung unionsrechtlicher Sachverhalte durch die Rückwirkung von Vorabentscheidungen des EuGH

859 *BVerfG*, Beschl. v. 4. September 2008, Az. 2 BvR 1321/07, DStRE 2009, 60 (61).

860 Diese Einzelfälle betreffen in der Regel Sachverhalte, die besonders stark durch unionsrechtliche Vorgaben determiniert sind, vgl. hierzu: *Schmahl/Köber*, EuZW 2010, 927 (929 ff.) m.w.N. zur Rspr. des EuGH.

861 Hierzu in einer vergleichbaren Situation schon: *EuGH*, Urt. v. 2. Februar 1988, Rs. 309/85 (Barra ./. Belgien), Slg. 1988, 355, Rz. 19 f.

862 *EuGH*, Urt. v. 29. Juni 1988, Rs. 240/87 (Deville ./. Administration des impôts), Slg. 1988, 3513, Rz. 12 f.

begrenzender Verfahrensregeln hergeleitet[863]. Allerdings zeigt die in zeitlicher Folge zu *Deville* entstandene Rechtsprechung zu vergleichbaren Sachverhalten ein etwas anderes Bild. So stufte der EuGH etwa die rückwirkende Beschränkung von Verjährungsfristen mehrfach alleine aufgrund der Tatsache, dass sie vor einer den Mitgliedstaat betreffenden rückwirkenden Vorabentscheidung verabschiedet wurde und allgemeine Geltung beanspruchte, als vereinbar mit den Vorgaben seiner Rechtsprechung ein[864].

Der Gerichtshof legt folglich das von ihm in seiner Entscheidung *Deville* eingeführte Merkmal „speziell" äußerst restriktiv aus und gibt im Ergebnis der gesetzgeberischen Kreativität der Mitgliedstaaten freie Hand. Diese können nationale Verfahrensvorschriften entwerfen, die auf die Beschränkung der Rückwirkung von Vorabentscheidungen abzielen, solange sie nur allgemein formuliert sind und frühzeitig in Kraft treten[865].

II. Rückwirkungsbeschränkung durch Bestandskraftregeln

Nationale Bestandskraftregeln bilden einen weiteren Weg, die umfassende Rückwirkung von Vorabentscheidungen zu beschränken. Die hierzu ergangene Rechtsprechung des EuGH ist auf den ersten Blick recht unübersichtlich, weist aber bei näherer Betrachtung eine Tendenz zur weitgehenden Achtung dieser mitgliedstaatlichen Regelungen auf, die nur zeitweise von restriktiveren Urteilen durchbrochen wurde, welche ihrerseits wiederum im Nachhinein regelmäßig eingeschränkt werden. Beides soll anhand der prominenten Rechtssachen *Emmott* und *Kühne & Heitz* illustriert werden.

Ein Beispiel für diesen Prozess bildet die Rechtssache *Emmott*, in welcher der EuGH die Regel aufstellte, dass die Frist zur Einlegung eines Rechtsbehelfs gegen einen unionsrechtswidrigen Bescheid nicht zu laufen beginnen dürfe, ehe eine Richtlinie, auf der diese Rechtswidrigkeit beruht, in nationales Recht umgesetzt worden sei[866]. Die stringente Anwendung dieses allgemein formulierten Grundsatzes hätte unweigerlich eine rückwirkende Durchbrechung der Bestands- und Rechtskraft einer Vielzahl von mitgliedstaatlichen Bescheiden und Urteilen zur Folge gehabt. Indes beschnitt der Gerichtshof bereits kurz nach deren Ein-

863 So z.B.: *Gaitanides*, in: Groeben/Schwarze, Kommentar zum EU-/EG-Vertrag, Art. 234 EGV Rn. 97; *Wegener*, in: Calliess/Ruffert, EUV/AEUV, Art. 267 AEUV Rn. 53.

864 St. Rspr.: *EuGH*, Urt. v. 15. September 1998, Rs. C-231/96 (Edis ./. Ministero delle Finanze), Slg. 1998, I-4951, Rz. 37; Urt. v. 17. November 1998, Rs. C-228/96 (Aprile Srl ./. Amministrazione delle Finanze dello Stato), Slg. 1998, I-7141, Rz. 21.

865 Zu recht kritisch daher: *Seer/Müller*, IWB 2008, Gruppe 2, Fach 11, 865 (876 f.)

866 *EuGH*, Urt. v. 25. Juli 1991, Rs. C-208/90 (Emmott ./. Minister for Social Welfare and Attorney General), Slg. 1991, I-4269, Rz. 221.

führung den Anwendungsbereich dieser *Emmott*'schen Fristenhemmung stark und machte in der Folgezeit klar, dass das Urteil den Umständen des ihm zugrunde liegenden Sachverhalts geschuldet war[867]. Die *Emmott*'sche Fristenhemmung stellt somit einen Einzelfall dar und kann nicht mehr als allgemeingültiger Grundsatz herangezogen werden[868].

Ähnlich verhält es sich mit der Kontroverse um die Rechtssache *Kühne & Heitz*, welche die Wiederaufnahme eines Verfahrens bei gleichzeitiger Durchbrechung der bereits eingetretenen Bestands- und Rechtskraft zum Gegenstand hatte: Der EuGH bejahte eine entsprechende Verpflichtung der Behörde aus der Pflicht zur loyalen Zusammenarbeit in Art. 4 Abs. 3 EUV unter vier Voraussetzungen, namentlich, wenn die Behörde zur Rücknahme des Verwaltungsakts befugt ist, der Bescheid durch die Entscheidung eines letztinstanzlichen Gerichts bestätigt wurde, er zudem auf einer unrichtigen Auslegung des Unionsrechts beruht, die trotz entsprechender Verpflichtung aus Art. 267 Abs. 3 AEUV ohne eine Vorlagefrage zu formulieren erfolgt ist, und der Betroffene sich schließlich nach Bekanntwerden der Vorabentscheidung, aus dem sich die Unrichtigkeit der vorhergehenden Auslegung ergibt, unmittelbar an die zuständige Behörde gewandt hat[869]. Unmittelbar nach dem Urteil zeigten sich die Kommentatoren überrascht von den kategorischen Äußerungen des EuGH, deren Bewertung und Einordnung vor dem Hintergrund seiner bis dahin verfolgten Einzelfallrechtsprechung schwer fiel[870]. Mit einem gewissen zeitlichen Abstand indes scheint sich mit Blick auf die vorsichtige Formulierung des EuGH und seine ungewöhnlich enge Orientierung an der Vorlagefrage des nationalen Gerichts die Auffassung durchgesetzt zu haben, wonach die in *Kühne & Heitz* aufgestellten Aussagen ähnlich wie in der Rechtssache *Emmott* der besonderen Sachverhaltskonstellation des Falles geschuldet waren[871]. Aber selbst diejenigen, die dieser Ansicht nicht folgen, nehmen heute zur Kenntnis, dass die in *Kühne & Heitz* aufgestellten Kriterien weniger stark in den Grundsatz der nationalen Verfahrensautonomie eingreifen, als dies zunächst den Anschein hatte. Insbesondere das

867 *EuGH*, Urt. v. 27. Oktober 1993, Rs. C-338/91 (Steenhorst-Neerings ./. Bestuur van de Bedrijfsvereniging voor Detailhandel, Ambachten en Huisvrouwen), Slg. 1993, I-5475, Rz. 19 ff.; ausdrückl. dann in: *EuGH*, Urt. v. 2. Dezember 1997, Rs. C-188/95 (Fantask A/S et al. ./. Industriministeriet), Slg. 1997, 6783, Rz. 51.

868 Dies entspricht der ganz h.M.: *Craig/de Búrca*, EU Law, S. 314 ff.; *Finke*, IStR 2006, 212 (213); *Forsthoff*, DStR 2005, 180 (1841); *Jahndorf/Oellerich*, DB 2008, 2559 (2560); *Weiß*, DÖV 2008, 477 (484).

869 *EuGH*, Urt. v. 13. Januar 2004, Rs. C-453/00 (Kühne & Heitz NV ./. Productschap voor Pluimvee en Eieren), Slg. 2004, I-837, Rz. 28.

870 Vgl. hierzu etwa: *Kremer*, EuR 2007, 470 (482 f.).

871 *Ludiwgs*, ZfRV 2006, 191 (192 f.); *Skouris*, FS Götz, 223 (236); *Weiß*, DÖV 2008, 477 (481) mit Verweis auf: Schlussanträge des GA *Bot* v. 24. April 2007 in der Rs. C-2/06, Slg. 2008, I-414, Rz. 48 und 56.

dritte Kriterium, die Erschöpfung des nationalen Rechtswegs, dessen Unverzichtbarkeit in der Rechtssache *i-21/Arcor* nochmals bestätigt wurde[872], zeigt deutlich, wie hoch der EuGH die Hürden für eine Durchbrechung der Bestandskraft anlegt. Insofern überrascht es kaum, wenn die Entscheidung *Kühne & Heitz* heute zwar als Grundsatzurteil wahrgenommen, jedoch dessen zentrale Aussage in der Bestätigung des Unionsrechtsranges des Prinzips der Bestandskraft von nationalen Verwaltungsakten gesehen wird, das nur in ausgewählten Einzelfällen bei einer klaren Verletzung des Effektivitäts- und Äquivalenzprinzips durchbrochen werden kann[873].

III. Rückwirkungsbeschränkung durch Rechtskraftregeln

Ebenso wie im Zusammenhang mit Verwaltungsakten stellt sich auch hinsichtlich Gerichtsentscheidungen die Frage, inwieweit diese durch das Institut der Rechtskraft vor rückwirkenden Vorabentscheidungen immun sind[874]. Hierzu hat sich der Gerichtshof in jüngerer Vergangenheit in den Entscheidungen *Kapferer* und *Lucchini* eingehend geäußert.

In der Rechtssache *Kapferer* konfrontierte ein zweitinstanzliches Gericht den EuGH mit der Frage, ob es befugt sei, ein in Rechtskraft erwachsenes Urteil der ersten Instanz, das dieses in Verkennung unionsrechtlicher Vorgaben gefällt hatte, ohne hierfür zuständig zu sein, entsprechend der in *Kühne & Heitz* entwickelten Grundsätze zu korrigieren. Es ging mithin um nicht weniger als die Übertragbarkeit von *Kühne & Heitz* auf rechtskräftige Urteile. Trotz dieser eindeutigen Vorlage vermied es der EuGH in seiner Entscheidung klar Position zu beziehen: Zwar betonte er einerseits ausdrücklich und im Einklang mit seiner ständigen Rechtsprechung[875] die überragende Bedeutung der Rechtskraft als Rechtsfrieden stiftendes Institut sowohl für das Unionsrecht als auch für die mitgliedstaatlichen Rechtsordnungen, gleichzeitig aber nahm er zu *Kühne & Heitz* nur indirekt Stellung, indem er jedenfalls im gegebenen Fall das Vorliegen des

872 *EuGH*, Urt. v. 19. September 2006, Rs. C-392/04 und C-422/04 (i21-Germany GmbH und Arcor AG & Co. KG ./. Deutschland), Slg 2006, I-8559, Rz. 59 ff.; siehe auch: *Ludwigs*, NVwZ 2007, 549 (550).

873 Hierfür: *Finke*, IStR 2006, 212 (214); *Potacs*, EuR 2004, 595 (602); ähnl.: *Jahndorf/Oellerich*, DB 2008, 2559 (2561); vorsichtiger dagegen: *Seer/Müller*, IWB 2008, Gruppe 2, Fach 11, 865 (874).

874 Zur Frage, welchen Einfluss das Staatshaftungsrecht auf die Rechtskraft hat: *Poelzig*, JZ 2006, 858 (860 f.).

875 *EuGH*, Urt. v. 1. Juni 1999, Rs. C-126/97 (Eco Swiss China Time Ltd ./. Benetton International NV), Slg. 1999, I-3055, Rz. 46 f.; Urt. v. 30. September 2003, Rs. C-224/01 (Köbler ./. Österreich), Slg. 2003, I-10239, Rz. 38.

ersten Kriteriums ablehnte, „...selbst wenn..." man von einer grundsätzlichen Anwendbarkeit der Entscheidung ausgehen wollte[876].

Es erscheint schwierig, aus einer derart ausweichenden Formulierung Schlüsse ziehen zu wollen. Das Urteil in *Kapferer* aber zeigt eindeutig, welchen Respekt der EuGH für die Idee der *res iudicata* als solche hegt. Zwar lässt seine Aussage zur Anwendbarkeit der in *Kühne & Heitz* entwickelten Kriterien im Gegensatz zu den Schlussanträgen des Generalanwalts, der sich zu einer Gleichsetzung von Bestands- und Rechtskraft nicht bereit fand[877], zu wünschen übrig, doch würde es angesichts dieser klaren Betonung der Bedeutung der Rechtskraft nicht überraschen, wenn der Gerichtshof selbst im Falle einer grundsätzlichen Bereitschaft zur Anwendung der in *Kühne & Heitz* entwickelten Kriterien diese derart eng fassen würde, dass sie kaum jemals erfüllt wären. Im Ergebnis jedenfalls scheinen rechtskräftige Urteile von mitgliedstaatlichen Gerichten regelmäßig jedoch nicht von einer Modifikation durch rückwirkende Vorabentscheidungen des EuGH betroffen zu sein.

Dieser vorläufige Befund könnte im Lichte der Rechtssache *Lucchini* wieder in Frage gestellt sein. In der Entscheidung, die in der Sache die Rückforderung einer unionsrechtswidrig ausgezahlten Beihilfe zum Gegenstand hatte, erklärte der EuGH erstmals ausdrücklich den Vorrang der Wirksamkeit des Unionsrechts vor dem Grundsatz der Rechtskraft nationaler Urteile[878]. Allerdings zeichnen sich auch hier die relevanten Passagen der Entscheidung durch eine Zurückhaltung des Gerichtshofs aus, der sich streng an die Vorlagefrage des nationalen Gerichts hielt, als ob er allgemeingültige Aussagen vermeiden wollte. Und tatsächlich eignen sich die Umstände der Entscheidung hierfür nur bedingt. Nicht nur betraf diese mit der Rückforderung einer Beihilfe einen sensiblen Bereich, in dem sich der EuGH traditionell sehr unnachgiebig gegenüber den Mitgliedstaaten zeigt[879]. Darüber hinaus weist das ihr zugrunde liegende Hauptsacheverfahren eine schon außergewöhnliche Konstellation auf: So hatte das erstinstanzliche Gericht bei seinem Urteil, das in Rechtskraft erwachsen war und den Gegenstand des Vorlageverfahrens bildete, über die Rechtmäßigkeit der streitgegenständli-

876 *EuGH*, Urt. v. 16. März 2006, Rs. C-234/04 (Kapferer ./. Schlank & Schick GmbH), Slg. 2006, I-2585, Rz. 23.

877 Schlussanträge des GA *Tizzano* v. 10. November 2005, Slg. 2006, I-2587, Rz. 25; vgl. hierzu auch zustimmend: *Ludwigs*, ZfRV 2006, 191 (193 f.); *Schmidt-Westphal/Sander*, EuZW 2006, 241 (243).

878 *EuGH*, Urt. v. 18. Juli 2007, Rs. C-119/05 (Ministero dell'Industria, del Commercio et dell'Artiganato ./. Lucchini SpA), Slg. 2007, I-6199, Rz. 59 ff.

879 Vgl. etwa: *EuGH*, Urt. v. 20. März 1997, Rs. C-24/95 (Land Rheinland-Pfalz ./. Alcan Deutschland GmbH), Slg. 1997, I-1591, Rz. 35 ff.; zur Rückforderung einer Beihilfe im Einzelnen: *Bär-Bouyssière*, in: Schwarze, EU-Kommentar, Art. 108 AEUV Rn. 16 ff.; *Craig/de Búrca*, EU Law, S. 1105 f.

chen Beihilfe entschieden, ohne hierbei die Negativentscheidung der Kommission in irgend einer Weise zu berücksichtigen[880].

Angesichts dieser eindeutigen Sachlage ist von Interesse, dass der EuGH in seiner Vorabentscheidung weder auf sein Urteil in *Kapferer* abstellte noch auf die in *Kühne & Heitz* aufgestellten Kriterien einging, sondern vielmehr das übergeordnete Effektivitätsprinzip anführte, infolgedessen die Kompetenzverteilung in Beihilfesachen zwischen der Kommission und den nationalen Gerichten besondere Beachtung fordere. Das Nichtzitieren gleicher beider im Sachzusammenhang mit *Lucchini* stehenden entscheidenden Rechtssachen kann nicht auf einem bloßen Versehen des Gerichtshofs beruhen, sondern sollte vielmehr als beredtes Schweigen dahingehend gedeutet werden, dass der EuGH die Entscheidung aufgrund ihrer Ausnahmekonstellation nicht in eine Linie mit seinen sonstigen Urteilen zur Bestands- und Rechtskraft stellen wollte. Mithin erscheint das Ergebnis gerechtfertigt, in der Rechtssache *Lucchini* vom Vorliegen einer Einzelfallentscheidung auszugehen[881], welche nicht die prinzipielle Achtung des Gerichtshofs für die Rechtskraft von nationalen Urteilen in Frage stellen will.

D. Ergebnis

Es konnte gezeigt werden, dass der EuGH in seiner Rechtsprechung grundsätzlich die Bestandskraft von nationalen Verwaltungsakten sowie die Rechtskraft mitgliedstaatlicher Gerichtsentscheidungen respektiert. Ausgehend von dem Grundsatz der Achtung beider Rechtsinstitute ist der Gerichtshof bisher nur in eng umrissenen Einzelfällen bereit, Ausnahmen hiervon zuzulassen[882]. Ob die Begründung hierfür tatsächlich in Art. 4 Abs. 3 EUV zu finden ist oder heutzutage nicht eher auf dem in den Fokus der mitgliedstaatlichen Betrachtungen gerückten Grundsatz der Subsidiarität beruht[883], kann im Kontext dieser Arbeit zwar dahingestellt bleiben, auffallend ist jedenfalls, welche Zurückhaltung sich der Gerichtshof in dieser Frage selbst auferlegt hat.

880 *Germelmann*, EWS 2007, 392 (396) spricht hier von einem Kollusionsverdacht gegen die Instanzgerichte.

881 *Germelmann*, EWS 2007, 392 (396); *Schmahl/Köber*, EuZW 2010, 927 (930); siehe auch: *Kremer*, EuR 2007, 470 (489 f.) mit Verweis auf: Schlussanträge des GA *Geelhoed* v. 14. September 2006 in der Rs. C-119/05, Slg. 2007, I-6204, Rz. 16; etwa unklar insoweit, i.E. aber wohl a.A.: *Poelzig*, JZ 2006, 858 (862).

882 Zsf. auch: *Finke*, IStR 2006, 212 (215); *Jahndorf/Oellerich*, DB 2008, 2559 (2562).

883 Hierfür schon vor Inkrafttreten des Vertrages von Lissabon: *Potacs*, EuR 2004, 595 (597) mit Hinweis auf die Erklärung Nr. 43 zum Protokoll über die Anwendung der Grundsätze der Subsidiarität und der Verhältnismäßigkeit der Schlussakte zum Vertrag von Amsterdam.

Für die dieser Arbeit zugrunde liegende Problematik der temporalen Wirkung von Vorabentscheidungen bedeutet dies, dass bestands- und rechtskräftige Akte regelmäßig nicht von der Rückwirkung solcher Urteile beeinflusst werden. Eine Abänderung oder Aufhebung *ex post* aufgrund einer späteren Auslegung oder der Feststellung der Ungültigkeit einer Sekundärrechtsnorm kommt nur in äußerst seltenen, hier dargestellten Ausnahmefällen in Betracht. Im Ergebnis entfalten Vorabentscheidungen nach Art. 267 AEUV selbst in den Fällen, in welchen der EuGH keine Wirkung *ex nunc* anordnet, niemals eine umfassende Rückwirkung in einem Sinne, wonach alle inhaltlich betroffenen Bescheide und Urteile in den Mitgliedstaaten abgeändert werden müssten. Vermittels der hier vorgestellten Rechtsprechung zur weitgehenden Anerkennung nationaler Bestands- und Rechtskraftregeln schafft es der Gerichtshof mithin, ein Gegengewicht zu seiner oftmals rigiden Spruchpraxis zur Rückwirkung von Vorabentscheidungen und damit einen weiteren Ausgleich zwischen den widerstreitenden Prinzipien der Rechtssicherheit und materiellen Rechtmäßigkeit zu schaffen.

Vierter Teil: Mögliche Entwicklungslinien der Rechtsprechung

Es stellt sich nunmehr die Frage, wie der EuGH seine Rechtsprechung zu den temporalen Wirkungen Vorabentscheidungen in Zukunft fortentwickelt könnte.

Während sich der Gerichtshof bis heute im Wesentlichen der in der Entscheidung *Defrenne II* entwickelten Vorgehensweise bedient, um die umfassende Rückwirkung seiner Urteile gemäß Art. 267 AEUV zu modifizieren[884], wurden in jüngerer Vergangenheit einerseits in der Literatur, anderseits durch die Schlussanträge mehrerer Generalanwälte in zwei Rechtssachen sowie durch ein Vorabentscheidungsersuchen des VG Köln mehrere alternative Lösungsansätze zur Diskussion gestellt, welche in ihrer Radikalität jeweils geeignet gewesen wären, die bisherige Rechtsprechung des Gerichtshofs signifikant zu ändern. Obgleich der EuGH im Ergebnis keinem der vorgeschlagenen Ansätze gefolgt ist, sollen sie aufgrund ihres innovativen Charakters im Folgenden näher dargestellt werden, ehe jeweils im Rahmen einer kritischen Bewertung der Frage nachzugehen sein wird, ob der Gerichtshof gut beraten war, seine bisherige Rechtsprechungslinie beizubehalten.

9. Kapitel: Die Rechtssachen *Banca Popolare di Cremona* und *Meilicke*

Die beiden im Weiteren zu behandelnden Rechtssachen *Banca Popolare di Cremona*[885] und *Meilicke*[886] zeichnen sich durch eine Reihe von augenfälligen Gemeinsamkeiten aus, die es rechtfertigen, sie im Rahmen einer gemeinsamen Untersuchung vorzustellen.

A. Darstellung der Urteile des EuGH und der dazugehörigen Schlussanträge

Die Berührungspunkte der beiden hier vorzustellenden Vorabentscheidungen des EuGH sind materiellrechtlicher wie prozessualer Natur. Sie betreffen beide im Kern Auslegungsfragen zu steuerrechtlichen Regelungen in zwei Mitgliedstaa-

884 *Düsterhaus*, EuZW 2006, 393 (394); *Kokott/Henze*, NJW 2006, 177 (178).

885 *EuGH*, Urt. v. 3. Oktober 2006, Rs. C-475/03 (Banca Popolare di Cremona ./. Agenzia Entrate Ufficio Cremona), Slg. 2006, I-9373 ff.

886 *EuGH*, Urt. v. 6. März 2007, Rs. C-292/04 (Wienand Meilicke et al. ./. Finanzamt Bonn-Innenstadt), Slg. 2007, I-1835 ff.

ten, von deren Bewertung durch den EuGH im Vorfeld der Urteile angenommen wurde, dass Steuerrückzahlungen in Höhe von mehreren Milliarden Euro abhängen würden. Da die Antwort auf die materiellrechtliche Problematik in *Banca Popolare di Cremona* wie auch in *Meilicke* aus Sicht der Beteiligten und Kommentatoren vor den eigentlichen Vorabentscheidungen bereits festzustehen schien, rückte – nicht zuletzt auch aufgrund des kolportierten Zahlmaterials – in beiden Rechtssachen sehr früh die Frage nach der zeitlichen Wirkung der Urteile in den Fokus der betroffenen Steuerpflichtigen und der medialen Öffentlichkeit[887].

Letzteres bedingte auch die verfahrensrechtlichen Besonderheiten, die beide Fälle teilen. Aufgrund des ungewöhnlichen großen Interesses einer Vielzahl von Mitgliedstaaten[888] an dieser Frage sah sich der Gerichtshof in beiden Rechtssachen veranlasst, das mündliche Verfahren gemäß Art. 83 der VerfO EuGH wieder zu eröffnen. Dies ist der prozessuale Grund dafür, warum zu jedem der Verfahren zwei Schlussanträge verfasst wurden. Dass dies zudem durch jeweils unterschiedliche Generalanwälte geschah, war in der Rechtssache *Banca Popolare di Cremona*[889] noch dem Umstand geschuldet, dass der ursprünglich betraute Generalanwalt *Jacobs* zu dem Zeitpunkt, zu dem die zweiten Schlussanträge verfasst werden sollten, bereits aus dem EuGH ausgeschieden war[890], und beruhte im Fall *Meilicke*[891] auf der prozessualen Besonderheit, dass der Fall aufgrund seiner Bedeutung zuvor gemäß 60 Abs. 3 VerfO EuGH von der Ersten Kammer an die Große Kammer des Gerichtshofes verwiesen worden war[892].

I. Die Rechtssache *Banca Popolare di Cremona*

Den Kern dieser Auslegungsentscheidung bildete die Vorlage eines italienischen Finanzgerichts, welche vordergründig die Frage nach der Auslegung von Art. 33

887 Statt vieler: *Nanetti/Mazzotti*, EC Tax Review 2006, 166 (167 f.) zur Rechtssache *Banca Popolare di Cremona*; *Billig*, FR 2007, 785 und *Dautzenberg*, RIW 2005, 959 (960) zur Rechtssache *Meilicke*; vgl. auch die deutlichen Worte des ehemaligen Bundesfinanzministers *Eichel*, nachgezeichnet in: EuZW 2005, 165.

888 An der Rechtssache *Banca Popolare di Cremona* beteiligten sich enstprechend der in Art. 23 der Satzung des EuGH vorgesehenen Möglichkeit insgesamt 15 Mitgliedstaaten, während in der Rechtssache *Meilicke* noch elf Mitgliedstaaten Erklärungen abgaben.

889 *EuGH*, Beschl. v. 21. Oktober 2005, Rs. C-475/03 (Banca Popolare di Cremona ./. Agenzia Entrate Ufficio Cremona), nicht in der amtl. Slg. veröffentlicht.

890 *Tsorlinis*, ÖAnwBl. 2006, 382.

891 *EuGH*, Beschl. v. 7. April 2006, Rs. C-292/02 (Wienand Meilicke et al. ./. Finanzamt Bonn-Innenstadt), nicht in der amtl. Slg. veröffentlicht.

892 Vgl. auch: *Ribbrock*, BB 2006, 2611 (2612); *Stix-Hackl*, DB-Beilage 4/2007, 118.

der so genannten Sechsten Mehrwertsteuerrichtlinie[893] zum Gegenstand hatte, implizit jedoch die Vereinbarkeit einer italienischen Steuer, der *Imposta regionale sulle attività produttive (IRAP)*, mit der betreffenden gemeinschaftsrechtlichen Vorschrift betraf[894]. Die *Banca Popolare di Cremona*, welche die streitgegenständliche Steuer entrichtet hatte, klagte vor den italienischen Gerichten auf die Rückzahlung derselben und begründete dies mit der Europarechtswidrigkeit der IRAP, die ihrer Behauptung nach eine verbotene Mehrwertsteuer im Sinne von Art. 33 der Richtlinie darstellte.

1. Die Vorabentscheidung des EuGH

Der EuGH war im Rahmen der Vorlage folglich ausschließlich zur Auslegung von Art. 33 der Sechsten Mehrwertsteuerrichtlinie aufgerufen. Die Frage nach den zeitlichen Wirkungen seiner Vorabentscheidung war von dem vorlegenden mitgliedstaatlichen Gericht gar nicht aufgeworfen worden.

Dementsprechend wandte sich der Gerichtshof dem Vergleich einer Steuer wie der IRAP mit den Merkmalen einer verbotenen Mehrwertsteuer zu[895]. Als entscheidendes Kriterium identifizierte er hierbei die Frage, ob die streitgegenständliche Steuer letztendlich eine Belastung für den Endverbraucher darstellte, auf den sie abgewälzt wird, wie dies bei einer Mehrwertsteuer regelmäßig der Fall ist[896]. Der Gerichtshof sah eine Abwälzung auf den Endverbraucher nicht als gegeben an und erteilte somit der Gleichsetzung der IRAP mit der durch Art. 33 der Richtlinie verbotenen Umsatzsteuer eine Absage[897].

Ausgehend vom Kontext der vorliegenden Arbeit kann festgehalten werden, dass die Frage nach den zeitlichen Wirkungen einer Vorabentscheidung im Urteil zur Rechtssache *Banca Popolare di Cremona* für den Gerichtshof keinerlei Rolle spielte: Weder war er explizit vom vorlegenden nationalen Gericht hierzu befragt worden, noch bestand für ihn aufgrund des von ihm gefundenen Ergeb-

893 Richtlinie 77/388/EWG des Rates v. 17. Mai 1977, ABl. EG v. 13. Juni 1977, Nr. L 145/1, zuletzt geändert durch die Richtlinie 91/680/EWG des Rates v 16. September 1991, ABl. EG v. 31. Dezember 1991, Nr. L 376/1.

894 *EuGH*, v. 3. Oktober 2006, Rs. C-475/03 (Banca Popolare di Cremona ./. Agenzia Entrate Ufficio Cremona), Slg. 2006, I-9373, Rz. 16.

895 *EuGH*, v. 3. Oktober 2006, Rs. C-475/03 (Banca Popolare di Cremona ./. Agenzia Entrate Ufficio Cremona), Slg. 2006, I-9373, Rz. 28 ff.

896 *EuGH*, v. 3. Oktober 2006, Rs. C-475/03 (Banca Popolare di Cremona ./. Agenzia Entrate Ufficio Cremona), Slg. 2006, I-9373, Rz. 32.

897 *EuGH*, v. 3. Oktober 2006, Rs. C-475/03 (Banca Popolare di Cremona ./. Agenzia Entrate Ufficio Cremona), Slg. 2006, I-9373, Rz. 35.

nisses Anlass, *ex officio* eine Prüfung der temporalen Urteilsfolgen vorzunehmen[898].

2. Die Schlussanträge der Generalanwälte

Angesichts dieser klaren Entscheidung des Gerichtshofs und dessen grundsätzlich hohen Bereitschaft, den Schlussanträgen seiner Generalanwälte inhaltlich zu folgen[899], mutet es zunächst überraschend an, dass dies in *Banca Popolare di Cremona* nicht der Fall gewesen ist.

a) Der Schlussantrag des Generalanwalts *Jacobs*

Die Schlussanträge des Generalanwalts *Jacobs* weichen inhaltlich wesentlich von dem abschließenden Urteil des Gerichtshofs ab und kommen insbesondere bei der Bewertung der Vorlagefrage zu dem Ergebnis, dass eine der IRAP vergleichbare Steuer dem Verbot von Art. 33 der Sechsten Mehrwertsteuerrichtlinie unterfällt[900].

Anders als für den EuGH bestand für den Generalanwalt somit Veranlassung, sich mit dem Antrag der italienischen Regierung aus der mündlichen Verhandlung auf Beschränkung der zeitlichen Wirkungen der Entscheidung auseinanderzusetzen. Im Anschluss an die Prüfung der etablierten Voraussetzungen hierfür, deren Vorliegen von *Jacobs* bejaht wurde, wandte er sich der Frage zu, inwieweit die Parteien des Hauptsacheverfahrens sowie diejenigen Antragssteller von einer Rückwirkungsbeschränkung profitieren sollen, die vor dem Erlass des betreffenden Entscheidung Rechtsmittel eingelegt hatten[901]. In der Rechtssache *Banca Popolare di Cremona* hätte dieser Ansatz, bedingt durch die ungewöhnlich große Zahl an Einsprüchen, die aufgrund der ausführlichen Berichterstattung in den Medien eingelegt wurden, die Gefahr einer schwerwiegenden Störung des finanziellen Gleichgewichts, welche durch die Beschränkung der Wirkung *ex tunc* gerade vermieden werden soll, gerade nicht verhindern können[902].

898 Zu der Möglichkeit einer solchen Prüfung *ex officio*, vgl. schon *supra* im 4. Kap. in Punkt C III m.w.N.

899 Hierzu zsf. statt vieler: *Kovács*, JA 2010, 625 (629) m.w.N. aus der Lit.

900 Schlussanträge des GA *Jacobs* v. 17. März 2005 in der Rs. C-475/03, Slg. 2006, I-9375, Rz. 24 ff.

901 Vgl. hierzu ausführl. *supra* im 7. Kap. in Punkt B I m.w.N. aus der Lit. und Rspr. des EuGH.

902 Schlussanträge des GA *Jacobs* v. 17. März 2005 in der Rs. C-475/03, Slg. 2006, I-9375, Rz. 84 f.

Angesichts der ungewöhnlichen Konstellation des Falles plädierte der Generalanwalt für einen neuartigen Lösungsansatz. Unter Verweis auf die Rechtsprechung des BVerfG schlug er vor, der Auslegungsentscheidung des EuGH lediglich eine Wirkung für die Zukunft zukommen zu lassen, wobei dieser Zeitpunkt so gewählt werden sollte, dass dem nationalen Gesetzgeber genug Zeit verbliebe, um eine gemeinschaftsrechtskonforme Vorschrift zu erlassen[903].

b) Die Schlussanträge der Generalanwältin *Stix-Hackl*

Aufgrund dieser wegweisenden Neuerungen regte Generalanwalt *Jacobs* selbst auch eine Wiedereröffnung der mündlichen Verhandlung an, in deren Rahmen Generalanwältin *Stix-Hackl* ihre Schlussanträge fertigte.

Ebenso wie ihr Vorgänger gelangte die Generalanwältin inhaltlich zu einer Unvereinbarkeit der IRAP mit Art. 33 der Sechsten Mehrwertsteuerrichtlinie und sah sich folglich auch mit der Problematik der zeitlichen Urteilsfolgen konfrontiert[904]. Zu deren Lösung stellte *Stix-Hackl* drei Fragenkomplexe ins Zentrum ihre Ausführungen.

In einem ersten Schritt befasste sie sich mit der Frage nach dem Zeitpunkt der zeitlichen Beschränkung und knüpfte inhaltlich an die Forderungen ihres Vorgängers *Jacobs* an[905]. Ausgehend von der traditionellen Auffassung, wonach das Datum der Urteilsverkündung maßgeblich sein sollte, gelangte sie zu der Überzeugung, dass es im vorliegenden Fall sachgerechter sei, von diesem Grundsatz abzuweichen und einen anderen, in der Zukunft liegenden Zeitpunkt zu wählen, der erst mit dem Ende des zum Entscheidungszeitpunkt laufenden Besteuerungszeitraumes eintreten sollte, um der italienischen Regierung genug Zeit zu geben, ihre Rechtsvorschriften anzupassen. Als Begründung für diesen Schritt führte sie die praktischen Schwierigkeiten für die im Hauptverfahren beklagte italienische Regierung auf, ihr Steuersystem aufgrund der Gemeinschaftsrechtswidrigkeit der IRAP innerhalb kürzester Zeit umstellen zu müssen.

Sodann widmete sich die Generalanwältin einer hiervon zu trennenden Problematik, namentlich der Frage, welche Personengruppen von einer Rückausnahme von der zeitlichen Beschränkung der Urteilsfolgen profitieren sollten[906].

903 Schlussanträge des GA *Jacobs* v. 17. März 2005 in der Rs. C-475/03, Slg. 2006, I-9375, Rz. 86.

904 Schlussanträge der GAin *Stix-Hackl* v. 14. März 2006 in der Rs. C-475/03, Slg. 2006, I-9394, Rz. 128 ff.

905 Schlussanträge der GAin *Stix-Hackl* v. 14. März 2006 in der Rs. C-475/03, Slg. 2006, I-9394, Rz. 157–164.

906 Schlussanträge der GAin *Stix-Hackl* v. 14. März 2006 in der Rs. C-475/03, Slg. 2006, I-9394, Rz. 165–177.

Auch sie betonte das besondere mediale Interesse an dem Fall und die hieraus resultierende Vielzahl an Einsprüchen von Steuerpflichtigen, die auf eine Gemeinschaftsrechtswidrigkeit der IRAP und die Möglichkeit einer Rückforderung der von ihnen gezahlten Steuern hofften. Um das Telos der zeitlichen Beschränkung der Entscheidungswirkungen nicht durch derartige spekulative Einsprüche zu gefährden, plädierte die Generalanwältin – neben einem Effekt *pro futuro* für den Urteilsspruch selbst – auch für eine Verschärfung der Voraussetzungen, die an die Rückausnahmen geknüpft werden. Nach ihrer Ansicht wäre die Verlesung der Schlussanträge in einem Verfahren als der maßgebliche Zeitpunkt einzustufen gewesen, zu dem eventuelle Einsprüche vor den nationalen Instanzen geltend gemacht werden könnten. Nur so hätte ein Ausschluss jener Einsprüche gewährleistet werden können, die lediglich prophylaktisch in der Hoffnung auf ein die IRAP für gemeinschaftsrechtswidrig befindendes Urteil eingelegt wurden.

In einem letzten Schritt ging Generalanwältin *Stix-Hackl* schließlich gleichsam exkursorisch auf die neuartige Problematik der territorialen Wirkung von Vorabentscheidungen ein[907]. Angesichts der unterschiedlichen Bedingungen in den einzelnen Mitgliedstaaten schlug sie vor, zukünftig die Rückwirkungsbeschränkung territorial auf den im Hauptsacheverfahren betroffenen Mitgliedstaat zu begrenzen, während andere Länder sich im Rahmen einer separaten Vorlagefrage um eine temporale Modifikation der Urteilsfolgen bemühen sollten, in deren Rahmen die Voraussetzungen hierfür geprüft würden.

II. Die Rechtssache *Meilicke*

Ähnlich der soeben geschilderten Rechtssache betrifft auch das Verfahren in *Meilicke* einen steuerrechtlich geprägten Sachverhalt und inhaltlich die mögliche Gemeinschaftsrechtswidrigkeit des Anrechnungsverfahrens in § 36 Abs. 2 Nr. 3 EStG a.F. Diese Vorschrift sah in der im Hauptsacheverfahren streitgegenständlichen Form die Vermeidung der Doppelbesteuerung der an die Aktionäre ausgezahlten Dividenden deutscher Gesellschaften vor, die ansonsten aufgrund der gleichzeitigen Körperschaftsteuer- und Einkommenssteuerpflichtigkeit solcher Gewinne angefallen wäre. § 36 Abs. 2 Nr. 3 EStG a.F. verhinderte eine solche Doppelbesteuerung, indem er für die zu zahlende Körperschaftssteuer eine Steuergutschrift gewährte, dies aber nur für die Dividenden deutscher Unternehmen vorsah.

907 Schlussanträge der GAin *Stix-Hackl* v. 14. März 2006 in der Rs. C-475/03, Slg. 2006, I-9394, Rz. 178–186; vgl. hierzu *infra* in diesem Kap. in Punkt B II 3 m.w.N.

1. Die Vorabentscheidung des EuGH

In dem Sachverhalt, welche dem Vorlagebeschluss des FG Köln in der Rechtssache *Meilicke* zugrunde lag, wandte sich ein in Deutschland ansässiger Eigentümer niederländischer und dänischer Aktien, für die er in den betreffenden Mitgliedstaaten die jeweilige Körperschaftssteuer entrichtet hatte, gegen eine Entscheidung der deutschen Finanzbehörden, die ihm eine Anrechnung dieser Zahlungen auf seine deutsche Einkommenssteuerschuld unter Hinweis auf § 36 Abs. 2 Nr. 3 EStG a.F. versagte[908], was zur Vorlagefrage betreffend die Vereinbarkeit dieser Vorschrift mit der Kapitalverkehrsfreiheit nach Art. 63 Abs. 1 und Art. 65 Abs. 1 lit. a) und Abs. 3 AEUV zur Folge hatte.

In seinem Urteil berief sich der EuGH maßgeblich auf die Ungleichbehandlung von in- und ausländischem Kapital. Eine Vorschrift wie jene des deutschen Einkommenssteuerrechts bevorzugt nach Auffassung des Gerichtshofs Investitionen in inländische Unternehmen, indem es systematisch Anlagen im Ausland und entsprechende Anleger benachteiligt. Zudem seien auch die im Ausland ansässigen Unternehmen benachteiligt, da sie faktisch zugunsten deutscher Wettbewerber behindert würden, in der Bundesrepublik Kapital einzuwerben[909]. Aus alledem ergab sich für den EuGH im Ergebnis ein nicht zu rechtfertigender Verstoß gegen die Kapitalverkehrsfreiheit[910].

Da die Bundesrepublik Deutschland für den Fall eines solchen Befundes eine Beschränkung der zeitlichen Urteilsfolgen angeregt hatte, musste sich der EuGH abschließend mit den Voraussetzungen für einen solchen Schritt beschäftigen. Ausgehend von seiner ständigen Rechtsprechung wiederholte er den Grundsatz, wonach die temporale Modifikation einer Auslegung nur in dem Urteil in Frage komme, in dem eine bestimmte Interpretation erstmalig auftaucht und lehnte dies im vorliegenden Fall ab, da die in *Meilicke* gefundene Auslegung bereits in einem früheren Fall, der Entscheidung *Verkooijen*, gegeben wurde, dieses Urteil aber seinerzeit keine Beschränkung seiner zeitlichen Wirkungen erfahren hatte[911].

908 *FG Köln*, Beschl. v. 24. Juni 2004, Az. 2 K 2241/02, IStR 2004, 580 ff.; ausführl. zu dem Fall: *Mössner*, FS Rengeling, 339 (340 ff.) m.w.N.

909 *EuGH*, Urt. v. 6. März 2007, Rs. C-292/04 (Wienand Meilicke et al. ./. Finanzamt Bonn-Innenstadt), Slg. 2007, I-1835, Rz. 22 ff.

910 *EuGH*, Urt. v. 6. März 2007, Rs. C-292/04 (Wienand Meilicke et al. ./. Finanzamt Bonn-Innenstadt), Slg. 2007, I-1835, Rz. 31.

911 *EuGH*, Urt. v. 6. März 2007, Rs. C-292/04 (Wienand Meilicke et al. ./. Finanzamt Bonn-Innenstadt), Slg. 2007, I-1835, Rz. 38, mit Verweis auf *EuGH*, Urt. v. 6. Juni 2000, Rs. C-35/98 (Staatsecretaris van Financiën ./. Verkooijen), Slg. 2000, I-4071 ff.

2. Die Schlussanträge der Generalanwälte

In der Rechtssache *Meilicke* weichen die Schlussanträge der beiden Generalanwälte zwar nicht in dem Umfang ab, wie dies in *Banca Popolare di Cremona* noch der Fall gewesen ist, dennoch enthalten sie zum Teil einige signifikante Neuerungsvorschläge.

a) Die Schlussanträge des Generalanwalts *Tizzano*

Wie anschließend dem EuGH fiel es auch dem Generalanwalt nicht schwer, im materiellrechtlichen Teil seiner Ausführungen die Unvereinbarkeit von § 36 Abs. 2 Nr. 3 EStG a.F. mit der Kapitalverkehrsfreiheit festzustellen[912], so dass auch er zu dem Antrag auf Beschränkung der zeitlichen Urteilswirkungen der Bundesrepublik Stellung nehmen musste.

Im Anschluss an eine Prüfung und Bejahung der beiden Voraussetzungen für eine Rückwirkungsbeschränkung wandte sich Generalanwalt *Tizzano* der Frage zu, ab wann das Urteil in *Meilicke* seine Wirkung entfalten sollte. Hierzu teilte er die Frage nach den zeitlichen Urteilsfolgen in zwei Abschnitte: Zunächst beschäftigte er sich mit dem Zeitpunkt, ab wann die Vorabentscheidung ihre Wirkungen entfalten sollte und konzentrierte sich anschließend auf die Problematik, welche Personengruppen von einer Rückausnahme profitieren sollten.

Zur Frage der Rückwirkungsbeschränkung verwarf der Generalanwalt zunächst die Vorschläge der Bundesregierung, in denen sie – wohl ermutigt durch Schlussanträge des Generalanwalts *Jacobs* in der Rechtssache *Banca Popolare di Cremona* – vorgeschlagen hatte, dem Urteil des Gerichtshofs eine Wirkung lediglich *pro futuro* beizumessen, mit dem Hinweis auf die Rechtssache *Verkooijen*[913]. Dadurch, dass die Gemeinschaftsrechtswidrigkeit der deutschen Rechtslage spätestens zum Zeitpunkt der Verkündung dieser Entscheidung festgestanden hätte, würde man sie mit der Anordnung einer Urteilswirkung für die Zukunft nachträglich bestätigen und die Erstattung rechtswidrig gezahlter Abgaben unmöglich machen.

Der Generalanwalt favorisierte eine andere Lösung, die in einer Rückwirkungsbeschränkung auf den Zeitpunkt der Verkündung der Vorabentscheidung in *Verkooijen* bestand. Zwar erkannte *Tizzano*, dass in der Rechtssache *Verkooijen* die temporale Problematik nicht angesprochen worden war, mithin nach

912 Schlussanträge des GA *Tizzano* v. 10. November 2005 in der Rs. C-292/04, Slg. 2007, I-1838, Rz. 13–30.

913 Schlussanträge des GA *Tizzano* v. 10. November 2005 in der Rs. C-292/04, Slg. 2007, I-1838, Rz. 45 ff.

der bis dato ständigen Spruchpraxis des EuGH eine Rückwirkungsbeschränkung auch in der späteren Entscheidung *Meilicke* hätte ausscheiden müssen, doch umschiffte er diese Klippe mit dem Hinweis, wonach die zeitliche Beschränkung auf *Verkooijen* lediglich eine rückwirkende Anordnung der dort unterbliebenen zeitlichen Begrenzung der Vorabentscheidung darstelle[914].

Im Anschluss wandte er sich dem Personenkreis zu, der von einer Rückausnahme von der Beschränkung der zeitlichen Urteilsfolgen profitieren sollte. Aufgrund des breiten medialen Echos der Rechtssache *Meilicke*, das in eine Vielzahl von Einsprüchen gegen vergleichbare Steuerbescheide nach sich gezogen hatte und so das Ziel der Rückwirkungsbegrenzung, die Vermeidung der Gefahr schwerwiegender Störungen, zu unterminieren geeignet gewesen wäre, schlug Generalanwalt *Tizzano* einen anderen Zeitpunkt als das Datum der Urteilsverkündung vor, zu dem die Rechtsmittel gegen auf § 36 Abs. 2 Nr. 3 EStG a.F. basierende Steuerbescheide hätten eingelegt werden müssen. Um Steuerpflichtige auszuschließen, die nur prophylaktisch und auf ein die Gemeinschaftsrechtswidrigkeit dieser Norm feststellende Entscheidung des EuGH spekulierend Einspruch eingelegt hatten, wollte der Generalanwalt daher die Veröffentlichung des Vorlagebeschlusses des FG Köln im Amtsblatt der EU zum Bezugszeitpunkt machen[915].

b) Die Schlussanträge der Generalanwältin *Stix-Hackl*

Im Gegensatz zu den Schlussanträgen ihres Kollegen *Tizzano* sind die Ausführungen der Generalanwältin *Stix-Hackl* sehr viel konservativer und beschränken sich – entsprechend den Vorgaben der Großen Kammer in ihrem Beschluss zur Wiedereröffnung des mündlichen Verfahrens[916] – auf die Fragen der zeitlichen Urteilswirkungen[917].

Vor allem befasste sich die Generalanwältin mit der Frage der Präklusion des Antrags auf Rückwirkungsbeschränkung[918]. Anders als Generalanwalt *Tizzano* begründete *Stix-Hackl* die Verneinung dieser Frage mit dem Hinweis auf die

914 Schlussanträge des GA *Tizzano* v. 10. November 2005 in der Rs. C-292/04, Slg. 2007, I-1838, Rz. 47–49.

915 Schlussanträge des GA *Tizzano*, v. 10. November 2005 in der Rs. C-292/04, Slg. 2007, I-1838, Rz. 62 f.

916 *EuGH*, Beschl. v. 7. April 2006, Rs. C-292/04 (Wienand Meilicke et al. ./. Finanzamt Bonn-Innenstadt), nicht in der amtl. Slg. veröffentlicht.

917 Schlussanträge der GAin *Stix-Hackl* v. 5. Oktober 2006 in der Rs. C-292/04, Slg. 2007, I-1854, Rz. 10 ff.

918 Schlussanträge der GAin *Stix-Hackl* v. 5. Oktober 2006 in der Rs. C-292/04, Slg. 2007, I-1854, Rz. 18–28.

Andersartigkeit der Vorlagefrage: Zwar hätten in den Rechtssachen *Verkooijen* und *Manninen*[919] materiellrechtlich vergleichbare Fragen eine Rolle gespielt, doch lege der EuGH in Fragen der Gleichartigkeit zweier Rechtssachen sehr strengere Anforderungen an, wie aus den Rechtssachen *Gravier* und *Blaizot* deutlich werde[920]. Mithin sei eine Präklusion des Antrags im vorliegenden Fall abzulehnen gewesen.

Erst im Anschluss an diese Bemerkungen bediente sich die Analyse der Generalanwältin wieder dem gewohnten Argumentationsmuster des EuGH. Nach der Klärung der Beweislast, die die antragsstellenden Bundesrepublik Deutschland traf[921], prüfte sie, inwieweit die beiden klassischen Voraussetzungen einer Rückwirkungsbeschränkung in *Meilicke* tatsächlich vorlagen. Ihrer Meinung nach bestand weder ein Zustand der objektiven und bedeutenden Rechtsunsicherheit, noch hatte Deutschland die Gefahr schwerwiegender wirtschaftlicher Auswirkungen hinreichend nachweisen können, ein bloßer Hinweis auf etwaiger Steuerausfälle genügte jedenfalls nicht[922], so dass die Beschränkung der Rückwirkung von ihr bereits an dieser Stelle abgelehnt werden konnte.

B. Analyse der Schlussanträge

Aufgrund ihres innovativen Charakters sind im Folgenden insbesondere die Schlussanträge der Generalanwälte in den beiden soeben vorgestellten Rechtssachen zu untersuchen. Hierbei soll der Schwerpunkt auf den Schlussanträgen der Generalanwälte *Jacobs* und *Stix-Hackl* im Verfahren *Banca Popolare di Cremona* liegen, während in der Rechtssache *Meilicke* lediglich der Schlussantrag von Generalanwalt *Tizzano* näherer Betrachtung bedarf. Die vorgestellten Ideen sind zunächst zu systematisieren, ehe eine kritische Betrachtung der Vorschläge im Allgemeinen und sodann im Besonderen in Bezug auf die Schlussanträge selbst erfolgen kann. Den Punkt beschließt eine Auseinandersetzung mit der hiervon separat zu behandelnden, von Generalanwältin *Stix-Hackl* erstmals in *Banca Popolare di Cremona* aufgeworfenen Frage, inwieweit die Beschränkung der zeitli-

919 *EuGH*, Urt. v. 7. September 2004, Rs. C-319/02 (Manninen), Slg. 2004, I-7477 ff.

920 Schlussanträge der GAin *Stix-Hackl* v. 5. Oktober 2006 in der Rs. C-292/04, Slg. 2007, I-1854, Rz. 21; zum Problem der Verallgemeinerungsfähigkeit der Rechtssachen *Gravier* und *Blaizot*, vgl. ausführl. *supra* im 5. Kap. in Punkt B V 2 c) m.w.N.

921 Schlussanträge der GAin *Stix-Hackl* v. 5. Oktober 2006 in der Rs. C-292/04, Slg. 2007, I-1854, Rz. 29–36.

922 Schlussanträge der GAin *Stix-Hackl* v. 5. Oktober 2006 in der Rs. C-292/04, Slg. 2007, I-1854, Rz. 39–67.

chen Wirkungen einer Vorabentscheidung ihrerseits einer territorialen Begrenzung auf den im Hauptsacheverfahren betroffenen Mitgliedstaat bedarf[923].

I. Systematisierung der Schlussanträge

Zunächst ist auf die Schlussanträge der Generalanwältin *Stix-Hackl* in der Rechtssache *Meilicke* einzugehen, da sie einige Besonderheiten gegenüber den übrigen Entscheidungsvorschlägen aufweisen. Hierbei geht es nicht lediglich darum, dass sie sich ausschließlich mit der temporalen Problematik des zu erlassenden Urteils beschäftigen. Ihre Spezifizität rührt von ihrem Inhalt her, der sich an der ständigen Rechtsprechung des EuGH orientiert, die im vorhergehenden Kapitel dieser Arbeit bereits ausführlich diskutiert wurde. Aus diesem Grunde bedarf sie keiner Einbeziehung in die weitere Analyse. Dies bedeutet indes nicht, dass sie im vorliegenden Kontext keine Relevanz hätten. Als zeitlich späteste der vier Schlussanträge, welche zudem von derselben Person verfasst wurden, die wenige Monate vorher in der Rechtssache *Banca Popolare di Cremona* ein sehr viel innovativeres Argumentationsmuster vorgeschlagen hatte, illustrieren sie anschaulich, wie zügig sich auch innerhalb der Generalanwaltschaft die traditionelle Linie des EuGH wieder durchsetzen konnte[924], die heute auch wieder die Schlussanträge bestimmt[925].

Alle drei der hier weiter zu untersuchenden Schlussanträge weisen bestimmte strukturelle Gemeinsamkeiten auf, welche Einfluss auf die folgende Debatte um ihren Inhalt haben. Diese Parallelen betreffen den von allen Generalanwälten in identischem Umfang behandelten Themenkomplex der zeitlichen Wirkung von Vorabentscheidungen des EuGH.

Dabei fällt zunächst die Trennung zwischen den Voraussetzungen für eine Beschränkung der Urteilswirkungen *ex tunc* und deren Rechtsfolgen auf. Jeder der drei hier zu behandelnden Schlussanträge konzentriert sich ausschließlich auf die Rechtsfolgenseite, während der erstere Problemkreis nicht diskutiert, sondern anhand der vom EuGH entwickelten Kriterien geprüft wird[926]. Innerhalb des be-

923 Schlussanträge der GAin *Stix-Hackl*, v. 14. März 2006 in der Rs. C-475/03, Slg. 2006, I-9394, Rz. 182.

924 Diese Einschätzung teilt etwa auch: *Ribbrock*, BB 2006, 2611 (2615).

925 Vgl. z.B. etwa: Schlussanträge der GAin *Trstenjak* v. 17. Juni 2010 in der Rs. C-229/09, Slg. 2010, I-11335, Rz. 81 ff.; Schlussanträge des GA *Mengozzi* v. 12. September 2012 in der Rs. C-395/11, Slg. 2012, I-0000, Rz 101 ff.; Schlussanträge der GAin *Trstenjak* v. 13. September 2012 in der Rs. C-92/11, Slg. 2012, I-0000, Rz. 98 ff.

926 Schlussanträge des GA *Jacobs* v. 17. März 2005 in der Rs. C-475/03, Slg. 2006, I-9375, Rz. 72–80; Schlussanträge der GAin *Stix-Hackl*, v. 14. März 2006 in der Rs. C-475/03,

handelten Themenkomplexes wiederum lässt sich insbesondere in den Schlussanträgen der Generalanwältin *Stix-Hackl* in der Rechtssache *Banca Popolare di Cremona* und den Schlussanträgen von Generalanwalt *Tizzano* eine Zweiteilung vornehmen: Neben der Frage, ob die bisher vom EuGH vertretene Rückwirkungsbeschränkung *ex nunc* durch einen Effekt *pro futuro* ersetzt werden soll, findet sich die Problematik, welche Personengruppen durch Rückausnahmen von diesem Effekt ausgenommen und mithin zu begünstigen sind[927].

Auch wenn dies zunächst nicht so anmutet, findet sich die Unterteilung implizit auch im Schlussantrag von Generalanwalt *Jacobs*, wenn dessen Motivation in der Angleichung der Rechtsprechung des EuGH an die Spruchpraxis des BVerfG darin besteht zu verhindern, dass sich der „...Einzelne bei Forderungen gegenüber dem Staat nicht auf die Unvereinbarkeit berufen [kann]“[928]. Da *Jacobs* hinsichtlich dieses „Einzelnen“ keine weitergehende Ausdifferenzierung vornimmt, lässt dies nur den Schluss zu, die Wirkung *pro futuro* solle gleichzeitig dazu genutzt werden, eine Rückausnahme zugunsten des Klägers im Hauptsacheverfahren und auch alle bisher diesen durch den EuGH gleichgestellten Personengruppen zu unterbinden. Die Bezugnahme des Generalanwalts auf die Unvereinbarkeitsrechtsprechung des BVerfG mutet vor diesem Hintergrund allerdings missverständlich an, da das Verfassungsgericht gerade im Rahmen dieser Konstellationen eine Rückausnahme zugunsten des Beschwerdeführers und gleichgestellter Personengruppen anordnet[929]. Aufgrund seiner Beschreibung der Problematik kann sich *Jacobs* mithin vernünftigerweise nur auf die Problematik der Appellentscheidungen beziehen, da das BVerfG lediglich dort seinen Urteilen einen reinen *pro futuro*-Effekt ohne Rückausnahme beimisst[930].

Nachdem die strukturellen Gemeinsamkeiten der drei Schlussanträge ermittelt werden konnten, ist nunmehr in einem zweiten Schritt zu fragen, inwieweit sie sich inhaltlich im Einzelnen unterscheiden.

Hierbei fällt im Zusammenhang mit der ersten Fragestellung nach der rein zukunftsgerichteten Urteilswirkung auf, dass dieser Gedanke bei allen drei Generalanwälten grundsätzlich Anklang und in den Entscheidungsvorschlägen von *Jacobs* und *Stix-Hackl* sogar mit Hinweis auf die Praxis mitgliedstaatlicher Gerichte Widerhall findet. Während Generalanwalt *Jacobs* sich noch darauf beschränkt, Anleihen bei der Praxis des BVerfG zu befürworten, ohne auf einen

Slg. 2006, I-9394, Rz. 153–156; Schlussanträge des GA *Tizzano* v. 10. November 2005 in der Rs. C-292/04, Slg. 2007, I-1838, Rz. 31–41.

927 Schlussanträge des GA *Jacobs* v. 17. März 2005 in der Rs. C-475/03, Slg. 2006, I-9375, Rz. 86.

928 Eine ähnl. Unterteilung nehmen *Nanetti/Mazotti*, EC Tax Review 2006, 166 (169 f.) vor.

929 Vgl. hierzu ausführl. *supra* im 2. Kap. in Punkt A II 1 m.w.N. aus der Lit. und der Rspr. des BVerfG.

930 Zutreffend in der Einschätzung daher auch: *Düsterhaus*, EuZW 2006, 393 (397).

konkreten Zeitpunkt *pro futuro* vorzuschlagen[931], geht Generalanwältin *Stix-Hackl* in ihren Schlussanträgen weiter, indem sie alleine unter Bezugnahme auf die Traditionen in den Mitgliedstaaten ein solches Datum benennt[932]. Lediglich Generalanwalt *Tizzano* ist vorsichtiger und lehnt in der Rechtssache *Meilicke* eine von der deutschen Bundesregierung vorgeschlagene Wirkung *pro futuro* ab. Dies ist indes augenscheinlich den Gegebenheiten des konkreten Falles geschuldet, der inhaltlich bereits mit der Rechtssache *Verkooijen* entschieden war. An dieser Stelle unterscheidet sich damit die Rechtslage in *Meilicke* strukturell von der in *Banca Popolare in Cremona.* Während im letzteren Sachverhalt ausschließlich die Frage nach einer zukunftsgerichteten Wirkung der Vorabentscheidung des EuGH im Raum steht, hat das Verfahren in *Meilicke* strukturell eine Konstellation zum Gegenstand, in der die Wirkung *pro futuro* einer Vorabentscheidung *ex post* ausgesprochen werden soll. Diese Vorgehensweise, die auch für das Vorlageersuchen in der noch zu behandelnden Rechtssache *Winner Wetten* kennzeichnend ist[933] und in der ebenfalls noch zu untersuchenden amerikanischen Rechtsordnung den Regelfall des *Prospective Overruling* bildet[934], steht in diametralem Gegensatz zu einem wesentlichen Leitgedanken des EuGH, wonach eine Modifikation der zeitlichen Folgen eines Urteils nur in der Vorabentscheidung in Frage kommt, in welcher der hierfür Anlass gebende Ausspruch des Gerichtshofs erstmalig erfolgt[935]. Zu einem Bruch mit dieser Spruchpraxis war Generalanwalt *Tizzano* offensichtlich nicht bereit[936].

Signifikantere Unterschiede lassen sich hinsichtlich der Personengruppen ausmachen, die von einer Rückausnahme zur Rückwirkungsbeschränkung profitieren sollen. Generalanwalt *Jacobs* will die Rückausnahme offenbar grundsätzlich abschaffen, seine Kollegen dagegen scheinen vorsichtiger zu sein und plädieren für die Festlegung eines früheren Bezugszeitpunktes, ab dem die Rückausnahme greifen kann, um die Anzahl der Begünstigten zu reduzieren. Während nach der ständigen Rechtsprechung des EuGH Rechtsmittel vor den Instanzen der Mitgliedstaaten zum Zeitpunkt der die Rückwirkung beschränkenden Entscheidung des EuGH vorliegen müssen, will Generalanwältin *Stix-Hackl*

931 Schlussanträge des GA *Jacobs* v. 17. März 2005 in der Rs. C-475/03, Slg. 2006, I-9375, Rz. 86.

932 Schlussanträge der GAin *Stix-Hackl* v. 14. März 2006 in der Rs. C-475/03, Slg. 2006, I-9394, Rz. 164.

933 *VG Köln*, Vorlageersuchen v. 9. Oktober 2006, ABl. EU v. 30. Dezember 2006 Nr. C 326/25, weiter hierzu ausführl. *infra* im 11. Kap. m.w.N. aus der Lit und der Rspr. der deutschen Gerichte.

934 Vgl. hierzu ausführl. *infra* im 10. Kap. m.w.N. aus der Lit. und Rspr.

935 St. Rspr., vgl. nur: *EuGH*, Urt. v. 18. November 2008, Rs. C-158/07 (Förster ./. Hoofdirectie van de Informatie Beheer Groep), Slg. 2008, I-8507, Rz. 66.

936 Schlussanträge des GA *Tizzano* v. 10. November 2005 in der Rs. C-292/04, Slg. 2007, I-1838, Rz. 49.

aufgrund der Besonderheiten der Rechtssache *Banca Popolare di Cremona* die Verlesung der Schlussanträge für maßgeblich erachten[937]. Generalanwalt *Tizzano* hingegen plädiert für die Veröffentlichung des Vorabentscheidungsersuchens im Amtsblatt als entscheidenden Zeitpunkt[938].

II. Diskussion der Schlussanträge

Die Erkenntnisse aus den vorhergehenden Punkten bedürfen nunmehr einer kritischen Auseinandersetzung, in deren Rahmen auch die eigentlichen Entscheidungen des EuGH in diesen Rechtssachen zu berücksichtigen sind[939].

1. Beschränkung der Rückwirkung *pro futuro*

Betrachtet man die Rechtsprechung des EuGH zu den zeitlichen Wirkungen seiner Vorabentscheidungen, so fällt zunächst ins Auge, dass die vorgeschlagene umfassende Rückwirkungsbeschränkung *pro futuro* keine genuine Neuerung der hier zu betrachtenden Schlussanträge darstellt, sondern in dieser Form bereits in der Rechtsprechung des EuGH bekannt ist. Anders als dies Generalanwalt *Jacobs* in seinen Schlussanträgen anzudeuten scheint[940], bildet indes nicht die Rechtssache *van Landschoot* das maßgebliche Urteil in diesem Zusammenhang. Diese Vorabentscheidung, welche die Gültigkeit einer sekundärrechtlichen Regelung zum Gegenstand hatte, betraf im Wesentlichen die vorübergehende Fortgeltung einer gemeinschaftsrechtswidrigen Begünstigung, welche vom EuGH zu diesem Zweck von diskriminierenden Bestimmungen gereinigt wurde, so dass es im Ergebnis zu einer Erweiterung des Kreises der Begünstigten kam[941]. Dies weist mitnichten Ähnlichkeit mit der Konstellation in *Banca Popolare di Cremona* auf[942]. Vielmehr eignet sich eine andere Rechtsprechung des Gerichtshofs

937 Schlussanträge der GAin *Stix-Hackl* v. 14. März 2006 in der Rs. C-475/03, Slg. 2006, I-9394, Rz. 172.

938 Schlussanträge des GA *Tizzano* v. 10. November 2005 in der Rs. C-292/04, Slg. 2007, I-1838, Rz. 62.

939 Hier überrascht, wie selten die Entscheidungen Kritik erfahren haben; für ein seltenes Bsp., vgl. etwa: *Steinberg/Bark*, EuZW 2007, 243 (246 f.); ähnl. i.E. auch: *Schwarze*, Europäisches Wirtschaftsrecht, Rn. 740 f.

940 Schlussanträge des GA *Jacobs* v. 17. März 2005 in der Rs. C-475/03, Slg. 2006, I-9375, Rz. 87.

941 *EuGH*, Urt. v. 29. Juni 1988, Rs. 300/86 (Van Landschoot), Slg. 1988, 3443, inbes. Rz. 22 ff.

942 *Finke*, IStR 2006, 212 (216); a.A. ohne überzeugende Begründung: *Wathelet*, FS Malherbe, 1143 (1159).

für einen Vergleich. In den bereits dargestellten *Währungsausgleichsfällen* entwickelte der EuGH bereits 1980 ein Modell, das dem Lösungsansatz von Generalanwalt *Jacobs* mit seiner reinen Ansatz *pro futuro* im Ergebnis entspricht und schon damals heftig kritisiert wurde[943].

Anders als der EuGH in den *Währungsausgleichsfällen* nimmt Generalanwalt *Jacobs* in seinen Ausführungen die Anstrengung auf sich, seine Vorgehensweise zumindest in Ansätzen zu begründen. Demnach würde eine Rückwirkung oder ein Effekt *ex nunc* im Ergebnis zwar zu einem Wegfall der gemeinschaftsrechtwidrigen IRAP und damit einer Entlastung der Steuerpflichtigen führen, allerdings handele es sich hierbei um einen bloßen Pyrrhussieg, da die so aufgerissene Finanzierungslücke durch andere Abgaben wieder geschlossen werden müsse[944]. Neben diesen fiskalischen Erwägungen lassen sich jedoch auch weitere Argumente finden. So entwickelt Generalanwältin *Stix-Hackl* den Ansatz ihres Kollegen weiter, indem sie darauf hinweist, dass in bestimmten Konstellationen eine fehlerhafte Regelung weniger gravierende Konsequenzen nach sich zöge als das gänzliche Fehlen einer solchen und deshalb dem Gesetzgeber hinreichend Zeit eingeräumt werden sollte, selbst über eine neue Regelung zu entscheiden[945].

Problematisch ist jedoch, inwieweit diese Argumente tatsächlich überzeugen. So ist der Begründungsansatz der Generalanwälte zwar auch in der deutschen Verfassungsrechtsprechung bekannt[946], allerdings stellt sich die Frage nach ihrer Stichhaltigkeit im Kontext von Vorabentscheidungen nach Art. 267 Abs. 1 lit. a) AEUV. Der von Generalanwältin *Stix-Hackl* angeführte Gedanke mag etwa bei Vorabentscheidungen betreffend die Gültigkeit einer Norm des Sekundärrechts ihren Platz haben und in einer Konstellation, die etwa der Rechtssache *van Landschoot* zugrunde lag, durchaus nachvollziehbar sein. Gleiches gilt aber nicht automatisch für Auslegungsfragen, die – anders als Art. 267 Abs. 1 lit. b) AEUV – regelmäßig dreipolige Rechtsverhältnisse[947] zum Gegenstand haben. In diesen Fällen entstammt die fehlerhafte Regelung der nationalen Rechtsordnung, und

943 *EuGH*, Urt. v. 15. Oktober 1980, Rs. 4/79 (Société Providence agricole de la Champagne ./. ONIC), Slg. 1980, 2823, Rz. 42 ff.; Urt. v. 15. Oktober 1980, Rs. 109/79 (Sàrl Maïseries de Beauce ./. ONIC), Slg. 1980, 2883, Rz. 42 ff.; Urt. v. 15. Oktober 1980, Rs. 145/79 (SA Roquette Frères ./. Frankreich), Slg. 1980, 2917, Rz. 50 ff.; vgl. hierzu ausführl. *supra* die Diskussion im 7. Kap. in Punkt B I 2 m.w.N. aus Lit. und Rspr.

944 Schlussanträge des GA *Jacobs* v. 17. März 2005 in der Rs. C-475/03, Slg. 2006, I-9375, Rz. 85; siehe aus der Lit.: *Nanetti/Mazzotti*, EC Tax Review 2006, 166 (168), dort insbes. Fn. 9; *Vording/Lubbers*, [2006] B.T.R. 1, 91 (107 f.).

945 Schlussanträge der GAin *Stix-Hackl* v. 14. März 2006 in der Rs. C-475/03, Slg. 2006, I-9394, Rz. 145; siehe aus der Lit.: *Finke*, IStR 2006, 212 (216), der von einer erhöhten Planungssicherheit für den betroffenen Mitgliedstaat ausgeht.

946 Vgl. hierzu auch *supra* im 2. Kap. in Punkt A II 1 m.w.N. zur Rspr. des BVerfG.

947 Zu diesem Modell: *Waldhoff*, EuR 2006, 615 (631); *ders.*, [2009] 46 C.M.L.Rev. 1, 173 (186).

ihr Fehler besteht in ihrer Unvereinbarkeit mit höherrangigem Unionsrecht. Wollte man hier eine Wirkung der Auslegungsentscheidung auf einen in der Zukunft beginnenden Zeitraum begrenzen, liefe dies inhaltlich gleichzeitig darauf hinaus, den Zustand der Unionsrechtswidrigkeit zu perpetuieren, indem man Mitgliedstaaten eine Befreiung von ihrer Pflicht zum gemeinschaftstreuem Verhalten erteilt. Denn dieser in Art. 4 Abs. 3 EUV normierte Eckpfeiler der unionalen Rechtsordnung verlangt vom mitgliedstaatlichen Gesetzgeber, seine Rechtordnung so auszugestalten, dass das Unionsrecht seine volle praktische Wirksamkeit entfalten kann[948]. Hierbei trifft ihn gerade auch eine so genannte Bereinigungspflicht, wonach er unionsrechtswidrige nationale Vorschriften anzupassen oder aufzuheben hat[949]. Beide Grundsätze würden indes durch eine auf die Zukunft gerichtete Beschränkung der temporalen Wirkungen einer Auslegungsentscheidung zumindest zeitweise außer Kraft gesetzt, was strukturell letztlich auf ein Zurücktreten des Grundsatzes vom Vorrang des Unionsrechts mit Billigung des EuGH und zugunsten einer unionsrechtwidrigen nationalen Bestimmung bedeuten würde[950]. Zwar geschieht in den Fällen der Rückwirkungsbeschränkung einer Vorabentscheidung *ex nunc* strukturell nichts anderes[951], dennoch lässt sich diese Situationen nicht mit denen in den hier diskutierten Schlussanträgen vergleichen. Während in den erstgenannten Fällen die Anordnung des zeitlichen Zurücktretens der europäischen Bestimmung für die Vergangenheit erfolgt, weil ein guter Glaube hinsichtlich der Auslegung einer bestimmten Norm bestand, soll dies in *Banca Popolare di Cremona* oder *Meilicke* für die Zukunft gelten, mithin für eine Zeitspanne, in der aufgrund der Vorabentscheidung des EuGH keinerlei Unsicherheit über die Auslegung der Norm mehr besteht, die nun systemwidrig zurücktreten soll[952].

Neben diesem grundsätzlichen Einwand sprechen jedoch auch andere Gründe gegen eine Beschränkung der Wirkungen einer Vorabentscheidung *pro futuro*, wie sie in den hier zu betrachtenden Schlussanträgen vorgeschlagen wird. Hierbei ist insbesondere das direkte Abstellen auf die Rechtsprechung des BVerfG als Vorbild hervorzuheben. Wie andernorts bereits ausgeführt, begegnet es

948 St. Rspr.: *EuGH*, Urt. v. 8. Februar 1973, Rs. 30/72 (Kommission ./. Italien), Slg. 1973, 131, Rz. 11; Urt. v. 2. Oktober 2003, Rs. C-147/01 (Webber's Wine World Handels-GmbH et al. ./. Abgabenberufungskommission Wien), Slg. 2003, I-11365, Rz. 117.

949 *Hatje*, in: Schwarze, EU-Kommentar, Art. 4 EUV Rn. 44 m.w.N.

950 *Nanetti/Mazzotti*, EC Tax Review 2006, 161 (169); *Seer/Müller*, IWB 2008, Fach 11, Gruppe 2, 851 (859); i.E. wohl auch: *Kokott/Henze*, BB 2007, 913 (916).

951 Zutreffend daher: *Weiß*, EuR 1995, 377 (382), krit. hierzu: *Philipp*, R.T.D.E. 1976, 529 (534).

952 Siehe in diesem Zusammenhang auch die Ausführungen *infra* im 11. Kap. im Zusammenhang mit dem Vorabentscheidungsersuchen des *VG Köln* v. 9. Oktober 2006, ABl. EU v. 30. Dezember 2006 Nr. C 326/25.

grundsätzlich keinen Bedenken, wenn der EuGH im Rahmen seiner Entscheidungsfindung auf mitgliedstaatliche Lösungsansätze zurückgreift, die er im Zuge einer wertenden Rechtsvergleichung gewinnt[953]. Allerdings geht Generalanwalt *Jacobs* von einer bestimmten mitgliedstaatlichen Lösung aus, die er offenbar weitgehend ungefiltert auf die Ebene des Unionsrechts übertragen möchte. Ein derartiger Ansatz hat jedoch mitnichten Ähnlichkeit mit dem Konzept einer wertenden Rechtsvergleichung, das begriffsnotwendig mehrere mitgliedstaatliche Rechtsordnungen auf übereinstimmende Rechtsgrundsätze untersucht, welche sodann auf europäischer Ebene nutzbar gemacht werden können. In dieser Hinsicht erweisen sich die Schlussanträge der Generalanwältin *Stix-Hackl* mit ihrem Hinweis auf das Verfassungsrecht mehrerer Mitgliedstaaten als sehr viel ausgewogener[954]. Allerdings können auch diese Ausführungen nicht darüber hinwegtäuschen, dass sie inhaltlich weitgehend an die Lösung des BVerfG anknüpfen. Unabhängig davon, ob den Generalanwälten die Rechtsfigur der Appellentscheidung oder der Unvereinbarkeitserklärung als Vorbild vorschwebt, begegnet ein solcher Ansatz weiteren durchgreifenden Bedenken. So sind beide Modelle seit geraumer Zeit bereits im deutschen Schrifttum teils heftiger Kritik ausgesetzt[955], die ihr eine Nähe zu gesetzgeberischem Handeln vorwirft. Gerade dieser Vorwurf lässt die Eignung einer Übertragbarkeit der Rechtsprechung des EuGH auf die sehr viel sensiblere supranationale Ebene des Unionsrechts zumindest fraglich erscheinen[956]. Darüber hinaus stünde zu befürchten, dass das deutsche Modell für den EuGH, dessen Aufgabe im Rahmen von Art. 267 AEUV nicht zuletzt die Koordination von 28 mitgliedstaatlichen Rechtsordnungen in unionsrechtlichen Fragen besteht, im Ergebnis versagen würde. Die Beschränkung der zeitlichen Folgen eines Urteils für die Zukunft beinhaltet automatisch die Aufgabe, einen angemessenen Zeitpunkt festzulegen, ab dem ein solches Urteil seine Wirkung entfalten soll. Was auf mitgliedstaatlicher Ebene noch funktionieren kann, würde den Gerichtshof, der die oftmals bedeutend divergierenden sozioökonomischen Gegebenheiten in allen Mitgliedstaaten der EU berücksichtigen müsste, vor schier unüberwindliche praktische Schwierigkeiten stellen[957]. Unter diesen Umständen käme eine Wirkungsbeschränkung *pro futuro* nur in Frage, wenn man damit einhergehend gleichzeitig auch die territoriale Begren-

953 Vgl. hierzu die Diskussion *supra* im 2. Kap. in Punkt A m.w.N. aus der Rspr. des EuGH.

954 Schlussanträge der GAin *Stix-Hackl* v. 14. März 2006 Rs. C-475/03, Slg. 2006, I-9394, Rz. 144 f., dort insbes. Fn. 90 sowie Rz. 161.

955 *Düsterhaus*, EuZW 2006, 393 (397); vgl. hierzu auch *supra* im 2. Kap. in den Punkten A II 1 und 2 m.w.N.

956 *Düsterhaus*, EuZW 2006, 393 (397); *Meilicke*, DB 2005, 2658 (2660); *Wiedmann*, EuZW 2007, 692 (694).

957 In Ansätzen auch: *Wiedmann*, EuZW 2007, 692 (694); a.A. hingegen: *Steinberg/Bark*, EuZW 2007, 243 (246).

zung einer solchen Beschränkung auf den im Hauptsacheverfahren betroffenen Mitgliedstaat bejahen würde, was vom Gerichtshof ausgerechnet in der Rechtssache *Meilicke* ausdrücklich verworfen wurde[958].

Auch würde der in den Schlussanträgen vertretene Ansatz der Generalanwälte in bestimmten Konstellationen, wie sie gerade für die Rechtssache *Meilicke* kennzeichnend sind, zu einer gravierenden materiellrechtlichen Ungleichbehandlung zwischen einzelnen Mitgliedstaaten führen, was letztlich in eklatantem Widerspruch zum Geist des Art. 267 AEUV stehen würde. Zum besseren Verständnis ist hierfür nochmals vor Augen zu führen, dass im Fall *Meilicke* laut Ansicht des EuGH eine zeitliche Beschränkung der Urteilswirkungen schon deshalb nicht in Frage kam, weil er die zur Vorabentscheidung vorgelegte Frage materiellrechtlich bereits in der Rechtssache *Verkooijen* entschieden hatte, ohne dort zu den temporalen Folgen seiner Auslegung Stellung zu nehmen, was automatisch zu einer Rückwirkung *ex tunc* führte[959]. Zwischen dieser Entscheidung und dem Urteil in *Meilicke* wurde der Gerichtshof im Rahmen der Vorlagen in *Manninen* und *FII Group Litigation* zu inhaltlich identisch gelagerten Fragen der Doppelbesteuerung von Dividendengewinnen angerufen, und er wiederholte folgerichtig seine erstmals in *Verkooijen* gefundene Auslegung, die er im Hinblick auf diese Entscheidung zeitlich nicht beschränkte[960]. Angesichts dessen hätte ein solcher Schritt in der Rechtssache *Meilicke* nicht nur überrascht, sondern eine ungerechtfertigte Privilegierung Deutschlands bedeutet, da die in *Manninen* und *FII Group Litigation* betroffenen Steuersysteme Finnlands und des Vereinigten Königreichs entsprechend der ständigen Rechtsprechung des EuGH schon einer Rückwirkung ausgesetzt waren[961]. Zudem wären aus Sicht dieser Mitgliedstaaten ihre eventuellen Bemühungen um eine zügige Anpassung ihrer Steuersysteme an gemeinschaftsrechtliche Vorgaben durch eine Beschränkung der Urteilsfolgen für die Zukunft in *Meilicke* konterkariert worden[962], was im Ergebnis sicherlich keinen förderlichen Effekt auf die Befolgung von Vorabentscheidungen aus Luxemburg gehabt hätte.

958 *EuGH*, Urt. v. 6. März 2007, Rs. C-292/04 (Wienand Meilicke et al. ./. Finanzamt Bonn-Innenstadt), Slg. 2007, I-1835, Rz. 37; vgl. hierzu *Meilicke*, DB 2007, 650 (650 f.) sowie die ausführl. Diskussion *infra* in Punkt B II 3 in diesem Kap.

959 *EuGH*, Urt. v. 6. März 2007, Rs. C-292/04 (Wienand Meilicke et al. ./. Finanzamt Bonn-Innenstadt), Slg. 2007, I-1835, Rz. 38 ff.

960 *EuGH*, Urt. v. 7. September 2004, Rs. C-319/02 (Manninen), Slg. 2004, I-7477 ff.; Urt. v. 12. Dezember 2006, Rs. C-446/04 (Test Claimants in the FII Group Litigation), Slg. 2006, I-11753, Rz. 221 ff.

961 *Meilicke*, DB 2005, 2658 (2659); *Thömmes*, [2005] 33 Intertax 12, 560 (561); *Waldhoff*, EuR 2006, 615 (635).

962 *Thömmes*, Jb. der Fachanwälte für Steuerrecht 2006/2007, 50 (61).

Hiergegen lässt sich auch nicht mit Generalanwältin *Stix-Hackl* argumentieren, die, ausgehend von den Entscheidungen des EuGH in den Rechtssachen *Gravier* und *Blaizot* die Verschiedenartigkeit der hier analysierten Verfahren anführt, die zu einer separaten Bewertung des Falles *Meilicke* zwinge[963]. Obgleich der Aussage an sich zuzustimmen ist, dass alle Verfahren unterschiedliche Streitgegenstände im Sinne einer jeweils anderen nationalen Norm im Hauptsachverfahren betreffen[964], eignet sie sich nicht, um den Vorwurf der materiellen Ungleichbehandlung im vorliegenden Kontext zu entkräften, da sie eine der elementaren Spezifika des Auslegungsverfahren verkennt. Die Aufgabe der Vorabentscheidung nach Art. 267 Abs. 1 lit. a) AEUV besteht im Wesentlichen darin, eine allgemeingültige Auslegung des vorgelegten Unionsrechts vorzunehmen[965]. Wenn den EuGH hier aber eine weitgehend abstrakt-objektive Interpretation kennzeichnet, so leuchtet nicht ein, warum die Streitgegenstände, die lediglich den Anlass für das Verfahren vor dem Gerichtshof bilden, stets einen derart entscheidenden Einfluss auf dieses haben sollten, dass eine gefundene Auslegung nicht mehr als allgemeinverbindliche Aussage verstanden werden kann[966]. Vor diesem Hintergrund überrascht es kaum, dass der EuGH in seiner Entscheidung in *Meilicke* nicht nur die von Generalanwalt *Tizzano* befürwortete Rückwirkungsbeschränkung ablehnte, sondern darüber hinaus auch die Bedeutung des Grundsatzes der Gleichbehandlung aller Mitgliedstaaten ausdrücklich betonte[967].

Somit steht fest, dass eine Beschränkung der zeitlichen Folgen von Vorabentscheidungen für die Zukunft zahlreichen durchgreifenden Bedenken begegnet. Die bis zu diesem Punkt dargestellten Probleme beschränken sich indes nur auf die Konstellationen, in denen eine Wirkung *pro futuro* angenommen wird. Die Rückausnahmen entsprechend der ständigen Rechtsprechung des EuGH für den Kläger im Hauptsacheverfahren und weitere Personengruppen bleiben weiterhin möglich.

Allerdings hat Generalanwalt *Jacobs* in seinen Schlussanträgen in *Banca Popolare di Cremona* darüber hinaus angedeutet, auch diese Rückausnahmen streichen zu wollen. Fraglich ist, wie dieser Vorschlag zu bewerten ist. Tatsächlich reicht es, auf die Position des Klägers im Hauptsacheverfahren abzustellen, um die Schwächen derartiger Überlegungen für das Unionsrecht zu offenbaren.

963 Schlussanträge der GAin *Stix-Hackl* v. 14. März 2006 in der Rs. C-292/04, Slg. 2007, I-1854, Rz. 21.

964 *Steinberg/Bark*, EuZW 2007, 243 (246).

965 *Kotzur*, in: Geiger/Khan/Kotzur, EUV/AEUV, Art. 267 AEUV Rn. 7; *Pechstein*, EU-/EG-Prozessrecht, Rn. 854.

966 I.E. auch: *Waldhoff*, EuR 2006, 615 (634 f.); *ders.*, [2009] 46 C.M.L.Rev. 1, 173 (189).

967 *EuGH*, Urt. v. 6. März 2007, Rs. C-292/04 (Wienand Meilicke et al. ./. Finanzamt Bonn-Innenstadt), Slg. 2007, I-1835, Rz. 37.

Wenn eine Beschränkung von Urteilsfolgen *pro futuro* ohne Rückausnahmen für den Kläger im Hauptsacheverfahren angeordnet wird, erscheint sein Obsiegen in der Sache vor dem EuGH in einem ganz anderen Lichte und mutiert zu einem bloß symbolischen Pyrrhussieg, da seine Klage im Hauptsacheverfahren jedenfalls abgewiesen werden wird[968]. Wie ein solches Ergebnis mit der Funktion des Vorabentscheidungsverfahrens, einen hinreichenden Individualrechtsschutz zu gewähren[969], vereinbart werden kann, erscheint mehr als zweifelhaft.

Auf einer weiteren Ebene betrifft dieses Ergebnis auch das Kooperationsverhältnis zwischen dem EuGH und dem vorlegenden Gericht, wonach die Anwendung des Unionsrechts dem mitgliedstaatlichen Spruchkörper vorbehalten bleibt[970]. In den Fällen der rein zukunftsgerichteten Wirkung einer Vorabentscheidung ist indes auch dieses intertribunale Verhältnis gestört, da dem nationalen Richter trotz erfolgter Vorlage verwehrt wird, sich der vom EuGH gefundenen Lösung zu bedienen.

Im Ergebnis sprechen daher eine Vielzahl von Gründen gegen die Möglichkeit einer Beschränkung der zeitlichen Urteilswirkungen *pro futuro* mit oder und ohne Rückausnahme für bestimmte privilegierte Personengruppen wie etwa die Kläger im Hauptsacheverfahren, welche Anstoß zur Vorabentscheidung des EuGH geliefert haben. Neben die soeben dargestellten rechtlichen Bedenken treten vor allem im Steuerrecht nicht wünschenswerte rechtspolitische Effekte hinzu. So würde insbesondere eine Rückwirkungsbeschränkung, die ausschließlich für die Zukunft gilt, den Druck auf die Mitgliedstaaten zu unionsrechtskonformem Verhalten verringern, da diese nicht mehr mögliche Rückzahlungsforderungen der Steuerpflichtigen zu befürchten hätten[971]. Dies steht in fundamentalem Gegensatz zu der Hauptaufgabe des EuGH, die im Rahmen von Art. 267 AEUV in der einheitlichen Durchsetzung des Unionsrechts in allen Mitgliedstaaten besteht[972].

968 *Hyland*, [1995] 2 I.J.E.L., 215 (228); *Seer/Müller*, IWB 2008, Gruppe 2, Fach 11, 851 (860).

969 Hierzu statt aller: *Schwarze*, in: ders., EU-Kommentar, Art. 267 AEUV Rn. 5 m.w.N.

970 *Naômé*, Le renvoi préjudiciel en droit européen, Rn. 2.; *Pechstein*, EU-/EG-Prozessrecht, Rn. 780 ff. m.w.N.

971 Vgl. für diese Einschätzung statt vieler: *Vogel*, StuW 2005, 373 (377); ähnl.: *Nanetti/Mazzotti*, EC Tax Review 2006, 166 (170); *Seer*, ET 2006, 470 (473).

972 Dies hat die Bundesrepublik Deutschland nicht daran gehindert, in dem Verfahren *Doc Morris* erneut eine Beschränkung der Urteilswirkungen für die Zukunft anzuregen, vgl. hierzu: *König/Schreiber*, DÖV 2008, 450; *Stadler/Arzt*, ecolex 2010, 617. Der EuGH brauchte mangels Entscheidungserheblichkeit hierauf nicht einzugehen, vgl.: *EuGH*, Urt. v. 19. Mai 2009, verb. Rs. C-171/07 und 172/07 (Apothekenkammer des Saarlandes et al. ./. Saarland et al.), Slg. 2009, I-4171 ff.

2. Beschränkung der Rückausnahmen

Anders als Generalanwalt *Jacobs* in seinen Schlussanträgen wollten sowohl Generalanwältin *Stix-Hackl* in ihren Ausführungen zur Rechtssache *Banca Popolare di Cremona* wie auch Generalanwalt *Tizzano* in seinem Schlussantrag in *Meilicke* an einer Rückausnahme von der zeitlichen Beschränkung der Urteilswirkungen für den Kläger im Hauptsacheverfahren sowie bestimmte weitere Personengruppen entsprechend der ständigen Rechtsprechung des EuGH zwar grundsätzlich festhalten, deren Voraussetzungen jedoch modifizieren. Das Prinzip, wonach das Verfahren in der Hauptsache von einer Rückwirkungsbegrenzung stets ausgenommen wird, war zwar auch aus Sicht der beiden Generalanwälte unstreitig, doch vertraten sie hinsichtlich der weiteren Personengruppen, die zusätzlich von einer Wirkung *ex tunc* erfasst werden sollen, eine andere Sichtweise als der Gerichtshof. Während der EuGH eine Ausnahme zugunsten des Anlassfalles und gleichgelagerter Fälle macht und somit das Datum der Urteilsverkündung zum entscheidenden Zeitpunkt erhebt[973], erachteten die Generalanwälte jeweils andere Zeitpunkte für maßgeblich: Generalanwalt *Tizzano* wollte hierzu auf die Veröffentlichung des Vorabentscheidungsersuchens des im Hauptsacheverfahren befassten Gerichts im Amtsblatt der Europäischen Union abstellen[974], seine Kollegin dagegen rekurrierte auf die Verlesung der Schlussanträge[975].

Bevor die Schlüssigkeit dieser Vorschläge im Einzelnen untersucht wird, stellt sich zunächst die Frage, warum die Generalanwälte von der ständigen Rechtsprechung des EuGH abweichen wollten. Obgleich die Begründungen für diesen Schritt den Besonderheiten der jeweiligen Sachverhalte geschuldet waren, findet sich in beiden Schlussanträgen ein tragender Gedanke, die große mediale Aufmerksamkeit, die den Rechtssachen *Banca Popolare di Cremona* und *Meilicke* zuteil wurde: Als Konsequenz dessen sahen sich eine Vielzahl von Steuerpflichtigen veranlasst, nach Bekanntwerden der Vorlagen vor dem EuGH vorsorglich Widerspruch gegen ihre Bescheide einzulegen, um ebenfalls in den Genuss der Rückausnahme zu kommen, sollte der Gerichtshof zu einer entsprechenden Entscheidung gelangen. Für diesen Fall hätten die Steuerzahler eine Rückerstattung

973 St. Rspr. seit *EuGH*, Urt. v. 8. April 1976, Rs. 43/75 (Gabrielle Defrenne ./. Sabena), Slg. 1976, 455, Rz. 74/75; siehe auch m.w.N. aus der Rspr.: *Frenz*, Hdb. Europarecht – Bd. 5, Rn. 3424; *Wegener*, in: Calliess/Ruffert, EUV/AEUV, Art. 267 AEUV Rn. 52.

974 Schlussanträge des GA *Tizzano* v. 10. November 2005 in der Rs. C-292/04, Slg. 2007, I-1838, Rz. 62.

975 Schlussanträge der GAin *Stix-Hackl* v. 14. März 2006 in der Rs. C-475/03, Slg. 2006, I-9394, Rz. 144 f., was implizit die Frage nach der Verbindlichkeit von Schlussanträgen für den EuGH aufwirft, vgl. zu letzterem: *Kovács*, JA 2010, 625 (627) m.w.N. sowie die Bemerkungen in *infra* in diesem Kap. in Punkt B II 2 c).

der gemeinschaftsrechtswidrig gezahlten Abgaben fordern können, was im Ergebnis zu einer erheblichen Belastung des Staatshaushalts in den betroffenen Mitgliedstaaten und zur „Gefahr schwerwiegender wirtschaftlicher Auswirkungen“ im Sinne der Rechtsprechung des EuGH hätte führen können[976].

Dieses in den Schlussanträgen umschriebene Phänomen, das es nach Ansicht der Generalanwälte zu vermeiden galt, ist in der Literatur gemeinhin unter dem Stichwort der Trittbrettfahrerproblematik bekannt. Der dahinter stehende Gedanke, der in den Schlussanträgen nur implizit durchklang[977], liegt in der Vermeidung einer ungerechtfertigten Privilegierung bestimmter Personengruppen. Spiegelbildlich hierzu verhält sich die Motivation für die Rückausnahme zugunsten des Klägers im Anlassfall, welche diese Ansicht darin begründet sieht, dass der Kläger sich auf eigene Kosten und Mühen um die Unionsrechtsordnung bemüht hätte, indem er den Anlassfall initiierte, welcher letztendlich zur Vorlagefrage führte. Weitere Personen kommen demnach deshalb in den Genuss einer identischen Wirkung *ex tunc*, da auch sie sich ebenso wie der Kläger eingesetzt hätten, ihre Rechtsmittel aber aufgrund von Zufälligkeiten, die den nationalen Prozessordnungen geschuldet sind, nicht in einer Vorlage vor dem EuGH mündeten[978].

Nachdem die beiden wesentlichen Gründe der Generalanwälte herausgearbeitet werden konnten, soll in einem zweiten Schritt nunmehr untersucht werden, wie stichhaltig die von ihnen angeführten Argumente sind und ob sie ein Abweichen von der ständigen Rechtsprechung des EuGH zu begründen geeignet sind.

a) Die Ergreiferprämie

Die soeben geschilderte Privilegierung des Anlassfalles bildet keine Eigenart des Unionsrechts, sondern ist in einer Vielzahl von mitgliedstaatlichen Rechtsordnungen bekannt. Sie wird daher nicht nur auf europäischer Ebene diskutiert, sondern erfreut sich insbesondere in Österreich unter dem Begriff der „Ergreiferprämie“ seit längerem besonderer Aufmerksamkeit in der Literatur, die diese zu

976 Schlussanträge des GA *Tizzano* v. 10. November 2005 in der Rs. C-292/04, Slg. 2007, I-1838, Rz. 58 f.; Schlussanträge der GAin *Stix-Hackl* v. 14. März 2006 in der Rs. C-475/03, Slg. 2006, I-9394, Rz. 167; diese entspricht auch der Argumentation in den Schlussanträgen des GA *Jacobs* v. 17. März 2005 in der Rs. C-475/03, Slg. 2006, I-9375, Rz. 84 f.

977 Dies wird insbes. an den Schlussanträgen des GA *Tizzano* v. 10. November 2005 in der Rs. C-292/04, Slg. 2007, I-1838, Rz. 60 f. deutlich, wo dieser ausdrückl. auf die „Sorgfalt“ der Beschwerdeführer abstellt.

978 *Forsthoff*, DStR 2005, 1840 (1843); differenzierter: *Kokott/Henze*, NJW 2006, 177 (182).

recht kritisiert[979]. Die im Zusammenhang mit der Rechtsprechung des VfGH angeführten Einwände gegen die Rechtsfigur, die vor allem auf der Frage basieren, inwieweit der Kläger im Hauptsacheverfahren sich mit seinem Gang vor die Gerichte tatsächlich um die Rechtsordnung verdient macht, haben ihre Berechtigung dabei in noch stärkerem Maße im Unionsrecht: So ist das Vorabentscheidungsverfahren vor dem EuGH sehr viel weniger kontradiktorisch ausgestaltet als das vergleichbare Normprüfungsverfahren vor dem VfGH. Über die Formulierung einer Vorlage als solche entscheidet der nationale Richter im Anlassverfahren; im Rahmen von Art. 267 AEUV existieren keine Parteien im prozessrechtlichen Sinne, das Verfahren vor dem EuGH ist vielmehr vom Amtsermittlungsgrundsatz geprägt[980]. Letzteres zeigt sich insbesondere bei der Prüfung der zeitlichen Beschränkung der Urteilsfolgen im Vorabentscheidungsverfahren, die in erster Linie *ex officio* vom EuGH vorgenommen wird, so dass den Parteien im Hauptsacheverfahren und den Mitgliedstaaten nach hier vertretener Ansicht nur eine unverbindliche Anregungsfunktion zukommt[981].

Mithin kann die Rechtsfigur der Ergreiferprämie als Begründung für eine zwingende Begünstigung des Anlassfalles nicht überzeugen. Vielmehr sprechen Erwägungen des effektiven Individualrechtsschutzes für eine solche Privilegierung, da ansonsten der gerichtliche Schutz der Rechte des Einzelnen aus dem Unionsrecht unverhältnismäßig eingeschränkt würde[982]. Dieser Ansatz, gepaart mit dem Gleichbehandlungsgrundsatz[983], verbirgt sich auch hinter der Privilegierung von entsprechend gelagerten Sachverhalten, die der Gerichtshof ebenfalls von der Rückausnahme erfasst sehen will.

b) Die Gefahr schwerwiegender wirtschaftlicher Auswirkungen

Während die Problematik um die Ergreiferprämie in den Schlussanträgen nur implizit anklang, beriefen sich alle Generalanwälte dagegen ausführlich auf die Gefahr schwerwiegender wirtschaftlicher Auswirkungen, die eine Rückausnah-

979 Für diese Theorie, vgl. ausführl. *supra* im 2. Kap. in Punkt B II 2 m.w.N. aus der Lit. und Rspr. des VfGH.

980 *Seer/Müller*, IWB 2008, Fach 11, Gruppe 2, 851 (862); *Sperlich*, FS Ruppe, 551 (561 f.); *Tipke/Lang*, Steuerrecht, § 22 Rn. 305 m.w.N. aus der Lit. und Rspr.

981 Vgl. hierzu *supra* im 4. Kap. in Punkt C III m.w.N.

982 *EuGH*, Urt. v. 4. Mai 1999, Rs. C-262/96 (Sürül ./. Bundesanstalt für Arbeit), Slg. 1999, I-2685, Rz. 112; vgl. auch aus der Lit.: *Düsterhaus*, EuZW 2006, 393 (395); *Kokott/Henze*, NJW 2006 177 (182); *Seer/Müller*, IWB 2008, Fach 11, Gruppe 2, 851 (862 f.); *Sperlich*, FS Ruppe, 551 (562).

983 Zu dessen europäischer Dimension, vgl. statt vieler: *Schwarze*, Europäisches Verwaltungsrecht, S. 529 ff.

me von der Rückwirkungsbeschränkung in den Konstellationen mit sich bringt, in denen eine Vielzahl von Beschwerdeführern vor der Verkündung der eigentlichen Vorabentscheidung Rechtsmittel eingelegt hat[984]. Hierbei erfuhr insbesondere der Umgang von Generalanwalt *Tizzano* mit dem Zahlenmaterial, das die deutsche Bundesregierung in der Rechtssache *Meilicke* angegeben hatte, um ihren Antrag auf Rückwirkungsbeschränkung zu untermauern, eine äußerst ablehnende, teilweise sogar polemisch formulierte Kritik[985]. In deren Zentrum stehen die Ausführungen des Generalanwalts, der – trotz der Darlegungslast des Mitgliedstaates – ohne weitere Prüfung die Richtigkeit der deutschen Angaben unterstellte, bloß weil diese unwidersprochen geblieben waren[986]. Dies erscheint *ex post* umso bedenklicher, als im Nachgang zu der Entscheidung des EuGH in der Sache zu erfahren war, dass die deutsche Bundesregierung überhöhte Zahlen nach Luxemburg weitergegeben hatte, um mit ihrem Antrag auf Beschränkung der zeitlichen Urteilswirkungen durchzudringen[987].

Dieser laxe Umgang mit den Daten, welche die Gefahr schwerwiegender wirtschaftlicher Auswirkungen belegen sollen, auf beiden Seiten zeigt einmal mehr die grundsätzlichen Schwierigkeiten auf, die mit dieser Voraussetzung an sich schon verbunden sind und andernorts ausführlich diskutiert wurden[988]. Ohne die dort geäußerte Kritik zu wiederholen, die auch im vorliegenden Zusammenhang vollumfänglich einschlägig ist[989], sprechen schon die in den Schlussanträgen zu den Verfahren *Banca Popolare di Cremona* und *Meilicke* geäußerten Vorschläge der Generalanwälte zur Verlagerung des Bezugszeitpunkts für Rückausnahmen gegen eine weitere Verwendung dieses Kriteriums. Weder die Veröffentlichung des Vorabentscheidungsersuchens im Amtsblatt der EU noch die Verlesung der Schlussanträge eignen sich als Stichtag, um die Trittbrettfahrerproblematik aufzulösen, da beide gravierende Konsequenzen für den im Rahmen von Art. 267 AEUV zu gewährleistenden Individualrechtsschutz nach sich ziehen. So würde dem einzelnen Bürger in der Union die Last aufgebürdet, sämtliche gegen ihn

984 Schlussanträge des GA *Tizzano* v. 10. November 2005 in der Rs. C-292/04, Slg. 2007, I-1838, Rz. 58 f.; Schlussanträge der GAin *Stix-Hackl* v. 14. März 2006 in der Rs. C-475/03, Slg. 2006, I-9394, Rz. 167; diese entspricht auch der Argumentation in den Schlussanträgen des GA *Jacobs* v. 17. März 2005 in der Rs. C-475/03, Slg. 2006, I-9375, Rz. 84 f.

985 *Dörr*, Der Konzern 2006, 59 (63); *Meilicke*, DB 2005, 2658 (2659); *Sedemund*, IStR 2005 810 (815).

986 Schlussanträge des GA *Tizzano*, Rs. C-292/04, Slg. 2007, I-1838, Rz. 35.

987 *Meilicke*, DB 2007, 650 (651); *Stix-Hackl*, DB-Beilage 4/2007, 118 (119) m.w.N.

988 Vgl. hierzu *supra* im 5. Kap. in Punkt B IV 3 m.w.N. aus Lit. und Rspr.

989 So wird im vorliegenden Kontext immer wieder auf das bekannte Arg. hingewiesen, dass die von den Generalanwälten preferierte Lösung zu einer Besserstellung von besonders gravierenden Verstößen führe: *Dörr*, Der Konzern 2006, 59 (64); *Seer*, ET 2006, 470 (475); *Seer/Müller*, IWB 2008, Gruppe 2, Fach 11, 851 (859).

ergehenden Akte nationaler Behörden auf ihre Unionsrechtswidrigkeit zu prüfen und sogleich Widerspruch gegen sie einzulegen, während auf Steuerberater außerdem noch die Verpflichtung zukäme, sämtliche Vorlagen an den EuGH auf ihre Relevanz für das nationale Rechtssystem zu prüfen, um einer eventuellen Präklusion der Fälle von Mandaten und dadurch verursachten Haftungsverpflichtungen zu entgehen[990]. Für beide Gruppen gilt nach dem Lösungsansatz der Schlussanträge ein strengerer Prüfungsmaßstab als für die betroffenen Mitgliedstaaten, die sich demnach auch im Bereich der Rückausnahmen auf eine weitgehende Beschränkung der Urteilswirkungen berufen können[991].

Eine Präklusion lässt sich nach dieser Konstruktion folglich nur vermeiden, indem man den Steuerpflichtigen rät, vorsorglich gegen jegliche Form von Bescheid Rechtsmittel einzulegen, was unweigerlich einen massenhaften Anstieg von aus hypothetischen und rein spekulativen Gründen angestrengten Verfahren zur Folge hätte[992]. Mithin begünstigt die Wahl eines möglichst frühen Zeitpunkts im Ergebnis den Beschwerdeführer, der bedenkenlos Rechtsmittel einlegt. Beides mutet angesichts der hinter den Schlussanträgen stehenden Motivation, die wirtschaftlichen Folgen der Vorabentscheidungen weiter zu begrenzen, geradezu paradox an, da in der Rechtspraxis aus den geschilderten Gründen wohl genau das Gegenteil erreicht würde. Selbst wenn man also an dem Kriterium der Gefahr schwerwiegender wirtschaftlicher Auswirkungen festhalten will, eignet sich der von den Generalanwälten gewählte Ansatz nicht, um einer solchen vorzubeugen.

c) Abschließende Bewertung

Es ließ sich zeigen, dass keiner der in den Schlussanträgen angeführten Gründe die dort vorgeschlagenen Modifikationen der Rechtsprechung des EuGH rechtfertigt. Darüber hinaus sprechen auch weitere Argumente gegen die von den Generalanwälten unterbreiteten Vorschläge.

So wies Generalanwältin *Stix-Hackl* in ihren Ausführungen zur Rechtssache *Banca Popolare di Cremona* schon eingangs darauf hin, dass der Festsetzung eines Zeitpunkts, zu dem Fälle in Verfahren, gegen die Rechtsmittel eingelegt wurden, als präkludiert gelten sollten, stets ein Element der Willkür inne-

990 *Meilicke*, DB 2005, 2658 (2660) spricht von einer Überspannung der Sorgfaltspflicht; vgl. auch: *Seer*, ET 2006, 470 (474) m.w.N. für die Konsequenzen für Steuerberater.

991 *Thömmes*, Jb. der Fachanwälte für Steuerrecht 2006/2007, 50 (59 f.); i.E. befürworten dies wohl: *Steinberg/Bark*, EuZW 2007, 243 (246 f.).

992 *Seer*, ET 2006, 470 (474); *Thömmes*, Jb. der Fachanwälte für Steuerrecht 2006/2007, 50 (59).

wohnt[993]. Dies hielt sie jedoch nicht davon ab, selbst für die Verlesung der Schlussanträge als Bezugszeitpunkt einzutreten, was insofern besonders unglücklich erscheint, als es den ohnehin schon weit verbreiteten falschen Eindruck nährt, Schlussanträge seien für den Gerichtshof in irgendeiner Weise verbindlich[994]. Insofern zeigt die Wahl der Generalanwältin auf, wie komplex es schon ist, Kriterien für die Definition dieses Zeitpunktes zu finden – nicht zu sprechen von der Schwierigkeit, letztendlich den allen Interessen Rechnung tragenden Bezugszeitpunkt dann auch zu ermitteln.

Neben diesen praktischen Schwierigkeiten treten weitere Bedenken hinzu, welche die den Schlussanträgen zugrunde liegende Argumentation im Kern treffen. Ausweislich der Ausführungen der Generalanwälte ging es ihnen darum, solche Verfahren von der Rückausnahme der Rückwirkungsbeschränkung auszunehmen, welche spekulativ im Hinblick auf eine begünstigende Auslegung des EuGH angestrengt wurden. Zugespitzt ausgedrückt, soll so die Begünstigung von Trittbrettfahrern aufgrund von deren mangelnder Schutzbedürftigkeit vermieden werden. Dies kann aus zwei entscheidenden Gründen nicht überzeugen: Zum einen stellt sich schon die Frage, anhand welcher Kriterien der spekulative Charakter einer Rechtsmitteleinlegung bestimmt werden kann. Die Schlussanträge verschlossen sich dieser Problematik, indem sie dieser Frage nicht nachgingen, sondern stattdessen die unwiderlegbare Vermutung aufstellten, wonach sämtliche nach einem willkürlich gewählten Zeitpunkt initiierte Verfahren als spekulativ einzustufen seien. Doch auch diese scheinbar objektivierte Herangehensweise geht letztendlich fehl. Denn zum anderen ist schon der Ansatz nicht haltbar, den die Generalanwälte in *Banca Popolare di Cremona* und *Meilicke* wählten. Selbst wenn man nämlich einem Rechtsmittel spekulativen Charakter unterstellt, rechtfertigt dies nicht, es von der Rückausnahme der Beschränkung der Urteilswirkungen *ex nunc* auszunehmen, da die Gründe hierfür nicht der Bewertung durch die Behörden oder Gerichte unterliegen. Solange ein Rechtsunterworfener sich einer zulässigen Einspruchsmöglichkeit bedient, hat dessen Motivationslage außen vor zu bleiben. Wenn die Schlussanträge aber ausgerechnet derartige Kriterien in den Fokus ihrer Argumentation rücken, so lassen sie sachfremde Erwägungen in ihre Argumentation mit einfließen, die damit keine überzeugenden Konzepte für die Zukunft zu liefern vermag, sondern letzten Endes willkürlich bleiben muss, wie dies von Generalanwältin *Stix-Hackl* bereits frühzeitig befürchtet wurde.

993 Schlussanträge der GAin *Stix-Hackl* v. 14. März 2006 in der Rs. C-475/03, Slg. 2006, I-9394, Rz. 172; vgl. auch: *Seer/Müller*, IWB 2008, Gruppe 2, Fach 11, 851 (863).
994 In diesem Sinne auch: *Düsterhaus*, EuZW 2006, 393 (397).

3. *Exkurs*: Die territoriale Begrenzung der Rückwirkungsbeschränkung

Erstmals tauchte die neuartige Frage nach der territorialen Begrenzung der Wirkungen von Urteilen im Vorabentscheidungsverfahren in den Schlussanträgen der Generalanwältin *Stix-Hackl* in der Rechtssache *Banca Popolare di Cremona* auf, wo sie das von ihr entworfene Konzept sogleich ausführlich erläuterte[995]. Demnach sei die Rechtsprechung des EuGH zur temporalen Rückwirkungsbeschränkung im Rahmen von Art. 267 AEUV um eine räumliche Komponente zu ergänzen; die vom Gerichtshof ausgesprochene Ausnahme von der Urteilswirkung *ex tunc* sollte nicht unionsweit, sondern lediglich in dem im Anlassverfahren betroffenen Mitgliedstaat Wirkung entfalten. dies soll deshalb gelten, weil die Voraussetzungen einer Rückwirkungsbeschränkung im Wesentlichen anhand von Kriterien geprüft würden, welche – insbesondere das Vorliegen der Gefahr schwerwiegender wirtschaftlicher Auswirkungen – mit Angaben belegt werden, die sich regelmäßig nur auf den Mitgliedstaat beziehen, in dem das Hauptsacheverfahren seinen Ursprung hat[996]. Um gleichzeitig die Gleichbehandlung von inhaltlich identisch gelagerten Problemen in anderen Mitgliedstaaten zu gewährleisten, soll zudem die Möglichkeit bestehen, in andere Länder betreffenden Verfahren ebenfalls eine zeitliche Beschränkung der Vorabentscheidung *ex nunc* zu beantragen, die dann ihrerseits wiederum territorial begrenzt sein sollte[997].

Dieser Ansatz stellt streng genommen keine bloße Erweiterung der bis dahin ständigen Rechtsprechung des EuGH dar, sondern läuft vielmehr auf einen Bruch mit derselben hinaus, da der Gerichtshof eine Rückwirkungsbeschränkung nur in dem gleichen Urteil auszusprechen bereit ist, in dem über eine bestimmte Auslegung oder Ungültigkeit einer sekundärrechtlichen Norm entscheiden wird[998]. Wenn in einem späteren Verfahren dieselbe Vorlagefrage nochmals betroffen ist, kommt eine zeitliche Beschränkung nur auf den Zeitpunkt in Betracht, zu dem der EuGH erstmals in dieser Sache befunden hat[999]. Dennoch versucht die Generalanwältin ihren neuartigen Ansatz mit der bisherigen

995 Schlussanträge der GAin *Stix-Hackl* v. 14. März 2006 in der Rs. C-475/03, Slg. 2006, I-9394, Rz. 178 ff., insbes. Rz. 182; vgl. auch den Hinweis bei: *Vaughan*, in: Moser/Sawyer, Making Community Law, 218 (225).

996 Schlussanträge der GAin *Stix-Hackl* v. 14. März 2006 in der Rs. C-475/03, Slg. 2006, I-9394, Rz. 181.

997 Schlussanträge der GAin *Stix-Hackl* v. 14. März 2006 in der Rs. C-475/03, Slg. 2006, I-9394, Rz. 186.

998 St. Rspr., vgl. jeweils m.w.N.: *Broberg/Fenger*, Preliminary References to the European Court of Justice, S. 447; *Pechstein*, EU-/EG-Prozessrecht, Rn. 863; *Naômé*, Le renvoi préjudiciel en droit européen, Rn. 332.

999 Exemplarisch hierzu: *EuGH*, Urt. v. 6. Oktober 1993, Rs. 109/91 (Ten Oever ./. Stichting Bedrijfspensoensfonds voor het Glazenwassers- en Schoonmaakbedrijf), Slg. 1993, I-4879, Rz. 19.

Spruchpraxis in Einklang zu bringen, indem sie die grundsätzliche Verschiedenartigkeit der dem Gerichtshof vorgelegten Vorabentscheidungsersuchen betont[1000]. Diese in *Banca Popolare di Cremona* nur implizit anklingende Gedankenführung führt sie in ihren Schlussanträgen im Verfahren *Meilicke* weiter, indem sie dort ausdrücklich auf die angebliche Existenz einer solchen strengen Rechtsprechung des EuGH abstellt und hierzu die Rechtssachen *Gravier* und *Blaizot* zitiert[1001]. Allerdings kann dieser Hinweis nicht verfangen, da anderorts bereits gezeigt wurde, dass es sich bei den genannten Urteilen des Gerichtshofs lediglich um Einzelfallentscheidungen handelt.

Entgegen anderslautender Behauptungen der Generalanwältin selbst[1002] und der ihr folgenden Stimmen in der Literatur[1003], welche zum Teil glauben machen, die territoriale Begrenzung der Rückwirkungsbeschränkungen von Vorabentscheidungen seien etablierte Tatsachen, stellte der Vorschlag in *Banca Popolare di Cremona* eine genuine Neuerung für die Jurisprudenz des EuGH dar und bedarf folglich der weiteren Analyse.

So zeigt schon ein Blick auf das Urteil in der Rechtssache *Meilicke* selbst, dass der Gerichtshof die Sichtweise seiner Generalanwältin augenscheinlich nicht teilte. In seiner Entscheidung kam er zwar zum identischen Ergebnis wie diese und verwarf den Antrag der deutschen Regierung, doch wählte er hierfür eine völlig andere Herangehensweise als die Schlussanträge. Ohne direkt auf das dort aufgeworfene Problem der territorialen Begrenzung einzugehen, griff er seine soeben geschilderte ständige Rechtsprechung auf. Eine Rückwirkungsbeschränkung kam demnach schon deshalb nicht in Frage, weil er die ihm vorgelegte Frage bereits in der Rechtssache *Verkooijen* beantwortet, dort aber – wie auch in späteren Vorlagefragen in dieser Sache – auf eine Modifikation der zeitlichen Urteilsfolgen verzichtet hatte[1004]. Das eigentlich Überraschende an dieser Passage von *Meilicke* ist indes der Begründungsaufwand, den der ansonsten so apodiktisch judizierende EuGH betrieb, um seine Auffassung zu belegen. Erstmals erläuterte er hier seine Motivation für diese Rechtsprechung, die auf Erwägungen der „...Gleichbehandlung der Mitgliedstaaten und der Einzelnen in An-

1000 Ähnl.: *Düsterhaus*, EuZW 2006, 393 (395).

1001 Schlussanträge der GAin *Stix-Hackl* v. 5. Oktober 2006 in der Rs. C-292/04, Slg. 2007, I-1854, Rz. 21.

1002 Schlussanträge der GAin *Stix-Hackl* v. 5. Oktober 2006 in der Rs. C-292/04, Slg. 2007, I-1854, Rz. 14; wohl aber a.A. in Ansehung des Urteils in der Rs. *Meilicke*: *Stix-Hackl*, DB-Beilage 4/2007, 118 (118 f.).

1003 Jeweils ohne weitere Begründung: *Billig*, FR 2007, 785 (786 f.); *Frenz*; Hdb. Europarecht – Bd. 5, Rn. 3425; *Karpenstein*, in: Grabitz/Hilf, Das Recht der Europäischen Union, Art. 234 EGV Rn. 107; *Wiedmann*, EuZW 2007, 692 (693).

1004 *EuGH*, Urt. v. 6. März 2007, Rs. C-292/04 (Wienand Meilicke et al. ./. Finanzamt Bonn-Innenstadt), Slg. 2007, I-1835, Rz. 36 ff.

sehung des Gemeinschaftsrechts..." beruhe und damit letztendlich den Erfordernissen des Grundsatzes der Rechtssicherheit Rechnung trage[1005].

Diese Aussage des Gerichtshofs ist in zweifacher Hinsicht bemerkenswert. Zunächst einmal fällt eine scheinbare Inkonsistenz in der Argumentation auf: Wenn der EuGH Gleichheitserwägungen als Argument für seine Rechtsprechung anführt, überzeugt dies nicht wirklich, da auch der Vorschlag der Generalanwältin diesem Grundsatz Rechnung trägt, indem sie jedem Mitgliedstaat individuell und unter identischen Voraussetzungen die Möglichkeit einräumt, Gründe für eine Rückwirkungsbeschränkung in dem ihn betreffenden Verfahren geltend zu machen[1006]. Erst in einem zweiten Schritt erschließt sich die eigentliche Bedeutung der Urteilspassage. Es ging dem EuGH offensichtlich um eine Gleichbehandlung im Sinne einer einheitlichen Behandlung: Alle Mitgliedstaaten sollen nach diesem Modell zu einem bestimmten Zeitpunkt auf uniforme Art und Weise behandelt werden. Der dahinter stehende Gedanke besteht in der Vermeidung eines Chaos in der Rechtsanwendung, das als Folge der territorialen Beschränkung unweigerlich eintreten würde.

Vor diesem Hintergrund wird auch klar, wo aus Sicht des Gerichtshofs Generalanwältin *Stix-Hackls* Idee der territorialen Begrenzung einer Rückwirkungsbeschränkung im Rahmen von Art. 267 AEUV strukturell zu verorten ist: Sie oszilliert quasi im Spannungsfeld einer der grundsätzlichen Anforderungen an das Vorabentscheidungsverfahren, namentlich der Sicherstellung der einheitlichen Anwendung des Unionsrechts[1007]. Eine Rückwirkungsbeschränkung bewirkt die Unanwendbarkeit einer gefunden Auslegung oder der Feststellung einer Ungültigkeit für den Zeitraum bis zur Urteilsverkündung. Das eigentlich einschlägige Unionsrecht findet aus Gründen der Rechtssicherheit für eine begrenzte Zeit keine Anwendung in der gesamten EU. Eine territoriale Begrenzung dieses Effekts steuert demnach zu einer besseren Durchsetzung der unionalen Rechtsordnung bei, weil deren durchgängig korrekte Anwendung nur in dem im Anlassfall betroffenen Mitgliedstaat eine Durchbrechung erfährt. Dieses Ergebnis tritt indes nur auf Kosten der Einheitlichkeit ein, da bei einer nur territorialen Begrenzung plötzlich Unterschiede im Unionsrecht auftreten – je nachdem, in welchem Staat es gerade angewendet wird. Genau diese Unklarheit für den Rechtsanwender schien der EuGH zu befürchten, weshalb für ihn, im Gegensatz zu seiner Gene-

1005 *EuGH*, Urt. v. 6. März 2007, Rs. C-292/04 (Wienand Meilicke et al. ./. Finanzamt Bonn-Innenstadt), Slg. 2007, I-1835, Rz. 37; vgl. hierzu auch: *EuGH*, Urt. v. 17. Juli 2008, RS. C-426/07 (Krawczyński ./. Dyrektor Izby Celnej w Białymstoku), Slg. 2008, I-6021, Rz. 44.

1006 Für diesen Ansatz i.E. auch: *Lang*, IStR 2007, 235 (237 f.); noch vorsichtiger: *ders.*, [2007] 35 Intertax 4, 230 (239 f.).

1007 Statt aller: *Bleckmann*, Europarecht, Rn. 916; *Ipsen*, Europäisches Gemeinschaftsrecht, § 43 Rn. 48; *Nicolaysen*, Europarecht I, S. 395 f.

ralanwältin, das Pendel in Richtung Einheitlichkeit ausschlug. Dieser Befund ist für den Gerichtshof letztendlich auch als folgerichtig einzustufen, wenn man seine primäre Funktion im Rahmen von Art. 267 Abs. 1 lit. a) AEUV darin sieht, eine allgemeinverbindliche Auslegung des Unionsrechts zu geben[1008].

Dennoch lassen sich nicht alle Argumente der Generalanwältin ohne Weiteres von der Hand weisen. Ihr Einwand, das Vorliegen einer Gefahr schwerwiegender wirtschaftlicher Auswirkungen werde vom EuGH lediglich anhand der Sachlage im in dem konkreten Anlassverfahren betroffenen Mitgliedstaat geprüft, während die Situation in den anderen Staaten der EU keine Berücksichtigung findet, ist sicherlich richtig. Allerdings spricht dieser Kritikpunkt nach hier vertretener Ansicht eher gegen die grundsätzliche Eignung des Merkmals „Gefahr schwerwiegender wirtschaftlicher Auswirkungen" als für eine weitere Verkomplizierung der bisherigen Prüfung durch ein zusätzliches Kriterium in Form der territorialen Begrenzung der Rückwirkungsbeschränkung. Schon bei der zweiten vom Gerichtshof aufgestellten Voraussetzung für die Anordnung eines Effekts *ex nunc* greift dieser Einwand nicht, da eine objektive Rechtunsicherheit bzw. ein guter Glaube entweder deshalb besteht, weil der EuGH sich erstmals mit einer Norm des Unionsrechts befasst, die bis dahin anders ausgelegt wurde, oder weil ein Verhalten der Organe der EU zum Entstehen eines guten Glaubens bei den Rechtsanwendern beigetragen hat; beide Gründe sind indes gerade nicht auf einen spezifischen Mitgliedstaat beschränkt[1009].

Darüber hinaus wirft der Vorschlag der Generalanwältin weitere Folgeprobleme insbesondere im Bereich des Steuerrechts auf: So wird gerade in bundesstaatlich organisierten Gebilden nicht jede Abgabe auf einer übergeordneten Bundesebene gleichförmig für das gesamte Staatsgebiet erhoben, vielmehr prägen auch regionale oder kommunale Steuern das Bild. Denkt man *Stix-Hackls* Ansatz konsequent zu Ende, müsste der EuGH aus Gründen der strikten Gleichbehandlung hier für die jeweils einschlägige innerstaatliche Ebene eine Prüfung vornehmen, ob die Gefahr schwerwiegender wirtschaftlicher Auswirkungen tatsächlich gegeben ist[1010]. Dies stellt eine nur wenig praktikable und schwer handhabbare Lösung für einen Spruchkörper da, der bereits ohne diese Untergliederung über die Anwendung des Unionsrechts in 28 verschiedenen Rechtsordnungen wacht, und steht darüber hinaus in Widerspruch zu dem allgemeinen Grundsatz, wonach die Mitgliedstaaten auf europäischer Ebene unabhängig von ihrer binnenstaatlichen Struktur als Entitäten zu betrachten sind[1011].

1008 Dies verkennen wohl *Tiedtke/Mohr*, EuZW 2008, 424 (427 f.) in ihrer Argumentation.
1009 *Lang*, [2007] 35 Intertax 4, 230 (237); *ders.*, IStR 2007, 235 (238).
1010 Hierzu ausführl. m.w.N. aus der Rspr. des EuGH: *Lang*, IstR 2007, 235 (238 f.); *ders.*, in: Dourado/Palma Borges, The Acte Clair in Direct Tax Law, 133 (149 f.).
1011 Statt aller: *Frenz*, Hdb. Europarecht – Bd. 5, Rn. 225 ff. m.w.N. aus der Lit. und Rspr.

Mithin überzeugt die Überlegung, eine territoriale Begrenzung der Rückwirkungsbeschränkung einzuführen, ausschließlich im Hinblick auf das Kriterium der Gefahr schwerwiegender Störungen. Nach hier vertretener Auffassung jedoch ist von der weiteren Anwendung dieses Merkmals bereits aus anderen Gründen abzusehen[1012], so dass sich damit auch die Notwendigkeit der Einführung jener Voraussetzung nicht mehr stellt.

III. Zusammenfassendes Ergebnis

Die in den Rechtssachen *Banca Popolare di Cremona* und *Meilicke* verfassten Schlussanträge betraten mit ihren Vorschlägen gleich in mehrfacher Hinsicht rechtliches Neuland. Dass der EuGH keinem dieser innovativen Ansätzen gefolgt ist, sondern sich vielmehr darauf beschränkt hat, seine ständige Rechtsprechung zu bestätigen, kann nur auf den ersten Blick als übertriebene Vorsicht des Gerichtshofs abgetan werden.

Die vorliegende Analyse zeigt vielmehr auf, dass er richtigerweise den Vorschlägen seiner Generalanwälte nicht gefolgt ist, da die von ihnen formulierten Ideen lediglich aus mitgliedstaatlicher Sicht eine Verbesserung der gegenwärtigen Situation nach sich gezogen hätten. Und selbst letzteres kann bezweifelt werden. So mag der bisweilen gegen die beiden vorliegend behandelten Entscheidungen geäußerte Einwand, sie würden lediglich die Sorgfaltspflichten der Mitgliedstaaten erhöhen, da diese nun jedes Verfahren auf seine Relevanz für die eigene Rechtsordnung hin prüfen und im Zweifel eine Beschränkung der zeitlichen Urteilswirkungen beantragen müssen[1013], richtig sein, wenn man von einer rein quantitativen Betrachtungsweise ausgeht. Allerdings ist eine solche Lösung durch die Interventionsmöglichkeit der Mitgliedstaaten in Art. 23 Abs. 1 und 2 der Satzung des EuGH bereits prädestiniert. Zudem besteht auch die berechtigte Hoffnung, dass die vom Gerichtshof gefundenen Entscheidungen langfristig auch den Mitgliedstaaten zugute kommen, indem sie diese durch die Drohung der Präklusion dazu bringen, ihren Blick für die Unionsrechtsordnung zu schärfen, ihre Bedenken in Verfahren vor dem EuGH frühzeitig vorzutragen und so insgesamt zu einer Steigerung der Qualität der Unionsrechtsprechung beizutragen[1014].

Dass der Gerichtshof trotz der weit reichenden Vorschläge seiner Generalanwälte bei seiner bisherigen Rechtsprechung geblieben ist, kann folglich als Stabilisierung seiner Spruchpraxis zu der Frage der temporalen Modifikation von

1012 Vgl. hierzu ausführl. *supra* im 5. Kap. in Punkt B IV 3 b).
1013 *Steinberg/Bark*, EuZW 2007, 243 (246); ähnl. auch: *Stix-Hackl*, DB-Beilage 4/2007, 118.
1014 *Meilicke*, DB 2007, 650 (650 f.); *Seer/Müller*, IWB 2008, Gruppe 2 Fach 11, 851 (860).

Vorabentscheidungen gedeutet werden. Den Urteilen in den Rechtssachen *Banca Popolare di Cremona* und *Meilicke* kommt somit im Ergebnis gar die Funktion eines Wegweiser für die zukünftige Entwicklung der Rechtsprechung zu[1015], wie sich unlängst auch in dem noch abschließend zu besprechenden Verfahren *Winner Wetten* bestätigt hat.

1015 Vgl. für diese Einschätzung auch: *Vaughan*, in: Moser/Sawyer, Making Community Law, 218 (226).

Seit einiger Zeit wird in der deutschsprachigen europarechtlichen Literatur zur Lösung der Frage, auf welche Weise die umfassende temporale Rückwirkung von Vorabentscheidungen begrenzt werden könnte, auf eine Rechtsfigur abgestellt, die im angloamerikanischen Rechtskreis beheimatet ist und ihren Ursprung in der Rechtsprechung des Obersten Gerichtshofs der Vereinigten Staaten hat: das *Prospective Overruling*[1016]. Damit vollzieht die Debatte in Deutschland eine Entwicklung nach[1017], die in anderen europäischen Staaten bereits in direktem Zusammenhang mit der Rechtssache *Defrenne II* erfolgt ist, da die Entscheidung des EuGH zunächst als Übernahme dieses amerikanischen Modells gedeutet wurde[1018].

Es stellt sich die Frage, inwieweit das *Prospective Overruling* sich tatsächlich auf die Rechtsprechung des EuGH übertragen lässt. Hierbei ergeben sich mehrere Schwierigkeiten. So ist zunächst die generelle Anwendbarkeit dieser Rechtsfigur sowohl in deren Mutterland, den Vereinigten Staaten von Amerika, wie auch in anderen Staaten des angloamerikanischen Rechtskreises umstritten[1019]. Zudem handelt es sich beim *Prospective Overruling* nicht um ein inhaltlich klar definiertes Modell; vielmehr werden unter den Begriff eine Vielzahl von heterogenen Fallkonstellationen subsumiert, deren einheitliche Systematisierung bis heute nicht erfolgt ist, worunter wiederum die Übersichtlichkeit der englischsprachigen Debatte insgesamt leidet[1020].

Angesichts dieser vielschichtigen Verästelungen der Problematik bietet sich für deren Untersuchung im Kontext der vorliegenden Arbeit ein Vorgehen an, das seinen Bezugspunkt in der unionsrechtlichen Debatte hat. Ausgehend von den Ergebnissen der bisherigen Kapitel dieser Analyse soll dementsprechend zu-

1016 Siehe aus der deutschsprachigen Lit. hierzu insbes.: *Schwarze*, NJW 2005, 3459 (3464 f.); *ders.*, Europäisches Wirtschaftsrecht, Rn. 738 m.w.N.

1017 Diese verspäteten Hinweise auf das *Prospective Overruling* im Kontext von Art. 267 AEUV überraschen, zumal dieses Modell in methodologischer Hinsicht seit längerem auf lebhaftes Interesse stößt, vgl. hierzu statt vieler: *Langenbucher*, Die Entwicklung und Auslegung von Richterrecht, S. 136 f. m.w.N. aus der Lit.

1018 Z.B.: *Gerven*, C.D.E. 1977, 131 (133 f.); *Hamson*, in: Gerichtshof der Europäischen Gemeinschaften, Begegnung von Justiz und Hochschule, II-1 (II-17); *Isaac*, C.D.E. 1987, 444 (462 f.); *Jimeno Bulnes*, La cuestión prejudicial del artículo 177 TCE, S. 518; *Wyatt*, [1976] 1 E.L.Rev., 399 (401 f.).

1019 Zsf. für die USA: *Tribe*, American Constitutional Law, S. 213 ff. m.w.N. aus der Rspr. des Supreme Court.

1020 Allg. hierzu: *Juratowitch*, Retroactivity and the Common Law, S. 199 f.; insbes. zur Rechtslage in den USA aus europäischer Sicht: *Joliet*, Le droit institutionnel des Communuatés europées, S. 223 ff.; *Kohl*, R.C.J.B. 1977, 231 (237 f.); *Nicol*, [1976] 39 M.L.R., 542 (546 ff.).

nächst dargestellt werden, dass auch im angloamerikanischen Rechtskreis die Urteile der obersten Gerichte dies- und jenseits des Atlantik traditionell eine Wirkung *ex tunc* aufweisen. Sodann ist auf die Ausnahmekonstellation des *Prospective Overruling* einzugehen, wie sie der amerikanische Supreme Court entwickelt hat. In Anlehnung an die Rechtsprechung des EuGH ist hier der Frage nachzugehen, wann die Anwendung der Rechtsfigur zu Urteilen mit einer Wirkung *ex nunc* beziehungsweise *pro futuro* führt. In diesem Zusammenhang findet auch die Leitentscheidung des Obersten Gerichtshofs in der Rechtssache *Linkletter v. Walker* Erwähnung[1021], die in der europäischen Debatte um das *Prospective Overruling* regelmäßig exemplarisch als Vorbild angeführt wird. An die Diskussion der Rechtslage in den USA schließt sich in einem letzten Punkt ein Blick auf die das Vereinigte Königreich und Irland als den beiden Mitgliedstaaten der Europäischen Union an, die dem angloamerikanischen Rechtskreis zuzurechnen sind und deren Rechtsprechung zum *Prospective Overruling* im Wege der wertenden Rechtsvergleichung auch die Spruchpraxis des EuGH beeinflussen könnte.

A. Die *Declaratory Theory* und der Grundsatz der Rückwirkung

Traditionell bildet die so genannte *Declaratory Theory* in der angloamerikanischen Debatte die Grundlage zur Bestimmung der zeitlichen Folgen der Urteile von obersten Gerichten. Dieses Modell wird traditionell zurückgeführt auf *William Blackstone*[1022]. In seinen *Commentaries on Laws of England* beschreibt er die richterliche Tätigkeit im Allgemeinen wie folgt:

> „... judges do not pretend to make new law, but to vindicate the old one for misinterpretation. For if it be found that the former decision is manifestly unjust or absurd, it is declared, not that such sentence was bad law, but that it was not the law ...“[1023]

Ausgehend von dieser Konzeption wird die Hauptaufgabe des Richters im *Common Law* als Rechtsfindungsprozess im wörtlichen Sinne verstanden; sie erschöpft sich demnach im Auffinden einer bestehenden, aber noch nicht erkannten „richtigen“ Lösung zu einem bestimmten Rechtsproblem[1024]. Soweit hierzu bereits eine andere Lösung bestehen sollte, die als unrichtig erkannt wird, tritt an

1021 *Linkletter v. Walker*, 381 U.S. 618 (1965).

1022 Zur *Declaratory Theory* und deren Entwicklung, vgl. etwa: *Cross/Harris*, Precedent in English Law, S. 27 ff.

1023 *Blackstone*, Commentaries on Laws of England, S. 69 f.; zit. nach: *Nicol*, [1976] 39 M.L.R., 542 (543).

1024 Vgl. hierzu exemplarisch aus der modernen Debatte: *Dworkin*, Law's Empire, S. 254 ff.; sehr plastisch auch: *American Trucking Associations Inc. v. Smith*, 496 U.S. 167, 201 (1989), *per* Scalia J.

deren Stelle das neu ermittelte Recht, während der alte Lösungsansatz als nichtig verworfen wird. Das eben geschilderte Verständnis der richterlichen Tätigkeit, das der allgemeinen Ansicht sowohl in England[1025] als auch den Vereinigten Staaten von Amerika[1026] entspricht, bedingt demnach, dass Urteilen der obersten Gerichte in zeitlicher Hinsicht regelmäßig eine umfassende Wirkung *ex tunc* zukommt, welche nur durch den Grundsatz der *res iudicata* durchbrochen wird[1027]. Dieser auf der *Declaratory Theory* gründende Ansatz weist augenfällige Gemeinsamkeiten mit kontinentaleuropäischen Argumentationsmustern auf, die gerichtlichen Entscheidungen eine temporale Rückwirkung beimessen[1028]. Zwar fußt das deutsche Modell der Verfassungsgerichtsbarkeit zunächst auf dem normhierarchischen Postulat, wonach infrakonstitutionelle Normen am Maßstab des Grundgesetzes zu messen und gegebenenfalls als nichtig zu verwerfen sind, gleichzeitig aber begreift es die Verfassungsauslegung wie die *Declaratory Theory* traditionell auch als Akt der Wahrheits- und Gerechtigkeitsfindung, allerdings am Maßstab einer geschriebenen Verfassung[1029]. In dieser Tradition argumentiert auch der EuGH, wenn er als Begründung für die Rückwirkung seiner Vorabentscheidungen ausführt, er lege lediglich Bestimmungen der Gründungsverträge aus, wie sie seit deren Inkrafttreten zu verstehen seien[1030].

Gegen die *Declaratory Theory*, die als ein der richterlichen Praxis widersprechendes bloßes Gedankenkonstrukt bezeichnet wird[1031], bringen Kritiker in der angloamerikanischen Debatte seit Mitte des 19. Jahrhunderts ein positivistisches Modell in Stellung, als dessen geistiger Urvater *John Austin* fungiert. Dieser Ansatz begreift den Richter als *Law Maker*: Die Anwendung abstrakter Rechtsregeln auf einen konkreten Fall stellt demnach einen kreativen Prozess dar, welcher auf der offenen Formulierung der anzuwendenden Vorschriften beruht, die ihrerseits durch die richterliche Interpretation am jeweiligen Fall geformt werden[1032]. Anders als noch bei *Blackstone* folgt aus diesem Verständnis der richterlichen Tätigkeit insbesondere nach amerikanischem Verständnis nicht zwangsläufig die temporale Rückwirkung von Gerichtsentscheidungen. Vielmehr ist sie

1025 St. Rspr., vgl. etwa: *Willis v. Baddeley*, [1892] 2 Q.B. 324 (326), *per* Lord Esher.

1026 St. Rspr., vgl. etwa: *Norton v. Shelby County*, 118 U.S. 425, 442 (1886), *per* Field, J.

1027 Statt aller: *Brugger*, Einführung in das öffentliche Recht der USA, S. 27; *Cross/Harris*, Precedent in English Law, S. 228 f.; *Tribe*, American Constitutional Law, S. 216 f.

1028 *Koopmans*, [1980] 39 C.L.J. 2, 287 (296 f.) etwa sieht Parallelen zu *Montesquieu* und *Madison*.

1029 Vgl. hierzu ausführl. *supra* im 2. Kap. in Punkt A I 1 m.w.N. aus Lit. und Rspr.

1030 St. Rspr. seit: *EuGH*, Urt. v. 27. März 1980, Rs. 61/79 (Amministrazione delle Finanze dello Stato ./. Denkavit Italiana), Slg. 1980, 1205, Rz. 16.

1031 Kritisch z.B. *Levy*, [1960] 109 U. Pa. L. Rev. 1, 1 (2 ff.); *Tur*, [2002] 22 O.J.L.S. 3, 463 (466 f.).

1032 *Cross/Harris*, Precedent in English Law, S. 30 ff.; *Fallon/Meltzer*, [1991] 104 Harv. L. Rev. 8, 1731 (1760 f.).

das Ergebnis einer bewussten Abwägungsentscheidung des erkennenden Richters unter Berücksichtigung von Gerechtigkeits- und Rechtssicherheitserwägungen, die im Regelfall zugunsten einer Rückwirkung ausfällt. Dies ist jedoch kein Automatismus, vielmehr kann die Abwägung auch in einem Effekt *ex nunc* oder *pro futuro* im Sinne des noch zu erläuternden *Prospective Overruling* münden[1033]. Auch hier bestehen Parallelen zu kontinentaleuropäischen Argumentationslinien. Wie etwa im Zusammenhang mit dem deutschen Modell bemerkt, folgt auch dort die zeitliche Rückwirkung eines normverwerfenden Urteils nicht denknotwendig aus der dem Institut der Verfassungsgerichtsbarkeit zugrunde liegenden Konzeption, sondern erwächst aus einer bewussten Entscheidung des Gesetzgebers. Diese wird bisweilen auch vom BVerfG aus denselben Motiven wie im vorliegend dargestellten Ansatz modifiziert[1034].

Trotz signifikanter Kritik aus der Literatur wird die Rechtsprechung in den Vereinigten Staaten von Amerika und in England im Ergebnis aber weiterhin von der *Declaratory Theory* dominiert, was zur Folge hat, dass Urteilen der dortigen obersten Gerichten im Regelfall eine temporale Wirkung *ex tunc* zukommt, wie sie grundsätzlich auch für die Spruchpraxis des EuGH kennzeichnend ist[1035].

B. Die Rechtsfigur des *Prospective Overruling* in den USA

Auch wenn die Rechtsprechung der obersten Gerichte im angloamerikanischen Rechtskreis von einer Rückwirkung ihrer Urteile ausgeht, kennt insbesondere die Spruchpraxis des amerikanischen Supreme Court[1036] weitreichende Ausnahmen von diesem Grundsatz, die für gewöhnlich unter dem Begriff *Prospective Overruling* zusammengefasst werden. Diese Technik, die sich durch eine verwirrende Vielzahl von Fallgruppen auszeichnet, ermöglicht es dem Supreme Court sowie den gliedstaatlichen Obersten Gerichten grundsätzlich die Begrenzung der zeitlichen Entscheidungswirkungen *ex nunc* und *pro futuro*.

Gerade der Umgang mit diesem letzterem Phänomen, das auch als *Pure Prospectivity* bezeichnet wird[1037], ist im Kontext des vorliegenden Kapitels und angesichts der Entscheidungen des EuGH in den so genannten *Währungsausgleichs-*

1033 Zum Ganzen ausdrückl.: *Sweeney*, [1994] 39 N.Y. L. Sch. L. Rev., 833 (846 ff.).

1034 Vgl. hierzu *supra* im 2. Kap. in Punkt A I zu §§ 78 f. BVerfGG m.w.N.

1035 Zsf. für die USA: *Fish*, [1996] 110 Harv. L. Rev., 1055 (1059 ff.); *Treanor/Sperling*, [1993] 93 Col. L. Rev., 1902 (1926 ff.), jeweils m.w.N. aus der Rspr. des Supreme Court.

1036 Ein weiteres Bsp. bildet die indische Rechtsordnung, vgl.: *Langenbucher*, ZEuP 2006, 854 (866 f.) m.w.N.; *Vaughan*, in: Moser/Sawyer, Making Community Law, 218 (221).

1037 In der Lit. findet sich hierfür auch die Bezeichnung *Prospective Overruling simpliciter*, vgl. etwa: *Brown*, [1981] 22 C.M.L.Rev. 4, 509 (519); *Waelbroeck*, [1982] 1 Y.E.L., 115 (118).

fällen sowie in den Rechtssachen *Banca Popolare di Cremona* sowie *Meilicke* von herausgehobenem Interesse. Dies gilt umso mehr, da die deutschsprachige Literatur, die sich mit dem *Prospective Overruling* auseinandersetzt und in bestimmten Fällen seine Übernahme durch den EuGH fordert, diese Rechtsfigur ganz offensichtlich in ihrer ausschließlich zukunftsbezogenen Variante vor Augen zu haben scheint[1038].

Dennoch ist hier zunächst mit einer anderen Fallgruppe zu beginnen, welche durch die bereits erwähnte Rechtssache *Linkletter v. Walker* charakterisiert wird. Nicht nur handelt es sich hierbei um eine der wichtigsten und aufgrund der Gedankenführung des Supreme Court illustrativsten Entscheidungen auf dem Gebiet des *Prospective Overruling*, auch in der europarechtlichen Literatur nimmt das Urteil eine prominente Stellung ein und wird mitunter gleichsam als Dreh- und Angelpunkt für die gesamte Rechtsfigur verstanden[1039].

I. *Linkletter v. Walker* und die Folgerechtsprechung

Linkletter v. Walker betraf die Wiederaufnahme des Strafprozesses eines verurteilten Straftäters im Rahmen eines außerordentlichen Rechtsmittelverfahrens[1040]. Inhaltlich stützte der Antragsteller seine Argumentation auf das Urteil des Obersten Gerichtshofes in der Rechtssache *Mapp v. Ohio*, das nach seiner Verurteilung ergangen war und in welchem der Supreme Court eine bestimmte Form der Beweiserhebung, die im Ausgangsverfahren des Antragstellers Anwendung gefunden hatte, als unvereinbar mit der Bundesverfassung verwarf[1041]. Ausgehend von den soeben dargestellten Grundsätzen hätte das Präjudiz in *Mapp v. Ohio* tatsächlich rückwirkend Anwendung finden müssen mit der Folge, dass das Verfahren gegen den Antragssteller in *Linkletter v. Walker* wieder aufgenommen worden wäre[1042]. Diese Rechtsfolge ordnete der Supreme Court in seinem Urteil nicht an, sondern wies den Antrag als unbegründet ab. Dies begründete die Mehrheit der Richter damit, dass die Bundesverfassung keine Aussage zu den

1038 Vgl. hierzu die Nachweise *supra* in diesem Kap. in Fn. 1016 sowie aus der Lit.: *Huep*, Beschränkung einer Rückwirkung neuer richterlicher Erkenntnisse auf ältere Sachverhalte, S. 105; *Zweigert/Kötz*, Einführung in die Rechtsvergleichung, S. 255 m.w.N.

1039 Statt vieler: *Alexander*, [1988] 7 Y.E.L., 11 (17); *Koopmans*, [1980] 39 C.L.J. 2, 287 (288 ff.); *Schwarze*, Europäisches Wirtschaftsrecht, Rn. 738, dort Fn. 1541.

1040 Zum prozessualen Hintergrund des Verfahrens: *Blume/Voisin*, [1996] 47 S.C. L. Rev., 271 ff. m.w.N.

1041 *Mapp v. Ohio*, 367 U.S. 643 (1961) unter Aufgabe des Präjudizes in *Wolf v. Colorado*, 338 U.S. 25 (1949).

1042 Siehe hierzu auch § 79 Abs. 1 BVerfGG, der in Deutschland eine vergleichbare Rechtsfolge vorsieht.

zeitlichen Wirkungen von Urteilen des Gerichtshofes enthalte, die Frage mithin durch eine Abwägung im jeweiligen Einzelfall zu lösen sei[1043]. In *Linkletter v. Walker* bedeutete dies eine Gegenüberstellung der praktischen Schwierigkeiten, die der Justizverwaltung durch eine rückwirkende Anwendung der in *Mapp v. Ohio* aufgestellten Prinzipien entstanden wären und der Schwere des durch die rechtswidrige Beweiserhebungsregel verursachten Verfassungsverstoßes. Letztere war nach Ansicht des Supreme Court zu vernachlässigen angesichts der Vielzahl von Verurteilungen, die ansonsten neu hätten verhandelt werden müssen und die Justiz an ihre administrativen Grenzen gebracht hätte. Die Klage wurde abgewiesen[1044].

Ohne vorliegend auf die inhaltlichen Schwächen der Entscheidung eingehen zu müssen[1045], fällt an *Linkletter v. Walker* zunächst die ausführliche Auseinandersetzung mit den temporalen Folgen von Urteilen des Obersten Gerichtshofes auf, die in dieser Form erstmalig erfolgt. Unter Einbeziehung der im vorhergehenden Punkt angerissenen Theorien sowie der Rechtsprechungspraxis des Gerichts wird eine Begründung für die Einzelfallabwägung erarbeitet. Dass hierfür ausgerechnet das Fehlen entsprechender Regelungen in der Verfassung selbst angeführt wird, mag aus unionsrechtlicher Sicht zunächst überraschen, enthält doch Art. 267 AEUV genauso wenig eine ausdrückliche Rechtsfolgenbestimmung. Für den EuGH ergibt sich aus diesem Fehlen keine weitgehende Kompetenz zur Automodifikation der zeitlichen Folgen seiner Entscheidungen, was nicht zuletzt als Ausprägung des Prinzips der begrenzten Einzelermächtigung verstanden werden muss[1046]. Die freie Hand, die sich der Supreme Court in *Linkletter v. Walker* zum ersten Mal in dieser Deutlichkeit gewährte, ist demgegenüber dem Aufbau der Gerichtsbarkeit in den USA geschuldet, an deren Spitze der Oberste Gerichtshof als Superrevisionsinstanz steht und die sich somit fundamental von der Struktur des von einem Kooperationsverhältnis geprägten Vorabentscheidungsverfahrens im Sinne von Art. 267 AEUV unterscheidet[1047]. Trotz dieser Differenzen überzeugt die Begründung des Supreme Courts in *Linkletter v. Walker* im Ergebnis nicht. Zwar liefert sie eine Begründung, warum die Verfassung eine bestimmte temporale Wirkung von Urteilen nicht ausschließt, sie kann jedoch nicht erklären, warum der Ausschluss der Rückwirkung verfassungsrechtlich geboten sein soll. Letzteres gilt umso mehr, wenn man sich vor

1043 *Linkletter v. Walker*, 381 U.S. 618, 629 (1965) *per* Clark, J.

1044 *Linkletter v. Walker*, 381 U.S. 618, 636 ff. (1965) *per* Clark, J.

1045 Vgl. hierzu nur die *Dissenting Opinions* in der Entscheidung selbst: *Linkletter v. Walker*, 381 U.S. 618, 641 ff. (1965) *per* Black und Douglas, JJ.; im Überblick: *Beytagh*, [1975] 61 Va. L. Rev., 1557 (1596 ff.).

1046 Statt aller: *Craig/de Búrca*, EU Law, S. 74 f. m.w.N.

1047 Zum Aufbau der Gerichtssystems der USA: *Brugger*, Einführung in das öffentliche Recht der USA, S. 15 ff.

Augen führt, dass die *Declaratory Theory*, nach der Urteilswirkungen im *Common Law* allgemein eine umfassende zeitliche Rückwirkung zukommt, rechtshistorisch auf eine Zeit zu datieren ist, welche der amerikanischen Bundesverfassung vorgeht und zur Zeit ihrer Verabschiedung bereits rechtstheoretisches Allgemeingut geworden war. Falls sich die Verfasser dieses äußerst wortkargen Dokuments überhaupt Gedanken zur Wirkung von Urteilen des Supreme Court gemacht haben sollten, erscheint es aufgrund des Entstehungszusammenhangs wahrscheinlicher, dass sie den Ansätzen gefolgt wären, wie sie die *Declaratory Theory* formuliert[1048].

Dieser unzureichenden Argumentation in *Linkletter v. Walker* wurde sich der Oberste Gerichtshof in der Folgezeit selbst bewusst und entwickelte zu der dort eingeführten Einzelfallabwägung Kriterien für die Bewertung von strafrechtlichen Sachverhalten, von denen vor allem die Berücksichtigung von Vertrauensschutzgesichtspunkten erwähnenswert ist[1049]. Unter dem Einfluss dieser Rechtsprechung etablierte er auch für zivilrechtliche Sachverhalte einen vergleichbaren Test[1050]. Dessen wesentlicher Fortschritt bestand in der ausdrücklichen Definition des zentralen Begriffs der *New Principle of Law*, die seitdem die Voraussetzung für die Anwendbarkeit des *Prospective Overruling* bildete. Nach diesem Ansatz ist von einer neuen Rechtsregel auszugehen, wenn alternativ einer der beiden folgenden Konstellationen gegeben ist: Entweder wird eine bis dahin gültige Präzedenzentscheidung durch das neue Urteil verworfen oder aber der Supreme Court fällt ein Urteil zu einer Fragestellung, zu der er sich in der Vergangenheit nicht geäußert hatte und zu der eine Äußerung, wie sie im Urteil erfolgte, nicht zu erwarten war. Nur wenn eine dieser Voraussetzungen vorliegt, kommt eine Ausnahme vom Grundsatz der Rückwirkung eines Urteils in Frage, die sich sodann anhand der in *Linkletter v. Walker* und der Folgerechtsprechung entwickelten Abwägungskriterien beurteilt.

In letztgenannter Hinsicht weist die Rechtsprechung des Obersten Gerichtshofes große Ähnlichkeit mit den Kriterien auf, die auch der EuGH zur Beurteilung der Frage heranzieht, ob die zeitlichen Wirkungen einer Vorabentscheidung *ex nunc* begrenzt werden sollen. Im Rahmen der Prüfung, ob ein guter Glaube der Rechtsanwender vorliegt, die eine Rückwirkungsbeschränkung rechtfertigt, stellt der Gerichtshof gleichermaßen darauf ab, inwieweit es sich um eine erstmalige

1048 In diese Richtung argumentiert auch Bundesrichter Scalia in *American Trucking Associations Inc.* v. *Smith*, 496 U.S. 167, 201 (1989), indem er sich auf Art. III § 1 der Bundesverfassung beruft.

1049 *Stovall v. Denno*, 388 U.S. 293 (1967), vgl. hierzu auch: *Beytagh*, [1975] 61 Va. L. Rev., 1557 (1612 f.); *Sweeney*, [1994] 39 N.Y. L. Sch. L. Rev., 833 (849).

1050 *Chevron Oil Co. v. Huston*, 404 U.S. 97, 105 f. (1971); zum Einfluss der strafrechtlichen Rspr., vgl. insbes.: *Treanor/Sperling*, [1993] 93 Col. L. Rev., 1902 (1928 f.).

Auslegung einer Vertragsnorm handelt, wobei er jedoch die Vorhersehbarkeit des Inhalts seiner Entscheidung höchstens indirekt einer Prüfung unterzieht[1051]. Auch die vom Supreme Court im Anschluss hieran durchgeführte Einzelfallabwägung findet ihre Entsprechung in der Spruchpraxis des EuGH, wenn dieser als kumulative Voraussetzung die Gefahr schwerwiegender wirtschaftlicher Auswirkungen in einer Art Gesamtbetrachtung mit einbezieht[1052].

Diese Parallelen setzen sich in struktureller Hinsicht allerdings nicht fort. Genauso wie der EuGH modifiziert auch der Supreme Court in *Linkletter v. Walker* die zeitliche Wirkung eines seiner Urteile *ex nunc* unter Einbeziehung des Anlassfalles, anders als bei ersterem erfolgt diese Anordnung allerdings nicht in dem Anlassfall selbst, in dem die hierfür erforderlichen Voraussetzungen vorliegen. Vielmehr ist das Urteil, welches stellvertretend für die häufigste Variante des *Prospective Overruling* steht, dadurch gekennzeichnet, dass die Problematik der temporalen Begrenzung einer Entscheidung in einem zeitlich nachgelagerten Verfahren behandelt wird, das sich ausschließlich mit der temporalen Problematik beschäftigt und die Voraussetzungen für eine Rückwirkungsbeschränkung im Anlassfall retrospektiv überprüft. Diese in *Linkletter v. Walker* eingeführte Methodik hat für die betroffenen Gerichte zwei klare praktische Vorteile: Zum einen muss sich das Gericht mit der Frage der zeitlichen Wirkung seiner Urteile nur dann befassen, wenn tatsächlich ein Fall mit Vergangenheitsbezug nach einer Neubewertung verlangt. Zum anderen kann das Gericht bei einer getrennten Behandlung der Frage nach den temporalen Urteilswirkungen zu einem späteren Zeitpunkt auf Erfahrungen mit der geänderten Rechtslage zurückgreifen und diese in seine Entscheidungen zu der Beurteilung der Frage der temporalen Urteilswirkungen mit einfließen lassen.

Auch in der unionsrechtlichen Debatte ist dieser Ansatz nicht unbekannt. Ihre Übernahme durch den EuGH wurde in der Vergangenheit zunächst von der Literatur gefordert[1053] und sodann im Verfahren *Winner Wetten* dem EuGH vom vorlegenden VG Köln zur Disposition gestellt[1054]. Dennoch hat der Gerichtshof in seinen Vorabentscheidungen Abstand von einer solchen Rechtsfigur genommen und mit Rücksicht auf den Gleichbehandlungsgrundsatz stattdessen seine ständi-

1051 Vgl. hierzu *supra* im 5. Kap. in den Punkten B III 2 c) aa) und B V m.w.N. zur Rspr. des EuGH.

1052 Vgl. hierzu *supra* im 5. Kap. z.B. in Punkt B II 1 c) bb) β) m.w.N. zur Rspr. des EuGH.

1053 *Rainer*, IStR 1996, 328 (329); *Slynn*, The Role and Future of the European Court of Justice, S. 96.

1054 *VG Köln*, Vorlageersuchen v. 9. Oktober 2006, ABl. EU v. 30. Dezember 2006, Nr. C 326/25.

ge Rechtsprechung betont, nach der die Rückwirkungsbeschränkung in dem Urteil zu erfolgen hat, in dem die Voraussetzungen hierfür erstmals vorliegen[1055].

II. Urteile mit Wirkung *ex nunc*

Wie im vorhergehenden Punkt dargestellt werden konnte, handelt es sich auch bei *Linkletter v. Walker* um eine Entscheidung, die eine temporale Wirkung *ex nunc* anordnete, wobei dies jedoch selbst rückwirkend auf den Erlasszeitpunkt der Entscheidung im Anlassfall geschah. Auch wenn es sich hierbei um den Regelfall des *Prospective Overruling* handelt, ist der Oberste Gerichtshof durchaus auch mit Konstellationen der Rückwirkungsbeschränkung vertraut, wie sie der EuGH mit einem Effekt *ex nunc* im Anlassfall praktiziert, wenngleich diese nur vereinzelt in der Anfangsphase des *Prospective Overruling* eine Rolle spielen[1056].

Allerdings besteht in diesen Fällen ein gewichtiger Unterschied zur Herangehensweise des EuGH. Anders als dieser nimmt der Supreme Court ausschließlich den Anlassfall von der Rückwirkungsbeschränkung aus, inhaltlich gleich gelagerte Sachverhalte, die vor den Gerichten noch anhängig sind, werden nach amerikanischer Lesart nicht von den Konsequenzen eines solchen Urteils erfasst[1057]. Genau diese Besonderheit und die damit einhergehende offenkundige Ungleichbehandlung gleich gelagerter Fälle erklärt auch, warum der Oberste Gerichtshof in seiner Rechtsprechung nur äußerst selten auf diese Technik zurückgegriffen hat[1058] und diese Fallgruppe aber gleichzeitig bei der kritischen Neubewertung des *Prospective Overruling* als Ganzes eine wichtige Rolle gespielt hat.

III. Das Modell des *Pure Prospectivity*

Von den bisher dargestellten Konstellationen ist das Konzept des *Pure Prospectivity* zu unterscheiden, in dessen Rahmen Entscheidungen des Obersten Gerichtshofs lediglich eine Wirkung *pro futuro* zukommt, der Urteilsspruch mithin

1055 Bedenken aus Gleichbehandlungsgesichtspunkten bestehen indes nicht nur aus europäischer, sondern auch aus amerikanischer Sicht, siehe etwa: *Beytagh*, [1975] 61 Va. L. Rev., 1557 (1612); *Fallon/Meltzer*, [1991] 104 Harv. L. Rev., 1731 (1741), dort insbes. Fn. 41.

1056 Ein seltenes Bsp. bildet etwa: *Johnson v. New Jersey*, 384 U.S. 719, 731 (1966).

1057 *Shannon*, [2003] 26 Harv. J. L. Pub. Pol. 3, 811 (814); *Tribe*, American Constitutional Law, S. 222.

1058 *James B. Beam Distilling Co. v. Georgia*, 501 U.S. 529, 537 (1991), *per* Souter, J.; siehe aber auch: *Whiterspoon v. Illinois*, 391 U.S. 510, 523, Fn. 22 (1968), *per* Stewart, J.

keinerlei Vergangenheitsbezug aufweist und selbst der Anlassfall nach der alten Rechtsregel entschieden wird[1059]. Dieses Modell, das der Supreme Court auf gliedstaatlicher Ebene bereits 1932 anerkannt hatte[1060], ist in der Folgezeit auf Bundesebene jedoch nur sehr zögerlich in Einzelfällen[1061] angewandt worden[1062]. Es weist weitgehende inhaltliche Parallelen zu den Vorabentscheidungen des EuGH in den so genannten *Währungsausgleichsfällen*[1063] auf[1064]: Ebenso wie im Rahmen des *Pure Prospectivity* hat der Luxemburger Gerichtshof seinen Urteilen ausschließlich eine Bindungswirkung für die Zukunft zukommen zu lassen, was ihm in der Literatur und der Rechtsprechung der mitgliedstaatlichen Gerichte heftige, zum Teil sogar polemische Kritik einbrachte[1065].

Anders als in Europa ist die Rechtsfigur des *Pure Prospectivity* in den Vereinigten Staaten in der Literatur nicht mehrheitlich abgelehnt worden. Ihre Befürworter haben sie vielmehr als konsequente Verwirklichung des Gleichbehandlungsgrundsatzes begrüßt, da nur auf diesem Wege verhindert werden könnte, dass materiell gleich gelagerte Sachverhalte aufgrund bloß prozessualer Unterschiede ungleich behandelt würden[1066]. Diese Aussagen können jedoch nicht ohne Weiteres auf die Rechtslage in der EU übertragen werden, sondern sind vielmehr vor dem Hintergrund des *Prospective Overruling* als solchem, insbesondere in seiner in *Linkletter v. Walker* praktizierten Variante, zu verstehen. Im Vergleich zu diesen Fallgruppen kann durch das Mittel des *Pure Prospectivity* tatsächlich eine identische Handhabung aller Sachverhalte gewährleistet werden.

1059 *Levy*, [1960] 106 U. Pa. L. Rev. 1960, 1 (7 ff.); *N.N.*, [1961] 71 Yale L. J., 907 (911) m.w.N. aus der Lit.

1060 *Great Northern Railway v. Sunburst Oil & Refining Co.*, 287 U.S. 358, 366 (1932), *per* Cardozo, J.

1061 So z.B. in: *England v. Medical Examiners*, 375 U.S. 411, 422 (1964), *per* Brennan, J.; *Cipriano v. City of Huma*, 395 U.S. 701, 706 (1969), *per curiam*.

1062 Zur seltenen Anwendbarkeit, ausdrückl.: *James M. Beam Distilling Co. v. Georgia*, 501 U.S. 529, 536 und 541 (1991), *per* Souter, J.; *Beytagh*, [1975] 61 Va. L. Rev., 1557 (1613).

1063 *EuGH*, 15. Oktober 1980, Rs. 4/79 (Providence agricole de la Champagne ./. ONIC), Slg. 1980, 2823 ff.; Urt. v. 15. Oktober 1980, Rs. 109/79 (Maïseries de Beauce ./. ONIC), Slg. 1980, 2883 ff.; Urt. v. 15. Oktober 1980, Rs. 145/79 (Roquette Frères ./. Frankreich), Slg. 1980, 2917 ff

1064 Für diesen Vgl. auch: *Brown*, [1981] 22 C.M.L.Rev. 4, 509 (519); *Pietrek*, Verbindlichkeit von Vorabentscheidungen nach Art. 177 EWGV, S. 52; *Streil*, in: Schwarze, Der Europäische Gerichtshof als Verfassungsgericht und Rechtsschutzinstanz, 69 (82 f.) *Usher*, [1981] E.L.Rev., 116 (118 f.);

1065 Vgl. hierzu *supra* im 7. Kap. in Punkt B II m.w.N. aus Lit. und Rspr. der frz. Gerichte.

1066 *Beytagh*, [1975] 61 Va. L. Rev., 1557 (1612); *Fish*, [1996] 110 Harv. L. Rev., 1055 (1061).

Dennoch bestehen gegen diese Rechtsfigur – ebenso wie gegen die Spruchpraxis des EuGH in den *Währungsausgleichsfällen* – durchgreifende Bedenken, die auch in den Vereinigten Staaten bekannt sind. Mit Blick auf Art. III der amerikanischen Bundesverfassung von 1789 wird eingewandt, das Mittel des *Pure Prospectivity* verstoße gegen das so genannte *cases-or-controversy requirement*: Dieses verfassungsrechtliche Erfordernis besagt, dass die Bundesgerichtsbarkeit nur dann tätig werden darf, wenn sie einen konkreten Sachverhalt entscheidet[1067]. Hiermit soll die Anrufung der Gerichte zu bloß theoretischen Fragen verhindert werden. Laut seiner Kritiker handelt es sich bei des *Pure Prospectivity* indes genau um diesen Fall; die Gerichte fertigen bei Anwendung der Rechtsfigur im Ergebnis reine Rechtsgutachten an, denen in dem zur Lösung vorliegenden Sachverhalten keinerlei Bedeutung zukomme[1068]. Dies leitet über zu dem zweiten Einwand gegen den Gedanken des *Pure Prospectivity*, der in der Vernachlässigung des Individualrechtsschutzes besteht, da der Kläger im Anlassverfahren mit seinem Begehren aus prozessualen Gründen inhaltlich nicht durchdringt[1069].

Beide Vorwürfe sind für den europäischen Betrachter nicht neu, wurden sie doch in nahezu identischer Form auch gegen die Entscheidungen des EuGH in den *Währungsausgleichsfällen* vorgebracht. Während allerdings dort unter Rückgriff auf allgemeine Rechtsgrundsätze argumentiert werden musste, wiegen die Bedenken gegen das *Pure Prospectivity* im amerikanischen Kontext noch schwerer, da hier eine Verfassungsbestimmung existiert, mit welcher genau dieses Vorgehen des Supreme Court verhindert werden soll. Es erscheint mithin folgerichtig, dass diese Rechtsfigur vom Obersten Gerichtshof lediglich in Einzelfällen auf dem Höhepunkt des Experiments mit dem *Prospective Overruling* verwendet wurde und heute in der Praxis keine Geltung mehr beansprucht.

IV. Diskussion des *Prospective Overruling* in den USA

Nachdem aufgezeigt werden konnte, welche Facetten das *Prospective Overruling* in seinem Mutterland kennt, kann nunmehr zu der Frage Stellung bezogen werden, inwieweit dieses Modell auf die Rechtsprechung des EuGH übertragen

1067 Statt aller: *Tribe*, American Constitutional Law, S. 311 ff. m.w.N. aus der Lit. und Rspr. des Supreme Court.

1068 Für diesen Vgl. mit einem Rechtsgutachten ausdrückl.: *Roosevelt*, [2007] 95 Cal. L. Rev., 1677 (1690).

1069 *Stovall v. Denno*, 388 U.S. 293, 301 (1967), *per* Brennan, J., wobei hier der Beitrag von *Mishkin*, [1965] 79 Harv. L. R. 1, 56 (60 f.) wohl Denkanstöße geliefert hat.

werden sollte. Zum besseren Verständnis soll zunächst rückblickend die weitere Entwicklung dieser Rechtsfigur in den Vereinigten Staaten skizziert werden[1070].

So offenbart ein Blick auf die bisher vorgestellte Rechtsprechung eine augenfällige zeitliche Koinzidenz: Die weitaus überwiegende Zahl der Urteile, in denen der Supreme Court auf das Mittel des *Prospective Overruling* zurückgegriffen hat, wurden im Laufe der Amtszeit des obersten Bundesrichters *Warren* gefällt, die gemeinhin als besonders aktivistische Periode in der Spruchpraxis dieses Gerichts gilt[1071]. In der Folgezeit dagegen ist ein merkliches Abkühlen der Begeisterung für diese Rechtsfigur zu beobachten, die insbesondere seit Mitte der 1980er in deren Kritik durch die obersten Bundesrichter umgeschlagen hat[1072] und in einer Gruppe von Entscheidungen mündete, denen – ähnlich zahlreichen Konstellationen vor dem EuGH – allesamt steuerrechtliche Fragestellungen zugrunde lagen und die auf eine das *Prospective Overruling* ablehnende Haltung des Gerichtshofs schließen ließen[1073]. Diese kulminierte zunächst in der Rechtssache *James B. Beam Distilling Co. v. Georgia*, in der ein zerstrittenes Richterkollegium sich letzten Endes mehrheitlich zu einer Abkehr von dieser Rechtsfigur durchringen konnte[1074].

Die Begründung für diesen Schritt ist gerade aus Sicht der europäischen Befürworter des *Prospective Overruling* von Interesse. So stellte die Mehrheit der Bundesrichter auf die Grundsätze der Gleichbehandlung und des *Stare Decisis* ab, welche namentlich einer Anwendung des *Selective Prospective Overruling* entgegenstünden[1075]. Während ersterer Ansatz bereits oben Erwähnung fand und in der Rechtsprechung des EuGH Berücksichtigung findet, stellte die Berufung auf das Prinzip des *Stare Decisis* eine Neuheit dar. Vereinfacht ausgedrückt, verlangt dieser Grundsatz, dass ein Gericht in einer Rechtssache, die identisch gelagert ist wie ein bereits von ihm entschiedener Sachverhalt, genauso zu urteilen hat wie in der zuvor ergangenen Entscheidung[1076]. Wenn nun der Supreme Court

1070 Zsf. statt vieler: *Gunther/Sullivan*, Constitutional Law, S. 444 ff., dort insbes. Fn. 12.

1071 So wurden in dieser Zeit auch die wegweisenden Urt. zur Verfassungswidrigkeit der Rassentrennung – wie etwa *Brown v. Board of Education*, 347 U.S. 483 (1954) – erlassen, vgl. für diese Epoche statt vieler: *Brugger*, Grundrechte und Verfassungsgerichtsbarkeit in den Vereinigten Staaten von Amerika, S. 99 ff.

1072 Erstmals in *United States v. Johnson*, 457 U.S. 537, 548 (1982), *per* Blackmun, J.; zur Entwicklung insges. statt vieler: *Tribe*, American Constitutional Law, S. 219 f.

1073 Zu dieser Fallgruppe umfassend: *Fallon/Meltzer*, [1991] 104 Harv. L. Rev. 8, 1731 (1753 ff.).

1074 *Shannon*, [2003] 26 Harv. J. L. Pub. Pol. 3, 811 (826 ff.) zu den einzelnen Voten der Bundesrichter.

1075 *James B. Beam Distilling Co. v. Georgia*, 501 U.S. 529, 537 (1991), *per* Souter, J.

1076 Im Überblick zu dieser Doktrin: *Tribe*, American Constitutional Law, S. 78 ff.; *Zweigert/Kötz*, Einführung in die Rechtsvergleichung, S. 253 ff., jeweils m.w.N. aus der Lit. und Rspr.

auf diesen Grundsatz im Zusammenhang mit den temporalen Wirkungen seiner Urteile zurückgreift, so macht er damit deutlich, dass er sich an vorhergehende Entscheidungen, deren Rückwirkung er nicht eingeschränkt hatte, gebunden fühlt. Eine Möglichkeit, die temporalen Folgen einer vorhergehenden Entscheidung durch ein späteres Urteil *ex post* einzuschränken, besteht nach einem solchen Verständnis nicht. Diese Begründung spannt im Ergebnis den Bogen zur Herangehensweise des EuGH in der Rechtssache *Meilicke*, wo der Gerichtshof die Modifikation der zeitlichen Folgen einer Vorabentscheidung auf die Urteile beschränkte, in denen die Voraussetzungen hierfür vorliegen[1077]. Zwar ist der Gerichtshof in Luxemburg nicht an das Prinzip des *Stare Decisis* gebunden[1078], doch kommt er unter Zuhilfenahme von Gleichbehandlungserwägungen zu einem inhaltlich fast identischen Ergebnis wie der Supreme Court.

Unterschiede zwischen den beiden Gerichten bestehen lediglich im Hinblick auf die Konsequenzen dieses Ergebnisses. Während der EuGH in Konstellationen, wie sie die Rechtssachen *James B. Beam v. Georgia* oder *Meilicke* kennzeichnen, von einer umfassenden Rückwirkung seines Entscheidungsausspruchs ausgeht, wird von einzelnen Richtern am Obersten Gerichtshof wieder die Möglichkeit einer reinen Zukunftswirkung von Urteilen ins Spiel gebracht, um Konflikten mit dem Grundsatz der Gleichbehandlung vorzubeugen[1079]. Diese Rechtsprechung ist in der Folgezeit insbesondere im Urteil *Harper v. Virginia Department of Taxation* bestätigt worden[1080] und bildet nunmehr die ständige Rechtsprechung des Supreme Court[1081], wobei hervorzuheben ist, dass der Oberste Gerichtshof von seiner theoretischen Möglichkeit auf das Mittel der *Pure Prospectivity* zurückzugreifen, bisher keinen Gebrauch gemacht hat.

Mithin zeigt die Analyse des *Prospective Overruling* in der Rechtsprechung des Supreme Courts ein weitaus weniger einheitliches Bild, als dies von den Befürwortern der Übertragung dieser Rechtsfigur auf die Spruchpraxis des EuGH bisweilen angedeutet wird. Vielmehr ist das *Prospective Overruling* ausgerechnet in seinem Ursprungsland einer zum Teil sehr heftigen Kritik auch der Gerichte ausgesetzt, die in ihrer Argumentation der europäischen Diskussion um die

1077 Ausdrückl.: *EuGH*, Urt. v. 6. März 2007, Rs. C-292/04 (Wienand Meilicke et al. ./. Finanzamt Bonn-Innenstadt), Slg. 2007, I-1835, Rz. 37.

1078 Vgl. hierzu *spura* im 3. Kap. in den Punkten B II 1 b) dd) und B II 2 c) m.w.N.

1079 *James B. Beam Distilling Co. v. Georgia*, 501 U.S. 529, 536 (1991), *per* Souter, J.; dagegen: *James B. Beam Distilling Co. v. Georgia*, 501 U.S. 529, 549 (1991), *per* Scalia, Marshall, Blackmun, JJ.

1080 *Harper v. Virginia Department of Taxation*, 509 U.S. 86, 90 ff. (1993), *per* Thomas, J. unter Heranziehung der berühmten Passage aus: *Kuhn v. Fairmont Coal Co.*, 249 U.S. 349, 372 (1910), *per* Holmes, J., dissenting.

1081 So wurde das Urt. bisher stets bestätigt, vgl. etwa: *Reynoldsville Casket Co.* v. *Hyde*, 514 U.S. 749 (1995); für diese Einschätzung auch: *Campbell*, [2003] 29 Monash U. L. Rev. 1, 49 (69 f.) m.w.N.

Spruchpraxis des EuGH zu den zeitlichen Folgen seiner Vorabentscheidungen gleicht. Gerade der Supreme Court besinnt sich in seiner gegenwärtig mehrheitlich konservativen Besetzung wieder auf die Anfänge seiner Rechtsprechung und damit einhergehend auf die Grundsätze der *Declaratory Theory*.

Vor diesem Hintergrund überrascht die Forderung, die Rechtsfigur des *Prospective Overruling* im europäischen Kontext nutzbar zu machen. Wenn sie schon in dem Land, in dem sie entwickelt wurde, kritisiert wird und die Gründe hierfür eine frappierende Ähnlichkeit mit den Argumenten aufweisen, die gegen vergleichbare Gedankenkonstrukte in Europa ins Feld geführt werden, sollte eine entsprechende Einführung durch den EuGH mit Argwohn betrachtet werden. Dies gilt umso mehr, als die amerikanische Rechtsordnung keine Schnittmenge mit den gemeinsamen Verfassungsüberlieferungen im Sinne von Art. 6 Abs. 3 EUV bildet, die der Gerichtshof nach ständiger Rechtsprechung im Rahmen einer wertenden Rechtsvergleichung zur Lösung neuartiger Probleme heranziehen kann[1082]. Etwas anderes könnte höchstens gelten, wenn mehrere Mitgliedstaaten der Europäischen Union die Rechtsfigur des *Prospective Overruling* übernommen hätten. Hierfür kommen zuvörderst die Rechtsordnungen des Vereinigten Königreichs und Irlands in Frage.

C. Die Behandlung des *Prospective Overruling* in den Mitgliedstaaten der EU

Im Folgenden ist somit zu untersuchen, ob und inwieweit die Rechtsfigur des *Prospective Overruling* in die Rechtsordnungen des Vereinigte Königreichs[1083] und Irlands Eingang gefunden hat.

I. Die Rechtslage im Vereinigten Königreich

Die Untersuchung der englischen Rechtsordnung gliedert sich in zwei Teile, eine traditionelle Auffassung und eine modernere Sichtweise auf das *Prospective Overruling*.

1082 Vgl. hierzu ausführl. *supra* im am Anfang des 2. Kap., dort vor Punkt A m.w.N. zur Lit. und Rspr. des EuGH.

1083 Im Folgenden wird für das Vereinigte Königreich die Rechtslage in England und Wales zugrunde gelegt.

1. Die traditionelle Sichtweise

In der englischen Literatur wird die Rückwirkung gerichtlicher Urteile bisweilen pointiert als „letztes Relikt“ der ansonsten für überholt erachteten *Declaratory Theory* bezeichnet[1084]. Als Folge hiervon galt nach ständiger Rechtsprechung des Judicial Committee des House of Lords, dem Vorgänger des heutigen Supreme Court, der Grundsatz, dass die Entscheidung über die Fehlerhaftigkeit einer Rechtsregel automatisch deren Fehlerhaftigkeit für ihren gesamten Anwendungszeitraum nach sich zieht[1085]. Ausgehend von einem solchen Ansatz hat das *Prospective Overruling*, das in der englischen Debatte – ähnlich wie im amerikanischen Kontext – eine Vielzahl von Konstellationen bezeichnet[1086], generell keinen Platz[1087]. Anders als in den Vereinigten Staaten wird zur Begründung hierfür zwar nicht auf den Grundsatz des *Stare Decisis* zurückgegriffen[1088], ansonsten aber werden gegen die Rechtsfigur die identischen Argumente hervorgebracht wie in der Debatte in den USA[1089]. Während gegen das *Pure Prospectivity* ins Feld geführt wird, es handele sich hierbei lediglich um *obiter dicta*, die den Richter in die Nähe des Gesetzgebers rücken und zudem potentielle Kläger abschrecken, da ein für sie günstiger Urteilsspruch des Gerichts keine Konsequenzen zeitigt, wird gegen das *Selective Prospective Overruling* eingewandt, es fördere eine ungerechtfertigte Ungleichbehandlung materiell identisch gelagerter Sachverhalte. Mithin hat sich in England keine Doktrin des *Prospective Overruling* entwickeln können, wie dies in den Vereinigten Staaten von Amerika der Fall gewesen ist, auch wenn einzelne Richter am Court of Appeal sowie im Judicial Committee des House of Lords in der Vergangenheit durchaus die Vorteile der Rechtsfigur aufgezeigt haben[1090]. Insofern überrascht nicht, dass bisher kein

1084 *Cross/Harris*, Precedent in English Law, S. 228.

1085 *West Midlands Baptist Trust Association Inc v. Birmingham Corporation*, [1970] A.C. 874 (898 f.), *per* Lord Reid; *Kleinwort Benson Ltd v. Lincoln City Council*, [1999] 3 W.L.R. 1095 (1100), *per* Lord Browne-Wilkinson; vgl. auch: *Harris*, Rev. Dr. ULB 2002, 153 (157 ff.) m.w.N. aus der Rspr.

1086 *Arden*, [2004] 120 L.Q.R., 7 (9); *Juratowitch*, Retroactivity and the Common Law, S. 199 f.; *Holland/Webb*, Learning Legal Rules, S. 138 ff. m.w.N. zu den verschiedenen Konstellationen.

1087 *Langenbucher*, JZ 2003, 1132 (1133); *Holland/Webb*, Learning Legal Rules, S. 140; *Vaughan*, in: Moser/Sawyer, Making Community Law, 218 (221).

1088 Dies ist nicht zuletzt auf das Practice Statement, [1966] 3 All ER 77 zurückzuführen, das die Lehre vom *Stare Decisis* auflockert und dem H.L. ein Abweichen von seiner eigenen Rspr. gestattete. Zur Bedeutung des Practice Statement für die temporalen Folgen der Urt. des H.L., vgl. etwa: *Traynor*, [1977] 28 Hastings L. J., 533 (562 f.).

1089 Ausführl. statt vieler: *Juratowitch*, Retroactivity and the Common Law, S. 209 ff. m.w.N. aus Lit. und Rspr.

1090 *Campbell*, [2003] 29 Monash U. L. Rev. 1, 49 (74), dort Fn. 126 m.w.N. aus der engl. Rspr.

Urteil existiert, in dem die Oberste Gerichtsbarkeit in England eine Beschränkung der Rückwirkung ihres Entscheidungssausspruchs angeordnet hätte[1091].

2. *National Westminster Bank Plc v. Spectrum Plus Ltd* – eine Revolution?

Die traditionell ablehnende Haltung gegenüber dem *Prospective Overruling* scheint im Jahre 2005 eine Modifikation erfahren zu haben, als das Judicial Committee des House of Lords die Entscheidung *National Westminster Bank Plc v. Spectrum Plus Ltd* fällte[1092]. Hierbei handelt es sich inhaltlich um einen klassischen Kreditsicherungsfall[1093], der in prozessualer Hinsicht erneut die Frage nach der Möglichkeit aufwarf, die zeitlichen Folgen eines Urteils für die Zukunft zu begrenzen. Anders als die im vorhergehenden Punkt erläuterte, generell kritische Aufnahme des *Prospective Overruling* implizieren würde, fand in der Entscheidung eine umfassende Auseinandersetzung mit den verschiedenen Erscheinungsformen der Rechtsfigur statt, wobei insbesondere auch die Spruchpraxis des EuGH in der Rechtssache *Defrenne II* sowie die Schlussanträge des Generalanwalts *Jacobs* in der Rechtssache *Banca Popolare di Cremona* namentlich erörtert wurden[1094]. Gerade weil das Judicial Committee des House of Lords im Ergebnis eine Beschränkung der Rückwirkung seines Urteils ablehnte, überrascht die ausführliche Beschäftigung der Lordrichter mit dem *Prospective Overruling*, dessen Anwendung unter Hinweis auf den evolutiven Charakter der Rechtsprechungspraxis des Gerichts für die Zukunft ausdrücklich nicht mehr ausgeschlossen und theoretisch möglich gemacht wird[1095].

Obwohl die Kehrtwende des House of Lords aus der Sicht des englischen Rechts geradezu revolutionär anmuten mag[1096], erweist sich die Entscheidung bei näherem Hinsehen im vorliegenden Sachzusammenhang vergleichsweise unspektakulär. Auch wenn verschiedene Formen des *Prospective Overruling* zur Sprache kamen, berief sich das Gericht in seinen Ausführungen auf die Rechtsprechung des EuGH, während die Spruchpraxis des amerikanischen Supreme

1091 *Juratowitch*, Retroactivity and the Common Law, S. 202 unter Einbeziehung der jüngeren Rspr. des H.L.

1092 *National Westminster Bank Plc v. Spectrum Plus Ltd*, [2005] U.K.H.L. 41 ff.

1093 Zu dieser Seite der Entscheidung: *Langenbucher*, ZEuP 2006, 854 (861 ff.) m.w.N.

1094 *National Westminster Bank Plc v. Spectrum Plus Ltd*, [2005] U.K.H.L. 41, Rz. 9 ff., *per* Lord Nicholls.

1095 *National Westminster Bank Plc v. Spectrum Plus Ltd*, [2005] U.K.H.L. 41, Rz. 41 *per* Lord Nicholls, der betont, „...*[n]ever say never* is a wise judcial precept in the interest of all citizens of the country."

1096 Vgl. hierfür z.B.: *Langenbucher*, ZEuP 2006, 854 (868); *Sheehan/Arvind*, [2006] 122 L.Q.R., 20 (21).

Court zu dem Thema als aufgegeben bezeichnet wurde. Das Urteil in *National Westminster* mutet somit in erster Linie als Auseinandersetzung mit der Frage an, ob die Rückwirkungsbeschränkung nach Vorbild des EuGH für die englische Rechtsordnung übernommen werden sollte. Solche Ideen wurden indes schon in Entscheidungen anderer englischer Gerichte erörtert[1097], die Neuartigkeit bestand im vorliegenden Fall lediglich in der wohlwollenden Prüfung der Problematik durch das Judicial Committee des House of Lords[1098]. Die vorliegend interessierende Frage hingegen, ob das *Prospective Overruling* in seiner amerikanischen Konzeption Eingang in die englische Rechtsordnung gefunden hat, muss vor diesem Hintergrund dagegen verneint werden.

II. Die Rechtslage in Irland

Zu prüfen bleibt nunmehr, ob die Rechtslage in Irland als einem anderen Mitgliedstaat der Europäischen Union, der dem angloamerikanischen Rechtskreis zuzurechnen ist, genauso zu beurteilen ist wie für das Vereinigte Königreich.

Ein Unterschied ist bereits auf verfassungsrechtlicher Ebene zu verorten: So verfügt die irische Rechtsordnung über eine geschriebene Verfassungsurkunde, die in Art. 15 Abs. 4 Nr. 2 feststellt, dass verfassungswidrige Gesetze „ungültig" sind und dem irischen Supreme Court eine Normprüfungskompetenz in Art. 34 zuweist, ohne jedoch weitergehende Bestimmungen zu den Konsequenzen derartiger Urteile festzulegen. Die Rechtslage in Irland erweist sich als sehr viel klarer als im Vereinigten Königreich, was im Wesentlichen Verdienst des Supreme Courts ist, der in seiner Leitentscheidung in der Rechtssache *Murphy v. Attorney General* bereits 1982 sehr ausführlich zu den Fragen der temporalen Wirkung seiner Urteile Stellung bezogen hat[1099].

Zunächst gilt auch für Irland der in der deutschen Rechtsordnung bekannte Grundsatz, wonach verfassungswidrige Gesetze *ab initio* nichtig sind, ein dementsprechendes Urteil des Supreme Courts mithin regelmäßig *ex tunc* wirkt[1100]. Ob hiervon in bestimmten Konstellationen Ausnahmen zuzulassen sind, hat der irische Supreme Court intensiv und kontrovers in *Murphy v. Attorney General* diskutiert. In diesem steuerrechtlichen Urteil befassten sich die Richter intensiv

1097 *Percy v. Hall*, [2005] Q.B. 924, 952, *per* Lord Schiemann; ähnl. auch: *Allott*, [1977] 36 C.L.J. 1, 7 (9 f.).

1098 Diese Frage ist zu trennen von der Problematik, wie englische Gerichte auf eine Rückwirkungsbeschränkung des EuGH im Rahmen eines Verfahrens nach Art. 267 AEUV reagieren sollten, vgl. hierzu etwa: *Juratowitch*, Retroactivity and the Common Law, S. 202 ff.

1099 *Murphy v. Attorney General*, [1982] I.R. 241 ff.

1100 Statt aller: *Hogan/Whyte*, J.M. Kelly – The Irish Constitution, Rn. 6.2.316 m.w.N.

mit der im vorliegenden Kapitel vorgestellten Rechtsprechung des Obersten Gerichtshofs der Vereinigten Staaten und der Spruchpraxis des EuGH zu den zeitlichen Folgen seiner Vorabentscheidungen. Obwohl sie im Ergebnis die Anwendbarkeit des *Prospective Overruling* nach amerikanischem Vorbild und die Rückwirkungsbeschränkung im Sinne der Rechtsprechung des EuGH ablehnten, folgte nach Ansicht der Richter aus der Verfassungswidrigkeit einer Vorschrift nicht eine Wiederherstellung der Rechtslage, wie sie ohne die nichtige Vorschrift bestehen würde[1101]. Vielmehr differenzierten sie zwischen Nichtigkeit und deren Folgen, die – wie andernorts dargestellt[1102] – nicht zwingend zusammenhängen: So stellte der irische Supreme Court in seinem Urteil zwar die Nichtigkeit der Norm rückwirkend fest, allerdings beseitigte er aus Gerechtigkeitserwägung ihre Konsequenzen nicht[1103]. Eine Ausnahme hierzu machte er aus den gleichen Gerechtigkeitserwägungen und unter ausdrückliche Bezugnahme auf die Vorabentscheidung des EuGH in der Rechtssache *Defrenne II* lediglich für die Kläger im Anlassverfahren[1104].

Ohne auf die weiteren Einzelheiten der Rechtslage in Irland eingehen zu müssen, reicht es für die vorliegende Fragestellung festzuhalten, dass der irische Supreme Court von einer Nichtigkeit verfassungswidriger Vorschriften *ab initio* ausgeht, deren Folgen *ex tunc* wirken und regelmäßig eine Rückabwicklung der auf diesen Normen basierenden Rechtsverhältnisse zur Folge haben. Nur in begrenzten Ausnahmekonstellationen sieht der irische Supreme Court von einer Rückabwicklung ab, ohne damit jedoch die zeitliche Wirkung seiner Urteile in Frage stellen zu wollen. Ähnlich der Spruchpraxis des Judicial Committee des House of Lords jedenfalls lehnt er in ständiger Rechtsprechung die Anwendung des *Prospective Overruling* im Sinne einer Beschränkung der temporalen Folgen von gerichtlichen Entscheidungen ab[1105].

D. Ergebnis

Im vorliegenden Kapitel wurde die Rechtsfigur des *Prospective Overruling*, wie sie in den Vereinigten Staaten von Amerika entwickelt wurde, dargestellt und die relevante Rechtsprechung des Supreme Courts hierzu untersucht. Dabei ließ sich

1101 *Hogan/Whyte*, J.M. Kelly – The Irish Constitution, Rn. 6.2.319 ff.
1102 Vgl. hierzu die Kritik am deutschen Ansatz *supra* im 2. Kap. in Punkt A I 1.
1103 Exemplarisch hierfür: *Murphy v. Attorney General*, [1982] I.R. 241, 311 f., *per* Griffin, J.
1104 *Murphy v. Attorney General*, [1982] I.R. 241, 242.
1105 *Hogan/Whyte*, J.M. Kelly – The Irish Constitution, Rn. 6.2.325 ff. m.w.N. aus der Rspr.; a.A.: *Arden*, [2004] 120 L.Q.R., 7 (7 f.), die pauschal von der Anwendbarkeit des *Prospective Overruling* ausgeht.

nachweisen, dass diese Konstruktion aufgrund der zahlreichen Bedenken, die mit ihr verbunden sind[1106], in den Vereinigten Staaten selbst kritisiert wird und in den Mitgliedstaaten der EU, die dem angloamerikanischen Rechtskreis angehören, nicht übernommen wurde.

Die Kritik, die gegen das *Prospective Overruling* geäußert wird, weist eine nicht unerhebliche Schnittmenge mit den Einwänden auf, die gegen die Rechtsprechung des EuGH in den so genannten *Währungsausgleichsfällen* sowie gegen einzelne Schlussanträge in den Rechtssachen *Banca Popolare di Cremona* und *Meilicke* vorgebracht wurden. Insofern bestehen durchgreifende inhaltliche Bedenken gegen eine Übernahme des *Prospective Overruling* durch den EuGH. Diese verstärken sich vor dem Hintergrund, dass diese Konstruktion in keinem Mitgliedstaat der Europäischen Union angewandt wird und der EuGH, welcher zudem schon entstehungsgeschichtlich den kontinentaleuropäischen Rechtstraditionen verpflichtet ist[1107], aufgrund seiner Bindung an die Gründungsverträge gehalten ist, deren Rechtsordnungen im Rahmen seiner Spruchpraxis urbar zu machen.

Eine Übernahme des *Prospective Overruling* durch den EuGH als Erweiterung seiner ständigen Rechtsprechung zu den Rückwirkungsbeschränkungen von Vorabentscheidungen, wie dies vereinzelt in der deutschsprachigen Literatur vorgeschlagen wurde, ist aus den hier genannten Gründen folglich abzulehnen.

1106 Ausführl. zu der Kritik an der Rechtsfigur: *Juratowitch*, Retroactivity and the Common Law, S. 209 ff.

1107 So ausdrückl.: *Kadelbach*, in: Holubek/Lang, Das EuGH-Verfahren in Steuersachen, 119 (121).

Die Auseinandersetzung um die Rechtssache *Winner Wetten* berührt das Modell der europäischen Integration in seinen Grundfesten, geht es doch hier in erster Linie um die Frage nach dem Anwendungsvorrang des Unionsrechts vor nationalem Recht[1108]. Dennoch beansprucht sie auch im Kontext der vorliegenden Arbeit Berücksichtigung, was auf die Vorlagefrage zurückzuführen ist, mit der das VG Köln den EuGH konfrontierte und die im Wesentlichen die Möglichkeit einer temporären Suspendierung vom Anwendungsvorrang der Niederlassungsfreiheit zugunsten einer primärrechtwidrigen Norm des nationalen Rechts zur Diskussion stellte[1109]. Das vorlegende Gericht warf die Frage auf, ob unionsrechtswidriges nationales Recht für eine Übergangszeit Geltung vor einer entgegenstehenden Bestimmung der Gründungsverträge beanspruchen könnte. Ruft man sich nochmals die Struktur der Fallkonstellationen ins Gedächtnis, in denen der EuGH die temporalen Folgen seiner Vorabentscheidung modifiziert, um das Eintreten einer Wirkung *ex tunc* zu vermeiden, wird die Parallele zu *Winner Wetten* evident. Auch hier handelt es sich letztlich um die Anordnung eines zeitlichen Zurücktretens einer bestimmten Auslegung des Unionsrechts gegenüber einer für damit nicht im Einklang stehenden Rechtsauffassung für die Vergangenheit[1110].

Aufgrund dieser strukturellen Parallelen soll die Rechtssache *Winner Wetten* vorliegend näher dargestellt werden um aufzuzeigen, wie sehr sich die Spruchpraxis des EuGH zu den zeitlichen Folgen von Vorabentscheidungen nach Art. 267 AEUV in den letzten Jahren stabilisiert hat.

A. Der Gang des Vorabentscheidungsverfahrens

Den inhaltlichen Kontext der Rechtssache *Winner Wetten* bildete die Problematik um die Zulässigkeit von Sportwettveranstaltungen in der Europäischen Union[1111]. Hierzu hatte sich der EuGH grundlegend bereits 2003 in seiner Entscheidung *Gambelli* geäußert und festgestellt, unter welchen engen Voraussetzungen nationale Glücksspielmonopole im Bereich von Sportwetten mit der Niederlas-

1108 *EuGH*, Urt. v. 8. September 2010, Rs. C-409/06 (Winner Wetten GmbH ./. Bürgermeisterin der Stadt Bergheim), Slg. 2010, I-8015, Rz. 53 ff.; hierzu allg. statt aller: *Craig/de Búrca*, EU Law, S. 344 ff. m.w.N.

1109 *VG Köln*, Vorlageersuchen v. 9. Oktober 2006, ABl. EU v. 30. Dezember 2006, Nr. C 326/25.

1110 Für diesen Zusammenhang i.E. auch schon: *Weiß*, EuR 1995, 377 (382).

1111 Zu dem Thema zsf. statt vieler: *Doukas/Anderson*, [2008] 27 Y.E.L., 237 ff. m.w.N. aus Lit. und Rspr.

sungsfreiheit gemäß Art. 49 AEUV vereinbar sind[1112]. Vor dem Hintergrund des Spannungsverhältnisses zwischen dem Wunsch einiger Mitgliedstaaten, dieses Monopol auch weiterhin aufrecht zu erhalten und der effektiven Durchsetzung der Grundfreiheiten ist auch die Debatte um die Entscheidung *Winner Wetten* zu verorten.

I. Das Vorlageersuchen des VG Köln

Trotz des geradezu klassisch anmutenden Gewandes, in das die Rechtssache *Winner Wetten* inhaltlich gekleidet ist[1113], erweist sich das Vorabentscheidungsersuchen des VG Köln bei näherer Betrachtung als Kuriosum, was auf die ungewöhnliche Formulierung der Vorlagefrage zurückgeführt werden kann. Mit seinem Ersuchen wollte das Verwaltungsgericht erfahren, ob und inwieweit eine nationale Regelung, die gegen die Niederlassungsfreiheit verstößt, wie sie der EuGH in der Entscheidung *Gambelli* ausgelegt hatte, trotz des grundsätzlichen Anwendungsvorrangs des Unionsrechts in Ausnahmekonstellationen für eine Übergangskonstellation weiter angewendet werden kann[1114]. Mit anderen Worten ausgedrückt, ging es dem vorlegenden Gericht darum zu erfahren, ob die Möglichkeit besteht, ein temporäres Zurücktreten einer bestimmten Auslegung des Unionsrechts durch den EuGH in einem späteren Urteil *pro futuro* anzuordnen.

Angesichts der bisher dargestellten ständigen Rechtsprechung des Gerichtshofs zu den Voraussetzungen von Rückwirkungsbeschränkungen, insbesondere im Lichte der Schlussfolgerungen aus dem Verfahren *Meilicke*, dem eine ähnliche Konstellation zugrunde lag, überrascht die Vorlagefrage in *Winner Wetten* zunächst. Ebenso wie die eigentliche Vorlagefrage bleibt auch die Motivation des VG Köln ohne die Kenntnis des Verfahrens in der Hauptsache nur schwer nachvollziehbar. Um beides zu verstehen, ist mithin ein Blick auf den vollständigen Vorlagebeschluss des Verwaltungsgerichts notwendig[1115]. Dieser zeichnet zum einen ein Urteil des BVerfG zum staatlichen Sportwettenmonopol in Bayern nach, zum anderen skizziert es eine Entscheidung des OVG Münster, das sich seinerseits auf das Urteil des BVerfG bezieht, um die Rechtslage für Nordrhein-Westfalen zu erläutern. Beide sind für das weitere Verständnis des Vorlageverfahrens von entscheidender Bedeutung.

1112 *EuGH*, Urt. v. 6. November 2003, Rs. C-243/01 (Gambelli et al.), Slg. 2003, I-13031 ff.

1113 Vgl. in diesem Kontext etwa: *EuGH*, Urt. v. 6. März 2007, verb. Rs. C-338/04, C-359/04 und C-360/04 (Placania et al.), Slg. 2007, I-1891 ff.

1114 *VG Köln*, Vorlageersuchen v. 9. Oktober 2006, ABl. EU v. 30. Dezember 2006, Nr. C 326/25.

1115 *VG Köln*, Beschl. v. 21. September 2006, Az. 1 K 5910/05, GewA 2006, 467 f.

1. Die Entscheidung des BVerfG

Das BVerfG erklärte in seinem Urteil das staatliche Sportwettenmonopol in Bayern aufgrund eines unverhältnismäßigen Eingriffes in die Berufsfreiheit für unvereinbar mit Art. 12 Abs. 1 GG und konstruierte hierfür die Anforderungen des deutschen Bundesverfassungsrechts parallel zu den Vorgaben, wie sie der EuGH in der Rechtssache *Gambelli* formuliert hatte[1116]. Mit diesem Kunstgriff erkannte das BVerfG implizit auch auf einen Verstoß gegen die Niederlassungsfreiheit an, ohne hierzu indes eine ausdrückliche Prüfung der Unionsrechtslage durchführen zu müssen[1117].

Allerdings zog die Grundgesetzeswidrigkeit der bayerischen Regelung nicht deren Nichtigkeit nach sich. Entsprechend seiner Unvereinbarkeitsrechtsprechung[1118] begnügte sich das BVerfG damit, den Verfassungsverstoß bloß festzustellen und dem Gesetzgeber für eine gesetzliche Neuregelung eine Übergangsfrist einzuräumen, innerhalb derer die verfassungswidrige – und implizit unionsrechtswidrige – Bestimmung indes in Kraft bleiben sollte, um ein Rechtsvakuum zu verhindern[1119].

2. Der Beschluss des OVG Münster

An diese Entscheidung des BVerfG knüpfte das OVG Münster in seinem hier relevanten Beschluss an, in welchem er eine behördliche Untersagung der Veranstaltung von Sportwetten in Nordrhein-Westfalen unter Berufung auf die im Anschluss an das Karlsruher Urteil ebenfalls verfassungswidrige, jedoch übergangsweise fortgeltende Bestimmung des Landesrechts bestätigte[1120].

Im Unterschied zum BVerfG jedoch sah sich das OVG Münster sehr wohl in der Lage, seine Entscheidung auch auf deren Vereinbarkeit mit dem Unionsrecht zu prüfen und zu bejahen. Um der eigentlich einschlägigen Niederlassungsfreiheit zu entgehen, setzte es einen Schritt früher an und fragte nach dem Anwendungsvorrang des Unionsrechts im konkreten Fall. Diesem seien nach Auffassung des Gerichts gewisse Grenzen gesetzt, wie sie sich auch aus der Rechtsprechung des EuGH selbst ergeben, die zum einen Art. 264 Abs. 2 AEUV

1116 Ausdrückl.: *BVerfG*, Urt. v. 28. März 2006, Az. 1 BvR 1054/01, NJW 2006, 1261 (1266 f.).
1117 *Bethge*, ZfWG 2007, 245 (246 f.) *Beljin*, NVwZ 2008, 156; *Mertens*, DVBl. 2006, 1564 (1567).
1118 Vgl. hierzu *supra* im 2. Kap. in Punkt A II 1 m.w.N. aus der Rspr. des BVerfG.
1119 *BVerfG*, Urt. v. 28. März 2006, Az. 1 BvR 1054/01, NJW 2006, 1261 (1267).
1120 *OVG Münster*, Beschl. v. 28. Juni 2006, Az. 4 B 961.06, EuZW 2006, 603 ff.

analog anwendet und zum anderen die Rückwirkung von Vorabentscheidungen begrenzt, um die temporalen Folgen seiner Urteile zu modifizieren[1121]. Dabei könnte insbesondere das Prinzip der Rechtssicherheit es gebieten, eine inakzeptable Gesetzeslücke wie in der Rechtssache *Winner Wetten* gar nicht erst entstehen zu lassen, woraus für das OVG Münster im Ergebnis die übergangsweise Fortgeltung der eigentlich europarechtswidrigen Vorschrift folgte[1122].

Wann eine solche Regelungslücke vorliege, konnte das OVG Münster nicht aus der Rechtsprechung des EuGH ableiten. Es sah sich daher veranlasst, selbst Kriterien zu entwickeln. Hierbei stütze sich das Gericht auf eine der verfassungsrechtlichen Verhältnismäßigkeitsprüfung ähnelnde Abwägung, in deren Rahmen es die Gefährdung wichtiger Allgemeininteressen und die europarechtlich geschützten Rechtsgüter einander gegenüberstellte[1123]. Im konkreten Fall fiel diese Prüfung zugunsten der zeitweisen Fortgeltung der nationalen Vorschrift aus, die das OVG Münster anordnete, ohne eine ein Vorlageersuchen an den EuGH zu formulieren[1124].

II. Die Schlussanträge und die Vorabentscheidung des EuGH

Entgegen der Rechtsprechung des OVG Münster erachtete das VG Köln ein Vorlageersuchen an den EuGH für notwendig.

1. Die Schlussanträge des Generalanwalts

Generalanwalt *Bot* gliederte seine Auseinandersetzung mit der Vorlagefrage des VG Köln im Wesentlichen in zwei Teile, die sich für die im Rahmen dieser Arbeit interessierenden Problemkonstellationen folgendermaßen zusammenfassen lassen: Zunächst befasste er sich mit der Frage des Anwendungsvorrangs, die schon in der Rechtssache *Filipiak*, dem ein vergleichbarer Sachverhalt zugrunde lag wie dem Verfahren *Winner Wetten*, eine entscheidende Rolle spielte, ehe er sich der temporalen Problematik als solcher zuwandte[1125].

1121 *OVG Münster*, Beschl. v. 28. Juni 2006, Az. 4 B 961.06, EuZW 2006, 603 (605).
1122 *OVG Münster*, Beschl. v. 28. Juni 2006, Az. 4 B 961.06, EuZW 2006, 603 (604 f.) mit wörtl. Zitaten aus dem Beitrag von: *Jarass/Beljin*, NVwZ 2004, 1 (5).
1123 *OVG Münster*, Beschl. v. 28. Juni 2006, Az. 4 B 961.06, EuZW 2006, 603 (605).
1124 *OVG Münster*, Beschl. v. 28. Juni 2006, Az. 4 B 961.06, EuZW 2006, 603 (606).
1125 Schlussanträge des GA *Bot* v. 26. Januar 2010 in der Rs. C-409/06 (Winner Wetten GmbH ./. Bürgermeisterin der Stadt Bergheim), Slg. 2010, I-8017, Rz. 59 ff.

In *Filipiak* war der EuGH mit der Frage nach dem Verhältnis einer Vorschrift des nationalen Verfassungsrechts, das einem mitgliedstaatlichen Verfassungsgericht die Möglichkeit eröffnete, seinen normverwerfenden Urteilen eine Wirkung *pro futuro* zu geben, zu den Regelungen der Gründungsverträge, gegen welche die für verfassungswidrig befundene Norm verstieß, konfrontiert. Der Gerichtshof löste die Frage unter Rückgriff auf den im Urteil *Simmenthal* bekräftigten Anwendungsvorrang des Unionsrechts vor den Bestimmungen der mitgliedstaatlichen Rechtsordnungen[1126] und wandte im Ergebnis dieses Prinzip auch auf die ihm vorgelegte Situation an[1127].

Nachdem Generalanwalt *Bot* die Anwendbarkeit der Ratio aus *Filipiak* auch in *Winner Wetten* festgestellt hatte, fing er an, sich mit der Rechtsprechung des EuGH zur temporalen Modifikation seiner Entscheidungen zu befassen und diese auf ihre Analogiefähigkeit zum vorliegenden Fall zu untersuchen. Die Übertragbarkeit des Rechtsgedankens aus Art. 264 Abs. 2 AEUV lehnte er dabei unter Berufung auf den Grundsatz der unmittelbaren Anwendbarkeit des Unionsrechts und dessen Vorrang ab und wies auf eine Beeinträchtigung der praktischen Wirksamkeit des Vorabentscheidungsverfahrens als solchem hin, wenn das nationale Gericht den Ausspruch des EuGH nicht anwenden könnte[1128]. Sodann befasste er sich mit dem Sinn und Zweck der Spruchpraxis des Gerichtshofs zur Rückwirkungsbeschränkung von Vorabentscheidungen, die nicht zuletzt auch schutzwürdigen Interessen von Privaten Rechnung tragen soll. Genau diese würden in *Winner Wetten* indes durch eine temporäre Suspendierung der Anwendbarkeit der Niederlassungsfreiheit beeinträchtigt, so dass sich auch der hinter der Rechtssache *Defrenne II* stehende Gedanke nicht auf den vorliegenden Fall hätte übertragen ließ[1129]. Abschließend ging der Generalanwalt auf den in *Meilicke* bestätigten Grundsatz ein, wonach eine zeitliche Beschränkung nur in der Vorabentscheidung angeordnet werden könne, in welcher der EuGH eine Auslegung erstmalig vornimmt. Für *Winner Wetten* sei dies erstmals in *Gambelli* der Fall gewesen, wo der Gerichtshof die Anordnung einer Wirkung *pro futuro* indes nicht diskutierte[1130].

1126 *EuGH*, Urt. v. 9. März 1978, Rs. 106/77 (Amministrazione delle Finanze dello Stato ./. Simmenthal SpA), Slg. 1978, 629, Rz. 21 ff.; zum Anwendungsvorrang statt aller: *Craig/de Búrca*, EU Law, S. 344 ff.

1127 *EuGH*, Urt. v. 19. November 2009, Rs. C-314/08 (Krysztof Filipiak ./. Dyrektor Izby Skarbowej w Poznaniu), Slg. 2009, I-11049, Rz. 81 ff.

1128 Schlussanträge des GA *Bot* v. 26. Januar 2010 in der Rs. C-409/06, Slg. 2010, I-8017, Rz. 94 ff.

1129 Schlussanträge des GA *Bot* v. 26. Januar 2010 in der Rs. C-409/06, Slg. 2010, I-8017, Rz. 106 ff.

1130 Schlussanträge des GA *Bot* v. 26. Januar 2010 in der Rs. C-409/06, Slg. 2010, I-8017, Rz. 114 ff.

Im Ergebnis sprachen für den Generalanwalt somit hinreichende Gründe für die Ablehnung der vom VG Köln angeregten temporalen Suspendierung des unionsrechtlichen Anwendungsvorrangs.

2. Das Urteil des EuGH

Im Vergleich zu den ausführlichen Schlussanträgen des Generalanwalts *Bot* fiel die inhaltliche Auseinandersetzung des Gerichtshofs mit der Vorlagefrage in der Rechtssache *Winner Wetten* um einiges kürzer aus[1131].

Der EuGH folgte in der Sache den Vorschlägen seines Generalanwalts und lehnte eine zeitweilige Suspendierung der Anwendbarkeit der Niederlassungsfreiheit ab. Zur Begründung griff er vor allem auf seine eigenen Ausführungen in der Rechtssache *Simmenthal* und dem dort näher ausgeführten Grundsatz vom Vorrang des Unionsrechts sowie anschließend auf die Anwendung des Prinzips in dem Verfahren *Filipiak* zurück[1132]. Zu einer analogen Anwendung von Art. 264 Abs. 2 AEUV und seiner Rechtsprechung zur Rückwirkungsbeschränkung von Vorabentscheidungen im Sinne der in *Defrenne II* aufgestellten Grundsätze, wie sie von mehreren Mitgliedstaaten angeregt worden war, äußerte sich der EuGH indes nur sehr ausweichend und machte – nach einer Darstellung der Voraussetzungen für einen Rückgriff auf Art. 264 Abs. 2 AEUV – deutlich, dass diese in *Winner Wetten* sicherlich nicht vorlagen, mithin eine eventuell analoge Anwendung der Vorschrift in der vorliegenden Konstellation jedenfalls ausscheiden musste[1133].

B. Analyse der Rechtsprechung

Angesichts seiner komplexen Vorgeschichte verwundert die Entscheidung des EuGH in der Rechtssache *Winner Wetten* ob seiner Kürze und Konzentration auf die Problematik des Anwendungsvorrangs des Unionsrechts.

Als Dreh- und Angelpunkt der Analyse des Urteils bietet sich insbesondere die Entscheidung des OVG Münster an. Hier liegt – auf europäischer Ebene vermittelt durch die Vorlagefrage des VG Köln – der Kern der gesamten Prob-

1131 *EuGH*, Urt. v. 8. September 2010, Rs. C-409/06 (Winner Wetten GmbH ./. Bürgermeisterin der Stadt Bergheim), Slg. 2010, I-8015, Rz. 53 ff.

1132 *EuGH*, Urt. v. 8. September 2010, Rs. C-409/06 (Winner Wetten GmbH ./. Bürgermeisterin der Stadt Bergheim), Slg. 2010, I-8015, Rz. 53 ff.

1133 *EuGH*, Urt. v. 8. September 2010, Rs. C-409/06 (Winner Wetten GmbH ./. Bürgermeisterin der Stadt Bergheim), Slg. 2010, I-8015, Rz. 63 ff.

lematik der Rechtssache *Winner Wetten*, wie insbesondere an den soeben geschilderten Schlussanträgen von Generalanwalt *Bot* deutlich wird. Obwohl er die Entscheidung des OVG Münster namentlich nicht erwähnte, arbeitete er sich in seinen Ausführungen an deren Argumenten ab und legte damit den Grundstein für die spätere Entscheidung des EuGH.

Da der EuGH in diesem Urteil eine diametral entgegengesetzte Rechtsauffassung zum OVG Münster vertrat, sind somit zunächst die Argumente des Oberverwaltungsgerichts zu hinterfragen und gegebenenfalls zurückzuweisen, ehe die Entscheidung des Gerichtshofs bewertet werden kann.

I. Die Rechtslage in Deutschland

Die Rechtsprechung der deutschen Verwaltungsgerichte zu der auch in *Winner Wetten* streitentscheidenden Frage, inwieweit europarechtswidrige staatliche Glücksspielmonopole in den einzelnen Bundesländern bis zu einer Neuregelung des Gesetzgebers übergangsweise in Kraft bleiben sollen, ist widersprüchlich, mehrheitlich jedoch lehnen die Gerichte eine temporäre Suspendierung vom Anwendungsvorrang des Europarechts ab[1134]. Vor diesem Hintergrund ist die gegenteilige Sichtweise zu untersuchen, die sich zum Teil auf das soeben skizzierte Urteil des BVerfG gründet[1135], inhaltlich aber, wie vom vorlegenden VG Köln zutreffend erkannt, im Wesentlichen auf dem Beschluss des OVG Münster aufbaut[1136].

II. Analyse anhand des Beschlusses des OVG Münster

Wie dargestellt, bediente sich das OVG Münster zweier Argumente um die temporäre Suspendierung vom Anwendungsvorrang zu begründen. Zum einen rekurrierte es auf die Vorgängernorm des heutigen Art. 264 Abs. 2 AEUV, zum ande-

1134 Vgl. z.B.: *VG Arnsberg*, Beschl. v. 23. Mai 2006, Az. 1 L 379/06, BeckRS 2006, 23581; *VG Minden*, Beschl. v. 26. Mai 2006, Az. 3 L 249/06, zit. nach juris, Rz. 26 ff.; *VG Stuttgart*, Beschl. v. 27. Juli 2006, Az. 18 K 2636/06, zit. nach juris, Rz. 8; *VG Mainz,* Beschl. v. 12. September 2007, Az. 6 L 583/07.MZ, GewA 2007, 491 (493); *OVG Saarlouis*, Beschl. v. 22. Januar 2007, Az. 3 W 15/06, BeckRS 2007, 20637; für diese Einschätzung aus der Lit., siehe auch: *Ehlers/Eggert*, JZ 2008, 585 (587) m.w.N. zur Rspr.

1135 *Dübbers/Kartal*, ZfWG 2006, 33 (34) sehen hier schon die eigentliche Verletzung des Anwendungsvorrangs, i.E. ähnl.: *Schmid*, GewA 2006, 177 (179).

1136 Auch *Neuschl/Schumm*, ZEuS 2008, 527 (532) sehen hierin den eigtl. Schlüssel der Problematik. Der Vollständigkeit halber ist hinzuzufügen, dass das BVerfG diese Sichtweise, wenngleich implizit, bestätigt hat, vgl.: *Terhechte*, EuR 2006, 828 (833 f.) m.w.N.

ren stellte es ab auf die Schlussanträge der Generalanwälte *Jacobs* und *Stix-Hackl* in der Rechtssache *Banca Popolare di Cremona*[1137].

1. Analoge Anwendung von Art. 264 Abs. 2 AEUV

Der Hinweis auf Art. 264 Abs. 2 AEUV mutet zwar elegant an, da der EuGH die Norm in der Vergangenheit durchaus derart angewendet hat, um seine Urteile in zeitlicher Hinsicht zu modifizieren. Allerdings bestehen zwischen diesen Konstellationen und der Rechtslage, wie sie sich dem OVG Münster präsentierte, zwei signifikante Unterschiede, die beide mit der einheitlichen Anwendung des Unionsrechts in der gesamten EU ein Kernanliegen des EuGH betreffen[1138].

So normiert Art. 264 Abs. 2 AEUV einen für Analogieschlüsse ohnehin kaum geeigneten Ausnahmetatbestand, der vom Gerichtshof ausschließlich auf Sachverhalte angewendet wird, in deren Rahmen die Fortgeltung von primärrechtswidrigem Sekundärrecht zur Debatte steht. Sämtliche den Sachverhalt bestimmende Normen entstammen hier dem Unionsrecht. In der der Rechtssache *Winner Wetten* vergleichbaren Sachlagen, in denen das Verhältnis von nationalem zu Unionsrecht angesprochen ist, hat er aufgrund der unterschiedlichen Struktur beider Konstellationen von einem Rekurs auf diese Vorschrift indes bisher abgesehen[1139]. Hierfür lässt sich vor allem auch der Grundsatz der einheitlichen Anwendung des Unionsrechts ins Feld führen. Würde der EuGH in diesen Fällen zu einer analogen Anwendung von Art. 264 Abs. 2 AEUV greifen, hätte dies unweigerlich eine territoriale Zweiteilung der Rechtslage in der Union zwischen dem Mitgliedstaat, in dem das primärrechtswidrige nationale Recht weiter gilt und den übrigen Mitgliedstaaten zur Folge[1140]. Eine derartige territoriale Beschränkung ähnlich der, wie sie von Generalanwältin *Stix-Hackl* in *Banca Popolare di Cremona* und *Meilicke* vorgeschlagen wurde, lehnt der EuGH ausweislich seiner Entscheidungen in eben diesen Rechtssachen eindeutig und im Ergebnis zutreffend als unvereinbar mit dem Gleichbehandlungsgrundsatz ab[1141]. Wollte

1137 *OVG Münster*, Beschl. v. 28. Juni 2006, Az. 4 B 961/06, EuZW 2006, 603 (605).

1138 St. Rspr.: *EuGH*, Urt. v. 21. Februar 1991, verb. Rs. C-143/88 und C-92/89 (Zuckerfabrik Süderdithmarschen et al. ./. Hauptzollamt Itzehoe), Slg. 1991, I-415, Rz. 26; Urt. v. 5. März 1996, verb. Rs. C-46/93 und C-48/93 (Brasserie du Pêcheur ./. Bundesrepublik Deutschland et al.), Slg. 1996, I-1029, Rz. 33.

1139 Schlussanträge des GA *Bot* v. 26. Januar 2010 in der Rs. C-409/06, Slg. 2010, I-8017, Rz. 94 ff.

1140 *König/Schreiber*, DÖV 2008, 450 (453); i.E. auch ablehnend: *Karpenstein/Kuhnert*, DVBl. 2006, 1462 (1467); *Neuschl/Schumm*, ZEuS 2008, 527 (542); *Terhechte*, EuR 2006, 828 (836).

1141 Vgl. hierzu *supra* im 9. Kap. in Punkt B II 3 m.w.N. aus der Lit. und Rspr.

man dennoch auf einen sehr allgemeinen, hinter Art. 264 Abs. 2 AEUV stehenden Rechtsgedanken zurückgreifen[1142], würde dies eine bisher unbekannte und an sich schon kritisch zu bewertende Erweiterung der Rechtsprechung darstellen und könnte jedenfalls nur unter der Prämisse geschehen, dass der Urteilsspruch des EuGH in der gesamten Union Geltung entfaltet und damit die Fortgeltung aller mit der im Anlassfall vergleichbaren Normen in den Mitgliedstaaten erfasst[1143].

Dies leitet über zur zweiten dem Beschluss des OVG Münster innewohnenden Annahme, welche die Kompetenz zur Feststellung einer Suspendierung vom Anwendungsvorrang des Unionsrechts betrifft. Nach Auffassung des Oberverwaltungsgerichts sind hierfür offenbar die jeweils zu den Sachverhalten angerufenen mitgliedstaatlichen Gerichte zuständig, was indes keinesfalls überzeugen kann, wie auch Generalanwalt *Bot* – allerdings lediglich unter Verweis auf die Rechtsprechung des EuGH – betonte[1144]. Mit einer solchen Herangehensweise würde das Gebot der einheitlichen Anwendung des Unionsrechts in der gesamten EU konterkariert und ein Flickenteppich an einzelnen Entscheidungen nationaler Gerichte geschaffen, die sich nicht nur von Mitgliedstaat zu Mitgliedstaat, sondern womöglich auch noch innerhalb der einzelnen Staaten unterscheiden würden.

2. Bezugnahme auf die Rechtssache *Banca Popolare di Cremona*

Neben einer angeblichen Analogie zu Art. 264 Abs. 2 AEUV bedient sich das OVG Münster eines weiteren Arguments, um seine Vorgehensweise zu begründen. Es beruft sich auf die Schlussanträge der Generalanwälte in der Rechtssache *Banca Popolare di Cremona*. Unabhängig zu der Frage, wie überzeugend ein Verweis auf nicht bindende Schlussanträge überhaupt sein kann[1145], eignet sich auch die Rechtsprechung des EuGH zur temporalen Problematik von Vorabentschiedungen nicht, die Position des OVG Münster zu untermauern[1146]: Wie in den vorhergehenden Kapiteln nachgewiesen, kennzeichnet die temporale Modi-

1142 *Ehlers/Eggert*, JZ 2008, 585 (588 ff.) schlagen dies etwa vor.

1143 Zu dieser Möglichkeit unklar: *EuGH*, Urt. v. 8. September 2010, Rs. C-409/06 (Winner Wetten GmbH ./. Bürgermeisterin der Stadt Bergheim), Slg. 2010, I-8015, Rz. 67.

1144 Schlussanträge des GA *Bot* v. 26. Januar 2010 in der Rs. C-409/06, Slg. 2010, I-8017, Rz. 115 m.w.N.; vgl. aus natl. Sicht etwa: *VG Stuttgart*, Beschl. v. 27. Juli 2006, Az. 18 K 2636/06, zit. nach juris, Rz. 8.

1145 Hierzu allgemein: *Kovács*, JA 2010, 625 (627 ff.).

1146 *König/Schreiber*, DÖV 2008, 450 (454); i.E. auch: *Terhechte*, EuR 2006, 828 (837 f.); a.A. dagegen *Belijn*, NVwZ 2008, 156 (161), der keine Probleme in der Erstreckung der Rspr. *pro futuro* erkennt.

fikation von Vorabentscheidungen durch den Gerichtshof ihre Vergangenheitsbezogenheit; es wird lediglich die Rückwirkung der Urteile *ex tunc* beschränkt. Die Suspendierung vom Anwendungsvorrang des Unionsrechts soll vorliegend indes für eine Übergangszeit erfolgen, bis der Gesetzgeber eine unionsrechtskonforme Neuregelung in Kraft gesetzt hat und ist mithin eindeutig auf die Zukunft gerichtet. Eine Wirkung von Vorabentscheidungen *pro futuro* hat der EuGH bisher allerdings nur in den so genannten *Währungsausgleichsfällen* anerkannt. Diese haben sich im Nachhinein allerdings als Einzelfallentscheidung erwiesen, die vom EuGH in dieser Form inzwischen eindeutig abgelehnt werden, wie nicht zuletzt an seinem Urteil in der Rechtssache *Meilicke* deutlich wird, in dem er einen ähnlichen, auf die Wirkung von Entscheidungen in der Zukunft gerichteten Vorschlag aus den Schlussanträgen der Generalanwälte gerade nicht in seine Rechtsprechung übernommen hat.

Dies gilt umso mehr, führt man sich vor Augen, dass die Rechtssache *Winner Wetten* strukturelle Ähnlichkeit mit der Sachlage hat, über die der EuGH in seiner Entscheidung in *Meilicke* zu befinden hatte[1147]. Auch wenn vordergründig eine zeitweise Außerkraftsetzung des unionsrechtlichen Anwendungsvorrangs im Raum steht, soll die Rechtssache im Ergebnis dazu genutzt werden, die Folgen der Entscheidung *Gambelli* im Nachhinein zu modifizieren, worauf auch das VG Köln in seiner ersten Vorlagefrage ausdrücklich hingewiesen hatte[1148]. Es geht mithin um die Konstellation, in der anlässlich eines zeitlich späteren Rechtsstreits die Wirkungen einer vorherigen Entscheidung auf die Zukunft beschränkt werden. Genau diese Vorgehensweise hatte der Gerichtshof in der Rechtssache *Meilicke* jedoch verworfen und betont, dass eine Rückwirkungsbeschränkung einer Vorabentscheidung nur in den Fällen in Frage kommt, in denen die Voraussetzungen hierfür vorliegen[1149]. Wenn aber bereits eine Rückwirkungsbeschränkung *ex post* vom EuGH ausgeschlossen wird, so muss dieser Gedankengang konsequenterweise erst recht für Sachverhalte Geltung beanspruchen, in denen es um die Beschränkung der Urteilsfolgen für die Zukunft geht.

Mithin eignet sich die Berufung des OVG Münster auf die Spruchpraxis des EuGH zur Modifikation der zeitlichen Folgen von Vorabentscheidungen nach dem gegenwärtigen Stand der Rechtsprechung in keiner Weise, um eine Wirkungsbeschränkung *pro futuro* zu begründen.

1147 Vgl. für diesen Kontext auch: Schlussanträge des GA *Bot* in der Rs. C-409/06, Slg. 2010, I-8017, Rz. 116 ff.

1148 *VG Köln*, Vorlageersuchen v. 9. Oktober 2006, ABl. EU v. 30. Dezember 2006, Nr. C 326/25.

1149 Ausdrückl.: *EuGH*, Urt. v. 6. März 2007, Rs. C-292/04 (Wienand Meilicke et al. ./. Finanzamt Bonn Innenstadt), Slg. 2007, I-1835, Rz. 37.

3. Das Kriterium der „inakzeptablen Gesetzeslücke"

Nachdem gezeigt werden konnte, dass die Begründung des OVG Münster dessen Herangehensweise inhaltlich nicht trägt, sind auch die vom Gericht entwickelten Kriterien, wann von einer „inakzeptablen Gesetzeslücke" auszugehen ist, die eine temporäre Suspendierung vom Anwendungsvorrang des Unionsrechts rechtfertigt, hinfällig. Der Vollständigkeit halber soll abschließend dennoch kurz skizziert werden, warum die Kriterien schon für sich genommen aus unionsrechtlicher Perspektive nicht überzeugen können.

Im Zentrum der Argumentation des Oberverwaltungsgerichts steht der Gedanke, die Gefährdung wichtiger Allgemeininteressen abwenden zu wollen. Erst wenn eine solche Gefährdung bejaht werden könnte, sei von einer „inakzeptablen Gesetzeslücke" auszugehen[1150]. Diese Herangehensweise des Gerichts erscheint jedoch schon aus Kompetenzgesichtspunkten bedenklich. So wird nicht klar, woher das OVG Münster die von ihm angewendeten Kriterien herleitet. Hierzu lassen sich in der Entscheidung selbst keinerlei Anhaltspunkte finden, das Gericht scheint sie in freier richterlicher Rechtsschöpfung *de lege ferenda* selbst entwickelt zu haben, ohne eine entsprechende Befugnis hierfür zu haben[1151].

Aber selbst unter der Prämisse, das OVG Münster sei befugt gewesen, rechtsschöpferisch tätig zu werden, kann jedenfalls die Anwendung der von ihm entwickelten Kriterien angesichts der dem Beschluss in *Winner Wetten* zugrunde liegenden Sachlage nicht überzeugen. Es ist nicht nachvollziehbar, worin eine Gefährdung wichtiger Allgemeininteressen liegen soll. Diese kann nur in einer Verhütung von Gefahren liegen, die sich – wie etwa die Wettsucht – unmittelbar aus der Veranstaltung von Glücksspielen ergeben. Hierzu ist aber die Norm, deren Fortgeltung das Oberverwaltungsgericht anordnen will, schon an sich ungeeignet, da sie die Veranstaltung von staatlichen Sportwetten ausdrücklich ermöglicht und zudem in ihrem Geltungsbereich auch die vergleichbaren inländischen Veranstaltungen privater Anbieter behördlicherseits offenbar jahrelang geduldet wurden[1152]. Anders als vereinzelt behauptet[1153], ist es zudem keinesfalls so, dass die Nichtanwendung der deutschen Bestimmungen zu einem Agieren der privaten ausländischen Wettanbieter im rechtsfreien Raum führen würde. Vielmehr kennzeichnet den in *Winner Wetten* dargestellten Sachverhalt ein zwischenstaatlicher Bezug, da nur dort der Anwendungsvorrang des Unionsrechts überhaupt

1150 *OVG Münster*, Beschl. v. 28. Juni 2006, Az. 4 B 961/06, EuZW 2006, 603 (605).

1151 Zu recht kritisch: *Terhechte*, EuR 2006, 828 (842); i.E. auch: *Karpenstein/Kuhnert*, DVBl. 2006, 1462 (1467); *Kruis*, EuZW 2006, 606 (607).

1152 *Mertens*, DVBl. 2006, 1564 (1568); Schlussanträge des GA *Bot* v. 26. Januar 2010 in der Rs. C-409/06, Slg. 2010, I-8017, Rz. 112 f.

1153 *Bethge*, ZfWG 2007, 245 (249).

eine Rolle spielen kann. In solchen Konstellationen aber müssen die Wettanbieter die gesetzlichen Anforderungen erfüllen, die der Mitgliedstaat, in dem das Unternehmen seinen Sitz hat, an die Erteilung einer Wettkonzession stellt[1154]. Auf diesem Weg ist somit ein Mindestmaß an staatlicher Regelung der Sportwetten sichergestellt. Hiervon scheint auch das BVerfG zumindest implizit in seinem Urteil auszugehen, da es seine Argumentation für die übergangsweise Fortgeltung der verfassungswidrigen Rechtslage ausdrücklich nicht mit den ansonsten drohenden Gefahren für das Allgemeinwohl begründet, sondern auf die verschiedenen gesetzgeberischen Möglichkeiten rekurriert, die bestehen, um die Grundgesetzeswidrigkeit der Rechtslage zu beseitigen, welcher das BVerfG nicht vorgreifen will[1155].

Mithin treten neben die geschilderten Bedenken gegen die Begründung des OVG Münster für eine angeblich unionsrechtlich gerechtfertigte übergangsweise Suspendierung vom Anwendungsvorrang Zweifel an der Befugnis des Gerichts, zur Entwicklung entsprechende Voraussetzungen hierfür zu entwerfen und deren Einschlägigkeit ausgerechnet in der Rechtssache *Winner Wetten*, für die sie entwickelt wurden. Mithin kann dem Oberverwaltungsgericht auch in dieser Hinsicht nicht gefolgt werden.

III. Ergebnis unter Berücksichtigung der Entscheidung des EuGH

Der Beschluss des OVG Münster, das den eigentlichen Nukleus der Rechtssache *Winner Wetten* bildet, kann in keinem seiner Punkte überzeugen. Im Vergleich dazu erscheint das Urteil des EuGH insgesamt und unter Berücksichtigung seiner übrigen in dieser Arbeit untersuchten Spruchpraxis nachvollziehbar, auch wenn es einige Schwächen in Form zweier *obiter dicta* enthält.

Mit der Ablehnung einer Möglichkeit zur Suspendierung vom unionsrechtlichen Anwendungsvorrang überrascht der Gerichtshof nicht wirklich, da dies ein tragendes Element seiner eigenen Rechtsprechung darstellt[1156]. Dies mag auch erklären, warum er ein ganzes Arsenal an bedeutenden Entscheidungen wie die Rechtssachen *Simmenthal*, *Factortame* und *Internationale Handelsgesellschaft* in Stellung bringt, um seine Sichtweise zu unterstreichen[1157]. Notwendig wäre

1154 *Kruis*, EuZW 2006, 606 (608); *Stadler/Arzt*, ecolex 2010, 617 (619); vergleichbar argumentiert auch schon: *VG Arnsberg*, Beschl. v. 21. August 2006, Az. 1 L 725/06, BeckRS 2006, 25052.

1155 *BVerfG*, Urt. v. 28. März 2006, Az. 1 BvR 1054/01, NJW 2006, 1261 (1267).

1156 Statt aller: *Hatje*, in: Schwarze, EU-Kommentar, Art. 4 EUV Rn. 40 ff. m.w.N.

1157 *EuGH*, Urt. v. 8. September 2010, Rs. C-409/06 (Winner Wetten GmbH ./. Bürgermeisterin der Stadt Bergheim), Slg. 2010, I-8015, Rz. 53 ff.

dies in *Winner Wetten* indes nicht gewesen, da die dem Fall zugrunde liegende Fragestellung ausführlich bereits in der Rechtssache *Filipiak* beantwortet wurde, wie auch Generalanwalt *Bot* in seinen Schlussanträgen klarstellte[1158]. Ein Hinweis auf dieses Urteil hätte ausgereicht, der Verweis auf die übrige Rechtsprechung erfolgt hier *obiter dictum*. Dennoch erfüllt diese Vorgehensweise einen bestimmten Zweck, wie die Randziffern 56 f. der Vorabentscheidung offenbaren. Nicht nur aufgrund des Hinweises auf *Filipiak* handelt es sich hierbei um die zentralen Passagen des gesamten Urteils. Der EuGH verwies an dieser Stelle ausdrücklich auf die Äußerungen des BVerfG zur Sportwettenproblematik und stellte seine eigenen Ausführungen in den Kontext mit der Karlsruher Rechtsprechung. Hierzu führte er aus, das BVerfG habe sich im Rahmen seines Beschlusses nicht zu der unionsrechtlichen Problematik der Sportwetten geäußert. Mit diesem Hinweis betonte er zum einen das Kooperationsverhältnis beider Gerichte, deren jeweilige Selbstwahrnehmungen seit jeher in einem Spannungsverhältnis stehen[1159], das sich insbesondere durch die Entscheidung des BVerfG zum Vertrag von Lissabon[1160] noch zugespitzt hat, zum anderen reklamierte er verklausuliert, indes unmissverständlich, seine Zuständigkeit für die Prüfung des Unionsrechts. Um seine Kompetenz zu untermauern, verwies er umfassend auf den Kern seiner ständigen Rechtsprechung zum Anwendungsvorrang[1161]. Diese Herangehensweise stellt somit einen geschickten Schachzug des Gerichtshofs in seinem Verhältnis zum BVerfG dar, für die Lösung der ihm vorgelegten Frage des VG Köln hätte indes ein Hinweis auf die Rechtssache *Filipiak* ausgereicht.

Darüber hinaus lässt eine weitere Passage des Urteils aufhorchen. So führte der EuGH unter Berufung auf seine ständige Rechtsprechung zu Recht aus, Art. 264 Abs. 2 AEUV in der Vergangenheit nicht auf Sachverhaltskonstellationen wie die in *Winner Wetten* übertragen zu haben[1162]. Anstatt die Überlegungen zu der Norm an diesem Punkt einzustellen, ging der Gerichtshof aber einen Schritt weiter und stellte auf eine hypothetischen Betrachtungsweise ab, indem er betonte, dass „...selbst wenn...“ eine analoge Anwendung von Art. 264 Abs. 2

1158 Schlussanträge des GA *Bot* v. 26. Januar 2010 in der Rs. C-409/06, Slg. 2010, I-8017, Rz. 67.

1159 Vgl. z.B.: *Craig/de Búrca*, EU Law, S. 344 ff.; *Haltern*, Europarecht, Rn. 926 ff. am Bsp. der Frage, welche Natur demVorrang des Unionsrechts zukommt.

1160 *BVerfG*, Urt. v. 30. Juni 2009, Az. 2 BvE 2/08, 2 BvE 5/08, 2 BvR 1010/08, 2 BvR 1022/08, 2 BvR 1259/08, 2 BvR 189/09, NJW 2009, 2267 ff.

1161 Angesichts der klaren inhaltlichen Lösung des Falls durch den EuGH, die zudem keinerlei Neuerungen enthält, sondern sich vor allem auf die st. Rspr. beruft, mag sich die Frage stellen, ob die geschilderte Auseinandersetzung mit dem Urteil des BVerfG nicht den egtl. Hintergrund für die ungewöhnlich lange Verfahrensdauer in der vorliegenden Rechtssache bildet.

1162 *EuGH*, Urt. v. 8. September 2010, Rs. C-409/06 (Winner Wetten GmbH ./. Bürgermeisterin der Stadt Bergheim), Slg. 2010, I-8015, Rz. 63 ff.

AEUV ausnahmsweise in Frage käme, diese im vorliegenden Fall jedenfalls nicht zur Anwendung kommen könnte[1163]. Diese Aussagen erfolgten somit ebenfalls *obiter dictum* und lassen den Leser ratlos über die Motivation des EuGH rätseln, der den Eindruck zu vermitteln scheint, eine Hintertür für eine Modifikation seiner Rechtsprechung zu Art. 264 Abs. 2 AEUV offen lassen zu wollen.

Versöhnlicher stimmt dagegen das Urteil im Hinblick auf die dieser Arbeit zugrunde liegende Fragestellung der temporalen Folgen von Vorabentscheidungen. Obgleich die Rechtsprechung des Gerichtshofs hierzu vom OVG Münster angesprochen worden war, diskutierte der EuGH die Problematik in *Winner Wetten* gar nicht. Tatsächlich bestand hierfür auch kein Anlass, wie Generalanwalt *Bot* im Vorfeld der Entscheidung schon treffend ausgeführt hatte, da der Gerichtshof die wesentlichen inhaltlichen Weichenstellungen zur unionsrechtlichen Vereinbarkeit von Sportwettmonopolen bereits in der Rechtssache *Gambelli* getroffen hatte, ohne dort die Rückwirkung der Vorabentscheidung zu beschränken[1164]. In dieser Hinsicht erweist sich das Urteil in *Winner Wetten* somit im Ergebnis als konsequente Fortschreibung der ständigen Rechtsprechung des EuGH, wie sie in *Banca Popolare di Cremona* und *Meilicke* ausdrücklich bestätigt wurde und fügt sich vervollständigend in die Ergebnisse der vorliegenden Untersuchung zu den temporalen Folgen von Vorabentscheidungen ein.

1163 *EuGH*, Urt. v. 8. September 2010, Rs. C-409/06 (Winner Wetten GmbH ./. Bürgermeisterin der Stadt Bergheim), Slg. 2010, I-8015, Rz. 67.

1164 Schlussanträge des GA *Bot* v. 16. Januar 2010 in der Rs. C-409/06, Slg. 2010, I-8017, Rz. 114 ff.

12. Kapitel: Endergebnis der Untersuchung und Thesen

Am Anfang der vorliegenden Arbeit stand die Erkenntnis *W. H. Audens*, wonach die beständig vergehende Zeit nicht besiegt werden könne. So zutreffend diese Aussage im Allgemeinen auch sein mag, die Aufgabe der Rechtsprechung ist es seit jeher, sich der Folgen dieser Unmöglichkeit anzunehmen und sie zu gestalten. Auch dem EuGH ist es aufgegeben, diese Schwierigkeit zu meistern. Zu welchen Lösungsansätzen er im Rahmen des Vorabentscheidungsverfahrens nach Art. 267 AEUV greift, ist im Rahmen der vorliegenden Arbeit umfassend dargestellt worden. Unter Analyse der Rechtsprechung des Gerichtshofs aus den vergangenen drei Jahrzehnten konnte ermittelt werden, dass der EuGH einen komplexen, jedoch nachvollziehbaren Regel-Ausnahme-Mechanismus entwickelt hat, der sich in seinen Ergebnissen von der Spruchpraxis einiger nationaler Verfassungsgerichte hat inspirieren lassen. Dennoch hat es insbesondere in der jüngeren Vergangenheit nicht an Vorschlägen gemangelt, diese Rechtsprechung zu modernisieren und zu modifizieren. Wie in dieser Arbeit gezeigt werden konnte, hat der EuGH indes aus guten Gründen diesem Modifikationsdruck bisher stand- und an seiner Spruchpraxis zu Recht festgehalten. Warum er dies auch weiterhin tun sollte, soll zum Abschluss dieser Arbeit nochmals unterstrichen werden, indem die wesentlichen Ergebnisse der vorstehenden Untersuchung thesenartig wiederholt werden:

(1) Der Frage nach den temporalen Folgen von Vorabentscheidungen gemäß Art. 267 AEUV liegt der Konflikt zwischen den allgemeinen Rechtsgrundsätzen der Einzelfallgerechtigkeit und der Rechtssicherheit, wie er sowohl auf der Ebene des nationalen wie des Unionsrechts bekannt ist, zugrunde.

(2) Der Grundkonflikt zwischen der Einzelfallgerechtigkeit und der Rechtssicherheit prägt auch die Rechtsprechung des BVerfG und des VfGH zu den temporalen Folgen von Normenkontrollentscheidungen. Es bestehen Anzeichen, dass ein Amalgam dieser Spruchpraxis dem EuGH als Inspirationsquelle für seine eigene Rechtsprechung gedient hat.

(3) Vorabentscheidungen des EuGH gemäß Art. 267 AEUV wirken über den bloßen Einzelfall hinaus und sind in dieser Hinsicht mit den Urteilen der obersten Gerichte in den Mitgliedstaaten der EU zu vergleichen, die von den unteren Instanzen weitgehend befolgt werden, ohne eine strikte Wirkung *erga omnes* zu entfalten. Dieser Effekt kommt Auslegungs-, Ungültigkeits- und Gültigkeitsentscheidungen zu.

(4) Die Kompetenz zur Feststellung der temporalen Folgen einer Vorabentscheidung ist alleine dem EuGH vorbehalten. Den mitgliedstaatlichen Gerichten ist es somit verwehrt, zu dieser Problematik Stellung zu beziehen, selbst wenn der EuGH sich nicht äußert. Weiterhin führt der Gerichtshof eine Prüfung der temporalen Folgen einer Vorabentscheidung *ex officio* durch und bedarf nicht einer hierauf abzielenden Frage des vorlegenden nationalen Gerichts.

(5) Die temporalen Folgen von Vorabentscheidungen hat der EuGH erstmals in der Rechtssache *Defrenne II* beschrieben und dort ein Regel-Ausnahme-Modell entwickelt, das bis heute Bestand hat.

(6) Grundsätzlich entfaltet eine Auslegung des EuGH im Sinne von Art. 267 Abs. 1 lit. a) und b) AEUV oder die Feststellung der Ungültigkeit einer sekundärrechtlichen Norm nach Art. 267 Abs. 1 lit. a) AEUV ihre Folgen in temporaler Hinsicht *ex tunc*. In beiden Fällen bildet das erstmalige Inkrafttreten der durch die Vorabentscheidung betroffenen Norm den Bezugspunkt.

(7) Beide Formen des Vorabentscheidungsverfahrens kennen Ausnahmen von dem in Punkt 6 beschriebenen Prinzip, welche im Ergebnis eine Durchbrechung des Grundsatzes der Wirkung *ex tunc* nach sich ziehen, so dass die Auslegung oder Feststellung der Ungültigkeit erst ab dem Zeitpunkt der Urteilsverkündung ihre Folgen zeitigt.

(8) Entgegen der Literaturmeinung lassen sich die in Punkt 7 genannten Ausnahmen nicht mit einer analogen Anwendung von Art. 264 Abs. 2 AEUV für das gesamte Vorabentscheidungsverfahren begründen. Vielmehr sind die Voraussetzungen hierfür aus Art. 267 AEUV selbst für jede Verfahrensart getrennt zu entwickeln, was ausgehend von der Rechtsprechung des EuGH zu erfolgen hat, die jedoch nicht in allen Einzelheiten zu überzeugen vermag und der Modifikation bedarf.

(9) Von den in Punkt 7 dargestellten Ausnahmen lässt der EuGH stets Rückausnahmen zugunsten des Anlassfalles und diesem gleich gelagerten Fällen zu. Hierbei handelt es sich um einen Automatismus, der untrennbar mit der Ausnahme von der Wirkung *ex tunc* verknüpft ist. Entgegenstehende Tendenzen in der Rechtsprechung hat der EuGH mittlerweile aufgeben.

(10) Unter Beachtung des Effektivitäts- und Äquivalenzgrundsatzes können auch mitgliedstaatliche Verfahrensvorschriften im Ergebnis eine Beschränkung des Grundsatzes der Wirkung *ex tunc* herbeiführen, was der EuGH im Hinblick auf das Prinzip der nationalen Verfahrensautonomie zu akzeptieren bereit ist.

(11) Insbesondere seit den Rechtssachen *Banca Popolare di Cremona* und *Meilicke* besteht in der Literatur und bei einigen Generalanwälten am Gerichtshof der Wunsch, die Rechtsprechung des EuGH hinsichtlich der temporalen Konsequenzen seiner Vorabentscheidungen zu modifizieren.

(12) Diese Neuerungsvorschläge beruhen inhaltlich im Wesentlichen auf dem Beispiel des Verfassungsprozessrechts einiger Mitgliedstaaten wie Deutschland und Österreich und der Praxis der dortigen Verfassungsgerichte. Zudem wird die Übernahme des angloamerikanischen Modells des *Prospective Overruling* durch den EuGH angeregt.

(13) Von den unter Punkt 12 genannten Empfehlungen hebt sich die genuin unionsrechtliche Idee ab, die Wirkung von Vorabentscheidungen in Einzelfällen nicht nur in temporaler, sondern auch in territorialer Hinsicht zu beschränken.

(14) Aufgrund der einzigartigen Struktur des Vorabentscheidungsverfahrens und dessen Telos, das zuvörderst in der Sicherstellung der einheitlichen Anwendung des Unionsrechts zu jeder Zeit in allen Mitgliedstaaten liegt, begegnen die in der Literatur und in einigen Schlussanträgen vorgeschlagenen Modifizierungsversuche durchgreifenden Bedenken. Dies gilt insbesondere für das *Prospective Overruling*, das in den Mitgliedstaaten der EU, die dem Rechtskreis des *Common Law* entstammen, keine Anwendung findet.

(15) Ohne dies inhaltlich zu begründen, zeigt der EuGH im Rahmen seiner jüngsten Rechtsprechung wie etwa in der Rechtssache *Winner Wetten* auf, dass er nicht bereit ist, seine bisherige Spruchpraxis zu verändern und erteilt den geschilderten Neuerungsversuchen damit zu Recht eine Absage.

Literaturverzeichnis

Adamovich, Ludwig: Die Verfassungsgerichtsbarkeit in Österreich, in: Wieser, Bernd/Stolz, Armin (Hrsg.): Verfassungsrecht und Verfassungsgerichtsbarkeit an der Schwelle zum 21. Jahrhundert, Wien, 2000, S. 7–14.

Adamovich, Ludwig/Funk, Bernd-Christian/Holzinger, Gerhart: Österreichisches Staatsrecht (Band 2), Wien, 1998.

Alexander, Willy: The Temporal Effects of Preliminary Rulings, [1988] 7 Y.E.L., S. 11–26.

Allott, Philip: The European Court Ordains Equal Pay for Women, [1977] 36 C.L.J. 1, 7–10.

Anweiler, Jochen: Die Auslegungsmethoden des Gerichtshofs der Europäischen Gemeinschaften, Frankfurt am Main, 1997.

Arden, Mary: Prospective Overruling, [2004] 120 L.Q.R., 7–11.

Arndt, Adolf: Das Grundrecht der Kriegsdienstverweigerung, NJW 1957, 361–367.

Arnull, Anthony: Of strip cartoonists, vets and gunsmiths, [1988] 13 E.L.Rev., 260–267.

Barnard, Catherine: The Substantive Law of the EU, Oxford, 2. Auflage 2007.

Barav, Ami: Some Aspects of the Preliminary Rulings Procedure in EEC Law, [1977] 2 E.L.Rev., 3–14.

Bast, Jürgen: Handlungsformen und Rechtsschutz, in: Bogdandy, Armin von/Bast, Jürgen (Hrsg.): Europäisches Verfassungsrecht, Berlin und Heidelberg, 2. Auflage 2009, S. 489–558.

Battis, Ulrich: Der Verfassungsverstoß und seine Rechtsfolgen, in: Isensee, Josef/Kirchhof, Paul (Hrsg.): Handbuch des Staatsrechts der Bundesrepublik Deutschland – Band VII, Heidelberg, 3. Auflage 2005, S. 1285–1527.

Baumeister, Peter: Effektiver Individualrechtsschutz im Gemeinschaftsrecht, EuR 2005, 1–35.

Bebr, Gerhard: Preliminary Rulings of the Court of Justice: Their Authority and Temporal Effect, [1981] 18 C.M.L.Rev. 4, 475–507.

— Direct and Indirect Judicial Control of Community Acts in Practice: the Relation between Articles 173 and 177 of the EEC Treaty, [1984] 82 Michigan L. Rev., 1229–1249.

— Note 155: Case 112/83, [1985] 22 C.M.L.Rev. 4, 771–786.

Beckmann, Detlef Rüdiger: Probleme des Vorabentscheidungsverfahrens nach Art. 177 EWG-Vertrag, Münster 1988.

Beljin, Sasa: Wann muss ein Verstoß gegen die Grundfreiheiten beseitigt sein?, NVwZ 2008, 156–162.

Benda, Ernst/Klein, Eckart: Verfassungsprozeßrecht, München, 2. Auflage 2001.

Berchtold-Ostermann, Eleonore/Schober-Oswald, Elisabeth: Rechtfolgen von Normenkontrollen – Aus der Sicht des österreichischen Verfassungsgerichtshofes, EuGRZ 2006,525–530.

Bernstorff, Christoph Graf von: Einführung in das englische Recht, München, 3. Auflage 2006.

Bethge, Herbert: Die rechtlichen Konsequenzen der Entscheidung des Bundesverfassungsgerichts vom 28. März 2006 (Oddset) zur Zulässigkeit von gewerblicher Veranstaltung und Vermittlung von Sportwetten in den Ländern, ZfWG 2007, 245–252.

Bettermann, Karl August: Über richterliche Normenkontrolle, ZZP Bd. 72 (1959), 32–43.

Beytagh, Francis: Ten Years of Non–Retroactivity: A Critique and a Proposal, [1975] 61 Va. L. Rev., 1557–1625.

Billig, Hildegard: Beschränkung der zeitlichen Wirkung eines Urteils – EuGH-Urteil in Sachen Meilicke, FR 2007, 785–787.

Bleckmann, Albert: Zu den Auslegungsmethoden des Europäischen Gerichtshofs, NJW 1982, 1177–1182.

— Europarecht, Köln et al., 6. Auflage 1997.

Blume, John H./Voisin, David P.: An Introduction to Federal Habeas Corpus Practice and Procedure, [1996] 47 S.C. L. Rev., 271–304.

Böckenförde, Christoph: Sicherung der Normenkontrolle – aber wie?, ZRP 1969, 130–132.

— Die sogenannte Nichtigkeit verfassungswidriger Gesetze, Berlin, 1966.

Borchardt, Klaus-Dieter: Vertrauensschutz im Europäischen Gemeinschaftsrecht, EuGRZ 1988, 309–315.

— Der Grundsatz des Vertrauensschutzes im Europäischen Gemeinschaftsrecht, Kehl et al., 1988.

— Der Europäische Gerichtshof, Köln et al., 2000.

Boulois, Jean: Note, D. 1982, 10–13.

— Nouvelles réflexions à propos du caractère «préjudiciel» de la compétence de la Cour de justice des Communautés Européenes statuant sur renvoi des jurisdictions nationales, in: Manin, Phillippe (Hrsg.): Mélanges offerts à Pierre-Henri Teitgen – Band I, Paris, 1984, S. 23–31.

Bribosia, Emanuelle/Rorive, Isabelle: Le droit transitoire jurisprudentiel dans la pratique des jurisdictions européennes, Rev. Dr. ULB 2002, 125–152.

Broberg, Morten/Fenger, Niels: Preliminary References to the European Court of Justice, Oxford, 2010.

Brown, L. Neville: Agrimonetary Byzantinism and Prospective Overruling, [1981] 22 C.M.L.Rev. 4, 509–519.

Brown, L. Neville/Kennedy, Tom: The Court of Justice of the European Communities, London, 5. Auflage 2001.

Brugger, Winfried: Grundrechte und Verfassungsgerichtsbarkeit in den Vereinigten Staaten von Amerika, Tübingen 1987.

— Einführung in das öffentliche Recht der USA, München, 2. Auflage 2001.

Brunner, Georg: Sind verfassungswidrige Gesetze nichtig oder vernichtbar? Anmerkungen zur bevorstehenden Reform des polnischen Verfassungsgerichtshofgesetzes, in: Trzciński, Janusz (Hrsg.): Studia nad prawem konstytucyjnym, Breslau, 1997, S. 19–47.

Bundesministerium der Finanzen: Die zeitliche Wirkung von Urteilen in Normenkontrollverfahren, Monatsbericht des BMF – Oktober 2008, 83–91.

Bydlinski, Franz: Gegen die „Zeitzündertheorien" bei der Rechtsprechungsänderung nachstaatlichem und europäischem Recht, JBl. 2001, 2–28.

Calliess, Christian: Grundlagen, Grenzen und Perspektiven europäischen Richterrechts, NJW 2005, 929–933.

Calliess, Christian/Ruffert, Matthias (Hrsg): EUV/EGV, München, 4. Auflage 2011.

Campbell, Enid: The Retrospectivity of Judicial Decisions and the Legality of Governmental Acts, [2003] 29 Monash U. L. Rev., 49–83.

Chalmers, Damian/Hadjiemmanuil, Christos/Monti, Giorgio/Tomkins, Adam: European Union Law, London, 2006.

Constantinesco, Léontin–Jean: Das Recht der Europäischen Gemeinschaften I, Baden-Baden, 1977.

Constantinesco, Vlad/Jacqué, Jean–Paul/Kovar, Robert/Simon, Denys: Traité instituant la CEE, Paris 1993.

Craig, Paul P.: EU Administrative Law, Oxford, 2006.

— The Treaty of Lisbon: Process, architecture and substance, [2008] 33 E.L.Rev., 137–166.

Craig, Paul P./de Búrca, Grainne: EU Law, Oxford, 4. Auflage 2007.

Cremer, Hans-Joachim: Die Wirkung verfassungsgerichtlicher Entscheidungen, in: Frowein, Jochen Abr./Marauhn, Thilo (Hrsg.): Grundfragen der Verfassungsgerichtsbarkeit in Mittel- und Osteuropa, Berlin et al., 1998, S. 237–359.

Crisham, Catherine A.: Annotation on Case 43/75, [1977] 14 C.M.L.Rev. 1, 108–118.

Cross, Rupert: Stare Decisis in Contemporary England, [1966] 82 L.Q.R., 203–214.

Cross, Rupert/Harris, J. W.: Precedent in English Law, Oxford, 4. Auflage 1991.

Daig, Hans-Wolfram: Die Gerichtsbarkeit in der Europäischen Wirtschaftsgemeinschaft und der Europäischen Atomgemeinschaft, AöR Bd. 83 (1958), 132–208.

— Aktuelle Fragen der Vorabentscheidungen nach Art. 177 EWG-Vertrag, unter besonderer Berücksichtigung von Rechtsprechung und Praxis des Gerichtshofs der Europäischen Gemeinschaften, EuR 1968, 371–388.

—Zu Rechtsvergleichung und Methodenlehre im Europäischen Gemeinschaftsrecht, in: Bernstein, Herbert/Drobnig, Ulrich/Kötz, Hein: Festschrift für Konrad Zweigert zum 70. Geburtstag, Tübingen, 1981, S. 395–415.

Dauses, Manfred: Aufgabenteilung und judizieller Dialog zwischen den einzelstaatlichen Gerichten und dem EuGH als Funktionselemente des Vorabentscheidungsverfahrens, in: Due, Ole/Lutter, Marcus/Schwarze, Jürgen (Hrsg.), Festschrift für Ulrich Everling, Band I, Baden-Baden 1995, S. 223–243.

— Das Vorabentscheidungsverfahren nach Artikel 177 EG-Vertrag, München, 2. Auflage 1995.

— Handbuch des EU-Wirtschaftsrechts, München, Loseblatt-Ausgabe.

Dautzenberg, Norbert: RIW-Kommentar, RIW 2005, 959–960.

Davy, Ulrike: „Anlaßfall" – Änderung der Rechtsprechung, öRdW 1985, 178.

Defalque, Lucette: Les effets des arrêts préjudiciels de la Cour de justice des Communautés européennes, J.T. 1983, 33–41.

Detterbeck, Steffen: Streitgegenstand und Entscheidungswirkungen im Öffentlichen Recht, Tübingen, 1995.

Dietrich, Michael: Der italienische Verfassungsgerichtshof, Berlin, 1995.

Dörr, Ingmar: Die Schlussanträge in der Rechtssache Meilicke – zeitliche Beschränkung der Urteilswirkungen des EuGH nach dem Motto: Die Kleinen hängt man, die Großen lässt man laufen?!, Der Konzern 2006, 59–64.

Doukas, Dimitrios/Anderson, Jack: Commerical Gambling without Frontiers, [2008] 27 Y.E.L., 237–276.

Dubos, Olivier: Les jurisdictions nationales, juge communautaire, Paris, 2001.

Dübbers, Robert/Kartal, Jusuf: Kommentar, ZfWG 2006, 33–35.

Düsterhaus, Dominik: Es geht auch ohne Karlsruhe: Für eine rechtsschutzorientierte Bestimmung der zeitlichen Wirkungen von Urteilen im Verfahren nach Art. 234 EG, EuZW 2006, 393–397.

Dworkin, Ronald: Law's Empire, Cambridge (Mass.), 1. Auflage 1986.

Ehlers, Dirk (Hrsg.): Europäische Grundrechte und Grundfreiheiten, Berlin, 2. Auflage 2005.

Ehlers, Dirk/Eggert, Anke: Zur Zulässigkeit einer zeitlich begrenzten weiteren Anwendung gemeinschaftsrechtswidrigen nationalen Rechts, JZ 2008, 585–593.

Ehricke, Ulrich: Die Bindungswirkung von Urteilen des EuGH im Vorabentscheidungsverfahren nach deutschem Zivilprozessrecht und nach Gemeinschaftsrecht, Saarbrücken, 1997.

Engelbrecht, Georg: „Barber“ und die Folgen, EuZW 1996, 395–396.

Engländer, Armin: Grundzüge des modernen Rechtspositivismus, Jura 2000, 113–118.

Ermacora, Felix: Verfassungsänderungen 1975, JBl. 1976, 79–86.

Everling, Ulrich: Das Vorabentscheidungsverfahren vor dem Gerichtshof der EG, Baden-Baden, 1986.

— Der Ausschluß der Rückwirkung bei der Feststellung der Ungültigkeit von Verordnungen durch den Gerichtshof der EG, in: Baur, Jürgen F. (Hrsg.): Europarecht, Energierecht und Wirtschaftsrecht – Festschrift für Bodo Börner zum 70. Geburtstag, Köln, 1992, S. 57–75.

— Richterliche Rechtsfortbildung in der Europäischen Gemeinschaft, JZ 2000, 217–227.

— 50 Jahre Gerichtshof der Europäischen Gemeinschaften, DVBl. 2002, 1293–1297.

Fallon, Richard H./Meltzer Daniel J.: New Law, Non–Retroactivity, and Constitutional Remedies, [1991] 104 Harv. L Rev., 1731–1833.

Finke, Thorsten: Rückwirkung und Bestandskraft in der Entwicklung der europäischen Rechtsprechung, IStR 2006, 212–216.

Fish, Jill E.: Retroactivity and Legal Change: An Equilibrium Approach, [1997] 110 Harv. L. Rev., 1059–1123.

Forsthoff, Ulrich: Die Beschränkung der zeitlichen Wirkung von Urteilen des EuGH, DStR 2005, 1840–1844.

Frenz, Walter: Handbuch Europarecht (Band 5): Wirkungen und Rechtsschutz, Berlin, 2010.

Friauf, Heinreich: Rechtsfolgen der Verfassungswidrigkeit von Steuergesetzen, FR 1969, 184–187 und 319–323.

Frowein, Jochen Abr.: Zur vorgeschlagenen Änderung von § 79 des Bundesverfassungsgerichtsgesetzes, DÖV 1970, 591–594.

Fuller, John: W. H. Auden – A Commentary, Princeton (NJ), 2000.

Geiger, Rudolf/Khan, Daniel-Erasmus/Kotzur, Markus: EUV/AEUV, München, 5. Auflage 2010.

Geiger, Willi: Gesetz über das Bundesverfassungsgericht vom 12. März 1951 – Kommentar, Berlin et al., 1952.

Gerichtshof der Europäischen Gemeinschaften: Jahresbericht 2012, Luxemburg, 2013.

Germelmann, Claas Friedrich: Neue Wege in der Rechtsprechung des EuGH zu nationalen Rechtskraftregeln?, EWS 2007, S. 392–398.

— Wie weit reicht die Wirkung von Ungültigerklärungen im Vorabentscheidungsverfahren?, EuR 2009, 254–269.

Gersdorf, Hubertus: Das Kooperationsverhältnis zwischen deutscher Gerichtsbarkeit und EuGH, DVBl. 1994, 674–685.

Gerven, Walter van: Contribution de l'arrêt *Defrenne* au développement du droit communautaire, C.D.E. 1977, 131–143.

Gesser, Ulrich: Die Nichtigkeitsklage nach Artikel 173 EGV, München, 1995.

Gordon, Richard: EC Law in Judicial Review, Oxford, 2007.

Gormley, Laurence W.: Silver Threads among the Gold... 50 Years of the Free Movement of Goods, [2008] 31 Fordham Intl. L. J., 1637–1691.

Grabitz, Eberhard/Hilf, Meinhard: Das Recht der Europäischen Union, München, Loseblatt-Ausgabe.

Groeben, Hans von der/Thiesing, Jochen/Ehlermann, Claus-Dieter (Hrsg.): Kommentar zum EU-/EG-Vertrag, Baden-Baden, 5. Auflage 1997.

Groeben, Hans von der/Schwarze, Jürgen (Hrsg.): Kommentar zum Vertrag über die Europäische Union und zur Gründung der Europäischen Gemeinschaft, Baden-Baden, 6. Auflage 2004.

Gunther, Gerald/Sullivan, Kathleen M.: Constitutional Law, Westbury (NY), 13. Auflage 1997.

Gutsche, Martin: Die Bindungswirkung der Urteile des Europäischen Gerichtshofes, Göttingen, 1967.

Hailbronner, Kai/Wilms, Heinrich (Hrsg.): Recht der Europäischen Union, Stuttgart, Loseblatt-Ausgabe.

Hakenberg, Waltraud/Stix-Hackl, Christine: Handbuch zum Verfahren vor dem Europäischen Gerichtshof, Wien, 2. Auflage 2000.

Haller, Herbert: Zur Fristbemessung des VfGH nach Art 139 Abs. 2 und Art 140 Abs 3 B-VG, ÖJZ 1974, 175–179.

Hallstein, Walter: Die Europäische Gemeinschaft, Düsseldorf und Wien, 1973.

Haltern, Ulrich: Europarecht, Tübingen, 2. Auflage 2007.

Hamson, Charles: Methoden der Auslegung – Kritische Wertung der Ergebnisse, in: Gerichtshof der Europäischen Gemeinschaften (Hrsg.): Begegnung von Justiz und Hochschule, Luxemburg, 1976, S. II-1–II-45.

Haratsch, Andreas/Koenig, Christian/Pechstein, Matthias: Europarecht, Tübingen, 6. Auflage 2009.

Harding, Christopher: The impact of Article 177 of the EEC Treaty on the Review of Community Action, [1982] 2 Y.E.L., 93–113.

Harris, Jim: Retrospective Overruling and the Declaratory Theory in the United Kingdom – three recent Decisions, Rev. Dr. ULB 2002, 153–181.

Hay, Peter: European Economic Community Res Judicata and Precedent in the Court of Justice of the Common Market, [1963] 12 A.J.C.L., 404–415.

Heckmann, Dirk: Geltungskraft und Geltungsverlust von Rechtsnormen, Tübingen, 1997.

Heß, Burkhard: Die Einwirkungen des Vorabentscheidungsverfahrens nach Art. 177 EGV auf das deutsche Zivilprozeßrecht, ZZP Bd. 108 (1995), S. 59–107.

Hess, Burkhard: Europäisches Zivilprozessrecht, Heidelberg, 2010.

Heußner, Hermann: Folgen der Verfassungswidrigkeit eines Gesetzes ohne Nichtigerklärung, NJW 1982, 257–263.

Hilf, Meinhard/Pache, Eckhard: Das Bosman-Urteil des EuGH, NJW 1996, 1169–1177.

Hoffmann, Gerhard: Die Verwaltung und das verfassungswidrige Gesetz, JZ 1961, 193–205.

Hogan, Gerard/Whyte, Gerry: J.M. Kelly – The Irish Constituion, Dublin, 4. Auflage 2003.

Holland, James/Webb, Julian: Learning Legal Rules, Oxford, 6. Auflage 2006.

Holubek, Michael/Lang, Michael: Das EuGH-Verfahren in Steuersachen, Wien, 2000.

Huep, Tobias: Beschränkung einer Rückwirkung neuer richterlicher Erkenntnisse auf ältere Sachverhalte, Berlin, 2001.

Hufeld, Ulrich: Die Verfassungsdurchbrechung, Berlin, 1997.

Hyland, Niamh: Temporal limitation of the effects of judgments of the Court of Justice – A review of recent case-law, [1995] 2 I.J.E.L., 208–233.

Ipsen, Hans-Peter: Das europäische Gemeinschaftsrecht, Tübingen, 1972.

Ipsen, Jörn: Staatsrecht I – Staatsorganisationsrecht, Köln und München, 20. Auflage 2008.

Isaac, Guy: La modulation par la Cour de justice des Communautés européennes des effets dans le temps des ses arrêts d'invalidité, C.D.E. 1987, 444–470.

Jacqué, Jean Paul: Droit Institutionnel de l'Union Européenne, Paris, 5. Auflage 2009.

Jahndorf, Christian/Oellerich, Ingo: Bestandskraft von Steuerbescheiden und rückwirkende Durchsetzung von Europarecht, DB 2008, 2559–2565.

Jann, Peter: Rechtsfolgen von Normenkontrollen – Aus der Sicht des Gerichtshofes der Europäischen Gemeinschaften, EuGRZ 2006, 523–525.

Jarass, Hans/Beliijn, Sasa: Die Bedeutung von Vorrang und Durchführung des EG-Rechts für die nationale Rechtsetzung und Rechtsanwendung, NVwZ 2004, 1–11.

Jeschke, Peter: Prüfungsrecht gegenüber verfassungswidrigen Reichsgesetzen, JW 1922, 81–82.

Jimeno Bulnes, Mar: La cuestión prejudicial del artículo 177 TCE, Barcelona, 1996.

Jirovec, Rudolf: „Rückwirkung“ der Normenkontrolle und MindestKöSt, ÖStZ 1997, 55–57.

Joliet, René: Le droit institutionnel des Communautés européennes, Brüssel, 1981.

Juratowitch, Ben: Retroactivity and the Common Law, Oxford, 2008.

Kadelbach, Stefan: Die Wirkung von im Vorabentscheidungsverfahren ergangenen Urteilen, in: Holoubek, Michael/Lang, Michael (Hrsg.): Das EuGH-Verfahren in Steuersachen, Wien, 2000, S. 119–132.

Karpenstein, Peter: Zur Wiedergutmachung von Vertragsverstößen der Mitgliedsstaaten gegen das Gemeinschaftsrecht, DVBl. 1977, 61–70.

Karpenstein, Ulrich/Kunert, Kathrin: Anmerkung zum Beschluss des OVG NRW vom 28.06.2006, Az. 4 B 961.06, DVBl. 2006, 1466–1467.

Kelsen, Hans: Verfassungs- und Verwaltungsgerichtsbarkeit im Dienste des Bundesstaates, nach er neuen österreichischen Bundesverfassung vom 1. Oktober 1920, ZSR Bd. 42 n.F. (1923), 173–217.

— Die Bundesverfassung vom 1. Oktober 1920, Wien und Leipzig, 1922.

— Wesen und Entwicklung der Staatsgerichtsbarkeit, VVDStRL Bd. 5 (1929), 30–88.

—Reine Rechtslehre, Wien, 2. Auflage 1960.

Keppert, Thomas: Die Rechtswirkungen von Vorabentscheidungsverfahren des EuGH, ÖStZ 1997, 165–170.

— Die grundsätzlichen Rechtswirkungen von Vorabentscheidungsurteilen des EuGH, SWK 1997, T-47–T-49.

Kerwer, Christof: Das europäische Gemeinschaftsrecht und die Rechtsprechung der deutschen Arbeitsgerichte, Köln, 2003.

Kirschner, Heinrich/Klüpfel, Karin: Das Gericht erster Instanz der Europäischen Gemeinschaften, Köln et al., 2. Auflage 1998.

Klein, Oliver: Vertrauensschutz für EU-rechtswidrige Vorschriften? Die Schlussanträge des Generalanwaltes in der Rechtssache Meilicke, IStR 2006, 209–212.

Kley, Andreas/Tophinke, Esther: Hans Kelsen und die Reine Rechtslehre, JA 2001, 169–174.

Koenig, Christian/Schreiber, Kristina: Gewährung von Übergangsfristen à la Bundesverfassungsgericht durch den Europäischen Gerichtshof? DÖV 2008, 450–454.

Kohl, Alpohonse: Observations sur la «non-rétroactivité» de l'autorité de l'arrêt Defrenne prononcé le 8 avril 1976 par la Cour de Justice des Communautés Européennes, R.C.J.B. 1977, 231–242.

Kokott, Juliane/Henze, Thomas: Die Beschränkung der zeitlichen Wirkung von EuGH-Urteilen in Steuersachen, NJW 2006, 177–183.

— Ist der EuGH – noch – Motor für die Konvergenz der Steuersysteme?, BB 2007, 913–918.

Koopmans, Tim: Retrospectivity reconsidered, [1980] 39 C.L.J. 2, 287–303.

Kopp, Ferdinand/Schenke, Wolf-Rüdiger: Verwaltungsgerichtsordnung, München, 16. Auflage 2009.

Korinek, Karl/Holubek, Michael: Österreichisches Bundesverfassungsrecht, Wien, Loseblatt-Ausgabe.

Kovács, Christian: Der Generalanwalt am Gerichtshof der Europäischen Union, JA 2010,625–630.

Kremer, Carsten: Gemeinschaftsrechtliche Grenzen der Rechtskraft, EuR 2007, 470–493.

Kruis, Tobias: Untersagung der Vermittlung von Sportwetten, EuZW 2006, 603–608.

Kutscher, Hans: Thesen zu den Methoden der Auslegung aus Sicht des Gemeinschaftsrechts, aus der Sicht eines Richters, in: Gerichtshof der Europäischen Gemeinschaften (Hrsg.): Begegnung von Justiz und Hochschule, Luxemburg, 1976, S. I-1–I-56.

Labayle, Henri: Le Conseil d'État et le renvoi préjudiciel, A.J.D.A. 1983, 155–169.

Lachmayer, Konrad: Rechtsschutz vs Rechtsbereinigung, ÖJZ 2006, 673–678.

Lagrange, Maurice: L'action préjudicielle dans le droit interne des Etats membres et en droit communautaire, R.T.D.E. 1974, 268–297.

Lang, Michael: Limitation of the Temporal Effects of Judgments of the ECJ, [2007] 35 Intertax 4, 230–245.

— Die Beschränkung der zeitlichen Wirkung von EuGH–Urteilen im Lichte des Urteils Meilicke, IStR 2007, 235–244.

— Acte clair and Limitations of the Temporal Effects of ECJ Judgments, in: Dourado, Ana Paula/Palma Borges, Ricardo da (Hrsg.): The Acte Clair in EC Direct Tax Law, Amsterdam, 2008, S. 133–156.

Langenbucher, Katja: Die Entwicklung und Auslegung von Richterrecht, München, 1996.

— Rechtsprechung mit Wirkung für die Zukunft, JZ 2003, 1132–1140.

— Zum „prospective overruling" im britischen Kreditsicherungsrecht, ZEuP 2006,854–868.

Larenz, Karl: Richterliche Rechtsfortbildung als methodologisches Problem, NJW 1965, 1–10.

Larenz, Karl/Canaris, Claus-Wilhelm: Methodenlehre der Rechtswissenschaft, Berlin et al., 3. Auflage 1995.

Laurent, Philippe: Note, Gaz. Pal. 1983.1, 295.

Lechner, Hans/Zuck, Rüdiger: Das Bundesverfassungsgerichtsgesetz – Kommentar, München, 5. Auflage 2006.

Lecourt, Robert: Vorwort, in: Gerichtshof der Europäischen Gemeinschaften (Hrsg.): Begegnung von Justiz und Hochschule, Luxemburg, 1976, 3–6.

Léger, Philippe (Hrsg.): Commentaire article par article des traités UE et CE, Basel, 2000.

Le Mire, Pierre: La limitation dans le temps des effets des arrêts de la Cour de Justice des Communautés européennes, in: Long, Marceau/Durry, Georges/Rivero, Jean/Vedel, Georges (Hrsg.): Mélanges René Chapus, Paris, 1992, 367–386.

Lenaerts, Koen/Arts, Dirk/Maselis, Ignace: Procedural Law of the European Union, London, 2. Auflage 2006.

Lenaerts, Koen: The Rule of Law and the Coherence of the Judicial System of the European Union, [2007] 44 C.M.L.Rev. 6, S. 1625–1659.

Lenz, Carl Otto: Die Rolle und der Wirkungsmechanismus des Vorabentscheidungsverfahrens, DRiZ 1995, 213–220.

Le Tallec, Georges: Note, D. 1986, 251–254.

Levy, Beryl Harold: Realist Jurisprudence and Prospective Overruling, [1960] 106 U. Pa. L. Rev., 1–30.

Lindemann, Hans/Hackemann, Tim: Die Rückwirkung von EuGH-Urteilen unter besonderer Betrachtung des „Marks & Spencer"-Falls, IStR 2005, 786–792.

Lindner, Josef Franz: Individualrechtsschutz im europäischen Gemeinschaftsrecht – Ein systematischer Überblick, JuS 2008, 1–7.

Louis, Jean-Victor: Lohngleichheit vor dem Gerichtshof der Europäischen Gemeinschaften, EuGRZ 1976, 178–180.

Louis, Jean-Victor/Vandersanden, Georges/Waelbroeck, Denis/Waelbroeck, Michel: Commentaire Mégret – Le droit de la CEE (Bd. 10), Brüssel, 2. Auflage 1993.

Löwer, Wolfgang: Zuständigkeiten und Verfahren des Bundesverfassungsgerichts, in: Isensee, Josef/Kirchhof, Paul (Hrsg.): Handbuch des Staatsrechts der Bundesrepublik Deutschland – Band III, Heidelberg, 3. Auflage 2005, S. 1285–1527.

Ludewig, Philipp: Die zeitliche Beschränkung der Wirkung des EuGH von Urteilen im Vorabentscheidungsverfahren, Berlin, 2012.

Ludwigs, Markus: Der Schutz der Rechtskraft im Gemeinschaftsrecht, ZfRV 2006, 191–194.

— Die Arcor-Entscheidung des EuGH: Ein Beitrag zur Stärkung der mitgliedsstaatlichen Verfahrensautonomie, NVwZ 2007, 549–551.

Luther, Jörg: Die italienische Verfassungsgerichtsbarkeit, Baden-Baden, 1990.

Lutter, Marcus: Europäische Gerichtsbarkeit und nationale Gerichtsbarkeit, ZZP Bd. 86 (1973), S. 107–154.

Mackenzie Stuart, Alexander/Warner, Jean-Pierre: Judicial Decision as a Source of Community Law, in: Grewe, Wilhelm G./Rupp, Hans/Schneider, Hans (Hrsg.), Europäische Gerichtsbarkeit und nationale Verfassungsgerichtsbarkeit, Festschrift zum 70. Geburtstag von Hans Kutscher, Baden-Baden, 1981, S. 273–281.

Martines, Temiscole: Diritto costituzionale, Mailand, 11. Auflage 2005.

Masclet, J.-C.: Note – la jurisprudence «Roquette» à l'épreuve des jurisdictions françaises (Conseil d'État et Cour de Cassation), R.T.D.E 1986, 161–175.

Maunz, Theodor/Schmidt-Bleibtreu, Bruno/Klein, Franz/Bethge, Herbert: Das Bundesverfassungsgerichtsgesetz – Kommentar, München, Loseblatt-Ausgabe.

Maurer, Hartmut: Das richterliche Prüfungsrecht zur Zeit der Weimarer Verfassung, DÖV 1963, 683–688.

— Zur Verfassungswidrigerklärung von Gesetzen, in: Schneider, Hans (Hrsg.): Im Dienst an Recht und Staat – Festschrift für Werner Weber zum 70. Geburtstag, Berlin, 1974, S. 345–368.

Mayer, Heinz (Hrsg.): Kommentar zum EU- und EG-Vertrag, Wien, Loseblatt-Ausgabe.

Mayer, Heinz: Das österreichische Bundes-Verfassungsrecht, Wien, 4. Auflage 2007.

Medicus, Dieter: Über die Rückwirkung von Rechtsprechung, NJW 1995, 2577–2584.

Megret, Colette: La portée juridique et les effets de droit de la déclaration d'invalidité d'un acte communautaire prononcé par la Cour de justice des Communautés européennes dans le cadre de la procédure instituée par l'article 177 du Traité C.E.E., in: Manin, Philippe (Hrsg.): Mélanges offerts à Pierre-Henri Teitgen – Band I, Paris, 1984, S. 311–326.

Mehdi, Rostane: French Supreme Courts and European Union Law: Between Historical Compromise and Accepted Loyalty, [2011] 48 C.M.L.Rev. 2, 439–473.

Meilicke, Wienand: Zur Anrechnung ausländischer Körperschaftssteuer, DB 2005, 2658–2661.

— Nachlese zum EuGH-Urteil vom 6.3.2007 – Rs. C-292/04, Meilicke, DB 2007, 650–651.

Merkl, Adolph: Das doppelte Rechtsantlitz, JBl. 1918, 425–427, 444–447 und 463–465.

Mertens, Karsten: „Bet and lose" oder doch „betandwin"?, DVBl. 2006, 1564–1570.

Mertens de Wilmars, Jos: Annulation et Appréciation de Validité dans le Traité CEE: Convergence ou Divergence?, in: Grewe, Wilhelm G./Rupp, Hans/Schneider, Hans (Hrsg.), Europäische Gerichtsbarkeit und nationale Verfassungsgerichtsbarkeit, Festschrift zum 70. Geburtstag von Hans Kutscher, Baden-Baden, 1981, S. 283–291.

Mishkin, Paul J.: Foreword: The High Court, the Great Writ, and the Due Process of Time and Law, [1965] 79 Harv. L. Rev., 56–102.

Moench, Christoph: Verfassungswidriges Gesetz und Normenkontrolle, Baden-Baden, 1977.

Moes, Chistoph: Die Anordnung der befristeten Fortgeltung verfassungswidriger Steuergesetze durch das Bundesverfassungsgericht, StuW 2008, 27–36.

Mössner, Jörg Manfred: Rückgewähr europarechtswidrig erhobener Steuern, in: Ipsen, Jörn/Stüer, Bernhard (Hrsg.): Europa im Wandel – Festschrift für Hans-Werner Rengeling, Köln, 2008, S. 339–355.

Müller-Graff, Peter-Christian: Die Einwirkung nationalen Rechts auf das europäische Gemeinschaftsrecht, in: Dauner-Lieb, Barbara/Hommelhoff, Peter et al. (Hrsg.): Festschrift für Horst Konzen zum siebzigsten Geburtstag, Tübingen, 2006, S. 583–602.

N.N.: Prospective Overruling and Retroactive Application in the Federal Courts, [1961] 71 Yale L. J., 907–951.

Nanetti, Francesco/Mazzotti, Giulio: The (un)lawfulness of IRAP in the European legal system: the European Court of Justice's potential new trends with regard to temporal limitation of its interpretative decisions, EC Tax Review 2006, 166–170.

Naômé, Caroline: Le renvoi préjudiciel en droit européen, Brüssel, 2007.

Neuschl, Hanna/Schumm, Martin: Die temporäre Durchbrechung des Anwendungsvorrangs im Gemeinschaftsrecht – Dürfen wir Europa für eine Übergangszeit suspendieren?, ZEuS 2008, 527–548.

Nicol, Andrew G.L.: Prospective Overruling: a New Device for English Courts?, [1976] 39 M.L.R., 542–560.

Nicolaysen, Gert: Anmerkung zum Urteil des EuGH in den Rs. 117/76 und 16/77, EuR 1978, 50–51.

— Europarecht I, Baden-Baden, 2. Auflage 2002.

Novak, Richard: Lebendiges Verfassungsrecht (1997), JBl. 2000, 137–144.

Nyikos, Stacy: The Preliminary Reference Proess – National Court Implementation, Changing Opportunity Structures and Litigant Desistment, [2003] 4 E.U.P. 4, 397–410.

Oberndorfer, Peter: Die Verfassungsrechtsprechung im Rahmen staatlicher Funktionen, EuGRZ 1988, 193–207.

Öhlinger, Theo: Verfassungsrecht, Wien, 7. Auflage 2007.

Oexle, Anno: Einwirkungen des EG-Vorabentscheidungsverfahrens auf das nationale Verfahrensrecht, NVwZ 2002, 1328–1334.

Olshausen, Henning von: Die Wirksamkeit des Gesetzes und der Geltungsanspruch der Verfassung, JZ 1967, 116–120.

Oppermann, Thomas: Die Dritte Gewalt in der Europäischen Union, DVBl. 1994, 901–908.

— Europarecht, München, 3. Auflage 2005.

Ost, François: Le Temps du Droit, Paris, 1999.

Papier, Hans-Jürgen: Rückwirkung der Nichtigerklärung notarieller Gebührenermäßigungspflichten, NJW 1979, 522–525.

— Rechtsfolgen von Normenkontrollen – Aus der Sicht des Bundesverfassungsgerichts, EuGRZ 2006, 530–532.

Pechstein, Matthias: EU-/EG-Prozessrecht, Tübingen, 3. Auflage 2007.

Pescatore, Pierre: Introduction à la science du droit, Luxemburg, 2. Auflage 1978.

— Le recours, dans la jurisprudence de la Cour de Justice des Communautés européennes, à des normes déduites de la comparaison des droits des États members, R.I.D.C. 1980, 337–359.

— Das Vorabentscheidungsverfahren nach Art. 177 EWGV, BayVBl. 1987, 33–43.

Pestalozza, Christian Graf von: Die Geltung verfassungswidriger Gesetze, AöR Bd. 96 (1971), 27–84.

— Verfassungsprozeßrecht, München, 3. Auflage 1991.

Philip, Christian: Note, R.T.D.E. 1976, 529–535.

Pietrek, André: Verbindlichkeit von Vorabentscheidungsverfahren nach Art. 177 EWGV, Frankfurt am Main et al., 1989.

Plouvier, Liliane: Les décisions de la Cour de Justice des Communautés Européennes et leurs effets juridiques, Brüssel, 1975.

Poelzig, Dörte: Die Aufhebung rechtskräftiger zivilgerichtlicher Urteile unter dem Einfluss des Europäischen Gemeinschaftsrechts, JZ 2007, 858–868.

Pollack, Andreas: Bindungswirkung von Auslegungsurteilen des Europäischen Gerichtshofs (EuGH) im Vorabentscheidungsverfahren nach Art. 177 EGV, ÖRiZ 1998, 190–195.

Potacs, Michael: Bestandkraft staatlicher Verwaltungsakte oder Effektivität des Gemeinschaftsrechts?, EuR 2004, 595–602.

Quadri, Rolando/Monaco, Riccardo/Trabucchi, Alberto (Hrsg.): Trattato istitutivo della Comunità Economica Europea, Mailand, 1965.

Quadros, Maria Inês: A Função subjectiva da Competência prejudicial do Tribunal de Justiça das Comunidades Europeias, Coimbra, 2006.

Rainer, Anno: Die zeitliche Wirkung des Auslegungsurteile des EuGH, IStR 1996, 328–329.

Rasmussen, Hjalte: Why is Article 173 Interpreted against Private Plaintiffs?, [1980] 5 E.L.Rev., 112–127.

Ress, Georg: Die Entscheidungserheblichkeit im Vorlageverfahren nach Art. 177 EWG-Vertrag im Vergleich zu Vorlageverfahren nach Art. 100 Abs. 1 GG, in: Martinek, Michael/Schmidt, Jürgen/Wadle, Elmar (Hrsg.): Festschrift für Günther Jahr zum siebzigsten Geburtstag, Tübingen, 1993, S. 339–366.

Ribbrock, Martin: Zeitliche Begrenzung von EuGH-Entscheidungen – das Urteil „Banca Poplare di Cremona" und die neuen Schlussanträge „Meilicke", BB 2006, 2611–2615.

Rideau, Joël/Picod, Fabrice: Code des procedures juridictionelles de l'Union Européenne, Paris, 2. Auflage 2002.

Rill, Heinz Peter/Schäffer, Heinz (Hrsg.): Kommentar zum Bundesverfassungsrecht, Wien, Loseblatt-Ausgabe.

Ringhofer, Kurt: Über die Wirkung des verfassungsgerichtlichen Erkenntnisses im Normprüfungsverfahren nach den Art. 139 und 140 B-VG, ÖstVerwArch 1978, 109–124.

Roosevelt, Kermit: A Retroactivity Retrospective, With Thoughts for the Future: What the Supreme Court Learned from Paul Mishkin and What it Might, [2007] 95 Cal. L. Rev., 1677–1702

Ruggeri, Antonio/Spadaro, Antonio: Linamenti di giustizia costituzionale, Turin, 3. Auflage 2004.

Rupp-von Brünneck, Wiltraut: Germany: The Federal Constitutional Court, [1972] 20 A.J.C.L., S. 387–403.

Ruppe, Hans Georg: Der Anlaßfall, in: Holoubek, Michael/Lang, Michael (Hrsg.): Das verfassungsrechtliche Verfahren in Steuersachen, Wien, 1. Auflage 1998, S. 175–196.

Sachs, Bärbel: Die Ex-Officio-Prüfung durch die Gemeinschaftsgerichte, Tübingen, 2008.

Schermers, Henry G.: The Application of Article 174 to Preliminary Rulings, [1986] 23 C.M.L.Rev. 2, 473–476.

Schermers, Henry G./Waelbroeck, Denis F.: Judicial Protection in the European Union, London, 6. Auflage 2001.

Schick, Walter: Verfassungswidrige, aber „gültige" Steuergesetze?, JZ 1969, 371–374.

Schilling, Theodor: EuGH: Anwendungsvorrang des Gemeinschaftsrechts, Anmerkung zur Rs. C-224/97, EuZW 1999, 405–408.

— Bestand und allgemeine Lehren der bürgerschützenden allgemeinen Rechtsgrundsätze des Gemeinschaftsrechts, EuGRZ 2000, S. 3–43.

Schima, Bernhard: Zur Wirkung von Auslegungsentscheidungen des Gerichtshofs der Europäischen Gemeinschaften, in: Feldner, Birgit/Forgó, Nikolaus (Hrsg.): Norm und Entscheidung, Wien, 2000, S. 280–317.

—Das Vorabentscheidungsverfahren vor dem EuGH, München, 2. Auflage 2005.

Schlaich, Klaus/Korioth, Stefan: Das Bundesverfassungsgericht, München, 7. Auflage 2007.

Schlosser, Peter: Vorabentscheidungsverfahren und neues justizielles Europarecht, in: Varga, István/Kiss, Daisy (Hrsg.): Magister Artis Boni et Aequi – Studia in Honorem Németh Lajos, Budapest, 2003, S. 777–794.

Schmahl, Stefanie/Köber, Michael: Durchbrechung der Rechtskraft nationaler Gerichtsentscheidungen zu Gunsten der Effektivität des Unionsrechts?, EuZW 2010, 927–932.

Schmid, Georg: Das Vorgehen gegen illegale Sportwetten in Bayern, GewA 2006, 177–179.

Schmidt-Aßmann, Eberhard: Der Rechtssaat, in: Isensee, Josef/Kirchhof, Paul (Hrsg.): Handbuch des Staatsrechts der Bundesrepublik Deutschland – Band II, Heidelberg, 3. Auflage 2004, S. 541–612.

Schmidt-Westphal, Oliver/Sander, Dirk: EuGH: Aufhebungspflicht gemeinschaftsrechtswidriger Urteile, EuZW 2006, 242–244.

Schmitz, Holger/Krasniqi, Shqipe: Die Beschränkung der zeitlichen Wirkung von Urteilen in den Mitgliedstaaten der Europäischen Union, EuR 2010, 189–207.

Scholzen, Hans: Nichtigkeit und Vernichtbarkeit verfassungswidriger Rechtsnormen, Köln, 1977.

Schulze, Reiner/Zuleeg, Manfred (Hrsg.): Europarecht – Handbuch für die deutsche Rechtspraxis, Baden-Baden, 2006.

Schutter, Olivier de: Fonction de juger les droits fondamentaux, Brüssel, 1999.

Schwarze, Jürgen: Anmerkung zum Urteil des EuGH in der Rs. *Defrenne* vom 8. April 1976, EuR 1977, 44–50.

— Die Befolgung von Vorabentscheidungen des Europäischen Gerichtshofs durch deutsche Gerichte, Baden-Baden, 1988.

— Europäische Rahmenbedingungen für die Verwaltungsgerichtsbarkeit, NVwZ 2000, 240–252.

— Der Schutz der Grundrechte durch den EuGH, NJW 2005, 3459–3466.

— Europäisches Verwaltungsrecht, Baden-Baden, 2. Auflage 2005.

— Europäisches Wirtschaftsrecht, Baden-Baden, 2007.

— EU-Kommentar, Baden-Baden, 3. Auflage 2012.

Schweitzer, Michael/Hummer, Waldemar/Obwexer, Walter: Europarecht, Wien, 2007.

Schwenke, Michael: Ist eine "Ergreiferprämie" nach österreichischem Vorbild sinnvoll?, DStR 1999, 404–408.

Seer, Roman: Die Unvereinbarkeitserklärung des BVerfG am Beispiel seiner Rechtsprechung zum Abgabenrecht, NJW 1996, 285–291.

— The Jurisprudence of the European Court of Justice: Limitation of the Legal Consequences?, ET 2006, 470–477.

Seer, Roman/Müller, Jörg Peter: Begrenzung der Wirkungen seiner Richtersprüche durch den EuGH, IWB 2008, Gruppe 2, Fach 11, 851–864.

— Begrenzung der Rechtsfolgen von EuGH-Richtersprüchen durch den nationalen Gesetzgeber, IWB 2008, Gruppe 2, Fach 11, 865–878.

Sellmann, Christian/Augsberg, Steffen: Entwicklungstendenzen des Vorlageverfahrens nach Art. 234 EGV, DÖV 2006, 533–541.

Shannon, Bradley Scott: The Retroactive and Prospective Application of Judicial Decisions, [2003] 26 Harv. J. L. Pub. Pol., 811–876.

Sheehan, Duncan/Arvind, T. T.: Prospective Overruling and the Fixed/Floating Charge Debate, [2006] 122 L.Q.R., 20–25.

Simon, Denys: L'effet dans le temps des arrêts préjudiciels de la Cour de justice des Communautés européennes: enjeu ou prétexte d'une nouvelle guerre des juges?, in: Capotorti, Francesco (Hrsg.): Du droit international au droit de l'integration – liber amicorum Pierre Pescatore, Baden-Baden, 1987, S. 651–674.

Skouris, Vassilios: Rechtsfolgen der Verletzung des Europäischen Gemeinschaftsrechts durch oberste Gerichte der Mitgliedstaaten, in: Hendler, Reinhard/Ibler, Martin/ Martínez Soria, José (Hrsg.), „Für Sicherheit, für Europa" – Festschrift für Volkmar Götz zum 70. Geburtstag, Göttingen, 2005, S. 223–238.

Slynn, Gordon (Hrsg.): The Role and Future of the European Court of Justice, London, 1996.

Sommerlad, Klaus: Nichtigerklärung einer Rechtsnorm durch das Bundesverfassungsgericht – Dargestellt am Beispiel der Entscheidung zur Preisabgabenverordnung, NJW 1984, 1489–1496.

Sperlich, Elisabeth: Der „Anlassfall" vor dem VfGH und dem EuGH, in: Achatz, Markus et al. (Hrsg.): Steuerrecht – Verfassungsrecht – Europarecht (Festschrift für Hans Georg Ruppe), Wien, 2007, S. 551–572.

Stadler, Arthur/Arzt, Markus: Temporäre Suspendierung des Anwendungsvorrangs im Unionsrecht?, ecolex 2010, 617–620.

Starck, Christian: Auslegung und Fortbildung der Verfassung und des Verfassungsprozessgesetzes durch das Verfassungsgericht, in: Depenheuer, Otto et al. (Hrsg.): Staat im Wort – Festschrift für Josef Isensee, Heidelberg, 2007, S. 215–227.

Steinberg, Philipp/Bark, Felix: Gemeinschaftsrechtswidrige Verweigerung von Steuergutschrift auf Dividenden ausländischer Kapitalgesellschaften – unbegrenzte Rückwirkung dieses Urteils, EuZW 2007, 243–247.

Steiner, Udo: Zum Entscheidungsausspruch und seinen Folgen bei der verfassungsgerichtlichen Normenkontrolle, in: Isensee, Josef/Lecheler, Helmut (Hrsg.): Freiheit und Eigentum – Festschrift für Walter Leisner zum 70. Geburtstag, Berlin, 2000, S. 569–581.

Stern, Klaus: Das Staatsrecht der Bundesrepublik Deutschland (Band II), München, 1980.

Stix-Hackl, Christine: Zeitliche Wirkung von EuGH-Urteilen: Meilicke und die Folgen, DB-Beilage 04/2007, 118–119.

Stock, Eelco van der/Thomson, Andrew: Temporal Limitations to Tax Judgments of the European Court of Justice, [2006] 34 Intertax 11, 552–558.

Stocker, Odile: Le second arrêt *Defrenne*. L'égalité des remunerations des travailleurs masculins et des travailleurs féminins, C.D.E. 1977, 180–226.

Strehle, Barbara Eva: Rechtswirkungen verfassungsgerichtlicher Normenkontrollentscheidungen, Zürich, 1980.

Streil, Jochen: Das Vorabentscheidungsverfahren als Bindeglied zwischen europäischer und nationaler Rechtsprechung, in: Schwarze, Jürgen (Hrsg.): Der Europäische Gerichtshof als Verfassungsgericht und Rechtsschutzinstanz, Baden-Baden, 1983, S. 69–88.

Streinz, Rudolf: Europarecht, Heidelberg, 8. Auflage 2008.

Streinz, Rudolf (Hrsg.): EUV/AEUV, München, 2. Auflage 2012.

Streinz, Rudolf/Ohler, Christoph/Hermann, Christoph: Der Vertrag von Lissabon zur Reform der EU, München, 3. Auflage 2010.

Stuth, Sabine/Siclari, Massimo: Die Urteilstechnik des Italienischen Verfassungsgerichtshofes, EuGRZ 1989, 389–394.

Sweeney, Robert J.: *Harper* v. *Virginia Department of Taxation*: of Pernicious Abstractions and the Death of Precedent, [1994] 39 NY. L. Sch. L. R., 833–872.

Teitgen, Pierre-Henri: The Temporal Effect of the Judgments of the European Court of Human Rights and the Court of Justice of the European Communities, [1980] 1 H.R.L.J., 36–43.

Terhechte, Jörg Philipp: Temporäre Durchbrechung des Vorrangs des europäischen Gemeinschaftsrechts beim Vorliegen "inakzeptabler Regelungslücken"?, EuR 2006, 828–847.

Tettinger, Peter J./Stern, Klaus: Die Europäische Grundrechte-Charta, München, 2006.

Tiedtke, Klaus/Mohr, Martin: Die Grundfreiheiten als zulässiger Maßstab für die direkten Steuern, EuZW 2008, 424–428.

Thewes, Christian: Bindung und Durchsetzung der gerichtlichen Entscheidungen in der EU, Hamburg, 2003.

Thiele, Alexander: Europäisches Prozessrecht, München, 2007.

Thömes, Otmar: EG-rechtlicher Rahmen – Auswirkungen von Auslegungsentscheidungen des EuGH nach Art. 177 EG-Vertrag auf das nationale Recht, in: Herzig, Norbert: Europäisierung des Bilanzrechts, Köln, 1997, S. 75–85.

— Effect of ECJ Decisions on Budgets of EU Member States: EC Law Without Mercy?, [2005] 33 Intertax 12, 560–561.

— Die zeitliche Wirkung von EuGH-Urteilen, Jb. der Fachanwälte für Steuerrecht 2006/2007, 50–64.

Tipke, Klaus/Lang, Joachim: Steuerrecht, Köln, 19. Auflage 2008.

Tomuschat, Christian: Die gerichtliche Vorabentscheidung nach den Verträgen über die Europäischen Gemeinschaften, Köln, 1964.

— Das Europa der Richter, in: Bröhmer, Jürgen/Bieber, Roland/Calliess, Christian/Langenfeld, Christine/Weber, Stefan/Wolf, Joachim (Hrsg): Internationale Gemeinschaft und Menschenrechte – Festschrift für Georg Ress zum 70. Geburtstag am 21. Januar 2005, Köln, 2005, S. 857–874.

Trabucchi, Alberto: L'effet «erga omnes» des décisions préjudicielles rendues par la Cour de justice des Communautés européenes, R.T.D.E. 1974, 56–87.

Treanor, William Michael/Sperling, Gene B.: Prospective Overruling and the Revival of "unconstitutional" Statutes, [1993] 93 Col. L. Rev., 1902–1955.

Traynor, Roger J.: Quo Vadis, Prospective Overruling: A Question of Judicial Responsibility, [1977] 28 Hastings L. J., 533–568.

Trzaskalik, Christoph: Zu den Folgen, wenn das BVerfG Gesetze für nichtig erklärt, DB 1991, 2255–2258.

Tribe, Laurence H.: American Constitutional Law, New York, 3. Auflage 2000.

Tsikrikas, Dimitrios: Die Wirkungen der Urteile des Europäischen Gerichtshofs im Vertragsverletzungsverfahren (Art. 169 ff. EWGV), Berlin, 1990.

Tsorlinis, Silvia: Beschränkung der zeitlichen Wirkung von EuGH-Urteilen, ÖAnwBl. 2006, 382–383.

Tur, Richard H. S.: Time and Law, [2002] 22 O.J.L.S., 463–488.

Ubertazzi, Giovanni Maria: Gli effeti ratione temporis delle sentenze pregiudiziali in materia di validità degli atti comunitari, DCSI 1985, 75–82.

Umbach, Dieter/Clemens, Thomas/Dollinger, Franz-Wilhelm: Bundesverfassungsgerichtsgesetz – Mitarbeiterkommentar und Handbuch, Heidelberg, 2. Auflage 2005.

Urlesberger, Franz: Zur Rechtskraft im Gemeinschaftsrecht, ZfRV 2004, 99–104.

Usher, John: Agricultural Markets: Their Price-systems and Financial Mechanisms, [1979] 4 E.L.Rev., 147–165.

— Invalid Monetary Compensation and Prospective Overruling, [1981] 6 E.L.Rev., 116–119.

Vanistendael, Frans: Consequences of the Acte Clair Doctrine for the National Courts and Temporal Effects of an ECJ Decision, in: Dourado, Ana Paula/Palma Borges, Ricardo da (Hrsg.): The Acte Clair in EC Direct Tax Law, Amsterdam, 2008, S. 157–170.

Vandersanden, Georges/Barav, Ami: Contentieux communautaire, Brüssel, 1977.

Vaughan, David: Temporal limitation in EU law, in: Moser, Philip/Sawyer, Katrine (Hrsg.), Making Community Law, Cheltenham et al., 2008, S. 218–227.

Vedder, Christoph/Heintschel von Heinegg, Wolf (Hrsg.): Europäischer Verfassungsvertrag, Baden-Baden, 2007.

Verloeren van Themaat, P.: Nogmals het Defrenne-arrest: een juiste sprongmutatie in de rechtspraak?, SEW 1977, 90–96.

Vogel, Klaus: Der EuGH und die direkten Steuern, StuW 2005, 373–377.

Vording, Henk/Lubbers, Allard: The ECJ, Retrospectivity and the Member States' Tax Revenues, [2006] B.T.R. 1, 91–112.

Voßkuhle, Andreas: Theorie und Praxis der verfassungskonformen Auslegung von Gesetzen durch Fachgerichte, AöR Bd. 123 (2000), 177–201.

— Der europäische Verfassungsverbund, NVwZ 2010, 1–8.

Wägenbaur, Bertrand: Court of Justice of the EU – Commentary on Statute and Rules of Procedure, München, 2013.

Waelbroeck, Michel: May the Court of Justice Limit the Retrospective Operation of its Judgments?, [1982] 1 Y.E.L., 115–123.

Waldhoff, Christian: Die Rückwirkung von EuGH-Entscheidungen, EuR 2006, 615–636.

— Recent Developments realting to the Retroactive Effect of Decision of the ECJ, [2009] 46 C.M.L.Rev. 1, 173–190.

Walter, Robert/Mayer, Heinz: Grundriß des österreichischen Bundesverfassungsrechts, Wien, 9. Auflage 2000.

Walter, Robert/Mayer, Heinz/Kucsko-Stadlmayer, Gabriele: Bundesverfassungsrecht, Wien, 10. Auflage 2007.

Ward, Angela: Judicial Review and the Rights of Private Parties in EC Law, Oxford, 2000.

Wassertrüdinger, N.N.: Darf der Richter die Verfassungsmäßigkeit der Reichsgesetze nachprüfen?, JW 1925, 44–45.

Wathelet, Melchior: Fiscalité directe et Limitation dans le temps des effets des arrêts de la Cour de justice des Communautés Européennes, in: Simonart, Henri/Remiche, Bernard/de Cordt, Yves (Hrsg.), Liber Amicorum Jacques Malherbe, Brüssel, 2006, S. 1143–1168.

Weber, Albrecht: Europäische Verfassungsvergleichung, München, 2010.

Weidmann, Ariane: Zeitlos wie ungeklärt: Die Beschränkung der zeitlichen Wirkung von Urteilen des EuGH im Vorabentscheidungsverfahren nach Art. 234 EGV, EuZW 2007, 692–695.

Weiler, Joseph: Journey to an Unknown Destination, [1993] 31 JCMSt., 417–446.

Weiß, Wolfgang: Die Einschränkung der zeitlichen Wirkungen von Vorabentscheidungen nach Art. 177 EGV, EuR 1995, 377–397.

— Bestandskraft nationaler belastender Verwaltungsakte und EG-Recht, DÖV 2008, 477–487.

Weißauer, Walther/Hesselberger, Dieter: Nichtigkeit oder Vernichtbarkeit verfassungswidriger Normen, DÖV 1970, 325–330.

Wernsmann, Rainer/Behrmann, Jan: Das Vorabentscheidungsverfahren nach Art. 234 EGV, Jura 2006, 181–188.

Wieser, Bernd: Vergleichendes Verfassungsrecht, Wien, 2005.

Wohlfahrt, Ernst/Everling, Ulrich/Glaesner, Hans Joachim/Sprung, Rudolf: Die Europäische Wirtschaftsgemeinschaft – Kommentar zum Vertrag, Berlin et al. 1960.

Wyatt, Derrick: Prospective effect of a holding of direct applicability, [1976] 1 E.L.Rev., 399–402.

Zeidler, Wolfgang: Die Verfassungsrechtsprechung im Rahmen staatlicher Funktionen, EuGRZ 1988, 207–217.

Zöller, Richard: Zivilprozessordnung, Köln, 24. Auflage 2004.

Zuleeg, Manfred: Die Europäische Gemeinschaft als Rechtsgemeinschaft, NJW 1994, 545–549.

Zweigert, Konrad: Der Einfluß des Europäischen Gemeinschaftsrechts auf das Recht der Mitgliedsstaaten, RabelsZ Bd. 28 (1964), 601–643.

Zweigert, Konrad/Kötz, Hein: Einführung in die Rechtsvergleichung, Tübingen, 3. Auflage 1996.

FSC
www.fsc.org
MIX
Papier | Fördert
gute Waldnutzung
FSC® C083411

Kolibri 360 GmbH
Ferdinand-Jühlke-Straße 7
99095 Erfurt, Deutschland
produktsicherheit@kolibri360.de